# PRENTICE HALL

# EXPLORA EL MUNDO

## PERSONAS, LUGARES Y CULTURAS

James B. Kracht

Prentice
Hall

EN COLABORACIÓN CON

Editorial

Needham, Massachusetts
Upper Saddle River, New Jersey
Glenview, Illinois

is a registered trademark of Dorling Kindersley Limited.

Acknowledgments appear on pp. 692–694, which constitutes an extension of this copyright page.

ISBN 0-13-068501-1

1 2 3 4 5 6 7 8 9 10    02 03 04 05

# Autor

**James B. Kracht** es consejero y miembro del consejo de varias organizaciones y dependencias como el International Center del Bush Presidential Library Complex. Es socio del Grosvenor Center for Geographic Education y con frecuencia da asesoría a escuelas internacionales de América Latina. Es ganador del premio Extraordinary Service de Texas A&M University y del premio Distinguished Service de Texas Council for the Social Studies.

En 1995, se nombró al Dr. Kracht como director del equipo de redacción de Texas Essential Knowledge and Skills for Social Studies, y en 1996 fue electo director del Social Studies Center for Educator Development. En la actualidad, el Dr. Kracht es catedrático asociado de los Undergraduate Programs y Teacher Education del Colegio de Educación en Texas A&M University. Desde 1974, es miembro de la facultad del departamento de geografía y del departamento de enseñanza, aprendizaje y cultura de Texas A&M University. También es especialista en desarrollo profesional en el Texas Social Studies Center y co-director del proyecto nacional de demostración del desarrollo de curriculum interdisciplinario para grados medios.

**Dorling Kindersley** es una compañía editorial internacional cuya especialidad es la creación de contenido de alta calidad de obras de consulta para libros, CD-ROMs, material en línea y videos. El sello del contenido de DK es su combinación única de valor educativo y fuerte estilo visual. Ello permite que DK brinde un contenido atractivo, accesible y cautivador para niños, padres de familia y maestros de todo el mundo.

# Revisores de pedagogía

# Revisores del programa

## Consultora de lecturas

**Bonnie Armbruster, Ph.D.**
Professor of Education
University of Illinois at Urbana-Champaign
Champaign, Illinois

## Consultora de curriculum y evaluación

**Jan Moberley**
Dallas, Texas

## Consultor especial del programa

**Landon Risteen**
Chicago, Illinois

## Consejeros del programa

**Pat Easterbrook**
Social Studies Consultant
Cary, North Carolina

**Michal Howden**
Social Studies Consultant
Zionsville, Indiana

**Kathy Lewis**
Social Studies Consultant
Fort Worth, Texas

**Rick Moulden**
Social Studies Consultant
Federal Way, Washington

**Sharon Pope**
Social Studies Consultant
Houston, Texas

**Joe Wieczorek**
Social Studies Consultant
Baltimore, Maryland

# CONTENIDO

**DK** **De** *Dorling Kindersley Illustrated Children's Encyclopedia*

# UNIDAD 5

# África .......................... 346

**DK** **De** *Dorling Kindersley Illustrated Children's Encyclopedia*

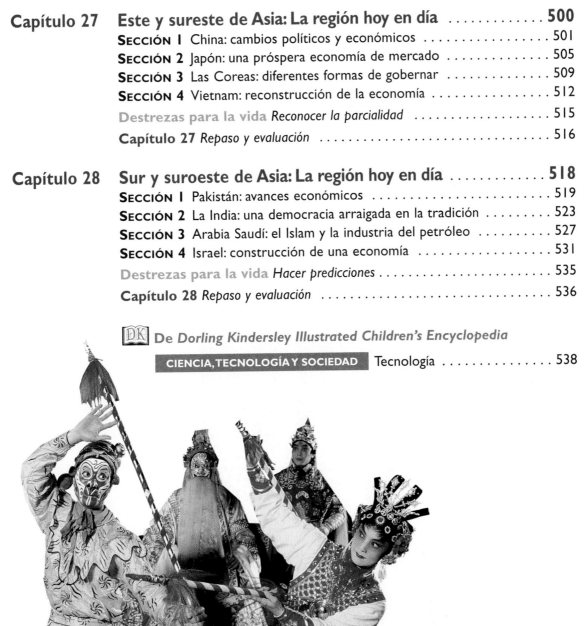

# UNIDAD 7

## Oceanía . . . . . . . . . . . . . . . . . . . . . . . . . . . 540

DK **De** *Dorling Kindersley Illustrated Children's Encyclopedia*

## Materiales de consulta

# Secciones especiales

**Adaptado de** *Dorling Kindersley Illustrated Children's Encyclopedia*

## Explora el mundo a través de las fascinantes imágenes y los contenidos de Dorling Kindersley.

## Perfiles de países y regiones

**Analiza los países y las regiones con mayor profundidad, valiéndote de mapas especiales, tablas e información.**

# Destrezas para la vida

**Domina las destrezas básicas para estudios sociales que usarás toda la vida.**

# Enlace con las...

**Descubre cómo los estudios sociales se relacionan con otras materias de estudio.**

**Mano de obra en China**

**Estructura de edad del Reino Unido (por años)**

## Conexiones

**Investiga las conexiones entre los temas de estudios sociales.**

## Base de datos de las regiones

**Busca información como estadísticas, mapas de ubicación y banderas de los países de una región.**

# Figuras, gráficas y tablas

## TAMAÑO DE LOS CONTINENTES

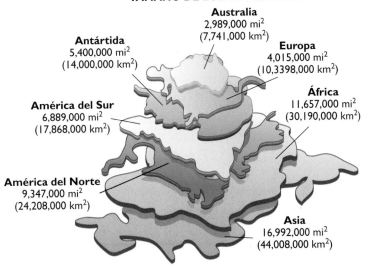

**Australia**
2,989,000 mi$^2$
(7,741,000 km$^2$)

**Antártida**
5,400,000 mi$^2$
(14,000,000 km$^2$)

**Europa**
4,015,000 mi$^2$
(10,3398,000 km$^2$)

**América del Sur**
6,889,000 mi$^2$
(17,868,000 km$^2$)

**África**
11,657,000 mi$^2$
(30,190,000 km$^2$)

**América del Norte**
9,347,000 mi$^2$
(24,208,000 km$^2$)

**Asia**
16,992,000 mi$^2$
(44,008,000 km$^2$)

# Mapas

## Mapas de los capítulos

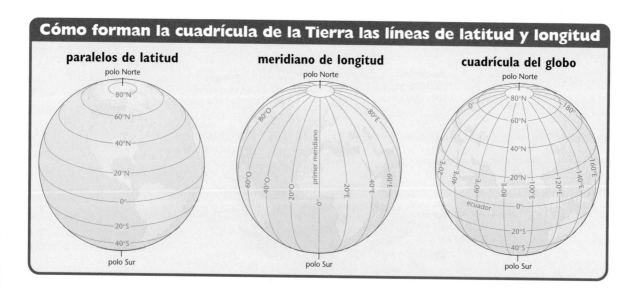

### Cómo forman la cuadrícula de la Tierra las líneas de latitud y longitud

**paralelos de latitud**

polo Norte
80°N
60°N
40°N
20°N
0°
20°S
40°S
polo Sur

**meridiano de longitud**

polo Norte
80°O
80°E
60°O
40°O
20°O
primer meridiano
20°E
40°E
60°E
0°
polo Sur

**cuadrícula del globo**

polo Norte
0°
180°
80°N
60°N
40°N
20°N
0°
20°S
40°S
20°E
40°E
60°E
80°E
100°E
120°E
140°E
160°E
ecuador
polo Sur

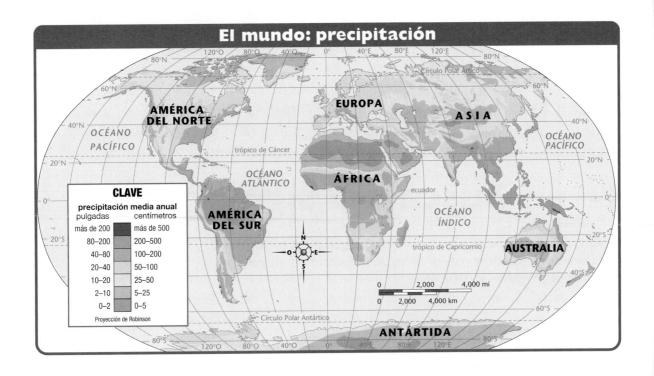

**El mundo: precipitación**

**CLAVE**
precipitación media anual

| pulgadas | centímetros |
|---|---|
| más de 200 | más de 500 |
| 80–200 | 200–500 |
| 40–80 | 100–200 |
| 20–40 | 50–100 |
| 10–20 | 25–50 |
| 2–10 | 5–25 |
| 0–2 | 0–5 |

Proyección de Robinson

## Atlas

Los buenos resultados en estudios sociales se obtienen cuando haces bien tres cosas: leer, hacer exámenes y escribir. En las páginas siguientes encontrarás estrategias que te ayudarán a leer en busca del significado, a comprender las preguntas de los exámenes y a escribir bien.

# Leer en busca del significado

**¿Te cuesta trabajo recordar lo que lees? Aquí hay algunos consejos de expertos que mejorarán tu capacidad para recordar y comprender lo que lees:**

## ANTES DE LEER

**Dar un vistazo al texto para identificar la información importante.**
Así como cuando ves los avances de películas que se exhibirán próximamente en una sala de cine, un vistazo al texto te ayudará a saber qué esperar. Estudia las preguntas y las estrategias siguientes para aprender a dar un vistazo a lo que lees.

**Pregúntate lo siguiente:**

**Usa estas estrategias para responder a las preguntas:**

• ¿De qué trata el texto? → Lee los encabezamientos, los subtítulos y las leyendas. Estudia las fotografías, los mapas, las tablas o las gráficas.

• ¿Qué conozco acerca del tema? → Lee las preguntas al final del texto para ver cuáles puedes responder.

• ¿Cuál es el propósito del texto? → Convierte los encabezamientos en preguntas con *quién, qué, cuándo, dónde, por qué* o *cómo*. Con ello determinarás si el texto compara objetos, relata una cadena de sucesos o explica causas y efectos.

## MIENTRAS LEES

**Organizar información para ver las conexiones o relaciones significativas.**

Si tomas notas mientras lees mejorará tu comprensión. Usa ayudas gráficas, como las que se muestran a continuación, para registrar la información que vas leyendo.

Estudia estas descripciones y ejemplos para aprender a hacer cada una de las ayudas gráficas.

### Poner en secuencia

Un **diagrama de flujo** te ayuda a ver cómo un suceso desencadenó otro. También sirve para mostrar los pasos de un proceso.

**Usa un diagrama de flujo cuando el texto:**
- hable de una cadena de sucesos.
- explique el método para hacer algo.

**CONSEJO▶** Haz una lista en la que ordenas los sucesos o los pasos.

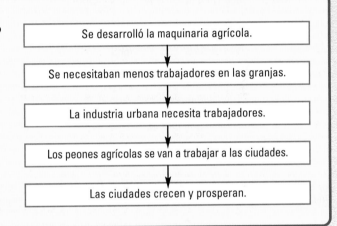

### Comparar y contrastar

Un **diagrama de Venn** muestra las semejanzas y diferencias.

**Usa un diagrama de Venn cuando el texto:**
- compare y contraste a dos personas, grupos, lugares, objetos o sucesos.

**CONSEJO▶** Escribe un título en cada sección exterior de los círculos y enumera ahí las diferencias.
Escribe un título en la sección compartida y enumera ahí las semejanzas.

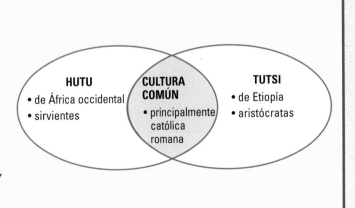

# Técnicas de estudio

## Clasificar información

Una **tabla** organiza la información en categorías.

**Usa una tabla cuando el texto:**
- enumere hechos similares sobre varios lugares o cosas.
- presente características de diferentes grupos.

**CONSEJO▸** Para identificar su categoría, escribe un título adecuado en cada columna de la tabla.

| PAÍS | GOBIERNO | ECONOMÍA |
|------|----------|----------|
| Cuba | dictadura comunista | economía dirigida |
| Puerto Rico | democracia | sistema de libre empresa |

## Identificar la idea principal y los detalles

Una **red de conceptos** te sirve para comprender las relaciones entre ideas.

**Usa una red de conceptos cuando el texto:**
- dé ejemplos que apoyan una idea principal.
- enlaza varias ideas a un tema principal.

**CONSEJO▸** Anota la idea principal en el círculo más grande. Anota los detalles de apoyo en círculos más pequeños y traza líneas que muestren las relaciones.

## Organizar información

Un **esquema** te da un panorama general, o muestra la estructura del texto que lees.

**Usa un esquema para organizar ideas:**
- de acuerdo con su importancia.
- de acuerdo con el orden en que se presentan.

**CONSEJO▶** Usa números romanos para la idea principal, letras mayúsculas para las ideas secundarias y números arábigos para los detalles de apoyo.

**I. Diferencias entre el Norte y el Sur**
  **A.** Puntos de vista sobre la esclavitud
    **1.** abolicionistas del Norte
    **2.** dueños de esclavos del Sur
  **B.** Economías
    **1.** manufactura del Norte
    **2.** agricultura del Sur

## Identificar causa y efecto

Un **diagrama de causa y efecto** muestra las relaciones entre lo que sucedió (efecto) y la razón de haber sucedido (causa).

**Usa un diagrama de causa y efecto cuando el texto:**
- enumere una o más causas de un suceso.
- enumere uno o más resultados de un suceso.

**CONSEJO▶** Anota las causas y los efectos. Traza flechas que indiquen cómo se relacionan las ideas.

deseo de comerciar    avances en la navegación    renacimiento del aprendizaje

**EXPLORACIÓN DE AMÉRICA**

intercambio de productos e ideas    destrucción de culturas indígenas de América    colonias de europeos

## DESPUÉS DE LEER

**Autoevalúate para saber lo que aprendiste del texto.**

Regresa a las preguntas que te hiciste antes de leer el texto. Ahora, ya puedes dar respuestas más completas a estas preguntas:
- ¿De qué trata el texto?
- ¿Cuál es el propósito del texto?

También ya eres capaz de establecer conexiones entre la nueva información que obtuviste del texto y la que ya tenías sobre el tema.

Estudia tus ayudas gráficas. Usa esa información como la *respuesta*. Formula una *pregunta* significativa sobre cada parte de la información.

# Hacer exámenes

**¿Sientes temor cuando piensas en que vas a hacer una prueba estandarizada? Aquí hay algunos consejos que la mayoría de los diseñadores de exámenes recomienda para que obtengas buenas calificaciones.**

## PREGUNTAS DE OPCIÓN MÚLTIPLE

**Lee cada parte de una pregunta de opción múltiple para asegurarte de que comprendes lo que se pregunta.**

Muchos exámenes son de preguntas de opción múltiple. Algunas, son **preguntas directas**. Son oraciones completas seguidas de **respuestas posibles**.

| | |
|---|---|
| **Pregunta directa** ▷ | ¿Cómo se llama la estrecha franja de tierra con agua a ambos lados que une dos masas más grandes de tierra? |
| Las **respuestas posibles** tienen una respuesta correcta. ▷ | **A** bahía<br>**B** istmo<br>**C** lago<br>**D** isla |
| **CONSEJO** ▶ Prueba con cada respuesta posible. Elimina las que no funcionen. ▷ | Puedes eliminar A y C porque son masas de agua, no de tierra. Puedes eliminar D porque una isla está completamente rodeada de agua. |

Otras preguntas de opción múltiple son las **oraciones incompletas** que debes completar. A estas preguntas les siguen las respuestas posibles.

| | |
|---|---|
| La **oración incompleta** te indica lo que se pide. ▷ | Una estrecha franja de tierra con agua a ambos lados y que une dos masas más grandes de tierra se llama |
| **Respuestas posibles** ▷ | **A** bahía<br>**B** istmo<br>**C** lago<br>**D** isla |
| **CONSEJO** ▶ Con la pregunta incompleta haz una pregunta directa: *quién, qué, cuándo, dónde o por qué.* ▷ | ¿Qué es la estrecha franja de tierra con agua a ambos lados y que une dos masas más grandes de tierra? |

**Identificar el tipo de pregunta.**

Los exámenes de estudios sociales suelen hacer preguntas que requieren comprensión de la lectura. También hay otras preguntas que te piden que se reúna o se interprete información de un mapa, una gráfica o una tabla. Las siguientes estrategias te ayudarán a responder a diversas clases de preguntas.

## Preguntas de comprensión de la lectura

| Qué hacer: | Cómo hacerlo: |
|---|---|
| **1.** Determina el contenido y la organización de la selección. | Lee el **título**. Examina la selección. Busca palabras clave que indiquen tiempo, causa y efecto, o comparación. |
| **2.** Analiza las preguntas. ¿Te piden que *recuerdes hechos?* | Busca las **palabras clave** en la oración incompleta: <u>De acuerdo</u> con la selección . . . La selección <u>plantea</u> que . . . |
| ¿Te piden que *hagas juicios?* | La <u>idea principal</u> de la selección es . . . El autor <u>seguramente</u> estará de acuerdo en . . . |
| **3.** Lee la selección. | Lee rápidamente. Ten en mente las preguntas. |
| **4.** Responde a las preguntas. | Prueba con cada respuesta posible y elige la mejor. Si es necesario, consulta la selección. |

**Ejemplo:**

**Una región de diversidad** El imperio Khmer fue uno de tantos reinos en el sureste de Asia. Pero, a diferencia del imperio Khmer, los demás eran pequeños porque las montañas del suroeste de Asia protegían y aislaban a los pueblos. La gente tenía poco contacto con quienes vivían fuera de su propio valle.

¿Por qué la mayoría de los reinos del sureste de Asia eran pequeños?
A la enfermedad mató a mucha gente
B la falta de alimentos
C el clima era demasiado caluroso
D las montañas aislaban a la gente

**CONSEJO** ▶ La palabra clave <u>porque</u> explica por qué los reinos eran pequeños.
(La respuesta correcta es la D.)

# Técnicas de estudio

*(continuación)*

## Preguntas sobre mapas

| Qué hacer: | Cómo hacerlo: |
|---|---|
| **1.** Determina qué clase de información presenta el mapa. | Lee el **título** del mapa. Te indicará el propósito del mapa. Estudia la **clave del mapa**. Te explicará los símbolos del mapa. Mira la **escala**. Te ayudará con el cálculo de distancias entre un lugar y otro en el mapa. |
| **2.** Lee la pregunta. Determina el componente en el mapa que te ayudará a hallar la respuesta. | Busca las **palabras clave** en la oración incompleta: A <u>qué distancia</u> . . . [usa la escala] <u>Qué productos</u> se cultivaban en . . . [usa la clave del mapa] |
| **3.** Mira el mapa y responde a la pregunta con tus propias palabras. | No leas las respuestas posibles todavía. |
| **4.** Elige la mejor respuesta. | Elige la respuesta que corresponde a la que obtuviste del mapa. |

### Ejemplo

¿En qué país se hablan lenguas tracio-ilirias?

A Rumania
B Albania
C Hungría
D Lituania

**CONSEJO▶** Lee los rótulos y la clave para comprender el mapa. (La respuesta correcta es la B.)

## Preguntas sobre gráficas

**Qué hacer:**

**1.** Determina el propósito de la gráfica.

**2.** Determina la información de la gráfica que te ayudará a hallar la respuesta.

**3.** Elige la mejor respuesta.

**Cómo hacerlo:**

Lee el **título** de la gráfica. Te indicará lo que la gráfica representa.

Lee los **rótulos** de la gráfica o de la clave. Te indican las unidades de medición que se usaron en la gráfica.

Elige el distractor que corresponde a la respuesta que obtuviste de la gráfica.

**Ejemplo**

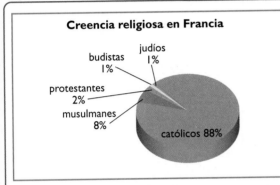

Creencia religiosa en Francia

judíos 1%
budistas 1%
protestantes 2%
musulmanes 8%
católicos 88%

Una **gráfica circular** muestra las relaciones de las partes con el todo en cuanto a porcentajes.

Después de los católicos, la siguiente población religiosa más grande en Francias es

**A** budista     **C** judía
**B** protestante     **D** musulmana

**CONSEJO▶** Compara los porcentajes de los rótulos.
(La respuesta correcta es la D.)

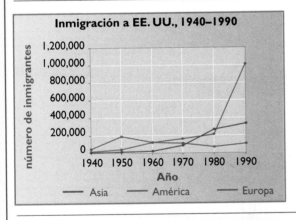

Inmigración a EE. UU., 1940–1990

Asia    América    Europa

Una **gráfica lineal** muestra una pauta o un cambio en el tiempo, mediante la dirección de la línea.

Entre 1980 y 1990, la inmigración desde otras partes de América hacia Estados Unidos

**A** se redujo un poco    **C** se mantuvo casi igual
**B** aumentó mucho    **D** aumentó un poco

**CONSEJO▶** Compara la distancia vertical entre los dos puntos correctos de la gráfica lineal.
(La respuesta correcta es la B.)

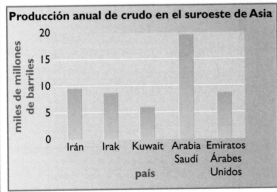

Producción anual de crudo en el suroeste de Asia

Irán   Irak   Kuwait   Arabia Saudí   Emiratos Árabes Unidos
país

Una **gráfica de barras** compara las diferencias en cantidad, pues muestra barras de diferente tamaño.

¿Cuántos miles de millones de barriles más que Irán produce al año Arabia Saudí?

**A** 5 mil millones    **C** 15 mil millones
**B** 10 mil millones    **D** 20 mil millones

**CONSEJO▶** Compara el tamaño de las barras para hallar la diferencia.
(La respuesta correcta es la B.)

# Escribir para estudios sociales

*Cuando te enfrentas a una tarea de escritura, piensas "¿Cómo voy a salir de esto?". Aquí hay algunos consejos que te orientarán de principio a fin en tus proyectos de escritura.*

## EL PROCESO DE ESCRITURA

Sigue paso a paso el proceso de escritura para transmitir tus mensajes con eficacia.

### Paso 1. Preescritura

- Establece el propósito.
- Define el tema.
- Determina quiénes serán los lectores.
- Reúne detalles.

### Paso 2. Borrador

- Organiza de manera lógica la información, en un esquema o ayuda gráfica.
- Escribe la introducción, el desarrollo y la conclusión.
- Enuncia con claridad las ideas principales.
- Incluye detalles pertinentes para apoyar tus ideas.

### Paso 3. Revisión

- Edita tu escrito para aclarar las ideas y refinar el texto.

### Paso 4. Lectura de prueba

- Corrige todos los errores de ortografía, gramática y puntuación.

### Paso 5. Publicación y presentación

- Copia a mano el texto de manera pulcra o usa una máquina de escribir o procesador de palabras.
- Ilustra cuanto sea necesario.
- Haz una portada, si es el caso.

# CLASES DE ESCRITOS PARA ESTUDIOS SOCIALES

**Identificar el propósito de tu escrito.**

Cada tarea de escritura tiene un propósito específico, y cada propósito necesita un plan de desarrollo. Las siguientes descripciones y ejemplos te ayudarán a identificar los tres propósitos de los escritos para estudios sociales. Los pasos de cada lista te servirán para hacer el plan de tu escrito.

## Escribir para informar

**Propósito: presentar hechos o ideas**

**Ejemplo**

En los años sesenta, las investigaciones mostraron los peligros del DDT. Mataba insectos pero también tenía efectos a largo plazo. Cuando las aves y los peces comían insectos envenenados, el DDT se quedaba en su tejido graso. El veneno también apareció en los seres humanos que comían aves o peces contaminados.

**CONSEJO▶** Busca estos **términos clave** en la tarea: explicar, describir, informar, narrar

**Cómo empezar:**
• Determina el tema de tu escrito.
• Escribe una oración sobre la idea principal.
• Enumera todas las ideas que se te ocurran que estén relacionadas con el tema.
• Acomoda las ideas en orden lógico.

## Escribir para convencer

**Propósito: influir en alguien**

**Ejemplo**

La enseñanza de habilidades de computación requiere tiempo que podría servir para enseñar a los estudiantes a pensar por sí mismos o a relacionarse con los demás. Los estudiantes que razonan bien, se expresan claramente y se relacionan con los demás, estarán mejor preparados para la vida que quienes son capaces de usar una computadora.

**CONSEJO▶** Busca estos **términos clave** en la tarea: convencer, argumentar, pedir

**Cómo empezar:**
• Asegúrate de que comprendes con claridad el problema o cuestión.
• Determina tu postura.
• Enumera la evidencia que apoya tus argumentos.
• Predice puntos de vista contrarios.
• Enumera la evidencia que puedas usar para superar los argumentos de oposición.

## Escribir para dar interpretaciones históricas

**Propósito: presentar la perspectiva de alguien de otra época**

**Ejemplo**

La travesía duró una semana, pero el viaje en barco de vapor fue difícil. Estábamos confinados en el casco con cientos de personas. Al fin vimos la enorme estatua de la mujer con la antorcha. En el centro de recepción, mi madre tomó mi mano cuando el médico me revisó. Luego, mi padre mostró nuestros papeles al funcionario, y reunimos nuestro equipaje. Yo tenía miedo cuando salimos a buscar un hogar en nuestro nuevo país.

**CONSEJO▶** Busca estos **términos clave** en la tarea: retroceder, crear, supón que, si tú fueras

**Cómo empezar:**
• Estudia los sucesos o asuntos del periodo del que escribirás.
• Considera cómo habrían afectado estos eventos o asuntos a diferentes personas de esa época.
• Elige una persona cuyo punto de vista te gustaría presentar.
• Identifica los pensamientos y sentimientos que esta persona pudo haber tenido.

# Técnicas de estudio

## INVESTIGAR PARA ESCRIBIR

**Sigue paso a paso el proceso de escritura para transmitir tus mensajes con eficacia.**

Después de identificar el propósito de tu escrito, necesitas investigar. Los siguientes pasos te ayudarán a hacer el plan y a reunir, organizar y presentar la información.

### Paso 1. Hacer preguntas

**Hazte preguntas para orientar tu investigación.**

¿Qué conozco del tema?
¿Qué quiero averiguar del tema?

### Paso 2. Obtener información

**Localiza y usa fuentes adecuadas de información sobre el tema.**

Biblioteca
Búsqueda en Internet
Entrevistas

**Toma notas.**

Sigue el estilo aceptado para enumerar las fuentes.

### Paso 3. Analizar la información

**Evalúa la información que hallaste.**

¿Es pertinente al tema?
¿Está actualizada?
¿Es precisa?
¿El autor es una autoridad en la materia?
¿Contiene alguna parcialidad?

### Paso 4. Usar información

**Responde a tus preguntas de investigación con la información que hallaste. (Quizá descubras que necesitas investigar más.)**

¿Tengo toda la información que necesito?

**Organiza tu información y forma los puntos principales. Identifica los detalles de apoyo.**

Acomoda las ideas en un esquema o en una ayuda gráfica.

### Paso 5. Comunicar lo que aprendiste

**Revisa el propósito de tu escrito y elige la manera adecuada de presentar la información.**

| Propósito | Presentación |
|---|---|
| informar | trabajo formal, documental, multimedia |
| convencer | ensayo, carta al editor, discurso |
| interpretar | diario, periódico, dramatización |

**Haz un borrador y revisa tu escrito; luego evalúalo.**

Usa una rúbrica de autoevaluación.

# EVALUACIÓN DE TU ESCRITO

Usa la siguiente rúbrica para evaluar tu escrito.

| | Excelente | Bueno | Aceptable | Inaceptable |
|---|---|---|---|---|
| **Propósito** | Logra muy bien los propósitos de informar, convencer o dar interpretación histórica | Informa, convence o brinda interpretación histórica razonablemente bien | No se distingue con facilidad si el propósito es informar, convencer o dar una interpretación histórica | Carece de propósito |
| **Organización** | Desarrolla ideas de manera clara y lógica | Presenta ideas de manera razonablemente organizada | Al lector se le dificulta seguir la organización | Carece de organización |
| **Elaboración** | Explica todas las ideas con hechos y detalles | Explica casi todas las ideas con hechos y detalles | Contiene algunos hechos y detalles de apoyo | Carece de detalles de apoyo |
| **Uso del lenguaje** | Usa excelente vocabulario y estructura de sus oraciones, sin errores de ortografía, gramática ni puntuación | Usa buen vocabulario y estructura de sus oraciones, con muy pocos errores de ortografía, gramática y puntuación | Contiene algunos errores de gramática, puntuación y ortografía | Contiene muchos errores de gramática, puntuación y ortografía |

# Geografía: recursos y conceptos

**GOBIERNO**

Conoce las diferentes formas de gobierno...

**CIENCIA, TECNOLOGÍA Y SOCIEDAD**

Ve cómo cambian su ambiente las personas...

**HISTORIA**

Descubre quién ayudó a construir Estados Unidos...

# ¿Qué quieres aprender?

**ECONOMÍA**

Ve cómo se ganan la vida los trabajadores...

**CULTURA**

Analiza las diferencias entre culturas...

**GEOGRAFÍA**

Conoce dónde viven las personas y por qué viven ahí...

**CIVISMO**

Reconoce nuestros derechos y obligaciones...

Un diario es tu registro personal de hallazgos. Conforme conoces los recursos y conceptos de geografía, puedes incluir en tu diario entradas de lo que lees, escribes, piensas y creas. Como primera entrada, describe cómo influye en ti la geografía, es decir, en el lugar donde vives, en la ropa que usas, en lo que comes y en tu hora de ir a dormir.

DIARIO DEL EXPLORADOR

# Preguntas guía

## ¿Qué preguntas debo hacer para comprender los recursos y conceptos de geografía?

**P**reguntar es una parte importante del aprendizaje. Piensa qué información querrías tener si visitaras un nuevo lugar y qué preguntas harías. Las preguntas de estas páginas pueden guiar tu estudio. ¡Haz otras preguntas por tu cuenta!

### GEOGRAFÍA

Muchos procesos físicos han moldeado a nuestro planeta. Algunos son violentos. Los terremotos y volcanes pueden cambiar la geografía en cuestión de minutos. Otros procesos son lentos y casi imperceptibles. El viento desgasta lentamente las rocas y la lluvia arrastra la tierra a los ríos. La Tierra cambia poco a poco. Montañas, ríos, valles y hasta continentes enteros se crean y modifican de esta manera.

**❶ Nombra algunas características geográficas de la Tierra.**

### HISTORIA

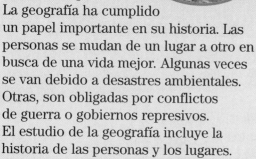

Los humanos han vivido en la Tierra desde hace mucho tiempo. La geografía ha cumplido un papel importante en su historia. Las personas se mudan de un lugar a otro en busca de una vida mejor. Algunas veces se van debido a desastres ambientales. Otras, son obligadas por conflictos de guerra o gobiernos represivos. El estudio de la geografía incluye la historia de las personas y los lugares.

**❷ ¿Te sirve de algo conocer la historia de las personas para entenderlas mejor?**

### CULTURA

Los grupos humanos tienen formas especiales de hacer las cosas, así como un conjunto de creencias y valores. La geografía influye en estos factores. La cultura une a las personas, pero también las separa. Las características físicas pueden presentar desafíos que deben vencerse para sobrevivir. Cuando las personas vencen estos desafíos, desarrollan una cultura.

**❸ ¿Crees que hay más semejanzas o más diferencias entre las culturas del mundo?**

## GOBIERNO

Para vivir en grupos, los pueblos necesitan un gobierno que organice la vida en común y les dé protección. Como hay muchas formas de gobierno, elegir una es muy importante. En todo el mundo encontrarás diversos ejemplos del tipo de gobierno que los pueblos eligen.

**4 ¿Qué tipos de gobierno suelen elegir los pueblos?**

## ECONOMÍA

En todo el mundo las personas deben ganarse la vida. Algunas cultivan la tierra, otras crían ganado y otras extraen minerales. Algunas trabajan en fábricas de acero o de automóviles, otras son médicos o abogados. Pero todo el mundo participa en la economía. Si estudias las opciones económicas que existen comprenderás mejor la vida laboral y cómo tener éxito en ella.

**5 ¿Cómo se aprovechan los recursos del mundo?**

## CIVISMO

Cualquiera que sea el lugar donde vivan, las personas tienen derechos y responsabilidades. Los derechos dependen del tipo de gobierno que elijan. En países como Estados Unidos, las personas tienen más derechos, pero también tienen muchas responsabilidades.

**6 ¿Cómo cumplen las personas sus obligaciones de ciudadanos?**

## CIENCIA, TECNOLOGÍA Y SOCIEDAD

Las ciencias y la tecnología han cambiado la faz de la Tierra y las sociedades creadas por las personas, ya que éstas pueden modificar su ambiente. Construyen casas para protegerse del clima, cambian el curso de los ríos y talan los bosques.

**7 ¿Cuáles son las ventajas y desventajas de las ciencias y la tecnología?**

 **Búscalo en la RED**

Para más información sobre geografía, visita el sitio World Explorer: People, Places, and Culture en **phschool.com**.

# ATLAS PARA ACTIVIDADES
# Geografía: recursos y conceptos

◆◆◆◆◆◆◆◆◆◆◆◆◆◆◆◆◆◆◆◆◆

Para estudiar los recursos y conceptos de geografía, debes ser un explorador, y ningún explorador empezaría sin revisar los hechos. Para empezar, explora los mapas y responde a las preguntas de estas páginas.

▲ ¿Por qué las personas de este lugar usan ropa como ésta?

▶ ¿Por qué los visitantes de esta región respiran con dificultad?

**Búscalo en la RED**

Los elementos marcados con este logotipo se actualizan periódicamente en la Internet. Visita **phschool.com** para obtener información actualizada sobre geografía.

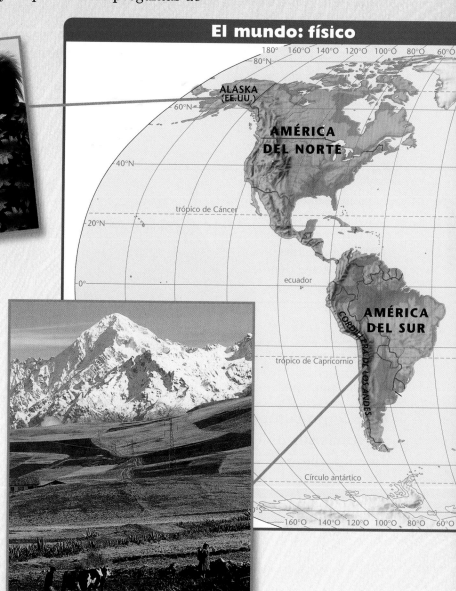

**El mundo: físico**

ALASKA (EE.UU.)

AMÉRICA DEL NORTE

trópico de Cáncer

ecuador

AMÉRICA DEL SUR

CORDILLERA DE LOS ANDES

trópico de Capricornio

Círculo antártico

▲ ¿Por qué los antiguos habitantes de esta región fueron expertos navegantes?

▲ ¿Por qué viven tan pocas personas en esta región?

## I. LUGAR

**Analiza el significado y propósito de la geografía** Piensa en la palabra *geografía*. La raíz *geo* proviene de un término griego que significa "tierra". *Grafos* significa "estudio" y proviene de un término antiguo que significa "escribir". ¿Cómo definirías *geografía*?

Las personas interesadas en la geografía quieren saber más sobre el mundo. Observa las imágenes de estas páginas. Éstas muestran el tipo de preguntas que haría un geógrafo. Por cada imagen, haz una pregunta del mismo tipo.

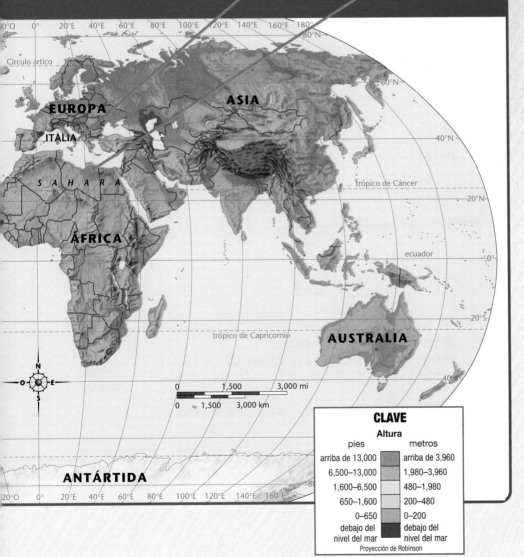

**CLAVE**

**Altura**

| pies | metros |
|---|---|
| arriba de 13,000 | arriba de 3,960 |
| 6,500–13,000 | 1,980–3,960 |
| 1,600–6,500 | 480–1,980 |
| 650–1,600 | 200–480 |
| 0–650 | 0–200 |
| debajo del nivel del mar | debajo del nivel del mar |

Proyección de Robinson

### El mundo: continentes, océanos y mares

2. **UBICACIÓN**

**Localiza los continentes y océanos** Estudia el mapa anterior y
aprende la ubicación de los continentes y océanos. Estados Unidos
se encuentra en América del Norte. ¿Qué océano se localiza entre
América del Norte y África? ¿Qué continente está al sur de América del
Norte? ¿Qué océano está al norte de Europa? ¿Qué continentes
colindan con Asia?

3. **UBICACIÓN**

**Compara los continentes** Este mapa muestra el tamaño y forma
relativos de los continentes porque es un planisferio. Obsérvalo y
di si África es más pequeña, más grande o casi del mismo tamaño
que América del Norte. ¿Cuánto mayor que América del Norte es Asia?
¿Europa es más grande o más pequeña que América del Sur? ¿Cuál es
el continente más pequeño?

## 4. MOVIMIENTO

**Explora los corredores de transportación** Setenta y cinco por ciento de la Tierra está cubierta por agua, la mayor parte en los océanos. Los barcos siguen rutas establecidas de un país a otro. Este mapa muestra las rutas comerciales del océano Pacífico.

**A.** Imagina que un fabricante envía sus productos de Yakarta, Indonesia, a Vancouver, Canadá. ¿En qué ciudades debe detenerse?

**B.** ¿Qué ruta es mas larga, de Wellington, Nueva Zelanda, a Tokio, Japón, o de Lima, Perú, a Los Ángeles?

**C.** Tener un buen puerto marítimo permite a una nación enviar y recibir productos de otros países. ¿Qué otros beneficios tienen los países que usan las rutas comerciales?

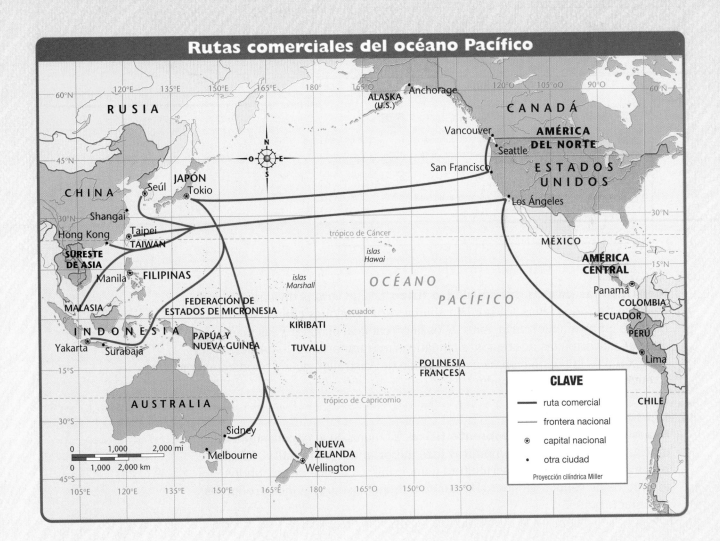

### Rutas comerciales del océano Pacífico

**CLAVE**
— ruta comercial
— frontera nacional
⊛ capital nacional
• otra ciudad
Proyección cilíndrica Miller

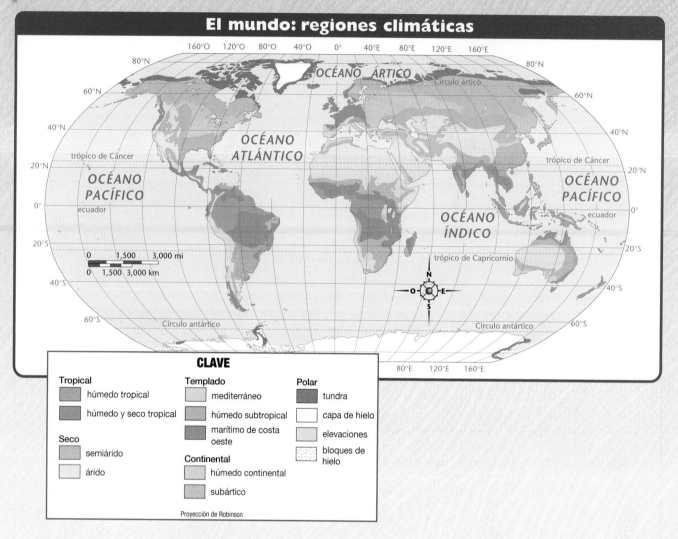

## El mundo: regiones climáticas

**CLAVE**

**Tropical**
- húmedo tropical
- húmedo y seco tropical

**Seco**
- semiárido
- árido

**Templado**
- mediterráneo
- húmedo subtropical
- marítimo de costa oeste

**Continental**
- húmedo continental
- subártico

**Polar**
- tundra
- capa de hielo
- elevaciones
- bloques de hielo

Proyección de Robinson

## 5. REGIONES

**Identifica las pautas del ambiente físico** Los geógrafos dividen el mundo en cinco tipos de climas. Cada clima abarca varias regiones climáticas. Muchos factores influyen en el clima, entre ellos la cercanía al ecuador y las masas de agua. ¿Cuáles son las dos regiones climáticas más importantes de América del Sur? ¿Cuál es la región climática más grande de Australia? ¿Qué región climática se encuentra a nivel del ecuador?

## 6. REGIONES

**Examina el efecto del ambiente físico** El mapa de la página siguiente muestra las actividades económicas más importantes del mundo. ¿En qué regiones es importante la agricultura comercial? ¿A dónde se envían los productos de estas regiones? ¿De dónde obtienen estas regiones productos manufacturados?

## Actividad económica mundial

**CLAVE**

- ganadería nómada
- caza y recolección
- bosques
- cría de ganado
- agricultura comercial
- agricultura de subsistencia
- manufactura y comercio
- pesca comercial
- poca o ninguna actividad

Proyección de Robinson

**Búscalo en la RED**

# Los extremos

### 7. LUGAR

**Compara factores geográficos**  Este diagrama muestra información sobre las temperaturas más altas y más bajas registradas en la Tierra. ¿Dónde se registró la mayor temperatura? ¿Dónde se registró la menor? ¿Cuál es la temperatura más alta registrada en América del Norte? ¿Cuántos grados (Fahrenheit) hay entre la temperatura más alta y la más baja de este diagrama?

**Búscalo en la RED**

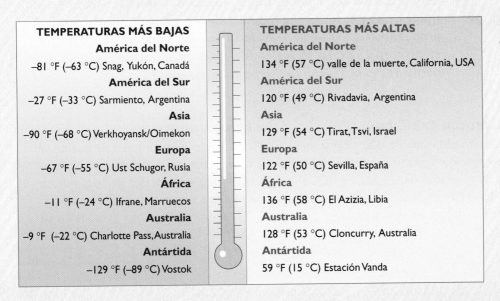

**TEMPERATURAS MÁS BAJAS**

**América del Norte**
–81 °F (–63 °C) Snag, Yukón, Canadá

**América del Sur**
–27 °F (–33 °C) Sarmiento, Argentina

**Asia**
–90 °F (–68 °C) Verkhoyansk/Oimekon

**Europa**
–67 °F (–55 °C) Ust Schugor, Rusia

**África**
–11 °F (–24 °C) Ifrane, Marruecos

**Australia**
–9 °F (–22 °C) Charlotte Pass, Australia

**Antártida**
–129 °F (–89 °C) Vostok

**TEMPERATURAS MÁS ALTAS**

**América del Norte**
134 °F (57 °C) valle de la muerte, California, USA

**América del Sur**
120 °F (49 °C) Rivadavia, Argentina

**Asia**
129 °F (54 °C) Tirat, Tsvi, Israel

**Europa**
122 °F (50 °C) Sevilla, España

**África**
136 °F (58 °C) El Azizia, Libia

**Australia**
128 °F (53 °C) Cloncurry, Australia

**Antártida**
59 °F (15 °C) Estación Vanda

# Usar destrezas de geografía

## Mapa histórico

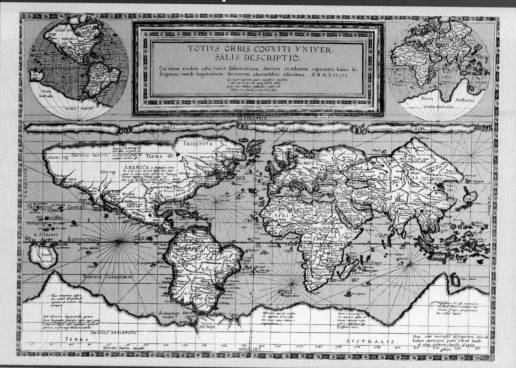

## USAR MAPAS

Un mapa es un dibujo que muestra la distribución y ubicación de ciertas características de la Tierra. Hay muchos tipos de mapas. Las personas los han elaborado y usado desde que empezaron a explorar el mundo que los rodeaba. Este mapa se hizo en 1589. La observación de mapas antiguos nos indica cómo veían la Tierra nuestros antepasados.

### Comparar mapas

Observa el mapa de esta página y compáralo con el mapamundi del Atlas de Actividades de la página 6. ¿Qué diferencias encuentras? ¿Por qué crees que existen esas diferencias?

### Hacer un mapa

Los mapas pueden mostrar cualquier cosa, desde un lugar específico, hasta el mundo entero. Haz un mapa de tu vecindario. Incluye las características más importantes. Pega el mapa en tu salón de clases.

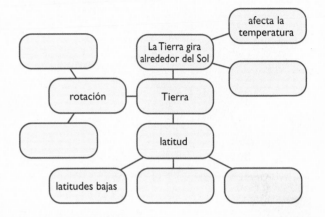

# SECCIÓN 1

# Comprender la Tierra

# El escenario

"El padre cielo abrió su mano. En cada movimiento de sus dedos dejó caer incontables granos de brillante maíz. Con su pulgar e índice tomó algunos de los granos y los puso en el cielo como estrellas para guiar a los seres humanos cuando el sol se ocultara."

Esto es parte de un antiguo mito de los pueblos, tribus indígenas del suroeste de Estados Unidos. Con esta historia explicaban la formación del cielo nocturno.

## La Tierra, el Sol y el medio ambiente

La Tierra, el Sol, los planetas y la mayoría de las estrellas que vemos en el cielo nocturno son parte de una galaxia o familia de estrellas. Llamamos Vía Láctea a nuestra galaxia porque la luz de los miles de millones de estrellas que la forman parece un chorro de leche derramada en el cielo oscuro. Desde luego, existen otras galaxias, pero están tan distantes que sólo las vemos como diminutos puntos de luz. Nuestro Sol es una estrella de la Vía Láctea. El Sol nos proporciona la luz y energía que necesitamos para sobrevivir en la Tierra. El Sol afecta al **medio ambiente,** es decir, lo que nos rodea, de muchas maneras.

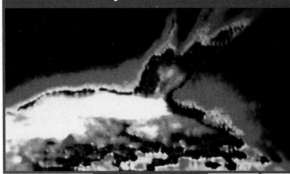

**La superficie del Sol**

### CIENCIA Y TECNOLOGÍA

El Sol es el cuerpo más grande de nuestro sistema solar, con 99.8 por ciento de toda la masa del sistema.

**Razonamiento crítico** ¿Cómo afecta el Sol la vida en la Tierra?

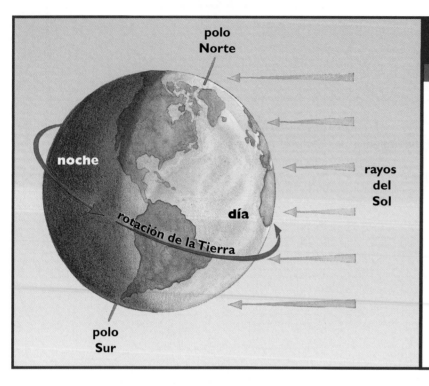

polo
Norte

noche

rotación de la Tierra

día

rayos
del
Sol

polo
Sur

## El cambio de la noche al día

**GEOGRAFÍA** Este esquema muestra cómo pasa la Tierra de la noche al día. La Tierra tarda casi 24 horas en dar una vuelta completa sobre su eje. Cuando una mitad de la Tierra está iluminada por el Sol, la otra mitad está a oscuras.

**Estudio de la tabla** Conforme pasa el tiempo, la Tierra gira cada vez más lentamente. ¿Qué pasará con la duración del día? Busca América del Norte en el globo. ¿Qué costa recibe primero la luz del Sol?

**Comprender el día y la noche** Aunque el Sol está a 93 millones de millas (150 millones de kilómetros) de distancia, proporciona a la Tierra la luz y el calor que necesita. La Tierra gira alrededor del Sol en una trayectoria oval llamada **órbita**. La Tierra tarda 365 días y $^1/_4$ para dar una vuelta completa o **revolución** alrededor del Sol.

Conforme la Tierra gira alrededor del Sol, también gira sobre sí misma. La Tierra gira sobre su **eje**, una línea imaginaria que pasa por su parte media del polo Norte al polo Sur. Un giro completo, que tarda 24 horas, es una **rotación**. En la parte que recibe la luz solar es de día. En la parte opuesta es de noche.

**Comprender las estaciones** En ciertos momentos del año y en ciertos lugares, los días son más largos que las noches. En otras ocasiones, las noches son más largas que los días. Esto sucede en parte porque el eje de la Tierra está inclinado. En algunos puntos de la órbita, la inclinación de la Tierra hace que ciertas regiones reciban la luz solar durante más horas que otras. Sus días son más largos. En otros puntos, las regiones permanecen alejadas del Sol por más tiempo. Sus días son más cortos.

La inclinación de la Tierra y la órbita también causan cambios en la temperatura. El calor que sientes depende de cuán directamente recibe la luz solar la región donde vives. Algunas regiones reciben la luz solar de manera directa. Otras no reciben luz directa.

La cantidad de luz solar también determina cuánto alimento puede producirse y dónde pueden vivir las personas. Por ejemplo, las regiones que reciben menos luz solar producen menos cosechas, mientras que en las regiones con más luz solar, como en Estados Unidos, se producen más cosechas para alimentar a poblaciones mayores.

# El efecto de la latitud

Las líneas imaginarias llamadas líneas de **latitud** son círculos en dirección este-oeste alrededor del globo. Algunas tienen nombres especiales y todas dividen a la Tierra en regiones, según la cantidad de luz solar que reciben.

Observa el esquema. El **ecuador** es la línea de latitud de la Tierra que pasa exactamente a la mitad de la distancia entre el polo Norte y el polo Sur. Aproximadamente el 21 de marzo y el 23 de septiembre el Sol cae directamente sobre el ecuador. En estas fechas, llamadas equinoccio de primavera y equinoccio de otoño, el día dura casi lo mismo que la noche.

Otras dos líneas de latitud importantes son el **trópico de Cáncer** y el **trópico de Capricornio**. El 21 ó 22 de junio, el Sol cae directamente sobre el trópico de Cáncer. Este día se conoce como solsticio de verano en el hemisferio norte. El 21 ó 22 de diciembre, el Sol cae directamente sobre el trópico de Capricornio. Este día se conoce como solsticio de invierno en el hemisferio norte. En el hemisferio sur, las estaciones son exactamente opuestas. ¿En qué fecha cae ahí el solsticio de verano?

La zona entre el trópico de Cáncer y el trópico de Capricornio se conoce como **latitudes bajas** o trópicos. Cualquier punto en las

## ENLACE CON las ciencias

**Sol de medianoche** El eje de la Tierra no es recto, por lo que la Tierra parece estar inclinada. Cuando el polo Norte apunta hacia el Sol, éste nunca se oculta. Al mismo tiempo, el polo Sur apunta en dirección opuesta, por lo que el Sol no sale en esa región. Este fenómeno dura seis meses. Cuando el polo Sur apunta hacia el Sol, recibe luz seis meses sin interrupción.

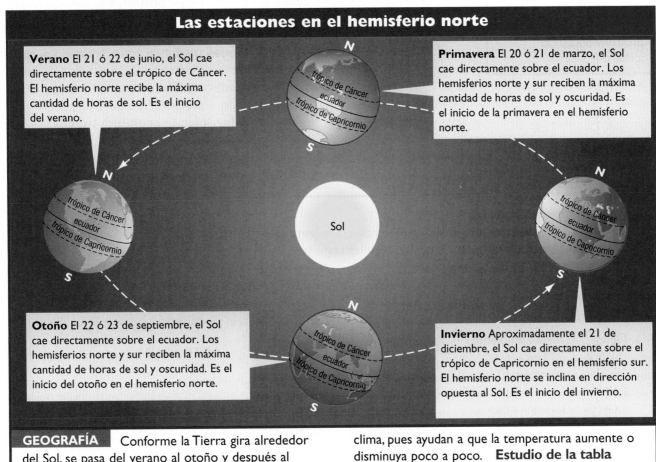

## Las estaciones en el hemisferio norte

**Verano** El 21 ó 22 de junio, el Sol cae directamente sobre el trópico de Cáncer. El hemisferio norte recibe la máxima cantidad de horas de sol. Es el inicio del verano.

**Primavera** El 20 ó 21 de marzo, el Sol cae directamente sobre el ecuador. Los hemisferios norte y sur reciben la máxima cantidad de horas de sol y oscuridad. Es el inicio de la primavera en el hemisferio norte.

Sol

**Otoño** El 22 ó 23 de septiembre, el Sol cae directamente sobre el ecuador. Los hemisferios norte y sur reciben la máxima cantidad de horas de sol y oscuridad. Es el inicio del otoño en el hemisferio norte.

**Invierno** Aproximadamente el 21 de diciembre, el Sol cae directamente sobre el trópico de Capricornio en el hemisferio sur. El hemisferio norte se inclina en dirección opuesta al Sol. Es el inicio del invierno.

**GEOGRAFÍA** Conforme la Tierra gira alrededor del Sol, se pasa del verano al otoño y después al invierno. Pero el clima no se hace más frío o cálido justo cuando termina el verano o empieza el invierno. ¿Por qué? Los océanos y lagos también afectan el clima, pues ayudan a que la temperatura aumente o disminuya poco a poco. **Estudio de la tabla** Australia se localiza en el hemisferio sur. ¿Qué estación es en Australia cuando es invierno en Estados Unidos?

regiones de latitud baja recibe luz solar directamente en alguna época del año y en esa época casi siempre hace calor.

Existen otras dos líneas de latitud que definen dos regiones diferentes. Al norte del ecuador, a 66°N, se encuentra el **Círculo Ártico**. Al sur del ecuador, a 66°S se encuentra el **Círculo Antártico**. Las regiones entre estos círculos y los polos son de **latitudes altas** o polares. Las regiones de latitudes altas no reciben luz solar directa, por lo que son extremadamente frías.

Hay dos regiones más, las de **latitudes medias** o zonas templadas, una en en el hemisferio norte y otra en el hemisferio sur. En cierta época del año, estas regiones reciben luz solar indirecta. Por eso se nota el cambio de primavera a verano, otoño e invierno. Cada estación dura alrededor de tres meses y tiene distintas pautas de luz solar, temperatura y clima.

# EVALUACIÓN DE LA SECCIÓN I

**DESPUÉS DE LEER**

## RECORDAR
**1.** Identifica: (a) ecuador, (b) trópico de Cáncer, (c) trópico de Capricornio, (d) Círculo Ártico, (e) Círculo Antártico

**2.** Define: (a) medio ambiente, (b) órbita, (c) revolución, (d) eje, (e) rotación, (f) latitud, (g) latitudes bajas, (h) latitudes altas, (i) latitudes medias

## COMPRENSIÓN
**3.** ¿Cómo afecta al ambiente la rotación e inclinación de la Tierra y su órbita alrededor del Sol?

**4.** ¿Cómo afecta la latitud al clima de las regiones de la Tierra?

## RAZONAMIENTO CRÍTICO Y ESCRITURA
**5. Explorar la idea principal** Repasa la idea principal al inicio de esta sección. Luego, describe en un párrafo lo que le sucedería a la vida animal y vegetal si el eje de la Tierra no estuviera inclinado. Explica tu respuesta.

**6. Sacar conclusiones** Imagina que es 21 de junio. Vas a viajar de la zona de latitudes medias en América del Norte a la zona de latitudes medias en el norte de África. Anota en tu diario los cambios de temperatura que puedes esperar.

## ACTIVIDAD
**7. Escribir para aprender** Escribe el guión de una historia acerca de un niño que trata de explicar la relación entre la Tierra y el Sol.

# Los cinco temas de la geografía

## ANTES DE LEER

### ENFOQUE DE LECTURA

1. ¿Qué es la geografía?
2. ¿Para qué sirven los cinco temas de la geografía en la comprensión del mundo?

### PALABRAS CLAVE

geografía
paralelo
grado
longitud
meridiano
primer meridiano

### IDEA PRINCIPAL

Los geógrafos estudian la Tierra por temas: posición, lugar, interacción del ser humano con el medio ambiente, movimiento y regiones.

### ANOTACIONES

Copia el esquema y mientras lees esta sección, complétalo con datos sobre los cinco temas de la geografía. Agrega más entradas si es necesario.

> **I. Geografía**
>    A. Estudio de la Tierra
>       1.
>       2.
> **II. Los cinco temas de la geografía**
>    A. Posición
>       1. posición absoluta
>       2.
>    B. Lugar
>    C. Interacción del ser humano con el medio
>    D. Movimiento
>    E. Regiones

## El escenario

Michael Collins, un astronauta que viajó a la Luna, describió a la Tierra tal como la vio desde su módulo espacial en julio de 1969, a casi 200 millas de distancia.

"El océano Índico brilla con increíbles tonalidades jade esmeralda y ópalo en las aguas poco profundas que rodean a las Islas Maldivas... Ahora el Sol ilumina de manera poco común las aguas cerca de Formosa [Taiwan]. Al sur de la isla se forman ondulaciones que se intersectan y forman patrones claramente visibles que, supongo, dicen mucho sobre las corrientes a los pescadores de la región."

## El estudio de la geografía

Desde su alto puesto de vigía, Michael Collins observaba al mundo como lo hacen los geógrafos. La **geografía** es el estudio de la Tierra. Los geógrafos analizan la Tierra desde diversos puntos de vista. Determinan las distancias entre puntos. Estudian los océanos, la vida vegetal, los paisajes y las personas. Los geógrafos estudian la interacción entre la Tierra y sus habitantes.

**GEOGRAFÍA** Enormes nubes cubren el océano Índico, mientras la Tierra permanece visible.
**Razonamiento crítico** ¿Qué características de la Tierra puedes identificar?

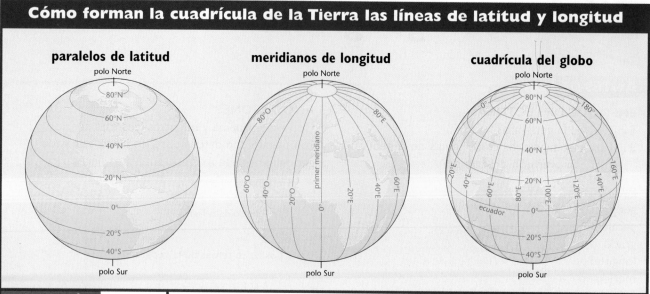

paralelos de latitud

meridianos de longitud

cuadrícula del globo

**GEOGRAFÍA**

Las líneas de latitud y longitud permiten localizar posiciones absolutas o direcciones geográficas como 20°S, 140°E, por ejemplo.

**Estudio del mapa**
Encuentra el punto 20°S, 140°E en la cuadrícula del globo. ¿Qué continente está en ese punto?

# Los temas de la geografía: cinco maneras de ver a la Tierra

En su trabajo, los geógrafos se hacen dos preguntas básicas: (1) ¿Dónde están las cosas? y (2) ¿Por qué están ahí? Las respuestas pueden organizarse en cinco temas: posición, lugar, interacción del ser humano con el medio ambiente, movimiento y regiones.

**Posición**   Para estudiar un lugar, los geógrafos deben describir su posición. La posición absoluta se identifica con dos tipos de líneas imaginarias, las de latitud y las de longitud.

Las líneas de latitud forman círculos de este a oeste alrededor del globo. Estas líneas también se llaman **paralelos** porque son paralelas entre sí. Los círculos dividen a la tierra en unidades llamadas **grados**. A la mitad del globo se encuentra un paralelo llamado **ecuador**, a 0° de latitud. Los geógrafos miden las posiciones al norte y al sur del ecuador. El punto más lejano al norte del ecuador es el polo Norte, a 90°. El punto más lejano al sur del ecuador es el polo Sur, a 90°.

Los geógrafos también pueden buscar lugares de este a oeste. Para ello usan líneas de **longitud** o **meridianos** que cruzan la Tierra de norte a sur. Todos los meridianos empiezan y terminan en los polos Norte y Sur de la Tierra. El **primer meridiano**, que pasa por Greenwich, Inglaterra, se encuentra a 0°. Los geógrafos miden las posiciones al este y al oeste del primer meridiano. La máxima longitud es 180°, es decir, la mitad de la distancia alrededor del mundo.

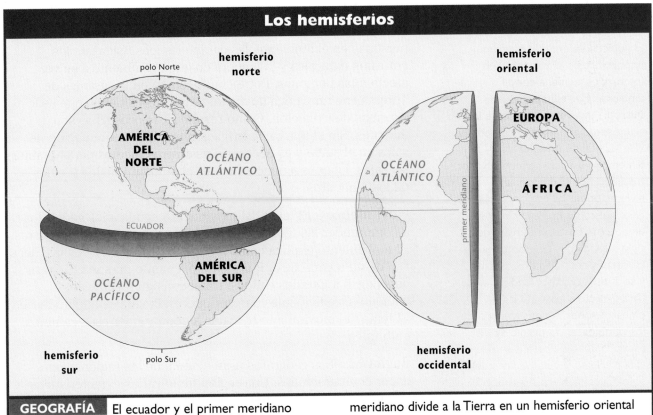

# Los hemisferios

**hemisferio norte**

polo Norte

AMÉRICA DEL NORTE

OCÉANO ATLÁNTICO

ECUADOR

AMÉRICA DEL SUR

OCÉANO PACÍFICO

**hemisferio sur**

polo Sur

**hemisferio oriental**

EUROPA

OCÉANO ATLÁNTICO

primer meridiano

ÁFRICA

**hemisferio occidental**

**GEOGRAFÍA** El ecuador y el primer meridiano dividen a la Tierra en dos mitades. Cada mitad es un hemisferio. El ecuador divide a la Tierra en un hemisferio norte y un hemisferio sur. El primer meridiano divide a la Tierra en un hemisferio oriental y un hemisferio occidental. **Estudio del mapa** ¿En qué hemisferios se localiza tu ciudad? Usa el esquema y un globo terrestre para responder la pregunta.

Los geógrafos también analizan la posición relativa. Para ello describen lugares cerca del punto que buscan. Supónte que vives en Victoria, Texas. La posición relativa de Victoria es 120 millas al sureste de Austin, la capital de Texas.

**Lugar** Los geógrafos también estudian los lugares. Esto incluye sus características físicas y humanas. Para describir las características físicas puedes decir que el clima es caliente o que la superficie es montañosa. Las características humanas abarcan el número de habitantes y su ocupación.

En los mapas, los geógrafos usan colores o símbolos especiales para identificar las regiones. Un lugar puede ser parte de varias regiones a la vez. Por ejemplo, Houston, Texas, está en una región de planicies y en una región petrolera.

**ENLACE CON las matemáticas**

**Usar latitud** La latitud puede usarse para medir distancias de norte a sur. Un grado de latitud equivale a alrededor de 69 millas. Por ejemplo, Wichita, Kansas, está casi 5 grados al norte de San Antonio. Por lo tanto, podemos decir que Wichita está a casi 345 millas al norte de San Antonio (5 x 69 = 345).

El gobierno ejerce un papel muy importante en el balance de la interacción humana con el ambiente. Por ejemplo, el río Missouri una vez tuvo uno de los grupos más abundantes de peces y vida vegetal de América del Norte. Sin embargo, el río se inundaba con frecuencia, lo cual impedía la navegación de las embarcaciones. El gobierno de Estados Unidos empezó a construir, a finales del siglo XIX, diques de gran tamaño. La cuenca del río fue modificada y se aumentó su profundidad para facilitar el paso de las embarcaciones. A consecuencia de los cambios, el río perdió su capacidad natural para mantener la vida marina y vegetal. A fines del siglo XX, el gobierno reconoció este problema y tomó medidas para restaurar el río.

**Razonamiento crítico** ¿Por qué crees que el gobierno quería controlar el río? ¿Crees que los gobiernos deben modificar los ambientes de la naturaleza?

## Interacción del ser humano con el medio ambiente

El tema de la interacción enfatiza los efectos causados por las personas en el ambiente, las características físicas de los entornos naturales y la manera en que el ambiente a su vez afecta a las personas. Por ejemplo, como en las granjas de Turquía cae muy poca lluvia, los agricultores tienen que usar sistemas de irrigación. Como resultado, las cosechas son mayores. Sin embargo, la irrigación produce acumulación de sales en el suelo y es necesario usar otros medios para eliminar las sales. La consecuencia final es el aumento de los precios de los alimentos.

**Movimiento** El tema del movimiento ayuda a los geógrafos a comprender las relaciones existentes entre diferentes lugares. El movimiento explica cómo las personas, los bienes y las ideas van de un lugar a otro. Por ejemplo, cuando personas de otro país llegan a Estados Unidos, traen consigo recetas de alimentos tradicionales que enriquecen la vida estadounidense. El tema del movimiento te ayuda a comprender esos cambios culturales.

**Regiones** Los geógrafos usan el tema de las regiones para hacer comparaciones. Una región tiene varias características comunes como clima, tierra, población e historia. Por ejemplo, la región del Valle del Nilo es una zona serpenteante que cruza varios países a ambos lados del río Nilo. La vida en el valle es muy diferente de la vida en las regiones alejadas del río, ya que en estas últimas, el paisaje es casi desértico.

# EVALUACIÓN DE LA SECCIÓN 2

## DESPUÉS DE LEER

### RECORDAR:
1. Define: (a) geografía, (b) paralelo, (c) grado, (d) longitud, (e) meridiano, (f) primer meridiano

### COMPRENSIÓN
2. ¿Por qué las personas estudian geografía?

3. ¿Cuáles son los cinco temas de la geografía?

### RAZONAMIENTO CRÍTICO Y ESCRITURA
4. **Explorar la idea principal** Repasa la idea principal al inicio de esta sección. Luego, escribe un párrafo que explique la importancia del estudio de la geografía de la Tierra.

5. **Sacar conclusiones** La ciudad de Buenos Aires se encuentra aproximadamente a 34°S de latitud y a 58°O de longitud. A partir de estos datos, ¿cómo deducirías en qué hemisferio se encuentra?

 **Búscalo en la RED**

6. **Medir líneas de latitud y longitud** Mide los grados de latitud y longitud de tu ciudad en la Tierra. Dibuja un mapa con líneas de latitud y longitud e indica la posición de tu ciudad. Visita la sección World Explorer: People, places, and Culture en el sitio **phschool.com** para completar esta actividad.

# SECCIÓN 3

# Usar recursos de geografía

## ANTES DE LEER

### ENFOQUE DE LECTURA

1. ¿Cuáles son las ventajas y desventajas de usar un globo terrestre o un mapa para estudiar la superficie de la Tierra?
2. ¿Qué hizo Mercator para crear un mapa preciso?
3. ¿Cuáles son las partes de un mapa?

### PALABRAS CLAVE

globo terráqueo
escala
distorsión
proyección

rosa de los vientos
puntos cardinales
clave
cuadrícula

### PERSONAJES CLAVE

Gerhardus Mercator
Arthur Robinson

### IDEA PRINCIPAL

Representar la Tierra con un globo terráqueo o con un planisferio genera varios problemas.

### ANOTACIONES

Copia la red de conceptos y mientras lees esta sección, complétala con datos sobre los recursos de geografía. Agrega más óvalos si es necesario.

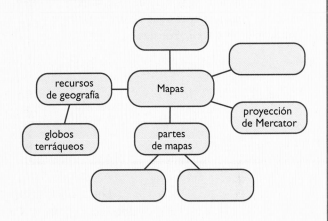

## El escenario

Tal vez crees que un mapa siempre es un pedazo de papel, pero hace cientos de años los mapas se hacían con cualquier material disponible. Las tribus Inuit tallaban elaborados mapas en pedazos de madera porque necesitaban mapas fáciles de transportar, duraderos y resistentes al agua.

## Globos terráqueos y mapas

En el pasado, las personas sabían muy poco acerca de las tierras que se encontraban lejos de su hogar. Sus mapas sólo mostraban las regiones a las que viajaban.

Conforme las personas empezaron a explorar la Tierra, recolectaron información sobre la forma y tamaño de las islas, continentes y masas de agua. Los cartógrafos, quienes hacen mapas, querían mostrar la información de manera precisa. Pensaron que la mejor manera de hacerlo era con un **globo terráqueo**, o sea, un modelo redondo de la Tierra. Al usar la misma forma de la Tierra podrían mostrar los continentes y océanos tal como eran. La única diferencia era la **escala** o tamaño.

**CULTURA** Los habitantes de la isla Marshall hicieron mapas del sudoeste del Pacífico. Las varitas de palma muestran el oleaje y las corrientes; las conchas son las islas.
**Razonamiento crítico** ¿Por qué crees que las personas hicieron sus mapas con estos materiales? ¿Por qué era importante mostrar las corrientes en los mapas?

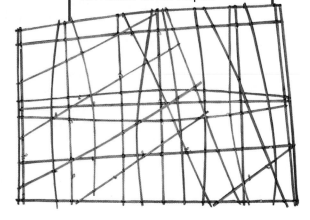

## El mundo: una proyección de Mercator

**GEOGRAFÍA** Los mapas de Mercator muestran las zonas cerca de los polos más grandes de lo que son. Esto se debe a que, en un globo, las líneas de longitud terminan en los polos, pero en un planisferio son paralelas. Los mapas de Mercator son útiles para los navegantes porque, como las líneas de latitud y longitud son rectas, pueden usar un compás para trazar sus rutas. **Estudio del mapa** En este mapa, Groenlandia se ve más grande de lo que es. ¿Qué otras regiones crees que se ven más grandes de lo que son? ¿Por qué?

Los globos terráqueos también presentan problemas. No pueden detallarse y ser lo bastante pequeños a la vez para manejarse con facilidad. Por eso necesitamos los planisferios.

Pero los planisferios también presentan problemas. Como la Tierra es redonda, es imposible mostrarla en una superficie plana sin **distorsión** o alteraciones en la precisión de las formas y las distancias. Siempre hay algo que se ve más grande o más pequeño de lo que es.

**MIENTRAS LEES**

**Revisa tu lectura**
¿Qué le preguntarías a Gerhardus Mercator acerca del mapa que creó en 1569?

## Hacer mapas

En 1569, un geógrafo llamado **Gerhardus Mercator** creó un mapa plano o planisferio para ayudar a los navegantes a seguir rutas muy largas alrededor del mundo. Para hacer esto, Mercator amplió el área entre longitudes en los polos. El mapa de Mercator resultó muy útil para los navegantes. Con él hicieron anotaciones más precisas sobre las distorsiones que encontraban en sus viajes. Más de 400 años después, casi todos los navegantes de alta mar usan esas notas y la **proyección** de Mercator, que mostraba la manera de crear un mapa de la Tierra sobre un papel.

Cuando Mercator creó su mapa, se aseguró que la forma de las masas de tierra y los océanos fueran similares a las de un globo. No obstante, tuvo que ampliar la separación entre las líneas de longitud, lo cual distorsionó el tamaño de algunas regiones. Mientras la zona del ecuador se hizo casi recta, la de los polos se hizo mucho mayor. En el mapa de Mercator, Groenlandia se ve más grande que América del Sur, cuando en realidad apenas alcanza una octava parte de su tamaño.

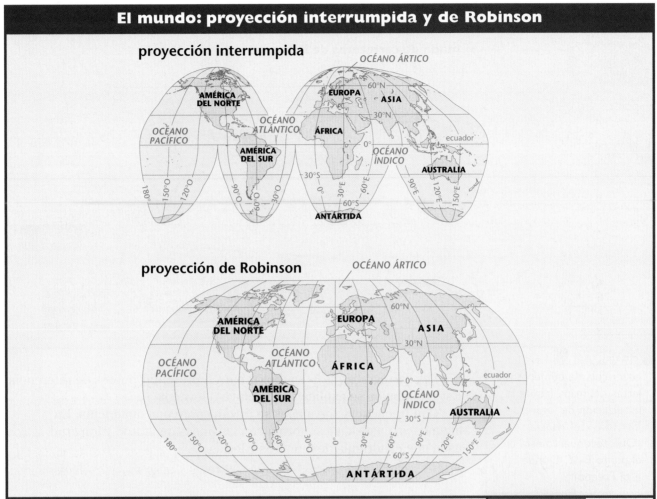

## El mundo: proyección interrumpida y de Robinson

### proyección interrumpida

OCÉANO ÁRTICO

AMÉRICA DEL NORTE

EUROPA

ASIA

60°N

30°N

OCÉANO ATLÁNTICO

ÁFRICA

OCÉANO PACÍFICO

0°

ecuador

AMÉRICA DEL SUR

OCÉANO ÍNDICO

AUSTRALIA

30°S

60°S

ANTÁRTIDA

### proyección de Robinson

OCÉANO ÁRTICO

AMÉRICA DEL NORTE

EUROPA

ASIA

60°N

30°N

OCÉANO PACÍFICO

OCÉANO ATLÁNTICO

ÁFRICA

0°

ecuador

AMÉRICA DEL SUR

OCÉANO ÍNDICO

AUSTRALIA

30°S

60°S

ANTÁRTIDA

Los cartógrafos usaron varias técnicas. La proyección interrumpida es parecida a la piel de una naranja cortada en una sola tira. Al dividir la imagen de la tierra, los mapas mostraron con mayor precisión el tamaño y forma del terreno, además de facilitar el cálculo de las distancias. Sin embargo, esta proyección no permitía trazar rutas marítimas.

Los cartógrafos actuales creen que la proyección de **Arthur Robinson** es el mejor mapa que existe, ya que muestra la forma de la Tierra con mayor precisión y facilita la medición de los océanos y las distancias. Aun así, la proyección de Robinson presenta cierta distorsión, especialmente en los bordes.

Hay varios tipos de proyecciones. Cada una tiene ciertas ventajas y desventajas dependiendo del uso que se le dé.

## Las partes de un mapa

Los geógrafos usan símbolos y herramientas en los mapas. Uno de los más importantes es la **rosa de los vientos**, una especie de compás que muestra los **puntos cardinales** (Norte, Sur, Este y Oeste).

Los mapas también incluyen una escala que muestra el equivalente real de las distancias del dibujo. Las escalas varían en cada mapa. En un mapa, cada pulgada puede ser igual a 1 milla o 100 millas reales.

**GEOGRAFÍA** Hay muchas maneras de representar al mundo en un planisferio. La proyección interrumpida muestra el tamaño y forma real de los continentes. Aunque la proyección de Robinson distorsiona la imagen un poco, muestra con mayor precisión la forma y tamaño de los países. **Razonamiento crítico** ¿Crees que la proyección de Robinson le sea más útil a un navegante que la proyección de Mercator? ¿Por qué?

# Un mapa de caminos

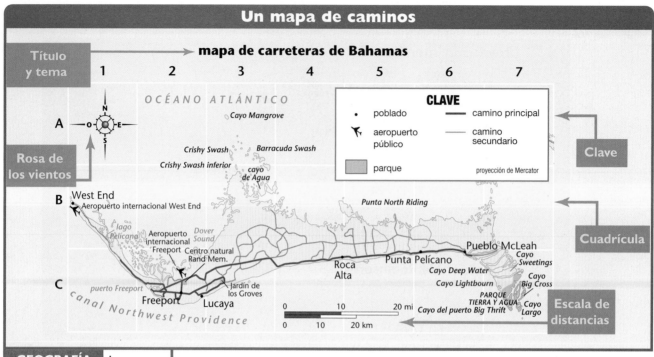

**Título y tema** → **mapa de carreteras de Bahamas**

1    2    3    4    5    6    7

**Rosa de los vientos**

**Clave**

**Cuadrícula**

**Escala de distancias**

OCÉANO ATLÁNTICO

A

B

C

Cayo Mangrove

Crishy Swash
Crishy Swash inferior

Barracuda Swash

cayo de Agua

West End
Aeropuerto internacional West End

lago Pelícana

Dover Sound

Aeropuerto internacional Freeport

Centro natural Rand Mem.

puerto Freeport

canal Northwest Providence

Freeport    Lucaya

Jardín de los Groves

Punta North Riding

Roca Alta

Punta Pelícano

Pueblo McLeah

Cayo Sweetings

Cayo Deep Water

Cayo Lightbourn

Cayo Big Cross

PARQUE TIERRA Y AGUA

Cayo del puerto Big Thrift

Cayo Largo

**CLAVE**

• poblado

✈ aeropuerto público

▭ parque

━━ camino principal

── camino secundario

proyección de Mercator

0    10    20 mi
0    10    20 km

**GEOGRAFÍA** La cuadrícula de números y letras del mapa facilita la localización de lugares. **Estudio del mapa** ¿Qué aeropuerto está en el punto B-1? ¿Dónde está Freeport?

Los cartógrafos usan símbolos para representar puntos de referencia. Estos símbolos se explican en la **clave** o leyenda.

Con frecuencia, los mapas se trazan sobre una **cuadrícula**. En algunos, la cuadrícula se forma con las líneas de latitud y longitud. Otros usan una cuadrícula de números y letras.

# EVALUACIÓN DE LA SECCIÓN 3

## DESPUÉS DE LEER

### RECORDAR
1. Identifica: (a) Gerhardus Mercator (b) Arthur Robinson

2. Define: (a) globo terráqueo, (b) escala, (c) distorsión, (d) proyección, (e) rosa de los vientos, (f) puntos cardinales, (g) clave, (h) cuadrícula

### COMPRENSIÓN
3. Compara el uso de mapas y globos terráqueos para representar la Tierra.

4. ¿Cuál es el mayor problema de la proyección interrumpida?

5. ¿Por qué son importantes las partes de un mapa?

### RAZONAMIENTO CRÍTICO Y ESCRITURA
6. **Explorar la idea principal** Repasa la idea principal al inicio de esta sección. Luego, haz una lista con las dificultades que enfrentaron los primeros cartógrafos.

7. **Hacer comparaciones** Planeas una excursión a un parque en otro estado. Tienes dos mapas: uno de caminos y otro del parque. ¿Qué ventajas tiene cada mapa?

### ACTIVIDAD
8. **Escribir para aprender** Piensa en un lugar que te gustaría visitar. ¿Qué instrucciones le darías a un amigo para llegar ahí? Anota las indicaciones y referencias que puedes incluir. Luego dibuja el mapa.

# Estudio de los mapas de distribución

**México: distribución de la población**

ESTADOS UNIDOS

30°N

golfo de México

MÉXICO

trópico de Cáncer

20°N

20°N

N O E S

**CLAVE**

• un punto representa 200,000 habitantes

Proyección: Área equivalente Azimutal Lambert

100°O

90°O

0 200 400 mi

0 200 400 km

## Aprende la destreza

Un mapa de distribución es un mapa especializado que muestra cómo algo (habitantes, bosques, volcanes) se distribuye en una región. Un mapa de distribución de la población, por ejemplo, muestra cómo se distribuyen los habitantes de una región particular. Para estudiar un mapa de distribución, sigue estos pasos:

**A.** Lee el título del mapa. Éste indica el tema del mapa.

**B.** Lee la clave. Ésta contiene datos importantes para comprender el mapa. Por lo general incluye símbolos y su significado.

**C.** Usa la información de la clave para leer el mapa.

## Practica la destreza

Ahora que sabes cómo leer el mapa de distribución de la población de México, puedes empezar a estudiarlo. Observa la clave para saber de qué trata el mapa. ¿Cómo se representa la población? ¿Cuántos habitantes representa cada símbolo? ¿En dónde vive la mayor parte de la población? ¿Por qué crees que la población se distribuye de esta manera? Piensa en factores físicos como el clima y el tipo de terreno.

## Aplica la destreza

Hallarás más preguntas sobre los mapas de distribución en la sección Repaso y evaluación de este capítulo.

# Repaso y evaluación

## Resumen del capítulo

**Las siguientes ideas son importantes para recordar mejor el Capítulo 1:**

### GEOGRAFÍA: RECURSOS Y CONCEPTOS

**Sección 1**
La Tierra gira alrededor del Sol y sobre su propio eje, el cual se encuentra inclinado. Esta combinación crea el día y la noche, y las estaciones del año.

**Sección 2**
Los geógrafos organizan el estudio de la Tierra en cinco temas: posición, lugares, interacción humana con el medio ambiente, movimiento y regiones.

**Sección 3**
Los geógrafos han creado varios recursos, como los globos y mapas, para estudiar la Tierra de manera fácil y precisa. Las proyecciones son una de ellas. Las proyecciones contienen una clave, una rosa de los vientos, una escala y una cuadrícula para presentar la información.

## Repaso de palabras clave

**Relaciona los términos de geografía con sus definiciones.**

**Columna I**
1. globo terráqueo
2. latitud
3. escala
4. geografía
5. longitud
6. primer meridiano
7. ecuador
8. puntos cardinales

**Columna II**
a. modelo de la Tierra
b. línea imaginaria que pasa por la mitad de la distancia entre los polos de la Tierra
c. línea imaginaria que rodea la Tierra de este a oeste
d. línea imaginaria que rodea la Tierra de norte a sur
e. línea de longitud que pasa por Greenwich, Inglaterra
f. estudio de la Tierra
g. tamaño de cierta región en un mapa en comparación con su tamaño real
h. norte, sur, este, oeste

## Repaso de ideas principales

1. ¿De qué manera la relación entre la Tierra y el Sol crea los días, las estaciones y el clima? (Sección 1)
2. ¿Cuál es la diferencia entre los temas de geografía de lugares y posición? (Sección 2)
3. ¿A qué se refiere el tema de geografía Interacción humana con el medio ambiente? (Sección 2)
4. Usa el tema Regiones para comparar tu región con otra. (Sección 2)
5. ¿Por qué los geógrafos crearon tantos tipos de mapas? (Sección 3)
6. ¿Cuál es la diferencia entre un globo terráqueo y un mapa? (Sección 3)
7. ¿Por qué es importante el factor de la "distorsión"? (Sección 3)
8. ¿Cómo usarías en geografía el término *cuadrícula*? (Sección 3)

## Actividad de mapa

### El globo terráqueo

**Escribe la letra que indica la posición de cada lugar en el mapa.**

1. primer meridiano
2. ecuador
3. polo Norte
4. polo Sur
5. Europa
6. África
7. América del Sur
8. América del Norte

 **Búscalo en la RED**

**Enriquecimiento** Hallarás más actividades con mapas y destrezas de geografía en la sección de Social Studies en **phschool.com.**

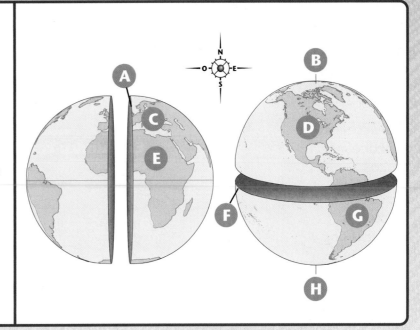

## Actividad de escritura

### Escribir un párrafo

1. Escribe un párrafo que describa los usos de los mapas que hayas visto. Puedes incluir el uso de mapas de caminos, plano de asientos en un auditorio, plano de un museo o mapas dibujados a mano para llegar a casa de un amigo.

### Escribir un informe

2. Escribe un breve informe en el que expliques por qué la primavera llega primero a ciertas partes de Estados Unidos que a otras. Puedes ilustrar la inclinación de la Tierra en relación con el Sol, la posición de Estados Unidos y la llegada de la primavera en varias regiones.

## Aplica tus destrezas

**Pasa a Destrezas para la vida de la página 23 para realizar la siguiente actividad.**

Busca un mapa de distribución en la biblioteca o en Internet. Escribe varias preguntas que prueben la habilidad de alguien para leer y usar ese mapa. Intercambia mapas y preguntas con un compañero y responde a las preguntas.

## Razonamiento crítico

1. **Hacer inferencias** Si el Sol cae directamente sobre el Trópico de Capricornio, ¿cuántos meses faltan para que llegue la primavera a Estados Unidos?

2. **Generalizar** Todos los mapas de la Tierra dibujados en papel contienen distorsiones. ¿Hay distorsiones en los mapas regionales? Explica tu respuesta.

 **Búscalo en la RED**

**Actividad** Haz un mapa de tu ciudad. Incluye una clave. Visita la sección World Explorer: People, Places, and Culture en el sitio **phschool.com** para completar esta actividad.

**Autoevaluación del Capítulo 1** Como repaso final, resuelve la prueba de autoevaluación del Capítulo 1. Busca la prueba en la sección de Social Studies en **phschool.com.**

# Geografía física de la Tierra

**SECCIÓN I**
**Características y procesos físicos**

**SECCIÓN 2**
**Factores geográficos y recursos naturales**

**SECCIÓN 3**
**Clima y vegetación**

## El mundo: recursos naturales

**CLAVE**

| | | | | | | | |
|---|---|---|---|---|---|---|---|
| 📦 | cobre | 🪙 | plata | ▱ | plomo | ⬤ | estaño |
| 🏅 | bauxita | 🏅 | fosfatos | △ | níquel | ◆ | diamantes |
| 🏺 | oro | ✹ | uranio | ▢ | tungsteno | | |

proyección de Robinson

## USAR MAPAS

**Estudia el mapa de recursos naturales. Completa las siguientes actividades.**

### Estudiar los recursos

Visita una biblioteca o la Internet para conocer los usos de los recursos naturales del mapa. Organiza la información en un informe breve. Asegúrate de explicar la importancia de los recursos.

### Sacar conclusiones

Muchos países son ricos en recursos naturales. Sin embargo, no todos han prosperado gracias a sus recursos. Con un compañero, haz una lista de las posibles razones de esta situación.

# Características y procesos físicos

## ENFOQUE DE LECTURA

1. ¿Qué procesos físicos ocurren en el interior de la Tierra?
2. ¿Qué procesos físicos ocurren en la superficie de la Tierra?
3. Describe el aire y el agua, dos de los recursos naturales más importantes para la vida.

## PALABRAS CLAVE

| | |
|---|---|
| accidente geográfico | placas tectónicas |
| montaña | placa |
| colina | desgaste |
| meseta | erosión |
| llanura | atmósfera |

## LUGARES CLAVE

Pangea

## ANOTACIONES

Copia el esquema y mientras lees esta sección, complétalo con datos sobre la Tierra. Agrega encabezados y detalles para ampliarlo.

I. **Características y procesos físicos del interior de la Tierra**
   A. Estructura de la Tierra
      1. 75 por ciento de agua
      2.
   B. Pangea

II. **Características y procesos físicos de la superficie de la Tierra**
   A. Desgaste de la Tierra
   B.

III. **Recursos naturales**
   A. Aire
   B.

## IDEA PRINCIPAL

Los procesos físicos que ocurren en el interior y en la superficie de la Tierra cambian de manera constante sus características físicas: el terreno, el aire y el agua.

# El escenario

Los terremotos y las erupciones volcánicas son dos fuerzas que cambian la forma de la Tierra. Ambos proporcionan claves sobre la estructura de la Tierra y son una de las razones de los constantes cambios en la superficie del planeta.

## Procesos físicos en el interior de la Tierra

Para comprender sucesos como las erupciones volcánicas, los geógrafos estudian la estructura de la Tierra. Las imágenes de la Tierra muestran grandes masas de agua y tierra. El agua cubre el 75 por ciento de la superficie de la Tierra en forma de lagos, ríos, mares y océanos. Sólo 25 por ciento es tierra firme.

Cada continente es único por sus **accidentes geográficos**, es decir, su forma y tipo de terreno. Las **montañas** son elevaciones de más de 2,000 pies (610 m) de altura sobre el nivel del mar. Son anchas en la base y estrechas en la cima con pendientes pronunciadas. Las **colinas** son menos altas y empinadas que las montañas. Una **meseta** es una región grande y plana de terreno elevado. Las **llanuras** son regiones extensas de terreno plano o de pendiente suave. Algunas se encuentran en las costas; otras, tierra adentro.

**CULTURA** Las islas Hawai son los volcanes más grandes del mundo. La lava derretida formó estas islas y más tarde llegaron a ellas varias formas de vida animal y vegetal. Hace cerca de 2,000 años se establecieron en estas islas los primeros seres humanos. **Razonamiento crítico** ¿Qué desafíos crees que enfrentaron los primeros habitantes de estas islas? ¿Cómo cambió el terreno con su llegada?

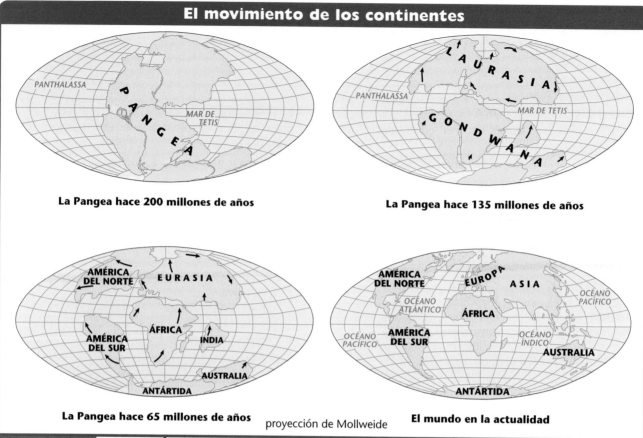

## El movimiento de los continentes

**La Pangea hace 200 millones de años**

**La Pangea hace 135 millones de años**

**La Pangea hace 65 millones de años**

proyección de Mollweide

**El mundo en la actualidad**

**GEOGRAFÍA** Estos diagramas, basados en la teoría de las placas tectónicas, muestran cómo se dividió la Pangea para formar los continentes actuales.
**Estudio del mapa** Si fueras un científico y trataras de probar la teoría de las placas tectónicas, ¿qué claves usarías?

**La Pangea: el supercontinente**   Los geógrafos sostienen la teoría de que una vez la Tierra fue una sola masa enorme llamada **Pangea.** Ellos creen que la Pangea se dividió y empezó a separarse, lo cual formó nuestros continentes.

Los geógrafos explican el movimiento de los continentes en la teoría de las **placas tectónicas.** Según esta teoría, la capa exterior de la Tierra o corteza, está dividida en porciones llamadas **placas.** Los continentes y océanos están en la parte superior de la corteza. Debajo de las placas hay una capa de roca llamada magma que debido a su elevada temperatura tiene una textura suave. Las placas flotan sobre el magma y se desplazan junto con los continentes. Su movimiento es muy lento, alrededor de 2 pulgadas (5 cm) al año.

**Volcanes, terremotos y placas que se desplazan**   Las enormes placas se mueven en distintas direcciones. En algunos casos, las placas de los océanos se separan y el magma emerge por las grietas. Con el tiempo, la roca se enfría y llega a formar cadenas montañosas o cordilleras bajo el agua. En otros casos, las placas se empujan con gran fuerza y terminan por encimarse. Este proceso genera enormes temperaturas y presiones. Las rocas fundidas se apilan, a veces hasta llegar a la superficie, y se produce un volcán.

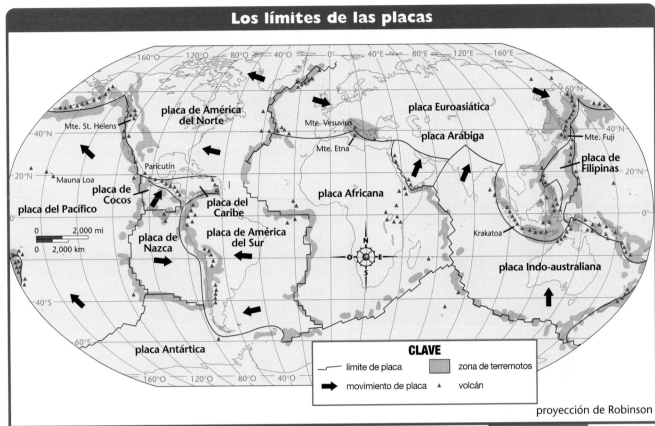

## Los límites de las placas

CLAVE

| | |
|---|---|
| límite de placa | zona de terremotos |
| movimiento de placa | volcán |

proyección de Robinson

En los límites de las placas hay muchos puntos donde la corteza es más débil. Cuando las placas se empujan entre sí, la presión rompe la corteza y se forman grietas llamadas fallas. Cuando se mueve la corteza en una falla, libera una gran cantidad de energía en forma de terremoto. Estos movimientos causan cambios dramáticos en la Tierra.

## Procesos físicos en la superficie de la Tierra

Algunas fuerzas, como los volcanes, hacen que el terreno se apile lentamente; otras forman hundimientos. Por lo general, las fuerzas que causan hundimientos no son tan dramáticas como la de los volcanes, pero los resultados son duraderos.

El **desgaste** es un proceso que fragmenta las rocas en pedazos pequeños. Existen tres causas de desgaste de la Tierra: el viento, la lluvia y el hielo. Poco a poco, pero de manera constante, estas fuerzas desgastan los accidentes geográficos. Algunas colinas y montañas pequeñas muestran el efecto del desgaste. Los montes Apalaches al este de Estados Unidos alguna vez fueron tan altos como las montañas Rocosas al oeste del país. El viento y la lluvia los desgastaron hasta convertirlos en montes. El desgaste también contribuye a la formación de suelos cuando los fragmentos de roca se combinan con restos de plantas y animales.

Una vez formados los fragmentos, pueden ser arrastrados a otros lugares en un proceso conocido como **erosión.** El desgaste y la erosión forman nuevos accidentes geográficos poco a poco.

**GEOGRAFÍA** Las placas de la Tierra se mueven lentamente (más lento de lo que crece tu cabello). Cuando las placas se separan, forman océanos y valles. Cuando se empujan entre sí, crean montañas y volcanes.
**Movimiento** Con base en la dirección del movimiento de las placas, nombra las regiones donde creas que los océanos aumentan constantemente de tamaño.

## El ciclo del agua

nubes

precipitación

condensación

aguanieve granizo

traspiración (humedad de las plantas)

escurrimientos de la superficie

evaporación de lagos y corrientes

evaporación del océano

aguas subterráneas

escurrimientos de la superficie

**CIENCIA Y TECNOLOGÍA** El agua del océano es muy salada para beberse o regar cultivos. Sin embargo, los océanos son una fuente de agua dulce. ¿Cómo sucede esto? Cuando se evapora el agua de los océanos, la sal se queda en ellos y sólo el agua dulce forma las nubes. Luego cae la lluvia como agua dulce. **Estudio de la tabla** Después de caer la lluvia, ¿cómo regresa el agua a los océanos?

# Aire y agua: recursos naturales necesarios para la vida

La Tierra está rodeada por una capa espesa de gases llamada **atmósfera.** Ésta contiene el oxígeno que respiran los animales y el dióxido de carbono que necesitan las plantas. La atmósfera también actúa como una cubierta protectora, ya que mantiene la cantidad de calor del sol adecuada para la vida. Sin esta cubierta, el calor escaparía al espacio y la Tierra sería demasiado fría para ser habitada. Los vientos ayudan a distribuir el calor en toda la Tierra.

Aunque alrededor del 97 por ciento del agua de la Tierra se encuentra en los océanos, ésta es salada. El agua dulce representa un pequeño porcentaje del agua de la Tierra. La mayor parte se encuentra congelada en los polos. Los lagos, los ríos y la lluvia son fuentes de agua dulce. Pero también existen otras fuentes subterráneas, almacenadas entre capas de rocas bajo la superficie. Este diagrama muestra el ciclo del agua en la superficie de la Tierra, en el suelo y en el aire. En la Tierra hay suficiente agua para sus habitantes. No obstante, en algunos lugares hay demasiada y en otros, muy poca.

# EVALUACIÓN DE LA SECCIÓN I

## DESPUÉS DE LEER

### RECORDAR:

**1.** Identifica: (a) Pangea

**2.** Define: (a) accidente geográfico, (b) montaña, (c) colina, (d) meseta, (e) llanura, (f) placas tectónicas, (g) placa, (h) desgaste, (i) erosión, (j) atmósfera

### COMPRENSIÓN

**3.** ¿Qué cambios físicos ocurren en el interior de la Tierra y cuál es su efecto?

**4.** ¿Qué cambios físicos ocurren en la superficie de la Tierra y cuál es su efecto?

**5.** ¿Qué deben saber las personas acerca del aire y el agua y sus efectos sobre la vida en la Tierra?

### RAZONAMIENTO CRÍTICO Y ESCRITURA

**6. Explorar la idea principal** Repasa la idea principal al inicio de esta sección. Luego, escribe un párrafo con las respuestas a estas preguntas. (a) ¿Qué procesos físicos ves en tu localidad? (b) ¿Cómo cambian las características del terreno?

**7. Reconocer causa y efecto** Nombra las razones por las que es importante comprender el origen de los terremotos y los volcanes.

### ACTIVIDAD

**8. Escribir para aprender** Supón que ves cómo será la región donde vives dentro de 10,000 años. Describe los accidentes geográficos. Explica el posible origen de los cambios.

# Factores geográficos y recursos naturales

**ANTES DE LEER**

### ENFOQUE DE LECTURA

**1.** ¿Qué son los recursos naturales?

**2.** ¿Por qué la energía es un recurso natural escaso?

### PALABRAS CLAVE

recurso natural
materia prima
recurso cíclico
recurso renovable
recurso no renovable
combustible fósil

### IDEA PRINCIPAL

La Tierra cuenta con muchos recursos naturales; algunos son reciclables o renovables, pero otros, no.

### ANOTACIONES

Copia la red de conceptos y mientras lees esta sección, complétala con datos sobre los factores geográficos y los recursos naturales.
Agrega más óvalos si es necesario.

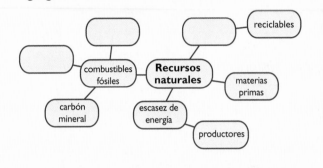

## El escenario

¿Qué podemos hacer con la basura que producimos? Muchas personas han tratado de responder a esta pregunta. En 1995, la arquitecta Kate Warner construyó una casa en Marthas's Vineyard, Massachusetts, con materiales de desecho. Primero se hizo una mezcla de concreto y cenizas de incineradores de basura. Con esta mezcla se construyeron los cimientos de la casa. Como Warner quería poner baldosas de vidrio en el baño, le pidió a los constructores que las hicieran de parabrisas de autos inservibles. "Al usar materiales de desecho, los fabricantes crean nuevos mercados para estos productos y completan un ciclo." En este ciclo, los materiales pueden usarse una y otra vez.

## Recursos naturales

Como muchas personas, Kate Warner quiere sacar el mejor provecho posible de los recursos naturales. Ella cree que ésta es la única manera de sobrevivir. Un **recurso natural** es cualquier material proveniente de la Tierra que se usa para satisfacer las necesidades de vestido, alimento y vivienda. Algunos ejemplos son el suelo, el agua, los minerales y la vegetación.

**ECONOMÍA** Algunas fábricas producen acero para hacer bicicletas combinando hierro y otros recursos naturales con "pedacería" de desecho. **Razonamiento crítico** ¿Qué pasaría si no se reciclara el acero?

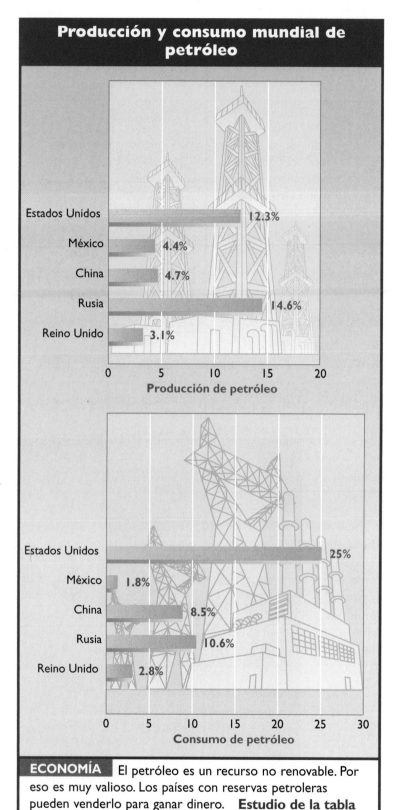

## Producción y consumo mundial de petróleo

**Producción de petróleo**

| | |
|---|---|
| Estados Unidos | 12.3% |
| México | 4.4% |
| China | 4.7% |
| Rusia | 14.6% |
| Reino Unido | 3.1% |

0　5　10　15　20
Producción de petróleo

**Consumo de petróleo**

| | |
|---|---|
| Estados Unidos | 25% |
| México | 1.8% |
| China | 8.5% |
| Rusia | 10.6% |
| Reino Unido | 2.8% |

0　5　10　15　20　25　30
Consumo de petróleo

**ECONOMÍA**　El petróleo es un recurso no renovable. Por eso es muy valioso. Los países con reservas petroleras pueden venderlo para ganar dinero.　**Estudio de la tabla** Estas tablas muestran la producción y consumo de petróleo de algunos países. ¿Qué país produce más? ¿Qué país consume más?

Algunos recursos se usan tal como se encuentran en la naturaleza. El agua es un ejemplo. Otros tienen que ser transformados. Estos son materias primas. Los árboles, por ejemplo, son **materia prima** que deben procesarse para fabricar productos útiles como papel y madera.

**Tres tipos de recursos**　Los geógrafos dividen los recursos naturales de la Tierra en tres grupos. El primer grupo es el de los **recursos cíclicos**. El agua, el nitrógeno y el carbón son algunos ejemplos de recursos cíclicos. Estos se reciclan naturalmente. El ciclo del agua, por ejemplo, renueva nuestras fuentes de agua dulce.

Un segundo grupo es el de los **recursos renovables**. Los árboles y los seres vivos son algunos ejemplos. Estos recursos son diferentes de los cíclicos porque pueden ser reemplazados. Por ejemplo, si un aserradero tala todos los árboles de una región, puede plantar nuevos árboles y renovar así este recurso.

El tercer grupo es el de los **recursos no renovables**. Después de usarse no pueden ser reemplazados. Los materiales no vivos como los minerales, el carbón de hulla, el gas natural y el petróleo son recursos no renovables.

**Fuente ancestral de energía: combustibles fósiles**　Muchas personas no valoran las cosas. Presionamos un botón para encender la luz. Calentamos nuestras casas en invierno o las enfriamos en verano. Usamos automóviles. Todo esto necesita **combustibles fósiles,** como carbón de hulla, gas natural o petróleo, para funcionar. Los combustibles fósiles necesitaron millones de años para crearse a partir de restos de plantas y animales prehistóricos. Este tipo de combustibles no pueden reemplazarse. Por eso son recursos no renovables.

# Un recurso natural escaso: la energía

Todo el mundo necesita energía. Gran parte de las necesidades energéticas se satisfacen con combustibles fósiles como el petróleo, el gas natural y el carbón mineral. Sin embargo, estos recursos no están distribuidos en todo el mundo. Mientras algunas regiones son ricas en recursos, otras no los tienen.

Ciertos países como Arabia Saudí y México tienen grandes reservas petroleras. Otros, como Estados Unidos y China, tienen reservas de gas natural y carbón mineral. Los países con muchos ríos, como los del noroeste de Europa, usan la energía del agua para generar electricidad. Otros, como Japón, tienen muy pocas fuentes de energía.

## El aumento de las necesidades y la búsqueda de nuevas fuentes

En 1973, los integrantes de la Organización de Países Exportadores de Petróleo (OPEC, por sus siglas en inglés) decidieron vender menos petróleo. En Estados Unidos, esto generó escasez de gasolina, un combustible derivado del petróleo. Cuando algo es escaso, su precio aumenta. En este caso, el precio de la gasolina aumentó más del doble. Las compañías que usaban petróleo para generar electricidad pidieron a las personas que usaran la menor cantidad de electricidad posible.

Sólo porque un país consume grandes cantidades de energía no significa que también tiene grandes reservas. Quienes usan más energía son los países industrializados como Estados Unidos y las naciones de Europa Occidental. Japón, un país con muy pocas reservas petroleras, usa el doble de energía que toda África. Cuando un país no tiene suficientes reservas energéticas, tiene que comprárselas a otros países. La escasez de petróleo en la década de 1970 nos obligó a buscar nuevas fuentes de energía, entre ellas el petróleo.

> **MIENTRAS LEES**
>
> **Usar conocimientos previos** ¿Qué pueden hacer tú y tu familia para usar menos combustibles fósiles cada día?

---

# EVALUACIÓN DE LA SECCIÓN 2

## DESPUÉS DE LEER

### RECORDAR

**1.** Define: (a) recursos naturales, (b) materias primas, (c) recurso cíclico, (d) recurso renovable, (e) recurso no renovable, (f) combustible fósil

### COMPRENSIÓN

**2.** ¿Qué tipos de recursos naturales existen?

**3.** ¿Qué factores generan escasez de energía?

### RAZONAMIENTO CRÍTICO Y ESCRITURA

**4. Explorar la idea principal** Repasa la idea principal al inicio de esta sección. Luego, haz una lista de las razones por las que es importante conservar los recursos no renovables.

**5. Hacer inferencias** ¿Qué crees que le sucedería a Estados Unidos si no pudiera comprar petróleo a otros países?

### ACTIVIDAD

**6. Encontrar soluciones** Con un compañero, elige un recurso natural como madera, petróleo o acero. Piensa en todas las formas de proteger el suministro de ese recurso, como el racionamiento, el reciclaje o reemplazarlo después de usarlo. Anota tus cinco mejores ideas y compártelas con la clase.

# Clima y vegetación

## ANTES DE LEER

### ENFOQUE DE LECTURA

1. ¿Cuál es la diferencia entre clima y tiempo?
2. ¿Qué papel ejercen el viento y el agua en el clima?
3. ¿Cuáles son las cinco regiones climatológicas más importantes y qué vegetación hay en cada una de ellas?

### PALABRAS CLAVE

tiempo
temperatura
precipitación
clima
vegetación

### IDEA PRINCIPAL

El clima de una región afecta la vegetación y la forma de vida de personas y animales.

### ANOTACIONES

Copia la tabla de causa y efecto y mientras lees esta sección, complétala con las causas y efectos sobre el clima y la vegetación. Agrega más temas con información de la sección.

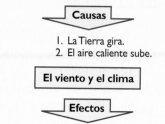

**Causas**

1. La Tierra gira.
2. El aire caliente sube.

**El viento y el clima**

**Efectos**

1. El viento distribuye el calor en la Tierra.

**GEOGRAFÍA** Un tornado puede destruir un edificio. En los tornados se producen los vientos más fuertes. **Razonamiento crítico** ¿Cómo puedes protegerte de los peligros de un tornado? ¿Cuál es el efecto económico de un tornado y de otros factores graves del clima?

# El escenario

A finales de 1996, los fuertes vientos de un tornado desgarraron la pantalla de un autocine en St. Catherine, Ontario, en Canadá. Por irónico que parezca, la película que se exhibía era *Tornado*.

## Diferencia entre tiempo y clima

El **tiempo** se refiere a los cambios diarios en el aire y se mide con la temperatura y precipitación. La **temperatura** indica qué tan caliente o frío se encuentra el aire. La **precipitación** se refiere al agua que cae a la tierra como lluvia, aguanieve, granizo o nieve.

El **clima** es el promedio del estado del tiempo por varios años. En cambio, el tiempo se observa día a día. La Tierra tiene varias regiones climatológicas. El clima varía según la latitud y se ve afectado por el viento, el agua y los accidentes geográficos.

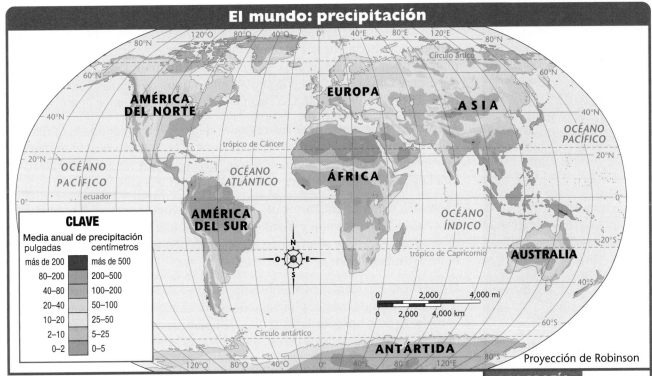

**El mundo: precipitación**

AMÉRICA DEL NORTE

EUROPA

ASIA

OCÉANO PACÍFICO

trópico de Cáncer

OCÉANO PACÍFICO

OCÉANO ATLÁNTICO

ÁFRICA

AMÉRICA DEL SUR

OCÉANO ÍNDICO

AUSTRALIA

trópico de Capricornio

ecuador

Círculo ártico

Círculo antártico

ANTÁRTIDA

Proyección de Robinson

**CLAVE**

Media anual de precipitación
pulgadas / centímetros

| más de 200 | más de 500 |
| 80–200 | 200–500 |
| 40–80 | 100–200 |
| 20–40 | 50–100 |
| 10–20 | 25–50 |
| 2–10 | 5–25 |
| 0–2 | 0–5 |

0      2,000      4,000 mi
0      2,000      4,000 km

## Los efectos del viento y el agua

Sin el viento y el agua, la Tierra se calentaría demasiado. El viento y el agua moderan el efecto del calor del sol. Debido a la rotación de la Tierra, el aire casi siempre sopla de norte a sur. (1) El aire caliente sube y viaja a las regiones de aire frío. (2) El aire frío baja y viaja a las regiones de aire tibio. De tal manera, el aire caliente del ecuador viaja hacia los polos y el aire frío de éstos se desplaza hacia el ecuador.

La rotación de la Tierra también crea las corrientes oceánicas, que son como ríos que atraviesan los océanos. Algunas corrientes transportan las aguas tibias del ecuador al norte y al sur. Otras llevan el agua fría de los polos al ecuador. Los océanos también ayudan a regular el clima de las tierras cercanas a ellos. El agua tarda más tiempo en calentarse y enfriarse que la tierra. Por lo tanto, aunque la tierra se caliente en el verano, las aguas cercanas permanecen frescas. Además, el viento del océano enfría la tierra y el agua. Desde luego, en el invierno sucede lo contrario.

**La furia de las tormentas**   Aunque el viento y el agua regulan el clima, también pueden crear tormentas. Los huracanes son tormentas que se forman en los océanos cerca de los trópicos. Los huracanes giran en dirección opuesta a las manecillas del reloj y en torno a un centro conocido como "ojo". Tienen vientos de al menos 74 millas (124 km) por hora y fuertes lluvias. La velocidad de sus vientos varía de 40 millas (67 km) a más de 300 millas (500 km) por hora y destruyen todo lo que encuentran a su paso.

**GEOGRAFÍA** La precipitación media anual es la cantidad de lluvia o nieve que cae en una región durante un año. **Estudio del mapa** ¿Qué regiones tienen la mayor precipitación? ¿Qué región es la menor?

**ENLACE CON las ciencias**

**Smog** El aire suele ser más fresco a mayor altura. Sin embargo, en una inversión térmica, el aire caliente se coloca arriba del aire frío, por lo que la contaminación que está cerca del suelo queda atrapada. Esta mezcla de humo y niebla se conoce como smog. La capa de aire parduzco en ciudades como Los Ángeles y Denver es generada por el humo de los automóviles.

# Clima y vegetación

Todas las regiones climatológicas tienen características especiales como cantidad de lluvia, luz solar, temperatura y nutrientes (elementos que las plantas usan como alimento). Las plantas se adaptan a las características del clima. Los geógrafos contemplan cinco tipos de climas. Cada uno tiene su propia **vegetación,** o plantas que crecen de manera natural.

**Tropical**   Se encuentra en las regiones de latitud baja, donde el clima es cálido, húmedo y soleado. La vegetación es el bosque tropical, con miles de especies de plantas. Algunos árboles crecen hasta 130 pies (40 metros). Muchos árboles, enredaderas y helechos crecen a la sombra.

**Seco**   El clima es caliente, con poca lluvia y suelo arenoso o rocoso. Tiene escasa vegetación y plantas de raíces superficiales para absorber el agua antes de que se evapore. Algunas tienen hojas pequeñas que conservan humedad.

**Moderado**  Se encuentra en latitudes medias. Presenta lluvias regulares, temperaturas que rara vez bajan al punto de congelación y vegetación variada. En sus bosques hay árboles de hojas caedizas (que caen en otoño), setos, arbustos, flores silvestres y pastizales.

**Continental**   En verano, la temperatura va de moderada a caliente; los inviernos son fríos. La vegetación  abarca bosques y pastizales. Donde la temperatura es moderada, los bosques son de árboles de hojas caedizas. Donde la temperatura es fría, los bosques son de coníferas (árboles con hojas puntiagudas, como agujas).

**Polar**   Este clima se encuentra en latitudes altas, donde hace frío todo el año. La vegetación incluye arbustos pequeños, musgos y líquenes (plantas que crecen en las rocas). No hay árboles ni plantas con flores.

---

**GEOGRAFÍA** Los cactos tienen paredes enceradas que conservan la humedad. Sus espinas evitan que los animales los coman.
**Razonamiento crítico**
¿Por qué crees que los cactos desarrollaron esas características?

---

# EVALUACIÓN DE LA SECCIÓN 3

## DESPUÉS DE LEER

### RECORDAR
1. Define: (a) estado del tiempo,
   (b) temperatura,
   (c) precipitación,
   (d) clima, (e) vegetación

### COMPRENSIÓN
2. Compara el estado del tiempo con el clima y da un ejemplo de cada uno.

3. ¿Cómo influyen el viento y el agua en el clima?

4. Nombra las cinco regiones climáticas del mundo y describe la vegetación de cada una.

### RAZONAMIENTO CRÍTICO Y ESCRITURA
5. **Explorar la idea principal** Repasa el concepto de la idea principal al inicio de esta sección. Haz una tabla. En la primera columna, identifica la región climatológica. En la segunda columna, di qué factores afectan el clima. En la tercera columna, describe la vegetación de esa región.

6. **Predecir** ¿De qué te sirve comprender las diferencias entre estado del tiempo y clima

para reconocer las diferencias entre civilizaciones y culturas?

### ACTIVIDAD

 **Búscalo en la RED**

7. **Hacer un mapa climatológico** Haz un mapa con las zonas climatológicas de la Tierra. Identifica cada región con un color diferente. Visita la sección World Explorer: People, Places, and Cultures en **phschool.com** para completar esta actividad.

# Comprender las tablas

| Los volcanes activos más altos del mundo | | |
|---|---|---|
| **Volcán** | **País** | **Elevación (pies)** |
| San Pedro | Chile | 20,161 |
| Aracar | Argentina | 19,954 |
| Guallatiri | Chile | 19,918 |
| Tupungatito | Chile/Argentina | 19,685 |
| Sabancaya | Perú | 19,577 |

## Aprende la destreza

Las tablas son útiles porque organizan la información de tal forma que se facilita su lectura. Sigue estos pasos para comprender y usar las tablas.

**A.** Lee el título para identificar el tema de la tabla. El título indica que esta tabla contiene información sobre los volcanes activos más altos del mundo.

**B.** Lee la tabla. Usa los encabezados de las columnas para comprender la información de cada casilla. Los encabezados de esta tabla indican el nombre del volcán, el país donde se encuentra y su elevación en pies. Con estos datos, puedes concluir que el monte San Pedro, en Chile, tiene 20,161 pies de altura y que el Sabancaya, en Perú, tiene 19,577 pies de altura.

**C.** Interpreta la tabla. Al comparar la información de la tabla, puedes deducir que los tres volcanes activos más altos del mundo se encuentran en Chile. También puedes determinar que el monte Avacar en Argentina es 36 pies más alto que el monte Guallatiri en Chile.

## Practica la destreza

Estudia esta tabla acerca de la temperatura y precipitación en Charleston, Carolina del Sur. ¿Cuál fue el promedio de precipitación en enero? ¿Cuál en abril? ¿En qué mes se registró el mayor promedio de precipitación? ¿En qué mes se registró una temperatura promedio de 67 grados? ¿En qué mes hizo más calor? ¿En cuál hizo más frío?

| Temperatura y precipitación en Charleston | | |
|---|---|---|
| **Mes** | **Temperatura (Fahrenheit)** | **Precipitación (pulgadas)** |
| enero | 48 | 3.5 |
| febrero | 51 | 3.5 |
| marzo | 58 | 4.5 |
| abril | 65 | 3.0 |
| mayo | 73 | 4.0 |
| junio | 78 | 6.5 |
| julio | 82 | 7.0 |
| agosto | 81 | 7.0 |
| septiembre | 76 | 5.0 |
| octubre | 67 | 3.0 |
| noviembre | 58 | 2.5 |
| diciembre | 51 | 3.0 |

## Aplica la destreza

Hallarás más preguntas sobre las tablas en la sección Repaso y evaluación de este capítulo.

# 2 Repaso y evaluación

## Hacer un resumen del capítulo

**En una hoja suelta, dibuja una red como ésta. Luego, agrega más óvalos y complétalos para resumir el resto de la información que hayas aprendido en este capítulo.**

características físicas

Geografía física de la Tierra

recursos naturales

clima y vegetación

## Repaso de palabras clave

**Escribe la definición de cada palabra.**

1. accidente geográfico
2. placas tectónicas
3. atmósfera
4. erosión
5. recurso natural
6. combustible fósil
7. clima
8. vegetación

## Repaso de ideas principales

1. ¿De qué manera los procesos de la Tierra cambian y renuevan las características físicas del planeta? (Sección 1)
2. ¿Cómo cambia la forma de la Tierra debido a las placas tectónicas? (Sección 1)
3. ¿Cuáles son los tres grupos en que se dividen los recursos naturales? Da un ejemplo de cada uno. (Sección 2)
4. ¿Cuál es la diferencia entre recursos renovables y no renovables? Da un ejemplo de cada uno. (Sección 2)
5. Explica la diferencia entre tiempo y clima. (Sección 3)
6. ¿Cuáles son las regiones climatológicas de la tierra? Da un ejemplo de la vegetación en cada región. (Sección 3)

## Actividad de mapa

**Geografía**

**Escribe la letra que indica la posición de cada lugar en el mapa. Usa el atlas al final del libro para completar este ejercicio.**

**1.** Australia

**2.** polo Norte

**3.** ecuador

**4.** océano Atlántico

**5.** trópico de Capricornio

 **Búscalo en la RED**

**Enriquecimiento** Para más actividades con mapas y destrezas de geografía, visita la sección de Social Studies en el sitio **phschool.com.**

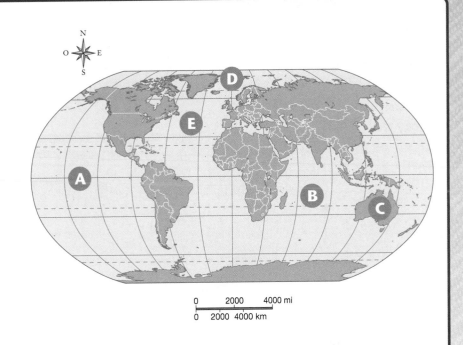

---

## Actividad de escritura

**1. Escribir un informe de noticias** Elige un desastre natural famoso, como el huracán Mitch o la erupción del volcán Santa Helena. Averigua cuándo y por qué ocurrió, así como sus efectos inmediatos y a largo plazo. Escribe un informe de noticias que describa el suceso en términos geográficos.

**2. Predecir sucesos** Escribe un párrafo sobre la posibilidad de predecir terremotos, erupciones volcánicas y otros fenómenos naturales. ¿Crees que los científicos puedan predecir estos sucesos?

---

## Aplica tus destrezas

**Pasa a Destrezas para la vida de la página 37 para realizar la siguiente actividad.**

Copia una tabla de un periódico o revista reciente. Escribe cuatro o cinco oraciones basándote en la información de la tabla.

---

## Razonamiento crítico

**1. Identificar los temas centrales** ¿Cómo afecta el flujo del agua a la superficie y el clima de una región?

**2. Reconocer causa y efecto** ¿Por qué la Tierra cambia constantemente de forma?

 **Búscalo en la RED**

**Actividad** ¿Qué características físicas tiene la región donde vives? Usa los enlaces para aprender de los biomas y ecosistemas del mundo. Visita la sección World Explorer: People, Places, and Culture en el sitio **phschool.com** para completar esta actividad.

**Autoevaluación del Capítulo 2**
Como repaso final, resuelve la prueba de autoevaluación del Capítulo 2. Busca la prueba en la sección de Social Studies en **phschool.com.**

# Geografía humana y cultural del planeta

**SECCIÓN 1**
**Pautas de población en lugares y regiones**

**SECCIÓN 2**
**Las influencias de la migración humana**

**SECCIÓN 3**
**Cultura e instituciones culturales**

**SECCIÓN 4**
**Sistemas económicos y políticos**

**Husos horarios mundiales**

CLAVE
horario no estándar
Proyección Miller

## USAR MAPAS

Cuando son las 6 A.M. en Houston, son las 6 P.M. en Moscú. Esto se debe a que el mundo se ha dividido en 24 husos horarios estándar, uno para cada hora del día. Cuando el Sol está en su punto más alto, es mediodía. Sin husos horarios, cada lugar tendría que determinar su propia hora. Habría tantas horas locales distintas que la confusión sería enorme. Usa el mapa de husos horarios para realizar estas actividades.

### Interpretar mapas

Estudia el mapa y deduce cómo debe leerse. Luego, escribe tres preguntas que puedan contestarse examinando el mapa. Intercambia preguntas con un compañero o compañera y trata de contestarlas empleando el mapa.

### Resolución de problemas

Piensa cómo sería el mundo sin los 24 husos horarios. Escribe un informe breve acerca de la conveniencia de usar estas 24 zonas o de modificarlas. Si crees que deben modificarse, presenta un nuevo sistema para sustituir al actual.

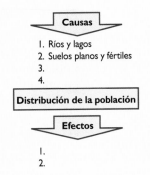

# SECCIÓN 1
# Pautas de población en lugares y regiones

## ANTES DE LEER

### ENFOQUE DE LECTURA

1. ¿Qué explica la distribución de la población mundial?
2. ¿Qué es densidad de población?
3. ¿Qué causa el crecimiento demográfico?

### PALABRAS CLAVE

población
distribución de la población
demógrafo
densidad de población

tasa de natalidad
tasa de mortalidad
expectativa de vida
Revolución verde

### IDEA PRINCIPAL

La población del planeta está creciendo rápidamente gracias a la tecnología moderna y los adelantos científicos, y se concentra en las áreas en que es más fácil vivir.

### ANOTACIONES

Copia la tabla de causa y efecto y mientras lees esta sección, complétala con información acerca de los patrones demográficos. Añade más temas y series de causa y efecto a la tabla.

**Causas**

1. Ríos y lagos
2. Suelos planos y fértiles
3.
4.

**Distribución de la población**

**Efectos**

1.
2.

## El escenario

Imagina que vas a la escuela en Tokio, la capital de Japón. Todos los días, vas a la escuela en tren. El tren está atestado, y casi todo mundo debe ir de pie. A menudo, guardias especiales empujan a la gente para que las puertas puedan cerrar.

No exageramos. Japón es más pequeño que California, pero alberga a 125 millones de habitantes y falta espacio.

## ¿Qué es distribución de la población?

La **población** mundial, el número total de habitantes, no está distribuida uniformemente en la superficie del planeta. La **distribución de la población** describe cómo está dispersa la población en todo el mundo.

Los **demógrafos**, científicos que estudian la población, saben que muchos factores determinan dónde vive la gente. Casi todas las civilizaciones importantes nacieron cerca de las masas de agua. Los ríos y lagos forman corredores de transporte para el comercio y los viajes, y son fuente de agua para beber y cultivar la tierra. Casi toda la gente escoge lugares con suelos planos y fértiles, suficiente lluvia, un clima apropiado y abundantes recursos naturales. Muchos de estos factores siguen determinando dónde vive la gente. Consideremos la distribución de la población en los distintos continentes.

**CULTURA** A las horas de más tráfico en Tokio, guardias con guantes blancos meten dos pasajeros más en un tren ya lleno. **Razonamiento crítico** Compara la falta de espacio en Tokio con muchedumbres que hayas experimentado. ¿Cómo te hace sentir la falta extrema de espacio?

Más del 81 por ciento de la población mundial vive en Asia, Europa y América del Norte. Estos continentes ocupan el 53 por ciento de la tierra firme del planeta y tienen extensas áreas de suelos fértiles, accidentes geográficos favorables, abundante agua dulce y recursos naturales, y clima agradable.

Otros continentes tienen poblaciones menores, en parte porque es más difícil vivir ahí. Por ejemplo, cerca de 309 millones de personas viven en América del Sur. Muchas viven en la costa del Atlántico. Otras regiones tienen montañas, llanuras áridas y selvas. Menos gente vive ahí.

## ¿Qué es densidad de población?

El número medio de personas que viven en una milla cuadrada (o km²) se denomina **densidad de población**. En un país con alta densidad, vive mucha gente en poco espacio. Japón tiene una de las densidades de población más altas del mundo. En Tokio viven más de 25,000 personas en una milla cuadrada (9,664 personas por km²).

En contraste, Canadá tiene una densidad de población baja: cerca de ocho personas por milla cuadrada (unas tres por km²). Muchos factores afectan la población del Canadá. Por ejemplo, su clima frío hace que la temporada de cultivo sea más corta, y ello limita la agricultura.

### Estudio de la densidad de población

En un mapa mundial de densidad de población, se indica con colores cómo se distribuye la población. Los colores más oscuros destacan áreas en que la población es densa. Halla este mapa en el Atlas para actividades, páginas 6 y 7. Localiza las áreas más densamente pobladas de Estados Unidos. Ahora busca esos lugares en el mapa físico del mundo. Compara los accidentes geográficos con la densidad de población. Observa que más gente suele vivir en áreas planas cerca de masas de agua.

**GEOGRAFÍA** Durante siglos la población mundial creció muy lentamente, pero en años recientes la tasa de crecimiento se ha disparado.

**Razonamiento crítico** ¿Cómo muestra la gráfica el cambio en el crecimiento de la población mundial?

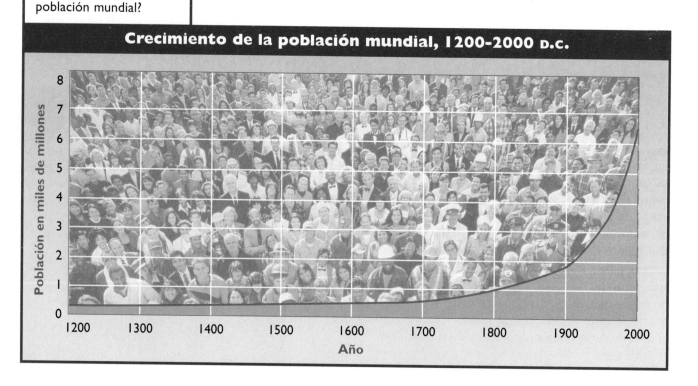

**Crecimiento de la población mundial, 1200–2000 D.C.**

Población en miles de millones (eje vertical: 0–8)

Año (eje horizontal: 1200–2000)

# Crecimiento de la población

Hoy en día, la población mundial está creciendo más rápido que nunca. Ese crecimiento depende de la tasa de natalidad y la tasa de mortalidad. La **tasa de natalidad** es el número de nacimientos anuales por cada 1,000 personas. La **tasa de mortalidad** es el número de muertes anuales por cada 1,000 personas. Al comparar estas cifras, los demógrafos deducen el crecimiento de la población.

Durante siglos, la población mundial creció lentamente. Sin la tecnología moderna, a menudo escaseaban los alimentos. Además, muchos morían por enfermedades. Aunque la tasa de natalidad era alta, también lo era la de mortalidad. La **expectativa de vida**, el número de años que la gente vive en promedio, era corta.

## Motivos del crecimiento actual de la población

La población crece porque la tasa de natalidad es mayor que la de mortalidad. En EE. UU., por ejemplo, la expectativa de vida de las mujeres es de 80 años, y la de los hombres, de 73.

Dos adelantos científicos han hecho posible esto. Primero, los nuevos métodos de cultivo han incrementado de manera considerable el abasto de alimentos del mundo. Los científicos han desarrollado nuevas variedades de cultivos y formas de proteger las plantas de los insectos. Los nuevos fertilizantes enriquecen los suelos, y se han descubierto formas de cultivar con menos agua. Estos cambios se denominan **Revolución verde.**

También se han logrado avances en medicina y salud. Ahora los doctores pueden tratar a personas que antes morían por enfermedades y lesiones. El resultado es que ahora la gente vive más tiempo.

## CIENCIA, TECNOLOGÍA Y SOCIEDAD

### Transformación del medio ambiente del planeta

Usamos carbón y petróleo para obtener energía. La quema de estos combustibles fósiles produce gases que se acumulan en la atmósfera y atrapan calor del Sol, lo que eleva la temperatura de la Tierra. Un resultado es que el hielo polar se está derritiendo. Esto hace que los océanos suban. Algunos científicos dicen que el nivel del mar podría subir 1 pie y 1/2 para el año 2100. Ciudades como San Francisco, Sydney y Rio de Janeiro, que están en la costa, se inundarían.

**Razonamiento crítico** ¿Qué podemos hacer para detener el derretimiento de los casquetes polares? ¿En quién crees que recaiga la responsabilidad de resolver el problema?

# EVALUACIÓN DE LA SECCIÓN I

## DESPUÉS DE LEER

### RECORDAR
1. Define: (a) población, (b) distribución de la población, (c) demógrafo, (d) densidad de población, (e) tasa de natalidad, (f) tasa de mortalidad, (g) expectativa de vida, (h) Revolución verde

### COMPRENSIÓN
2. ¿Por qué la población mundial no está distribuida por igual en el planeta?

3. Explica la densidad de la población y da ejemplos.

4. ¿Por qué está creciendo más rápido la población mundial ahora que en el pasado?

### RAZONAMIENTO CRÍTICO Y ESCRITURA
5. **Explorar la idea principal** Repasa la idea principal al inicio de esta sección. Luego, escribe un párrafo que explique cómo la distribución de la población intensifica el reto de controlar el rápido crecimiento de la población.

6. **Hacer comparaciones** Un gran porcentaje de la población mundial vive en una porción reducida de terreno. ¿Cómo se refleja esto en la distribución de población de Japón y Canadá?

### ACTIVIDAD
7. **Escribir para aprender** Eres un demógrafo que estudia la población de tu comunidad. Lista preguntas que indiquen cómo podrías obtener las respuestas.

# SECCIÓN 2

# Las influencias de la migración humana

## ANTES DE LEER

### ENFOQUE DE LECTURA

**1.** ¿Por qué emigra la gente?

**2.** ¿Qué efectos tiene la migración sobre las ciudades?

### PALABRAS CLAVE
migración
inmigrante
teoría de "atracción y rechazo"
urbanización
área rural
área urbana

### LUGARES CLAVE
Cuba
Yakarta
São Paulo

### IDEA PRINCIPAL
La población mundial está en movimiento.

### ANOTACIONES
Copia la tabla y mientras lees esta sección, complétala con información acerca de la migración. Añade más incisos.

| Por qué la gente emigra | Efectos de la urbanización |
|---|---|
| • Pobreza | • Ciudades sobrepobladas |
| • Falta de trabajo | • Falta de vivienda adecuada |
| • | • |
| • | • |

**Huida de Cuba**

**HISTORIA** Estos hombres se preparan para abandonar Cuba en una balsa provisional, con la esperanza de llegar a la Florida. Huyen del régimen del dictador Fidel Castro. **Razonamiento crítico** ¿Qué conflictos conoces que hayan causado migración? ¿Qué efecto podría tener la migración sobre los países que acogen refugiados?

## El escenario

Roberto Goizueta fue director de Coca-Cola, una de las empresas más grandes del mundo. Sin embargo, cuando llegó a los Estados Unidos proveniente de **Cuba** en 1960, no tenía nada. Así describió él su escape de Cuba:

"Cuando mi familia y yo vinimos a este país [Estados Unidos], tuvimos que dejar atrás todo... nuestras fotografías colgadas en la pared, nuestros regalos de boda en las repisas."

Al igual que millones más que vinieron a los Estados Unidos, Roberto Goizueta contribuyó a la prosperidad de la nación.

## Migración: el movimiento de personas

Los seres humanos siempre han estado en movimiento. Cuando se desplazan de un lugar a otro, hay **migración**. Los **inmigrantes** son personas que llegan a un país provenientes de otro. Durante siglos, millones de personas han emigrado a Estados Unidos. Desde fines de los años setenta, más de 700,000 personas han llegado de Vietnam, 800,000 de América Central, 900,000 de islas del Caribe.

Los demógrafos usan la **teoría de "atracción y rechazo"** para explicar la migración. Según esa teoría, la gente emigra porque hay ciertas cosas que ellos "rechazan" del lugar donde viven. A menudo, los motivos son económicos. Es posible que la gente sea pobre, no encuentre trabajo o no pueda comprar tierras. A veces lo que la gente rechaza es la guerra u otros conflictos, o las acciones de un gobierno.

Por ejemplo, en 1959 hubo una revolución en Cuba encabezada por Fidel Castro. Él estableció un gobierno comunista en el que el pueblo casi no tiene voz. Algunos cubanos opuestos a los comunistas huyeron a Estados Unidos en busca de seguridad, libertad y mejores oportunidades.

¿Y la parte de "atracción" de la teoría? La esperanza de mejores condiciones de vida "atrae" a la gente a un país. Los cubanos se asentaron en Florida porque estaba cerca de su antigua patria. Tenía una numerosa población hispanoparlante y clima y vegetación similares a los de Cuba. Además, Estados Unidos tiene un gobierno limitado, es decir que el poder del gobierno sobre los ciudadanos es limitado. La gente es libre y tiene derecho a votar por sus dirigentes. Todos estos factores atrajeron a muchos cubanos a Estados Unidos.

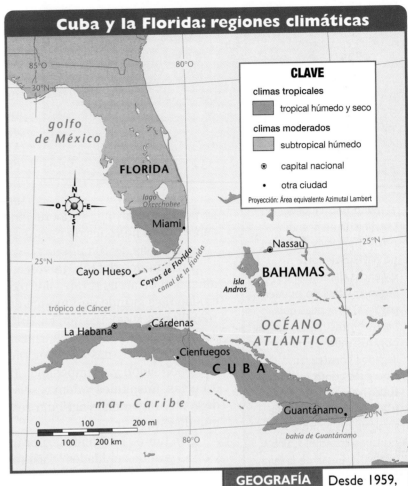

**Cuba y la Florida: regiones climáticas**

CLAVE

climas tropicales
tropical húmedo y seco

climas moderados
subtropical húmedo

⊛ capital nacional
• otra ciudad

Proyección: Área equivalente Azimutal Lambert

golfo de México

FLORIDA

lago Okeechobee

Miami

Cayo Hueso

Cayos de Florida

canal de la Florida

Nassau

BAHAMAS

isla Andros

trópico de Cáncer

La Habana ⊛  Cárdenas

Cienfuegos

CUBA

OCÉANO ATLÁNTICO

mar Caribe

Guantánamo

bahía de Guantánamo

0    100    200 mi
0    100    200 km

**GEOGRAFÍA** Desde 1959, cerca de un millón de cubanos han dejado su país gobernado por comunistas para hallar una nueva vida en Estados Unidos. Muchos se han establecido en Florida. **Estudio del mapa** Usa la escala del mapa para calcular a qué distancia está Cuba de la parte principal de Florida. ¿En qué se parecen los climas del sur de Florida y de Cuba?

**Otros tipos de migración** Hay casos en que la gente se ve obligada a emigrar. Australia fue colonizada por inmigrantes ingleses. Algunos eran convictos que cumplieron su condena en Australia y después se quedaron. La guerra también obliga a emigrar. A mediados de los años noventa, estalló la guerra entre tres grupos étnicos de la antigua Yugoslavia, en Europa oriental. Muchos refugiados huyeron para escapar de los combates. También, los soldados victoriosos de un bando a menudo han obligado a comunidades enteras de otro bando a irse. Millones de inmigrantes inundaron otros países de Europa oriental y occidental.

# El mundo se vuelve más urbano

Uno de los mayores retos de las naciones actuales es la migración hacia las ciudades desde granjas y aldeas pequeñas. Últimamente, la población de las grandes ciudades ha experimentado un gran crecimiento. El desplazamiento de la gente hacia las ciudades y el crecimiento de éstas se llama **urbanización**. ¿Qué rechazan los

pobladores de las áreas rurales y los atrae a las ciudades?

### Ciudades que crecen, retos que crecen

Las ciudades de Indonesia son un ejemplo de urbanización. En el pasado, casi todos los indonesios eran agricultores, pescadores y cazadores. Vivían en **áreas rurales**: las aldeas en el campo. Últimamente, más y más indonesios se han mudado a **áreas urbanas**: las ciudades y pueblos cercanos. La población urbana está creciendo rápidamente. Por ejemplo, en 1978, cerca de 4.5 millones de personas vivían en la capital de **Yakarta**. Ahora viven ahí más de 10 millones.

En América del Sur, también, multitudes de personas se están mudando de áreas rurales a urbanas. **São Paulo, Brasil**, es ahora la ciudad más grande de América del Sur. En 1995, su población era de casi 16 millones, y se cree que en 2015 será de 21 millones.

El problema de la urbanización es complejo. Las ciudades sufren porque llegan demasiadas personas con mucha rapidez; hay sobrepoblación y es imposible ofrecer viviendas adecuadas, empleos, escuelas, hospitales y demás servicios. Las áreas rurales sufren por falta de gente. Hay menos agricultores, se producen menos alimentos, y todo mundo está peor.

Con tantos problemas, ¿por qué acuden los inmigrantes a São Paulo y otras grandes ciudades? Casi todos buscan una mejor vida para su familia. Buscan empleos, hogares decorosos y buenas escuelas. Sobre todo, buscan más oportunidades para sus hijos.

**ECONOMÍA** En todo el mundo, las ciudades en crecimiento enfrentan retos especiales. A veces no hay suficientes viviendas para quienes llegan, o éstos no pueden pagar las viviendas que hay. Mientras haya mejores hogares, muchos recién llegados construyen albergues como pueden. **Razonamiento crítico** ¿Qué factores crees que atraigan a la gente a ciudades como El Cairo (arriba), a pesar de la falta de viviendas?

# EVALUACIÓN DE LA SECCIÓN 2

## DESPUÉS DE LEER

### RECORDAR
1. Identifica: (a) Cuba, (b) Yakarta, (c) São Paulo
2. Define: (a) migración, (b) inmigrante, (c) teoría de "atracción y rechazo", (d) urbanización, (e) área rural, (f) área urbana

### COMPRENSIÓN
3. ¿Qué "rechaza" la gente de su país que la lleva a otro?
4. ¿Qué "atrae" a un país a la gente de otro?
5. ¿Cómo se transforman las ciudades con la migración?

### RAZONAMIENTO CRÍTICO Y ESCRITURA
6. **Explorar la idea principal** Repasa la idea principal al inicio de esta sección. Luego, escribe un párrafo en el que predices el posible efecto de la creciente urbanización sobre el mundo.
7. **Hacer inferencias** Piensa cómo el desplazamiento de la población afecta la comunidad en que vives y haz una lista de ejemplos que ilustren los efectos sobre tu comunidad.

### ACTIVIDAD
8. **Escribir para aprender** Cuando la gente migra de áreas rurales a urbanas, podría enfrentar privaciones y retos. Imagina que quieres mudarte de un área rural a una ciudad. Haz una tabla de dos columnas y anota en una los beneficios de mudarte a la ciudad, y en la otra, las desventajas. Usa la lista para decidir si vas a mudarte o no.

# SECCIÓN 3

# Cultura e instituciones culturales

## ENFOQUE DE LECTURA

1. ¿En qué sentido es la cultura un modo total de vida?
2. ¿Qué instituciones son básicas para toda sociedad?
3. ¿En qué sentido el lenguaje es parte de la cultura?
4. ¿Qué relación hay entre filosofía, religión y cultura?

## PALABRAS CLAVE

| | |
|---|---|
| cultura | institución |
| rasgo cultural | estructura social |
| región cultural | familia nuclear |
| tecnología | familia extendida |
| paisaje cultural | ética |

## IDEA PRINCIPAL

La cultura afecta todo lo que hace un grupo de personas, lo que creen, su conducta y la organización de su sociedad.

## ANOTACIONES

Copia el esquema y mientras lees esta sección, complétalo con información acerca de la cultura. Añade subtítulos y detalles para hacerlo más completo.

> **I. Cultura: un modo de vida total**
>  A. Elementos de la cultura
>    1. Rasgos culturales
>    2.
>  B. Cómo afecta la tierra a la cultura
> **II. Instituciones básicas de toda sociedad**
>  A. Familia
> **III. Idioma como cultura**
> **IV. Religión y cultura**

# El escenario

"Bueno, jóvenes", dice tu maestro, "es hora de asear el salón. Kaitlyn, te toca barrer el piso. Guy y Keisha, quiten el polvo de las repisas y los marcos de las ventanas. Eric y Bobby, laven los platos del almuerzo."

¿Te sorprendería si esto sucediera en tu salón? Hay muchas diferencias entre las escuelas japonesas y estadounidenses. En el Japón, se espera que los estudiantes mantengan aseados sus salones. Los estudiantes japoneses generalmente dedican más tiempo a estudiar que los estadounidenses. Van a la escuela cinco días y medio a la semana.

Claro que las escuelas japonesas también se parecen mucho a las estadounidenses. En ambas se estudian matemáticas, ciencias, literatura e historia, y se practican deportes, música, pintura y teatro.

## Cultura: un modo de vida total

Si conocieras estudiantes del Japón, quizá querrías hacerles muchas preguntas. ¿Qué almuerzan? ¿Qué música les gusta? ¿Qué los hace reír?

**CULTURA** Estos estudiantes japoneses escuchan atentamente a su compañero. **Razonamiento crítico** ¿En qué se parece tu salón a uno japonés? ¿En qué difiere?

La forma en que vive la gente es parte de su cultura. Culturas distintas a veces interactúan con su medio ambiente de formas similares. En Japón, tan montañoso, los agricultores construyen terrazas en las laderas para aumentar la superficie cultivable. Esto también se hace en otras culturas, entre ellas las de América del Sur y el sur de Asia.

**Razonamiento crítico**
¿De qué otras formas crees que diferentes culturas interactúan con su medio ambiente de formas similares?

Las respuestas a estas preguntas te dirán algo acerca de la cultura de Japón. **Cultura** es el modo de vida de un grupo de personas que comparten creencias y costumbres similares. El idioma de los estudiantes japoneses, su modo de vestir, qué estudian y qué hacen después de la escuela, todo forma parte de su cultura.

### Elementos de cultura
La cultura abarca el trabajo de las personas, sus conductas, creencias, formas de hacer las cosas y expresiones creativas. Las habilidades, costumbres y formas de hacer las cosas de un grupo en particular son sus **rasgos culturales**. Con el tiempo, los rasgos culturales podrían cambiar, pero las culturas cambian muy lentamente.

Los japoneses tienen una cultura única, y lo mismo sucede con los estadounidenses. Cada uno de estos grupos vive en una **región cultural**, un área en la que los habitantes tienen los mismos rasgos culturales. En estos rasgos influyen los problemas de la sociedad en que vive la gente. La música estadounidense es un ejemplo. La esclavitud y las experiencias de los afroestadounidenses los llevaron a crear el blues y el jazz. Esta música expresaba su sentir acerca de sus experiencias.

Aunque toda región cultural tiene sus propios rasgos culturales, algunos aspectos se comparten. Por ejemplo, Shakespeare escribió obras de teatro que son parte de la cultura inglesa. No obstante, escribió acerca de temas universales: ideas que interesan a todo ser humano. Su obra se ha traducido a otros idiomas para que gente de muy diversas culturas la lean y aprecien.

### La gente y su tierra
Los geógrafos estudian la cultura en relación con el medio ambiente. Quieren saber cómo los accidentes geográficos, el clima, la vegetación y los recursos influyen en la cultura.

A los geógrafos también les interesa el efecto que las personas tienen sobre su medio ambiente. Es común que el efecto esté ligado a la **tecnología** de su cultura, es decir, sus herramientas y las habilidades que se necesitan para usarlas. La tecnología ayuda a la gente a usar los recursos naturales y alterar el medio ambiente, y abarca las computadoras y la Internet, así como otras herramientas y las habilidades necesarias para producirlas.

El **paisaje cultural** de un grupo incluye la transformación de su medio ambiente, así como la tecnología empleada para lograrla. Por ejemplo, Bali, en Indonesia, tiene muchas montañas. Por ello, sus habitantes crearon terrazas para tener tierras de cultivo planas. La India central, en cambio, tiene muchos terrenos planos. Ahí los agricultores probablemente no desarrollarán tecnología para crear terrazas.

### Cultura y fronteras políticas
La cultura cambia lentamente, pero las fronteras políticas a veces cambian con rapidez. La guerra y los cambios en la dirigencia política suelen dividir regiones culturales, pero la cultura por lo regular sobrevive. Por ejemplo, Austria y Alemania forman parte de la misma región cultural. Austria se separó hace mucho de Alemania y, después de la Segunda Guerra Mundial, Alemania misma estuvo dividida en dos países, separación que duró más de 40 años. A través de todo esto, la cultura de Austria, Alemania Oriental y Alemania Occidental siguió manteniendo estrechos lazos.

# Instituciones básicas de toda sociedad

Toda cultura tiene instituciones básicas que ayudan a la gente a organizar su vida en sociedad. Una **institución** es una práctica, relación u organización importante en una sociedad o cultura. Entre ellas están instituciones gubernamentales, económicas, educacionales, religiosas y familiares. Todas forman parte de la **estructura social** de una cultura, y son una forma de organizar a las personas en grupos más pequeños. Cada grupo tiene ciertas tareas; algunos consiguen alimentos, otros protegen a la comunidad y otros crían niños. La estructura social ayuda a la gente a colaborar para satisfacer las necesidades básicas de los individuos, familias y comunidades.

La familia es la unidad social básica de toda cultura. Las familias enseñan costumbres y tradiciones de la cultura; enseñan a los niños cómo crecer, comportarse, tratar a otros y aprender.

**Tipos de familias**   En algunas culturas, la unidad familiar básica es la **familia nuclear**, constituida por una madre, un padre y sus hijos.

Otro tipo de familia es la **familia extendida**, que incluye a los padres y sus hijos, pero también podría incluir abuelos, tíos, primos y otros parientes. Estos miembros de la familia podrían vivir en la misma casa o cerca de ella.

## Idioma y cultura

Todas las culturas tienen un idioma. De hecho, toda cultura se basa en el lenguaje, pues éste permite a la gente comunicar todo lo que necesita compartir en su cultura. Sin idioma, las personas no podrían transmitir a sus hijos lo que saben o creen.

El idioma de una cultura refleja lo que sus miembros creen que es importante. Por ejemplo, el español tiene la palabra *nieve* para esa cosa blanca que cae en algunos lugares en invierno, pero los inuit de América del Norte tienen más de 13 palabras para referirse a la nieve. ¿Por qué? Donde ellos viven, la nieve cubre el suelo una buena parte del año. Para ellos, la nieve es una parte más importante del medio ambiente que para miembros de otras culturas. Por ello, los inuit han creado palabras para satisfacer sus necesidades.

En algunos países, los habitantes hablan diferentes idiomas. Por ejemplo, el idioma oficial de Egipto es el árabe. Casi todos los egipcios lo hablan, pero algunos hablan italiano, griego o armenio. Canadá tiene dos idiomas oficiales, francés e inglés, y los indígenas americanos de ese país hablan varias otras lenguas. Quienes hablan esos idiomas son culturalmente distintos, en ciertos sentidos, de los demás habitantes del país. Podrían celebrar festivales distintos, vestir de otro modo o tener diferentes costumbres para cortejar o educar, por ejemplo.

**CULTURA**   El final del Ramadán, un período de reflexión espiritual que dura un mes, implica una gozosa celebración para estos musulmanes egipcios.   **Razonamiento crítico** ¿Qué acontecimientos religiosos o culturales importantes celebran tú y tu familia?

| Religiones del mundo | | | | | | |
|---|---|---|---|---|---|---|
| | **Cristianismo** | **Budismo** | **Islam** | **Hinduismo** | **Judaísmo** | **Confucianismo** |
| **Deidad** | Dios | Diversos dioses | Dios (Alá) | Brahma | Dios (Yahvé) | Ninguna |
| **Fundador** | Jesucristo | El Buda | Mahoma | Ningún fundador único | Abraham | Confucio |
| **Libro sagrado** | La Biblia | Triptika | Corán | Muchos escritos sagrados | Biblia hebrea, Torá | Escritos de Confucio |
| **Clero** | Ministros, sacerdotes | Monjes y ministros | Imams | Gurús, hombres santos, brahamanes | Rabinos | Ninguno |
| **Miembros** | 1,900 millones | 300 millones | 1,000 millones | 793 millones | 14 millones | 5 millones |

## Religión y cultura

La religión es básica para toda cultura. La religión contesta preguntas acerca del significado y el propósito de la vida, y ayuda a definir los valores que la gente cree importantes. La religión también puede orientar en cuestiones de **ética**: las normas de conducta aceptable.

Las creencias religiosas varían, pero casi todos los creyentes esperan que las personas se traten bien unas a otras y se comporten correctamente. El cuadro de arriba enumera las principales religiones del mundo. Toda religión celebra acontecimientos y personas importantes de su historia. Los musulmanes celebran el Ramadán. Los cristianos celebran la Navidad. Los budistas celebran el nacimiento y la muerte de Buda. Estas celebraciones recuerdan a los creyentes los sacrificios que otros han hecho y el gozo de su fe.

# EVALUACIÓN DE LA SECCIÓN 3

**DESPUÉS DE LEER**

### RECORDAR
1. Define: (a) cultura, (b) rasgo cultural, (c) región cultural, (d) tecnología, (e) paisaje cultural, (f) institución, (g) estructura social, (h) familia nuclear, (i) familia extendida, (j) ética

### COMPRENSIÓN
2. ¿Cómo afecta la cultura todos los aspectos de la vida de una persona?

3. ¿Qué instituciones se hallan en todas las sociedades?

4. ¿Cómo influye el idioma en la cultura?

5. Explica la relación entre religión y cultura.

### RAZONAMIENTO CRÍTICO Y ESCRITURA
6. **Explorar la idea principal** Repasa la idea principal al inicio de esta sección. Luego haz una lista de los rasgos de tu cultura.

7. **Sacar conclusiones** Escribe un párrafo que explique el efecto que la cultura estadounidense tiene sobre el paisaje.

 **Búscalo en la RED**

8. **Identificar características regionales** Crea un cuadro que muestre las características de la región en la que vives. Usa como modelo los datos contenidos en el sitio Web. Visita la sección World Explorer: People, Places and Cultures de **phschool.com** para realizar esta actividad.

# Sistemas económicos y políticos

### ENFOQUE DE LECTURA

**1.** Cita las categorías de industria e indica qué producen.

**2.** ¿Qué sistemas económicos básicos se usan en el mundo?

**3.** Cita los tipos más importantes de gobierno.

### PALABRAS CLAVE

economía
productor
productos
servicios
consumidor
industria primaria
industria secundaria
industria terciaria
industria cuaternaria
economía tradicional

economía de mercado
capitalismo
libre empresa
economía dirigida
gobierno
democracia directa
monarquía
constitución
democracia
  representativa
dictadura

### ANOTACIONES

Copia la red de conceptos y mientras lees esta sección, complétala con información acerca de sistemas económicos y políticos. Añade más círculos para hacer más completa la red.

Sistemas económicos y políticos

### IDEA PRINCIPAL

Las sociedades toman diversas decisiones en cuanto a la forma de organizar sus economías y gobiernos, a fin de satisfacer las necesidades de su pueblo.

## El escenario

Muhammad Yunnus era profesor de economía en Bangladesh, un país pobre del sur de Asia. Yunnus quería ayudar a los pobres de su país a mejorar su vida.

A principios de los años setenta, Yunnus conoció a Sufiya Khatun, quien hacía banquillos de bambú pero sólo ganaba dos centavos al día porque apenas podía hacer unos cuantos banquillos. Si tuviera más dinero para insumos, podría haber hecho más, pero Sufiya no tenía cómo obtener préstamos. Otros 42 habitantes de su aldea también necesitaban dinero para hacer crecer sus negocios. Sólo necesitaban $26 en promedio, pero los bancos no se molestan en hacer préstamos de sólo $26.

En 1976, Yunnus abrió un banco para prestar pequeñas cantidades de dinero sólo a personas pobres. Su banco ha prestado dinero a 2 millones de clientes.

**ECONOMÍA** Casi todos los clientes de Muhammad Yunnus son mujeres que desean iniciar pequeños negocios. Esta mujer usó su préstamo para abrir un taller de tejido. **Razonamiento crítico** Menciona formas en que los préstamos mejoraron la vida de las personas. ¿Cómo crees que estos préstamos mejoraron la economía de Bangladesh?

## El mundo: actividad económica

**CLAVE**

- pastoreo nómada
- caza y recolección
- silvicultura
- cría de ganado
- agricultura comercial
- agricultura de subsistencia
- fabricación y comercio
- pesca comercial
- poca o ninguna actividad

Proyección Robinson

AMÉRICA DEL NORTE
EUROPA
ASIA
ÁFRICA
AMÉRICA DEL SUR
AUSTRALIA
ANTÁRTIDA

Círculo polar ártico
trópico de Cáncer
trópico de Capricornio
Círculo polar antártico

0    2,000    4,000 mi
0    2,000    4,000 km

## Categorías de industria

Los bancos como el que Yunnus fundó ayudan a la gente a convertirse en miembros productivos de la economía de su país. Una **economía** es un sistema para producir, distribuir y consumir bienes y servicios. Los dueños y los trabajadores son **productores**: elaboran productos, como canastas de bambú o automóviles. Esos bienes se llaman **productos**. Algunos productos en realidad son **servicios** que los productores prestan a otras personas, como peinar, publicar libros o curar enfermedades. Los **consumidores** son las personas que compran los productos y usan los servicios.

Hay cuatro categorías de actividades económicas o industriales. La **industria primaria** es la parte de la economía que produce materias primas. Ejemplos de ello son la agricultura, la pesca, la minería y la silvicultura. La **industria secundaria** se refiere a los negocios de fabricación, que toman materiales de las industrias primarias u otras industrias secundarias y los convierten en productos. La **industria terciaria** se refiere a las empresas de servicio, e incluyen la banca, el transporte, la medicina y la protección policíaca. La **industria cuaternaria** se refiere a las tecnologías de información. Estas industrias proporcionan servicios de Internet, software para computadora y servicios de cable y teléfono.

## Sistemas económicos

Las culturas escogen la forma de organizar sus economías. Hay tres sistemas básicos: economías tradicionales, de mercado y dirigidas. En una **economía tradicional**, la producción y la compra y venta de productos operan según las costumbres, tradiciones y hábitos del grupo. Los tuareg del Sahara en el norte de África son un ejemplo. Estos pueblos son pastores nómadas que viajan por la región en busca de alimentos y agua para sus animales. Producen casi todo lo que necesitan y comercian con otros para obtener lo que necesitan y no pueden producir.

En una **economía de mercado**, casi todos los negocios son de propiedad privada. Cuando una empresa vende sus productos, obtiene utilidades, que son dinero. Los dueños deciden cuánto pagar a los trabajadores y cómo usar las utilidades. Los consumidores son importantes en una economía de mercado. Una compañía podría producir bienes, pero es posible que los consumidores no los compren o no quieran pagar lo que la empresa pide por ellos. Los precios tendrán entonces que bajar. La economía de mercado también se denomina **capitalismo** o **libre empresa**. Es el tipo de sistema económico que tenemos en Estados Unidos.

En una **economía dirigida**, el gobierno central toma las decisiones económicas. El Gobierno decide qué y cuánto se produce, y cuánto cuestan los bienes. Los consumidores y negocios tienen poco control de los productos. Hay dos tipos principales de economías dirigidas: socialismo y comunismo.

En un sistema socialista, el Gobierno es dueño de casi todas las industrias básicas, y las opera para el bien de la sociedad, no para obtener utilidades. El Gobierno decide cuánto pagar a los trabajadores y cuánto cobrar por los productos, y usa las utilidades para pagar servicios, como atención médica y educación. Otras industrias y servicios siguen el modelo capitalista. Son de propiedad privada

## El capitalismo sustituye al comunismo

**ECONOMÍA** Esta fotografía se tomó en Berlín poco después de que la Alemania Oriental comunista se unificara con la Alemania Occidental capitalista. Estos niños de Alemania Oriental nunca habían visto tantos útiles escolares distintos antes.
**Razonamiento crítico** ¿Por qué estos niños no estaban acostumbrados a ver tantos útiles escolares distintos en venta?

y los consumidores deciden qué productos comprar. Unos cuantos países siguen el socialismo o tienen programas socialistas, como España, Portugal e Italia.

En un sistema comunista, el gobierno central es dueño de todo, granjas y fábricas, para beneficio de sus ciudadanos. El Gobierno controla todos los aspectos de la vida de sus ciudadanos, incluidos el precio de los bienes y servicios, cuánto se produce y cuánto ganan los trabajadores. Hoy en día, sólo unas cuantas naciones del mundo practican el comunismo: Cuba, China y Corea del Norte.

**Países desarrollados y en desarrollo** Las culturas también pueden describirse en términos del número de industrias que tienen. Cerca de la cuarta parte de la población mundial vive en países desarrollados, como Estados Unidos, Canadá, Japón y la mayor parte de los países de Europa occidental. Estos países tienen muchas industrias y usan ampliamente maquinarias y tecnologías. Casi todos los ciudadanos reciben buenos servicios educativos y médicos. Las grandes granjas comerciales usan tecnología moderna, y necesitan menos trabajadores, aunque producen abundantes alimentos.

La mayor parte de la población mundial vive en países en desarrollo, con menos industrias y en muchos casos son pobres. La población padece de enfermedades, escasez de alimentos, agua contaminada, servicios educativos y médicos deficientes, y cambios en el gobierno.

## Tipos de gobierno

**Gobierno** es el sistema que establece y hace cumplir las leyes e instituciones de una sociedad. Algunos gobiernos están bajo el control de unas cuantas personas. A otros los controlan muchas.

**Democracia directa**  Los primeros gobiernos probablemente fueron sencillos. La gente vivía en grupos pequeños y practicaba la **democracia directa**, donde todo mundo participaba en los asuntos del grupo. Los individuos tenían una responsabilidad ante el grupo. Las decisiones se basaban en las costumbres y creencias de la cultura.

La primera sociedad compleja que probó la democracia directa fue Grecia alrededor del año 500 A.C. No era totalmente democrática. Sólo los hombres podían votar, pero cada uno tenía tanto el derecho como la obligación de votar para establecer las leyes y las políticas del gobierno.

**Monarquía**  Hasta hace unos 100 años, una de las formas más comunes de gobierno era la **monarquía**. En este sistema, un rey o reina dirige el gobierno. El gobernante hereda el trono por nacimiento. Hubo una época en que muchas monarquías eran formas de gobierno ilimitado; es decir, la autoridad del gobernante era casi total. Los ciudadanos casi no tenían voz en los asuntos de su país.

Todavía existen monarquías. Suecia, Dinamarca, la Gran Bretaña, España y Suazilandia son ejemplos. Sin embargo, estas monarquías no tienen poder ilimitado. El pueblo exige el derecho a participar en el manejo de su país. Por ello, el poder de los gobernantes y del Gobierno es limitado. Estos países tienen **constituciones**: conjuntos de leyes que definen y a menudo limitan el poder del gobierno.

**Democracia representativa**  En una **democracia representativa**, el pueblo tiene indirectamente el poder para gobernar. El pueblo elige representantes que crean leyes. Si a la gente no le gusta lo que hace un representante, puede negarse a reelegirlo. Los ciudadanos también pueden tratar de modificar las leyes que no les gustan porque tienen la obligación de participar en el gobierno. Se deben mantener informados acerca de los problemas que afectan al país, conocer a los dirigentes que les sirven y aceptar la obligación de votar. Estados Unidos y Canadá son ejemplos de democracias representativas.

> **CULTURA**  En la monarquía constitucional de Gran Bretaña, el monarca tiene poca autoridad. El verdadero poder reside en el Parlamento, un organismo electo parecido a nuestro congreso.
> **Razonamiento crítico** Si la monarquía tiene poca autoridad en Gran Bretaña, ¿por qué crees que subsiste?

**HISTORIA** Stalin fue uno de los dictadores más crueles del mundo. Gobernó la Unión Soviética de 1929 a 1953. Él controlaba todos los aspectos de la vida soviética y encarcelaba o ejecutaba a todos los que se le oponían.

**Razonamiento crítico** ¿Cómo crees que los dictadores logran controlar el gobierno de su país?

La democracia representativa se desarrolló a partir de la democracia directa, pero ello requirió muchos siglos. Poco a poco, los ciudadanos comenzaron a exigir más libertades personales. Reclamaron protección contra las acciones de su propio gobierno, y querían tener voz en las decisiones gubernamentales. La democracia establecida en Estados Unidos proporciona esos derechos y libertades.

**Dictadura** Una **dictadura** es una forma de gobierno en la que una persona, el dictador, tiene un poder casi total para gobernar. Se trata de otro tipo de gobierno ilimitado. Los dictadores deciden qué sucede en su país; hacen las leyes y deciden si habrá elecciones o no. Los ciudadanos tienen pocos derechos. Cuando un dictador asume el poder, a menudo hace promesas que suenan bien, como acabar con la delincuencia o prestar mejores servicios sociales. A veces cumplen sus promesas, pero es más común que no lo hagan. De cualquier modo, el pueblo pierde el derecho a tomar sus propias decisiones.

# EVALUACIÓN DE LA SECCIÓN 4

**DESPUÉS DE LEER**

### RECORDAR

1. Define: (a) economía, (b) productor, (c) productos, (d) servicios, (e) consumidor, (f) industria primaria, (g) industria secundaria, (h) industria terciaria, (i) industria cuaternaria, (j) economía tradicional, (k) economía de mercado, (l) capitalismo, (m) libre empresa, (n) economía dirigida, (o) gobierno, (p) democracia directa, (q) monarquía, (r) constitución, (s) democracia representativa, (t) dictadura

### COMPRENSIÓN

2. Describe los tipos básicos de actividades económicas y da ejemplos.

3. ¿Qué tipos de sistemas económicos usan las naciones?

4. ¿Qué diferencias hay entre los tipos de gobierno?

### RAZONAMIENTO CRÍTICO Y ESCRITURA

5. **Explorar la idea principal** Repasa la idea principal al inicio de esta sección. ¿Qué sistemas económicos y de gobierno crees que sean mejores? Indica por qué.

6. **Sacar conclusiones** En el diario se informa que un nuevo dirigente fue electo presidente de otro país. Al día siguiente se informa que ese presidente declaró que los representantes del país no se reunirán. También dijo que no habrá elecciones hasta nuevo aviso. ¿Qué tipo de gobierno tiene ahora este país? ¿Por qué?

### ACTIVIDAD

7. **Escribir para aprender** Imagina que iniciaste un proyecto para fomentar la votación en tu comunidad. Se acerca una elección estatal. Escribe una carta a un diario. Da dos razones para votar en esa elección.

# Usar mapas especiales

## Aprende la destreza

El idioma es parte de la cultura. Quienes estudian idiomas han dividido las lenguas del mundo en grupos. El inglés forma parte de la familia de lenguas indoeuropeas. Las lenguas de un grupo dado podrían tener varias cosas en común, como el mismo alfabeto o uno similar. Los alfabetos japonés y coreano, por ejemplo, son totalmente distintos del alfabeto inglés. El español y el inglés, en cambio, tienen un alfabeto similar y también palabras similares.

Los grupos de lenguas se pueden mostrar en un mapa especial. Este mapa muestra los principales grupos lingüísticos del mundo. Para leer un mapa especial, haz lo siguiente:

**A.** Localiza el título, que te dice de qué trata el mapa. ¿Qué tema tiene este mapa?

**B.** Estudia la clave. Este mapa está codificado por color. Se usa un color distinto para cada grupo lingüístico. Cuenta el número de grupos. ¿Cuántos hay? ¿Qué grupo incluye al inglés y al español? ¿Qué color tiene?

**C.** Examina el mapa. Observa que es un mapamundi. Localiza América del Norte y América del Sur en el lado izquierdo. Localiza Europa, Asia, África, Australia y la Antártida. ¿Se muestran todas las áreas del mundo en este mapa?

## Practica la destreza

Usa el mapa para contestar estas preguntas: ¿Qué grupo lingüístico se halla en África del Norte? Cita los dos principales grupos lingüísticos de América del Sur. ¿Dónde se hablan lenguas del grupo ural-altaico? ¿Qué grupo lingüístico hay en el sur de la India? ¿Qué grupo lingüístico cubre más área en el mapa? ¿Qué lengua se habla más en Europa: ural-altaico o indoeuropeo? ¿En cuántos continentes existe el grupo lingüístico indoeuropeo?

## Aplica la destreza

Hallarás más preguntas sobre mapas especiales en la sección Repaso y evaluación de este capítulo.

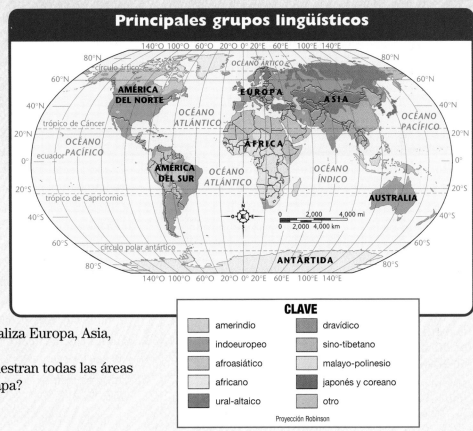

**Principales grupos lingüísticos**

**CLAVE**

- amerindio
- indoeuropeo
- afroasiático
- africano
- ural-altaico
- dravídico
- sino-tibetano
- malayo-polinesio
- japonés y coreano
- otro

Proyección Robinson

# 3 Repaso y evaluación

## Hacer un resumen del capítulo

**En una hoja suelta, dibuja un diagrama como éste. Agrega la información que ya se incluyó. Luego, completa los cuadros que faltan con un resumen de lo que aprendiste.**

| Población | Migración | Cultura | Instituciones económicas y políticas |
|---|---|---|---|
| | La gente emigra por muchos motivos. A veces "rechazan" ciertas cosas, como una guerra, y esto hace que se vayan. Otras veces se van porque la esperanza de mejores condiciones los "atrae" a otro lugar. Un efecto de la migración es la rápida urbanización. | | |

## Repaso de palabras clave

**Relaciona las definiciones de la columna I con las palabras clave de la columna II.**

**Columna I**

1. crecimiento de la población de las ciudades por el desplazamiento de personas hacia ellas

2. productos que se hacen para venderse

3. número medio de personas que viven en un área

4. sistema económico en el que los negocios son de propiedad privada

5. área en la que la mayoría de la gente tiene los mismos rasgos culturales

**Columna II**

a. región cultural

b. urbanización

c. bienes

d. densidad de población

e. economía de mercado

## Repaso de ideas principales

1. ¿Cómo afecta la geografía física del planeta los asentamientos humanos? (Sección 1)

2. ¿Qué factores están haciendo que la población humana aumente rápidamente? (Sección 1)

3. Menciona condiciones que rechacen las personas y las lleven a dejar su país y las atraigan a otro. (Sección 2)

4. ¿Por qué en muchas partes del mundo la gente se muda de áreas rurales a urbanas? (Sección 2)

5. ¿Cómo afecta la cultura lo que un grupo hace y cree? (Sección 3)

6. Cita tres instituciones básicas de toda cultura. (Sección 3)

7. Compara los sistemas económicos tradicional, de mercado y dirigido. (Sección 4)

8. ¿Qué sistemas han desarrollado las sociedades para organizar su gobierno? (Sección 4)

## Actividad de mapa

### Continentes

**Escribe la letra que indica la posición de cada lugar en el mapa.**

**1.** Asia          **5.** América del Norte

**2.** Antártida     **6.** Europa

**3.** África        **7.** Australia

**4.** América del Sur

 **Búscalo en la RED**

**Enriquecimiento** Para más actividades con mapas y destrezas de geografía, visita la sección de Social Studies en **phschool.com.**

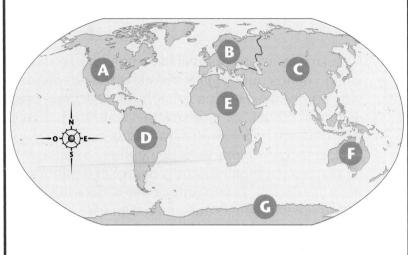

## Actividad de escritura

**1. Escribir un informe** Visita una biblioteca y reúne información acerca de los cambios que ha sufrido la población de tu estado en los últimos 50 años. Escribe un informe breve que explique por qué la gente emigró de tu estado o inmigró a él.

**2. Escribir un mensaje de servicio público** Imagina que tu ciudad o pueblo está organizando una "feria cultural" como introducción a las culturas de otros países, así como a otras culturas de Estados Unidos. Escribe un mensaje de servicio público para la feria destinado a la estación de radio local. Un mensaje de este tipo incluye la fecha y hora, el lugar y el propósito del evento. También debe explicar cómo y por qué la gente debe participar en la feria.

## Aplica tus destrezas

**Pasa a Destrezas para la vida de la página 57 para realizar la siguiente actividad.**

Busca en la biblioteca o en Internet información acerca de un tema cultural como la distribución de grupos étnicos, religiones o tipos de música en Estados Unidos. Con esta información, dibuja un mapa especial que muestre esa información. Luego, redacta una serie de preguntas para probar la comprensión del mapa. Intercambia tu mapa y preguntas con un compañero o compañera y contesta las preguntas.

## Razonamiento crítico

**1. Reconocer causa y efecto** ¿Cómo han afectado los accidentes geográficos y el clima de África la distribución de su población?

**2. Sacar conclusiones** Explica el significado de esta afirmación: "Muchos países del mundo se están volviendo más urbanos". ¿Qué te dice esto acerca del movimiento de los habitantes?

 **Búscalo en la RED**

**Actividad** Las pautas de migración humana han moldeado culturas y regiones de todo el mundo. ¿Qué impacto ha tenido la migración sobre la región en que vives? Visita la sección World Explorer: People, Places and Cultures de **phschool.com** para realizar esta actividad.

**Autoevaluación del Capítulo 3** Como repaso final, resuelve la prueba de autoevaluación del Capítulo 3. Busca la prueba en la sección de Social Studies en **phschool.com.**

# LA TIERRA

Nuestro hogar en el universo es una enorme roca que gira en el espacio. La Tierra es uno de los nueve planetas que giran alrededor del Sol y el único apto para la vida en nuestro sistema solar. A diferencia de otros planetas, la Tierra está a una distancia tal del Sol, que su superficie no es demasiado caliente ni demasiado fría. Hay oxígeno en su atmósfera y agua en sus océanos, indispensables para la vida. Bosques alpinos, praderas de pendiente suave, y vastos desiertos favorecen la vida de plantas y animales dentro del frágil equilibrio de la naturaleza. El crecimiento de la población, la contaminación y el mal uso de los recursos naturales son actividades humanas que amenazan este equilibrio.

**?** ¿Cómo influyen las características físicas en los centros de población del mundo? ¿Cómo podemos preservar el equilibrio natural, crítico para nuestro futuro.

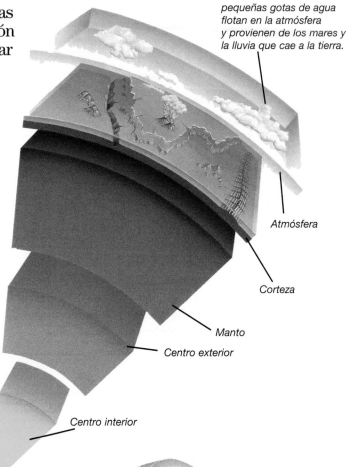

Las nubes hechas de pequeñas gotas de agua flotan en la atmósfera y provienen de los mares y la lluvia que cae a la tierra.

Atmósfera

Corteza

Manto

Centro exterior

Centro interior

La Tierra está formada por capas de aire, agua, hierro, níquel y rocas alrededor de un centro de hierro y níquel.

### OCÉANOS
*Los océanos son grandes huecos llenos de agua en la corteza de la Tierra. La profundidad promedio de los océanos es de 2.2 millas (3.5 kilómetros).*

### CORTEZA
*La capa superior de rocas en la superficie de la Tierra se llama corteza. Tiene un espesor de 44 millas (70 km) en los continentes y 4 millas (6 km) en el suelo marino. La temperatura en la parte inferior de la corteza alcanza los 1,900 °F (1,050 °C).*

### MANTO
*Debajo de la corteza está el manto, una capa de roca de aproximadamente 1,800 millas (2,900 km) de espesor. En la base del manto, la temperaturta alcanza los 6,700 °F (3,700 °C). Las altas presiones que mantienen al manto en su lugar evitan que éste se funda.*

### CENTRO EXTERIOR
*El centro de la Tierra tiene una corteza exterior de aproximadamente 1,240 millas (2,000 km) de espesor, hecha de hierro en estado líquido que alcanza temperaturas de 4,000 °F (2,200 °C).*

### CENTRO INTERIOR
*El centro de la Tierra es una esfera de hierro y níquel en estado sólido. Tiene un diámetro aproximado de 1,712 millas (2,740 km) y temperaturas de hasta 8,100 °F (4,500 °C).*

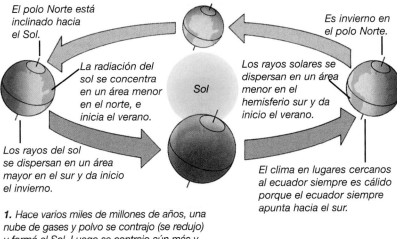

El polo Norte está inclinado hacia el Sol.

La radiación del sol se concentra en un área menor en el norte, e inicia el verano.

Los rayos del sol se dispersan en un área mayor en el sur y da inicio el invierno.

Sol

Es invierno en el polo Norte.

Los rayos solares se dispersan en un área menor en el hemisferio sur y da inicio el verano.

El clima en lugares cercanos al ecuador siempre es cálido porque el ecuador siempre apunta hacia el sur.

**1.** Hace varios miles de millones de años, una nube de gases y polvo se contrajo (se redujo) y formó el Sol. Luego se contrajo aún más y se dividió en muchos fragmentos de hielo y roca. Después de un tiempo, grupos de partículas se unieron y empezaron a formar los planetas.

**2.** Durante la formación de la Tierra, el choque de las partículas provocó el aumento de la temperatura del planeta. La superficie era líquida y mostraba un brillo incandescente. La Tierra tardó 100 millones de años en convertirse en una bola de roca.

**3.** La radiactividad de las partículas produjo calor y todo el planeta se fundió. Hierro en estado líquido se filtró al interior de la Tierra y formó el centro de la misma. Las rocas más ligeras flotaron sobre el hierro y cuando la superficie se enfrió, se formó la corteza. Los volcanes hicieron erupción y arrojaron los gases que formaron la atmósfera. El vapor de los volcanes se condensó y formó los océanos.

**4.** Hace aproximadamente 3,500 millones de años surgieron los primeros organismos vivos. Hace 2,500 millones de años algunos de estos organismos empezaron a producir oxígeno, el cual se elevó a la atmósfera. La corteza se rompió y empezó a desplazarse, formando los accidentes geográficos que conocemos hoy.

## LAS ESTACIONES

Al norte y al sur del ecuador, las estaciones cambian conforme la Tierra gira alrededor del Sol. La Tierra tiene una inclinación de 23.5° con respecto a su órbita. Este ángulo hace que los polos se inclinen hacia el Sol en diferentes momentos del año.

## LA FORMACIÓN DE LA TIERRA

Los científicos calculan que la Tierra se formó hace varios miles de millones de años. Algunas rocas lunares y meteoritos (fragmentos de roca que caen del espacio) también tienen esta edad, lo cual sugiere que el sistema solar se formó al mismo tiempo. El Sol, la Tierra y los demás planetas se formaron a partir de una enorme masa de gases que flotaba en el espacio.

## TEORÍAS SOBRE LA TIERRA

Alguna vez se creyó que la Tierra era plana. Hace casi 2,500 años, los griegos descubrieron que la Tierra era redonda. En el año 260 A.C., Aristarchus, científico griego, sugirió que la Tierra giraba alrededor del Sol. No fue hasta 1543 que el astrónomo polaco Nicolás Copérnico demostró que Aristarchus tenía razón.

# Bienvenidos a Estados Unidos y Canadá

**ECONOMÍA**
Conoce el crecimiento industrial en las ciudades de nuestra nación...

**CIENCIA, TECNOLOGÍA Y SOCIEDAD**
Aprende cómo la tecnología ha ayudado a poblar el oeste...

**CULTURA** *Estudia las artes creativas de los indígenas del Canadá...*

# ¿Qué quieres aprender?

GOBIERNO

**Atestigua el voto por la independencia de Quebec...**

**CIVISMO**

**Comprende el papel y las responsabilidades de los ciudadanos de Estados Unidos...**

**GEOGRAFÍA**

**Escala una de las montañas más altas del mundo...**

**HISTORIA**

**Navega con los exploradores de nuevas tierras...**

Un diario es tu registro personal de hallazgos. Conforme conoces Estados Unidos y Canadá, puedes incluir en tu diario entradas de lo que lees, escribes, piensas y creas. Como primera entrada, describe lo que piensas de Estados Unidos y Canadá, los lugares que quisieras visitar y lo que te gustaría ver en ellos.

DIARIO DEL EXPLORADOR

# Preguntas guía

## ¿Qué preguntas debo hacer para comprender cómo son Estados Unidos y Canadá?

**P**reguntar es una buena forma de aprender. Piensa qué información querrías tener si visitaras un lugar y qué preguntas harías.

Las preguntas de estas páginas pueden guiar tu estudio de Estados Unidos y Canadá. ¡Haz otras preguntas por tu cuenta!

### GEOGRAFÍA

Estados Unidos y Canadá tienen diversas características físicas que han influido en su historia y pautas de desarrollo. Vastas regiones de desierto y tundra, fértiles llanuras, puertos naturales y vías marítimas han influido en la vida de las personas. Conforme las personas se adaptan y modifican su ambiente, aprovechan los factores geográficos para construir naciones prósperas.

**1** ¿Cómo ha influido la geografía física en las pautas de desarrollo y economía de Estados Unidos y Canadá?

### HISTORIA

Al principio, la historia de Estados Unidos y Canadá estuvo llena de desafíos y conflictos. Los europeos lucharon contra los indígenas por la tierra. Más tarde, Inglaterra y Francia pelearon entre sí por los territorios. Las colonias estadounidenses pelearon por su independencia de Gran Bretaña y formaron una poderosa nación. Tanto en Canadá como en Estados Unidos las personas han trabajado en conjunto para mantener su libertad y unidad.

**2** ¿Cómo ha influido la historia en la cultura de Estados Unidos y Canadá?

### CULTURA

Cuando los colonizadores europeos llegaron a Estados Unidos y Canadá, trajeron su cultura, pero también adoptaron elementos de las culturas indígenas. Conforme estas naciones crecieron y se poblaron con inmigrantes de todo el mundo, los ciudadanos empezaron a crear lo que sería una nueva cultura única y muy diversa.

**3** ¿Cómo ha beneficiado y afectado la diversidad cultural a ambas naciones?

## GOBIERNO

Los gobiernos de Estados Unidos y Canadá han evolucionado de una monarquía colonial a un sistema democrático en el que los habitantes tienen un papel importante. En la época colonial, pocos ciudadanos tenían este derecho. Hoy, los habitantes de ambos países trabajan juntos para tener una representación justa en el Gobierno.

**4** **¿Qué hicieron Estados Unidos y Canadá para desarrollar el fuerte gobierno democrático que tienen en la actualidad?**

## ECONOMÍA

Estados Unidos y Canadá son ricos en tierras fértiles que los han convertido en importantes productores agrícolas. Otros recursos naturales como los minerales y la madera también han desarrollado su economía.

Su crecimiento industrial, ha convertido a estas naciones en potencias económicas.

**5** **¿Cómo se convirtieron Estados Unidos y Canadá en dos de las naciones más ricas del mundo?**

## CIVISMO

Tanto en Estados Unidos como en Canadá el gobierno alienta a los ciudadanos a participar en procesos políticos mediante la votación, la competencia por los cargos públicos y la expresión de ideas. En ambas naciones los ciudadanos gozan de libertad de expresión y trabajan en conjunto para garantizar la igualdad de derechos individuales y la justicia.

**6** **¿Qué hacen los ciudadanos de Estados Unidos y Canadá para obtener justicia e igualdad de derechos?**

## CIENCIA, TECNOLOGÍA Y SOCIEDAD

En Estados Unidos y Canadá, la tecnología ha mejorado las condiciones agrícolas, las industrias y el cuidado de la salud desde el siglo XIX. Hoy, la economía de ambos países depende de la tecnología para desarrollar nuevos métodos de producción y proteger el ambiente. Estas dos naciones son líderes en el campo de la investigación científica.

**7** **¿Cómo ha beneficiado o perjudicado la tecnología a Estados Unidos y Canadá?**

 **Búscalo en la RED**

Para más información sobre Estados Unidos y Canadá, visita el sitio World Explorer: People, Places, and Culture en **phschool.com.**

# ATLAS PARA ACTIVIDADES

# Estados Unidos y Canadá

◆ ◆ ◆ ◆ ◆ ◆ ◆ ◆ ◆ ◆ ◆ ◆ ◆ ◆ ◆ ◆ ◆ ◆ ◆ ◆ ◆ ◆ ◆

Para conocer Estados Unidos y Canadá, debes conocer los hechos. Comienza por explorar los mapas y responder a las preguntas de estas páginas.

Ubicación relativa

CANADÁ

Círculo Ártico

ESTADOS UNIDOS

OCÉANO PACÍFICO

OCÉANO ATLÁNTICO

trópico de Cáncer

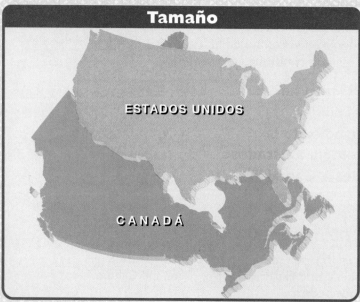

Tamaño

ESTADOS UNIDOS

CANADÁ

## I. UBICACIÓN

**Localiza Estados Unidos y Canadá** Observa el mapa. En esta unidad leerás acerca de Estados Unidos, la región anaranjada, y también acerca de Canadá, la región verde. ¿Qué país está más al norte? Si vivieras en una costa de Estados Unidos, ¿en qué dirección viajarías para llegar al océano Pacífico?

## 2. REGIONES

**Compara a Estados Unidos con Canadá** Observa el mapa. Date cuenta que Estados Unidos no se muestra completo en el segundo mapa. ¿Qué país es más grande, Estados Unidos o Canadá?

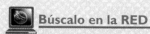

Búscalo en la RED

Los elementos marcados con este logotipo se actualizan periódicamente en la Internet. Visita **phschool.com** para obtener información actualizada sobre geografía.

## Estados Unidos y Canadá: división política

**CLAVE**

— frontera nacional

⊛ capital nacional

• otra ciudad

Proyección: Área equivalente Azimutal Lambert

0 — 500 — 800 mi
0 — 500 — 800 km

HAWAI
(EE. UU.)
OCÉANO PACÍFICO
160°O
20°N
0 — 100 — 200 mi
0 — 100 200 km

### 3. UBICACIÓN

**Indentifica lugares en Estados Unidos y Canadá** Juntos,
Estados Unidos y Canadá ocupan la mayor parte de América del Norte.
Observa el mapa. ¿Qué otro país se encuentra en la misma región? ¿Qué país
colinda con Canadá? ¿Qué países colindan con Estados Unidos? Nombra
las capitales nacionales de Estados Unidos y Canadá. ¿Qué estados de
Estados Unidos no colindan con ningún otro estado? ¿Qué ciudad de Canadá
está más al sur? ¿Al norte?

### 4. LUGAR

**Localiza masas de agua en Estados Unidos y Canadá** Los ríos, lagos
y océanos son vitales para el desarrollo de una nación. Observa el mapa.
¿Qué océanos rodean a Estados Unidos y Canadá? Encuentra los Grandes
Lagos. ¿Cuántos son? ¿Cuál de ellos se encuentra por completo en
Estados Unidos? ¿Qué río comunica a los Grandes Lagos con el océano
Atlántico? La bahía más grande del mundo está en Canadá. ¿Cómo se llama?
¿Cómo llegarías a ella, desde el océano Pacífico o del océano Atlántico?

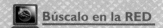 Búscalo en la RED

# Estados Unidos y Canadá: uso de la tierra

**CLAVE**

- ganadería nómada
- caza y recolección
- bosques
- cría de ganado
- agricultura comercial
- agricultura de subsistencia
- manufactura y comercio
- pesca comercial
- poca o ninguna actividad

Proyección: Área equivalente Azimutal Lambert

RUSIA

mar de Bering

OCÉANO ÁRTICO

ALASKA (EE. UU.)

GROENLANDIA (DINAMARCA)

ISLANDIA

bahía de Baffin

mar del Labrador

CANADÁ

bahía de Hudson

Grandes Lagos

ESTADOS UNIDOS

OCÉANO PACÍFICO

OCÉANO ATLÁNTICO

HAWAI (EE. UU.)

OCÉANO PACÍFICO

| 0 | 100 | 200 mi |
| 0 | 100 | 200 km |

MÉXICO

golfo de México

trópico de Cáncer

| 0 | 400 | 800 mi |
| 0 | 400 | 800 km |

## 5. INTERACCIÓN DEL SER HUMANO CON EL MEDIO AMBIENTE

**Compara el uso de la tierra en Estados Unidos y Canadá**
¿Cuántos usos identificas en el mapa? ¿Cuál es el uso más común de la tierra en Canadá? ¿En Estados Unidos? ¿Por qué crees que la caza y la recolección es el uso más común de la tierra al norte de Canadá?

## 6. REGIONES

**Compara el uso de la tierra con las características físicas** Observa el mapa de la página siguiente. Compáralo con el mapa anterior. ¿Qué característica física hay en la región de manufactura? ¿Por qué crees que las fábricas se establecieron en esa región?

## 7. UBICACIÓN

**Identifica la ubicación relativa** Una amiga tuya recorre América del Norte y te envía postales con pistas sobre cada lugar. Usa las pistas y el mapa siguiente para determinar su posición relativa en Estados Unidos y Canadá.

**A.** ¡Cielos! ¡Fui de paseo a las montañas Rocosas! Ahora me dirijo al sur. Acabo de cruzar el río Colorado. ¿En qué país estoy?

**B.** Hoy crucé la frontera norte de Estados Unidos y voy a la isla de Vancouver, Canadá. ¿En qué dirección viajo?

**C.** Estoy en un barco. Vamos hacia el golfo de San Lorenzo en los Grandes Lagos. ¿En qué río me encuentro?

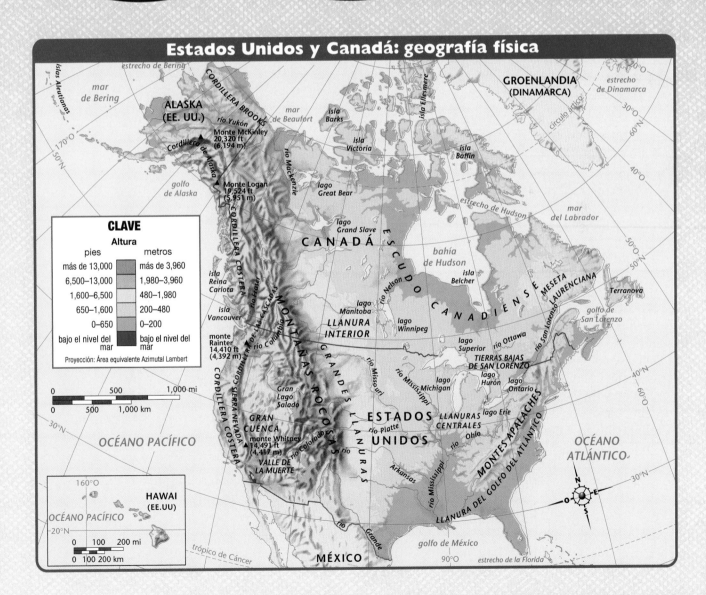

Estados Unidos y Canadá: geografía física

## Estados Unidos y Canadá: clima

**CLAVE**

- húmedo tropical
- húmedo y seco tropical
- semiárido
- árido
- mediterráneo
- húmedo subtropical
- marítimo de costa oeste
- húmedo continental
- subártico
- tundra
- tierras altas

Proyección: Área equivalente Azimutal Lambert

## 8. REGIONES

**Compara climas** Ya sabes que el clima influye en la vida de las personas. ¡Por eso no ves zapatos para la nieve en la playa ni esquís en el desierto! Observa el mapa. ¿Cuántas regiones climáticas hay en Estados Unidos y Canadá? ¿Dónde cambian más los climas, de este a oeste o de norte a sur? ¿En cuál de los dos países hay una región de clima húmedo subtropical? ¿En cuál de los dos se encuentra la región subártica más grande? ¿Qué clima hay en Winnipeg? ¿Qué ciudades de Estados Unidos y Canadá están en la región marítima de la costa occidental?

# El más alto, el más largo y el más profundo...

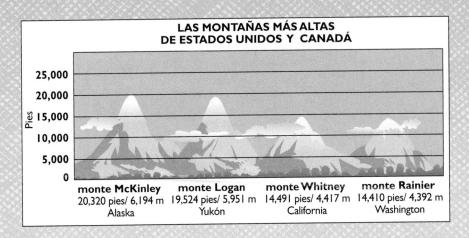

**LAS MONTAÑAS MÁS ALTAS DE ESTADOS UNIDOS Y CANADÁ**

| | | | |
|---|---|---|---|
| **monte McKinley** | **monte Logan** | **monte Whitney** | **monte Rainier** |
| 20,320 pies/ 6,194 m | 19,524 pies/ 5,951 m | 14,491 pies/ 4,417 m | 14,410 pies/ 4,392 m |
| Alaska | Yukón | California | Washington |

## LOS RÍOS MÁS LARGOS DE ESTADOS UNIDOS Y CANADÁ

| río | desembocadura | longitud |
|---|---|---|
| Mackenzie | mar de Beaufort | 2,635 mi/4,241 km |
| Mississippi | golfo de México | 2,348 mi/3,779 km |
| Missouri | río Mississippi | 2,315 mi/3,726 km |
| Yukón | mar de Bering | 1,979 mi/3,185 km |
| San Lorenzo | golfo de San Lorenzo | 1,900 mi/3,058 km |
| Grande | golfo de México | 1,885 mi/3,034 km |
| Arkansas | río Mississippi | 1,459 mi/2,348 km |

## 9. LUGAR

**Compara características físicas**

En Estados Unidos y Canadá hay una gran diversidad geográfica. Estudia los esquemas de esta página. Busca los elementos geográficos en el atlas. ¿Qué diferencia de profundidad hay entre el lago Great Slave y el lago Superior? ¿Qué río mide casi el doble que el río Arkansas? ¿Cuánto mayor que el lago Winnipeg es el lago Hurón? ¿Qué ríos desembocan en otros ríos? ¿Cuáles son las montañas más altas de Estados Unidos y Canadá?

## LOS LAGOS MÁS GRANDES DE ESTADOS UNIDOS Y CANADÁ

**Winnipeg**
9,094 mi²
23,553 km²

**Erie**
9,930 mi²
25,719 km²

**Great Slave**
11,170 mi²
28,930 km²

**Great Bear**
12,000 mi²
31,080 km²

**Michigan**
22,400 mi²
58,016 km²

**Hurón**
23,919 mi²
59,586 km²

**Superior**
31,820 mi²
82,414 km²

**PROFUNDIDAD DE LOS LAGOS DE ESTADOS UNIDOS Y CANADÁ**

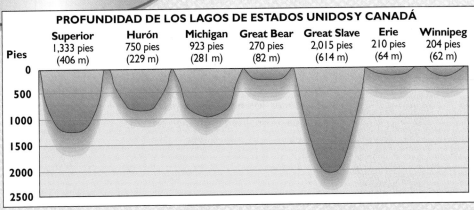

| **Superior** | **Hurón** | **Michigan** | **Great Bear** | **Great Slave** | **Erie** | **Winnipeg** |
|---|---|---|---|---|---|---|
| 1,333 pies | 750 pies | 923 pies | 270 pies | 2,015 pies | 210 pies | 204 pies |
| (406 m) | (229 m) | (281 m) | (82 m) | (614 m) | (64 m) | (62 m) |

# ESTADOS UNIDOS Y CANADÁ:
# Geografía física

## Estados Unidos y Canadá: recursos naturales

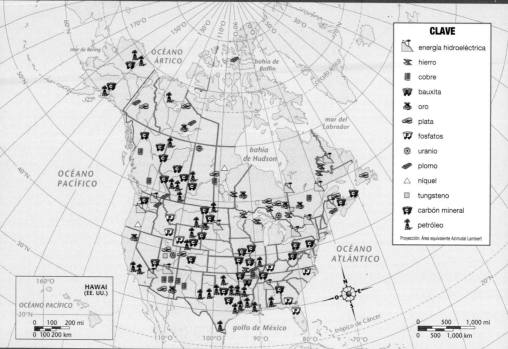

**CLAVE**

energía hidroeléctrica
hierro
cobre
bauxita
oro
plata
fosfatos
uranio
plomo
níquel
tungsteno
carbón mineral
petróleo

Proyección: Área equivalente Azimutal Lambert

## Usar mapas

Estados Unidos y Canadá tienen una gran riqueza en recursos naturales. Ambos han empleado sus recursos para desarrollar diversas industrias. Estudia el mapa y la clave. Completa después las siguientes actividades.

### Localizar recursos naturales

Haz listas para responder a las siguientes preguntas: ¿Qué recursos no hay en Canadá? ¿Qué recursos hay en el Golfo de México? ¿Qué recursos hay al norte de los Grandes Lagos? Si desconoces los nombres de algunos recursos, búscalos en un diccionario.

### Conservar los recursos

Algunos recursos, como el oro y el petróleo, no son renovables y pueden agotarse. ¿Qué crees que deben hacer los gobiernos para conservar estos recursos? ¿Qué sugerirías para conservar los recursos del mapa?

# Características físicas

**ANTES DE LEER**

## ENFOQUE DE LECTURA

1. ¿En qué parte del mundo se localizan Estados Unidos y Canadá?
2. ¿Cuáles son los principales accidentes geográficos de Estados Unidos y Canadá?
3. ¿Cuáles son las principales masas de agua de Estados Unidos y Canadá?

**PALABRAS CLAVE**
divisoria continental
glaciar
corredores de transportación
tributario

**LUGARES CLAVE**
montañas Rocosas
montes Apalaches
Valle de la Muerte
Grandes Lagos
río San Lorenzo
río Mississippi

## ANOTACIONES

Copia la tabla y mientras lees esta sección, complétala con datos sobre las características físicas de Estados Unidos y Canadá.

|  | Estados Unidos | Canadá |
| --- | --- | --- |
| Accidentes geográficos |  |  |
| Cuerpos de agua |  |  |

## IDEA PRINCIPAL

Estados Unidos y Canadá tienen una variedad de características físicas únicas, incluidas sus montañas, tierras de cultivo, grandes lagos e imponentes ríos.

## El escenario

El Monte McKinley en Alaska es la montaña más alta de América del Norte y atrae a miles de turistas cada año. En 1992, Ruth Kocour y su equipo escalaron los 20,320 pies (6,194 metros) de esta cima. Luego de establecer un campamento a 9,500 pies (2,896 metros) de altura, enfrentaron la primera tormenta. Rápidamente, el equipo construyó unos muros de nieve para proteger sus tiendas del viento. Luego cavaron una cueva para poder cocinar y ahí esperaron a que pasara la tormenta. Kocour recuerda: "una persona de otro equipo salió de la cueva por un momento y cuando regresó, pidió una bebida caliente. Se le quebraron los dientes".

Tal vez acampar en una montaña helada no sea lo mejor para ti. Quizá preferirías las playas soleadas del sur o los enormes bosques del noroeste. Incluso podrías visitar el desierto de Arizona o las vastas planicies de la parte central de Canadá. Estados Unidos y Canadá ofrecen una gran variedad de paisajes.

### Escalar el Monte McKinley

**GEOGRAFÍA** Con ropa abrigada y grandes mochilas, estos excursionistas caminan en el glaciar Kahiltna del Monte McKinley. **Razonamiento crítico** ¿Por qué ir de excursión a esta montaña puede ser peligroso?

# ¿En qué parte del mundo estamos?

Estados Unidos y Canadá se localizan en América del Norte. Ambos limitan al este con el océano Atlántico y al oeste con el Pacífico. Canadá limita al norte con el océano Ártico. Al sur, Estados Unidos colinda con México y el golfo de México. Alaska y Hawai también son parte de Estados Unidos.

Canadá es más grande que Estados Unidos y el segundo país más grande del mundo; Estados Unidos es el cuarto, pero tiene casi 10 veces más habitantes que Canadá.

## Accidentes geográficos de Estados Unidos y Canadá

Vistos desde el espacio, Estados Unidos y Canadá aparecen como una gran extensión de tierra, con largas cordilleras y vastas llanuras que se extienden de norte a sur. Observa el mapa en el atlas de la página 67 y localiza los siguientes accidentes geográficos.

Con más de 3,000 millas (4,830 kilómetros) de largo sobre la zona oeste del continente, las **montañas Rocosas** son la cordillera más larga de América del Norte. En la parte central de las Rocosas se encuentra la **divisoria continental,** una frontera natural que separa a los ríos que en el este fluyen hacia el Atlántico, hacia el océano Ártico y hacia el golfo de México, y en el oeste desembocan en el océano Pacífico.

El segundo sistema montañoso más grande es el de los **montes Apalaches,** en la parte este. Éstos se extienden por casi 1,600 millas (2,570 kilómetros) hasta convertirse en la Meseta Laurenciana en Canadá.

Entre las Rocosas y los Apalaches hay una vasta llanura. En el Canadá se conoce como Llanura Interior. En Estados Unidos es conocida como las Grandes Llanuras y las Llanuras Centrales. Gran parte de esta región tiene suelos muy ricos. En el este, los suelos favorecen el cultivo de maíz y soya, mientras que en el oeste, donde hay menos humedad, hay cultivos de trigo y ranchos ganaderos.

### Características especiales de Estados Unidos
Estados Unidos tiene varias características únicas, como sus llanuras en ambas costas. Aunque en el noreste, la llanura es estrecha, se hace más amplia conforme se extiende hacia el suroeste. Tierras llanas y fértiles y el acceso al mar atrajeron a muchos pobladores a esta área, y han permitido el desarrollo de grandes ciudades.

Al oeste de las Rocosas se encuentra la región de las llanuras y las cuencas. La mayor de las cuencas, conocida como Gran Cuenca, sirve de lecho a Salt Lake, o lago Salado, al oeste y al **Valle de la Muerte,** el lugar más caliente de América del Norte, al suroeste. Si avanzas más al oeste, encontrarás otras dos cordilleras, la Sierra Nevada en California y las Cascadas en Washington y Oregón.

Hacia el norte, el hielo y la nieve cubren las innumerables montañas de Alaska. Los **glaciares,** que se desplazan lentamente, llenan los valles entre las montañas. La mayoría de los habitantes de Alaska viven en la parte sureste, donde hace menos frío.

**MIENTRAS LEES**

Resume ¿Cuáles son los principales accidentes geográficos de Estados Unidos y Canadá?

**Características especiales de Canadá**   Canadá también tiene varias características únicas. Al este de Alaska se encuentra el territorio de Yukón y en éste el monte Logan, la cima más alta de Canadá y parte de las montañas costeras que se extienden por todo el Pacífico, casi hasta la frontera con Estados Unidos.

Al este de las Llanuras Interiores se localiza el Escudo Canadiense, una región de rocas ancestrales cubierta por una delgada capa de suelo que abarca casi la mitad de Canadá. Pocas personas viven aquí. Al sureste del Escudo Canadiense se encuentran las tierras bajas de San Lorenzo, donde vive más de la mitad de la población del país. Aunque aquí se produce casi una tercera parte de los cultivos de todo el país, también es el centro de manufactura más importante de Canadá.

## Las masas de agua más grandes

Tanto Estados Unidos como Canadá cuentan con ríos y lagos muy importantes. Muchas ciudades de los dos países se desarrollaron a orillas de estas masas de agua. Mientras lees, busca estas masas de agua en el atlas de la página 67.

Los lagos Superior, Michigan, Hurón, Erie y Ontario forman la región de los **Grandes Lagos,** el grupo de lagos de agua dulce más grande del mundo. Sólo el lago Michigan se encuentra completamente en el territorio de Estados Unidos. Los otros cuatro se localizan en la frontera entre ambos países.

El hielo derretido de antiguos glaciares formó los Grandes Lagos. Hoy, éstos son una importante vía acuática para Estados Unidos y Canadá. El transporte naval de mercancías en los Grandes Lagos ha impulsado el desarrollo industrial de ambos países.

### Un barco en un canal del San Lorenzo

**GEOGRAFÍA**   Esta imagen muestra un barco cruzando el canal de Welland en el río San Lorenzo. Este canal, que une los lagos Erie y Ontario, tiene una longitud de 27.6 millas (44.4 kilómetros).
**Razonamiento crítico** ¿Por qué crees que el canal del río San Lorenzo se conoce como "el camino canadiense al mar"? ¿Puedes decir dónde empieza y dónde termina?

Cuando el río Mississippi desemboca en el golfo de México, el limo que contiene se acumula, formando una llanura triangular llamada delta. Esta imagen de satélite muestra la forma del delta. Las aguas del río Mississippi se observan de color azul. La tierra aparece en color oscuro. **Razonamiento crítico** ¿Crees que un delta sea un buen lugar para el cultivo? ¿Por qué?

**Ríos caudalosos**   En Canadá existen dos ríos muy importantes. El río Mackenzie, el más grande del país, se forma en las Rocosas y fluye hacia el océano Ártico. El **río San Lorenzo** fluye de los Grandes Lagos hacia el océano Atlántico. Los habitantes de la zona modificaron el cauce natural de estos ríos con una serie de diques y canales que permiten la navegación de grandes barcos. Por eso el río San Lorenzo es uno de los **corredores de transportación** más importantes de Amérca del Norte.

En Canadá, el río San Lorenzo es conocido como "la madre de Canadá". En Estados Unidos, el río más largo del continente americano también tiene un nombre de este tipo. El **río Mississippi** es conocido por los indígenas de Estados Unidos como "el padre de las aguas". Este río nace en Minnesota y cruza las Llanuras Centrales hasta llegar al golfo de México. Otros dos grandes ríos, el Ohio y el Missouri, son tributarios del Mississippi. Un **tributario** es un río que alimenta a otro río de mayor tamaño.

# EVALUACIÓN DE LA SECCIÓN I

## DESPUÉS DE LEER

### RECORDAR

1. Identifica: (a) montañas Rocosas, (b) montes Apalaches, (c) Valle de la Muerte, (d) Grandes Lagos, (e) río San Lorenzo, (f) río Mississippi

2. Define: (a) glaciar, (b) tributario, (c) corredores de transportación, (d) divisoria continental

### COMPRENSIÓN

3. Describe la ubicación de Estados Unidos y Canadá en relación con otros países y masas de agua.

4. Describe cómo las características físicas de Estados Unidos y Canadá afectan a esos países.

5. ¿Cómo se aprovechan las masas de agua más importantes de Estados Unidos y Canadá?

### RAZONAMIENTO CRÍTICO Y ESCRITURA

6. **Explorar la idea principal** Repasa la idea principal al inicio de esta sección. Luego, lista cinco características físicas de Estados Unidos y Canadá.

7. **Hacer inferencias** Hace años, las personas que llegaron a Estados Unidos y Canadá se establecieron en las llanuras costeras y en las riberas de los ríos. ¿Por qué crees que lo hicieron?

### ACTIVIDAD

8. **Escribir un párrafo** Vas a irte de vacaciones. Si pudieras elegir, ¿qué características físicas de Estados Unidos y Canadá te gustaría conocer? Escribe un párrafo sobre qué lugares te gustaría visitar y por qué.

# Los seres humanos y el ambiente físico

## ANTES DE LEER

### ENFOQUE DE LECTURA

1. ¿Qué tipos de zonas climáticas hay en Estados Unidos y Canadá?
2. ¿Cuáles son las cuatro zonas de vegetación que existen en Estados Unidos y Canadá?

### PALABRAS CLAVE

lluvia de sombra
trópicos
tundra

hielos perpetuos
pradera

### IDEA PRINCIPAL

La amplia gama de climas y zonas de vegetación de Estados Unidos y Canadá tiene su origen en varios factores.

### ANOTACIONES

Copia la red de conceptos y mientras lees esta sección, complétala con datos sobre el clima de cada zona de vegetación y los lugares en que se encuentran dichas zonas.

## El escenario

En una cálida y soleada mañana de febrero, un reportero sale de su casa en Miami, Florida, y se dirige al aeropuerto. Con pantalones ligeros y una camisa de mangas cortas, aborda un avión rumbo a Toronto. ¿Ha olvidado algo? Con seguridad no sabe que en Toronto la temperatura es inferior a los cero grados.

El reportero sabía que el clima en Toronto sería muy severo, pero necesitaba escribir un artículo acerca de los túneles y centros comerciales subterráneos de Toronto. Quería saber si las personas realmente podían ir a hoteles, restaurantes y tiendas sin salir a la intemperie.

## Zonas climáticas

Las zonas climáticas de Estados Unidos y Canadá van desde el clima polar en el norte de Canadá, al desierto en el suroeste de Estados Unidos. Factores como el tamaño de la región, la latitud, las montañas y los océanos afectan el clima que predomina en una región.

**Los climas de Canadá: la lucha contra el frío** Por lo general, entre más lejos esté una región al norte del ecuador, más frío será su clima. ¡Canadá se encuentra muy lejos al norte del ecuador, por eso su clima es extremadamente frío!

### Las inclemencias del clima

**GEOGRAFÍA**

Cualesquiera que sean las condiciones del exterior, la temperatura del centro comercial Eaton Center en Toronto, Ontario, siempre se mantiene controlada.

**Razonamiento crítico** ¿Cómo puedes modificar tu entorno para combatir las inclemencias del clima en tu región?

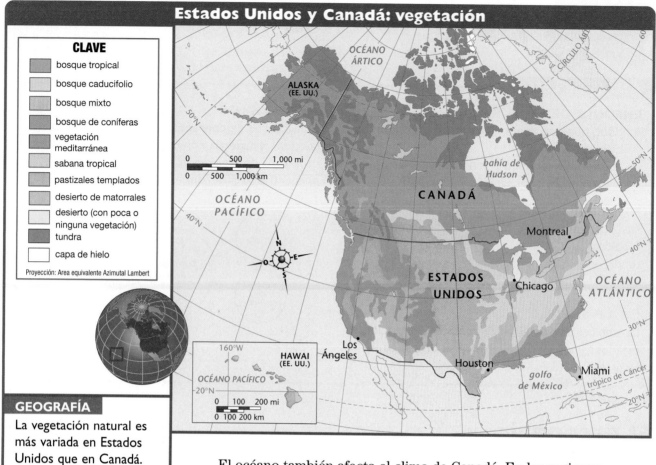

## Estados Unidos y Canadá: vegetación

**CLAVE**

- bosque tropical
- bosque caducifolio
- bosque mixto
- bosque de coníferas
- vegetación mediterránea
- sabana tropical
- pastizales templados
- desierto de matorrales
- desierto (con poca o ninguna vegetación)
- tundra
- capa de hielo

Proyección: Area equivalente Azimutal Lambert

OCÉANO ÁRTICO

ALASKA (EE. UU.)

0   500   1,000 mi
0   500   1,000 km

OCÉANO PACÍFICO

bahía de Hudson

CANADÁ

Montreal

ESTADOS UNIDOS

Chicago

OCÉANO ATLÁNTICO

160°W

HAWAI (EE. UU.)

OCÉANO PACÍFICO

20°N

Los Ángeles

Houston

golfo de México

Miami

trópico de Cáncer

0   100   200 mi
0   100 200 km

**GEOGRAFÍA**

La vegetación natural es más variada en Estados Unidos que en Canadá. **Estudio del mapa** En términos de vegetación natural, ¿qué parte de Estados Unidos tiene más en común con Canadá?

El océano también afecta el clima de Canadá. En las regiones cercanas al océano, el clima es más benigno que en el territorio interior. Las aguas del océano Pacífico mantienen templado el clima en la costa noroeste todo el año, mientras que en las regiones interiores, las temperaturas son extremas.

Las montañas son otro factor que influye en el clima, especialmente en la lluvia. Los vientos provenientes del Pacífico se elevan al llegar a las montañas del oeste, enfrían la humedad acumulada y provocan su precipitación. Luego el aire seco baja por el otro lado de las montañas. El lado seco de las montañas, donde siempre cae poca lluvia, se conoce como **lluvia de sombra**.

**Los climas de Estados Unidos**   La latitud influye en el clima de Estados Unidos.  En el mapa de climas del atlas de la página 68, puedes ver que como Alaska se encuentra lejos del ecuador, su clima es muy frío la mayor parte del año. En cambio, como la península de la  Florida y la isla de Hawai se localizan cerca de los **trópicos,** una región de 23°N a 23°S de latitud, casi siempre hace calor.

Igual que en Canadá, los vientos del Pacífico enfrían la humedad en el oeste antes de que ésta cruce las montañas, así, el clima al este de California, Nevada, Utah y Arizona es semidesértico o desértico.

Al este de las Grandes Llanuras existen los climas continentales. En el norte, los veranos son calientes y los inviernos son fríos, con nevadas. En el sur, los veranos también son calientes, pero los inviernos son templados.

## Zonas de vegetación natural

El clima determina las zonas de vegetación. Existen cuatro zonas principales de vegetación o vida vegetal.

**Tundras del norte** La **tundra** es una región fría y seca, común en los lugares más hacia el norte, que están cubiertos de nieve más de la mitad del año. En la tundra ártica se encuentra el **permafrost,** o suelos permanentemente congelados. En los cortos veranos, la superficie se deshiela, dando paso al desarrollo de musgos, pastos y brillantes flores silvestres.

**Praderas** Las **praderas**, también conocidas como pastizales, son regiones de suelo llano o pendiente suave, cubiertas de pastos. La pradera más grande del mundo cubre la parte central de Estados Unidos y se extiende hasta las provincias de Alberta, Saskatchewan y Manitoba, en Canadá.

**Desierto de matorrales** Debido a la escasez de lluvia, en las regiones desérticas y semidesérticas crecen muy pocas plantas. La Gran Cuenca es una vasta región de clima seco entre las montañas Rocosas y las sierras de Estados Unidos.

**Bosques** Los bosques cubren alrededor de una tercera parte de Estados Unidos y casi la mitad de Canadá. El clima templado del norte de la costa del Pacífico, por ejemplo, favorece el desarrollo de grandes bosques.

### La ganadería en el oeste

**GEOGRAFÍA** Muchos habitantes de las llanuras y otras regiones planas del oeste de América del Norte se dedican a la cría de ganado. Estas personas arrean al ganado para llevarlo a un área cercada. **Razonamiento crítico** ¿Por qué crees que las regiones planas son mejores que las regiones montañosas para la cría de ganado?

---

# EVALUACIÓN DE LA SECCIÓN 2

**DESPUÉS DE LEER**

**RECORDAR**

1. Define: (a) lluvia de sombra, (b) trópicos, (c) tundra, (d) permafrost, (e) pradera

**COMPRENSIÓN**

2. ¿Cuál es la diferencia entre las zonas climatológicas de Estados Unidos y Canadá?

3. Menciona cuatro zonas de vegetación de Estados Unidos y Canadá.

**RAZONAMIENTO CRÍTICO Y ESCRITURA**

4. **Explorar la idea principal** Repasa la idea principal al inicio de esta sección. Luego, haz una tabla que muestre las zonas climáticas mencionadas en esta sección y el origen de cada una de ellas.

5. **Comparar y contrastar** Escribe un párrafo que compare y contraste la vegetación de la tundra y la de la región de los Grandes

Lagos. Usa el mapa de clima del atlas para ayudarte.

**ACTIVIDAD**

6. **Hacer un folleto de viaje** Elabora un folleto en el que invites a los turistas a visitar alguna zona climática descrita en esta sección. Usa palabras e ilustraciones que describan la zona y llamen la atención de los turistas.

# SECCIÓN 3

# Factores geográficos y recursos naturales

## ANTES DE LEER

### ENFOQUE DE LECTURA

1. ¿Cuáles son los recursos naturales más importantes de Estados Unidos y cómo contribuyen a su economía?
2. ¿Cuáles son los recursos naturales más importantes de Canadá y cómo contribuyen su economía?

### PALABRAS CLAVE
aluviones
hidroelectricidad

### LUGARES CLAVE
presa Grand Coulee
tierras bajas de
San Lorenzo

### ANOTACIONES
Copia la tabla y mientras lees esta sección, complétala con los nombres de los lugares donde se encuentra cada recurso natural en Estados Unidos y Canadá.

| Tipo de recurso | Estados Unidos | Canadá |
|---|---|---|
| suelo/tierra de cultivo | | |
| agua/hidroelectricidad | | |
| petróleo | | |
| bosques | | |

### IDEA PRINCIPAL
La gran riqueza en recursos naturales de Estados Unidos y Canadá les han permitido desarrollar dos de las economías más importantes del mundo.

## Conservar el bosque

**GEOGRAFÍA** Estos árboles de madera roja se encuentran en el parque nacional Muir Woods, al noroeste de San Francisco, California. **Razonamiento crítico** ¿Por qué es importante preservar nuestros recursos naturales?

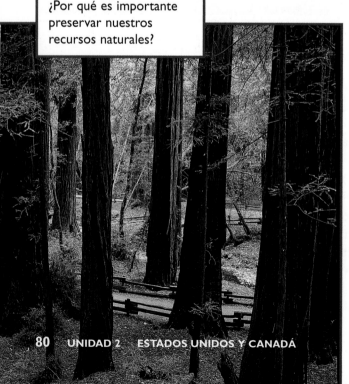

## El escenario

Rodeado de árboles de madera roja, el poblado de Carlotta, en California, apenas cuenta con una estación de gasolina y un almacén general. No obstante, en septiembre de 1996, la policía arrestó a más de 1,000 personas en este lugar durante una protesta. Una compañía maderera quería talar algunos de los árboles más antiguos del mundo. Los manifestantes querían conservar intacto el bosque y la vida salvaje de la región. Ambas partes creían en la importancia de los recursos naturales, pero no estaban de acuerdo en su uso.

## Recursos naturales de Estados Unidos

Los indígenas norteamericanos, los colonos y los exploradores sabían que América del Norte era una tierra abundante en tierras fértiles, agua, bosques y minerales.

**Suelo**   El medio oeste y el sur del país son ricos en tierras oscuras llamadas **aluviones**, el tipo de suelo producido por la acumulación de sedimentos después de una inundación. Estas tierras son excelentes para el cultivo.

**Agua**   El agua es un recurso vital para beber, regar cultivos, uso industrial y transporte. Algunos ríos como el Mississippi, el Ohio y el Missouri también son importantes vías de navegación.

El agua también tiene otros usos. En los diques de los ríos se genera energía **hidroeléctrica** con el movimiento del agua. La **presa Grand Coulee** localizada en el río Columbia, en Washington, produce más energía hidroeléctrica que cualquier otra presa de Estados Unidos.

### Energía y recursos naturales en abundancia

Estados Unidos es el segundo productor de carbón mineral, petróleo y gas natural del mundo. La abundancia en recursos naturales ha impulsado el desarrollo industrial y ha permitido que los estadounidenses tengan uno de los mayores estándares de vida del mundo.

Estados Unidos cuenta con valiosos yacimientos de cobre, oro, granito, mineral de hierro y plomo, minerales muy importantes para muchas industrias.

### Gran riqueza en bosques

Los bosques de Estados Unidos son un importante recurso. El noroeste de la costa del Pacífico, el sur, los Apalaches y zonas alrededor de los Grandes Lagos producen madera para construcción, pulpa para papel y maderas finas para la fabricación de muebles.

## Recursos naturales del Canadá

Los primeros colonizadores europeos de Canadá vivían de la caza, la pesca, la agricultura y como leñadores. Hoy en día, menos del 5 por ciento de los habitantes de Canadá se ganan la vida de esta manera.

**Tierras de cultivo**   Alrededor del 12 por ciento de las tierras de Canadá son aptas para el cultivo. Casi todas se encuentran en las provincias de las praderas, donde se produce la mayor parte del trigo y la carne de Canadá. Las **tierras bajas de San Lorenzo** son otra importante región agrícola productora de granos, leche, vegetales y frutas.

**Minerales y recursos energéticos**   Alrededor del 85 por ciento de los minerales de la nación provienen de las minas de los límites entre las provincias de Quebec y Terranova, lugar con grandes yacimientos de oro, plata, zinc, cobre y uranio. Las provincias de las praderas, en especial Alberta, cuentan con grandes depósitos de petróleo y gas natural.

Canadá controla los ríos de Quebec para generar hidroelectricidad. Estos ríos producen tanta hidroelectricidad, que parte de ella es exportada al noreste de Estados Unidos.

**Bosques**   Debido a que casi la mitad del Canadá está cubierta por bosques, este país es un gran productor de madera para construcción, pulpa para papel, laminados y aglomerados. Columbia Británica, Quebec y Ontario son las provincias de mayor producción.

**ECONOMÍA**   Poderosos remolcadores transportan pesadas cargas de troncos de los bosques de Canadá. **Razonamiento crítico** ¿Qué productos de madera usas diariamente? ¿Por qué son importantes?

---

# EVALUACIÓN DE LA SECCIÓN 3

**DESPUÉS DE LEER**

**RECORDAR**

1. Identifica: (a) la presa Grand Coulee, (b) tierras bajas de San Lorenzo

2. Define: (a) aluviones, (b) hidroelectricidad

**COMPRENSIÓN**

3. ¿Por qué el agua es un recurso importante en Estados Unidos y cómo se aprovecha este recurso?

4. Describe los recursos naturales más importantes de Canadá.

**RAZONAMIENTO CRÍTICO Y ESCRITURA**

5. **Explorar la idea principal** Repasa la idea principal al inicio de esta sección. Luego, describe en un párrafo los recursos naturales de Estados Unidos y Canadá y explica cómo benefician a sus economías.

6. **Comparar y contrastar** Con base en lo que sabes sobre la geografía física de ambos países, ¿qué semejanzas hay en sus recursos?

**ACTIVIDAD**

 **Búscalo en la RED**

7. **Proteger los recursos naturales** Piensa en un recurso natural que necesite preservarse en tu comunidad, como un bosque o un pantano. Con la clase, desarrolla un plan para proteger ese recurso. Visita la sección World Explorer: People, Places, and Cultures de **phschool.com** para realizar esta actividad.

# Usar ayudas gráficas

## Lo que necesitas
▶ papel
▶ lápiz

## Aprende la destreza

Saber organizar puede ayudarte a ordenar la información que lees. Una buena manera de hacer esto es emplear un organizador gráfico. Los organizadores gráficos ordenan la información visualmente para facilitar su comprensión. Uno de los organizadores más útiles es el mapa o red de conceptos. En éste, el tema principal se muestra en un óvalo en el centro del esquema y los detalles se escriben en óvalos a su alrededor. Lee el siguiente pasaje y sigue los pasos para organizar la información en un mapa de conceptos.

### Masas de agua

El agua es uno de los recursos más importantes de la Tierra. Hay muchos tipos de masas de agua en varias partes del mundo, que se aprovechan de diferente manera.

**Tipos** Las masas de agua más grandes son los océanos y éstos contienen agua salada. Los mares también son grandes masas de agua salada, pero son más pequeños que los océanos. Los lagos son aún más pequeños, por lo general contienen agua dulce y están rodeados de tierra. Los ríos son corrientes que fluyen a los lagos y otras masas de agua.

**Usos** El agua tiene muchos usos. Las personas necesitan el agua para nutrirse, pero también usan los ríos, lagos y océanos como medio de recreación. Además, el agua se usa para generar la electricidad que requieren muchas industrias. Por último, el agua es un importante medio de transporte, tanto de personas como de bienes.

**A.** Reúne los materiales que necesitas.

**B.** Dibuja un óvalo en el centro de una hoja. Escribe el tema del mapa en él. El tema de este mapa es "Masas de agua".

**C.** Piensa en las características del tema. Busca encabezados o subtítulos que te ayuden a identificar las características que puedes incluir. Por ejemplo, puedes nombrar los tipos de masas de agua que existen. Observa los detalles incluidos en este mapa.

**D.** Agrega datos del texto en cada detalle. Observa en el mapa los detalles agregados sobre cada característica.

## Practica la destreza

Lee el texto sobre los recursos naturales de Estados Unidos en las páginas 80 a 81. Sigue los pasos que aprendiste y organiza esta información en un mapa de conceptos.

## Aplica la destreza

Hallarás más preguntas sobre analizar imágenes en la sección Repaso y evaluación de este capítulo.

# Repaso y evaluación

## Hacer un resumen del capítulo

En una hoja suelta, dibuja una tabla como ésta y agrega la información que resume las características físicas de Estados Unidos. Luego, completa los cuadros que faltan con un resumen de lo que aprendiste en este capítulo.

| | Estados Unidos | Canadá |
|---|---|---|
| Características físicas | | |
| Ambiente físico | Estados Unidos tiene diversas características físicas, desde los glaciares al norte de Alaska, hasta el Valle de la Muerte en la Gran Cuenca. También hay cordilleras, vastas llanuras e importantes ríos y lagos. | |
| Recursos naturales | | |

## Repaso de palabras clave

**Elige las palabras correctas para cada definición.**

**I.** región que recibe poca lluvia en la parte seca y oscura de una montaña

  **A** tributario     **C** lluvia de sombra

  **B** tundra       **D** río

**2.** gran masa de hielo que se desplaza lentamente sobre la tierra

  **A** glaciar     **C** tundra

  **B** pradera    **D** montaña

**3.** región fría, cubierta de nieve la mayor parte del año

  **A** cima       **C** pradera

  **B** aluviones   **D** tundra

**4.** corriente que fluye a un río más grande

  **A** tributario   **C** aluviones

  **B** glaciar     **D** lago

**5.** relacionado con el suelo fértil depositado por un río

  **A** tundra      **C** tributario

  **B** aluviones   **D** pradera

## Repaso de ideas principales

**I.** Describe los dos accidentes geográficos y masas de agua más importantes de Estados Unidos. (Sección 1)

**2.** Describe los dos accidentes geográficos y masas de agua más importantes de Canadá. (Sección 1)

**3.** ¿Qué factores influyen en el clima y la vegetación de Estados Unidos y Canadá? (Sección 2)

**4.** ¿Cuáles son los cuatro tipos de vegetación más comunes en Estados Unidos y Canadá? (Sección 2)

**5.** Nombra dos recursos naturales de Estados Unidos y explica su importancia en la economía de este país. (Sección 3)

**6.** Nombra dos recursos naturales de Canadá y explica su importancia en la economía de este país. (Sección 3)

## Actividad de mapa

**Estados Unidos y Canadá**

**Escribe la letra que indica la posición de cada lugar en el mapa. Consulta el Atlas para actividades.**

1. Escudo Canadiense
2. Gran Cuenca
3. Grandes Llanuras
4. montañas Rocosas
5. montes Apalaches
6. océano Pacífico
7. océano Atlántico
8. Grandes Lagos

 **Búscalo en la RED**

**Enriquecimiento** Para más actividades con mapas y destrezas de geografía, visita Social Studies en **phschool.com.**

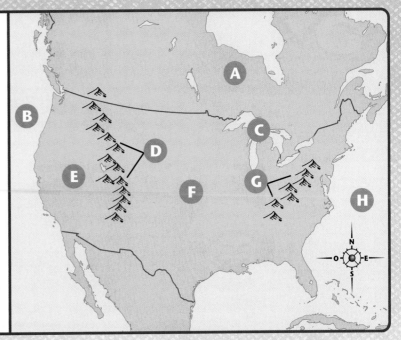

## Actividad de escritura

1. **Escribir un poema** Escribe un poema describiendo algunos aspectos de geografía de la región donde vives. Elige entre accidentes geográficos, masas de agua, clima, vegetación o cualquier otro recurso natural.

2. **Hacer una tarjeta postal** Imagina que vas de vacaciones a una de las regiones descritas en este capítulo. Envía a un amigo una postal en la que describas algunas características físicas, vegetación y clima de ese lugar.

3. **Hacer una tabla** ¿Cuáles son las semejanzas y diferencias entre los recursos naturales de Estados Unidos y Canadá? Haz una tabla que muestre las semejanzas y diferencias.

## Aplica tus destrezas

**Pasa a Destrezas para la vida de la página 83 para realizar la siguiente actividad.**

Visita una biblioteca o la Internet para aprender más sobre las montañas Rocosas. Organiza la información en un mapa de conceptos que encuentres.

## Razonamiento crítico

1. **Sacar conclusiones** Si quisieras construir una nueva ciudad en Estados Unidos o Canadá, ¿dónde la ubicarías? ¿Qué características geográficas influirían en tu decisión?

2. **Reconocer causa y efecto** ¿Cómo afecta el clima la vegetación de Estados Unidos y Canadá? Da dos ejemplos.

**Búscalo en la RED**

**Actividad** Haz un mapa de relieve sombreado con las principales características físicas de Estados Unidos y Canadá. Visita la sección World Explorer: People, Places, and Culture de **phschool.com** para realizar esta actividad.

**Autoevaluación del Capítulo 4** Como repaso final, resuelve la prueba de autoevaluación del Capítulo 4. Busca la prueba en la sección de Social Studies en **phschool.com.**

# ESTADOS UNIDOS Y CANADÁ:
# moldeados por la historia

## Respuestas de un astronauta: entrevista con John Glenn

*El 20 de febrero de 1962, el estadounidense John Glenn dio tres vueltas a la Tierra en la nave espacial Friendship 7. Fue el primer estadounidense en viajar al espacio. Hace poco, John Glenn respondió estas preguntas acerca de la necesidad de explorar el espacio:*

"La experiencia práctica de mi vuelo en el programa Mercurio hizo posible el programa Géminis. Más tarde, el programa Géminis hizo realidad el viaje a la Luna del programa Apolo. Éste nos dio información valiosa para los vuelos de los transbordadores espaciales y la misión transbordadores Mir que prepara el lanzamiento de una estación espacial internacional. Éste es el progreso. Cada misión aprovecha el conocimiento obtenido en los vuelos anteriores.

Somos personas curiosas y nuestras investigaciones en este laboratorio espacial representan una gran oportunidad para beneficiar a la población de la Tierra mediante la comprensión del universo. Los beneficios potenciales de tipo científico, médico y económico de la exploración del espacio van más allá de los sueños más osados. Por eso llevamos un hombre a la Luna y seguimos nuestros sueños en la exploración del espacio."

## USAR FUENTES PRIMARIAS

Cuando lees un texto, especialmente si quieres recopilar información, es importante distinguir entre las fuentes primarias y secundarias. Las fuentes primarias son los documentos originales, como las novelas, los poemas, los diarios, las narraciones de testigos o las entrevistas. Las fuentes secundarias son los comentarios sobre una fuente primaria, como la reseña de un libro.

### Usar entrevistas

Con un compañero, haz una lista de las maneras en que John Glenn dice que su vuelo al espacio fortaleció a Estados Unidos como una potencia mundial.
Luego haz un resumen de ideas y compártelas con la clase.
Incluye detalles de la entrevista para apoyar tus conclusiones.

### Escribir un ensayo

Escribe un ensayo de la futura exploración del espacio de Estados Unidos, respondiendo estas preguntas:

1. ¿Cómo preparó el vuelo de John Glenn la exploración futura?
2. Predice las posibles razones de la exploración del espacio en el futuro.

# Exploración de América

## ANTES DE LEER

### ENFOQUE DE LECTURA

1. ¿Quiénes fueron los primeros habitantes de América?
2. ¿Cómo les afectó la llegada de los europeos?
3. ¿Cómo se independizó Estados Unidos?

### PALABRAS CLAVE

sirviente por contrato
plantación
boicoteo
Guerra de independencia
Declaración de Independencia
Constitución

### PERSONAJES Y LUGARES CLAVE

Cristóbal Colón
Jamestown
William Penn
Colonia de Pennsylvania
Thomas Jefferson
George Washington

### ANOTACIONES

Copia la tabla y mientras lees esta sección, complétala con datos sobre los sucesos ocurridos en Estados Unidos hasta el momento en que las colonias británicas obtuvieron su independencia.

> Hace 30,000 años cazadores–recolectores llegaron a América del Norte.
> ↓
> Siglo XV Cristóbal Colón llegó a tierras en el Caribe.
> ↓
> Siglo XVI
> ↓
> Siglo XVII
> ↓
> Siglo XVIII

### IDEA PRINCIPAL

Los colonizadores europeos se establecieron por toda América, tomando control de las tierras de los nativos, y con el tiempo se independizaron.

# El escenario

Hace quizá 30,000 años, pequeños grupos de familias de cazadores–recolectores llegaron desde Asia a América del Norte, en la última glaciación. Algunos científicos creen que durante esa época el agua formó una gruesa capa de hielo y el nivel del mar bajó dejando descubierta una franja de tierra entre Siberia y Alaska. Por ahí cruzaron los cazadores al seguir las manadas de bisontes y mamuts. Otros quizá usaron botes de remos y pescaron en las costas.

## ¿Quiénes fueron los primeros habitantes de América?

En su novela *The Crown of Columbus*, la escritora Louise Erdrich describe la variedad de culturas nativas que había antes de la llegada de los europeos:

> "[Ellos] formaban cientos de sociedades, millones de personas cuya experiencia les decía que el mundo era un lugar muy diverso. Camina un día en cualquier dirección y encontrarás una tribu con otros dioses, y un idioma tan distinto del tuyo como lo es el tibetano del holandés; muy poco es siquiera ligeramente familiar."

## La llegada de los europeos

La vida de los indígenas norteamericanos empezó a cambiar para siempre a partir de 1492, cuando **Cristóbal Colón** exploró las islas del mar Caribe.

## Herramientas ancestrales

**HISTORIA** Esta herramienta de hueso fue descubierta en la región donde los científicos creen que existió un puente entre Asia y América del Norte. **Razonamiento crítico** ¿Por qué crees que los primeros habitantes del continente usaron huesos para fabricar herramientas?

## América del Norte en el siglo XVIII

**GEOGRAFÍA** Tres países europeos —España, Gran Bretaña y Francia— controlaban gran parte del continente americano en el siglo XVIII. **Estudio del mapa** ¿Qué país europeo poseía más territorio? ¿Cuál controlaba el norte del continente?

*mar del Labrador*

*bahía de Hudson*

*lago Winnipeg*

*río Saskatchewan*

*Columbia*

*río Snake*

*río Platte*

*río Missouri*

**NUEVA FRANCIA**

*Grandes Lagos*

*río San Lorenzo*

*Hudson*

**OCÉANO ATLÁNTICO**

**TERRITORIO ESPAÑOL**

*río Colorado*

**LUISIANA**

*Ohio*

*río*

**COLONIAS BRITÁNICAS**

*río Arkansas*

*río Grande*

*río Mississippi*

**FLORIDA**

**OCÉANO PACÍFICO**

**NUEVA ESPAÑA**

*golfo de México*

| 0 | 300 | 600 mi |
| 0 | 300 | 600 km |

**CLAVE**

Gran Bretaña

España

Francia

Proyección: Área equivalente Azimutal Lambert

### Territorios españoles y franceses en América

En el siglo XVI, los colonizadores españoles se extendieron por todo el continente americano. Solían esclavizar a los indígenas, obligándolos a trabajar en las minas o granjas en condiciones muy severas.

Como España obtuvo una gran riqueza de sus colonias de América, pronto otros países desearon establecer colonias en este continente. Francia, por ejemplo, envió a sus exploradores a reclamar la región de los ríos San Lorenzo y Mississippi.

### Aumenta el poder de los colonos británicos

Los colonizadores británicos establecieron 13 colonias en la costa del Atlántico, donde empezaron una nueva vida, lejos de deudas, con sus propias tierras y libres de profesar la religión que quisieran.

La primera colonia británica fue **Jamestown**, Virginia, fundada en 1607, y que para 1619 contaba con un gobierno propio. En este año llegaron los primeros africanos a América como **sirvientes por contrato**, ya que trabajaban varios años a cambio de su libertad. Más tarde, en 1640, empezaron a traerse africanos como esclavos. A muchos se les obligaba a trabajar en las **plantaciones**, grandes granjas del sur del país.

En 1620, desde Gran Bretaña, los peregrinos llegaron a Massachusetts. Querían tener libertad de culto y autogobierno. Establecieron una colonia llamada Plymouth. Alrededor de 60 años después, **William Penn** fundó la **colonia de Pennsylvania.**

Surgieron problemas entre Gran Bretaña y Francia, y en 1754, entraron en guerra por el control de América del Norte. Esta lucha se conoce como la Guerra de los Siete Años. Con ayuda de los colonos, los británicos resultaron victoriosos.

## El rompimiento con Gran Bretaña

Para pagar los gastos de la guerra con Francia, Gran Bretaña impuso muchos impuestos a las colonias, incluso a los productos británicos. Como nadie representaba a las colonias en el Parlamento británico, los colonos exigieron: "no más impuestos sin representantes" y realizaron **boicoteos**, o se negaron a comprar productos británicos.

Patriotas como Samuel Adams, Thomas Paine y Patrick Henry animaron a los colonos a rebelarse contra el gobierno británico, lo cual originó la **Guerra de Independencia** en 1775. **Thomas Jefferson** redactó la **Declaración de Independencia** y en julio de 1776 los representantes de cada colonia votaron por su independencia. **George Washington** condujo a las fuerzas rebeldes a la victoria en 1781. El Tratado de París, firmado en 1783, declaró oficialmente la independencia de las 13 colonias.

Para formar un gobierno central, los líderes de cada estado se reunieron en Filadelfia en 1787 y redactaron la **Constitución**. Aprobada en 1789, la Constitución creó un gobierno de tres ramas en donde los poderes del gobierno estaban limitados y los ciudadanos tenían derechos que el gobierno no podía arrebatarles.

# EVALUACIÓN DE LA SECCIÓN 1

## DESPUÉS DE LEER

### RECORDAR

1. Identifica: (a) Cristóbal Colón, (b) Jamestown, (c) William Penn, (d) colonia de Pennsylvania, (e) Thomas Jefferson, (f) George Washington

2. Define: (a) sirviente por contrato, (b) plantación, (c) boicoteo, (d) Guerra de independencia, (e) Declaración de Independencia, (f) Constitución

### COMPRENSIÓN

3. ¿De dónde creen los científicos que llegaron los primeros habitantes de América del Norte?

4. Identifica y explica las causas de los conflictos más importantes entre europeos e indígenas americanos.

5. ¿Cómo lucharon los colonos contra el gobierno británico?

### RAZONAMIENTO CRÍTICO Y ESCRITURA

6. **Explorar la idea principal** Repasa la idea principal al inicio de esta sección. Luego, describe en un párrafo cómo los españoles y los franceses trataban a los indígenas.

7. **Reconocer causa y efecto** ¿Por qué los colonos se oponían a los impuestos del gobierno británico?

 **Búscalo en la RED**

8. **Plymouth** Conoce la vida e historia de los peregrinos de Plymouth, Massachusetts. Escribe y presenta una escena de su vida diaria o sucesos como el Día de Acción de Gracias. Visita la sección World Explorer: People, Places, and Cultures del sitio **phschool.com** para completar esta actividad.

# Crecimiento y conflicto en Estados Unidos

## ANTES DE LEER

### ENFOQUE DE LECTURA

1. ¿Por qué el presidente Jefferson fue responsable de la expansión de Estados Unidos?
2. ¿Cómo empezó a crecer y prosperar Estados Unidos?
3. ¿Cuáles fueron las causas y efectos de la Guerra Civil?

### PALABRAS CLAVE

Compra de Luisiana
inmigrante
Revolución Industrial
abolicionista
Guerra Civil
Reconstrucción
segregar
Confederación

### PERSONAJES CLAVE

Meriwether Lewis
William Clark
Andrew Jackson
Abraham Lincoln

### ANOTACIONES

Copia el diagrama y mientras lees esta sección, complétalo con datos sobre el crecimiento de Estados Unidos y los conflictos que enfrentaron sus estados.

| Crecimiento | Conflictos |
|---|---|
| Compra de Luisiana | Guerra con México |

### IDEA PRINCIPAL

Después de abarcar tierras desde el Atlántico hasta el Pacífico, Estados Unidos se vio desgarrado por la Guerra Civil, una lucha iniciada en la década de 1860 para mantener unida la nación y liberar a los esclavos.

## La expedición Lewis y Clark

**HISTORIA** Meriwether Lewis (izquierda) y William Clark (derecha) necesitaron tres años para explorar las tierras al oeste del río Mississippi. **Razonamiento crítico** ¿Por qué la información recopilada por Lewis y Clark fue tan valiosa para Estados Unidos?

## El escenario

En 1803, el presidente Thomas Jefferson envió a **Meriwether Lewis** y **William Clark** a explorar las tierras al oeste del río Mississippi. Mientras viajaban hasta la costa del Pacífico, Lewis y Clark encontraron plantas y animales completamente desconocidos para ellos. Con esta nueva información, Lewis y Clark hicieron mapas de la región muy detallados y de gran valor. También encontraron grupos de indígenas norteamericanos a lo largo de su recorrido. Durante estos encuentros, ambos hombres intentaron conocer la región y establecer alianzas comerciales. Pocos indígenas tenían idea de cómo esa visita cambiaría su forma de vida.

## Una nación en crecimiento

En 1803, el presidente Jefferson le compró a Francia las tierras ubicadas entre el río Mississippi y el lado este de las montañas Rocosas por 15 millones de dólares. La negociación, conocida como **Compra de Luisiana,** duplicó el tamaño de Estados Unidos. Como se sabía muy poco sobre estas tierras, se envió a Lewis y Clark a explorarlas.

# La nación prospera

Conforme crecía el país, también crecía el significado de la democracia. En los 13 estados originales, sólo los blancos con propiedades podían votar. Los nuevos estados aprobaron leyes para otorgar el voto a cualquier hombre blanco mayor de 21 años, tuviera o no propiedades. Pronto, todos los estados dieron a todos los hombres blancos el derecho al voto. Las mujeres y los africano-americanos no tenían este derecho.

En 1828, los votantes eligieron a **Andrew Jackson** como presidente. Jackson apoyó los intereses de agricultores, obreros y colonos pobres, y su demanda de tierras en las regiones indígenas del sureste.

**Más espacio para crecer** Estados Unidos continuó su crecimiento. En 1836, colonos estadounidenses que vivían en el territorio mexicano de Texas se rebelaron contra las autoridades mexicanas. Con un grupo de más de 4,000 hombres, Antonio López de Santa Anna, el nuevo líder mexicano, marchó a San Antonio para detener la rebelión personalmente. Aunque Santa Anna derrotó a los tejanos en El Álamo y en Goliad, quedó derrotado en forma definitiva por Sam Houston, líder de los tejanos, en la Batalla de San Jacinto, el 21 de abril de 1836. Al territorio conquistado le llamaron República de Texas de la Estrella Solitaria. En 1845, Texas se adhirió a Estados Unidos. Un año después, Estados Unidos entró en guerra con México y adquirió gran parte del actual territorio al sudoeste de la nación. En la década de 1840, las caravanas estadounidenses empezaron a cruzar el continente hacia el oeste y ese territorio empezó a poblarse.

**La Revolución Industrial** Al mismo tiempo, miles de personas querían establecerse en las ciudades del noreste. Muchos eran **inmigrantes,** o personas que abandonan su país para vivir en otro. Este movimiento fue el resultado de la **Revolución Industrial,** es decir, el uso de máquinas en la fabricación de productos que antes se hacían a mano.

La primera industria que cambió fue la de fabricación de ropa o textiles. Las nuevas máquinas de hilar fabricaban ropa con mucha mayor rapidez de lo que se hacía a mano. Otros inventos, como la máquina de vapor, hicieron que los viajes fueran más rápidos y fáciles. Los barcos y las locomotoras de vapor transportaban personas y carga con gran rapidez. Para 1860, los ferrocarriles habían enlazado a las ciudades más importantes del noreste y del sudeste.

# La Guerra Civil y la Reconstrucción

A mediados del siglo XIX, se inventó una nueva máquina llamada desmotadora. Ésta removía rápidamente las semillas de algodón, lo cual hizo que los cultivos fueran más rentables. Pero como el algodón desgastaba el suelo, los dueños de plantaciones emigraron al oeste. El cultivo del algodón requería una gran cantidad de personas tanto en la siembra como en la cosecha. Como se usaban esclavos para dicha labor, la esclavitud se extendió a los nuevos territorios. A algunas personas esto no les pareció bien, y empezó un debate sobre el tema. ¿Quién debía decidir sobre la esclavitud, el gobierno federal o los estados?

**HISTORIA** En la década de 1820, un líder Cherokee llamado Secuoya desarrolló un sistema de escritura que permitió a su pueblo leer y escribir en su propio idioma.
**Razonamiento crítico** ¿Cuáles fueron los beneficios de este sistema de escritura?

**MIENTRAS LEES**

**Revisa tu lectura** ¿Qué efecto tuvieron la desmotadora y los nuevos territorios en la esclavitud en Estados Unidos?

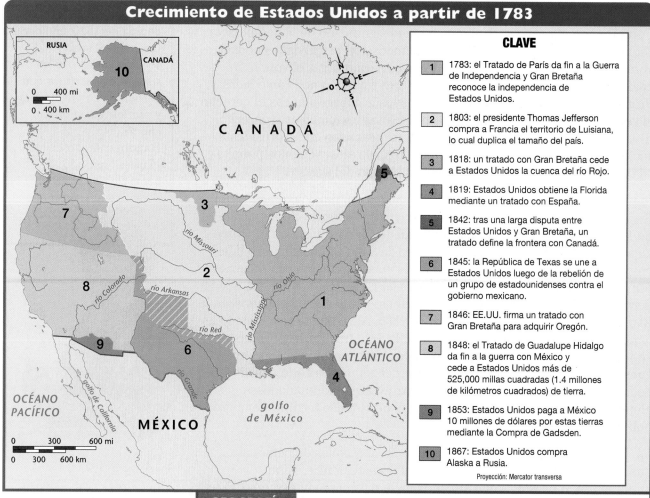

## Crecimiento de Estados Unidos a partir de 1783

**CLAVE**

**1** 1783: el Tratado de París da fin a la Guerra de Independencia y Gran Bretaña reconoce la independencia de Estados Unidos.

**2** 1803: el presidente Thomas Jefferson compra a Francia el territorio de Luisiana, lo cual duplica el tamaño del país.

**3** 1818: un tratado con Gran Bretaña cede a Estados Unidos la cuenca del río Rojo.

**4** 1819: Estados Unidos obtiene la Florida mediante un tratado con España.

**5** 1842: tras una larga disputa entre Estados Unidos y Gran Bretaña, un tratado define la frontera con Canadá.

**6** 1845: la República de Texas se une a Estados Unidos luego de la rebelión de un grupo de estadounidenses contra el gobierno mexicano.

**7** 1846: EE.UU. firma un tratado con Gran Bretaña para adquirir Oregón.

**8** 1848: el Tratado de Guadalupe Hidalgo da fin a la guerra con México y cede a Estados Unidos más de 525,000 millas cuadradas (1.4 millones de kilómetros cuadrados) de tierra.

**9** 1853: Estados Unidos paga a México 10 millones de dólares por estas tierras mediante la Compra de Gadsden.

**10** 1867: Estados Unidos compra Alaska a Rusia.

Proyección: Mercator transversa

**GEOGRAFÍA** La región conocida como Estados Unidos creció a sus dimensiones actuales en un periodo de 100 años. Como puedes ver, Estados Unidos ha realizado acuerdos con varias naciones para aumentar su territorio. **Estudio del mapa** ¿Qué partes de Estados Unidos alguna vez pertenecieron a Gran Bretaña? ¿Cómo se adquirió el territorio de Luisiana? ¿Cómo se obtuvo Alaska?

**Causas del conflicto** Hasta 1850, había el mismo número de estados donde se permitía la esclavitud que de estados abolicionistas. Luego, se admitió a California en la Unión como estado libre. Cuando los estados del sur protestaron porque California había inclinado la balanza, el Congreso aprobó la ley de esclavos fugitivos que obligaba a devolver a los esclavos que escapaban a sus dueños. Anteriormente, cualquier esclavo que escapara y llegara a salvo a un estado libre obtenía su libertad. La ley de esclavos fugitivos sólo aumentó el debate sobre la esclavitud.

Miles de habitantes del noreste se convirtieron en **abolicionistas** porque deseaban que la esclavitud terminara. Muchos ayudaron a esclavos a huir a Canadá, donde la esclavitud era ilegal. Sin embargo, la mayoría de los sureños pensaban que los abolicionistas les robaban lo que por derecho les pertenecía.

Cuando **Abraham Lincoln**, originario del Norte, fue electo presidente en 1860, los sureños empezaron a temer que el gobierno no los tomara en cuenta. Por eso algunos estados se separaron de la Unión y fundaron los Estados Confederados de América o la **Confederación**.

**El conflicto se convierte en guerra**  En 1861 estalló la **Guerra Civil** entre el norte y el sur. La guerra duró cuatro años. El norte, conocido como la Unión, tenía mayor desarrollo industrial, poder económico y fuerzas armadas. La Confederación contaba con experimentados militares y campos de algodón. Los sureños esperaban que los países a quienes les vendían su producción de algodón los apoyaran en su lucha.

En 1863 Lincoln emitió la Proclama de Emancipación, un decreto que liberaba a los esclavos en todas las regiones leales a la Unión. A partir de entonces, miles de africano-americanos se unieron a las tropas de la Unión para luchar contra el sur.

La Guerra Civil terminó con la victoria de la Unión en 1865. Lincoln deseaba que los estados del sur regresaran voluntariamente a la Unión. Este era el primer paso para la **reconstrucción,** del país.

**Reconstrucción de la Unión**  Menos de una semana después del final de la guerra, Lincoln fue asesinado y el Congreso tomó control de la Reconstrucción. El ejército de la Unión gobernó el sur hasta la elección de nuevas autoridades. Pero, cuando la Unión retiró sus tropas, los legisladores sureños votaron para **segregar** o separar personas de raza blanca de las de raza negra. Aunque el conflicto entre el norte y el sur no acabó con Estados Unidos, la segregación afectó todos los aspectos de la vida durante casi cien años. La lucha por la igualdad entre los estadounidenses aún tenía camino por recorrer.

**Lucha por su causa**

CIVISMO  Varios soldados africano-americanos en el Fuerte Lincoln, en Washington, D.C, a principios de 1865. Veintiún soldados africano-americanos recibieron la Medalla de Honor del Congreso, la más alta presea por valentía.
**Razonamiento crítico** ¿Por qué los africano-americanos querían luchar con la Unión?

# EVALUACIÓN DE LA SECCIÓN 2

**DESPUÉS DE LEER**

**RECORDAR**
1. Identifica: (a) Meriwether Lewis, (b) William Clark, (c) Andrew Jackson, (d) Abraham Lincoln
2. Define: (a) la Compra de Luisiana, (b) inmigrante, (c) Revolución Industrial, (d) abolicionista, (e) Guerra Civil, (f) Reconstrucción, (g) segregar, (h) Confederación

**COMPRENSIÓN**
3. ¿Qué territorio obtuvo Estados Unidos en la Compra de Luisiana?
4. ¿Cómo afectó a Estados Unidos la Revolución Industrial?

5. ¿Por qué los estados del sur se separaron de la Unión?

**RAZONAMIENTO CRÍTICO Y ESCRITURA**
6. **Explorar la idea principal** Repasa la idea principal al inicio de esta sección. Luego, escribe tres párrafos para explicar cómo la expansión de Estados Unidos al oeste afectó a indígenas norteamericanos, esclavos y ciudadanos del sur.
7. **Identificar causa y efecto** ¿Por qué el tema de la esclavitud originó la Guerra Civil?

**ACTIVIDAD**
8. **Hacer una tabla** La actitud de los indígenas norteamericanos hacia la tierra era diferente de la de los colonos de raza blanca. Investiga sobre los indígenas norteamericanos que fueron obligados a emigrar a Oklahoma y otros estados del sur. Haz una tabla que compare y contraste las actitudes que separaron la cultura de los indígenas de la de los colonos.

# Surgimiento de una potencia mundial

**ENFOQUE DE LECTURA**

1. ¿Qué sucesos importantes ocurrieron en Estados Unidos de 1865 a 1914?

2. ¿Qué llevó a Estados Unidos a participar en la Primera y Segunda Guerra Mundial?

3. ¿Qué cambios hubo en Estados Unidos después de la Segunda Guerra Mundial?

| PALABRAS CLAVE | PERSONAJES CLAVE |
|---|---|
| fuerza laboral | Jacob Riis |
| casa de beneficencia | Jane Addams |
| ley de colonización | Franklin D. Roosevelt |
| Holocausto | Harry s. Truman |
| comunismo | Martin Luther King Jr. |
| Guerra Fría | |
| Movimiento por los Derechos Civiles | |

**IDEA PRINCIPAL**

Conforme Estados Unidos se expandió y su economía creció, empezó a desempeñar un papel más importante en los asuntos del mundo.

**ANOTACIONES**

Copia la red de conceptos y mientras lees esta sección complétala con los sucesos que convirtieron a Estados Unidos en una potencia mundial.

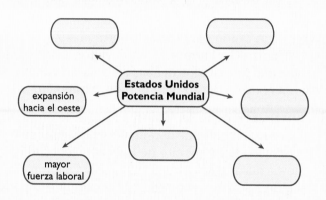

Estados Unidos Potencia Mundial

expansión hacia el oeste

mayor fuerza laboral

---

**La apiñada vida en la ciudad**

**ECONOMÍA** Jacob Riis decía que las viviendas como éstas, en Nueva York, hasta con 10 personas en una habitación, sólo generaban miseria, enfermedades y crimen. **Razonamiento crítico** ¿Qué quería Jacob Riis que hiciera la "otra mitad" de la población respecto al hacinamiento y la pobreza?

# El escenario

**Jacob Riis** era un hombre irascible. En su libro *How the Other Half Lives*, muestra a los lectores la vida en viviendas hacinadas de fines del siglo XIX. Por eso quería que las demás personas tuvieran el valor necesario para cambiar las cosas.

"Ven aquí. Acércate con cuidado a este bebé. Sí, es un bebé, a pesar de los harapos y la mugre. Observa estos arcos de hierro llamados salidas de emergencia, saturados de objetos rotos, tinas y barriles, por las que ningún hombre podría escapar en caso de incendio. Los padres de este bebé habitan en la vivienda de atrás. En muchas casas hay hasta medio centenar de habitantes como él."

El mismo Riis había experimentado estas condiciones de vida. Como muchos inmigrantes antes que él, Riis sufrió por varios años a su llegada a Estados Unidos. Aunque superó los obstáculos hasta convertirse en periodista, no olvidó su pasado y se esforzó por impulsar una reforma.

## Estados Unidos de 1865 a 1914

La Revolución Industrial facilitó la vida de los ricos y la clase media, pero no la de los pobres. Los barrios de las ciudades estaban saturados de inmigrantes pobres, muchos de los cuales no hablaban inglés. Los recién llegados formaron una enorme **fuerza laboral** o mano de obra. Sin embargo, los empleadores pagaban tan poco, que hasta los niños más pequeños tenían que trabajar para ayudar a sus familias.

Los reformistas como Jacob Riis empezaron a protestar por la pobreza que veían. En Chicago, **Jane Addams** creó una **casa de beneficencia**, o centro comunitario, para inmigrantes pobres. Mary Harris Jones recorrió el país para ayudar a los mineros a organizarse en busca de mejores salarios. Debido a su esfuerzo por acabar con la mano de obra infantil, le llamaban la "Madre Jones".

Para escapar de la pobreza, muchas personas emigraron a las llanuras y praderas del medio oeste. Cuando el gobierno de Estados Unidos aprobó la **ley de colonización** en 1862, otorgó 160 acres (65 hectáreas) de tierra a cada adulto que quisiera cultivarla y vivir en ella durante cinco años. Los ferrocarriles favorecieron la comunicación de las costas este y oeste y aceleraron la colonización. Sin embargo, la vida en las llanuras no era fácil debido a la escasez de árboles y agua, las picaduras de insectos, los incendios forestales, y la temperatura, excesivamente calurosa en verano y fría en invierno. Aun así, la mayoría se mantuvo firme durante los cinco años reglamentarios.

**Estados Unidos se expande más allá de sus costas** Estados Unidos se expandió fuera de sus fronteras inmediatas. En 1867, el secretario de Estado William Seward hizo arreglos para que Estados Unidos comprara a Rusia el territorio de Alaska. Para el año 1898, Estados Unidos tomó control de Hawai. Ese mismo año, Estados Unidos ganó la guerra contra los españoles, con lo cual tomó posesión de las islas de Cuba, Puerto Rico, Guam y Filipinas. Estados Unidos se extendió más allá de sus límites naturales gracias a su creciente poder económico y militar.

### La vida en el oeste en el siglo XX

**CIENCIA, TECNOLOGÍA Y SOCIEDAD**

La tecnología ayudó a los colonos a convertir vastas áreas del oeste en tierras de cultivo productivas. Aquí vemos una enorme cosechadora de trigo en una granja del estado de Washington. **Razonamiento crítico** ¿Por qué las nuevas tecnologías agrícolas fueron tan importantes en el desarrollo de la región de las llanuras?

# El mundo en guerra

Al participar en los asuntos mundiales, Estados Unidos se vio obligado a intervenir en los conflictos internacionales. En 1914 estalló la Primera Guerra Mundial. Tres años más tarde, Estados Unidos se unió a las Fuerzas Aliadas de Francia y Gran Bretaña contra las potencias centrales, entre ellas Alemania, el Imperio Austro Húngaro y Turquía. Con ayuda de Estados Unidos, los aliados ganaron la guerra en 1918.

Estados Unidos vivió un auge económico en los diez años siguientes a la guerra. Las mujeres disfrutaban de nuevas libertades y el difícilmente adquirido derecho al voto. Cada vez más personas compraban autos, refrigeradores, radios y otras maravillas modernas.

Sin embargo, en 1929 el mundo enfrentó un desastre económico conocido como la Gran Depresión. En Estados Unidos, las fábricas cerraron, las personas perdieron sus empleos y los agricultores perdieron sus granjas. Muchos bancos cerraron y las personas perdieron sus ahorros. En 1933, **Franklin D. Roosevelt** llegó a la presidencia y creó un plan llamado el *Nuevo Trato*, el cual contenía varios programas para ofrecer empleos a la gente y restablecer la economía. Algunos programas, como el del seguro social, permanecen vigentes en nuestros días.

La Gran Depresión tuvo efectos muy severos en Alemania y la población perdió la esperanza. En 1933 depositaron su confianza en Adolf Hitler, quien se convirtió en dictador de ese país. Hitler convenció a los alemanes de que eran una raza superior y, por eso, debían tomar control de Europa. En 1939, el ejército de Hitler invadió Polonia, suceso que inició la Segunda Guerra Mundial. Las potencias aliadas de Gran Bretaña, Francia y Rusia empezaron el combate contra las potencias del Eje: Alemania, Italia y Japón.

Hitler envió a judíos, húngaros, eslavos y otros a sus brutales campos de concentración donde murieron millones de personas, entre ellas seis millones de judíos. Esta horrible matanza en masa es conocida como el **Holocausto**.

Hasta ese momento, Estados Unidos había permanecido al margen de la guerra. Sin embargo, en 1941 Japón atacó la base naval estadounidense de Pearl Harbor en Hawai. Como los japoneses estaban aliados con los alemanes, Estados Unidos declaró la guerra a ambas naciones y envió tropas tanto a Europa como al Pacífico. En abril de 1945 al fallecer el presidente Roosevelt, quien había conducido al país durante la guerra, el vicepresidente **Harry S. Truman** tomó su lugar.

En mayo de 1945, los aliados derrotaron a los alemanes. En el verano, el presidente Truman decidió lanzar dos bombas atómicas sobre Japón, lo cual obligó a este último a rendirse. Finalmente la Segunda Guerra Mundial había terminado.

**GOBIERNO** Durante la Segunda Guerra Mundial, el gobierno de Estados Unidos pagó sus gastos de guerra mediante bonos, es decir, certificados con promesa de pago más una cantidad por intereses acumulados. Carteles como éste animaban a los estadounidenses a comprar bonos para ganar g la guerra.

**Razonamiento crítico**
¿Por qué crees que muchas personas sintieron que era su deber como ciudadanos participar en la compra de bonos?

# Responsabilidades después de la guerra

Al terminar la Segunda Guerra Mundial, Estados Unidos tomó responsabilidades internacionales. Durante la Primera Guerra Mundial, la Unión Soviética había adoptado una forma de gobierno llamada **comunismo**, donde el estado es dueño de las propiedades, granjas y fábricas a favor de la población. Después de la Segunda Guerra Mundial, la Unión Soviética se apoderó de muchos países de Europa oriental e impuso el comunismo. El líder de la Unión Soviética, Joseph Stalin, fue un dictador con control absoluto del gobierno y la población. A diferencia de Estados Unidos, donde el pueblo elige a los funcionarios y éstos deben responder a sus demandas, Stalin no respondía a nadie.

Estados Unidos temía que la Unión Soviética expandiera el comunismo. Así, Estados Unidos y la Unión Soviética iniciaron la **Guerra Fría**, que duró más de 40 años, aunque los dos países nunca se enfrentaron en una guerra real. De esta situación surgieron dos enfrentamientos: la Guerra de Corea y la Guerra de Vietnam.

Aunque la economía de Estados Unidos tuvo un gran auge después de la Segunda Guerra Mundial, no todos los ciudadanos compartieron los beneficios. En muchas regiones, la segregación era la forma cotidiana de vida. Personajes como **Martin Luther King Jr**. encabezaron el **movimiento por los derechos civiles** para terminar con la segregación y brindar derechos a los africano-americanos. Estas acciones inspiraron a otros grupos que eran tratados injustamente.

**ECONOMÍA** En 1963, ciudadanos de todo el país hicieron una marcha hacia Washington para apoyar la iniciativa de derechos civiles. Martin Luther King Jr. resumió las esperanzas colectivas en su discurso "Tengo un sueño". **Razonamiento crítico** En este movimiento, muchas personas rompieron la ley en busca de igualdad. ¿Crees que sus acciones estaban justificadas? ¿Por qué?

# EVALUACIÓN DE LA SECCIÓN 3

## DESPUÉS DE LEER

### RECORDAR
1. Identifica: (a) Jacob Riis, (b) Jane Addams, (c) Franklin D. Roosevelt, (d) Harry S. Truman, (e) Martin Luther King Jr.

2. Define: (a) fuerza laboral, (b) casa de beneficencia, (c) ley de colonización, (d) Holocausto, (e) comunismo, (f) Guerra Fría, (g) movimiento por los derechos civiles

### COMPRENSIÓN
3. ¿Cómo afectó la Revolución Industrial la condición económica de Estados Unidos?

4. ¿Qué efectos tuvo la Gran Depresión en Estados Unidos y Alemania?

5. ¿Qué desafíos enfrentó Estados Unidos después de la Segunda Guerra Mundial?

### RAZONAMIENTO CRÍTICO Y ESCRITURA
6. **Explorar la idea principal** Repasa la idea principal al inicio de esta sección. Luego, describe en un párrafo las responsabilidades que adoptó Estados Unidos después de la guerra.

7. **Reconocer causa y efecto** ¿Qué efecto tuvo la ley de colonización para poblar las llanuras?

### ACTIVIDAD
8. **Usar fuentes primarias** Quienes permanecen en su hogar durante una guerra también ayudan a su país. Entrevista a familiares y amigos que recuerden la Segunda Guerra Mundial. Pregúntales del racionamiento, el trabajo voluntario y la contratación de mujeres en esa época. Haz un informe de la vida en un hogar durante la guerra.

# SECCIÓN 4

# Colonización, comercio e independencia en Canadá

## ANTES DE LEER

### ENFOQUE DE LECTURA

1. ¿Por qué Francia y Gran Bretaña fueron rivales en Canadá?
2. ¿Cómo se independizó Canadá?
3. ¿Cómo se convirtió Canadá en una potencia mundial?

### PALABRAS CLAVE
dominio
bilingüe

### LUGARES CLAVE
Ontario
Quebec
Louis Papineau
William Mackenzie

### ANOTACIONES

Copia la tabla y mientras lees esta sección, complétala con datos sobre los sucesos que ayudaron a Canadá a convertirse en una potencia industrial independiente.

| El tratado de 1713 cede a Gran Bretaña la Bahía de Hudson y Acadia |
| --- |
| ↓ |
| 1754 |
| ↓ |
| 1867 |
| ↓ |
| Primera y Segunda Guerra Mundial |
| ↓ |
| 1982 |

### IDEA PRINCIPAL

Aunque Canadá se independizó de Gran Bretaña, desarrolló su industria y estableció lazos comerciales con Estados Unidos, la tensión entre las culturas británica y francesa aún permanece.

---

## Comercio de pieles en Canadá

### ECONOMÍA
El comercio de pieles de castor es un ejemplo de una actividad económica primaria que provee materias primas para la fabricación de sombreros como el que aquí se muestra. Estos sombreros estuvieron de moda en los siglos XVIII y XIX, lo cual hizo de ésta una actividad altamente rentable. **Razonamiento crítico** ¿Qué pasó con el comercio de pieles de castor cuando cambió la moda en Europa?

## El escenario

Los haida son uno de los primeros grupos indígenas de Canadá que se establecieron en las islas Reina Carlota en la costa de Columbia Británica. Su mitología es muy rica y compleja. Igual que en otras leyendas de indígenas norteamericanos, los animales son muy importantes en su mitología. Los haida creen que el cuervo creó la Tierra cuando se cansó de volar en un mundo cubierto de agua. El castor es otra figura importante en la mitología haida. Imagínate lo que sintieron los nativos al ver que los cazadores europeos mataron a casi todos los castores para hacer sombreros.

## Los franceses y los británicos en Canadá

La importancia del comercio de pieles en Canadá generó un conflicto entre las potencias que lo dominaban: Gran Bretaña y Francia. En 1713, éstas firmaron un tratado de paz que cedía a Gran Bretaña la Bahía de Hudson y la región de Acadia al sureste del país. Pero esta paz era precaria, ya que los católicos franceses de Acadia tuvieron que someterse al gobierno británico conformado por protestantes. Los franceses controlaron las tierras bajas al sur de la Bahía de Hudson y el río

San Lorenzo. Ambos países deseaban controlar el río Ohio, más al sur. Los franceses buscaban la piel de los castores. Los británicos querían tierras para establecerse.

La competencia por esta región fue tan intensa, que en 1754 dio origen a la Guerra de los Siete Años, también llamada guerra francesa e indígena. En 1759, los británicos ganaron la batalla decisiva de esta guerra en Quebec, con lo cual se apoderaron de Canadá. Aunque muchos franceses regresaron a su país, los que se quedaron se resistieron a la influencia de la cultura británica. La Ley de Quebec dio a los franceses el derecho de hablar en su propio idioma, elegir su religión y practicar sus costumbres.

Durante la Guerra de Independencia de las 13 colonias, a las personas que no querían independizarse les llamaron "fieles británicos". Aunque después de la guerra muchos emigraron a Canadá, la mayoría rechazaba la cultura francesa. Más tarde, los británicos dividieron el país en dos colonias: Alto Canadá y Bajo Canadá. La mayoría de los fieles británicos emigraron al Alto Canadá, actualmente llamado **Ontario**. Los franceses permanecieron en el Bajo Canadá, hoy conocido como **Quebec**.

## Canadá busca su independencia

Tanto los colonos franceses como los británicos rechazaban el dominio británico, pero no se unieron en rebelión. En 1837 un franco canadiense llamado **Louis Papineau** organizó una revuelta en el Bajo Canadá con la finalidad de crear una nación independiente. En el Alto Canadá, **William Mackenzie** llevó a la población a rebelarse contra el régimen británico. En ambos casos, el ejército británico derrotó con facilidad a los rebeldes.

Los líderes británicos, temerosos de otra rebelión, dieron mayor control a los canadienses mediante la unión de las dos regiones para formar la Provincia de Canadá. Sin embargo, como temían a las rebeliones, no incluyeron a todas las provincias en la nueva unión.

Los canadienses pedían que todas las provincias tuvieran representación para que el gobierno fuera más eficaz. Como resultado, en 1864 los líderes de todas las provincias se reunieron e hicieron el plan de una nueva unión. El primero de julio de 1867, el Parlamento británico aceptó el plan y aprobó la Ley Británica de América del Norte. Esto convirtió a Canadá en un "Dominio bajo el nombre de Canadá". Un **dominio** es una región autogobernada sujeta a otra nación, en este caso, Gran Bretaña. No obstante, ahora existía un gobierno central. Canadá había ganado una "revolución pacífica".

### Canadá toma su lugar en el mundo
Cuando Gran Bretaña decidió participar en la Primera Guerra Mundial, los canadienses eran aún súbditos británicos. Por lo tanto, Canadá entró en la guerra. Canadá contribuyó tanto con recursos y soldados en la victoria aliada, que la joven nación se convirtió en una potencia mundial. Gran Bretaña reconoció la gran fortaleza de Canadá y le concedió mayor independencia. Durante la Gran Depresión, Canadá se dedicó a resolver sus propios problemas, pero al iniciar la Segunda Guerra Mundial, en 1939, los esfuerzos de Canadá ayudaron de nuevo a conseguir la victoria.

**La Batalla de Quebec, 1759**

**HISTORIA** La Batalla de Quebec fue un momento decisivo en la Guerra de los Siete Años. Esta pintura muestra el camino de las tropas británicas entre las montañas que protegían a Quebec.
**Razonamiento crítico** ¿Crees que Quebec habría caído ante los británicos si sus tropas no hubieran encontrado este camino? ¿Por qué?

# Canadá: de la posguerra al presente

Durante la guerra, los canadienses construyeron fábricas en las que producían suministros de guerra y otros artículos como ropa y zapatos, ya que era imposible importar estos productos de Europa. Después de la guerra, los productos canadienses encontraron un buen mercado en Europa.

En los años de la posguerra, miles de personas provenientes de Asia, Europa, África y el Caribe emigraron a Canadá. Los recién llegados ocuparon todos los empleos en las fábricas y otros negocios. Pronto, Canadá se convirtió en la cuarta nación más industrializada del mundo.

### Canadá y Estados Unidos: socios comerciales y naciones amigas

Conforme Canadá desarrollaba su poder industrial, también se convirtió en vecino cooperativo de Estados Unidos. Ambos trabajaron juntos para limpiar la contaminación del lago Erie y formaron un tratado para controlar la contaminación del aire. El comercio también ha crecido favorablemene entre ambos países.

## Surgen viejos conflictos

Pero la industrialización no sólo hizo a estos países buenos amigos. También reactivó viejos conflictos. Los canadienses de origen británico establecieron nuevas fábricas en Quebec, lo cual alertó a los ciudadanos de origen francés. En 1976, muchos de estos residentes ya no querían formar parte de Canadá. Quebec, decían, debe ser independiente. El conflicto originó la creación de leyes que hicieron de Canadá una nación **bilingüe**, es decir, un país en el que oficialmente se habla dos idiomas: inglés y francés. Los canadienses podían modificar la constitución sin consultar a Gran Bretaña. Canadá era completamente independiente.

---

# EVALUACIÓN DE LA SECCIÓN 4

## DESPUÉS DE LEER

### RECORDAR

1. Identifica: (a) Ontario, (b) Quebec, (c) Louis Papineau, (d) William Mackenzie

2. Define: (a) dominio, (b) bilingüe

### COMPRENSIÓN

3. Explica la importancia del valle del río Ohio para los británicos y para los franceses.

4. Describe la "revolución pacífica" de Canadá.

5. ¿Cómo logró Canadá convertirse en una potencia industrial después de la Segunda Guerra Mundial?

### RAZONAMIENTO CRÍTICO Y ESCRITURA

6. **Explorar la idea principal** Repasa la idea principal al inicio de esta sección. Luego, escribe una nota editorial que apoye el punto de vista francés o británico sobre los asuntos de Canadá.

### ACTIVIDAD

7. **Hacer una caricatura política** Los canadienses de origen francés dicen que Quebec debería ser una nación independiente. Haz una caricatura política para un periódico francés de Quebec que apoye su independencia.

# Usar líneas cronológicas

## Lo que necesitas

Para hacer una línea cronológica necesitarás:

▶ una hoja
▶ una regla
▶ un lápiz o pluma

## Aprende la destreza

Una línea cronológica es una manera fácil de dar sentido a fechas y sucesos del pasado. Es un diagrama que indica cómo las fechas y sucesos se relacionan entre sí. Sigue estos pasos para crear la línea cronológica de tu vida:

**A.** Reúne los materiales necesarios.

**B.** Traza una línea recta en la hoja usando la regla. Marca un punto grande en el extremo izquierdo de la línea.

**C.** Marca los puntos de los años. En el primero escribe el año en que naciste. Marca el siguiente a media pulgada del anterior y anota el año siguiente. Continúa hasta el año actual y escribe la palabra "presente" en el último punto.

**D.** Escribe los sucesos. En el primer punto escribe "Nací en (el nombre de la ciudad en que naciste)". Anota otros sucesos importantes en tu vida en las demás fechas de la línea cronológica. Traza una línea para unir cada suceso con el punto exacto en la línea cronológica.

**E.** Ponle un título a tu línea cronológica.

## Practica la destreza

Lee este párrafo sobre el camino de Canadá hacia el autogobierno. Escribe los sucesos del párrafo en una línea cronológica.

En 1713, Francia y Gran Bretaña firmaron un tratado de paz que cedía a los británicos la Bahía de Hudson y el sudeste de Canadá. 41 años más tarde ambos países se enfrentaron en la Guerra de los Siete Años. En 1763, el Tratado de París dio a Gran Bretaña control absoluto de Canadá. Veinte años más tarde, al terminar la Revolución Estadounidense, los fieles británicos emigraron de Estados Unidos al Alto Canadá. En esa época, los canadienses de origen francés vivían en el Bajo Canadá, es decir, en Quebec. Canadienses de origen francés y británico defendieron a Canadá de Estados Unidos en la guerra de 1812. En 1837, los ciudadanos de Canadá organizaron revueltas contra el gobierno británico, pero fueron derrotados. Treinta años después, la Ley Británica de América del Norte declaró a Canadá región con autogobierno.

## Aplica la destreza

Hallarás más preguntas sobre líneas cronológicas en la sección Repaso y evaluación de este capítulo.

# Repaso y evaluación

## Hacer un resumen del capítulo

En una hoja suelta, dibuja un diagrama como éste y agrega la información que resume la Sección 1. Luego, haz otras 3 líneas cronológicas que resuman los sucesos en las secciónes 2, 3 y 4.

### Exploración de América

Se funda la colonia de Pennsylvania

Llegada de los peregrinos

Se inicia la Guerra Tratado de París de Independencia

Colón explora el mar Caribe | Se funda Jamestown | Se trae africanos como esclavos | Guerra de los Siete Años | Las colonias ganan la guerra | Se aprueba la Constitución

1492 — 1607 — 1620 — 1640 — 1680 — 1754 — 1775 — 1781 — 1783 — 1789

## Repaso de palabras clave

**Completa cada oración con una o más palabras de la lista.**

Reconstrucción · boicoteo
abolicionista · Guerra de Independencia
Guerra Fría

**1.** Las colonias estadounidenses obtuvieron su independencia de Gran Bretaña en la _____.

**2.** Un _____ es una persona que se opone a la esclavitud y desea que esta práctica termine.

**3.** El plan para restaurar a Estados Unidos después de la Guerra Civil se conoce como la _____.

**4.** Un _____ es el rechazo a la compra de bienes producidos por una compañía o país.

**5.** La _____ fue un periodo de gran tensión entre Estados Unidos y la Unión Soviética.

## Repaso de ideas principales

**1.** ¿Cómo llegaron a América del Norte los primeros pobladores? (Sección 1)

**2.** ¿Cómo cambió la vida de los indígenas con la llegada de los europeos? (Sección 1)

**3.** ¿Por qué los colonos querían romper relaciones con Gran Bretaña? (Sección 2)

**4.** ¿Cómo expandió su territorio Estados Unidos? (Sección 2)

**5.** Nombra una causa de la Guerra Civil. (Sección 2)

**6.** Además de los africano-americanos, ¿qué grupos lucharon por los derechos civiles desde los años cincuenta? (Sección 3)

**7.** ¿Por qué Canadá obtuvo mayor independencia después de la Segunda Guerra Mundial? (Sección 4)

**8.** ¿Por qué la influencia de Canadá en el mundo aumentó después de la Segunda Guerra Mundial? (Sección 4)

## Actividad de mapa

### Canadá

**Escribe la letra que indica la posición de cada lugar en el mapa.**

1. Ontario
2. Quebec
3. Lago Erie
4. río San Lorenzo

 **Búscalo en la RED**

**Enriquecimiento** Para más actividades con mapas y destrezas de geografía, visita la sección de Social Studies en **phschool.com**.

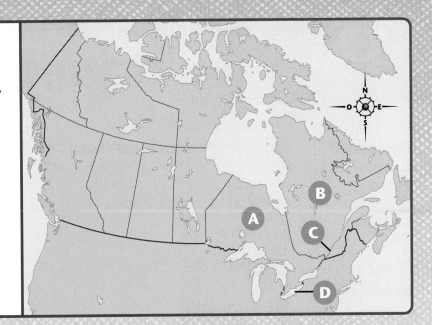

## Actividad de escritura

1. **Escribir un resumen** Piensa en las semejanzas y diferencias entre Estados Unidos y Canadá. Escribe un resumen en el que compares a estos dos países.

2. **Usar fuentes primarias** Algunos de los sucesos descritos en este capítulo fueron tomados de fuentes primarias. Elige uno para investigarlo. Visita una biblioteca o la Internet y busca fuentes primarias como autobiografías, diarios o cartas escritas por alguien que participó en los sucesos. Puedes incluir datos adicionales de otras fuentes como libros actuales que describan el suceso o información de la Internet. Cuando termines de reunir los datos, escribe un informe breve con citas de tu fuente primaria para darle más vida a tu informe.

## Aplica tus destrezas

**Pasa a Destrezas para la vida en la página 101 para realizar la siguiente actividad.**

Entrevista a un familiar para reunir información sobre los sucesos importantes de su vida y la época en que ocurrieron. Usa los datos para crear una línea cronológica sobre la vida de esa persona.

## Razonamiento crítico

1. **Identificar los temas centrales** Explica por qué los colonos del sur creían necesitar a los esclavos.

2. **Hacer comparaciones** Compara la forma en que Estados Unidos y Canadá obtuvieron su independencia de Gran Bretaña.

3. **Sacar conclusiones** ¿Por qué los canadienses de origen francés querían independizarse de los de origen británico?

 **Búscalo en la RED**

**Actividad** Haz una línea cronológica con los sucesos más importantes de un periodo histórico que hayas estudiado. Visita la sección World Explorer: People, Places, and Culture de **phschool.com** para realizar esta actividad.

**Autoevaluación del Capítulo 5**
Como repaso final, resuelve la prueba de autoevaluación del Capítulo 5 y revisa tus respuestas. Para hacer la autoevaluación, visita la sección de Social Studies en el sitio **phschool.com**.

# ESTADOS UNIDOS Y CANADÁ:
# riqueza cultural

**Toronto y la torre CN**

## COMPRENDER LA ARQUITECTURA

Esta fotografía muestra el horizonte de Toronto, Ontario. El edificio que resalta por su forma distinta de los demás es la Torre CN, una torre de comunicaciones y observación ubicada en el centro de Toronto.

### Estudiar los edificios característicos

Si tuvieras que pintar una construcción característica de tu comunidad, ¿qué edificio elegirías? ¿Por qué? Elige un edificio típico de tu comunidad y tómale una fotografía. Luego dibújalo y señala las características que lo hacen único, como los materiales, su forma, tamaño o estilo arquitectónico.

### Usar fuentes primarias y secundarias

Visita una biblioteca o sociedad histórica y busca información sobre el edificio que elegiste, incluido su estilo arquitectónico y el periodo en que fue construido. Si es posible, entrevista a personas de tu comunidad que tengan información de primera mano sobre ese edificio y su historia. Presenta los datos ante la clase en un breve informe oral.

# Diversidad cultural en Estados Unidos y Canadá

**ANTES DE LEER**

**ENFOQUE DE LECTURA**

**1.** ¿Cuál es el origen de la diversidad cultural en América del Norte?

**2.** ¿Cómo influyeron los grupos étnicos en la cultura de Estados Unidos y Canadá?

**3.** ¿Por qué hay gran diversidad religiosa en Estados Unidos y Canadá?

**PALABRAS CLAVE**

diversidad cultural
intercambio cultural
grupo étnico
diversidad religiosa

**ANOTACIONES**

Copia el diagrama y mientras lees esta sección, completa los óvalos con datos sobre los aspectos que otras culturas han compartido con América del Norte, incluida la religión.

indígenas norteamericanos

africanos

**Grupos de América del Norte**

asiáticos

franceses

**IDEA PRINCIPAL**

Personas de todo el mundo han emigrado a América del Norte, lo cual ha generado gran diversidad cultural y religiosa en Estados Unidos y Canadá.

## El escenario

Esta imagen de la **diversidad cultural,** o amplia gama de culturas fue creada por Tito, un adolescente de México.

"Mis padres dicen: 'tienes que aprender la cultura estadounidense'. Y yo los escucho, pero pienso en una sociedad ideal en la que hay un poco de cada cultura y las partes se acoplan correctamente. Diferentes ideas se unirían y todo sería un poco mejor."

## Diversas culturas en América del Norte

América del Norte siempre ha tenido diversidad cultural. Cuando llegaron los primeros europeos, encontraron diferentes grupos de indígenas. Cada grupo hablaba su propio lenguaje y su forma de vida era distinta de las demás. La cultura de los primeros norteamericanos reflejaba el ambiente en el que vivían. Quienes vivían cerca del océano solían comer pescado y contaban historias acerca del mar. Quienes vivían en los bosques, cazaban animales de la región. Ambos grupos intercambiaban productos, y al hacer esto, también compartían ideas sobre lo que hacían. Este proceso se conoce como **intercambio cultural.**

Cuando los europeos empezaron a explorar y colonizar América del Norte, la vida de los indígenas cambió de muchas maneras.

### El año nuevo chino

**CULTURA** Estos boy scouts estadounidenses de origen chino que viven en San Francisco muestran con orgullo un dragón, símbolo del año nuevo chino. **Razonamiento crítico** ¿Qué elementos de intercambio cultural observas en la foto?

Por ejemplo, los primeros exploradores españoles trajeron a América los caballos. Aunque los indígenas no conocían los caballos, estos animales se hicieron parte importante de su cultura. Gracias a los europeos, los indígenas también aprendieron a usar el rifle.

Los indígenas también contribuyeron con muchas cosas a la cultura europea. Enseñaron a los franceses a atrapar animales y a sobrevivir en el bosque. También enseñaron a los británicos a cultivar alimentos locales como el maíz y la calabaza.

El intercambio cultural también se produjo entre los esclavos africanos y sus dueños. Los africanos aprendieron a hablar inglés y a usar herramientas europeas. La música y alimentos africanos entraron en la vida de sus dueños.

**MIENTRAS LEES**

**Resume** ¿Qué aprendieron los europeos de los indígenas de América?

## Inmigración e intercambio cultural

Con los siglos, europeos y personas de otros países llegaron a América. Los inmigrantes formaron diferentes **grupos étnicos:** personas que comparten lenguaje, historia y cultura. Cuando estos grupos se establecieron en Canadá y Estados Unidos con la esperanza de una vida mejor, hicieron importantes contribuciones. Por ejemplo, cuando los rusos se establecieron en las Grandes Llanuras, trajeron consigo un tipo de trigo que crecía bien en las regiones más frías de su país. Los agricultores pronto aprendieron que éste era el tipo de trigo que debían sembrar en las Grandes Llanuras. Estos inmigrantes convirtieron a las Grandes Llanuras en la región de mayor producción de trigo del país hasta la fecha.

En los primeros dos siglos de colonización, la mayoría de las personas que emigraban a América del Norte provenían de Europa. A mediados del siglo XIX empezaron a llegar los inmigrantes asiáticos.

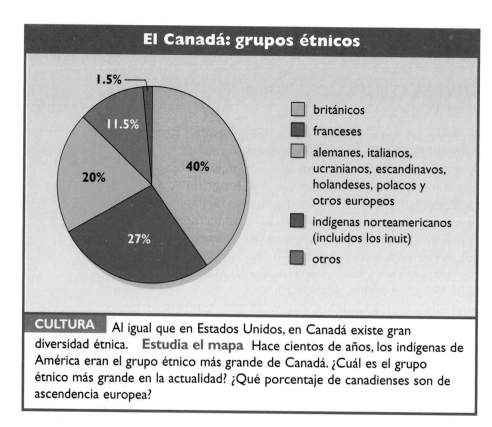

**El Canadá: grupos étnicos**

1.5%
11.5%
20%
40%
27%

- britânicos
- franceses
- alemanes, italianos, ucranianos, escandinavos, holandeses, polacos y otros europeos
- indígenas norteamericanos (incluidos los inuit)
- otros

**CULTURA** Al igual que en Estados Unidos, en Canadá existe gran diversidad étnica. **Estudia el mapa** Hace cientos de años, los indígenas de América eran el grupo étnico más grande de Canadá. ¿Cuál es el grupo étnico más grande en la actualidad? ¿Qué porcentaje de canadienses son de ascendencia europea?

Oleadas de inmigrantes de China, de Japón, y más tarde de Tailandia, Vietnam, Camboya y otras naciones, se establecieron en Estados Unidos y Canadá. En los últimos años ha aumentado el número de inmigrantes del sur de Asia, como la India y Pakistán. Estas personas trajeron consigo alimentos típicos, celebraciones como el año nuevo chino, artes marciales como el *judo* de Japón y el *tae kwon do*, de Corea, o tradiciones como la acupuntura, un método ancestral de tratamiento de enfermedades. A su vez, los inmigrantes aprendieron muchas cosas de la cultura estadounidense y canadiense.

Cuando los inmigrantes llegan de un país a otro, deben tomar decisiones muy difíciles como qué elementos de su cultura deben conservar y cuáles deben cambiar. También deben aprender el idioma, las leyes y las costumbres de su nuevo país, sin perder las tradiciones de su cultura anterior.

Casi todos los inmigrantes conservan las costumbres que les recuerdan su país de origen. Piensa en tu familia o la de tus amigos. ¿Alguien toca un instrumento tradicional? ¿Usan expresiones aprendidas de sus padres o abuelos? Las costumbres dan a las personas sentido de identidad, además de enriquecer la vida de América del Norte.

## Diversidad religiosa en América del Norte

Así como existe diversidad cultral, en América del Norte también hay **diversidad religiosa.** Cuando los primeros exploradores y colonizadores europeos llegaron a América, se dieron cuenta de que los indígenas practicaban diversas religiones. Cada tribu tenía sus propias creencias filosóficas. Sin embargo, todas compartían la creencia en una poderosa y misteriosa fuerza espiritual. Esta gran fuerza espiritual radicaba en la naturaleza y podía ser contactada por ciertas personas mediante ceremonias especiales. Muchos indígenas en Estados Unidos y Canadá aún practican las creencias de sus ancestros y realizan algunas de estas ceremonias.

Los primeros colonizadores europeos de América del Norte fueron católicos, como los peregrinos de Plymouth, quienes habían escapado de la persecución religiosa que sufrían en Inglaterra. Con la creación de nuevas colonias se extendió la tolerancia hacia las nuevas religiones.

**ENLACE CON las matemáticas**

**Usar los dedos de manos y pies** Los indígenas norteamericanos crearon uno de los primeros sistemas numéricos de América del Norte. La tribu San Gabrielino de California decía "todos mis dedos suman 10", "mis manos y un pie suman 15". Los Chukchee usaban los dedos para contar. Su equivalente de "cinco" significa *mano*, el de "diez" es ambas manos y el de veinte es *hombre*, es decir, alguien con dos manos y dos pies.

| Celebraciones religiosas más importanes | | |
|---|---|---|
| **Cristianismo** | **Judaísmo** | **Islamismo** |
| **Navidad:** Conmemora el nacimiento de Cristo | **Rosh Hashanah:** Año nuevo judío | **Ramadán:** El mes santo para los musulmanes en el que se conmemora la primera revelación de Dios al profeta Mahoma |
| **Pascua:** Conmemora la resurrección de Cristo | **Yom Kippur:** Día de la expiación de los pecados | |

**CULTURA** Esta tabla resalta las celebraciones religiosas más importantes de América del Norte. **Estudia el mapa** ¿Cuál es el motivo principal de las celebraciones del cristianismo? ¿Qué se celebra en tu comunidad?

## Libertad de culto

**CULTURA** Esta imagen muestra la llegada de los puritanos a América del Norte en el siglo XVII, luego de escapar de la represión religiosa en Inglaterra.
**Razonamiento crítico** ¿Crees que la libertad de culto sea importante? Explica tu respuesta.

Incluso la Constitución de Estados Unidos especifica que nadie debe pagar impuestos para apoyar a una religión. También garantiza libertad religiosa para todas las personas.

La tolerancia religiosa atrajo a muchas personas a Estados Unidos y Canadá. Los judíos que escaparon de la persecución religiosa en Europa se establecieron aquí en los siglos XVIII y XIX. A finales del siglo XX, muchos musulmanes también llegaron aquí. Hoy, cristianos, judíos, musulmanes y personas de otras religiones practican su fe con absoluta libertad en Estados Unidos y Canadá.

# EVALUACIÓN DE LA SECCIÓN I

## DESPUÉS DE LEER

### RECORDAR
1. Define: (a) diversidad cultural, (b) intercambio cultural, (c) grupo étnico, (d) diversidad religiosa

### COMPRENSIÓN
2. Describe el intercambio cultural que ocurrió entre los nativos de América del Norte y los europeos.
3. ¿Cómo se protege la libertad religiosa en Estados Unidos?

### RAZONAMIENTO CRÍTICO Y ESCRITURA
4. Explorar la idea principal Revisa el concepto de la idea principal al inicio de esta sección. Enumera las formas en que los inmigrantes de varios grupos étnicos han enriquecido la cultura de Estados Unidos.
5. Sacar conclusiones Describe en un párrafo cómo el desarrollo de América del Norte habría sido diferente si los indígenas no hubieran compartido sus conocimientos.

### ACTIVIDAD
6. Escribir un poema Escribe un poema breve acerca de una costumbre importante para tu familia o la familia de un amigo.

 **Búscalo en la RED**

7. Crear un álbum de recortes Elabora un álbum de recortes con historias e ilustraciones de la diversidad cultural de tu comunidad o estado. Observa el modelo de la sección World Explorer: People, Places, and Cultures en el sitio **phschool.com** para completar esta actividad.

# Expresión creativa y tradiciones artísticas

### ENFOQUE DE LECTURA

1. ¿De qué manera la música y la literatura de Estados Unidos y Canadá reflejan la diversidad cultural?
2. ¿Cómo reflejan el arte y la arquitectura de Estados Unidos y Canadá su historia y paisajes?

### PALABRAS CLAVE
literatura de Quebec
improvisación
Grupo de los Siete

### PERSONAJES CLAVE
Langston Hughes
Andrew Wyeth

### IDEA PRINCIPAL
La literatura, música, arte y arquitectura de Estados Unidos y Canadá reflejan su historia, paisajes y diversidad cultural.

### ANOTACIONES
Copia la tabla y mientras lees esta sección, completa la tabla con información sobre cada categoría.

|  | Literatura | Música | Arte | Arquitectura |
|---|---|---|---|---|
| Estados Unidos |  |  |  |  |
| Canadá |  |  |  |  |

## El escenario

Conforme los inmigrantes poblaron Estados Unidos y Canadá, empezaron a crear una cultura única. Su arte, literatura y música reflejaban sus experiencias en la nueva tierra. Este es un extracto de una historia de la autora Willa Cather acerca de un inmigrante checoslovaco que hizo una nueva vida en las Grandes Llanuras.

"Empezaba a nevar cuando Rosicky subió a la carreta. Era la primera nevada de la temporada y estaba feliz de ver la nieve. La carreta salió retumbando del pueblo y llegó a un camino maravilloso donde estaban las granjas más prósperas de todo el condado. Contempló las Praderas Altas, como la gente las llamaba, y por donde siempre le gustaba pasar. Su lugar estaba en tierras menos favorecidas, donde el suelo era arcilloso y no tan productivo. Cuando compró estas tierras no tenía dinero suficiente para comprar tierras en las Praderas Altas. A sus hijos solía decirles: si estas tierras no fueran arcillosas, no tendríamos nada de tierra. Sin embargo, admiraba las finas granjas de esta región como si se tratara de un toro premiado."

## Literatura y música

Como Willa Cather, otros autores estadounidenses también escribieron sobre la vida de las personas comunes. En la novela de John Steinbeck *The Grapes of Wrath*, una familia muy pobre escapa de las tormentas de polvo al sur de las Grandes Llanuras durante los años treinta. El poeta africano-americano **Langston Hughes**

### La experiencia estadounidense

**CULTURA** El trabajo de artistas y autores estadounidenses y canadienses como Willa Cather (abajo) crea una imagen carcaterística de la historia y paisajes de América del Norte y la experiencia de sus habitantes.

**Razonamiento crítico**
¿Fue importante la geografía física de la región en la obra de los autores de América del Norte?

describe la vida a principios del siglo XX en el barrio de Harlem, en la ciudad de Nueva York. Aunque Hughs se basó en su experiencia como africano-americano, su obra fue apreciada por personas de diversos orígenes y su poesía creó un enlace entre culturas. El trabajo de Hughes ayudó a muchas personas de raza blanca a comprender las experiencias de los africano-americanos.

## Voces únicas en la literatura

Las novelas e historias de muchos autores estadounidenses reflejan la amplia variedad cultural de esta tierra. Herman Melville escribió varias historias sobre la vida en Nueva Inglaterra, incuida la novela clásica *Moby Dick*. Mark Twain escribió sobre la vida en el Río Mississippi en historias como "tall tales", que expresan el particular sentido del humor estadounidense. En la segunda mitad del siglo XIX, la poesía de Walt Whitman creaba vívidas imágenes con un lenguaje lleno de energía. Su trabajo expresaba el desarrollo y confianza de los autores estadounidenses de su época.

La obra de los escritores canadienses también tuvo grandes logros. Mark Twain alabó las historias juveniles de Lucy Maud Montgomery a partir de su libro, *Anne of Green Gables*. Según Twain, Anne, la heroína, era la niña "más querida y conmovedora y deleitable desde Alicia en el País de las Maravillas". Otros escritores canadienses como Margaret Atwood y Alice Munro también recibieron elogios por su trabajo.

Con frecuencia, la literatura canadiense está escrita en inglés y francés. La literatura en francés es conocida como **literatura de Quebec** en honor a la provincia de Quebec, cuyo idioma oficial es el francés. La literatura de Quebec, es un ejemplo de la influencia de los asuntos y conflictos de la sociedad en la expresión creativa. Hasta 1830, ningún poeta o novelista francocanadiense había publicado su obra en el Canadá. En la década de 1960, los poetas de Quebec se unieron para crear una identidad francocanadiense. En su libro titulado *Terre de Quebec*, que significa "la tierra de Quebec", Paul Chamberland anima a los lectores a enorgullecerse de sus raíces francesas.

**CULTURA** En esta imagen, Louis Armstrong posa con su banda, The Hot Five. Con su brillante trompeta y su gran inventiva musical, Louis Armstrong es una de las figuras con mayor influencia en la historia del jazz.
**Razonamiento crítico** ¿Qué te dice esta imagen sobre el jazz? ¿Cómo crees que se relaciona el jazz con el espíritu estadounidense?

## Tradiciones musicales

¿Has escuchado música que se toca en un carnaval del Caribe, el Cajun Zydeco de Luisiana o el bluegrass del sureste de Estados Unidos? Estos son sólo algunos ejemplos de los estilos musicales de América del Norte.

Uno de los estilos musicales más importantes en América es el jazz. Un elemento fundamental en el jazz es la **improvisación,** un momento en que los músicos no siguen las partituras, sino que usan su creatividad de manera espontánea. Esto ha permitido que el jazz se desarrolle para incluir diversas influencias musicales.

El jazz tuvo su origen en la música estadounidense y los ritmos africanos. Luego incluyó elementos del folclore y la música clásica de Europa, Asia y otros lugares. El jazz estadounidense es una combinación única de sonidos de muchas culturas. Por eso se ha popularizado en todo el mundo como un estilo musical que cruza todas las fronteras de la sociedad.

Uno de los músicos más importantes en la historia del jazz es Louis "Satchmo" Armstrong. En la década de 1920 y 1930, Armstrong se dio a conocer como el mejor trompetista de jazz del mundo. También se hizo famoso por su grave y áspera voz, reconocida en todo el mundo. Fue Armstrong quien introdujo un tipo de jazz llamado "swing" y popularizó un estilo cantado conocido como *scat*. Gracias a su inmensa popularidad en el mundo del entretenimiento, Armstrong llevó el jazz estadounidense al mundo entero.

## Arte y arquitectura

Al igual que la literatura, el arte y la arquitectura de Estados Unidos y Canadá han recibido la influencia de la historia y el paisaje.

**Arte**   El pintor **Andrew Wyeth** es uno de los artistas más famosos de Estados Unidos. Su obra se enfoca en escenas rurales que recuerdan un estilo de vida de tiempos pasados, como edificios viejos, botes abandonados o playas desiertas. Otros paisajistas estadounidenses famosos son Fitz Hugh Lane, quien pintó numerosas escenas de las costas de Nueva Inglaterra, y Georgia O'Keeffe, conocida por sus pinturas del desierto del sureste.

**CULTURA**   Un artesano inuit usa un taladro para dar los toques finales a una escultura de piedra caliza. Esta forma tradicional de arte de los inuit es una de las formas en que conservan su identidad. **Razonamiento crítico** ¿Qué figura ves en la escultura? ¿Cómo crees que esta escultura refleja la identidad de los inuit?

Los indígenas norteamericanos cuentan con una larga tradición artística. Desde tiempos inmemoriales, talentosos artistas han creado bellas piezas de cerámica, cestos, ropa y tapetes tejidos y joyería con cuentas o metal. Muchos indígenas continúan con esa tradición en la actualidad. Algunos grupos como los haida del noroeste de Canadá producen excelentes piezas de madera tallada. Estos artistas expresan la cercana relación que hay entre su vida y el arte.

En la década de 1920 y 1930, varios pintores formaron en Canadá el **"Grupo de los Siete".** Estos artistas desarrollaron atrevidas e innovadoras técnicas de paisajismo, además de inspirar a otros artistas a experimentar. Algunos artistas étnicos también siguieron sus pasos. Los impresores y escultores inuit dieron nueva vida a las imágenes e ideas de sus antepasados.

### "Caída de agua"

**Arquitectura** La gran diversidad de paisajes de Estados Unidos y Canadá ha influido en la arquitectura de ambos países. En Estados Unidos, el arquitecto Frank Lloyd Wright se hizo famoso al diseñar hogares al estilo de las praderas, combinando elementos del paisaje del medio oeste. Los acabados de estuco en colores pastel del suroeste reflejan el caluroso clima de la región. El arquitecto canadiense Arthur Erickson diseñó en Vancouver, Columbia Británica, varios edificios en armonía con el ambiente.

En el siglo XX, los arquitectos empezaron a diseñar nuevos tipos de edificios comerciales. La famosa "carrera para alcanzar el cielo" tuvo lugar en la ciudad de Nueva York. En el verano de 1929, el magnate de la industria del automóvil Walter Chrysler compitió con la Manhattan Trust Company de Wall Street por el título del edificio más alto. Los trabajos avanzaron a velocidad asombrosa y cuando parecía que el banco ganaría el título en la primavera de 1930, en la parte superior del edificio Chrysler fue colocada una delgada estructura en espiral que le dio el título con una altura total de 1,046 pies. No obstante, su reinado sería muy breve, pues sólo cuatro meses después se completó la construcción del edificio Empire State.

En esa época, los rascacielos reflejaban la enorme riqueza y poder de Estados Unidos y Canadá.

## EVALUACIÓN DE LA SECCIÓN 2

### DESPUÉS DE LEER

**RECORDAR**

**1.** Identifica: (a) Langston Hughes, (b) Andrew Wyeth

**2.** Define: (a) literatura de Quebec, (b) improvisación, (c) Grupo de los Siete

**COMPRENSIÓN**

**3.** ¿Cómo influyó la mezcla de culturas en la música y literatura de Estados Unidos?

**4.** ¿Cómo influyó la geografía física de Canadá en el arte y arquitectura de esa nación?

**RAZONAMIENTO CRÍTICO Y ESCRITURA**

**5. Explorar la idea principal** Repasa el concepto de la idea principal al inicio de esta sección y el esquema que completaste. Escribe un párrafo en el que expliques cómo el arte, la literatura y la música reflejan la historia, las características físicas y la diversidad cultural de Estados Unidos y Canadá.

**6. Sacar conclusiones** Escribe un párrafo en el que expliques por qué crees que el jazz es un estilo único de Estados Unidos y por qué atrae a personas de todo el mundo.

**ACTIVIDAD**

**7.** Lee un poema de Langston Hughes o Walt Whitman y escribe un párrafo en el que expliques cómo refleja la vida en Estados Unidos.

# Conflictos y cooperación entre culturas

## ANTES DE LEER

### ENFOQUE DE LECTURA

1. ¿Cómo se resolvieron los conflictos entre los grupos indígenas y los gobiernos de Canadá y Estados Unidos?
2. ¿Qué conflictos han enfrentado los grupos étnicos de Estados Unidos y Canadá?

### PALABRAS CLAVE

reservación
indígena
cuota

### PERSONAJES Y LUGARES CLAVE

chippewa
*Nunavut*

### ANOTACIONES

Copia la tabla y mientras lees esta sección, completa los espacios con datos sobre los conflictos que enfrentaron los grupos culturales de Estados Unidos y Canadá, y las soluciones que encontraron.

|  | Conflictos | Soluciones |
|---|---|---|
| Estados Unidos |  |  |
|  |  |  |
| Canadá |  |  |
|  |  |  |

### IDEA PRINCIPAL

Aunque algunos conflictos entre grupos de Canadá y Estados Unidos se han resuelto de manera pacífica, otros continúan en la actualidad.

## El escenario

Durante la Segunda Guerra Mundial, el ejército de Canadá tomó las tierras de la tribu **chippewa** como base militar. Los chippewa fueron enviados a una **reservación,** es decir, una región asignada por el gobierno, quien prometió devolverles sus tierras después de la guerra. A pesar de que la guerra terminó en 1945, las tierras no fueron devueltas hasta 1994. El jefe chippewa Thomas M. Bressette protestó diciendo que su tribu merecía un trato mejor.

"Mientras nuestros hombres ofrecían sus vidas en la guerra en Europa, el gobierno de Canadá nos quitaba nuestras tierras y nos ponía en reservaciones del tamaño de una estampilla postal. Exigimos nuestra parte de los recursos. No queremos depender de la caridad del gobierno, quien ahora nos niega los recursos que con gusto entregamos para apoyar a la nación."

## El gobierno y los pueblos indígenas: conflicto y cooperación

Desde la llegada de los primeros exploradores europeos, han existido momentos de conflicto y cooperación entre indígenas y colonizadores. Los primeros europeos tomaron las tierras habitadas

### Recordar la historia del Canadá

**CULTURA** La comunidad Chemainus, de Columbia Británica es famosa por su colección de 32 murales históricos llamada Más grande que la vida. Este mural honra el papel de los indígenas en la historia de Canadá.

**Razonamiento crítico** ¿Cómo promueve este mural la cooperación entre los pueblos indígenas de Canadá y el resto de los canadienses?

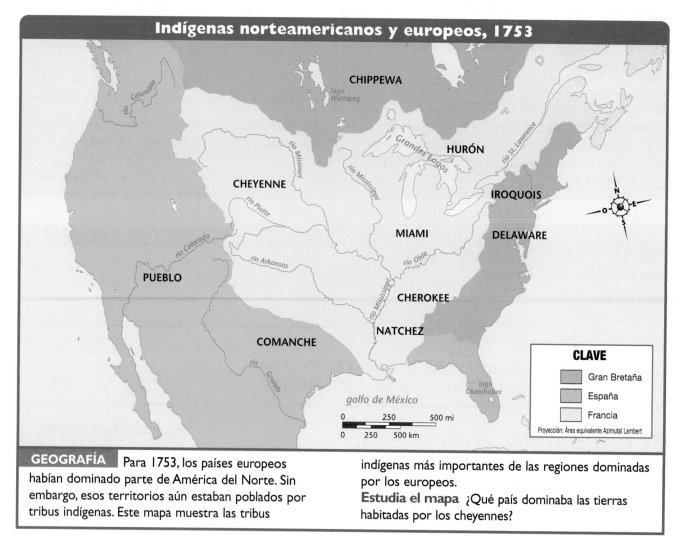

## Indígenas norteamericanos y europeos, 1753

CHIPPEWA

lago Winnipeg

río Columbia

Grandes Lagos

HURÓN

río St. Lawrence

río Missouri

CHEYENNE

río Mississippi

IROQUOIS

río Platte

MIAMI

DELAWARE

río Colorado

río Arkansas

río Ohio

PUEBLO

río Mississippi

CHEROKEE

NATCHEZ

COMANCHE

río Grande

lago Okeechobee

golfo de México

| 0 | 250 | 500 mi |
| 0 | 250 | 500 km |

**CLAVE**

Gran Bretaña
España
Francia

Proyección: Área equivalente Azimutal Lambert

**GEOGRAFÍA** Para 1753, los países europeos habían dominado parte de América del Norte. Sin embargo, esos territorios aún estaban poblados por tribus indígenas. Este mapa muestra las tribus indígenas más importantes de las regiones dominadas por los europeos.

**Estudia el mapa** ¿Qué país dominaba las tierras habitadas por los cheyennes?

por tribus **indígenas** o nativas de América del Norte. Muchas de esas tribus fueron enviadas a reservaciones, pero a otras se les negó este derecho.

## Los pueblos indígenas del Canadá

**MIENTRAS LEES**

**Revisa tu lectura**
¿Qué semejanzas hay entre la historia de los indígenas de Estados Unidos y Canadá?

A pesar de verse obligados a abandonar sus tierras, los indígenas de Canadá se esforzaron en mantener su identidad cultural y recuperar sus derechos. Hoy las escuelas de Canadá permiten que los estudiantes de origen indígena estudien en su propio idioma y las comunidades indígenas tratan de que las autoridades les permitan escribir los nombres de las calles y lugares de sus comunidades en su propio idioma.

Por siglos, los inuit, cazadores nómadas, vivieron en el Ártico, por lo que desarrollaron destrezas especiales de supervivencia. Pero también se convirtieron en artesanos y artistas. Con el tiempo, muchos inuit perdieron su habilidad artística, y la tribu empezó a temer la pérdida de su identidad. A principios de la década de 1990, los inuit convencieron al gobierno de Canadá de cederles una amplia porción de terreno que alguna vez perteneció al territorio del noroeste. El primero de abril de 1999, los inuit se mudaron a estas tierras y las llamaron **Nunavut** que significa "nuestras tierras".

## Los indígenas norteamericanos y el gobierno de Estados Unidos

En el siglo XVIII, una gran cantidad de inmigrantes empezaron a llegar a Estados Unidos, por lo que las tribus indígenas tuvieron que agruparse en tierras más reducidas. A finales del siglo XIX, muchas tribus fueron obligadas a mudarse a reservaciones, tierras que el gobierno les asignaba y controlaba. Sin tierras, las tribus no podían sobrevivir por medios tradicionales como la caza. Poco a poco, empezaron a depender del gobierno para sobrevivir.

A mediados del siglo XX, los indígenas norteamericanos se unieron a otros grupos del país para luchar por los derechos civiles. A fines del siglo XX, los conflictos entre los indígenas y el gobierno de Estados Unidos empezaron a resolverse de manera pacífica en cortes legales. Los líderes indígenas recuperaron derechos importantes como el aprovechamiento de la pesca, los bosques y los recursos minerales de sus tierras.

## Ciudadanos e inmigrantes en conflicto

Por siglos, personas de todo el mundo emigraron en grandes cantidades a las ricas tierras de América del Norte. Esto provocó diversos conflictos entre las personas ya establecidas y los recién llegados.

## El asunto de Quebec

Las autoridades de Canadá facilitaron la inmigración. En un principio preferían a los inmigrantes europeos, poniendo límites a la inmigración de judíos, asiáticos y africanos. Sin embargo, eso cambió. Hoy, personas de todos los grupos étnicos pueden emigrar a Canadá siempre que puedan pagar sus propios gastos.

Los francocanadienses son centro de uno de los mayores conflictos. Los francocanadienses de Quebec son descendientes de los franceses que permanecieron en Canadá cuando los británicos tomaron el control del país y les preocupaba mantener su herencia intacta. El gobierno de Canadá ha hecho lo posible por atender sus necesidades. En Quebec tanto el inglés como el francés son idiomas oficiales y aunque las leyes promueven la cultura y el idioma francés, los residentes quieren más. Mientras ellos desean que Quebec sea un país independiente, el Gobierno trata de mantener unida a toda la nación. Este conflicto entre habitantes de origen británico y francés permanece sin solución hasta hoy.

---

### Oficina de Asuntos Indígenas

En 1824 se creó la Oficina de Asuntos Indígenas en Estados Unidos, primero como parte del Departamento de guerra y después como parte del Departamento del interior. Su labor consistía en controlar la propiedad y vida de las tribus indígenas de las reservaciones. Aunque la oficina podía otorgar los recursos minerales, agua y otros derechos a personas que no pertenecían a las tribus, los indígenas de esa época poco podían hacer al respecto. Fue hasta el siglo XX que el Congreso aprobó algunas leyes que permitían a las tribus tomar decisiones sobre sus escuelas, cortes de justicia, aplicación de la ley y otras actividades de sus comunidades.

**Razonamiento crítico** ¿Qué crees que pensaban los indígenas sobre la creación de la Oficina de Asuntos Indígenas? ¿Qué efecto crees que tuvieron los cambios de las leyes sobre los indígenas norteamericanos?

---

### Desacuerdos en la separación

**GEOGRAFÍA** Poco antes del referendo de 1995, los habitantes de Quebec solían marchar con carteles que pedían "independencia" y "soberanía", apoyando la división de Canadá.
**Razonamiento crítico** ¿Por qué crees que tantos habitantes de Quebec deseaban que su provincia se convirtiera en una nación independiente?

## En busca del oro

**CULTURA** Además de los estadounidenses buscadores de oro que emigraron a California en el siglo XIX, también había muchos inmigrantes que anhelaban tener trabajo y una vida mejor. Esta imagen muestra un grupo de emigrantes chinos que buscan oro en un arroyo de California.

**Razonamiento crítico** Además de posibles accidentes de trabajo, ¿qué otros riesgos corrían los inmigrantes que llegaron a estas nuevas tierras?

# Ciudadanos de Estados Unidos e inmigrantes

La pobreza, los conflictos políticos y el hambre obligaron a miles de europeos a emigrar a Estados Unidos en el siglo XIX. Al principio, todos los inmigrantes eran bienvenidos porque la tierra era vasta y había mucho trabajo qué hacer. Sin embargo, pronto empezaron a surgir conflictos entre los inmigrantes y los ciudadanos establecidos. En la década de 1850, miles de chinos llegaron a trabajar en las minas de oro y constructoras de ferrocarril de California. Conforme aumentaba el número de inmigrantes chinos, otros grupos empezaron a pensar que éstos ocupaban demasiados empleos. En 1882 Estados Unidos aprobó la Ley de Exclusión a chinos, la cual evitó que los chinos continuaran emigrando a Estados Unidos. Sin embargo, los estadounidenses también empezaron a preocuparse por los inmigrantes europeos. Después de la Primera Guerra Mundial, Estados Unidos estableció **cuotas,** es decir, límites en el número de inmigrantes permitidos a cada grupo étnico.

En el siglo XX, muchas personas de habla española emigraron a Estados Unidos desde América Central y América del Sur. Desde entonces han surgido conflictos para determinar si las escuelas públicas también deben dar clases en español y no sólo en inglés. Algunas personas han propuesto leyes que declaren al inglés como único idioma oficial en Estados Unidos.

Aunque hoy el conflicto cultural entre grupos étnicos continúa en Estados Unidos, la mayoría de los estadounidenses trata de encontrar soluciones pacíficas y medios de cooperación mutua.

# EVALUACIÓN DE LA SECCIÓN 3

### DESPUÉS DE LEER

**RECORDAR**
1. Identifica: (a) chippewa, (b) *Nunavut*
2. Define: (a) reservación, (b) indígena, (c) cuota

**COMPRENSIÓN**
3. ¿Cómo el gobierno canadiense ha apoyado a los inuit para preservar su cultura?
4. ¿Por qué los indígenas empezaron a depender del Gobierno cuando fueron enviados a las reservaciones?
5. Describe el conflicto más importante entre franco-canadienses y el gobierno de Canadá.

**RAZONAMIENTO CRÍTICO Y ESCRITURA**
6. **Explorar la idea principal** Repasa la idea principal al inicio de esta sección. Luego, escribe un párrafo en el que compares la manera en que los gobiernos de Estados Unidos y Canadá han manejado sus conflictos con los grupos indígenas.

**ACTIVIDAD**
7. **Hacer predicciones** Escribe un párrafo en el que digas si crees que devolver las tierras a los indígenas crearía más conflictos o resolvería los que existen. Incluye por lo menos dos razones que apoyen tu opinión.

# Identificar recursos primarios y secundarios

## Lo que necesitas

Para identificar las diferencias entre los recursos primarios y los secundarios, necesitarás:

▶ Varias fuentes de consulta como revistas, periódicos, libros de no ficción, un libro de texto, una enciclopedia y una copia de la Constitución de Estados Unidos que puedes encontrar en una enciclopedia

▶ Papel

▶ Un lápiz o pluma

## Aprende la destreza

Usa los recursos en tu investigación. Con frecuencia, las mejores fuentes de consulta son las primarias. Estas han sido escritas por personas que han experimentado un suceso en un periodo particular de la historia. Algunos ejemplos son las cartas, diarios, autobiografías y documentos del gobierno como decretos, discursos, entrevistas y videos.

Las fuentes secundarias son escritas por personas que no han participado directamente en un suceso o periodo particular. Estas personas sólo hacen un informe de lo que han leído o escuchado sobre un tema. Algunos ejemplos son los libros de no ficción y de texto, así como la mayoría de los artículos de revistas y periódicos.

Para identificar las fuentes primarias de las secundarias, sigue estos pasos:

**A.** Reúne los materiales necesarios.

**B.** Haz una tabla de dos columnas. Escribe el título "Fuentes primarias" en la primera columna y "Fuentes secundarias" en la segunda columna.

**C.** Decide si cada fuente es de tipo primario o secundario. Lee las definiciones anteriores si no estás seguro.

**D.** Escribe los nombres de las fuentes en la columna correspondiente.

**E.** Cuando termines, compara tu tabla con la de un compañero.

## Practica la destreza

A continuación se muestran dos artículos sobre la danza Gourd, un tipo de baile tradicional de la tribu Kiowa. Uno de los artículos fue escrito por N. Scott Momaday, autor y poeta indígena de la tribu Kiowa.

El segundo artículo fue escrito por un estudiante de sexto grado. ¿Cuál es la fuente primaria? ¿Cuál es la fuente secundaria? ¿Cómo lo sabes?

Es un día de julio en la ciudad de Oklahoma. Aunque el día es húmedo y hace mucho calor, nos hemos puesto las capas. Una vez que empieza el movimiento, el sonido del tambor marca el ritmo y el sonido alcanza cierto tono, profundizamos en los movimientos de la danza, es una sensación indescriptible. Es maravilloso… Ahora sé por qué estos guerreros solían danzar antes de partir rumbo a sus expediciones. Es una manera de reunir energía que te hace sentirte vivo.

—*N. Scott Momaday*

Fuente: Bolton, Jonathan, y Claire Wilson. *Eruditos, escritores y profesionales (American Indian Lives)*, Nueva York: Datos de archivo, 1994, p. 113

La danza Gourd es un baile de la tribu Kiowa. En ella, los hombres de la tribu usan una vestimenta especial y se acompañan del sonido de un tambor. Los danzantes usan sus capas incluso cuando el día es húmedo y hace mucho calor. La danza se usa como preparación en las expediciones.

—*Jonathan Smith, estudiante de sexto grado*

## Aplica la destreza

Hallarás más preguntas sobre líneas cronológicas en la sección de Repaso y evaluación de este capítulo.

## CAPÍTULO
# 6 Repaso y evaluación

## Hacer un resumen del capítulo

En una hoja suelta, dibuja un diagrama como éste y agrega la información que resume la Sección 1. Luego, completa los demás cuadros que faltan con un resumen de las Secciones 2 y 3.

### LOS ESTADOS UNIDOS Y EL CANADÁ: RIQUEZA CULTURAL

**Seción 1**
Los europeos que llegaron a América del Norte encontraron gran diversidad cultural y religiosa entre los indígenas. Los grupos étnicos que emigraron a Estados Unidos y Canadá contribuyeron a la diversidad cultural de estos dos países.

**Sección 2**

**Sección 3**

---

## Repaso de palabras clave

Relaciona las definiciones de la columna I con las palabras de la columna II.

**Columna I**

1. intercambio de costumbres, ideas y objetos entre dos culturas

2. amplia gama de culturas

3. región asignada a un grupo de indígenas

4. personas que comparten lenguaje, historia y cultura

5. límite en el número de inmigrantes permitidos

6. creación espontánea de algo

7. nacido en una región

8. obra de autores franco-canadienses

9. amplia variedad de religiones

**Columna II**

a. diversidad cultural

b. intercambio cultural

c. grupo étnico

d. reservación

e. indígena

f. diversidad religiosa

g. literatura de Quebec

h. cuota

i. improvisación

## Repaso de ideas principales

1. ¿Qué contribuciones hicieron los pueblos indígenas a la cultura de Estados Unidos? (Sección 1)

2. ¿Cuáles han sido las contribuciones más importantes de los inmigrantes a la cultura estadounidense? (Sección 1)

3. ¿Cómo influyeron la historia y el paisaje en el arte y la literatura de Estados Unidos y Canadá? (Sección 2)

4. ¿Cómo influyó la diversidad cultural en la música estadounidense? (Sección 2)

5. ¿Cómo empezaron a resolverse los conflictos entre el gobierno de Estados Unidos y los indígenas? (Sección 3)

6. ¿Por qué en Estados Unidos siempre han existido conflictos entre los ciudadanos establecidos y los inmigrantes? (Sección 3)

## Actividad de mapa

**Grupos indígenas norteamericanos**

**Escribe la letra que indica la posición de cada grupo.**

**1.** miami
**2.** chippewa
**3.** cherokee
**4.** iroqués

**5.** pueblo
**6.** cheyenne
**7.** comanche
**8.** hurón

 **Búscalo en la RED**

**Enriquecimiento** Para más actividades con mapas y destrezas de geografía, visita la sección de Social Studies en **phschool.com**.

## Actividad de escritura

**1. Escribir un poema** Gran parte de la literatura de Estados Unidos ha recibido influencia de su historia, geografía y diversidad cultural. Escribe un poema corto sobre una o más de estas influencias. Puedes hablar de la historia de tu familia, vecinos o compañeros de clase, el lugar donde vives, algún suceso histórico, la geografía de tu localidad o la de algún lugar que hayas visitado.

**2. Escribir un diario** Imagina que tu familia acaba de emigrar a Estados Unidos (elige un país). Escribe en tu diario tres entradas en las que describas tus experiencias y sensaciones de tu primer día de clases, la primera vez que fuiste a la tienda o el primer programa de televisión o película que viste en este país.

## Aplica tus destrezas

**En cada inciso indica si es una fuente primaria o secundaria de información. Explica tus respuestas.**

**1.** una entrada de enciclopedia sobre la arquitectura de Estados Unidos

**2.** la entrada de un diario

**3.** un informe de investigación sobre los inuit

**4.** una entrevista con Willa Cather en un diario de literatura

## Razonamiento crítico

**1. Sacar conclusiones** ¿Cuáles son las ventajas de que otras culturas hayan influido en tu cultura? ¿Cuáles son las desventajas?

**2. Hacer predicciones** ¿Qué crees que sintieron los inuit cuando regresaron a Nunavut, su tierra? ¿Qué pasó con sus tradiciones al llegar a estas tierras? ¿Cómo cambió su vida?

 **Búscalo en la RED**

**Actividad** La historia e identidad cultural de Canadá han sido moldeadas por la influencia de varios grupos culturales. Compara y contrasta los grupos culturales en el sitio Web "Canadian Museum of Civilization". Visita la sección World Explorer: People, Places, and Culture de **phschool.com** para realizar esta actividad.

**Autoevaluación del Capítulo 6**
Como repaso final, resuelve la prueba de autoevaluación del Capítulo 6. Busca la prueba en la sección de Social Studies en **phschool.com**.

# ESTADOS UNIDOS:
# La región hoy en día

### América, la hermosa

*O beautiful for spacious skies,
For amber waves of grain,
For purple mountain majesties
Above the fruited plain!
America! America!
God shed His grace on thee,
and crown thy good with brotherhood,
From sea to shining sea.*

Letra de Katherine Lee Bates
Música de Samuel A. Ward

# COMPRENDER LAS CANCIONES

**Katherine Lee Bates escribió la letra de la canción "América, la hermosa" en 1893. Ella fue poeta y maestra en Massachusetts. Estudió en el Wellesley College, donde también enseñó. Más tarde, Samuel A. Ward puso música a su poema. Esta canción se ha convertido en un popular himno estadounidense. Lee la letra y después escucha la canción. ¿Te das cuenta de cómo la música refuerza el poema de Bates?**

### Cómo analizar letras de canciones

La canción "América, la hermosa" describe varias regiones geográficas de Estados Unidos; enumera los lugares que ahí se describen. Estudia un mapa de Estados Unidos y piensa cómo localizarías esos lugares. ¿Qué palabras e imágenes usa la autora para describir cada lugar? Según la letra de la canción, ¿qué sentía la autora acerca de Estados Unidos?

### Cómo escribir letras de canciones

Escribir letras de canciones es muy parecido a escribir poesía. Piensa en algún lugar o paisaje que te guste mucho. Haz una lista de las palabras que lo describan mejor. Procura que sean términos muy específicos y piensa en las imágenes que esas palabras evocan en otras personas. Muestra tu letra a un compañero o compañera, y analicen el tipo de música que le quedaría mejor.

# El Noreste

## Un centro urbano

### ANTES DE LEER

**ENFOQUE DE LECTURA**

1. ¿Cómo influye la población del Nordeste en la economía de Estados Unidos?
2. ¿Por qué es el Nordeste una región de muchas culturas?

**PALABRAS CLAVE**
viajar a diario
megalópolis

**LUGARES CLAVE**
Filadelfia
Boston
Ciudad de Nueva York

**IDEA PRINCIPAL**
La región costera del Nordeste está densamente poblada y, sus ciudades, de gran diversidad cultural, son importantes centros económicos.

**ANOTACIONES**

Copia esta tabla y mientras lees esta sección, complétala con detalles de las ciudades del Noreste.

| Filadelfia | Boston | Nueva York |
| --- | --- | --- |
|  |  |  |
|  |  |  |

## El escenario

Durante al menos un siglo, la vida en la ciudad de Nueva York se ha descrito de una sola forma: llena de gente. Hace cien años, los carruajes tirados por caballos provocaban embotellamientos de tránsito. Hoy en día, cinco millones de pasajeros se apretujan diariamente en los vagones del tren subterráneo de Nueva York. Otros recorren las 1,745 millas (2,807 km) de líneas de autobuses, toman alguno de los 12,000 taxis de la ciudad o viajan en el transbordador. Además, muchas personas conducen sus propios vehículos a lo largo de las concurridas calles de la ciudad.

Nueva York no es única en este sentido. Washington, D.C., Filadelfia y Boston también están atestadas de gente. En estas grandes ciudades hay millones de personas que **viajan a diario**, o van al trabajo todos los días. Muchas de ellas conducen su auto de los suburbios a la ciudad, pero muchas otras atraviesan la ciudad para ir a trabajar.

## Una región de ciudades

¿Has oído hablar de Bowash? Así llaman algunos a la cadena de ciudades que va de Boston a Nueva York y a Washington, D.C. Esta región costera del Nordeste es una **megalópolis**, esto es, una región donde las ciudades y los suburbios han crecido hasta acercarse tanto que forman una gran zona urbana. Mira el mapa de la página 123 para tener una idea del tamaño de esta zona.

### Calles urbanas

**GEOGRAFÍA** Durante las horas pico, las calles de Nueva York se saturan. Si hay prisa, es mejor caminar o tomar un tren subterráneo en vez de conducir un auto.

**Razonamiento crítico** ¿Este tráfico muestra dónde y cómo vive la gente en esta región?

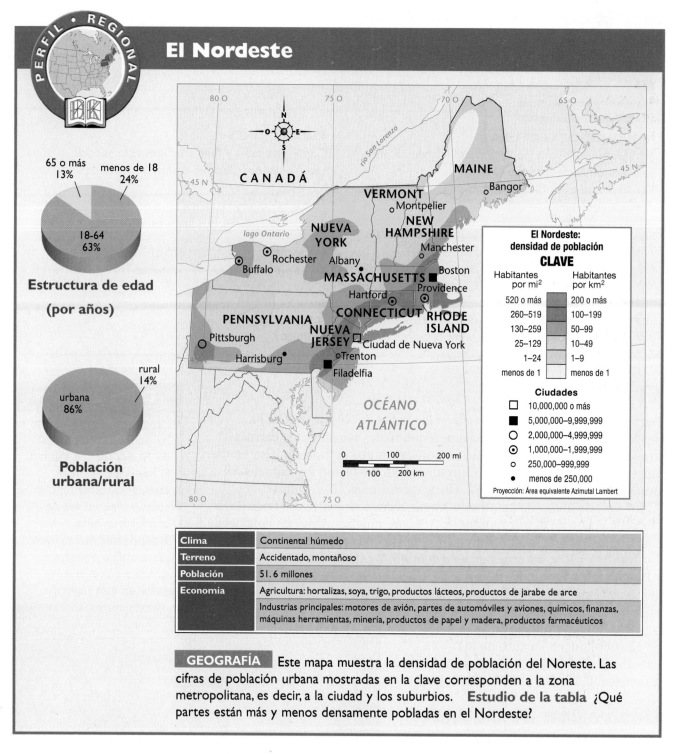

## PERFIL · REGIONAL

# El Nordeste

**Estructura de edad**
(por años)

- 65 o más 13%
- menos de 18 24%
- 18-64 63%

**Población urbana/rural**

- rural 14%
- urbana 86%

**El Nordeste: densidad de población**

### CLAVE

| Habitantes por mi² | Habitantes por km² |
| --- | --- |
| 520 o más | 200 o más |
| 260–519 | 100–199 |
| 130–259 | 50–99 |
| 25–129 | 10–49 |
| 1–24 | 1–9 |
| menos de 1 | menos de 1 |

**Ciudades**

- ☐ 10,000,000 o más
- ■ 5,000,000–9,999,999
- ◯ 2,000,000–4,999,999
- ◉ 1,000,000–1,999,999
- ○ 250,000–999,999
- • menos de 250,000

Proyección: Área equivalente Azimutal Lambert

| Clima | Continental húmedo |
| --- | --- |
| Terreno | Accidentado, montañoso |
| Población | 51.6 millones |
| Economía | Agricultura: hortalizas, soya, trigo, productos lácteos, productos de jarabe de arce |
| | Industrias principales: motores de avión, partes de automóviles y aviones, químicos, finanzas, máquinas herramientas, minería, productos de papel y madera, productos farmacéuticos |

**GEOGRAFÍA** Este mapa muestra la densidad de población del Noreste. Las cifras de población urbana mostradas en la clave corresponden a la zona metropolitana, es decir, a la ciudad y los suburbios. **Estudio de la tabla** ¿Qué partes están más y menos densamente pobladas en el Nordeste?

El Nordeste es la región más densamente poblada de Estados Unidos. La densidad de población de una región es el número promedio de habitantes por milla cuadrada (o kilómetro cuadrado). ¡En algunas partes de Nueva Jersey la población es más densa que en países tan poblados como la India o Japón!

La base de la economía del Nordeste está en las ciudades, muchas de las cuales fueron centros de transporte y comercio en la época colonial. Hoy en día, los sectores de manufactura, finanzas, comunicaciones y gobierno dan empleo a millones de habitantes urbanos del Nordeste.

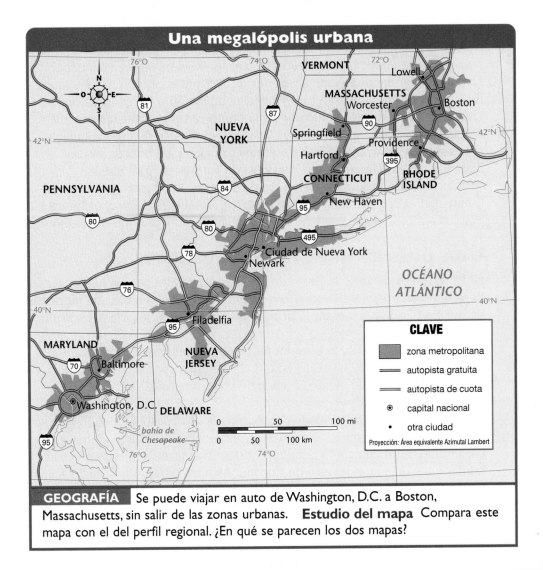

## Una megalópolis urbana

VERMONT

Lowell

MASSACHUSETTS
Worcester • • Boston

NUEVA YORK
Springfield •
Providence •
Hartford •

CONNECTICUT
RHODE ISLAND
New Haven •

PENNSYLVANIA

• Ciudad de Nueva York
Newark •

OCÉANO ATLÁNTICO

• Filadelfia

MARYLAND

Baltimore •

NUEVA JERSEY

Washington, D.C. • DELAWARE

bahía de Chesapeake

0    50    100 mi
0   50   100 km

**CLAVE**
- zona metropolitana
- autopista gratuita
- autopista de cuota
- ⊛ capital nacional
- • otra ciudad

Proyección: Área equivalente Azimutal Lambert

**GEOGRAFÍA** Se puede viajar en auto de Washington, D.C. a Boston, Massachusetts, sin salir de las zonas urbanas. **Estudio del mapa** Compara este mapa con el del perfil regional. ¿En qué se parecen los dos mapas?

**Filadelfia y Boston** Filadelfia y Boston fueron importantes en los inicios de la historia de nuestro país. En Filadelfia, los fundadores de Estados Unidos adoptaron la Declaración de Independencia y la Constitución. Algunas de las primeras luchas contra los británicos tuvieron lugar en Boston.

Hoy en día, Filadelfia es un gran centro industrial situado cerca de la desembocadura del río Delaware. Por aquí pasan importantes rutas de transportación terrestre y acuática, por las que barcos, camiones y trenes traen materias primas de todas partes del mundo. Miles de fábricas procesan alimentos, refinan petróleo y fabrican productos químicos. Cientos de productos se embarcan después para su venta.

La zona de Boston alberga a más de 20 universidades y escuelas de formación profesional. En Cambridge, un suburbio de Boston, está Harvard, la universidad más antigua de Estados Unidos. Esta ciudad es famosa además por sus centros científicos y tecnológicos. Las universidades de Boston y las compañías científicas suelen trabajar en colaboración para idear nuevos productos y realizar investigaciones en el campo de la medicina.

**MIENTRAS LEES**

Halla las ideas principales ¿En qué aspectos son importantes Filadelfia y Boston para Estados Unidos?

**Adiós a la vida urbana**
En 1845, Henry David Thoreau se mudó a orillas del estanque Walden Pond, en Massachusetts. En ese lugar, Thoreau exploró la posibilidad de vivir solo y únicamente con lo indispensable. Cortó árboles y construyó una casa de una sola habitación; plantó un huerto y recolectaba frutos silvestres. Ahí, Thoreau escribió *Walden*, una obra clásica de la literatura estadounidense.

**La Ciudad de Nueva York**   Una sola palabra basta para describir la Ciudad de Nueva York: enorme. En ella viven más de 7 millones de personas. Son muy pocos los estados cuya población supera esta cifra. La ciudad abarca un área de alrededor de 320 millas cuadradas (850 km$^2$) de islas y de tierra firme en torno a la desembocadura del río Hudson. Las diversas partes de la ciudad están comunicadas por túneles y puentes.

La Ciudad de Nueva York es la "capital del dinero" de nuestro país, y aproximadamente 500,000 neoyorquinos trabajan para bancos y otras instituciones financieras, como la Bolsa de Valores en Wall Street.

Nueva York es además un centro de la moda, la industria editorial, la publicidad, la televisión, la radio y las artes. La calle Broadway es famosa por sus teatros, donde acuden cada año más de ocho millones de personas.

## Una puerta para los inmigrantes

El 1º. de enero de 1892, la joven de 15 años Annie Moore, que había llegado en un buque de vapor proveniente de Irlanda, recibió una moneda de oro de 10 dólares por ser la primera inmigrante en llegar a la estación de Ellis Island.

De 1892 hasta 1943, la primera parada para millones de inmigrantes a Estados Unidos fue la isla Ellis Island; desde ahí se podía contemplar la Estatua de la Libertad, a poco menos de un kilómetro de la bahía de Nueva York.

Nueva York y otras ciudades portuarias del Nordeste han dado acceso a numerosos inmigrantes. En el siglo XIX muchos irlandeses, alemanes y escandinavos inmigraron a Estados Unidos. Más tarde, vinieron muchos inmigrantes del sur y del este de Europa. Asimismo, durante el siglo XX llegaron caribeños, asiáticos y africanos.

Así fue como muchos inmigrantes se quedaron en las ciudades portuarias e iniciaron una nueva vida. En la actualidad, Nueva York es rica en diversidad étnica.

# EVALUACIÓN DE LA SECCIÓN I

**DESPUÉS DE LEER**

**RECORDAR**
1. Identifica: (a) Filadelfia, (b) Boston, (c) Nueva York

2. Define: (a) viajar a diario, (b) megalópolis

**COMPRENSIÓN**
3. ¿Cómo influye la densidad de población del Nordeste en la forma de vida de las personas?

4. ¿Cómo han influido los inmigrantes en la cultura del Nordeste?

**RAZONAMIENTO CRÍTICO Y ESCRITURA**
5. **Explorar la idea principal** Repasa la idea principal al inicio de esta sección. Luego, enumera las razones por las que Filadelfia, Boston y Nueva York son tan importantes para la economía de Estados Unidos.

6. **Hacer comparaciones** Piensa en la historia y en las industrias principales de Filadelfia y Boston. Construye un diagrama de Venn para mostrar las similitudes y diferencias entre las dos ciudades.

**ACTIVIDAD**
7. **Escribir una entrada de diario** Imagina que eres un joven inmigrante que llega a Ellis Island. Escribe una entrada de diario en la que expreses tus sentimientos acerca de tu arribo a otras tierras.

# El Sur

## Crecimiento de la población y la industria

### ANTES DE LEER

**ENFOQUE DE LECTURA**

1. ¿Por qué son importantes las tierras y las aguas del Sur para su economía?
2. ¿Qué cambios ha provocado el crecimiento de la industria en el Sur?

**PALABRAS CLAVE**
producto petroquímico
industrialización
Sun Belt

**LUGARES CLAVE**
Atlanta
Washington, D.C.

**ANOTACIONES**
Copia el esquema y mientras lees la sección, complétala con información acerca de la agricultura, los recursos naturales y la industria del Sur, así como la localización de cada cosa.

| Agricultura | Recursos naturales | Industrias |
|---|---|---|
|  |  |  |
|  |  |  |

**IDEA PRINCIPAL**
Si bien el Sur produce una extensa variedad de productos agrícolas y recursos naturales, en los últimos cincuenta años también se ha industrializado.

## El escenario

Del 19 de julio al 4 de agosto de 1996, la ciudad de **Atlanta**, Georgia, fue el centro del mundo. Más de dos millones de personas de 172 países visitaron la ciudad en esos días para presenciar un acontecimiento muy especial: los Juegos Olímpicos de Verano de 1966.

Hoy en día, Atlanta es un centro de comercio, transporte y comunicación. Está situada en una de las regiones de más rápido crecimiento de Estados Unidos: el Sur.

## Los variados territorios del Sur

La geografía del Sur hace posibles muchos tipos de empleos. El Sur es más cálido que las regiones al norte, recibe abundantes lluvias, y los suelos de las llanuras a lo largo del océano Atlántico y del golfo de México son fértiles. En conjunto, estas características hacen de gran parte del Sur un lugar excelente para la agricultura y la crianza de animales.

**La agricultura en el Sur**    La agricultura siempre ha sido importante para la economía del Sur, y en una época los agricultores dependían del algodón como única fuente de ingresos. En la actualidad, el algodón todavía aporta una buena cantidad de dinero al Sur, en especial a los estados de Alabama, Mississippi y Texas, pero el "rey Algodón" ya no domina esta región. La mayoría de los agricultores sureños producen una extensa variedad de cultivos y cría de animales de granja.

### Atlanta, sede de la Olimpiada

**ECONOMÍA**    El famoso boxeador Mohamed Alí enciende la antorcha olímpica en los Juegos Olímpicos de Verano de 1996 en Atlanta, Georgia. **Razonamiento crítico** ¿Cuáles fueron para la ciudad de Atlanta los beneficios de ser sede de la Olimpiada?

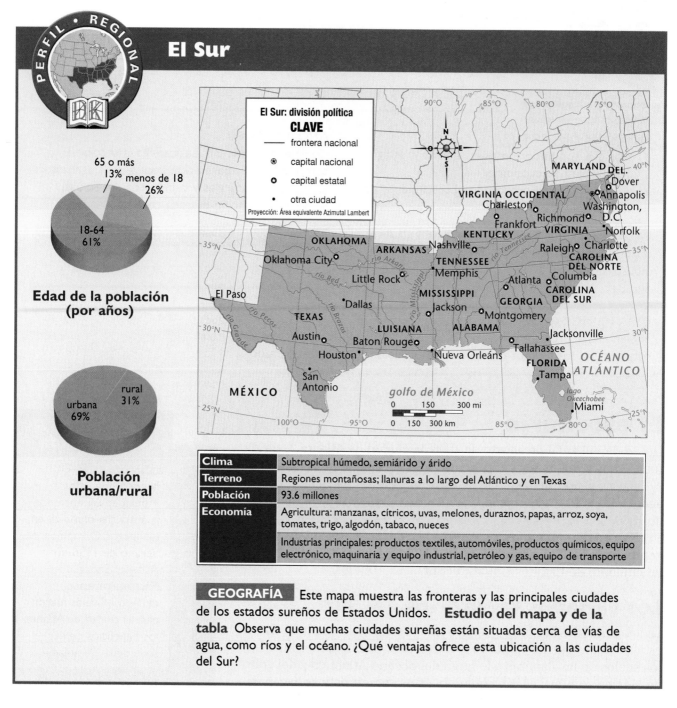

**Edad de la población (por años)**

65 o más 13%
menos de 18 26%
18-64 61%

**Población urbana/rural**

urbana 69%
rural 31%

**El Sur: división política**

**CLAVE**

— frontera nacional
⊛ capital nacional
◉ capital estatal
• otra ciudad

Proyección: Área equivalente Azimutal Lambert

| Clima | Subtropical húmedo, semiárido y árido |
|---|---|
| Terreno | Regiones montañosas; llanuras a lo largo del Atlántico y en Texas |
| Población | 93.6 millones |
| Economía | Agricultura: manzanas, cítricos, uvas, melones, duraznos, papas, arroz, soya, tomates, trigo, algodón, tabaco, nueces |
| | Industrias principales: productos textiles, automóviles, productos químicos, equipo electrónico, maquinaria y equipo industrial, petróleo y gas, equipo de transporte |

**GEOGRAFÍA** Este mapa muestra las fronteras y las principales ciudades de los estados sureños de Estados Unidos. **Estudio del mapa y de la tabla** Observa que muchas ciudades sureñas están situadas cerca de vías de agua, como ríos y el océano. ¿Qué ventajas ofrece esta ubicación a las ciudades del Sur?

Algunos de estos cultivos necesitan condiciones especiales para crecer. Los cítricos requieren calor y sol todo el año. Florida tiene ambos en abundancia, y aquí se cultivan más naranjas, mandarinas, toronjas y limas que en cualquier otro estado. El arroz necesita para su crecimiento las condiciones de humedad y calor que se dan en Arkansas, Luisiana y Mississippi, por lo que se cultiva a lo largo del litoral del golfo de México y también en el valle del río Mississippi.

Algunas regiones del Sur son famosas por sus productos agrícolas. A Georgia se le conoce como el Estado del Durazno, y es famoso por sus cacahuates y nueces. En Texas se cría más ganado que en cualquier otro estado. Arkansas es el que cría más pollos y pavos. Esto es sólo una muestra de lo que se produce.

**Perforación y minería en el Sur**   En ciertas partes del Sur, lo que está debajo del suelo es tan importante como lo que crece sobre él. En Luisiana, Oklahoma y Texas hay compañías que perforan pozos para extraer petróleo y gas, que se utilizan como combustibles. Estos recursos también se transforman en **productos petroquímicos** como plásticos y pintura. En Alabama, Kentucky, Virginia Occidental y Tennessee, los mineros excavan para extraer carbón. Los estados sureños también son productores destacados de sal, azufre, plomo, zinc y bauxita, un mineral que se utiliza para fabricar aluminio.

**Peces y bosques del Sur**   Los habitantes del sur también desarrollan la pesca y la silvicultura. La bahía de Chesapeake cerca de Maryland y Virginia es famosa por sus mariscos. Sin embargo, la industria pesquera sureña más importante está en Luisiana y Texas. La industria maderera abarca casi todo el sur. Los árboles de madera blanda se utilizan en la construcción o para fabricar papel, y los árboles de madera dura, para hacer muebles.

## Ciudades e industrias del Sur

El Sur ha cambiado mucho a lo largo de los últimos 50 años. Aunque sus zonas rurales son importantes, hoy en día la mayoría de los habitantes del Sur viven en ciudades. Estas personas trabajan en fábricas, en empresas de alta tecnología, en la industria turística o en alguna rama de la floreciente economía de esta región. Este cambio, de una economía basada en la agricultura a una economía fundada en la industria, se llama **industrialización**.

**Productos textiles y tecnología**   Una de las industrias más importantes del Sur es la industria textil, que fabrica telas.
   Las primeras fábricas textiles de esta región utilizaban el algodón del Sur, y muchas de ellas todavía elaboran tejidos de algodón. Ahora, muchas otras fabrican tejidos sintéticos, es decir, hechos por el hombre. La industria textil más importante está en Georgia, las Carolinas y Virginia.

**CIVISMO**

### Stephen F. Austin, patriota y pionero

En 1821, cuando Texas era parte de México, Moses Austin, padre de Stephen, recibió autorización del gobierno mexicano para colonizar Texas, pero murió antes de que pudiera hacerlo. Stephen Austin siguió los pasos de su padre y fundó la colonia de San Felipe de Austin, en 1822. Stephen Austin trabajó en pro de la independencia de Texas respecto a México, pero los mexicanos lo acusaron de ayudar a Texas a unirse a Estados Unidos. Fue enviado a prisión, pero nunca se le juzgó. Austin regresó a Texas y ayudó a convertirla en una república en 1836. Austin fungió como secretario de Estado y ayudó a la anexión de Texas a Estados Unidos; sin embargo, murió en 1836, antes de que Texas se convirtiera en estado. La ciudad de Austin se llama así en su honor, y hay una estatua en homenaje a él en el edificio del Capitolio de Estados Unidos, en Washington, D.C.
**Razonamiento crítico** ¿Cómo ayudó la labor de Austin a convertir a Texas en un estado?

**Un centro económico**

**ECONOMÍA**  Una de las ciudades más grandes de Estados Unidos, Dallas, Texas, es un centro bancario, industrial y comercial.
**Razonamiento crítico** ¿Qué cambios ha provocado en el Sur el paso de una economía basada en la agricultura a una economía más industrializada?

En todo el Sur hay nuevas industrias en crecimiento. Una de ellas es la industria de alta tecnología, cuyos trabajadores se esfuerzan por perfeccionar las computadoras e idear mejores formas de utilizarlas. Algunos centros de alta tecnología son Raleigh, Carolina del Norte, y Austin, Texas. En Cabo Cañaveral, Florida, en Houston, Texas y en Huntsville, Alabama, la gente trabaja para la Administración Nacional de Aeronáutica y del Espacio (NASA), que dirige el programa de transbordadores espaciales.

**Transporte y turismo**  Algunas de las ciudades más grandes del Sur desempeñan un papel importante en el sector del transporte. Miami, Florida, es un centro por el que pasan bienes y personas que van y vienen de Centro y Sudamérica. Nueva Orleáns, Luisiana, es una puerta de acceso entre el golfo de México y el sistema del río Mississippi.

Miles de personas acuden a trabajar en las nuevas industrias del Sur, pero miles más optan por mudarse ahí debido al clima. El Sur es parte del **Sun Belt**, una región muy soleada y extensa de Estados Unidos que va desde el litoral atlántico meridional hasta la costa de California, y es conocida por su clima cálido. Algunos de los recién llegados son adultos mayores que desean retirarse a vivir en lugares donde los inviernos no son fríos. Otros llegan para aprovechar tanto el clima como el trabajo que el Sun Belt ofrece, y otros más acuden al Sur como turistas.

**La capital del país**  La ciudad de Washington no está en ningún estado, sino en el Distrito de Columbia, que está entre los estados de Maryland y Virginia. Este territorio fue elegido como sede de la capital del país en 1790. Situada en las riberas del río Potomac, **Washington, D.C.** es el hogar de los dirigentes de la nación y de cientos de diplomáticos extranjeros.

# EVALUACIÓN DE LA SECCIÓN 2

## DESPUÉS DE LEER

### RECORDAR
1. Identifica: (a) Atlanta, (b) Washington, D.C.
2. Define: (a) productos petroquímicos, (b) industrialización, (c) Sun Belt

### COMPRENSIÓN
3. ¿Cómo contribuyen la geografía y el clima del Sur a hacer de él una importante región agrícola?
4. ¿Por qué muchos habitantes del Sur se han mudado de las zonas rurales a las urbanas?

### RAZONAMIENTO CRÍTICO Y ESCRITURA
5. **Explorar la idea principal** Repasa la idea principal al inicio de esta sección. Luego, haz una lista de algunas de las actividades económicas más importantes del Sur.
6. **Reconocer causa y efecto** En esta sección has aprendido que la población del Sur está aumentando. Escribe un párrafo para explicar cómo ha influido este crecimiento en la geografía y la economía del Sur.

### ACTIVIDAD
7. **Escribir un anuncio** Imagina que trabajas en una empresa publicitaria de Atlanta, Georgia; Houston, Texas o Miami, Florida. Inventa un anuncio para convencer a las personas de mudarse a tu ciudad o estado. El anuncio puede ser para un periódico o revista, o para la radio, la televisión o la Internet.

# El Centro
## La tecnología trae cambios

---

**ANTES DE LEER**

### ENFOQUE DE LECTURA
1. ¿Qué cambios está produciendo la tecnología en la agricultura del Centro?
2. ¿Cómo influyen los cambios de la agricultura en el crecimiento de las ciudades?

### ANOTACIONES
Copia el esquema de causa y efecto, y mientras lees esta sección, complétala con las causas y efectos de los cambios tecnológicos de la agricultura.

```
        ╲  Causas  ╱
           1.
           2.
┌──────────────────────────────────────────┐
│ Los cambios de la agricultura hacen crecer las ciudades │
└──────────────────────────────────────────┘
        ╲  Efectos  ╱
           1.
           2.
```

### PALABRAS CLAVE
granja de cultivo mixto
recesión
granja corporativa
capital

### LUGARES CLAVE
Chicago
Detroit
St. Louis

### IDEA PRINCIPAL
Con el crecimiento de las grandes granjas corporativas, muchas personas se han mudado de las granjas familiares a las ciudades en crecimiento del Centro.

---

# El escenario

Camille LeFevre creció en Black River Falls, Wisconsin. En su familia hubo una generación tras otra de agricultores, y ella pasó su niñez en la granja de ovejas de sus padres.

Camille recuerda su niñez con mucho cariño. Sin embargo, y al igual que miles de niños campesinos que crecieron en los años ochenta y noventa, ella no siguió los pasos de sus padres. La agricultura del Centro cambió, y Camille decidió seguir otro camino.

## La tecnología trae consigo cambios para el Centro

El Centro, o Midwest, es conocido también como "el corazón" del país, porque es el centro agrícola de nuestra nación. El suelo es rico, y el clima es bueno para producir maíz, soya y ganado. La tecnología contribuyó a mejorar la productividad de las fincas agrícolas. Inventos como el arado de acero, el molino de viento y el alambre de púas ayudaron a los colonos a crear granjas en las llanuras. Hoy en día, las innovaciones tecnológicas continúan moldeando el mundo de la agricultura y la forma como se trabaja la tierra.

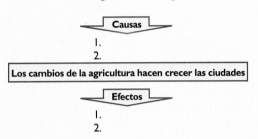

**ECONOMÍA** En la mayoría de las fincas se trasquila a las ovejas una vez al año. La lana de este tipo de ovejas —la Suffolk— se utiliza en tejidos industriales y de tapicería. **Razonamiento crítico** La crianza de ovejas para producir lana es un ejemplo de industria primaria. Las industrias que convierten la lana en hilo y tejidos son industrias secundarias. ¿Y qué son los tejidos hechos con la lana de estas ovejas?

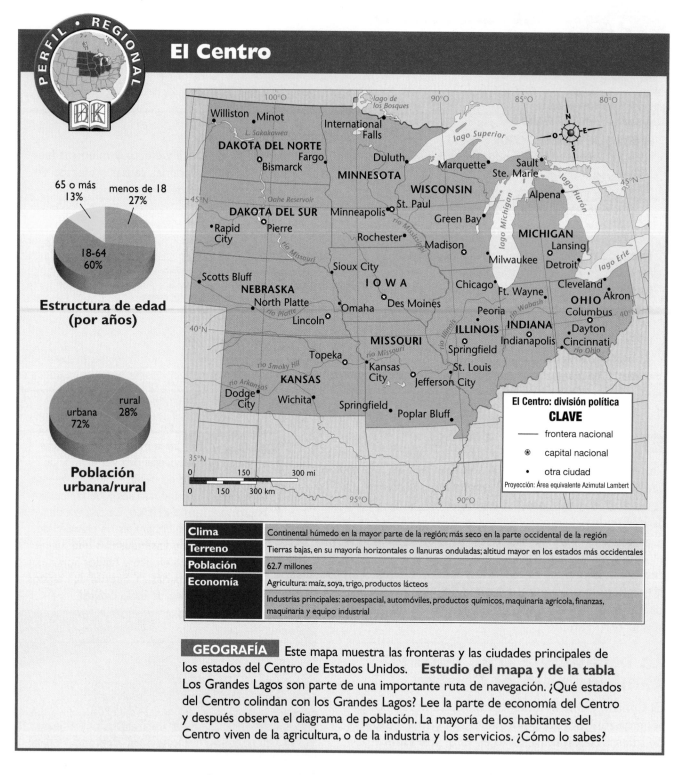

# El Centro

## Estructura de edad (por años)

65 o más 13%
menos de 18 27%
18-64 60%

## Población urbana/rural

urbana 72%
rural 28%

| Clima | Continental húmedo en la mayor parte de la región; más seco en la parte occidental de la región |
|---|---|
| Terreno | Tierras bajas, en su mayoría horizontales o llanuras onduladas; altitud mayor en los estados más occidentales |
| Población | 62.7 millones |
| Economía | Agricultura: maíz, soya, trigo, productos lácteos |
| | Industrias principales: aeroespacial, automóviles, productos químicos, maquinaria agrícola, finanzas, maquinaria y equipo industrial |

**GEOGRAFÍA**   Este mapa muestra las fronteras y las ciudades principales de los estados del Centro de Estados Unidos.   **Estudio del mapa y de la tabla** Los Grandes Lagos son parte de una importante ruta de navegación. ¿Qué estados del Centro colindan con los Grandes Lagos? Lee la parte de economía del Centro y después observa el diagrama de población. La mayoría de los habitantes del Centro viven de la agricultura, o de la industria y los servicios. ¿Cómo lo sabes?

**Las granjas familiares disminuyen**   Hasta los años ochenta funcionaban pequeñas fincas familiares en esta región, muchas de las **granjas de cultivo mixto**, donde se cultivaban diferentes plantas.

En los años sesenta y setenta las granjas familiares prosperaban. La población mundial iba en aumento, y había gran demanda de productos agrícolas estadounidenses. Los agricultores pensaron que su negocio crecería si agrandaban sus fincas. Para lograrlo, muchos agricultores adquirieron más tierras y equipo por medio de préstamos.

A principios de los años ochenta hubo una **recesión**, o caída de la actividad comercial, en todo el país. La demanda de productos agrícolas decayó al mismo tiempo que las tasas de interés sobre los préstamos aumentaban. En consecuencia, muchos agricultores no ganaban el dinero suficiente para pagar sus préstamos. Algunas familias vendieron o abandonaron sus granjas. En efecto, más de un millón de agricultores estadounidenses han dejado sus tierras a partir de 1980.

## Las granjas corporativas se expanden

Algunas de las fincas agrícolas que se vendieron fueron adquiridas por compañías agrícolas que combinaron fincas pequeñas para formar otras más grandes llamadas **granjas corporativas**. Estas compañías agrícolas tenían más **capital**, es decir, dinero para expandir un negocio, por lo que podían comprar tierras costosas y equipo que la agricultura moderna requiere, además de que eran eficientes.

Los granjeros corporativos dependen de máquinas y de computadoras para realizar su trabajo. Kansas es un ejemplo de esto: tiene menos trabajadores y fincas más grandes. En Kansas, el 90 por ciento del territorio es para agricultura o ganadería, pero menos del 10 por ciento de sus habitantes son agricultores o hacendados.

No todas las granjas del Centro son corporativas; pero las pequeñas no producen lo suficiente para sostener a una familia, por eso los pequeños agricultores buscan un trabajo adicional. Los jóvenes abandonan la granja y se van a las ciudades, donde hay más oportunidades.

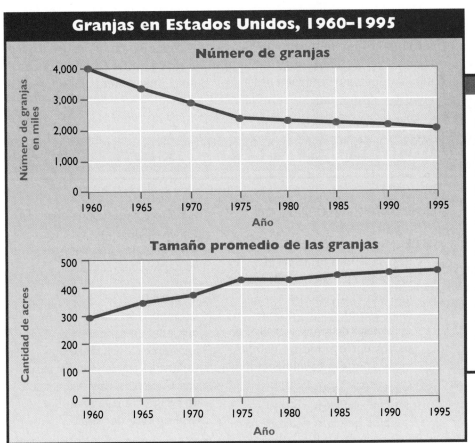

### Granjas en Estados Unidos, 1960–1995

**Número de granjas**

**Tamaño promedio de las granjas**

**ECONOMÍA** Como muestra esta gráfica, el número de granjas ha disminuido y su tamaño ha aumentado. Estos cambios ocurrieron porque las pequeñas granjas familiares no producían lo suficiente para cubrir sus gastos. En consecuencia, sus propietarios vendieron las granjas y dejaron el campo. **Estudio de la tabla** ¿Cuándo se produjo el mayor cambio en el número de granjas y en su tamaño: entre 1960 y 1975 o entre 1980 y 1995?

# En el Centro se cultivan ciudades

En la actualidad, la mayoría de los habitantes del Centro viven en pueblos y ciudades. Sin embargo, muchas de estas ciudades comenzaron como lugares donde se procesaban y despachaban productos agrícolas.

**Chicago: en el centro de todo**   Chicago, es un buen ejemplo. Situada a orillas del lago Michigan, a mediados del siglo XIX estaba rodeada de praderas y fincas agrícolas. Los agricultores enviaban su maíz, trigo, ganado y cerdos a Chicago. En fábricas e instalaciones empacadoras de carnes, estos productos eran transformados en alimentos para después embarcarlos hacia el este en los Grandes Lagos. Cuando se construyeron ferrocarriles Chicago tuvo un auténtico auge. Para finales del siglo XIX, la ciudad se había convertido en un centro acerero y manufacturero. El material agrícola era uno de los productos más importantes de Chicago.

Hoy en día, Chicago es la ciudad más grande del corazón del país. Es conocida por su diversidad étnica y su animada cultura. Es el centro de importantes rutas de transporte: autopistas, vías férreas, aerolíneas y rutas de embarque. Asimismo, en Chicago está el primer rascacielos que se construyó en el Centro.

**Otras ciudades**   Hay otras ciudades grandes en el Centro. Dos de ellas —**Detroit** y **Saint Louis**— han desempeñado un papel importante en la historia del país. Detroit, Michigan, es conocida como "la Ciudad del Motor". Aquí se encuentra la sede de la industria automovilística estadounidense.

Carretas cubiertas, no autos, solían rodar por las calles de Saint Louis, Missouri. Esta ciudad, situada a orillas del río Mississippi, era el punto de partida de los pioneros que se dirigían hacia el oeste. Hoy, un enorme arco de acero inoxidable junto al río identifica a Saint Louis como "la puerta de entrada al Oeste". Saint Louis es además un centro bancario y comercial.

**ECONOMÍA**   Esta vista desde las riberas del lago Michigan muestra los numerosos rascacielos del centro de Chicago. La torre Sears, a la izquierda, es el edificio más alto de Estados Unidos.
**Razonamiento crítico** ¿Qué te dicen los rascacielos de Chicago acerca de la importancia económica de esta ciudad?

# EVALUACIÓN DE LA SECCIÓN 3

## DESPUÉS DE LEER

### RECORDAR
**1.** Identifica: (a) Chicago, (b) Detroit, (c) Saint Louis
**2.** Define: (a) granja de cultivo mixto, (b) recesión, (c) granja corporativa, (d) capital

### COMPRENSIÓN
**3.** ¿Por qué enfrentaron los pequeños agricultores tiempos difíciles en los años ochenta?
**4.** ¿Cuál fue la causa del auge de Chicago en el siglo XIX?

### RAZONAMIENTO CRÍTICO Y ESCRITURA
**5. Explorar la idea principal** Repasa la idea principal al inicio de esta sección. Luego, escribe un párrafo para explicar por qué ha disminuido el número de granjas familiares en el Centro al mismo tiempo que su tamaño ha aumentado.
**6. Identificar los temas centrales** Piensa en los cambios que la agricultura ha experimentado con la creación de fincas agrícolas empresariales. Enumera sus ventajas y desventajas.

### ACTIVIDAD
**7. Escribir una carta** Supón que eres un agricultor o agricultora y has decidido vender tu granja y mudarte a una ciudad. Escribe una carta a un amigo o amiga para explicarle tu decisión.

# El Oeste
## Tierra de recursos valiosos

## ANTES DE LEER

### ENFOQUE DE LECTURA

1. ¿Cuáles son los recursos del Oeste?
2. ¿Que está haciendo la gente para equilibrar la conservación con la necesidad de utilizar los recursos naturales?

### PALABRAS CLAVE
gambusino
transporte masivo

### LUGARES CLAVE
Sierra Nevada
Costa Noroeste del Pacífico
Portland
San José

### ANOTACIONES
Copia esta tabla y mientras lees esta sección, complétala con información acerca de los recursos del Oeste, dónde están y cuáles son las inquietudes respecto a la conservación de cada uno de ellos.

| Recurso | Dónde están | Inquietudes |
| --- | --- | --- |
|  |  |  |
|  |  |  |

### IDEA PRINCIPAL
El Oeste cuenta con muchos recursos naturales, pero a medida que la población aumenta, la protección del medio ambiente y el uso prudente de los recursos se está convirtiendo en un reto.

## El escenario

Un presidente estadounidense hizo la siguiente declaración ante el Congreso:

"La conservación de nuestros recursos naturales y su uso correcto constituyen el problema fundamental pese a los demás problemas de nuestra vida nacional... Pero es necesario... entender... que desperdiciar, destruir nuestros recursos naturales, desollar y agotar la tierra en vez de usarla de modo que aumente su utilidad, dará por resultado el debilitamiento de... la prosperidad misma que, por derecho propio, debiéramos heredar a [nuestros hijos]."

El presidente Teodoro Roosevelt hizo esta declaración hace casi cien años. Él comprendía que los inmensos recursos del Oeste no durarían si no se cuidaban como es debido.

## Abundancia de recursos

Una increíble abundancia de recursos naturales ha atraído gente hacia el Oeste durante más de 400 años. Los españoles ya estaban bien establecidos en la costa occidental incluso antes de que los Peregrinos colonizaran Nueva Inglaterra en la década de 1620. Más tarde, cuando Lewis y Clark exploraron el Territorio de Luisiana a principios del siglo XIX, más personas comenzaron a avanzar hacia el oeste.

### Conservación del medio ambiente físico

**GEOGRAFÍA** El Congreso declaró a Yosemite parque nacional en 1890. Sus cascadas con una altura de 2,425 pies (740 m), son más altas que cualquier rascacielos de una gran ciudad.

**Razonamiento crítico** ¿Por qué hay tantos visitantes en los parques nacionales como Yosemite?

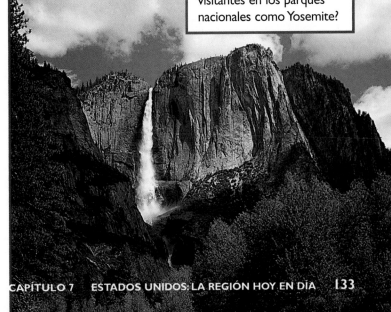

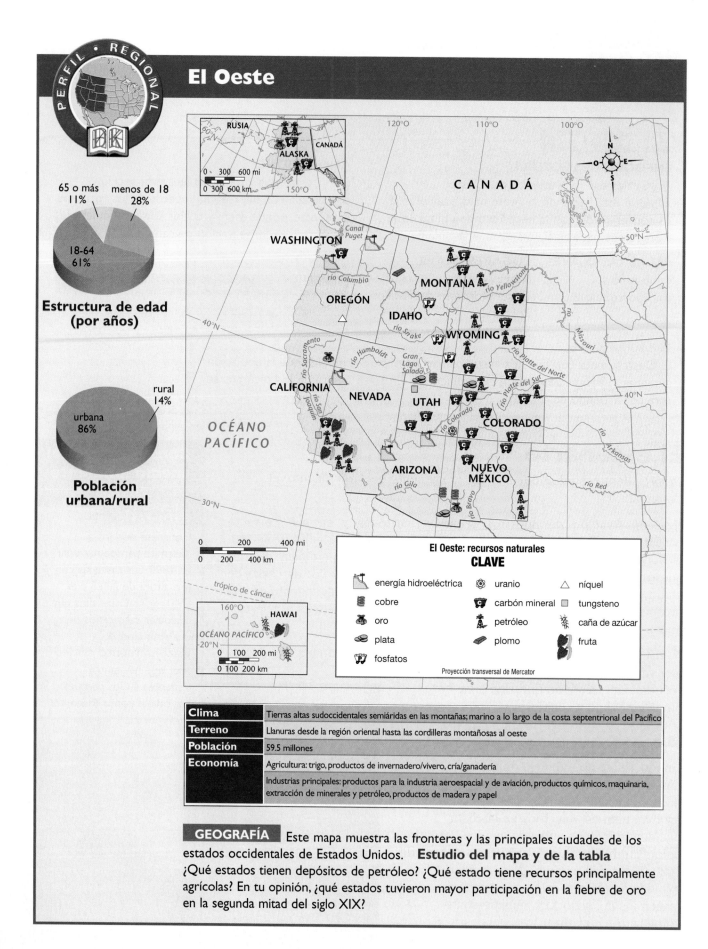

## PERFIL · REGIONAL

# El Oeste

**Estructura de edad (por años)**

- 65 o más 11%
- menos de 18 28%
- 18-64 61%

**Población urbana/rural**

- urbana 86%
- rural 14%

### El Oeste: recursos naturales
### CLAVE

| | | |
|---|---|---|
| energía hidroeléctrica | uranio | níquel |
| cobre | carbón mineral | tungsteno |
| oro | petróleo | caña de azúcar |
| plata | plomo | fruta |
| fosfatos | | |

Proyección transversal de Mercator

| Clima | Tierras altas sudoccidentales semiáridas en las montañas; marino a lo largo de la costa septentrional del Pacífico |
|---|---|
| Terreno | Llanuras desde la región oriental hasta las cordilleras montañosas al oeste |
| Población | 59.5 millones |
| Economía | Agricultura: trigo, productos de invernadero/vivero, cría/ganadería |
| | Industrias principales: productos para la industria aeroespacial y de aviación, productos químicos, maquinaria, extracción de minerales y petróleo, productos de madera y papel |

**GEOGRAFÍA** Este mapa muestra las fronteras y las principales ciudades de los estados occidentales de Estados Unidos. **Estudio del mapa y de la tabla** ¿Qué estados tienen depósitos de petróleo? ¿Qué estado tiene recursos principalmente agrícolas? En tu opinión, ¿qué estados tuvieron mayor participación en la fiebre de oro en la segunda mitad del siglo XIX?

**Recursos y población** La población de esta región aumentó con la fiebre de oro de California de 1849. San Francisco se transformó en una próspera ciudad con la llegada de mineros que compraban provisiones y se dirigían a la **Sierra Nevada** con la idea de hacerse ricos.

Los nuevos descubrimientos de minerales atrajeron cada vez más gente hacia el oeste. Los nuevos colonos necesitaban madera para construir casas, y después de la Guerra Civil surgieron campamentos madereros, aserraderos y fábricas de papel en la **Costa Noroeste del Pacífico.**

Al principio, los recursos del Oeste parecían ilimitados. Su uso creó riqueza y muchos empleos. Sin embargo, también planteó nuevos retos.

**Administración de los recursos en las sierras** Durante muchos años los buscadores de oro descuidaron Sierra Nevada. Los **gambusinos,** es decir, los primeros mineros de la fiebre de oro, obtenían pequeños trozos de oro "lavando" la arena de los arroyos, pero para llegar a depósitos de mayor tamaño las grandes compañías mineras utilizaban cañones de agua que deshacían laderas enteras, dejando a su paso enormes y horribles montones de roca.

Después de la fiebre de oro, la población de California se incrementó. Para satisfacer la demanda de casas nuevas, los leñadores talaron muchos bosques y los ingenieros construyeron presas para enviar agua a las ciudades costeras por medio de tuberías. Junto a las presas construyeron centrales hidroeléctricas. San Francisco obtenía agua y energía eléctrica de esta manera, pero las presas inundaban valles enteros de las Sierras.

Con el fin de conservar partes del Oeste como zonas silvestres naturales, el Congreso creó varios parques y bosques nacionales. No obstante, también en éstos han surgido problemas. El Parque Nacional Yosemite recibe en la actualidad tantos visitantes que tiene problemas de tránsito y contaminación en el verano, y esto ha limitado el número de personas que acampan en él.

## Un oso negro en su hábitat natural

**GEOGRAFÍA**

Habitantes del Oeste tratan de conservar las tierras donde habitan osos negros y otros animales en estado silvestre. Partes del Oeste han sido convertidas en parques, bosques y zonas silvestres nacionales. Además, las compañías madereras tratan de conservar el medio ambiente plantando árboles nuevos en sustitución de los que han sido cortados.

**Razonamiento crítico** ¿Afecta la conservación de los recursos naturales de una cierta región la vida silvestre que habita en esa región? ¿Y en otras regiones?

## Ser un líder

César Chávez y su familia se ganaban la vida como trabajadores agrícolas extranjeros. La paga era escasa, y las condiciones de trabajo, difíciles. Chávez quería construir un futuro mejor para los trabajadores agrícolas extranjeros y ayudó a formar un sindicato de trabajadores agrícolas que organizaba boicoteos de productos agrícolas, con los cuales se consiguió que los propietarios de las granjas aceptaran mejorar el salario y las condiciones de trabajo. Chávez había alcanzado su meta: el trato justo a los trabajadores agrícolas extranjeros.

La construcción de presas ha cesado. Hay leyes que protegen los hábitats de ciertos animales. Asimismo, se limitó el número de árboles que cortan las compañías madereras.

## Uso y conservación de los recursos

La mayoría de los habitantes actuales del Oeste no son mineros, agricultores ni leñadores, sino que trabajan y viven en las ciudades. Su reto es administrar mejor los recursos naturales.

**Portland, Oregón**   Esta ciudad fue fundada en 1845 cerca de la confluencia de los ríos Willamette y Columbia. Portland se convirtió en un centro comercial de madera, pieles, granos, salmón y lana. En los años treinta las nuevas presas producían electricidad de bajo costo y Portland atrajo muchas industrias manufactureras. Con el tiempo, las fábricas contaminaron el río, Willamette. Los gobiernos federal, estatal, local y las industrias han trabajado para limpiar este valioso recurso.

**San José, California**   La expansión urbana descontrolada es un problema en San José. La región que rodea a la ciudad era conocida como el "Valle de la Alegría del Corazón" por sus hermosos huertos y granjas. Ahora se conoce como el "Valle del Silicio", porque es el corazón de la industria de las computadoras.

El recurso más valioso de San José son sus habitantes, que vienen de todas partes del mundo. La mayor densidad de población ha creado autopistas saturadas y contaminación del aire. Para combatir estos problemas, la ciudad ha construido un sistema de **transporte masivo** de ferrocarriles ligeros. El transporte masivo sustituye los autos individuales por autobuses o trenes que permiten ahorrar energía.

# EVALUACIÓN DE LA SECCIÓN 4

## DESPUÉS DE LEER

### RECORDAR

1. Identifica: (a) la Sierra Nevada, (b) la Costa Noroeste del Pacífico, (c) Portland, (d) San José

2. Define: (a) gambusino, (b) transporte masivo

### COMPRENSIÓN

3. ¿Cómo ha utilizado la gente los recursos del Oeste?

4. ¿Cómo se protegen estos recursos en la actualidad?

### RAZONAMIENTO CRÍTICO Y ESCRITURA

5. **Explorar la idea principal** Repasa la idea principal al inicio de esta sección. Luego, haz una lista de algunos de los retos que los habitantes del Oeste enfrentan en cuanto a la conservación y protección de sus recursos naturales.

6. **Reconocer causa y efecto** Escribe un párrafo para explicar cuáles han sido los efectos del rápido crecimiento urbano en los recursos naturales del Oeste.

### ACTIVIDAD

 **Búscalo en la RED**

7. **Crear un plan de conservación** Los bosques de California son recursos naturales muy valiosos. Piensa en la importancia de conservarlos mientras lees sobre ellos. Haz un plan para conservar uno de los recursos naturales de tu región. Visita World Explorer: People, Places and Cultures de **phschool.com**.

# Comprender mapas especiales

**Estados Unidos: rutas ferroviarias de finales del siglo XIX**

CLAVE

—— ferrocarriles 1865–1900

Proyección cónica equivalente de Albers

## Aprende la destreza

Al explorar el mundo, encontrarás muchos tipos de mapas de propósitos especiales. Ya has encontrado algunos de estos mapas en capítulos anteriores. Para que aprendas a entender y a usar mejor los mapas de propósitos especiales, sigue estos pasos:

**A.** Lee el título del mapa. El título te dice cuál es el propósito y el contenido del mapa. El título del mapa de esta página te indica que se trata de las rutas ferroviarias de Estados Unidos a finales del siglo XIX.

**B.** Lee la información de la clave del mapa. Aunque un mapa de propósitos especiales muestra un solo tipo de información, puede ser que presente numerosos datos. La clave de este mapa muestra en rojo las vías ferroviarias existentes de 1865 a 1900.

**C.** Estudia el mapa para identificar sus ideas principales y saca conclusiones basándote en la información.

## Practica la destreza

Usa el mapa para responder estas preguntas:

- ¿Cuántos estados atravesaba en su recorrido el Ferrocarril de Pennsylvania?
- ¿Por cuántos estados no pasaban rutas de ferrocarril?
- Si quisieras viajar de Baltimore a Saint Louis, ¿qué línea de ferrocarril tomarías?

## Aplica la destreza

Hallarás más preguntas sobre el uso de información confiable en la sección Repaso y evaluación de este capítulo.

# Repaso y evaluación

## Hacer un resumen del capítulo

En una hoja suelta, dibuja una red como ésta y agrega la información acerca del Noreste. Luego, completa la red con detalles importantes acerca de cada región de Estados Unidos.

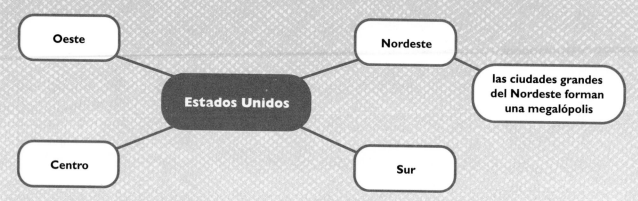

Oeste · Nordeste · las ciudades grandes del Nordeste forman una megalópolis · Estados Unidos · Centro · Sur

### Repaso de palabras clave

Escribe una definición para cada una de las palabras clave. Luego, utiliza cada palabra en un enunciado.

1. viajar a diario (p. 121)
2. megalópolis (p. 121)
3. industrialización (p. 127)
4. granja de cultivo mixto (p. 130)
5. recesión (p. 131)
6. capital (p. 131)
7. gambusino (p. 135)
8. transporte masivo (p. 136)

### Repaso de ideas principales

1. ¿Cuáles son algunas de las ciudades grandes del Nordeste? (Sección 1)
2. ¿De qué forma sirve el Nordeste como puerta de entrada al país? (Sección 1)
3. ¿Cómo se ganan la vida los habitantes del Sur? (Sección 2)
4. ¿Cómo influye el clima cálido en la economía del Sur? (Sección 2)
5. ¿Cuáles han sido los cambios principales que han ocurrido en el Centro a partir de los años ochenta? (Sección 3)
6. Describe las diferencias entre las granjas familiares y las granjas corporativas. (Sección 3)
7. ¿Cuáles son los principales recursos naturales del Oeste? (Sección 4)
8. ¿Cómo ha cambiado la vida en el Oeste desde los días de la fiebre de oro de California? (Sección 4)

## Actividad de mapa

### Estados Unidos

**Escribe la letra que indica la posición de cada lugar en el mapa.**

1. Boston
2. Ciudad de Nueva York
3. Washington, D.C.
4. Atlanta
5. Chicago
6. Dallas
7. Portland
8. San José

 **Búscalo en la RED**

**Enriquecimiento** Para más actividades con mapas y destrezas de geografía, visita Social Studies de **phschool.com.**

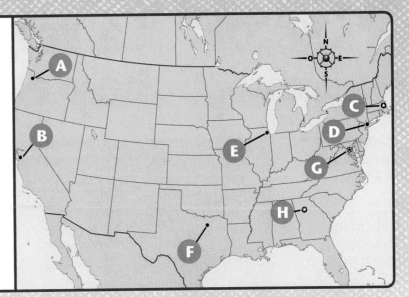

## Actividad de escritura

1. **Escribir una guía turística** Si tuvieras amigos que van a ir a Estados Unidos por primera vez, ¿qué información les darías? ¿Qué ciudades recomendarías? Escribe una pequeña guía turística que muestre las cuatro regiones del país. Sugiere actividades en cada región. Proporciona información general que contenga la historia y la cultura de cada región.

2. **Uso de fuentes primarias** Los mineros y otros habitantes de las poblaciones de la fiebre de oro dejaron cartas y diarios que nos ofrecen una visión de cómo era la vida durante la fiebre de oro. Busca en tu biblioteca local o en la de tu escuela, o en la Internet, algunas de estas fuentes primarias. Luego, con esa información escribe un pequeño informe sobre algún aspecto de la fiebre de oro.

## Aplica tus destrezas

**Pasa a Destrezas para la vida de la página 137 para realizar la siguiente actividad.**

Analiza el mapa de la página 134. Escribe una serie de preguntas que puedan responderse estudiando el mapa. Intercambia tus preguntas con un compañero o compañera y respondan cada uno las preguntas del otro.

## Razonamiento crítico

1. **Hacer comparaciones** Identifica una tendencia común en dos o más regiones de Estados Unidos.

2. **Comparar y contrastar** Dibuja un diagrama que muestre las similitudes y diferencias entre el Nordeste y el Sur.

3. **Sacar conclusiones** Si el uso de recursos continúa en el Oeste como hasta ahora, ¿cuáles serían los resultados probables?

 **Búscalo en la RED**

**Actividad** Lee sobre economía estadounidense. ¿Cómo afectan la ubicación, la población y los recursos, la economía de una región? ¿Y cómo afectan éstos la economía de tu región? Visita World Explorer: People, Places and Cultures de **phschool.com** para realizar esta actividad.

**Autoevaluación del Capítulo 7**
Como repaso final, resuelve la prueba de autoevaluación del Capítulo 7. Busca la prueba en la sección de Social Studies en **phschool.com.**

# CANADÁ: La región hoy en día

## Usar fotografías

Este tren está recibiendo una carga de trigo del elevador de granos vecino. El tren lleva el trigo hacia el oeste a la costa del Pacífico, o rumbo al este a los Grandes Lagos, donde se carga en barcos para exportarlo. Canadá es el segundo exportador más importante de trigo en el mundo, y Estados Unidos es el primero.

## COMPRENDER LA ECONOMÍA

**Estudia la fotografía. Haz una lista de todos los pasos que consideres necesarios para cultivar trigo y transportarlo a los molinos para convertirlo en harina. Comienza con el agricultor que siembra una semilla y termina con una pieza de pan en la mesa. ¿Qué pasos puedes identificar en esta fotografía?**

### Empleos en la agricultura

Piensa en las diversas clases de empleos en la industria agrícola. ¿Qué empleo te gustaría? ¿Te agradaría ser agricultor? ¿O quizá preferirías trabajar en un tren o barco que transporta granos? Investiga en tu biblioteca local o en la de tu escuela, o en Internet, los diferentes empleos agrícolas. Luego, busca a una persona que tenga un empleo de este tipo y platica con ella acerca de su trabajo. Escribe un informe con la información que obtengas y preséntalo ante tu grupo.

# SECCIÓN 1

# Una revolución silenciosa

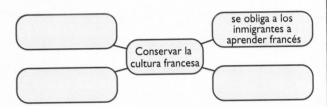
## El escenario

En 1977, una nueva ley de la provincia de Quebec estableció que todos los letreros de las calles deberían estar únicamente en francés. Esto complació a la mayoría de los quebequenses que hablan francés, pero disgustó a los demás. En 1993 se cambió la ley para permitir también el inglés en los letreros. Pero el francés es el único idioma que se utiliza en el gobierno, el comercio y la educación de Quebec.

Las leyes canadienses establecen dos idiomas oficiales: inglés y francés. En todas las provincias hay personas que hablan francés. En Quebec, el primer idioma del 83 por ciento de sus habitantes es el francés. El inglés es el primer idioma del 12 por ciento, ¡y el 5 por ciento restante habla otros 35 idiomas! Con todo, hasta la década de 1960 las actividades gubernamentales y comerciales de Quebec se realizaban en inglés, como en el resto de Canadá. Fue necesaria una larga batalla política para cambiar la situación en Quebec.

## La influencia francesa en Quebec

En la historia de Canadá podemos encontrar la explicación del carácter tan francés de Quebec. En la década de 1530, el explorador francés **Jacques Cartier** navegó remontando el río San Lorenzo hasta un lugar próximo a la actual **ciudad de Quebec.**

### Un país y dos idiomas

**CULTURA** En Quebec, las señales de tránsito dicen "ALTO" en los dos idiomas oficiales de Canadá: francés e inglés. **Razonamiento crítico** ¿Por qué son importantes para los quebequenses los letreros en los dos idiomas?

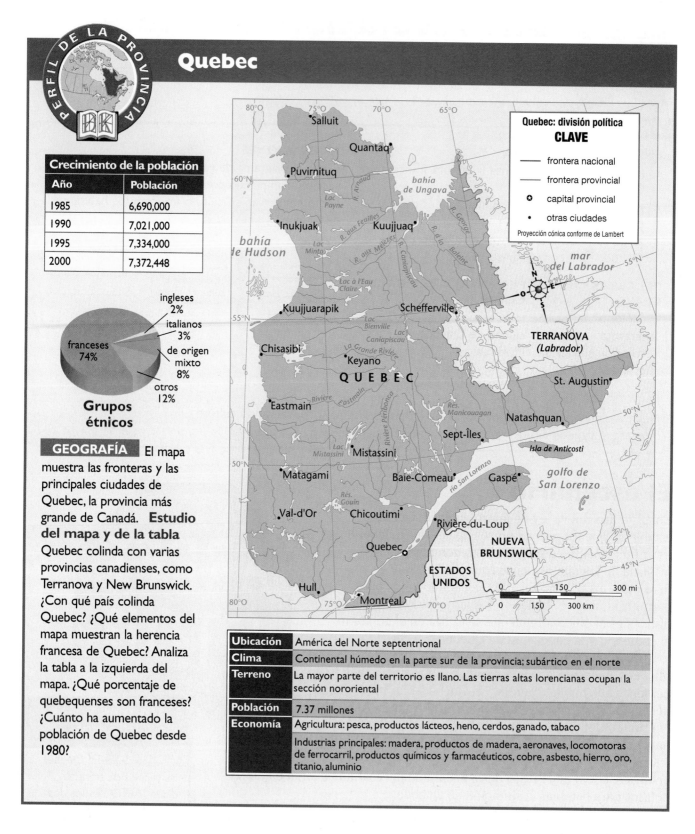

## Quebec

### Crecimiento de la población

| Año | Población |
|-----|-----------|
| 1985 | 6,690,000 |
| 1990 | 7,021,000 |
| 1995 | 7,334,000 |
| 2000 | 7,372,448 |

ingleses 2%
italianos 3%
franceses 74%
de origen mixto 8%
otros 12%

**Grupos étnicos**

**GEOGRAFÍA** El mapa muestra las fronteras y las principales ciudades de Quebec, la provincia más grande de Canadá. **Estudio del mapa y de la tabla** Quebec colinda con varias provincias canadienses, como Terranova y New Brunswick. ¿Con qué país colinda Quebec? ¿Qué elementos del mapa muestran la herencia francesa de Quebec? Analiza la tabla a la izquierda del mapa. ¿Qué porcentaje de quebequenses son franceses? ¿Cuánto ha aumentado la población de Quebec desde 1980?

**Quebec: división política**
**CLAVE**
— frontera nacional
— frontera provincial
⊛ capital provincial
• otras ciudades
Proyección cónica conforme de Lambert

| Ubicación | América del Norte septentrional |
|-----------|--------------------------------|
| Clima | Continental húmedo en la parte sur de la provincia; subártico en el norte |
| Terreno | La mayor parte del territorio es llano. Las tierras altas lorencianas ocupan la sección nororiental |
| Población | 7.37 millones |
| Economía | Agricultura: pesca, productos lácteos, heno, cerdos, ganado, tabaco |
| | Industrias principales: madera, productos de madera, aeronaves, locomotoras de ferrocarril, productos químicos y farmacéuticos, cobre, asbesto, hierro, oro, titanio, aluminio |

Cartier y sus hombres entablaron amistad con los Stadacona, los habitantes indígenas de esta región. Algunos lugares de Quebec y de otras partes de Canadá tienen nombres en la lengua de los Stadacona. Cartier y los exploradores que llegaron después dieron a otros lugares nombres franceses. **Montreal,** por ejemplo, significa "Monte Real" en francés.

Cartier reclamó para Francia la región hoy conocida como Quebec. Inglaterra también lo hizo, por lo que ambos acabaron peleando por ella.

Francia perdió, y en 1763 el territorio pasó a manos de los británicos. Sin embargo, en la región vivían decenas de miles de colonizadores franceses. Hoy en día, sus descendientes constituyen la mayoría de la población de Quebec y son **francófonos**, es decir, personas que hablan francés como primer idioma.

## Quebec: una sociedad distinta dentro de Canadá

En los años sesenta algunos francófonos exigieron su independencia del resto de Canadá. Estas personas, preocupadas por la posible desaparición de su idioma y su cultura, se oponían al uso del inglés como único idioma oficial. Asimismo, pensaban que aportaban mucho a Canadá y recibían poco a cambio. La mayoría de los francófonos tenían salarios bajos y enfrentaban prejuicios por hablar francés.

A los francófonos que deseaban la independencia se les llamó **separatistas.** Estos pretendían que Quebec se separara de Canadá. Los separatistas formaron un partido político que obtuvo el control de la legislatura provincial de Quebec en 1976. Este cambio pacífico en el gobierno de Quebec se conoce como la **Revolución silenciosa.**

El francés se convirtió en el idioma oficial en la educación, el gobierno y el comercio. Los inmigrantes estaban obligados a aprender francés. Con todo, Quebec siguió siendo una provincia canadiense.

En 1980 el gobierno provincial celebró un **referéndum.** En un referéndum los votantes emiten votos en favor o en contra de un asunto. En este referéndum se preguntaba a los votantes si Quebec debería convertirse en una nación independiente. La mayoría votó en contra.

El gobierno canadiense temía que los separatistas pudieran obligar a la nación a dividirse, por lo cual procuraron satisfacer sus demandas. Los quebequenses querían que su provincia fuera una "sociedad distinta" dentro de Canadá, con su propia y especial manera de vivir. Si se

**CIVISMO** Los quebequenses, portando pancartas con las que pedían "independencia" y "soberanía", se congregaron para apoyar la separación de Canadá. Por un margen muy pequeño, el voto de los quebequenses se manifestó en favor de seguir siendo parte de Canadá.
**Razonamiento crítico** ¿Por qué tantos quebequenses se inclinan porque su provincia sea un país independiente?

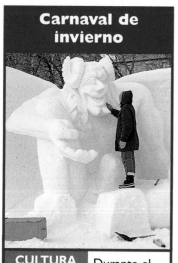

## Carnaval de invierno

garantizaba esto, continuarían siendo parte de Canadá. Había una sola forma de hacer esto: cambiar su constitución. En 1991 y 1992, el gobierno celebró referendos acerca de la cuestión. Los quebequenses votaron en favor del cambio a la constitución, pero los canadienses de otras provincias votaron en contra. Los referendos fracasaron.

En 1995, Quebec celebró otro referéndum. Nuevamente, la mayoría votó por seguir siendo parte de Canadá, pero el margen de la votación fue muy pequeño. El primer ministro de Canadá prometió hacer un nuevo intento por cambiar la constitución. Pero el líder de los separatistas le advirtió: "La batalla por ser un país no ha concluido, y no concluirá hasta que lo seamos." El cerrado voto del día de la elección permite asegurar que habrá nuevos debates sobre esta cuestión.

## Conservación de la cultura de Quebec

A través de los festivales, los quebequenses celebran su cultura. La Fête des Neiges, o festival de invierno, dura 17 días e incluye carreras de canoas en el río St. Lawrence.

Otro festival es en honor de Jean Baptiste, santo patrono, o guardián especial, de los francocanadienses. Se celebra el 24 de junio con fogatas, fuegos artificiales y bailes en las calles.

El estilo y la cocina franceses están presentes en Quebec, con algunas variantes. La tarta de azúcar, por ejemplo, lleva azúcar de arce, típica de los bosques de provincia. Quebec tiene arquitectura francesa, con variantes propias. En general, Quebec tiene animada cultura que vale la pena conservar.

# EVALUACIÓN DE LA SECCIÓN 1

## DESPUÉS DE LEER

### RECORDAR
1. Identifica: (a) Jacques Cartier, (b) la ciudad de Quebec, (c) Montreal
2. Define: (a) francófono, (b) separatista, (c) Revolución silenciosa, (d) referéndum

### COMPRENSIÓN
3. Explica la historia antigua de la influencia francesa en Quebec.
4. ¿Qué ha hecho el gobierno canadiense para satisfacer las demandas de los separatistas?
5. Describe algunos de los medios que los quebequenses usan para celebrar su cultura francesa en la actualidad.

### RAZONAMIENTO CRÍTICO Y ESCRITURA
6. **Explorar la idea principal** Repasa la idea principal al inicio de esta sección. Luego, haz una lista de las razones por las que muchos habitantes de Quebec desean separarse de Canadá.
7. **Apoyar un punto de vista** Los quebequenses están divididos casi por igual en cuanto a la cuestión de la independencia de Canadá. Escribe un párrafo en el que expreses tu opinión acerca de si Quebec debe independizarse o no. Explica las razones de tu opinión.

### ACTIVIDAD
8. **Hacer buenas preguntas** Haz una lista de preguntas sobre algunas de las características de la cultura de Quebec que te gustaría conocer más a fondo. Busca en la biblioteca las respuestas a tus preguntas. Escribe un breve resumen de la información que hayas encontrado.

# Ontario
## Una economía próspera

## ANTES DE LEER

### ENFOQUE DE LECTURA
1. ¿Por qué se considera a Ontario como el corazón industrial de Canadá?
2. ¿Qué recursos ayudan a enriquecerlo?

**PALABRAS CLAVE**
United Empire Loyalists
Golden Horseshoe

**LUGARES CLAVE**
Ottawa
Toronto

### IDEA PRINCIPAL
La producción industrial y agrícola de Ontario, así como sus abundantes recursos naturales, hacen de esta provincia la más rica de Canadá.

### ANOTACIONES
Copia la tabla y mientras lees esta sección, complétala con detalles acerca de las industrias principales de Ontario.

| INDUSTRIAS DE ONTARIO | | | |
|---|---|---|---|
| Industrias de servicios | Manufactura | Agricultura | Minería |
| Banca | | | |
| Turismo | | | |

## El escenario

"¿Qué es mejor: ser gobernado por un tirano a tres mil millas de distancia o por tres mil tiranos a una milla de distancia?". Estas palabras del reverendo Mather Byles reflejan la actitud de miles de personas de Estados Unidos que siguieron siendo leales a Gran Bretaña durante la Guerra de Independencia.

En 1784, la Guerra de Independencia terminó con la derrota de los británicos, y miles de colonos leales a Gran Bretaña perdieron su riqueza y sus hogares. Incluso su vida corría peligro. Canadá acogió con los brazos abiertos a estos partidarios del imperio unido, **United Empire Loyalists**, como se les llamaba. Para 1785, alrededor de 6,000 de estos partidarios se asentaron al oeste del río Ottawa, en lo que ahora es Ontario, trayendo su herencia británica a un territorio que había estado dominado por la cultura francesa. Su lealtad a Gran Bretaña contribuyó al establecimiento de la provincia de Ontario y ayudó a moldear el Canadá moderno.

## El corazón industrial de Canadá

Ontario no sólo es la provincia más rica de Canadá, sino que además es la que cuenta con la población más grande. Alrededor de un tercio de la población de Canadá vive en ella, y casi la mitad tiene alguna ascendencia inglesa. La provincia de Ontario es un centro manufacturero, de industrias de servicios y agrícola; casi la mitad de los trabajadores industriales de Canadá laboran en esta provincia.

### La influencia británica en Ontario

**CIVISMO** El lema "Fiel desde su inicio, fiel permanece" del escudo de Ontario refleja la influencia de United Empire Loyalists.
**Razonamiento crítico** ¿Por qué ayudo el gobierno británico a que esa unión se estableciera en Canadá?

VT INCEPIT    SIC PERMANET
FIDELIS

Ontario

# Ontario

**GEOGRAFÍA** Este mapa muestra las fronteras y las principales ciudades de Ontario. **Estudio del mapa** ¿Dónde se localizan las principales ciudades de Ontario?

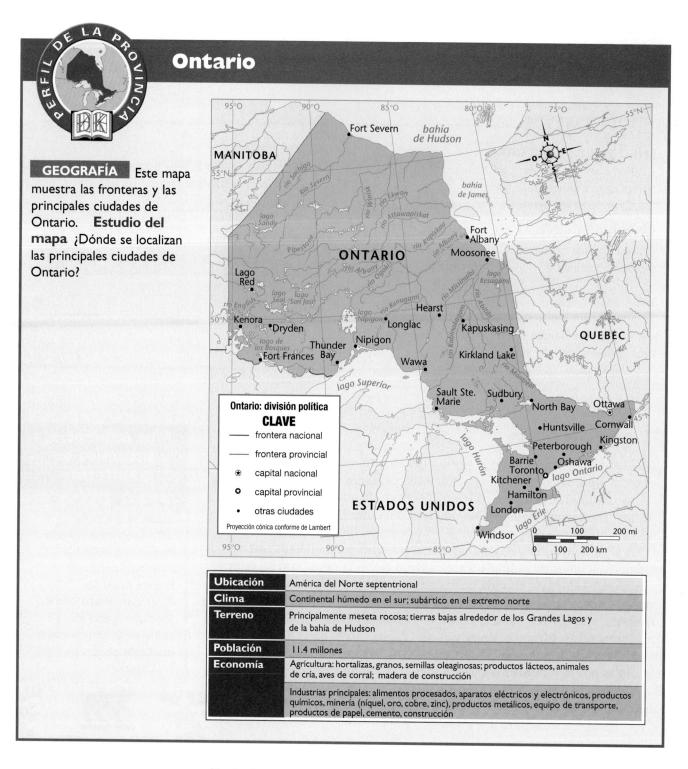

**Ontario: división política**
**CLAVE**

— frontera nacional
— frontera provincial
✪ capital nacional
✪ capital provincial
• otras ciudades

Proyección cónica conforme de Lambert

| Ubicación | América del Norte septentrional |
|---|---|
| Clima | Continental húmedo en el sur; subártico en el extremo norte |
| Terreno | Principalmente meseta rocosa; tierras bajas alrededor de los Grandes Lagos y de la bahía de Hudson |
| Población | 11.4 millones |
| Economía | Agricultura: hortalizas, granos, semillas oleaginosas; productos lácteos, animales de cría, aves de corral; madera de construcción |
| | Industrias principales: alimentos procesados, aparatos eléctricos y electrónicos, productos químicos, minería (níquel, oro, cobre, zinc), productos metálicos, equipo de transporte, productos de papel, cemento, construcción |

**Ciudades de Ontario** Las grandes ciudades de Ontario están en la parte meridional, más cálida, de la provincia, donde habita alrededor del 90 por ciento de la población. Aunque hay ricas tierras agrícolas en esta región, la mayoría de la población vive en ciudades y constituye la gran mano de obra calificada de Ontario. Las industrias de servicios, como la banca, la educación, la atención médica, los servicios jurídicos y el procesamiento de datos emplean a casi tres cuartas partes de los trabajadores de Ontario.

**Ottawa** es la capital nacional de Canadá. La ciudad está sobre la ribera sur del río Ottawa, que constituye la frontera entre las provincias de Ontario y Quebec. Los tres edificios del Parlamento de Canadá están sobre la colina del Parlamento, con vista al río Ottawa. La fuente de trabajo más importante de Ottawa es el gobierno canadiense, que da empleo a más de 100,000 residentes de la región de Ottawa. Además, muchas personas trabajan en los sectores tecnológico, turístico y manufacturero.

**Toronto** es la capital de Ontario y la ciudad más grande de Canadá. Es el centro comercial, cultural y financiero del país. Las oficinas centrales de los bancos y las compañías aseguradoras más grandes de Canadá están en Toronto, muchas de ellas en los rascacielos de la ciudad. En el centro de Toronto se encuentran tres de los cincuenta edificios más grandes del mundo.

**Toronto: la ciudad más grande de Canadá**

**ECONOMÍA** La torre alta que se ve a la derecha de esta fotografía es la torre CN (Canadian National), la estructura autoestable más alta del mundo.
**Razonamiento crítico** ¿Cómo crees que se usa la torre?

**Golden Horseshoe** La extensa zona metropolitana que incluye a Toronto es el centro de la región manufacturera más rica de Ontario. Esta zona, conocida como la **Golden Horseshoe** (herradura dorada), sigue la curva de la ribera occidental del lago Ontario. La mayor parte de las fábricas de automóviles de Ontario están aquí, en las ciudades que se aglomeran en torno a las riberas del lago. La fabricación de automóviles es la industria principal de Ontario, pero otras industrias importantes son las de aparatos eléctricos, empacado de carnes, productos químicos, productos textiles, maquinaria industrial y muebles.

## Recursos en abundancia

Ontario es rica en recursos naturales como madera, minerales y suelos fértiles. Además, está cerca de grandes centros de población de América del Norte. Ésta es una gran ventaja para la economía de Ontario porque las ciudades grandes ofrecen mercados para bienes y servicios.

**Transporte en el canal marítimo del río San Lorenzo**

**ECONOMÍA** Las esclusas del canal marítimo en el río San Lorenzo permiten a los barcos navegar por los Grandes Lagos hasta el océano Atlántico. En la fotografía, un barco carguero pasa por las esclusas que comunican el lago Superior con el lago Hurón. **Razonamiento crítico** ¿Cómo el canal marítimo del río San Lorenzo influye en la relación económica con Estados Unidos y Europa?

Otra gran ventaja para Ontario son los importantes corredores de transportación como el canal marítimo del río San Lorenzo y los Grandes Lagos, que permiten transportar mercancías a puertos de Estados Unidos y de ultramar. Thunder Bay, a orillas del lago Superior, es un importante puerto donde los barcos recogen cargas de granos de las provincias occidentales o traen mercancías de otras regiones.

**Agricultura** Ontario es la principal productora de fruta y hortalizas de Canadá, así como de huevos y productos avícolas. El tabaco es un importante cultivo industrial, pero la mayoría de las fincas producen carne de vaca y ganado lechero en las ricas praderas entre el lago Ontario y el lago Hurón. Alrededor del 55 por ciento de los ingresos agrícolas provienen de los animales de cría y de sus productos derivados. El más importante es la leche, seguida de la carne de vaca y los cerdos.

**Minería** El suelo rocoso del Escudo Canadiense en las regiones centrales y septentrionales de Ontario tiene minerales diversos. El níquel es el metal más importante. Un gran porcentaje de níquel mundial sale de las minas de Ontario. El cobre ocupa el segundo lugar. Otros son el zinc, el oro, el uranio, la mena de hierro y la plata.

De la tierra se extraen gas natural, petróleo, arena y grava. La piedra caliza, el mármol y el granito de Ontario se usan en la construcción de edificios en todo el mundo.

# EVALUACIÓN DE LA SECCIÓN 2

**DESPUÉS DE LEER**

### RECORDAR
1. Identifica: (a) Ottawa, (b) Toronto
2. Define: (a) United Empire Loyalists, (b) Golden Horseshoe

### COMPRENSIÓN
3. ¿Cuál es la industria manufacturera más importante de Ontario?
4. ¿Qué ventaja representa para la economía de Ontario su cercanía respecto a grandes centros de población?

### RAZONAMIENTO CRÍTICO Y ESCRITURA
5. **Explorar la idea principal** Repasa la idea principal al inicio de esta sección. Luego, enumera tres de las maneras como el acceso de Ontario al transporte contribuye a su floreciente economía.
6. **Sacar conclusiones** Escribe un párrafo para explicar por qué la mayor parte de la población de Ontario está en la parte sur de la provincia, y por qué la mayoría de estas personas viven en ciudades.

### ACTIVIDAD

 **Búscalo en la RED**

7. **Comprender los recursos naturales y la economía** El condado de Lanark, en Ontario, tiene una economía floreciente. Escribe un pequeño informe sobre cómo los recursos naturales ayudan a moldear la economía de una región. Utiliza los sitios en red. Visita World Explorer: People, Places and Cultures de **phschool.com** para realizar esta actividad.

# Las llanuras y Columbia Británica

## Cambios culturales y económicos

## ANTES DE LEER

### ENFOQUE DE LECTURA

1. ¿Cómo perturbó la vida de los pueblos indígenas de las llanuras canadienses la llegada de inmigrantes?
2. ¿De qué manera liga la geografía a Columbia Británica con los países de la costa del Pacífico?

### PALABRAS CLAVE

indígena
inmunidad
tótems
pueblo en auge

### LUGARES CLAVE

Vancouver
Saskatchewan
río Fraser
costa del Pacífico

### IDEA PRINCIPAL

Los inmigrantes europeos colonizaron las llanuras de Canadá y Columbia Británica, trayendo consigo un cambio cultural para la vida de los pueblos nativos de la región y nuevas actividades económicas.

### ANOTACIONES

Copia la tabla y mientras lees esta sección, complétala con detalles acerca de la historia y las actividades económicas de las llanuras canadienses y de Columbia Británica.

|  | Planicies canadienses | Columbia Británica |
| --- | --- | --- |
| costumbres de los pueblos nativos |  |  |
| efectos de los inmigrantes europeos |  |  |
| actividades económicas modernas |  |  |

## El escenario

Un día de agosto de 1821, luego de un viaje largo y difícil, alrededor de 195 inmigrantes suizos llegaron a su nueva patria. Pese a que era verano, hacía frío en la bahía de Hudson, en el norte de Canadá. Los colonizadores habían venido a estas tierras para convertirse en agricultores canadienses, pues habían oído decir que estas inmensas planicies tenían buenas tierras y un clima excelente. Sin embargo, pronto descubrieron que no los aguardaban ni abrigo, ni alimentos ni provisiones, y pudieron sobrevivir sólo gracias a la ayuda de los pueblos indígenas. Los colonizadores se quedaron, soportando crudos inviernos y veranos durante los cuales enfrentaron sequías, inundaciones y enjambres de saltamontes.

Más de 180 años después, y a cientos de kilómetros hacia el oeste, en la ciudad de **Vancouver,** la gente habla holandés, japonés, español, alemán e inglés. En las calles de la ciudad los letreros están escritos en inglés, chino y otros idiomas; los restaurantes sirven comida de diversos países y la gente practica las costumbres de muchas y variadas culturas.

En estas dos regiones —las planicies canadienses y Columbia Británica— los pueblos indígenas practicaron alguna vez una cultura singular. Hoy en día, estas regiones han experimentado cambios extraordinarios, tanto en sus culturas como en su economía.

### Colonización de las planicies

**HISTORIA** Esta fotografía, tomada en 1928, muestra un grupo de jóvenes a bordo del barco Montcalm. Van en camino de la Gran Bretaña a Canadá para iniciar una nueva vida en las provincias de las praderas.
**Razonamiento crítico** ¿Por qué estaban tan ansiosos estos jóvenes por vivir en Canadá?

Y.M.C.A. CONDUCTED PARTY OF BRITISH MINERS' SONS UNDER CARE OF THE UNITED CHURCH OF

FROM PIT TO PRAIRIE

MONTCALM

# Las planicies canadienses

A lo largo del siglo XIX llegaron poco a poco a las llanuras canadienses colonizadores europeos que trajeron consigo cambios para las culturas de los pueblos **indígenas**, descendientes de los primeros habitantes de la región. Los colonizadores trajeron mercancías: ollas, agujas y armas de fuego, pero también enfermedades como el sarampión. Los europeos tenían **inmunidad,** o resistencia natural a las enfermedades. Pero los indígenas no, lo que provocó la muerte de hasta el 75 por ciento de ellos.

Para finales de la década de 1870, el estilo de vida de muchos pueblos indígenas de la región de las llanuras había desaparecido. Su forma de vida dependía del búfalo, así que estos indígenas sufrieron mucho cuando los colonizadores europeos exterminaron casi todas las manadas de búfalos. Nuevos inmigrantes del norte y del este de Europa llegaron a vivir a las llanuras, trayendo consigo diversos idiomas y culturas. Al comenzar el siglo XX, las llanuras canadienses eran un tablero de damas de diferentes asentamientos étnicos.

## Conservar las tradiciones

Alrededor de una cuarta parte de las tierras agrícolas de Canadá están en la provincia de **Saskatchewan.** La mayoría de los inmigrantes europeos se dedicaron a cultivar trigo. Es por ello que a esta provincia se le conoce también como "el granero de Canadá".

Aun hoy día siguen llegando inmigrantes a las praderas canadienses. Cada año, las ciudades de las praderas celebran festivales ucranianos, islandeses y alemanes donde hay bailes, arte y música tradicionales. En algunas poblaciones pequeñas la gente todavía conserva los idiomas europeos y las costumbres de sus antepasados.

## Columbia Británica

Los primeros habitantes de lo que ahora es Columbia Británica pertenecían a diversos grupos étnicos. Cada grupo hablaba su propio idioma y tenía costumbres peculiares y una sociedad compleja. A lo largo de la costa, la gente atrapaba peces, ballenas y mariscos, y también labraba **tótems,** que eran símbolos de un grupo, un clan o una familia. Otros grupos cazaban animales en los densos bosques del interior.

En la segunda mitad del siglo XVI comenzaron a llegar comerciantes británicos y rusos a la región. El comercio no produjo grandes cambios en

# Columbia Británica

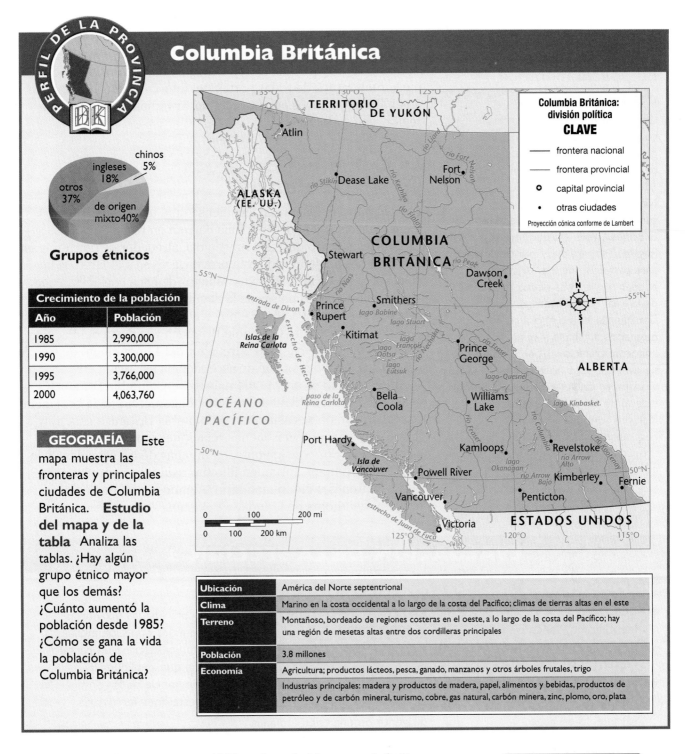

**Grupos étnicos**

- chinos 5%
- ingleses 18%
- otros 37%
- de origen mixto 40%

### Crecimiento de la población

| Año | Población |
|---|---|
| 1985 | 2,990,000 |
| 1990 | 3,300,000 |
| 1995 | 3,766,000 |
| 2000 | 4,063,760 |

**GEOGRAFÍA** Este mapa muestra las fronteras y principales ciudades de Columbia Británica. **Estudio del mapa y de la tabla** Analiza las tablas. ¿Hay algún grupo étnico mayor que los demás? ¿Cuánto aumentó la población desde 1985? ¿Cómo se gana la vida la población de Columbia Británica?

**Columbia Británica: división política**

**CLAVE**
- —— frontera nacional
- —— frontera provincial
- ⊛ capital provincial
- • otras ciudades

Proyección cónica conforme de Lambert

| Ubicación | América del Norte septentrional |
|---|---|
| Clima | Marino en la costa occidental a lo largo de la costa del Pacífico; climas de tierras altas en el este |
| Terreno | Montañoso, bordeado de regiones costeras en el oeste, a lo largo de la costa del Pacífico; hay una región de mesetas altas entre dos cordilleras principales |
| Población | 3.8 millones |
| Economía | Agricultura; productos lácteos, pesca, ganado, manzanos y otros árboles frutales, trigo |
| | Industrias principales: madera y productos de madera, papel, alimentos y bebidas, productos de petróleo y de carbón mineral, turismo, cobre, gas natural, carbón minera, zinc, plomo, oro, plata |

los pueblos indígenas, pero en 1858 se descubrió oro en el **río Fraser**. En semanas llegaron decenas de miles de personas a Victoria, en la isla de Vancouver. Cuando se descubrió oro en los montes Caribou, llegaron más mineros y surgieron **pueblos en auge**, asentamientos que brotan rápidamente para satisfacer las necesidades de los mineros.

Los indígenas se convirtieron en la minoría de la población y se les desplazó hacia pequeñas zonas de tierras llamadas reservaciones. Se prohibieron muchas de sus costumbres, religiones e idiomas.

**MIENTRAS LEES**

**Haz inferencias**
¿Cómo influyó el descubrimiento de oro en la vida de Columbia Británica?

## La policía montada del Noroeste

Conforme llegaban más y más colonizadores a las praderas, el gobierno canadiense tenía necesidad de mantener el orden público. En 1882 la policía montada del Noroeste estableció su cuartel general en Saskatchewan, en Pile O'Bones Creek (lo que hoy es Regina). Hoy en día, y principalmente para provecho de los turistas, pueden verse unos pocos miembros de la Real Policía Montada Canadiense, como ahora se llama, montados a caballo y vestidos con el uniforme tradicional, pero la mayoría de estos policías no están muy a la vista. En su carácter de policía federal de Canadá, sus deberes incluyen someter a terroristas, contrabandistas y traficantes de drogas, tareas todas que les exigen no darse a notar.

En 1881 los canadienses comenzaron a construir un ferrocarril para enlazar Vancouver con la parte oriental de Canadá. El proyecto del ferrocarril trajo consigo más cambios, pues inmigrantes de todas partes del mundo vinieron a trabajar en él. En unos pocos años Columbia Británica llegó a ser una región muy colonizada.

## La Columbia Británica en la actualidad

El Ferrocarril del Pacífico Canadiense unió todo Canadá, pero las montañas han seguido siendo una barrera entre Columbia Británica y el resto del país. Hoy en día, alrededor de dos terceras partes de los habitantes de esta provincia viven a lo largo de la costa, al oeste de las montañas. Muchos de ellos consideran que su futuro está en los países de la **costa del Pacífico** —los que bordean el océano Pacífico—, no en el resto de Canadá.

Otro vínculo entre Columbia Británica y la costa del Pacífico es la diversidad de culturas. Alrededor del 11 por ciento de los habitantes de la región son de ascendencia asiática.

El comercio es un vínculo más entre Columbia Británica y la costa del Pacífico. El 40 por ciento del comercio de la provincia se realiza con países asiáticos, y Columbia Británica está muy interesada en mantener buenas relaciones con sus socios comerciales. Por consiguiente, en muchas de las escuelas de la región los alumnos aprenden idiomas asiáticos como japonés, chino cantonés o chino mandarín. Algunos aprenden incluso punjabí, un idioma de la India y Pakistán.

# EVALUACIÓN DE LA SECCIÓN 3

## DESPUÉS DE LEER

### RECORDAR

1. Identifica: (a) Vancouver, (b) Saskatchewan, (c) río Fraser, (d) la costa del Pacífico

2. Define: (a) indígena, (b) inmunidad, (c) tótem, (d) pueblo en auge

### COMPRENSIÓN

3. ¿Cómo cambiaron los inmigrantes europeos la cultura de las llanuras canadienses?

4. ¿Qué vínculos existen entre los habitantes de Columbia Británica y la costa del Pacífico?

### RAZONAMIENTO CRÍTICO Y ESCRITURA

5. **Explorar la idea principal** Repasa la idea principal al inicio de esta sección. Luego, escribe un discurso que el dirigente de una tribu indígena podría pronunciar ante funcionarios del gobierno canadiense para explicar cómo han afectado las acciones del gobierno la vida de su tribu.

6. **Identificar los temas centrales** A finales del siglo XIX, el Ferrocarril del Pacífico Canadiense comunicaba las provincias orientales con Columbia Británica. Escribe un párrafo en el que expliques la importancia de la terminación de esta línea ferroviaria.

### ACTIVIDAD

7. **Escribir un anuncio** Es el año 1900. ¿Cómo animarías a la gente a establecer granjas en Saskatchewan? El gobierno dará 160 acres al que lo intente. Haz un cartel que muestre tierras gratuitas, el clima, el suelo, o las colonias, y condiciones atractivas.

# Resumir información

## Lo que necesitas

Para resumir información necesitarás lo siguiente:
- ▶ libro o lección del libro de texto
- ▶ papel o cuaderno
- ▶ lápiz o pluma

## Aprende la destreza

Seguramente lees muchas cosas en un día. Es imposible que recuerdes todo lo que lees. Resumir la información te ayuda a identificar los puntos más importantes de lo que lees, e incluso puede ayudarte a estudiar para los exámenes. Algo aún más importante es que te ayuda a entender las ideas sobre las que lees o de las que oyes hablar. Para aprender la destreza de resumir piensa en tus actividades del día de ayer. Tu meta será describir los puntos más importantes de tu día, desde el momento en que despertaste hasta la hora en que te fuiste a la cama.

**A.** Trabaja de principio a fin. Al resumir, es mejor comenzar por el principio y seguir hasta el final. Para resumir tu día, comienza por el momento en que despertaste.

**B.** Enumera los puntos más importantes. Recuerda que un resumen describe los puntos principales, no los detalles insignificantes.

**C.** Agrega unos pocos detalles a la lista. Aunque no debes citar demasiados detalles, es útil enumerar unos cuantos que quizá te ayuden a poner en marcha tu memoria. Por ejemplo, podrías escribir "me desayuné" como un punto importante. Puedes agregar los detalles de lo que tomaste si esa comida fue especial por alguna razón. Al elaborar la lista, agrega detalles después de algunos de los puntos principales.

**D.** Convierte tu lista en un resumen. Los resúmenes se redactan en forma de párrafo. Después de elaborar tu lista, puedes agregar transiciones para convertirla en un párrafo. Las transiciones son palabras que enlazan una idea con la siguiente mostrando la relación entre las ideas. Por ejemplo, si tu lista dice:

(1) me desperté, (2) me vestí, (3) tomé el desayuno, podrías escribir: "Primero me desperté. Luego, después de vestirme, tomé el desayuno".

### Resumen

Después de despertar ayer por la mañana, me vestí y me puse mi suéter nuevo. Luego comí crepas de arándano en el desayuno. Mi primera clase en la escuela fue de matemáticas y vimos fracciones. Luego fui a la clase de deportes. Después de una asamblea tomé mi almuerzo. Visitamos la presidencia municipal por la tarde. Después de la escuela fui a la casa de mi abuelo a cenar. Luego hice la tarea y me fui a la cama.

## Practica la destreza

Resumir un día es bueno para escribir en tu diario, pero no sirve de mucho para el trabajo escolar. Sin embargo, los pasos que seguiste te ayudarán en la escuela si los aplicas a lo que lees o escuchas.

Practica escribiendo un resumen de este capítulo. Sigue los cuatro pasos que aplicaste para resumir tu día. Los encabezados del capítulo te ayudarán a elegir los puntos importantes que debes enumerar. Identificar enunciados temáticos en los párrafos también te ayudará a encontrar puntos importantes y detalles interesantes. No olvides convertir tu lista en un resumen por escrito, diferente del resumen de diagrama del repaso del capítulo.

## Aplica la destreza

Hallarás más preguntas sobre cómo resumir información en la sección Repaso y evaluación de este capítulo.

# Repaso y evaluación

## Hacer un resumen del capítulo

En una hoja suelta, dibuja un diagrama como éste y agrega la información que resume la Sección 1. Luego, completa los cuadros con un resumen de las secciones 2 y 3.

### CANADÁ: LA REGIÓN HOY EN DÍA

**Sección 1**
Quebec es una sociedad distinta de Canadá. Muchos de sus habitantes hablan francés y son de ascendencia francesa. Estas personas desean conservar su herencia cultural francesa, y luchan porque Quebec se separe y se independice de Canadá.

**Sección 2**

**Sección 3**

## Repaso de palabras clave

Relaciona las palabras clave de la columna I con las definiciones de la columna II.

**Columna I**
1. francófono
2. separatista
3. Revolución silenciosa
4. referéndum
5. Golden Horseshoe
6. inmunidad
7. tótem

**Columna II**
a. votación en favor o en contra de cierto asunto
b. resistencia natural a la enfermedad
c. persona que habla francés como primer idioma
d. cambio pacífico en el que el francés es el idioma oficial
e. poste alto de madera labrada con símbolos
f. extensa zona metropolitana que incluye a Toronto
g. persona que desea la separación de Quebec

## Repaso de ideas principales

1. ¿Cuál es el grupo cultural más grande de Quebec? (Sección 1)
2. ¿Cuál es el objetivo político principal de muchos francocanadienses? (Sección 1)
3. ¿Por qué necesita Ontario mucha mano de obra calificada? (Sección 2)
4. ¿Por qué la mayor parte de la actividad agrícola de Ontario se realiza en la parte sur de la provincia? (Sección 2)
5. ¿Cuál es la aportación principal de Saskatchewan a la economía de Canadá? (Sección 3)
6. Identifica los diferentes grupos de personas que han moldeado la cultura de Columbia Británica. (Sección 3)

## Actividad de mapa

### Canadá

**Escribe la letra que indica la posición de cada lugar en el mapa.**

1. Quebec
2. Montreal
3. Ontario
4. Ottawa

5. Toronto
6. Columbia Británica
7. Vancouver

 **Búscalo en la RED**

**Enriquecimiento** Para más actividades con mapas y destrezas de geografía, visita la sección de Social Studies de **phschool.com.**

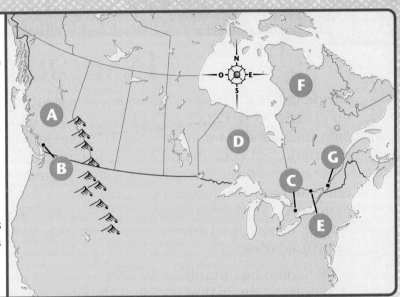

## Actividad de escritura

1. **Reconocer la parcialidad** Las consignas "Amos de nuestro propio hogar" y "Unidos de océano a océano" provienen de la contienda por Quebec. Determina qué lado de la cuestión apoya cada consigna.

2. **Sacar conclusiones** Muchos inmigrantes llegaron a Ontario en la segunda mitad del siglo XVIII. ¿Qué ventajas y desventajas representó esto?

3. **Reconocer causas y efectos** Identifica los sucesos en la parte occidental de Canadá, que causaron la decadencia de las culturas de los pueblos indígenas.

## Razonamiento crítico

1. **Escribir un párrafo** Haz una lista de las características distintivas de Quebec, Saskatchewan y Columbia Británica. Luego, elige una provincia y escribe una carta a un amigo para convencerlo de mudarse a esa provincia.

2. **Escribir un informe** Los pueblos indígenas de Columbia Británica estaban muy ligados a su medio ambiente. Investiga en la biblioteca sobre alguna de sus tribus indígenas. Escribe un informe sobre cómo utilizaban sus recursos naturales para obtener alimento y abrigo, y en sus tradiciones culturales.

 **Búscalo en la RED**

**Actividad** Lee sobre industrias que apoyan la economía de Canadá. ¿Cómo sería tu vida sin esos productos o industrias? Visita World Explorer: People, Places and Cultures de **phschool.com** para realizar esta actividad.

**Autoevaluación del Capítulo 8** Como repaso final, resuelve la prueba del Capítulo 8. Busca la prueba en la sección de Social Studies en **phschool.com.**

## Aplica tus destrezas

**Pasa a Destrezas para la vida de la página 153 para realizar la siguiente actividad.**

Busca un artículo en un periódico o revista sobre un tema que te interese. Lee el artículo y luego sigue los pasos para escribir un resumen a fin de sintetizar la información que leíste.

# INMIGRACIÓN

Desde la llegada de los primeros colonizadores en el siglo XVII, Estados Unidos y Canadá han sido naciones de inmigrantes. Personas de todo el mundo han contribuido a la formación de la herencia cultural de ambas naciones. Algunas emigran para escapar de la pobreza, la guerra o la discriminación en sus países de origen, otras llegan en busca de aventuras y oportunidades.

**?** ¿Cómo ha influido la diversidad étnica en la formación de dos naciones de inmigrantes como Estados Unidos y Canadá?

## LOS PRIMEROS INMIGRANTES

La mayor parte de los primeros colonizadores que se establecieron en Estados Unidos en los siglos XVII y XVIII provenían de Inglaterra. Debido a que algunos no podían pagar el viaje, tuvieron que trabajar como sirvientes por contrato durante varios años. Otros eran esclavos africanos que fueron traídos a las colonias en contra de su voluntad.

*Representación de una cosecha en Plymouth Rock, MA*

**EL HAMBRE Y LA POBREZA**
*Más de siete millones de personas llegaron a Estados Unidos entre 1820 y 1870, la mayoría provenientes de Europa occidental. Alrededor de un tercio eran irlandeses que trataban de escapar del hambre en su país por la pérdida de las cosechas de papas en la década de 1840. Otro tercio eran alemanes perseguidos por causas políticas. Aunque la mayoría de los inmigrantes se establecieron en la costa este, muchos alemanes se establecieron en las regiones agrícolas del centro del país.*

**LA GRAN MAREJADA**
*De principios del siglo XX hasta la Gran Depresión de los años treinta, más de 30 millones de inmigrantes llegaron a Estados Unidos de todas partes del mundo escapando de presiones económicas, políticas y las estrictas normas religiosas europeas.*

## LIBERTAD RELIGIOSA

Muchos inmigrantes llegaron a América del Norte en busca de libertad religiosa, un derecho garantizado por la primera enmienda de la Constitución. En las colonias, varios grupos religiosos como los cuáqueros y los puritanos se liberaron de la represión que sufrían en Inglaterra. Más de dos millones y medio de judíos de Europa oriental emigraron a Estados Unidos entre 1880 y 1920 para escapar de la persecución religiosa.

## INMIGRACIÓN CHINA

A mediados del siglo XIX, muchos chinos cruzaron el océano Pacífico y llegaron a California en busca de oro. Sin embargo, lo único que encontraron fueron violentas protestas en su contra, elevados impuestos y leyes que impedían la inmigración de sus familiares. La escasez de mano de obra obligó a las compañías constructoras de ferrocarriles a contratar trabajadores chinos para crear la línea transcontinental en Estados Unidos y Canadá.

VANCOUVER
*Vancouver se localiza al suroeste de Columbia Británica. Es el puerto más importante de Canadá en el Pacífico y en él se refleja la gran diversidad cultural de esta provincia. Muchos de sus habitantes descienden de inmigrantes chinos que ayudaron a edificar el oeste de Canadá.*

CONSERVAR LA HERENCIA
*Muchos inmigrantes se establecieron en tierras pobladas por nativos de América del Norte. En muchas ciudades de Estados Unidos hay vecindarios de grupos étnicos donde además del inglés las personas hablan el idioma de su país de origen, los comercios ofrecen productos y servicios típicos y se celebran festivales tradicionales.*

*Una familia de inmigrantes llega a Nueva York en 1910.*

## LÍMITES DE LA INMIGRACIÓN

Para 1910, la mayoría de los inmigrantes en Estados Unidos provenían del sur y el este de Europa. Muchos ciudadanos estadounidenses consideraron a estos inmigrantes como una amenaza. Como resultado, el Congreso aprobó nuevas leyes que limitaban el número de inmigrantes en el país.

UNIDAD 3

# Bienvenidos a América Latina

**CAPÍTULO 9** ▶ América Latina: Geografía física

**CAPÍTULO 10** ▶ América Latina: Moldeada por la historia

**CAPÍTULO 11** ▶ América Latina: Riqueza cultural

**CAPÍTULO 12** ▶ México y América Central: La región hoy en día

**CAPÍTULO 13** ▶ El Caribe y América del Sur: La región hoy en día

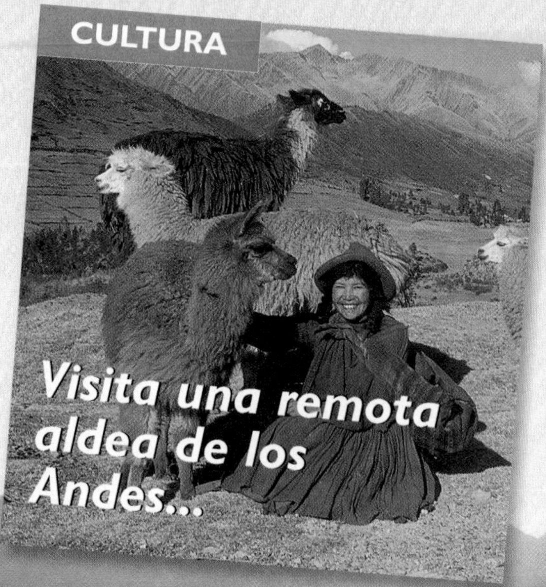

CULTURA

*Visita una remota aldea de los Andes...*

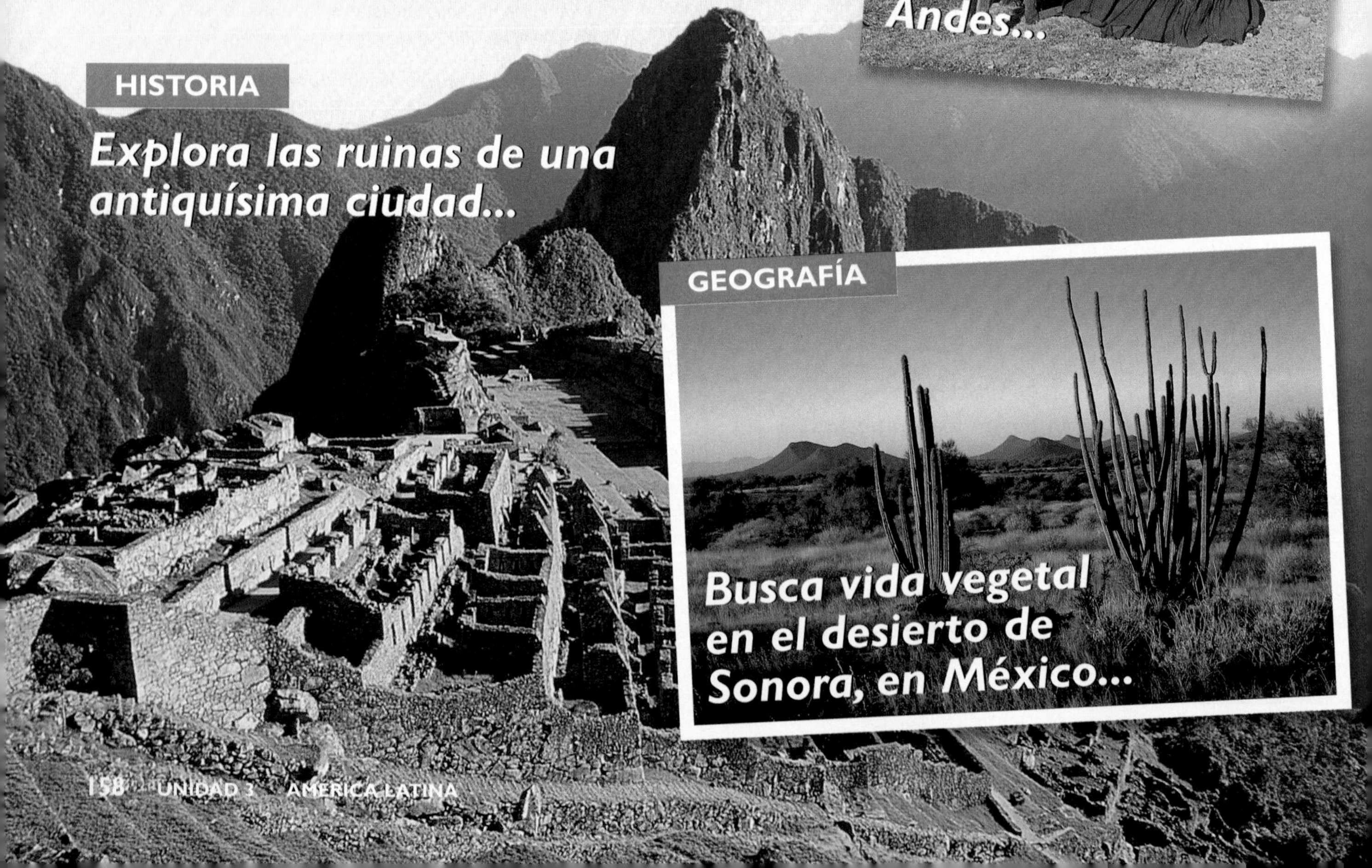

HISTORIA

*Explora las ruinas de una antiquísima ciudad...*

GEOGRAFÍA

*Busca vida vegetal en el desierto de Sonora, en México...*

# ¿Qué quieres aprender?

**ECONOMÍA**

Visita un mercado al aire libre en Lima...

**CIENCIA, TECNOLOGÍA Y SOCIEDAD**

Arma un televisor en una línea de montaje...

**CIVISMO**

Celebra el regreso de un presidente democrático...

**GOBIERNO**

Ve la "Casa Rosada", sede del gobierno de la Argentina en Buenos Aires...

Un diario es tu registro personal de hallazgos. Conforme conoces América Latina, puedes incluir en tu diario entradas de lo que lees, escribes, piensas y creas. Como primera entrada, piensa en la geografía de América Latina. ¿Cómo influyen las características físicas de América Latina en su vida? ¿Qué diferencias hay entre la vida en zonas rurales y en zonas urbanas?

DIARIO DEL EXPLORADOR

# Preguntas guía

## ¿Qué preguntas debo hacer para comprender a América Latina?

**P**reguntar es una buena forma de aprender. Piensa qué información querrías tener si visitaras un nuevo lugar y qué preguntas harías. Las preguntas de estas páginas pueden guiar tu estudio de América Latina. ¡Haz otras preguntas por tu cuenta!

### GEOGRAFÍA

América Latina es una región de diversidad, contrastes y extremos. Sus montañas, sus selvas tropicales y sus ríos son valiosos recursos, pero dificultan los viajes y la comunicación. Los volcanes de la costa del Pacífico producen suelos fértiles; pero, los cultivos son limitados. En tanto vastas regiones áridas están casi despobladas, las húmedas regiones tropicales producen azúcar, plátanos y algodón. Hoy, los latinoamericanos trabajan para explotar sus recursos naturales.

**❶ ¿Cómo ha influido la geografía en el desarrollo social y económico de América Latina?**

### HISTORIA

Cuando los exploradores europeos llegaron a América Latina en el siglo XVI, ya habían florecido civilizaciones indígenas americanas como los mayas, los aztecas y los incas, quienes fundaron grandes ciudades y ricas culturas. En vez de convivir en paz con los pueblos indígenas, los europeos reclamaron sus tierras y sus tesoros. Muchos indígenas americanos perecieron y otros fueron esclavizados. La historia de América Latina habla de conquistas, luchas políticas y una mezcla de diversas culturas.

**❷ ¿Cómo ha influido la historia de América Latina en las sociedades latinoamericanas modernas?**

### CULTURA

Las diferentes regiones en las que conviven los latinoamericanos definen su cultura. Muchos habitantes de América Latina son mestizos de ascendencia española e indígena americana. Otros son de culturas indígenas o culturas de África, Europa, Asia y el Oriente Medio. Sus costumbres y religiones son tan diversas como las de otras partes del mundo, incluso Estados Unidos.

**❸ ¿En qué se parecen las culturas latinoamericanas? ¿En qué son diferentes?**

## GOBIERNO

Las rivalidades políticas y el dominio de gobiernos militares han protagonizado la historia de América Latina. Atrapados en medio de todo ello, los latinoamericanos han debido luchar por sus derechos civiles y humanos. Sin embargo, hoy los países de América Latina avanzan poco a poco hacia gobiernos democráticos como el de los Estados Unidos, con dos o más partidos políticos y una transferencia pacífica del poder.

**4 ¿Cómo han cambiado los gobiernos de América Latina, y cómo son en la actualidad?**

## ECONOMÍA

Tradicionalmente, la agricultura ha sido la base de la economía de América Latina. Pero no todos los países latinoamericanos tienen tierras de labranza fértiles. En vez de la agricultura, algunos países han cimentado su economía en uno o dos productos solamente, lo que se convierte en una debilidad cuando no hay demanda de estos productos. Ahora, sin embargo, muchos países latinoamericanos están explotando otros recursos para diversificar y mejorar sus fuentes de ingresos y para reforzar su economía.

**5 ¿Qué actividades económicas sostienen a América Latina?**

## CIVISMO

Desde su independencia, los ciudadanos de América Latina se han esforzado por tener voz en su Gobierno. Sin embargo, las difíciles condiciones económicas, el analfabetismo y políticos despiadados han sido un obstáculo. A medida que avanzan hacia la democracia y las elecciones libres, los latinoamericanos tienen más oportunidades de expresión.

**6 ¿Qué participación tienen los latinoamericanos en el proceso político?**

## CIENCIA, TECNOLOGÍA Y SOCIEDAD

En el siglo XV, los científicos inventaron el astrolabio, instrumento para orientar a los barcos. Si no hubiesen llegado a las costas de América Latina, la historia de esa región habría sido muy diferente. El desarrollo de la ciencia y la tecnología en América Latina ha sido lento, pero va en aumento. Los países latinoamericanos son más industrializados a medida que construyen sus economías para el mercado mundial.

**7 ¿Cómo han moldeado la tecnología y la ciencia a la América Latina de hoy?**

 **Búscalo en la RED**

Para más información sobre América Latina, visita el sitio World Explorer: People, Places and Cultures en **phschool.com.**

# ATLAS PARA ACTIVIDADES

# América Latina

◆ ◆ ◆ ◆ ◆ ◆ ◆ ◆ ◆ ◆ ◆ ◆ ◆ ◆ ◆ ◆ ◆ ◆ ◆

Para ser explorador y geógrafo debes comprobar primero ciertos hechos.
Comienza por explorar los mapas de América Latina de las páginas siguientes.

**Ubicación relativa**

## I. UBICACIÓN

**Localiza América Latina y Estados Unidos**   Observa dónde están situados Estados Unidos y América Latina respecto al ecuador. Del otro lado del ecuador, las estaciones llegan en el momento opuesto del año. Cuando aquí es verano, allá es invierno. ¿En qué estación es tu cumpleaños? ¿En qué estación sería si vivieras debajo del ecuador en América Latina?

**Tamaño relativo**

## 2. REGIONES

**Estima el tamaño de América Latina** ¿Cuánto mide la costa occidental de América Latina? Para hacerte una idea, mide aproximadamente la longitud de la costa occidental de Estados Unidos. Luego, mide la longitud de la costa occidental de América Latina. Comienza por el borde del océano Pacífico donde México colinda con California. Termina en el extremo sur de América del Sur. ¿Cuántas veces más larga es la costa latinoamericana del Pacífico en comparación con la de Estados Unidos?

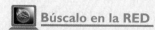

**Búscalo en la RED**

Los elementos marcados con este logotipo se actualizan periódicamente en Internet. Visita **phschool.com** para obtener información actualizada de la geografía de América Latina.

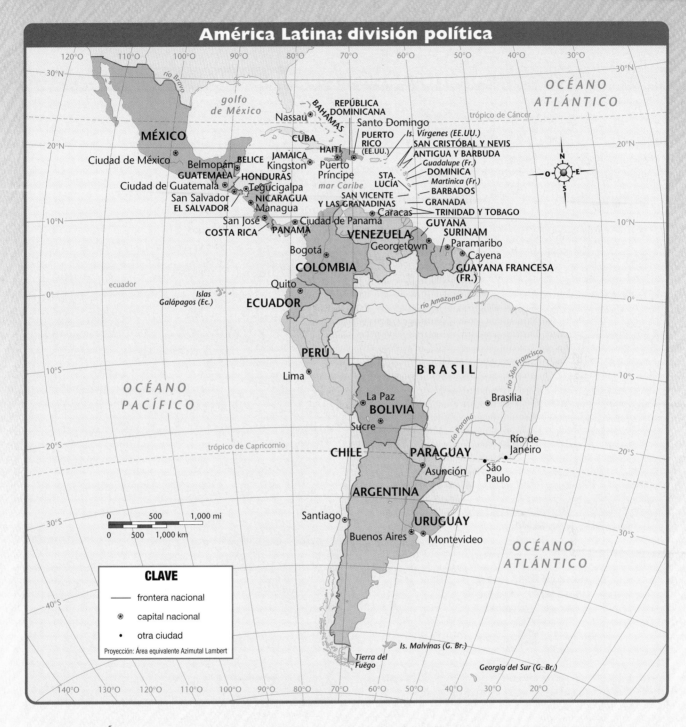

## América Latina: división política

OCÉANO ATLÁNTICO

golfo de México

MÉXICO

Ciudad de México ⊛

Belmopán ⊛ BELICE

GUATEMALA

Ciudad de Guatemala ⊛

San Salvador ⊛ NICARAGUA

EL SALVADOR

San José ⊛

COSTA RICA

BAHAMAS

Nassau ⊛

CUBA

JAMAICA

Kingston ⊛

HONDURAS

⊛ Tegucigalpa

Managua ⊛

PANAMÁ

⊛ Ciudad de Panamá

REPÚBLICA DOMINICANA

Santo Domingo ⊛

HAITÍ

Puerto Príncipe ⊛

PUERTO RICO (EE.UU.)

Is. Vírgenes (EE.UU.)

SAN CRISTÓBAL Y NEVIS

ANTIGUA Y BARBUDA

Guadalupe (Fr.)

DOMINICA

Martinica (Fr.)

BARBADOS

STA. LUCÍA

SAN VICENTE Y LAS GRANADINAS

GRANADA

TRINIDAD Y TOBAGO

mar Caribe

⊛ Caracas

VENEZUELA

Georgetown ⊛

GUYANA

SURINAM

⊛ Paramaribo

⊛ Cayena

GUAYANA FRANCESA (FR.)

Bogotá ⊛

COLOMBIA

trópico de Cáncer

OCÉANO ATLÁNTICO

ecuador

Islas Galápagos (Ec.)

Quito ⊛

ECUADOR

río Amazonas

PERÚ

Lima ⊛

BRASIL

río São Francisco

OCÉANO PACÍFICO

La Paz ⊛

BOLIVIA

Sucre ⊛

Brasilia ⊛

trópico de Capricornio

CHILE

PARAGUAY

⊛ Asunción

río Paraná

São Paulo

Río de Janeiro

ARGENTINA

Santiago ⊛

URUGUAY

Buenos Aires ⊛

⊛ Montevideo

OCÉANO ATLÁNTICO

Is. Malvinas (G. Br.)

Tierra del Fuego

Georgia del Sur (G. Br.)

| 0 | 500 | 1,000 mi |
| 0 | 500 | 1,000 km |

### CLAVE

— frontera nacional

⊛ capital nacional

• otra ciudad

Proyección: Área equivalente Azimutal Lambert

## 3. UBICACIÓN

**Compara el tamaño de los países** El mapa muestra los países que componen América Latina. ¿Cuáles son los dos países con más superficie territorial?

## 4. MOVIMIENTO

**Analiza la migración de los pueblos por sus idiomas** Hace mucho tiempo, colonizadores de otros países dominaron América Latina. ¿De dónde eran?
Pistas: el portugués es el idioma oficial de Brasil, y se habla español en la mayor parte de los otros países latinoamericanos.

## América Latina: geografía física

**CLAVE**

**Altitud**

| pies | metros |
|---|---|
| más de 13,000 | más de 3,960 |
| 6,500–13,000 | 1,980–3,960 |
| 1,600–6,500 | 480–1,980 |
| 650–1,600 | 200–480 |
| 0–650 | 0–200 |
| bajo el nivel del mar | bajo el nivel del mar |

⊛ capital nacional

• otra ciudad

Proyección: Área equivalente Azimutal Lambert

## 5. LUGAR

**Explora las características físicas de América Latina** Los volcanes han creado muchas de las características físicas de América Latina. Hace mucho formaron la cordillera de los Andes, y otros se convirtieron en una cadena de islas llamadas Antillas Menores. América Central también tiene montañas volcánicas, ¡algunas todavía activas! Sigue la cordillera de los Andes, las Antillas Menores y las montañas de América Central con el dedo. ¿Qué región tiene la mayor altitud? ¿Cuál es más grande?

## 6. REGIONES

**Localiza las características físicas de América Latina**   Tu tía favorita se ha lanzado a una aventura. Esta vez, recorrerá América Latina en barco. De vez en cuando, se da tiempo para escribirte una postal. Cada una contiene una pista de su ubicación. Usa el mapa de esta página y el de la siguiente para responder sus preguntas.

**A.** Estamos en el lado sur de la isla de La Española. Una densa selva tropical cubre las montañas de la isla. ¿Hacia dónde navegaremos para llegar al canal de Panamá?

**B.** Navegamos hacia el Sur pasando por uno de los desiertos más áridos de la Tierra, en un largo y estrecho país sudamericano que va hacia el Norte y hacia el Sur en la costa occidental del continente. ¿Dónde estamos?

**C.** De las islas Malvinas viajamos hacia el Norte y vimos matorrales desérticos varios días. Finalmente, vimos selva tropical en la costa. ¿A qué ciudades importantes llegaremos?

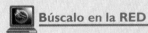
**Búscalo en la RED**

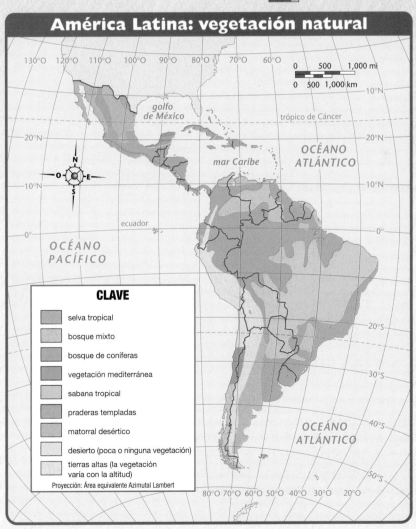

**América Latina: vegetación natural**

CLAVE

- selva tropical
- bosque mixto
- bosque de coníferas
- vegetación mediterránea
- sabana tropical
- praderas templadas
- matorral desértico
- desierto (poca o ninguna vegetación)
- tierras altas (la vegetación varía con la altitud)

Proyección: Área equivalente Azimutal Lambert

**América Latina: principales centrales hidroeléctricas**

CLAVE

— frontera nacional

■ centrales hidroeléctricas

Proyección: Área equivalente Azimutal Lambert

## 7. INTERACCIÓN ENTRE LOS SERES HUMANOS Y EL MEDIO AMBIENTE FÍSICO

### Analiza las modificaciones del ambiente físico de América Latina

La hidroelectricidad es la energía eléctrica que se produce aprovechando la potencia del agua. Una forma de hacerlo es construir una presa a lo ancho de un río. La presa forma un gran lago; el agua del lago corre hacia el río y hace girar una rueda que genera electricidad. ¿Qué ventajas tiene construir una presa a lo ancho de un río? ¿Qué desventajas?

# Lo más largo y lo más alto de América Latina...

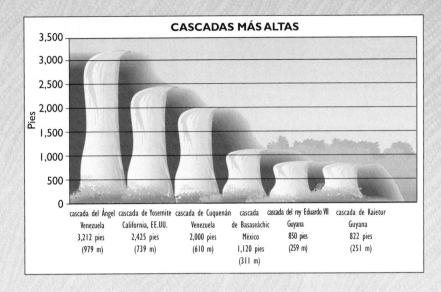

**CASCADAS MÁS ALTAS**

Pies

| cascada del Ángel Venezuela 3,212 pies (979 m) | cascada de Yosemite California, EE.UU. 2,425 pies (739 m) | cascada de Cuquenán Venezuela 2,000 pies (610 m) | cascada de Basaseáchic México 1,120 pies (311 m) | cascada del rey Eduardo VII Guyana 850 pies (259 m) | cascada de Kaietur Guyana 822 pies (251 m) |

## LOS RÍOS MÁS LARGOS

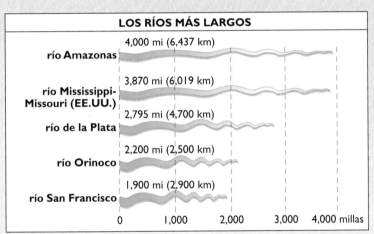

río Amazonas — 4,000 mi (6,437 km)

río Mississippi-Missouri (EE.UU.) — 3,870 mi (6,019 km)

río de la Plata — 2,795 mi (4,700 km)

río Orinoco — 2,200 mi (2,500 km)

río San Francisco — 1,900 mi (2,900 km)

0     1,000     2,000     3,000     4,000 millas

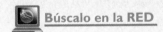 **Búscalo en la RED**

## VOLUMEN DE AGUA DE LOS RÍOS

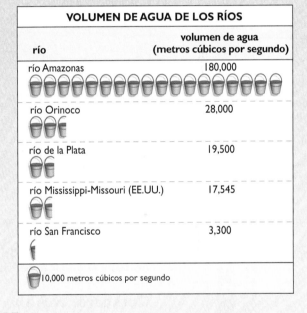

| río | volumen de agua (metros cúbicos por segundo) |
|---|---|
| río Amazonas | 180,000 |
| río Orinoco | 28,000 |
| río de la Plata | 19,500 |
| río Mississippi-Missouri (EE.UU.) | 17,545 |
| río San Francisco | 3,300 |

10,000 metros cúbicos por segundo

## VOLCANES DE AMÉRICA LATINA

| México | 38 |
|---|---|
| Guatemala | 21 |
| El Salvador | 20 |
| Honduras | 4 |
| Nicaragua | 19 |
| Costa Rica | 11 |
| Panamá | 2 |
| Colombia | 14 |
| Ecuador | 32 |
| Perú | 13 |
| Chile | 109 |
| Bolivia | 17 |
| Argentina | 15 |

▲ 2 volcanes

## 8. LUGAR

**Compara las características físicas**   La cascada del Ángel, en América Latina, es la caída de agua más alta del mundo. El río Amazonas es el segundo río más largo del mundo y transporta más agua que ningún otro... ¡con mucho! América Latina es también una de las regiones volcánicas más activas del mundo. Estudia estas tablas y diagramas. ¿Qué país visitarías para ver la caída de agua más alta del mundo? ¿Cuánto más alta es esta caída de agua que la segunda más alta de América Latina? ¿Cuál es el segundo río más largo de América Latina? ¿Cuántas veces más agua transporta el Amazonas que el Mississippi? ¿Cuál es el país latinoamericano con más volcanes? ¿Cuántos tiene?

# AMÉRICA LATINA:
# Geografía física

## Una mirada a la tierra

# USAR ILUSTRACIONES

**Estas escarpadas montañas son los Andes, que se extienden a lo largo de toda América del Sur.**

## Comparar regiones geográficas

Piensa en el lugar donde vives. ¿Es una región con montañas, o está a baja altitud? ¿Te imaginas cómo sería vivir en los Andes o cerca de ellos? Haz una lista de adjetivos que describan el paisaje de esta fotografía, y luego haz otra lista que describa el paisaje donde vives. Escribe las dos listas una al lado de la otra para que puedas compararlas. ¿En qué se distinguen? ¿En qué se parecen?

## Comprender el clima

¿Has escalado alguna vez una montaña? ¿Cómo cambió la temperatura conforme subías más? Con base en tu experiencia, ¿piensas que el clima es igual en la cima de los Andes que al pie de ellos? ¿Dónde sería más frío? ¿Dónde sería más cálido? ¿Influirían estos cambios en la vegetación? ¿Y en la vida silvestre? ¿Y en el lugar donde la gente vive? ¿Y en su forma de vivir?

# Características físicas

## ENFOQUE DE LECTURA

**1.** ¿Cuáles son algunos de los accidentes geográficos y regiones más importantes de América Latina?

**2.** ¿Cuáles son algunos de los ríos principales de América Latina, y cómo influyen en la vida de los habitantes de la región?

### PALABRAS CLAVE

planicie
istmo
coral
tributario

### LUGARES CLAVE

México
América Central
el Caribe
América del Sur

### IDEA PRINCIPAL

Las características geográficas de América Latina hacen de ella una región muy variada y llena de contrastes.

## ANOTACIONES

Copia la tabla, y mientras lees esta sección complétala con información acerca de las características geográficas de América Latina, entre ellas sus accidentes geográficos y sus masas de agua.

| Características físicas | Accidentes geográficos importantes | Masas de agua importantes | Otros recursos hidráulicos |
|---|---|---|---|
| El Caribe | | | |
| México y América Central | | | |
| América del Sur | | | |

## El escenario

América Latina está situada en el hemisferio occidental, al sur de Estados Unidos. América Latina comprende todos los países desde México hasta la punta del continente de América del Sur. También abarca las islas que salpican el mar Caribe. Por sus características geográficas, América Latina se divide en tres regiones más pequeñas, que son las siguientes: (1) México y América Central, (2) el Caribe y (3) América del Sur.

### Los múltiples usos del río Amazonas

**GEOGRAFÍA** La gente que vive cerca del río Amazonas, en el Brasil, depende de él para su transporte y para obtener peces y agua. También, las familias lavan su ropa en la ribera del río.

**Razonamiento crítico** Haz una lista de las formas en que influyen en tu vida las características geográficas de la región donde habitas.

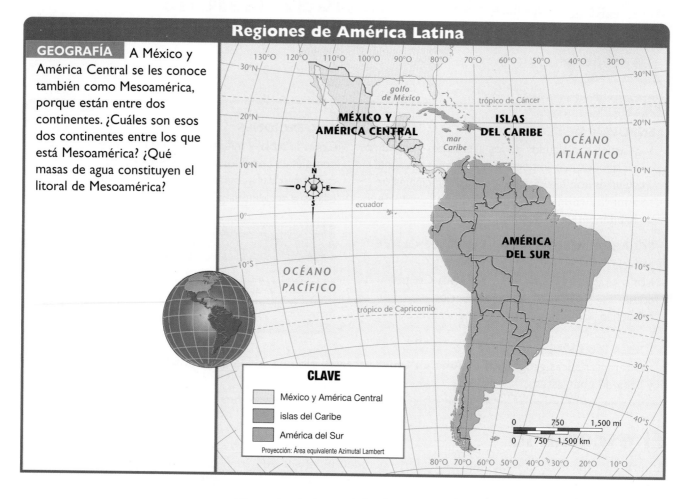

**GEOGRAFÍA** A México y América Central se les conoce también como Mesoamérica, porque están entre dos continentes. ¿Cuáles son esos dos continentes entre los que está Mesoamérica? ¿Qué masas de agua constituyen el litoral de Mesoamérica?

**CLAVE**

- México y América Central
- islas del Caribe
- América del Sur

Proyección: Área equivalente Azimutal Lambert

Hace alrededor de 500 años, los europeos navegaron hacia América Latina y trajeron consigo su idioma y su estilo de vida. Debido a que la mayoría provenía de España y de Portugal, hoy en día casi todos los latinoamericanos hablan español o portugués. Las raíces de estos idiomas tienen su origen en el latín, un idioma antiguo, por lo cual se conoce a esta región como América Latina.

## Principales accidentes geográficos y regiones de América Latina

**MIENTRAS LEES**

Revisa tu lectura ¿En qué podrían parecerse las características físicas de América Latina a las de los Estados Unidos?

Imagina montañas que atraviesan las nubes y llanuras cubiertas de pastos que parecen interminables. Piensa en selvas tropicales húmedas, desiertos calcinados por el sol y anchos ríos. Ésta es América Latina, una región de diversidad y contrastes.

**México y América Central** México y América Central se extienden a lo largo de 2,500 millas (4,023 km) desde la frontera con Estados Unidos hasta América del Sur. Esta distancia es casi igual a la anchura de la porción continental de Estados Unidos. En esta región predominan las montañas, que son parte de un enorme sistema de cordilleras que se extiende desde el Canadá, a través de Estados Unidos, hasta la punta de América del Sur.

Entre las montañas de México está la planicie central. Una **meseta** es una gran área elevada de terreno principalmente llano. La meseta central de México comprende más de la mitad del área territorial del país, y en ella vive la mayor parte de los habitantes del país. Sin embargo, las montañas que la rodean hacen difícil entrar o salir de la planicie.

América Central, ubicada al sur de México, es un istmo. Un **istmo** es una faja estrecha de tierra con agua por ambos lados y que une dos masas de tierra más grandes. Localiza América Central en el mapa de la página 163 del Atlas para actividades. ¿Cuáles son las dos grandes masas de tierra que están enlazadas por el istmo de América Central? Al igual que en México, se extienden llanuras estrechas a lo largo de las costas de América Central. Entre estas llanuras costeras hay montañas escabrosas y abruptas. Más de una docena de estas montañas son volcanes activos. La ceniza volcánica ha formado un suelo favorable para la agricultura.

**El Caribe**   Imagina islas formadas de esqueletos, u otras que son cimas de montañas submarinas. El Caribe tiene estos dos tipos de islas. Las islas más pequeñas se formaron a partir de esqueletos de animales marinos muy pequeños. A lo largo de cientos de años, estos esqueletos formaron una sustancia de apariencia rocosa, llamada **coral.**

Las islas más grandes del Caribe son las cimas de gigantescas montañas submarinas. La mayoría de los habitantes de estas islas se ganan la vida cultivando la tierra.

**América del Sur**   América del Sur contiene muchos tipos de accidentes geográficos, los cuales puedes ver en el mapa de la página 164 del Atlas para actividades. Probablemente el accidente geográfico más impresionante es la cordillera de los Andes, que se extiende a lo largo de 4,500 millas (7,250 km) de la costa occidental de América del Sur. En ciertos lugares, los Andes alcanzan alturas de más de 20,000 pies (6,100 metros).

Los Andes son abruptos y difíciles de atravesar, pero su rico suelo ha atraído a los agricultores de la región. Al este de los Andes hay tierras altas onduladas. Estas tierras altas se extienden a lo ancho de partes de Brasil, Venezuela, Guyana y otros países sudamericanos. Más al sur están las pampas, una región de grandes llanuras que se extiende por toda la Argentina y el Uruguay.

## Arreo de ganado en las pampas

**GEOGRAFÍA**   También en el Brasil hay praderas conocidas como pampas. Estas praderas son ideales para criar ganado. **Razonamiento crítico** ¿En qué se parecen estas praderas a las grandes llanuras de los Estados Unidos?

Las regiones de llanuras, las tierras altas orientales y los Andes enmarcan la cuenca del río Amazonas. La cuenca del río Amazonas rodea la selva tropical más grande del mundo. Esta densa selva cubre más de un tercio del continente.

## Los ríos de América Latina

Los ríos y lagos de América Latina son de las masas de agua más largas y grandes del mundo. Los ríos sirven como vías para el transporte en lugares donde es difícil construir caminos. Los peces que nadan en las aguas de América Latina proporcionan alimento, y las rápidas corrientes de los grandes ríos permiten generar energía eléctrica.

### El Amazonas: el río océano

El río Amazonas de América Latina es el segundo río más grande del mundo; recorre 4,000 millas (6,437 km), desde el Perú, pasando por Brasil, hasta el océano Atlántico. Sólo el río Nilo en África es más largo.

Además, el río Amazonas lleva más agua que cualquier otro río del mundo. De hecho, el Amazonas contiene casi el veinte por ciento de toda el agua dulce de la Tierra. El río Amazonas toma fuerza de los más de mil **tributarios** que vierten sus aguas en él. Los tributarios son los ríos y arroyos que desembocan en un río más grande. Con sus tributarios, el Amazonas drena un área de más de dos millones de millas cuadradas.

### Otros ríos y lagos

América Latina posee muchas otras masas de agua además del Amazonas. Los ríos Paraná, Paraguay y Uruguay forman el sistema del río de la Plata. El río de la Plata separa a Argentina y a Uruguay. El lago Titicaca es el lago más alto del mundo en el que pueden navegar embarcaciones: está en las alturas de la cordillera de los Andes, en la frontera entre el Perú y Bolivia.

# EVALUACIÓN DE LA SECCIÓN 1

**DESPUÉS DE LEER**

**RECORDAR**

1. Identifica: (a) México, (b) América Central, (c) el Caribe, (d) América del Sur

2. Define: (a) planicie, (b) istmo, (c) coral, (d) tributario

**COMPRENSIÓN**

3. Describe los accidentes geográficos principales de las tres regiones que forman América Latina.

4. Describe cómo influyen los ríos de América Latina en la vida de los habitantes de la región.

**RAZONAMIENTO CRÍTICO Y ESCRITURA**

5. Explorar la idea principal Repasa la idea principal al inicio de esta sección. Luego, enumera dos formas en que las características físicas de América Latina demuestran que es una región de diversidad y contrastes.

6. Hacer comparaciones Describe dos aspectos en los que tres regiones de América Latina son diferentes.

**ACTIVIDAD**

7. Expresar un punto de vista Supón que tu familia se propone mudarse a América Latina. Si pudieras elegir, ¿en cuál de las tres regiones de América Latina vivirías? ¿Por qué?

# Los seres humanos y el ambiente físico

## El escenario

¿Cómo es el clima en el lugar donde vives? ¿Es cálido, frío, lluvioso, seco? Si vivieras en América Latina, el clima podría ser cualquiera de éstos. El clima de América Latina puede ser muy variable incluso dentro de un mismo país.

En ciertas partes de los **Andes,** las bajas temperaturas te harían castañetear los dientes. Si viajaras por la cuenca del Amazonas, sudarías con un calor de 90 °F (32 °C). Si prefieres el clima seco, visita el **desierto de Atacama**, en Chile, o el desierto de Sonora, en México. Éstos son dos de los lugares más secos de la Tierra.

**GEOGRAFÍA** El desierto de Sonora en México demuestra que incluso un desierto caluroso y seco puede estar lleno de vida vegetal. **Razonamiento crítico** ¿Qué clase de plantas podrían crecer en un desierto? ¿Por qué?

## Clima: cálido, frío y templado

El clima del Caribe es normalmente soleado y cálido. De junio a noviembre, sin embargo, suelen llegar a esta región feroces huracanes. Los vientos de los huracanes pueden soplar a más de 180 millas por hora (300 km/h) y estrellar olas de casi 20 pies (6 m) de alto contra la costa. Las tormentas arrancan el techo de las casas, rompen ventanas y arrancan del suelo enormes árboles.

Los huracanes son parte de la vida de los habitantes del Caribe. Pero el clima también afecta a los latinoamericanos de otras formas.

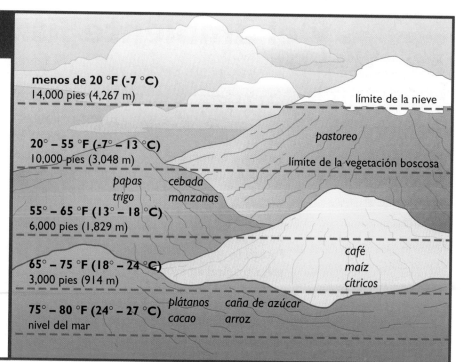

**GEOGRAFÍA** Si escalas una montaña hasta una altura suficiente, alcanzarás un lugar donde nunca hace calor. Esta tabla muestra cómo varía la temperatura con la altitud cerca del ecuador. **Estudio de la tabla** De acuerdo con esta tabla, ¿por encima de qué altitud la nieve no se derrite? ¿Qué crece por debajo del límite de la vegetación boscosa?

**menos de 20 °F (-7 °C)**
14,000 pies (4,267 m)

límite de la nieve

**20° – 55 °F (-7° – 13 °C)**
10,000 pies (3,048 m)

pastoreo

límite de la vegetación boscosa

papas   cebada
trigo   manzanas

**55° – 65 °F (13° – 18 °C)**
6,000 pies (1,829 m)

café
maíz
cítricos

**65° – 75 °F (18° – 24 °C)**
3,000 pies (914 m)

**75° – 80 °F (24° – 27 °C)**
nivel del mar

plátanos   caña de azúcar
cacao   arroz

Por ejemplo, las personas que viven en las montañas necesitan ropa caliente y abrigo para protegerse del frío. Cuanto más alto subes por una montaña, más frío hace.

### Regiones climáticas de América Latina
Muchas partes de América Latina tienen un clima tropical húmedo. Un clima tropical húmedo significa un tiempo caluroso, húmedo y lluvioso todo el año. Las selvas tropicales se desarrollan con fuerza en este tipo de clima.

Otras partes de América Latina tienen un clima tropical húmedo y seco. Estas regiones son tan cálidas como las otras, pero la estación lluviosa no dura todo el año. Partes de México y de Brasil, así como la mayor parte del Caribe, tienen un clima tropical húmedo y seco.

Gran parte de Argentina, Uruguay y Paraguay tiene un clima subtropical húmedo, similar al de ciertas partes del sur de Estados Unidos. Las personas que viven en este clima suelen tener veranos calurosos y húmedos e inviernos fríos. Los agricultores de estas regiones pueden cultivar trigo y manzanas, por ejemplo, que necesitan una estación fría para crecer bien. Más al sur el clima se vuelve árido. Los granjeros crían ovejas en las llanuras de esta región más fría y seca, llamada la **Patagonia**.

**MIENTRAS LEES**

**Resume** Supón que escalas una montaña. ¿Cómo cambiaría la vegetación que ves a medida que subes?

### ¿Qué factores influyen en el clima?
La **altitud,** es decir, la altura del terreno sobre el nivel del mar, es un factor clave del clima de las regiones montañosas de América Latina. Cuanto mayor es la altitud, más baja es la temperatura. Supón que estás a una temperatura de 80 °F (27 °C) al nivel del mar. Si subes hasta 6,000 pies (1,829 m), la temperatura podría ser ahora de sólo unos 60 °F (16 °C). Por encima de 10,000 pies (3,048 m), es probable que la temperatura esté por debajo del punto de congelación: demasiado baja para que las personas puedan vivir ahí todo el tiempo.

Hay otros factores que influyen en el clima de América Latina. Las regiones próximas al ecuador son en general más cálidas que las regiones más alejadas.

Los regímenes de los vientos también influyen en el clima. Los vientos llevan el aire más frío y seco de los polos norte y sur hacia el ecuador. Asimismo, desplazan el aire más cálido y húmedo del ecuador hacia los polos. En el Caribe, las brisas marinas que soplan hacia la costa ayudan a mantener temperaturas moderadas. Llueve más en el lado de las islas que da hacia el viento que en el lado contrario.

## Vegetación natural y clima

Imagina un bosque tan denso y frondoso que es muy poca la luz del sol que llega al suelo. Hay hojas anchas y verdes, enredaderas enmarañadas y miles de especies de árboles y plantas a tu alrededor. El aire es caliente y muy húmedo. Bienvenido o bienvenida a la **selva tropical amazónica.**

Ahora, supón que has viajado hasta la costa del norte de Chile. Estás en el desierto de Atacama. Hay muy poca humedad y pocas señales de vida en estas tierras áridas. Los Andes impiden que la lluvia bañe esta seca región. Debido a que en esta parte del mundo los vientos soplan de este a oeste, la lluvia cae sólo en la ladera oriental de los Andes en esta latitud. Por esta razón el lado occidental es seco.

La altitud también influye en la vegetación. Para crecer a altitudes mayores, las plantas deben ser capaces de soportar temperaturas más bajas, vientos helados y lluvias irregulares.

### Habitantes de los árboles

**GEOGRAFÍA** El perezoso vive en los árboles de las selvas tropicales de América del Sur. Rara vez baja de ellos. **Razonamiento crítico** Observa con detenimiento la fotografía. ¿De qué manera está el perezoso bien adaptado para vivir en los árboles?

## EVALUACIÓN DE LA SECCIÓN 2

### DESPUÉS DE LEER

#### RECORDAR
1. Identifica: (a) los Andes, (b) el desierto de Atacama, (c) la Patagonia, (d) la selva tropical amazónica
2. Define: (a) altitud

#### COMPRENSIÓN
3. ¿Cómo influye el clima en la vida en América Latina?
4. ¿Cómo influye el clima en la vegetación natural de América Latina?

#### RAZONAMIENTO CRÍTICO Y ESCRITURA
5. **Explorar la idea principal** Repasa la idea principal al inicio de esta sección. Luego, cita tres ejemplos que apoyen esta afirmación: "El medio ambiente físico de América Latina es muy variado".
6. **Sacar conclusiones** En qué aspectos sería diferente la vida de una familia que habita en las islas del Caribe, de la vida de una familia que habita en las alturas de los Andes?

#### ACTIVIDAD
7. **Expresar una opinión** Se ha descrito a América Latina como una tierra de extremos. ¿Estás de acuerdo con esta descripción? Escribe uno o más párrafos para explicar por qué. Apoya tu opinión con ejemplos.

# Factores geográficos y recursos naturales

### ENFOQUE DE LECTURA

1. ¿Cuáles son los recursos naturales más importantes de América Latina?
2. ¿Por qué es importante que los países latinoamericanos no dependan demasiado de un solo recurso?

### PALABRAS CLAVE

hidroelectricidad
diversificar

### LUGARES CLAVE

Jamaica
Venezuela
Brasil
Colombia

### IDEA PRINCIPAL

La distribución y el uso de los recursos naturales de América Latina influye en la economía de los países de la región.

### ANOTACIONES

Copia el esquema y mientras lees esta sección complétalo con información acerca de los factores que provocan la disminución de los ingresos derivados de recursos naturales.

Menos ingresos por recursos naturales

## Una economía agrícola

**ECONOMÍA** Una gran parte de la economía latinoamericana se basa en la agricultura. La mitad de las exportaciones de Colombia son de café. **Razonamiento crítico** ¿Qué problemas podría enfrentar la economía de un país como Colombia?

# El escenario

Bolivia ha dependido siempre de los recursos minerales para generar riqueza. Al principio, la plata sirvió para llevar dinero a las arcas de Bolivia. Pronto, sin embargo, otro metal llegó a ser aún más importante que la plata. Ese metal es el estaño.

Bolivia disfrutó durante muchos años de los tiempos de prosperidad que la riqueza creada por el estaño trajo consigo. Más tarde, en los años veinte y treinta, se desató una crisis económica en todo el mundo. Las industrias dejaron de comprar estaño, al igual que otros recursos naturales, y Bolivia sufrió cuando su principal recurso dejó de aportar dinero a la economía. Esta crisis económica golpeó duramente a toda América Latina, y puso de manifiesto un problema que tienen muchos países latinoamericanos: depender demasiado de un solo recurso.

## Los recursos naturales de América Latina

La pesca, el petróleo, el agua, la plata y los bosques son recursos naturales de América Latina, y son tan variados como sus características físicas y su clima.

**México y América Central: riquezas de la tierra y del mar**
México es un cofre repleto de tesoros minerales. Este país cuenta con depósitos de plata, oro, cobre, carbón mineral, mena de hierro, y de casi cualquier otro mineral que se te ocurra. México también tiene cantidades enormes de petróleo y gas natural.

Además, casi una cuarta parte del territorio mexicano está cubierto de árboles. La madera de estos árboles se convierte en productos de madera y de papel.

El clima y el rico suelo de América Central son buenos para la agricultura. Sus habitantes cultivan café, algodón, caña de azúcar y plátanos. También plantan cacao. Las semillas de cacao se transforman en chocolate y cacao en polvo.

No todos los recursos de América Central están en tierra. Sus habitantes capturan pescado y mariscos en las aguas de la región. Los centroamericanos utilizan la energía de las corrientes de agua para producir energía eléctrica. Este tipo de energía eléctrica se conoce como **hidroelectricidad**, y se produce mediante enormes presas que aprovechan y regulan la energía.

**El Caribe: recursos agrícolas**   Los países caribeños también tienen suelos ricos y un buen clima para la agricultura. Los agricultores cultivan caña de azúcar, café, plátanos, cacao, cítricos y otras plantas. El Caribe también tiene otros recursos. **Jamaica** es uno de los principales productores mundiales de bauxita, mineral con que se fabrica el aluminio. Cuba y la República Dominicana tienen depósitos de níquel, en tanto que Trinidad es rica en petróleo.

**América del Sur: recursos en abundancia**   Al igual que México, América del Sur es rica en minerales. Hay compañías que perforan pozos en busca de petróleo en muchos países sudamericanos, pero gran parte del petróleo está en **Venezuela.**

También las plantas y el pescado de América del Sur son recursos naturales. Los bosques cubren alrededor de la mitad del continente, y sus árboles suministran de todo, desde madera para construir hasta cocos para comer. La gente cultiva muchas plantas de la selva tropical para elaborar medicinas. Abunda el atún, las anchoas y otros peces.

Como otras partes de América Latina, el suelo de América del Sur es rico y los agricultores pueden cultivar muchas plantas diferentes. El café es un cultivo clave en **Brasil** y **Colombia**. Muchas economías sudamericanas dependen de la producción de caña de azúcar, algodón y arroz.

**Aprovechamiento de la energía del agua**

**ECONOMÍA**   La central de energía hidroeléctrica de la presa de Itaipú es la más grande del mundo. Esta central aprovecha la energía del río Paraná para suministrar energía eléctrica a Paraguay y el Brasil. **Razonamiento crítico** ¿Qué detalle de esta imagen es un indicio de que se utiliza la presa para producir electricidad?

## Recursos naturales y economía

No todos los países participan de la abundancia de recursos de América Latina. Ciertos países latinoamericanos tienen muchos recursos, pero otros tienen pocos. Algunos países no disponen del dinero necesario para explotar todos sus recursos.

**Factores económicos y clima**   Depender de un recurso o cultivo puede conllevar problemas. Muchos latinoamericanos viven de la agricultura. Ciertos países latinoamericanos dependen de uno o hasta dos cultivos, por ejemplo, café, plátanos o azúcar. Cuando el precio de un cultivo baja, las exportaciones de ese cultivo aportan menos dinero al país. La consecuencia es que la paga de los trabajadores se reduce, y quizá algunos de ellos pierdan su empleo.

El clima y las enfermedades también causan pérdidas monetarias a las personas y a las empresas. Los huracanes, las sequías y las enfermedades de las plantas dañan los cultivos, y a veces el clima también perjudica a la industria pesquera.

**Depender del petróleo**   El petróleo es uno de los recursos más valiosos de América Latina. Sin embargo, depender del petróleo es riesgoso, por la inestabilidad de los precios. México, al igual que Venezuela, es un importante productor de petróleo. A mediados de los años ochenta, las compañías petroleras produjeron más petróleo del que el mundo necesitaba. Como resultado de este aumento de la oferta, los precios bajaron y México obtuvo muchos menos ingresos de lo esperado. Lo mismo le ocurrió a Trinidad.

Hay otros problemas. En los años sesenta se descubrió petróleo en Ecuador. Muy pronto, el petróleo se convirtió en la mayor exportación del país. Pero en 1987 terremotos destruyeron el principal oleoducto de Ecuador, y los ingresos del país disminuyeron en gran medida.

## Cómo evitar los problemas de un país con un solo recurso

Los países latinoamericanos conocen los riesgos que implica depender de un solo recurso o cultivo, y por ello intentan diversificar su economía. **Diversificar** es aportar variedad. Cuando los países latinoamericanos intentan diversificar su economía, significa que buscan otras formas de ganar dinero. Muchos construyen fábricas para elaborar y vender productos que pueden generar empleos y activar la economía.

Venezuela se ha esforzado por montar más fábricas y fincas agrícolas en vez de depender exclusivamente de la producción de petróleo. Brasil está fomentando el crecimiento de sus diversas industrias, exportando maquinaria, acero y productos químicos, y estimulando el cultivo de algodón. El Salvador dependía demasiado de sus cultivos de café. Ahora, el algodón, el azúcar, el maíz y otros cultivos desempeñan un importante papel en la economía del país.

**Explotación de cultivos comerciales**

**ECONOMÍA**   Gran parte de la economía latinoamericana se basa en la agricultura. Por ejemplo, un tercio de las exportaciones de Honduras son de plátanos. **Razonamiento crítico** ¿Qué problemas enfrentan las economías de un solo cultivo?

# EVALUACIÓN DE LA SECCIÓN 3

## DESPUÉS DE LEER

### RECORDAR
1. Identifica: (a) Jamaica, (b) Venezuela, (c) Brasil, (d) Colombia

2. Define: (a) hidroelectricidad, (b) diversificar

### COMPRENSIÓN
3. Describe los recursos naturales importantes de América Latina.

4. ¿Por qué es importante que los países latinoamericanos diversifiquen su economía?

### RAZONAMIENTO CRÍTICO Y ESCRITURA
5. **Explorar la idea principal** Repasa la idea principal al inicio de esta sección. Luego, escribe un párrafo para explicar cómo están vinculados los países de América Latina con su economía.

6. **Reconocer causa y efecto** Supón que una enfermedad destruye los cultivos de café. ¿Cómo afectaría esta pérdida a los trabajadores?

 **Búscalo en la RED**

7. **Escribir un trabajo de postura** Escribe un trabajo de postura en el que des tus puntos de vista sobre la conservación, preservación y uso sustentable de las selvas tropicales. Visita la sección de World Explorer: People, Places and Cultures de **phschool.com** para realizar esta actividad.

# Usar información confiable

## SEARCH ENGINE

Search | options

Yellow Pages - People Search - City Maps -- Today's News - Stock Quotes - Sports Scores

- **Arts and Humanities**
  Architecture, Photography, Literature...

- **Business and Economy [Xtra!]**
  Companies, Investments, Classifieds...

- **Computers and Internet [Xtra!]**
  Internet, WWW, Software, Multimedia...

- **Education**
  Universities, K-12, College Entrance...

- **Entertainment [Xtra!]**
  Cool Links, Movies, Music, Humor...

- **Government**
  Military, Politics [Xtra!], Law...

- **Health [Xtra!]**
  Medicine, Drugs, Diseases, Fitness...

- **News and Media [Xtra!]**
  Current Events, Magazines, TV, Newspapers...

- **Recreation and Sports [Xtra!]**
  Sports, Games, Travel, Autos, Outdoors...

- **Reference**
  Libraries, Dictionaries, Phone Numbers...

- **Regional**
  Countries, Regions, U.S. States...

- **Science**
  CS, Biology, Astronomy, Engineering...

- **Social Science**
  Anthropology, Sociology, Economics...

- **Society and Culture**
  People, Environment, Religion...

## Aprende la destreza

Sabes que puedes encontrar mucha información en la Internet, que te permita establecer contacto con otras computadoras en todo el mundo. Las personas utilizan la Internet para buscar información sobre casi cualquier tema. Sin embargo, debes asegurarte de que la información que encuentras sea confiable.

Sigue estos pasos para decidir si la información que encontraste es confiable.

**A.** ¿Es verdadera la información?

- Asegúrate de que los hechos que encuentres tengan respaldo. Recuerda que se puede probar que un hecho es verdadero, pero no las opiniones. Debes estar atento para identificar las opiniones que se presentan como hechos.

- Busca errores ortográficos o gramaticales. Estos errores quizá indiquen que no se verificó o no se revisó la información.

**B.** ¿Quién es responsable de la información?

- Averigua qué persona u organización puso la información en la Internet. ¿Está calificada esta persona u organización para dar información acerca del tema? ¿Cómo lo sabes? ¿Hay manera de establecer contacto con el autor o la organización por correo electrónico o por teléfono?

**C.** ¿Es imparcial la información?

- Comprueba si la información ofrece un punto de vista equilibrado del tema.

- Identifica el propósito de la información. ¿Se busca convencerte de creer o de hacer algo? ¿Proporciona la información una empresa que desea venderte un producto o servicio? De ser así, es probable que la información no sea tan confiable como aparenta.

**D.** ¿Está actualizada la información?

- Verifica cuándo se creó la página de la red. Asimismo, comprueba cuándo se actualizó la página por última vez. Si la página no muestra fechas, quizá la información no sea confiable.

**E.** ¿Qué tan completa es la información?

- Decide si la página de la red presenta el tema con el suficiente detalle. Asimismo, comprueba si hay vínculos con otros recursos y sitios de la red. ¿Funcionan estos vínculos?

Es posible que no encuentres respuestas a todas estas preguntas respecto a cada una de las páginas de la red que visites. Sin embargo, es importante que tengas en mente estas preguntas al utilizar la Internet.

## Practica la destreza

Busca en la Internet información acerca de América Latina. Primero, escribe una pregunta que puedas responder, como, por ejemplo: "¿Qué clase de animales viven en los Andes?". Después, utiliza un motor de búsqueda para encontrar páginas de la red relacionadas con tu tema. Elige tres de los sitios que hayas encontrado y sigue los pasos que has aprendido para decidir si la información de cada página es confiable. Escribe tus observaciones.

## Aplica la destreza

Hallarás más preguntas sobre cómo usar información confiable en la sección Repaso y evaluación de este capítulo.

# CAPÍTULO

# 9 Repaso y evaluación

## Hacer un resumen del capítulo

En una hoja suelta, dibuja una red como ésta y agrega la información que resume parte de la información de la Sección 1. Luego agrega más óvalos para resumir el resto de la información que hayas aprendido en este capítulo.

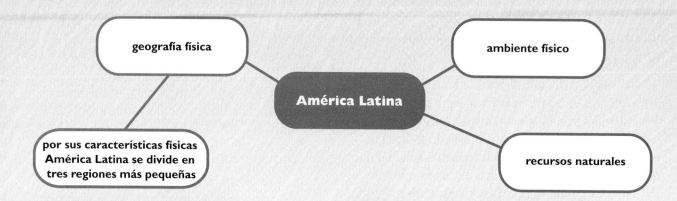

geografía física

ambiente físico

América Latina

por sus características físicas América Latina se divide en tres regiones más pequeñas

recursos naturales

## Repaso de palabras clave

**Completa cada enunciado con una palabra de la lista siguiente.**

hidroelectricidad          altitud

coral                               meseta

istmo

1. Un _____ es una faja estrecha de tierra con agua por ambos lados y que une dos masas de tierra más grandes.

2. La _____ se refiere a la altura del terreno sobre el nivel del mar.

3. Una gran área elevada de terreno principalmente llano se llama _____.

4. La _____ genera energía eléctrica mediante agua en movimiento.

5. El _____, una sustancia de apariencia rocosa, está formado de esqueletos de animales marinos diminutos.

## Repaso de ideas principales

1. Enumera las tres regiones principales de América Latina, elige dos de ellas y describe sus características físicas. (Sección 1)

2. ¿De qué modo influyen las características físicas de América Latina en sus habitantes y en su forma de vivir? (Sección 1)

3. ¿Cómo influye la altitud en el clima? (Sección 2)

4. Cita un ejemplo de cómo influye el clima de una región de América Latina en la vegetación que ahí se da. ¿Cómo influye esto en la forma de vivir de la gente? (Sección 2)

5. Nombra dos recursos naturales presentes en cada una de las tres regiones de América Latina. (Sección 3)

6. ¿Qué problemas se presentan cuando un país depende demasiado de una sola fuente de ingresos? Apoya tu respuesta con uno o dos ejemplos. (Sección 3)

## Actividad de mapa

**Escribe la letra que indica la posición de cada lugar en el mapa.**

**1.** Colombia     **4.** México

**2.** Brasil     **5.** Venezuela

**3.** Jamaica

 **Búscalo en la RED**

**Enriquecimiento** Para más actividades con mapas y destrezas de geografía, visita la sección de Social Studies de **phschool.com.**

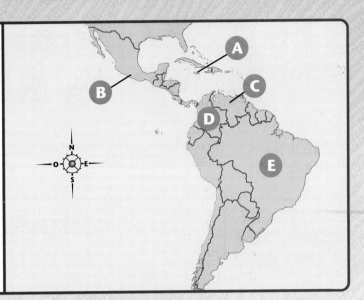

## Actividad de escritura

**1. Escribir una carta** Imagina que estás visitando América Latina. Estás haciendo un recorrido por toda la región: México, América Central, el Caribe y América del Sur. Escribe una carta a tu familia en la que describas tu viaje. Escribe acerca de cosas como éstas: el clima, hechos interesantes que hayas aprendido acerca de las características físicas de América Latina, lugares que te gustaron o que te desagradaron y la economía de al menos una de las regiones.

**2. Escribir un informe** Elige un país de América Latina para estudiarlo más a fondo. Busca y recopila información en la biblioteca o en la Internet acerca de la geografía física y el clima de este país. Escribe un informe para explicar cómo influyen la geografía y el clima en su economía y en su forma de vivir.

## Aplica tus destrezas

**Pasa a Destrezas para la vida en la página 179 para realizar la siguiente actividad.**

Busca en la Internet información acerca del río Amazonas. Localiza una página en la red que sea un buen ejemplo de información confiable y una que sea un mal ejemplo. Respalda tu elección con la información que aprendiste en la página 179.

## Razonamiento crítico

**1. Apoyar un punto de vista** Escribe un párrafo con ejemplos que apoyen este punto de vista: "El clima de América Latina es un gran amigo de sus habitantes, pero también es un enemigo".

**2. Sacar conclusiones** "El uso que un país da a sus recursos naturales influye en el bienestar de sus habitantes". ¿Estás de acuerdo o en desacuerdo con esta afirmación? Explica tu respuesta.

**3. Hacer comparaciones** Compara la geografía física del Caribe con la de América del Sur. ¿Cuál de estas dos regiones tiene la geografía más favorable? Explica tu respuesta.

 **Búscalo en la RED**

**Actividad** Dibuja o traza un mapa de América Latina. Identifica con su nombre cada país y cita tres características geográficas de cada uno. Visita la sección World Explorer: People, Places and Cultures de **phschool.com** para realizar esta actividad.

**Autoevaluación del Capítulo 9**

Como repaso final, resuelve la prueba de autoevaluación del Capítulo 9. Busca la prueba en la sección de Social Studies en **phschool.com.**

# AMÉRICA LATINA:
# Moldeada por la historia

## Civilizaciones maya, azteca e inca

Tenochtitlán

PEN. DE YUCATÁN

Tikal

AMÉRICA CENTRAL

mar Caribe

OCÉANO ATLÁNTICO

N
O      E
S

OCÉANO PACÍFICO

río Amazonas

CORDILLERA DE LOS ANDES

Cuzco

AMÉRICA DEL SUR

TIERRAS ALTAS DE BRASIL

DESIERTO DE ATACAMA

**CLAVE**

imperio azteca
siglo XIII D.C.–1521 D.C.

imperio maya
300 D.C.–900 D.C.

imperio inca
siglo XV D.C.–1535 D.C.

Proyección: Área equivalente Azimutal Lambert

0      600      1,200 mi

0      600    1,200 km

# USAR MAPAS

Este mapa muestra la localización de tres civilizaciones de América Latina que existían desde antes que los europeos llegaran a la región.

## Comprender las civilizaciones antiguas

Todas estas civilizaciones estaban muy avanzadas. Investiga en tu biblioteca o en la Internet cuáles fueron algunos de los logros más importantes de cada una de estas civilizaciones. Haz una lista de lo que hayas encontrado.

## Evaluar la geografía

Examina el mapa y describe la localización de cada una de las tres civilizaciones. ¿Cuál de ellas fue la más difícil de defender contra los invasores? Explica tu respuesta.

# Las primeras civilizaciones

## ANTES DE LEER

### ENFOQUE DE LECTURA
1. ¿Cuáles eran las principales características culturales y cuáles fueron los logros de la civilización maya?
2. ¿Cuáles eran las principales características culturales y cuáles fueron los logros de la civilización azteca?
3. ¿Cuáles eran las principales características culturales y cuáles fueron los logros de la civilización inca?

### PALABRAS CLAVE
maíz
jeroglíficos
acueducto

### LUGARES CLAVE
Copán
valle de México
Tenochtitlán
Cuzco

### ANOTACIONES
Copia el diagrama de Venn y mientras lees esta sección complétalo para mostrar en qué se parecían y en qué eran diferentes las antiguas civilizaciones maya, azteca e inca.

### IDEA PRINCIPAL
Los mayas, los aztecas y los incas habían creado civilizaciones únicas en América Latina antes de la llegada de los europeos.

## El escenario

Los aficionados vitoreaban mientras los jugadores llevaban el balón al extremo de la cancha. De repente, el balón voló y pasó por el aro. Los aficionados y los jugadores celebraban y gritaban. Aunque esto quizá parezca un juego de baloncesto de campeonato, en realidad es un momento de un juego de hace más de mil años. El pok-a-tok era un juego que practicaban los antiguos mayas.

## Civilización y cultura mayas

La civilización maya floreció en América Central y la parte sur de México desde alrededor de 300 D.C. hasta 900 D.C. Los científicos han aprendido mucho acerca de la civilización maya estudiando sus ruinas.

Los mayas construyeron grandes ciudades que eran a la vez centros religiosos. Dos de estas ciudades fueron **Copán,** en lo que hoy es Honduras, y Tikal, en Guatemala. En el centro de las ciudades había grandes templos con forma de pirámide donde los mayas rendían culto a sus dioses. Los agricultores mayas trabajaban los campos en torno a las ciudades.

### Antiguos juegos mayas

**CULTURA** Esta cancha de pok-a-tok está en Copán, Honduras. **Razonamiento crítico** ¿En qué aspectos los eventos deportivos o juegos que los antiguos mayas celebraban eran similares a los que se celebran hoy en día?

**El concepto de cero**
Los mayas crearon un sistema de numeración que incluía el cero. El cero es importante en matemáticas porque representa la ausencia de algo. Por ejemplo, para escribir el número 308 se necesita un símbolo que muestre que no hay decenas. Los matemáticos consideran al cero como uno de los inventos más importantes del mundo.

## El calendario azteca

**CIENCIA Y TECNOLOGÍA**

Los aztecas observaban las estrellas y los planetas y, al igual que los antiguos griegos, les daban los nombres de sus dioses. Los aztecas usaron sus conocimientos de astronomía para elaborar calendarios como el de la fotografía.

**Razonamiento crítico**
¿Quiénes idearon y utilizaron este calendario? ¿Por qué?

### Ciencia, tecnología y religión
El cultivo maya más importante era el **maíz,** el principal alimento en la dieta de los mayas. Los agricultores también cultivaban frijol, calabaza, pimiento, aguacate y papaya. Los sacerdotes mayas estudiaban las estrellas e idearon un calendario exacto, que utilizaban para decidir cuándo celebrar ceremonias religiosas. También inventaron un sistema de escritura por medio de signos y símbolos llamados **jeroglíficos,** junto con un sistema de numeración similar al sistema decimal actual.

### El gran misterio de los mayas
Alrededor de 900 D.C. los mayas abandonaron de pronto sus ciudades, pero nadie supo por qué. La pérdida de cosechas, la guerra, las enfermedades, la sequía o la hambruna tal vez mataron a muchos, o quizá la gente se rebeló contra el control de los nobles y los sacerdotes. Los mayas dejaron sus ciudades, pero se quedaron en la región y millones de ellos viven todavía en México, Belice, Guatemala, Honduras y El Salvador.

## Civilización y cultura aztecas

Otra civilización antigua es la de los aztecas, que llegaron al **valle de México** en el siglo XII. El valle de México está en la región central, en lo que hoy es la Ciudad de México.

Los aztecas se asentaron permanentemente en 1325, en una isla del lago de Texcoco. Transformaron el lago pantanoso en una magnífica ciudad que llamaron **Tenochtitlán**; hoy es la Ciudad de México.

### Expansión del imperio azteca
En el siglo XV, los guerreros aztecas conquistaron otros pueblos de la región, y los obligaron a pagar tributo, o impuestos. El tributo se pagaba en alimentos, algodón, oro o esclavos y ayudó a los aztecas a enriquecerse.

Un emperador gobernaba todos los territorios aztecas, y su sociedad estaba dividida en varias clases. Los nobles y los sacerdotes ayudaban al emperador, los guerreros peleaban en las batallas y los comerciantes llevaban mercancías dentro y fuera del imperio. Los artesanos elaboraban joyas, prendas de vestir, artículos de alfarería, esculturas y otros productos. Sin embargo, la mayoría se dedicaba a la agricultura.

### Ciencia y tecnología aztecas
Tenochtitlán era un centro de comercio y de conocimientos, donde los médicos aztecas preparaban más de 1,000 medicinas basadas en plantas. Los astrónomos aztecas predecían eclipses y el movimiento de los planetas, y los sacerdotes llevaban registros escritos con jeroglíficos similares a los de los mayas.

## Civilización y cultura incas

Aproximadamente en el año 1200 los incas se asentaron en **Cuzco,** una aldea de los Andes que ahora es una ciudad de Perú. La mayoría de los incas cultivaban maíz y otras plantas. Mediante guerras y conquistas dominaron todo el valle del Cuzco, uno de los numerosos valles que se extienden desde los Andes hasta el océano Pacífico.

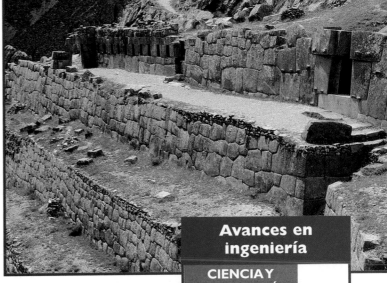

En un momento dado, el imperio inca se extendió a lo largo de unas 2,500 millas (4,023 km) desde lo que ahora es el Ecuador hacia el sur, siguiendo la costa del Pacífico a través de Perú, Bolivia, Chile y Argentina. Los doce millones de personas gobernadas por los incas vivían principalmente en pequeñas aldeas, y sus descendientes aún habitan lo que hoy es Perú, Ecuador, Bolivia, Chile y Colombia, y hablan quechua, el idioma de los incas.

**Logros de los incas** La capital inca, Cuzco, era el centro del gobierno, el comercio, el conocimiento y la religión. El emperador, y los nobles que le ayudaban a gobernar el imperio, vivían en la ciudad cerca de la plaza central. La mayoría de los agricultores y obreros vivían fuera de Cuzco, en chozas de barro.

Los incas eran excelentes agricultores, constructores y administradores; construyeron más de 19,000 millas (30,577 km) de caminos que pasaban sobre algunos de los terrenos más montañosos del mundo. Este sistema de caminos les ayudaba a gobernar su vasto imperio. Los incas aumentaron las tierras de cultivo mediante la construcción de terrazas de piedra en los costados de empinadas laderas, y **acueductos,** esto es, tubos o canales para transportar agua desde una fuente distante. Los acueductos permitían a los incas irrigar sus tierras para cultivarlas.

**Avances en ingeniería**

**CIENCIA Y TECNOLOGÍA**

Los incas labraban tan bien sus piedras que no necesitaban cemento para mantener unido un muro. **Razonamiento crítico** ¿Qué tan bien se conservaron las estructuras de los incas al paso del tiempo? ¿Cómo influye esto en lo que hoy sabemos acerca de los incas?

# EVALUACIÓN DE LA SECCIÓN I

**DESPUÉS DE LEER**

**RECORDAR**
1. Identifica: (a) Copán, (b) el valle de México, (c) Tenochtitlán, (d) Cuzco

2. Define: (a) maíz, (b) jeroglíficos, (c) acueducto

**COMPRENSIÓN**
3. ¿Cuáles fueron los mayores logros de los mayas?

4. ¿Cuáles fueron los mayores logros de los aztecas?

5. ¿Cuáles fueron los mayores logros de los incas?

**RAZONAMIENTO CRÍTICO Y ESCRITURA**

6. **Explorar la idea principal** Repasa la idea principal al inicio de esta sección. Luego, describe cómo las antiguas civilizaciones maya, azteca e inca influyeron en las culturas actuales de América Latina.

7. **Distinguir hecho y opinión** Indica si las afirmaciones siguientes son hechos u opiniones. Explica por qué.

(a) Los calendarios mayas eran muy exactos. (b) La civilización azteca era más avanzada que la maya.

 **Búscalo en la RED**

8. **Explorar las primeras civilizaciones latinoamericanas** Los arqueólogos estudian las civilizaciones antiguas para conocer su historia y su cultura. Imagina que eres un arqueólogo y analiza objetos que veas en la red. Interpreta su uso o propósito y cómo representa la cultura. Visita la sección de World Explorer: People, Places and Cultures de **phschool.com** para realizar esta actividad.

# SECCIÓN 2

# La exploración europea
## Efectos a corto y a largo plazo

---

## ANTES DE LEER

### ENFOQUE DE LECTURA

1. ¿Por qué navegaron los europeos hacia América?
2. ¿Qué efectos a corto plazo tuvo la exploración de América Latina por los europeos?
3. ¿Qué efectos a largo plazo tuvo la dominación europea sobre los indígenas americanos?

### PALABRAS CLAVE
Tratado de Tordesillas
tratado
línea de demarcación
conquistador
mestizo
hacienda

### PERSONAJES CLAVE
Hernán Cortés
Cristóbal Colón
Moctezuma
Francisco Pizarro

### ANOTACIONES
Copia el esquema y mientras lees esta sección complétalo con información acerca de las causas y los efectos de la colonización de América Latina por los españoles.

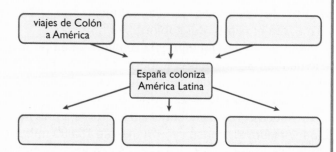

### IDEA PRINCIPAL
Cuando los exploradores europeos aumentaron su riqueza y reclamaron tierras en América Latina para sus países, su exploración y sus conquistas perjudicaron a muchas civilizaciones indígenas americanas.

---

## Comienzos de la navegación

**CIENCIA Y TECNOLOGÍA** Los marineros del siglo XV se orientaban utilizando sólo las estrellas, una brújula y un astrolabio (aquí mostrado).
**Razonamiento crítico** ¿Por qué los marineros usaban las estrellas? ¿Cómo podían hacerlo?

## El escenario

**Hernán Cortés** fue el soldado español que conquistó a los aztecas. Desembarcó en México en 1519, y pronto conoció a la Malinche, la hija de un gobernante maya. La Malinche aprendió español y se convirtió en la principal intérprete de Cortés. Además, no perdía de vista a los espías aztecas. Sin ella, Cortés no habría conquistado a los aztecas.

## Los europeos llegan a América

En el siglo XV España y Portugal buscaban nuevas rutas con Asia porque ahí encontrarían mercancías, como especias y seda, que podrían vender.

    **Cristóbal Colón** pensó que llegaría a Asia por el oeste, a través del océano Atlántico. Sabía que el mundo era redondo, pero creía que la distancia alrededor de éste era menor.

    Colón logró que España pagara el viaje, y se embarcó a principios de agosto de 1492. El 12 de octubre, Colón avistó tierra. Creía que eran las Indias Orientales, en Asia, y por eso describió a sus habitantes como indios. En realidad, lo que vio fue una isla del mar Caribe.

Muy pronto, España y Portugal se convirtieron en feroces rivales. Cada país trataba de impedir que el otro reclamara tierras en América. En 1494, España y Portugal firmaron el **Tratado de Tordesillas.** Un **tratado** es un convenio por escrito entre dos o más países. El tratado estableció una línea imaginaria del polo norte al polo sur, aproximadamente a 50° de longitud, llamado **línea de demarcación.** El tratado otorgaba a España el derecho a colonizar y a comerciar al oeste de la línea. Portugal podía hacer lo mismo al este de la línea. La única parte de América del Sur que está al este de la línea es poco más o menos la mitad oriental de lo que hoy es el Brasil. A causa del Tratado de Tordesillas, el idioma y el ambiente cultural del Brasil son portugueses.

Los exploradores españoles escucharon hablar acerca de reinos muy ricos en América, donde esperaban encontrar oro y otros tesoros. Los gobernantes españoles no pagaron los viajes de los exploradores, sino que concedieron a los **conquistadores** el derecho a buscar tesoros. A cambio, los conquistadores acordaron dar a España una quinta parte de los tesoros que encontraran.

## Cortés conquista a los aztecas

En 1519 Cortés navegó hasta la costa de México en busca de tesoros. Llevaba consigo un pequeño ejército de 500 hombres y 16 caballos. El gobernante azteca Moctezuma oyó decir que había una extraña embarcación cerca de la costa y envió espías a investigarla. Los espías, que nunca antes habían visto caballos, describieron a los españoles como "criaturas sobrenaturales montadas en ciervos sin cuernos, armados con hierro, intrépidos como dioses". Moctezuma pensó que Cortés era probablemente un dios.

Cuando Cortés y sus soldados llegaron a Tenochtitlán, Moctezuma les dio la bienvenida. Pero la paz no duró mucho tiempo. Los soldados españoles mataron a algunos aztecas y se inició una batalla sangrienta. Moctezuma fue muerto, y con ayuda de grupos de nativos que eran enemigos de los aztecas, Cortés rodeó y atacó Tenochtitlán. Los aztecas se rindieron en 1521, después de haber muerto casi 240,000 aztecas y 30,000 de los aliados de Cortés. El imperio azteca estaba en ruinas.

**Pizarro conquista a los incas  Francisco Pizarro,** igual que Cortés, era un conquistador español. Pizarro había oído relatos acerca del rico reino inca de América del Sur, así que en 1531 se hizo a la mar con un pequeño ejército de 180 soldados españoles. Pizarro capturó y mató al emperador inca y a otros gobernantes. Para 1535, había conquistado la mayor parte del imperio inca, incluso su capital: Cuzco.

En un lapso de 15 años, los conquistadores derrotaron a los dos imperios más poderosos de América. Ellos tenían escopetas, cañones y caballos que los indígenas americanos nunca habían visto. Los europeos también llevaban enfermedades, la viruela, por ejemplo, que exterminaron aldeas enteras.

## Una bienvenida cortesana

**HISTORIA**  Esta pintura histórica muestra a Moctezuma dando la bienvenida a Cortés a su corte. **Razonamiento crítico** Basándote en esta pintura, ¿qué conclusiones sacas respecto a la riqueza de los aztecas?

**Una familia de América**

# Colonización

Durante la década de 1540 a 1550, España reclamó gran parte de las tierras de América. Los territorios de España se extendían desde lo que hoy es Kansas, hasta la punta de América del Sur. El Brasil fue reclamado por Portugal.

**España organiza su imperio** España dividió su territorio en provincias y estableció un gobierno poderoso. Las dos provincias más importantes eran la Nueva España y el Perú. La capital de la Nueva España era la ciudad de México, y Lima llegó a ser la capital del Perú.

Los ciudadanos más poderosos vivían en el centro de Lima. Estas personas venían de España o tenían padres españoles. Los **mestizos,** de ascendencia mixta española e indígena, vivían en las afueras de la ciudad. Los indígenas, que eran la clase menos poderosa, continuaron viviendo en el campo. Los españoles los obligaron a trabajar en las haciendas. Una **hacienda** era una plantación de españoles o de la Iglesia Católica.

**Efecto de la dominación española** España concedió a sus colonizadores el derecho a exigir impuestos o trabajo a los indígenas americanos. Muchos indígenas murieron por exceso de trabajo, desnutrición y enfermedades europeas. En 1519, la Nueva España contaba con 25 millones de indígenas. Sólo 3 millones sobrevivieron a los primeros 50 años de dominación española.

# EVALUACIÓN DE LA SECCIÓN 2

**DESPUÉS DE LEER**

**RECORDAR**

**1.** Identifica: (a) Hernán Cortés, (b) Cristóbal Colón, (c) Moctezuma, (d) Francisco Pizarro

**2.** Define: (a) Tratado de Tordesillas, (b) tratado, (c) línea de demarcación, (d) conquistador, (e) mestizo, (f) hacienda

**COMPRENSIÓN**

**3.** ¿Qué esperaban encontrar los exploradores europeos al navegar hacia el oeste por el océano Atlántico?

**4.** ¿Cuáles fueron los efectos a corto plazo de la exploración de América Latina por los europeos?

**5.** ¿Cómo afectó la colonización española a los indígenas americanos?

**RAZONAMIENTO CRÍTICO Y ESCRITURA**

**6. Explorar la idea principal** Repasa la idea principal al inicio de esta sección. Luego, escribe en un párrafo qué factores provocaron la decadencia de las culturas indígenas en América.

**7. Reconocer la parcialidad** A los indígenas americanos no se les pidió su opinión acerca del Tratado de Tordesillas, a pesar de que los afectaba. ¿Qué nos dice esto acerca de las actitudes de los europeos hacia los indígenas?

**ACTIVIDAD**

**8. Escribir para aprender** Escribe dos párrafos: uno como el que escribiría un indígena americano que ve por primera vez a un europeo, y otro como el que escribiría un europeo que ve por primera vez a un indígena americano.

# Independencia y difusión de la democracia

## ENFOQUE DE LECTURA

1. ¿Cómo conquistaron las naciones latinoamericanas su independencia?
2. ¿Cómo influyeron las revoluciones estadounidense y francesa en sus acontecimientos?
3. ¿Qué retos enfrentaron las naciones latinoamericanas a raíz de su independencia?

### PALABRAS CLAVE

revolución
criollo
caudillo
invertir
economía

### PERSONAJES CLAVE

Toussaint L'Ouverture
Miguel Hidalgo
Agustín de Iturbide
Simón Bolívar
José de San Martín

### IDEA PRINCIPAL

Inspirados por las revoluciones de otros países, los países latinoamericanos combatieron y conquistaron su independencia del dominio europeo.

## ANOTACIONES

Copia la tabla y mientras lees esta sección complétala con información de cómo y cuándo conquistaron su independencia las naciones latinoamericanas.

Finales de 1770-1780: Las colonias británicas de América del Norte se sublevan contra la dominación británica.

Finales de 1780-1790: Los ciudadanos franceses se sublevan contra el gobierno monárquico.

Se despierta en los creoles de América Latina el interés en las revoluciones.

| Haití | México | América del Sur occidental | Brasil |

## El escenario

La primera colonia de América Latina que inició una revolución fue Santo Domingo, en el Caribe. Cansados del dominio francés y del maltrato de los europeos, los esclavos de esa isla, encabezados por **Toussaint L'Ouverture** combatieron durante 10 años hasta lograr su independencia en 1804. A su nuevo país lo nombraron Haití.

La llama de la libertad en Haití se difundió muy pronto por toda América Latina. Para 1825, casi toda la región era independiente. Nunca más serían gobernados por los europeos.

## Independencia de México

Dos famosas revoluciones animaron a los cabecillas haitianos. Un tipo de **revolución** es un movimiento político en el que el pueblo derroca a un gobierno y pone otro en su lugar. Durante la década de 1770 y a principios de 1780 las 13 colonias británicas de América del Norte pelearon en una guerra para liberarse del dominio británico. En 1789, los franceses se rebelaron violentamente contra la monarquía. Esto inspiró no sólo al pueblo de Haití, sino a otros pueblos latinoamericanos.

**HISTORIA** Toussaint L'Ouverture fue capturado por los franceses, pero sus seguidores conquistaron la independencia de Haití. **Razonamiento crítico** ¿Cuáles son las cualidades que hacen de una persona un héroe? ¿Por qué?

**Independencia de Haití**

**MIENTRAS LEES**

Sacar conclusiones
¿Cuáles crees que hayan sido las actitudes de los criollos mexicanos en cuanto a la revolución?

Los criollos pusieron especial atención a estos acontecimientos. Un **criollo** tenía padres españoles, pero había nacido en América Latina. Los criollos solían ser los habitantes más ricos y mejor educados de las colonias españolas, pero pocos tenían poder político, porque sólo personas nacidas en España podían ocupar puestos en el gobierno.

**El "grito de Dolores"**    México inició la lucha por su independencia en 1810. **Miguel Hidalgo** encabezó este movimiento. Hidalgo era un sacerdote criollo del pueblo de Dolores que, junto con otros criollos de la población, se propuso iniciar una revolución.

### El grito de Dolores

En septiembre de 1810 el gobierno español descubrió la conspiración. Pero antes de que las autoridades pudiesen arrestarlo, Hidalgo entró en acción: hizo sonar con fuerza las campanas de la iglesia y se congregó una gran multitud. "¡Recuperad de los odiados españoles la tierra que ellos robaron a vuestros antepasados!", gritaba.

El llamado de Hidalgo a la revolución fue conocido como el "grito de Dolores", y atrajo a unos 80,000 combatientes en cuestión de semanas, principalmente mestizos e indígenas, que buscaban venganza contra el gobierno español. Los rebeldes consiguieron algunas victorias, pero su suerte cambió, y a principios de 1811 se batían en plena retirada. Hidalgo intentó huir del país, pero fue capturado, sometido a juicio, condenado por traición y ejecutado en julio de 1811.

**CULTURA**    El padre Hidalgo dio el "grito de Dolores" el 16 de septiembre. México lo celebra cada año en esa fecha. **Razonamiento crítico** ¿Por qué incluyó el pintor de este mural tanta gente en el fondo, detrás del padre Hidalgo? ¿Qué puedes decir acerca de estas personas?

**Por fin la independencia**    Pequeños grupos de rebeldes continuaron peleando. Entonces **Agustín de Iturbide** se unió a los rebeldes. Iturbide era un oficial de alto rango del ejército español. Muchas personas que se habían opuesto a la rebelión pensaron que podían confiar en que Iturbide protegería sus intereses y decidieron apoyar la insurrección. En 1821, Iturbide derrotó a los españoles y declaró la independencia de México.

## La independencia sudamericana

**Simón Bolívar** fue, casi sin lugar a dudas, el más grande líder revolucionario latinoamericano.

Bolívar se unió a la lucha por la independencia de Venezuela en 1804, y seis años más tarde se convirtió en su líder. Para 1822 las tropas de Bolívar habían liberado del dominio español un territorio muy grande (los futuros países de Colombia, Venezuela, el Ecuador y Panamá). Esta región recién liberada formó la Gran Colombia, y Bolívar fue nombrado su presidente.

**José de San Martín,** un argentino, había vivido en España y servido en el ejército español. Cuando la Argentina inició su lucha por la libertad, San Martín ofreció de inmediato su ayuda. En 1817 San Martín guió a sus soldados a través de los altos pasos de los Andes hacia Chile. Esta audaz acción tomó a los españoles totalmente por sorpresa y, en cuestión de meses, España fue derrotada. San Martín declaró la independencia de Chile y luego dirigió su atención al Perú.

Una vez más, San Martín actuó de forma inesperada. En esta ocasión el ataque fue desde el mar. En julio de 1821 San Martín avanzó tierra adentro y tomó Lima, la capital del Perú.

Un año después, San Martín se reunió con Bolívar para estudiar la lucha por la independencia. A continuación, San Martín renunció de improviso a su mando y dejó que Bolívar continuara la lucha solo. Finalmente, Bolívar expulsó al resto de las fuerzas españolas de América del Sur. Para 1825, sólo Cuba y Puerto Rico eran gobernadas todavía por España.

**Brasil sigue otro camino hacia la libertad** A principios del siglo XIX los ejércitos franceses invadieron España y Portugal. La familia real de Portugal huyó a Brasil para ponerse a salvo. El rey regresó a Portugal en 1821, y dejó a su hijo, Dom Pedro, al mando de la colonia. Dom Pedro declaró la independencia del Brasil en 1822. Tres años después, Portugal admitió discretamente que el Brasil era independiente.

## Los retos de la independencia

Después de conquistar su independencia de Europa a mediados del siglo XIX, los dirigentes latinoamericanos enfrentaban retos muy difíciles y tenían que decidir cómo gobernar sus países. Bolívar fijó la norma para los dirigentes latinoamericanos, la mayoría de los cuales eran **caudillos,** esto es, oficiales militares que gobernaban muy estrictamente y con poderes ilimitados. Sin embargo, a diferencia de Bolívar, la mayor parte de los caudillos sólo buscaban conservar el poder y enriquecerse. Luego de años de combates, y ahora bajo un control estricto, las naciones latinoamericanas eran muy pobres.

**Agricultura y economía**

**ECONOMÍA** En América Latina, muchas empresas agrícolas de gran escala son todavía propiedad de extranjeros. **Razonamiento crítico** ¿Cómo influye en la economía el hecho de que muchas empresas agrícolas sean de extranjeros?

**Construcción de televisores en una línea de montaje**

**ECONOMÍA** En los últimos 50 años los países latinoamericanos elaboraron un número mucho mayor de productos en fábricas como ésta del Brasil. **Razonamiento crítico** ¿Qué destrezas necesitan los trabajadores de esta fábrica?

# Aspectos económicos

Muchas compañías extranjeras invirtieron en América Latina en el siglo XIX. **Invertir** significa gastar dinero para ganar más. Por ello, las compañías extranjeras llegaron a ser poderosas en las economías latinoamericanas. La **economía** de un país se compone de la producción de bienes y servicios a disposición de la gente. El dinero que se obtiene de esto influye en la economía del país. Las compañías extranjeras obtuvieron grandes utilidades pero apoyaron muy poco a la economía de los países latinoamericanos.

A fin de mejorar su economía, los países latinoamericanos construyeron sus propias fábricas para producir mercancías y comenzaron a cultivar diferentes tipos de plantas para explotarlas. Para 1970 las economías latinoamericanas ya habían mejorado. Pero en la década de 1980 subió el precio del petróleo, necesario para el funcionamiento de las fábricas. Además, los precios de los productos latinoamericanos bajaron. Los países latinoamericanos gastaban más dinero y ganaban menos, así que, para recuperarse, pidieron dinero prestado a los países ricos, lo que generó una enorme deuda extranjera.

Hoy en día, éstos siguen expandiendo su economía. Las compañías extranjeras todavía invierten en América Latina, pero ahora casi todos estos países limitan la forma de invertir, para evitar que los países extranjeros controlen por completo su economía. Asimismo, los países latinoamericanos cooperan y comercian con una gran variedad de productos.

# EVALUACIÓN DE LA SECCIÓN 3

## DESPUÉS DE LEER

### RECORDAR
**1.** Identifica: (a) Toussaint L'Ouverture, (b) Miguel Hidalgo, (c) Agustín de Iturbide, (d) Simón Bolívar, (e) José de San Martín

**2.** Define: (a) revolución, (b) criollo, (c) caudillo, (d) invertir, (e) economía

### COMPRENSIÓN
**3.** Describe cómo conquistaron su independencia los países latinoamericanos.

**4.** ¿Qué sucesos mundiales influyeron en el movimiento de independencia de América Latina?

**5.** ¿Qué medidas tomaron los países latinoamericanos para mejorar su economía después de su independencia?

### RAZONAMIENTO CRÍTICO Y ESCRITURA
**6. Explorar la idea principal** Repasa la idea principal al inicio de esta sección. Luego, enumera los retos políticos y económicos que enfrentaron los nuevos países independientes de América Latina.

**7. Hacer predicciones** Escribe en un párrafo lo que podría haber ocurrido con las economías latinoamericanas si los países no hubieran conquistado su independencia y hubiesen permanecido bajo el dominio colonial.

### ACTIVIDAD
**8. Escribir para aprender** Imagina que eres poeta y te han pedido que escribas un poema patriótico para un país latinoamericano recientemente independizado. Escribe un poema acerca de la independencia del país. No olvides incluir el nombre del país y los detalles de su lucha por la independencia.

# Tomar decisiones

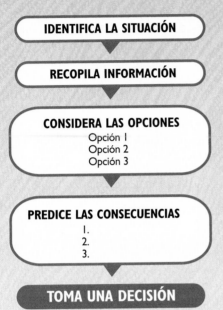

IDENTIFICA LA SITUACIÓN

RECOPILA INFORMACIÓN

CONSIDERA LAS OPCIONES
Opción 1
Opción 2
Opción 3

PREDICE LAS CONSECUENCIAS
1.
2.
3.

TOMA UNA DECISIÓN

## Aprende la destreza

Para tomar buenas decisiones se necesita reflexión y esfuerzo. Sigue estos pasos para tomar buenas decisiones:

**A. Identifica la situación.** Asegúrate de tener una visión clara de las cuestiones implicadas. A veces resulta útil describir la situación por escrito, explicando las razones por las que es necesario considerarla y lo que es necesario cambiar.

**B. Recopila información.** Para aclarar mejor el asunto, es útil recopilar información específica acerca de la situación que se está considerando. Una situación cambia al paso del tiempo. En muchos casos esta historia —la historia de la situación— ofrece hechos que facilitan el tomar una decisión.

**C. Considera las opciones.** Antes de sacar conclusiones apresuradas y de actuar con precipitación, dedica un poco de tiempo a poner por escrito varias opciones, o diferentes formas de proceder posibles. Cuando Cristóbal Colón quería encontrar una mejor ruta comercial hacia el Oriente, es probable

que haya considerado varias rutas posibles. Tendrás más información para trabajar si generas tantas ideas como puedas y las pones por escrito.

**D. Predice las consecuencias.** Piensa en cada opción y en las posibles consecuencias de cada acción. Escribe los riesgos y el resultado, no sólo respecto a ti mismo, sino respecto a todas las personas implicadas. Ciertas decisiones te afectan a ti, pero también a tu familia, tu escuela y tu comunidad. Otras, como por cuál candidato votar o qué asunto político apoyar, pueden influir en todo tu estado o país. Es mejor conocer los posibles resultados antes de tomar tu decisión.

**E. Toma una decisión.** Elige una de las opciones. Basándote en lo que has aprendido, decide cómo debes actuar de modo que sea lo mejor para todas las personas implicadas. La mejor decisión no es siempre la solución más fácil ni la que produce resultados más pronto. Elige la que mejor resuelva el problema a la larga.

## Practica la destreza

Miguel Hidalgo puso en marcha una revolución que condujo a la independencia de México. Sin duda, este sacerdote luchó con su decisión de convocar al pueblo a la guerra. Tal vez meditó su decisión a lo largo de meses o incluso años. Piensa en la decisión de Hidalgo y examínala a la luz de los cinco pasos para tomar decisiones. ¿Cuál era la situación? ¿Cuáles eran las diferentes opciones? Considera las consecuencias de cada opción. ¿Por qué optó Hidalgo por la decisión que tomó? ¿Piensas que tomó la decisión correcta? Explica por qué.

## Aplica la destreza

Hallarás más preguntas sobre cómo tomar decisiones en la sección Repaso y evaluación de este capítulo.

# Repaso y evaluación

## Hacer un resumen del capítulo

**En una hoja suelta, dibuja un diagrama como éste y agrega la información que resume la primera sección del capítulo. Luego, completa los cuadros que faltan con un resumen de las secciones 2 y 3.**

### AMÉRICA LATINA: MOLDEADA POR LA HISTORIA

**Sección 1**
Antes de la llegada de los europeos existían tres civilizaciones avanzadas: los mayas, los aztecas y los incas. Cada una tenía sus propias prácticas e instituciones culturales importantes.

**Sección 2**

**Sección 3**

### Repaso de palabras clave

**Relaciona las definiciones de la columna I con las palabras clave de la columna II.**

**Columna I**

**1.** tubo o canal destinado a transportar agua desde una fuente lejana

**2.** plantación

**3.** tipo de escritura que usa signos y símbolos

**4.** movimiento político en el que el pueblo derroca al gobierno y pone otro en su lugar

**5.** personas de ascendencia mixta española e indígena

**6.** producción de bienes y servicios a disposición de la gente

**Columna II**

**a.** revolución

**b.** hacienda

**c.** jeroglíficos

**d.** economía

**e.** acueducto

**f.** mestizos

### Repaso de ideas principales

**1.** Nombra un logro importante de cada una de las civilizaciones maya, azteca e inca. (Sección 1)

**2.** Cita dos ejemplos de la influencia de los imperios maya, azteca o inca en la cultura actual de América Latina. (Sección 1)

**3.** ¿Cómo consiguieron los incas modificar su medio ambiente para cultivar más alimentos? (Sección 1)

**4.** Menciona dos aspectos en los que las civilizaciones maya y azteca eran similares. (Sección 1)

**5.** ¿Por qué consiguió España dominar la mayor parte de América Latina, en tanto que Portugal dominó únicamente Brasil? (Sección 2)

**6.** ¿Cuál fue el papel de los criollos en la lucha por la independencia latinoamericana? (Sección 3)

**7.** ¿Cómo han intentado mejorar su economía muchos países latinoamericanos en años recientes? (Sección 3)

## Actividad de mapa

**Escribe la letra que indica la posición de cada lugar en el mapa.**

**1.** los Andes

**2.** imperio inca

**3.** imperio maya

**4.** imperio azteca

 **Búscalo en la RED**

**Enriquecimiento** Para más actividades con mapas y destrezas de geografía, visita la sección de Social Studies de **phschool.com.**

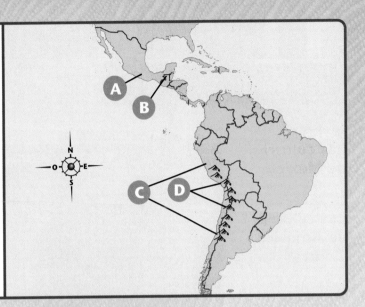

## Actividad de escritura

**1. Escribir una canción** Los mayas, aztecas e incas transmitían relatos y canciones, en forma oral, de generación en generación. Imagina que vivías en tiempos de la conquista española. Escribe una canción sobre la conquista desde un punto de vista maya, azteca o inca.

**2. Escribir un diario** Eres un partidario de Hidalgo que recién escuchó el "grito de Dolores". Escribe en una entrada de diario lo que sientes respecto a sus esfuerzos por hacer de México una nación independiente y libre.

## Razonamiento crítico

**1. Reconocer causa y efecto** ¿Cuáles fueron las dos causas de la caída de los imperios azteca e inca? ¿Cuáles fueron dos efectos a largo plazo del dominio europeo en estos pueblos indígenas?

**2. Reconocer un punto de vista** Hidalgo gritó al pueblo: "¡Recuperad de los odiados españoles la tierra que ellos robaron a vuestros antepasados!". ¿Por qué habrían los criollos (de padres españoles pero nacidos en América Latina) de mostrarse en favor del grito de libertad?

**Búscalo en la RED**

**Actividad** Lee acerca de los conquistadores y de las civilizaciones antiguas de América Latina. ¿Cómo han influido los conquistadores en la vida actual de América Latina? Visita la sección World Explorer: People, Places and Cultures de **phschool.com** para realizar esta actividad.

**Autoevaluación del Capítulo 10** Como repaso final, resuelve la prueba de autoevaluación del Capítulo 10. Busca la prueba en la sección de Social Studies en **phschool.com.**

## Aplica tus destrezas

**Pasa a Destrezas para la vida de la página 193 para responder las siguientes preguntas.**

**1.** ¿Durante cuál de los pasos del procedimiento para tomar decisiones ponderarías las consecuencias de tus actos?

   **a.** Identifica la situación   **b.** Recopila información

   **c.** Considera las opciones   **d.** Predice las consecuencias

   **e.** Toma una decisión

**2.** Define una situación en la que debas tomar una decisión en tu vida, como qué deporte jugar después de la escuela, cómo pasar el verano, o qué tema elegir para una investigación. Resume y usa los pasos del proceso para tomar decisiones.

# AMÉRICA LATINA
# Riqueza cultural

## "Viento, agua, piedra" por Octavio Paz

*El agua horada la piedra,*
*el viento dispersa el agua,*
*la piedra detiene al viento.*
*Agua, viento, piedra.*

*El viento esculpe la piedra,*
*la piedra es copa del agua,*
*el agua escapa y es viento.*
*Piedra, viento, agua.*

*El viento en sus giros canta,*
*el agua al andar murmura,*
*la piedra inmóvil se calla.*
*Viento, agua, piedra.*

*Uno es otro y es ninguno:*
*entre sus nombres vacíos*
*pasan y se desvanecen*
*agua, piedra, viento.*

# COMPRENDER LA LITERATURA

## Cómo analizar la poesía

Los poetas a veces se proponen dar significado a algo a través de las palabras. El poeta Octavio Paz muestra la relación entre el viento, el agua y la piedra en este poema. Lee de nuevo el poema y scoge una estrofa; dibuja algo que presente las imágenes que se utilizan este poema. Podrías recrear la escena como el poeta la describe, o bien zar símbolos o arte abstracto para ar la estrofa.

## Cómo crear un poema

Lee otra vez el poema de Octavio Paz. ¿Qué dice el poeta acerca de la relación entre el viento, el agua y la piedra? ¿Cómo se relacionan entre sí estos tres elementos? Piensa en otros elementos de la naturaleza que tengan una relación estrecha, como las mareas del océano y las playas, las nubes y la lluvia, o el Sol y la luz. Escribe un poema que ilustre esa relación por medio de imágenes de la naturaleza.

# Las culturas de México

## ENFOQUE DE LECTURA

1. Menciona tres de las culturas que influyen en México.
2. ¿Cuáles son las tendencias demográficas que influyen en el México actual?
3. ¿Qué factores económicos han provocado la emigración de México a los Estados Unidos?

### PALABRAS CLAVE
campesinos
rural
urbano
maquiladora
emigrar

### LUGARES CLAVE
Ciudad de México

### ANOTACIONES
Copia la red de conceptos y mientras lees esta sección complétala con información de la cultura mexicana. Agrega los óvalos que necesites.

herencia étnica — idioma — culturas de México — tendencias demográficas — religión

### IDEA PRINCIPAL
Los habitantes de México son afectados por la distribución cambiante de la población y las circunstancias económicas.

# El escenario

El pasado tiene una gran influencia en el México moderno. Durante siglos estas tierras fueron el hogar de avanzadas y antiguas civilizaciones indígenas. Cuando los españoles colonizaron la región en el siglo XVI, trajeron consigo su idioma, su religión, su arquitectura y su música. La combinación de estas dos culturas dio origen a otra cultura: la mestiza. En México se mezclan estas culturas.

## Influencias culturales de México

Los mestizos tienen antepasados tanto españoles como indígenas. Alrededor del 30 por ciento de los habitantes de México son indígenas, pero el español es el principal idioma para la mayoría de los mexicanos. Algunos mexicanos también hablan lenguas indígenas.

La religión es importante para los mexicanos. Durante los siglos XVI y XVII los misioneros católicos españoles convirtieron al cristianismo a muchos indígenas, y desde entonces la Iglesia Católica Romana ha sido importante en esta región. Sin embargo, los indígenas han mezclado muchos elementos de sus religiones con el cristianismo.

**Un mercado rural**

**ECONOMÍA** Este mercado está en Oaxaca, México. Los habitantes del México rural compran sus provisiones y utensilios domésticos en mercados como éste.
**Razonamiento crítico** ¿Qué detalles de esta fotografía muestran semejanzas entre los mercados rurales y los supermercados urbanos? ¿Qué detalles muestran diferencias?

# México

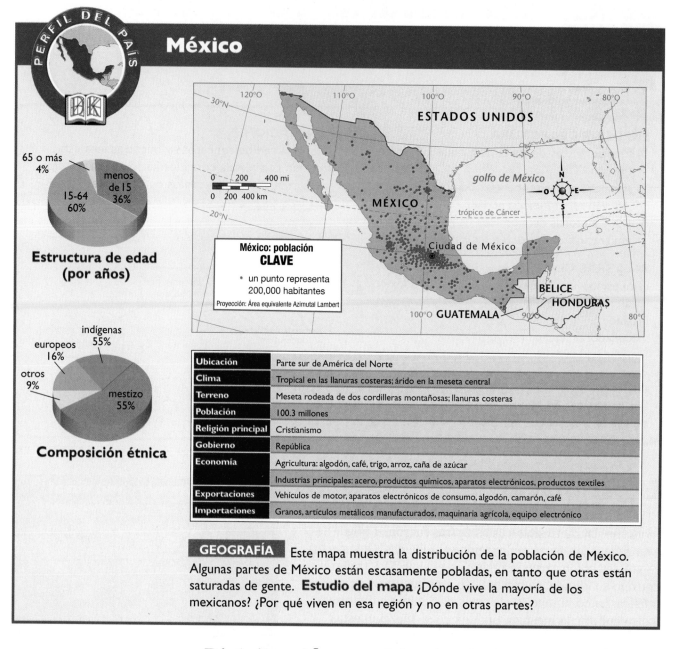

**Estructura de edad (por años)**
- 65 o más 4%
- 15-64 60%
- menos de 15 36%

**Composición étnica**
- indígenas 55%
- europeos 16%
- otros 9%
- mestizo 55%

**México: población**
**CLAVE**
• un punto representa 200,000 habitantes
Proyección: Área equivalente Azimutal Lambert

ESTADOS UNIDOS

golfo de México

MÉXICO

trópico de Cáncer

Ciudad de México

BELICE

HONDURAS

GUATEMALA

| Ubicación | Parte sur de América del Norte |
|---|---|
| Clima | Tropical en las llanuras costeras; árido en la meseta central |
| Terreno | Meseta rodeada de dos cordilleras montañosas; llanuras costeras |
| Población | 100.3 millones |
| Religión principal | Cristianismo |
| Gobierno | República |
| Economía | Agricultura: algodón, café, trigo, arroz, caña de azúcar |
| | Industrias principales: acero, productos químicos, aparatos electrónicos, productos textiles |
| Exportaciones | Vehículos de motor, aparatos electrónicos de consumo, algodón, camarón, café |
| Importaciones | Granos, artículos metálicos manufacturados, maquinaria agrícola, equipo electrónico |

**GEOGRAFÍA** Este mapa muestra la distribución de la población de México. Algunas partes de México están escasamente pobladas, en tanto que otras están saturadas de gente. **Estudio del mapa** ¿Dónde vive la mayoría de los mexicanos? ¿Por qué viven en esa región y no en otras partes?

# Distribución cambiante de la población

La mayoría de las familias mexicanas son pobres. Los agricultores pobres, conocidos como **campesinos**, aran la tierra y recogen sus cosechas a mano, porque no pueden comprar equipo costoso.

Aunque algunos de los habitantes de México viven en zonas rurales, es decir, en el campo, alrededor del 74 por ciento viven en ciudades y pueblos grandes. La población de México ha aumentado de forma extraordinaria en los últimos 20 años, a un ritmo de crecimiento de más de dos por ciento al año, ritmo que doblará la población en 20 ó 30 años. El rápido crecimiento de la población dificulta a los jóvenes de las zonas rurales encontrar empleo, y muchos dejan su hogar para buscar trabajo en zonas **urbanas**, esto es, en las ciudades.

Muchas personas se han mudado de las zonas rurales a la **Ciudad de México**, la ciudad más grande del país. Contando a los habitantes de todas las zonas de la periferia la Ciudad de México tiene más de

23 millones de habitantes. Hay muchos contrastes entre la vida de los moradores de la Ciudad de México. Los ricos de esta ciudad tienen un estilo de vida similar al de los ricos de los Estados Unidos. Para los pobres, en cambio, la vida en la ciudad puede ser muy difícil.

## Economía y emigración

Algunos mexicanos se mudan a poblaciones situadas a lo largo de la frontera con los Estados Unidos. Ahí pueden trabajar en fábricas que son propiedad de compañías estadounidenses, pero que están situadas en México porque ahí los sueldos son más bajos que en los Estados Unidos. Estas fábricas fronterizas se llaman **maquiladoras**.

Debido a que la gente se desborda hacia las ciudades y poblaciones fronterizas mexicanas, los empleos escasean y algunas personas deciden emigrar. **Emigrar** significa mudarse permanentemente de un país a otro. Miles de personas han emigrado de México a los Estados Unidos. Algunos de estos emigrantes entran en los Estados Unidos de manera ilegal, un problema que los gobiernos estadounidense y mexicano intentan resolver.

Fermín Carrillo es un trabajador que hizo justamente eso. Debido a que ya no había empleos y sus padres necesitaban alimento y atención médica, Fermín dejó su pueblo natal en México y se mudó a Oregón, donde encontró trabajo en una fábrica procesadora de pescado. Desde ahí envía la mayor parte del dinero que gana a sus padres.

### Vida rural y vida urbana

**ECONOMÍA** Arriba, un agricultor del México rural se gana la vida cultivando alfalfa. A la izquierda, la gente se apresura para llegar a su destino en la Ciudad de México. **Razonamiento crítico** ¿En qué aspectos podrían los retos de vivir en las zonas urbanas de México ser diferentes de los retos de vivir en las zonas rurales?

# EVALUACIÓN DE LA SECCIÓN I

**DESPUÉS DE LEER**

### RECORDAR
1. Identifica: (a) la Ciudad de México
2. Define: (a) campesinos, (b) rural, (c) urbano, (d) maquiladora, (e) emigrar

### COMPRENSIÓN
3. ¿Qué culturas influyen en el México actual?
4. ¿Por qué se desplaza la población mexicana del campo a la ciudad?
5. Describe los factores económicos que han influido en la emigración de México a los Estados Unidos.

### RAZONAMIENTO CRÍTICO Y ESCRITURA
6. **Explorar la idea principal** Repasa la idea principal al inicio de esta sección. Luego, escribe un párrafo para explicar cómo está cambiando la distribución de la población en México.
7. **Apoyar un punto de vista** Escribe una entrada de diario desde el punto de vista de una persona que se muda de un contexto rural a uno urbano. Escribe sobre cómo ha cambiado la vida de la persona a causa de su desplazamiento.

### ACTIVIDAD

**Búscalo en la RED**

8. **Cultura y cocina mexicanas** Los alimentos y la cocina son aspectos importantes de la cultura mexicana. Prepara algunas de las recetas que se muestran en el sitio de la red y prueba algún alimento tradicional mexicano. Visita la sección de World Explorer: People, Places and Cultures de **phschool.com** para realizar esta actividad.

# Las culturas de América Central

## ANTES DE LEER

1. ¿Cuál es la herencia cultural de los habitantes de América Central?
2. ¿Cómo influye la religión en la vida de los centroamericanos?
3. ¿Por qué muchos centroamericanos se han mudado a las ciudades o a los Estados Unidos?

**PALABRAS CLAVE**
diversidad
injusticia

**LUGARES CLAVE**
Honduras

**IDEA PRINCIPAL**
Hay una gran diversidad y una rica herencia entre las culturas de América Central.

**ANOTACIONES**
Copia el diagrama de Venn y mientras lees esta sección complétalo con información sobre la vida rural y urbana en América Central.

Vida rural    Vida urbana

## Métodos agrícolas

### CIENCIA, TECNOLOGÍA Y SOCIEDAD

En El Salvador muchos agricultores carecen de equipo agrícola moderno, y utilizan arados tradicionales de madera y bueyes. **Razonamiento crítico** ¿Qué beneficios traería el equipo moderno? ¿Cómo afectaría esto a la economía?

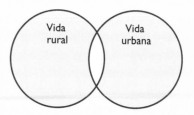

# El escenario

Elvia Alvarado recorre los caminos poco transitados de las zonas rurales de **Honduras** para ayudar a los campesinos pobres a ganarse la vida. Los campesinos hondureños, al igual que los demás habitantes rurales de toda América Central, poseen pocas tierras. Es difícil para ellos ganar el dinero suficiente para sostener a sus familias.

Elvia Alvarado es madre y abuela, y trabaja para una organización de campesinos. Ayuda a la gente a conseguir préstamos para comprar semillas, maquinaria agrícola y más tierras. Además, ahí trabaja con grupos comunitarios.

El trabajo de Elvia no es fácil. "Es difícil llegar a las comunidades en las que trabajamos", dice. "A veces no como en todo el día, y en el verano los arroyos se secan y con frecuencia no hay agua para beber." En ocasiones no le pagan. "Pero no podría estar contenta aunque mi estómago estuviese lleno si mis vecinos no tuvieran un plato de frijoles y tortillas para poner en la mesa", afirma. "Lucho por una vida mejor para todos los hondureños."

# Herencia cultural

Honduras, donde Elvia Alvarado vive y trabaja, es uno de los siete países de América Central. En conjunto, estos países forman un istmo retorcido y delgado. El istmo une a México con América del Sur.

**Una región, muchos rostros** Hay gran **diversidad**, es decir, variedad, entre los habitantes de América Central. Los Hondureños como Elvia son principalmente mestizos, de ascendencia española e indígena. Alrededor de la mitad de los habitantes de Guatemala son mestizos, en tanto que la otra mitad son indígenas. Muchos costarricenses son descendientes directos de españoles, y más de la mitad de los habitantes de Belice son de ascendencia africana o de ascendencia mixta africana y europea.

El español es el idioma principal en seis de los siete países. Sin embargo, en estos países hay además otras lenguas. En Guatemala hay más de 20 dialectos. El español es el idioma del gobierno y de los negocios, pero los indígenas de Guatemala hablan sus propias lenguas, al igual que los indígenas de Panamá, El Salvador y Nicaragua. Los habitantes de Belice hablan inglés.

## Religión y civismo

La religión es importante para los habitantes de América Central. Al igual que en México, los misioneros católicos españoles que vinieron a América Central en los siglos XVI y XVII convirtieron a muchos indígenas al cristianismo. Hoy en día, la mayoría de los centroamericanos son católicos, pero algunas religiones indígenas mezclan elementos de sus religiones tradicionales con el cristianismo.

La Iglesia Católica Romana combate la injusticia en América Central. La **injusticia** es el trato injusto a las personas, y suele darse en los países que no tienen un gobierno democrático. Son ejemplos de injusticia el que a una persona le arrebaten sus propiedades y el que se encarcele a las personas sin haber tenido antes un juicio justo. Los clérigos católicos trabajan en pro del trato justo a las personas, y muchos ciudadanos toman sus propias medidas para terminar con la pobreza y la injusticia.

# En busca de oportunidades económicas

En buena medida, como la población de México, la población de América Central está creciendo con rapidez. La población ha aumentado sobre todo en las zonas rurales y urbanas. A medida que la población crece en las zonas rurales, muchos campesinos deciden que ganarse la vida trabajando la tierra es demasiado difícil, así que dejan la tierra y se van a las ciudades con la esperanza de encontrar mejores oportunidades económicas. Esto ha dado por resultado el rápido crecimiento de la población de las grandes ciudades, a un ritmo mucho mayor que en el resto del país.

En las ciudades, la gente rica vive en casas grandes situadas en amplias avenidas. Estas personas envían a sus hijos a buenas escuelas y pueden pagar servicios médicos. Para los pobres, en cambio, la vida en la ciudad es difícil porque hay escasez de viviendas. Los precios en aumento han elevado aún más el costo de la vida. No es fácil encontrar trabajo, ni alimentar a una familia.

La mayoría de los habitantes de América Central se mudan a algún otro lugar de su propio país si no encuentran trabajo. Algunos salen de su país para buscar trabajo en lugares como Estados Unidos: se convierten en inmigrantes, esto es, personas que se mudan de un país a otro. Algunos de ellos desean quedarse en los países a los que se han mudado. Otros quieren volver a casa después de ganar algún dinero para ayudar a su familia.

Aunque son muchos los centroamericanos que dejan la región en busca de una vida mejor, muchos más siguen el ejemplo de Elvia Alvarado: se quedan y comienzan a construir una vida mejor para sí mismos en su patria.

---

# EVALUACIÓN DE LA SECCIÓN 2

## DESPUÉS DE LEER

### RECORDAR
1. Identifica: (a) Honduras
2. Define: (a) diversidad, (b) injusticia

### COMPRENSIÓN
3. (a) ¿Cuáles son el idioma y la religión principales de los habitantes de América Central? (b) ¿De qué modo reflejan los idiomas y religiones de la región la historia de América Central?
4. ¿Qué papel desempeña la religión en la vida de los centroamericanos?

5. ¿Cuál es una de las razones por las que los centroamericanos emigran a Estados Unidos?

### RAZONAMIENTO CRÍTICO Y ESCRITURA
6. **Explorar la idea principal** Repasa la idea principal al inicio de esta sección. Luego, escribe un párrafo para describir la diversidad de culturas que hay en América Central.
7. **Identificar causa y efecto** Imagina que eres un o una inmigrante de América Central que ha venido a Estados Unidos. Escribe una entrada de diario acerca de las razones que motivaron tu emigración y los efectos que ella ha tenido en ti y en tu familia.

### ACTIVIDAD
8. **Hacer un mapa cultural** Dibuja un mapa que muestre los países de América Central y rotula cada uno con las culturas que hay en ese país. Incluye rótulos con los nombres de las ciudades más importantes.

## SECCIÓN 3

# Las culturas del Caribe

---

**ANTES DE LEER**

### ENFOQUE DE LECTURA

**1.** ¿Cómo se dio el encuentro de las culturas europea, africana e indígena americana para crear culturas caribeñas únicas?

**2.** ¿Qué culturas influyen en los grupos étnicos, las religiones y los idiomas del Caribe de hoy?

**3.** ¿Cuáles son los elementos culturales clave que componen las culturas actuales del Caribe?

### PALABRAS CLAVE
grupo étnico
carnaval

### LUGARES CLAVE
Jamaica
Cuba
Trinidad y Tobago

### IDEA PRINCIPAL
En los estilos de vida, la música, la comida, el arte y el entretenimiento del Caribe influye una rica mezcla de culturas.

### ANOTACIONES

Copia el esquema y mientras lees esta sección complétalo con información sobre las culturas de las islas del Caribe.

**I. Vínculos culturales con el pasado**
  A. Pueblos indígenas americanos
  B.
  C.
  D.
**II. Variedad étnica y rasgos culturales**
  A. Raza
  B. Idioma
  C. Religión
**III. Mezcla cultural del pasado y el presente**
  A. Deportes/entretenimiento
  B. Comida
  C. Música caribeña
  D. Carnaval

---

# El escenario

Dorothy Samuels es una niña de diez años de **Jamaica**, una isla tropical del mar Caribe. Vive en una aldea cerca del océano y asiste a una escuela del lugar. Dorothy espera ir un día a la universidad en Kingston, la capital de Jamaica. Las leyes de ese país dan a las mujeres las mismas oportunidades de educación que a los hombres.

La familia de Dorothy es de agricultores, que plantan hortalizas, fruta y granos de cacao. Todos los sábados, la madre y la abuela de Dorothy llevan sus frutas y hortalizas al mercado para venderlas. Todos los comerciantes del mercado son mujeres.

## Habitantes y culturas del Caribe

Muchos jamaiquinos, al igual que la mayoría de los habitantes del Caribe, son descendientes de esclavos africanos. Los esclavos fueron traídos al Caribe a trabajar en las plantaciones de caña de azúcar establecidas por los europeos. Hoy en día, hay una gran variedad de culturas en esta región.

**Prácticas tradicionales**

**CULTURA** Muchas mujeres jamaiquinas cargan mercancías en la cabeza, una práctica que proviene de África. **Razonamiento crítico** ¿Qué prácticas de tu familia o comunidad se han transmitido a lo largo del tiempo?

MIENTRAS LEES

Usa conocimientos previos ¿Qué grupos étnicos viven en el Caribe hoy en día?

# Los primeros habitantes del Caribe

La cadena de islas que constituye el Caribe se extiende a lo largo de unas 2,000 millas (3,219 km) en el mar Caribe. Jamaica, al igual que otras islas del Caribe, tiene un suelo fértil y lluvias favorables para la producción de azúcar y algodón. En los valles pequeños se produce fruta y hortalizas.

Los indígenas llamados ciboney habitaron la isla durante miles de años. Por el año 300 D.C., un grupo sudamericano, el de los arawak, se unió a ellos. Alrededor del año 1000 D.C. los caribes, otro grupo sudamericano, se unieron a la población y dieron su nombre a la región. Ahí vivieron durante más de 400 años antes de que los europeos llegaran por primera vez a la región.

Cuando Cristóbal Colón desembarcó en las islas del Caribe, pensó que había llegado a las Indias, en Asia, por lo que llamó indios a los pueblos nativos. Colón y otros exploradores que navegaron desde España hasta las islas del Caribe esclavizaron a los indígenas americanos y, en consecuencia, la mayoría de los caribes, arawaks y otros grupos murieron por exceso de trabajo y a causa de las enfermedades que los españoles trajeron consigo. Hoy en día sólo quedan algunos cientos de caribes en la isla de Dominica.

Tras de los españoles vinieron colonizadores holandeses, franceses e ingleses, que reclamaron territorio en el siglo XVII y trajeron consigo esclavos africanos a trabajar en sus plantaciones. Los descendientes de los africanos, los europeos y los inmigrantes que vinieron al Caribe de China, la India y el Oriente Medio contribuyen a la rica mezcla de culturas del Caribe actual.

### Variedad étnica y rasgos culturales
La población del Caribe tiene aproximadamente 37 millones de habitantes. Casi una tercera parte de ellos viven en la isla más grande de la región, **Cuba.**

Debido a que tantas personas llegaron al Caribe como colonos, esclavos o inmigrantes, la región tiene una gran diversidad étnica. Un **grupo étnico** es un grupo de personas con una misma raza, idioma, religión o tradiciones culturales. Los grupos étnicos del Caribe son el indígena, el africano, el europeo, el asiático y el del Oriente Medio.

Los caribeños hablan alguno de varios idiomas europeos, o bien su lengua puede ser una mezcla de idiomas europeos y africanos. La mayoría de los habitantes de las Indias Occidentales son cristianos, aunque también hay pequeños grupos de hindúes, musulmanes y judíos. Algunos practican religiones africanas tradicionales.

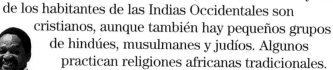

## Una familia caribeña

**CULTURA** La vida familiar es muy importante para los habitantes del Caribe. Esta familia de Montserrat, en las Indias Occidentales Británicas, se compone de los padres y sus hijos. Muchos habitantes del Caribe viven en grupos familiares que incluyen también abuelos, tíos, tías y primos.

**Razonamiento crítico** ¿Cuáles son los miembros de tu familia? ¿Cómo es tu familia en comparación con una familia caribeña?

# Una mezcla cultural del pasado y el presente

La cultura caribeña es famosa por su vivacidad. La gente toca música, baila y cuenta historias, además de practicar numerosos deportes. El béisbol, el fútbol y las competencias de pista y campo son muy populares.

**Comida**   La comida caribeña es una mezcla cultural de todas las islas. Los caribeños disfrutan de mariscos en abundancia. El bami —un pan que se elabora con la planta de mandioca— todavía se prepara como lo hacían los arawak. Cocinan además curries muy condimentados de la India, salchichas de Inglaterra y platillos chinos.

**Música**   La música caribeña es famosa en todo el mundo. El calipso, de Trinidad y Tobago, es un tipo de canto que suele tocarse en tambores de acero. Estos instrumentos se hacen con tambores de aceite recuperados. El tambor de acero se puede "afinar" de tal manera que sus diferentes partes suenen en tonos distintos. El reggae es otra popular forma musical del Caribe, originaria de Jamaica.

**Carnaval**   Muchos isleños conservan la tradición católica romana de la cuaresma, período de 40 días que precede al domingo de Pascua. La gente la considera como un tiempo muy solemne, por lo que justo antes de la cuaresma celebran una gran fiesta llamada **Carnaval**.

El carnaval se celebra de varias maneras en los diferentes países. El más grande es el de **Trinidad y Tobago**. La gente pasa todo el año elaborando trajes y carros alegóricos. A las 5 A.M. del lunes antes de la cuaresma, la gente sale a las calles con sus trajes. Las bandas de calipso tocan y miles de aficionados las siguen por las calles, bailando y celebrando. La medianoche del jueves, la fiesta termina. La cuaresma ha comenzado.

**Tradición y celebración**

**CULTURA**   Muchos habitantes de los países del Caribe visten trajes fastuosos y coloridos para celebrar el carnaval. **Razonamiento crítico** ¿Qué celebraciones similares se llevan a cabo en los Estados Unidos?

# EVALUACIÓN DE LA SECCIÓN 3

**DESPUÉS DE LEER**

**RECORDAR**

1. Identifica: (a) Jamaica, (b) Cuba, (c) Trinidad y Tobago

2. Define: (a) grupo étnico, (b) carnaval

**COMPRENSIÓN**

3. ¿Cómo llegaron a encontrarse las singulares culturas del Caribe?

4. ¿Cuáles son las culturas que han influido en la composición étnica, el idioma y la religión del Caribe?

5. ¿Cuáles son algunas de las costumbres que contribuyen a la cultura caribeña actual?

**RAZONAMIENTO CRÍTICO Y ESCRITURA**

6. **Explorar la idea principal** Repasa la idea principal al inicio de esta sección. Luego, enumera al menos cuatro culturas que influyen en las tradiciones, la comida, el arte, el entretenimiento y la música del Caribe.

7. **Hacer comparaciones** ¿Qué elementos comunes de su historia han moldeado las culturas de las diversas islas caribeñas?

**ACTIVIDAD**

8. **Comparar culturas** Elige un aspecto de la cultura caribeña (comida, música, religión y otros) y anota lo que hayas aprendido acerca de él en esta sección. Luego, escribe sus semejanzas y diferencias respecto a tu propia cultura.

# Las culturas de América del Sur

## ENFOQUE DE LECTURA

1. ¿Cómo ha creado la geografía diversidad en América del Sur?
2. ¿Cómo moldea la agricultura la vida de los sudamericanos?
3. ¿Cómo ha influido el rápido crecimiento de la población en las ciudades de América del Sur?

### PALABRAS CLAVE
agricultor de subsistencia
importar

### LUGARES CLAVE
cordillera de los Andes

### IDEA PRINCIPAL
Dentro de las cuatro regiones culturales de América del Sur hay una gran diversidad de estilos de vida.

## ANOTACIONES
Copia la tabla y mientras lees esta sección complétala con información sobre las diferentes regiones culturales de América del Sur.

| Regiones culturales de América del Sur | | | |
|---|---|---|---|
| Colombia Venezuela Guyana Surinam Guayana Francesa | Perú Ecuador Bolivia | Chile Argentina Uruguay Paraguay | Brasil |
| | | | |

**Construcción de botes**

*ISLA SURIQUI BOLIVIA*

Los indígenas que viven en el lago Titicaca construyen botes con juncos de totora. **Razonamiento crítico** ¿Qué formas de transporte podían utilizar los indígenas americanos para atravesar los Andes?

## El escenario

Entre el Perú y Bolivia hay un lago profundo llamado Titicaca, en las alturas de la **cordillera de los Andes**. Esta región es sumamente fría y tiene pocos árboles. Los indígenas del lugar se ganan la vida por medio de los juncos de totora, una especie de hierba gruesa y hueca que crece en la ribera del lago. Los indígenas utilizan estos juncos para hacer casas, botes, esterillas, sombreros, cuerdas, velas, juguetes, techos y pisos. También comen los juncos, los dan como alimento a los animales de cría y preparan infusiones con ellos. Incluso preparan medicinas. Hace mucho tiempo, ciertos grupos indígenas construían islas flotantes con juncos de totora y las utilizaban para ocultarse de los incas. Hoy en día, algunos indígenas viven en islas flotantes.

## Los pueblos de América del Sur

La mayoría de los sudamericanos de hoy descienden de indígenas americanos, de africanos o de europeos. En este sentido, son como los habitantes de México y de América Central. La historia de América del Sur también es parecida a la de sus vecinos del norte. América del Sur fue colonizada principalmente por España, por lo que la mayoría de los sudamericanos hablan español y son católicos. Sin embargo, cada nación tiene su propia y singular cultura.

**Regiones de América del Sur**  Hay cuatro regiones culturales en América del Sur. La primera región comprende a Colombia, Venezuela, Guyana, Surinam y la Guayana Francesa, que están al norte de América del Sur. Todos estos países colindan con el mar Caribe. Las culturas de estos países son semejantes a las de las islas caribeñas.

En la región desértica, hacia el sur y el oeste, la cultura es muy diferente. Perú, Ecuador y Bolivia son países andinos. Muchos indígenas viven en las alturas de los Andes. En Bolivia hay más habitantes indígenas que mestizos. Los pueblos quechua y aimara hablan cada uno su propio idioma.

La tercera región cultural comprende Chile, Argentina y Uruguay. El largo y delgado país de Chile tiene montañas, playas, desiertos, bosques y regiones polares. La mayoría de los habitantes de Chile son mestizos. Las ciudades grandes de Argentina y Uruguay, sin embargo, tienen gran diversidad, y muchos grupos étnicos viven en ellas. Existe otra cultura en las pampas o llanuras argentinas. En las pampas, los gauchos o vaqueros arrean ganado.

Brasil es el país más extenso de América del Sur y su cuarta región. Brasil fue colonia de Portugal, y por esta razón sus habitantes hablan portugués. Sin embargo, Brasil tiene una gran diversidad cultural. En Brasil viven muchos indígenas, así como personas de ascendencia africana y mixta.

## Vida rural y urbana

En América del Sur hay ciudades muy grandes y numerosas aldeas dispersas por el campo. Sin embargo, también hay vastas regiones prácticamente deshabitadas.

**La agricultura en América del Sur**  Fuera de Chile, Argentina y Uruguay, la mayoría de los habitantes rurales que tienen pequeñas parcelas son **agricultores de subsistencia**. Esto significa que cultivan tan sólo el alimento suficiente para poder alimentar a su familia. Los agricultores siembran maíz, frijol, papa y arroz.

**Crianza de llamas en el Perú**

**CULTURA**  Algunos de los pobladores indígenas de los Andes crían llamas, un animal pariente del camello.

**Razonamiento crítico**
¿Para qué utilizan las llamas los habitantes de los Andes?

**ENLACE CON las artes del lenguaje**

**Gabriela Mistral**  La poeta chilena Gabriela Mistral ganó el premio Nobel de literatura en 1945. Pero ella se consideraba más maestra que escritora. Gabriela Mistral era maestra rural en Chile a principios del siglo XX, pero estaba inconforme por la mala calidad de los libros. Como respuesta, comenzó a escribir poesía y prosa para niños.

### Brasilia: una innovación brasileña

Brasilia es una ciudad planificada. Algunos piensan que su trazado parece un arco y una flecha. Otros consideran que tiene forma de avión a reacción. Las oficinas de gobierno y los centros comerciales están situados en el centro de la ciudad, donde se encuentran las dos "alas". La Plaza de los Tres Poderes es el centro del gobierno. El Palacio Presidencial está en la punta de la ciudad, junto al lago Paranoa. Las alas contienen supermanzanas, esto es, vecindarios residenciales. Cada una incluye de 10 a 16 edificios de departamentos, una escuela y comercios.

Las granjas muy grandes cultivan productos como café, azúcar y cacao, para exportarlos a otros países. La agricultura de exportación utiliza tanta tierra para cultivos comerciales que América del Sur tiene que importar alimentos para comer. **Importar** significa comprar de otro país.

La población de América del Sur está creciendo de forma sorprendente. América Latina es la región que crece con más rapidez en el mundo. Al igual que los mexicanos y los centroamericanos, los sudamericanos no encuentran empleos suficientes en las zonas rurales. Todos los días, miles de habitantes rurales de América del Sur se mudan a las ciudades en busca de trabajo.

**Aspectos urbanos** Las ciudades de América del Sur muestran la mezcla de culturas de la región. Muchas ciudades —Lima, Perú, y Buenos Aires, Argentina, por ejemplo— fueron construidas por colonizadores españoles hace más de 400 años. Algunas de las construcciones se basan en diseños indígenas. En contraste, en el centro de las ciudades se alzan modernas manzanas enteras de oficinas y edificios de departamentos de concreto, acero y vidrio. Brasilia, la capital de Brasil, fue construida en los años cincuenta como una ciudad totalmente planificada, proyectada para atraer gente del interior del país.

En cambio, los barrios bajos de muchas ciudades sudamericanas no fueron planificados. Se les llama favelas en Brasil y barrios en Venezuela. La gente que cada vez en mayor número emigra a las ciudades termina viviendo en estos vecindarios pobres. Los gobiernos municipales intentan suministrar electricidad y agua corriente a todos, pero la gente se muda a las ciudades con tanta rapidez que es difícil para los gobiernos satisfacer estas necesidades.

# EVALUACIÓN DE LA SECCIÓN 4

## DESPUÉS DE LEER

### RECORDAR
**1.** Identifica: (a) la cordillera de los Andes

**2.** Define: (a) agricultor de subsistencia, (b) importar

### COMPRENSIÓN
**3.** Menciona dos formas en que la geografía de América del Sur ha moldeado la forma de vivir de la gente.

**4.** ¿Cómo contribuye la agricultura a la vida de los habitantes y a las economías de América del Sur?

**5.** ¿Qué presiones ejerce el rápido crecimiento de la población en las ciudades de América del Sur?

### RAZONAMIENTO CRÍTICO Y ESCRITURA
**6. Explorar la idea principal** Repasa la idea principal al inicio de esta sección. Luego, enumera las formas en que la vida rural difiere de la urbana en América del Sur.

**7. Reconocer causa y efecto** Explica dos causas y dos efectos del rápido crecimiento de la población en las ciudades de América del Sur.

### ACTIVIDAD
**8. Hacer un folleto turístico** Haz un folleto turístico de una región de América del Sur. Señala qué países podría visitar un viajero y cómo son los habitantes de esos lugares. Incluye otros datos interesantes. Ilustra tu folleto con un dibujo o un mapa.

# Analizar imágenes

## Aprende la destreza

¿Te has detenido a pensar alguna vez de qué modo las imágenes que te rodean comunican un significado? Entender esto te ayuda a analizar sus mensajes. Sigue estos pasos para analizar esta imagen:

**A.** Identifica el tema de la imagen. Si miras la pintura, verás que representa algún tipo de celebración que se lleva a cabo frente a una iglesia.

**B.** Analiza los elementos de diseño. Los elementos de diseño incluyen la línea y el color. La línea se refiere a las formas generales y motivos de los elementos de la imagen. El color es uno de los elementos más importantes de las imágenes. Puedes ver que esta pintura tiene motivos muy marcados de círculos y líneas. Además, al poner la iglesia en el centro de la pintura, el artista atrae hacia ella la atención del espectador. Asimismo, el uso de colores brillantes crea una atmósfera muy festiva.

**C.** Piensa en el propósito de la imagen. ¿Por qué fue creada la imagen? Ciertas imágenes, como los anuncios, son para convencerte de comprar algo o de pensar de cierta manera. Otras imágenes, como las de un artículo de revista, pretenden informarte acerca de un tema. Es probable que esta pintura haya tenido el propósito de entretener al espectador y captar el entusiasmo de una celebración.

**D.** Responde a la imagen. Piensa en los sentimientos que el tema y los elementos de diseño despiertan en ti. ¿Cómo te hace sentir la imagen? ¿feliz? ¿triste? ¿asustado? En esta pintura, la gente que baila, los fuegos artificiales y los brillantes colores se combinan para crear una sensación de gozo y entusiasmo en el espectador.

## Practica la destreza

Pasa a la página 190 del Capítulo 10 de tu libro. Observa el mural del padre Hidalgo. Responde las preguntas siguientes para analizar la imagen:

- ¿Cuál es el tema de este mural?
- ¿Qué elementos de diseño hay en el mural? Pon mucha atención al uso de la línea y del color por parte del artista y descríbelo.
- ¿Por qué creó el artista este mural?
- ¿Cómo te hace sentir el mural? ¿Por qué?

## Aplica la destreza

Hallarás más preguntas sobre cómo analizar imágenes en la sección Repaso y evaluación de este capítulo.

# Repaso y evaluación

## Hacer un resumen del capítulo

En una hoja suelta, dibuja una tabla como ésta y agrega la información que resume la primera sección del capítulo. Luego, completa los cuadros que faltan con lo que aprendiste acerca de las culturas de América Latina.

| | |
|---|---|
| **México** | • En las culturas de México hay influencias españolas, indígenas y mestizas.<br>• Debido al crecimiento de la población de México, hay más personas en busca de nuevos lugares dónde vivir y ganarse la vida. |
| **América Central** | |
| **El Caribe** | |
| **América del Sur** | |

## Repaso de palabras clave

**Decide si la definición de cada término es correcta. Si es incorrecta, escríbela de nuevo para corregirla.**

1. Los campesinos son agricultores pobres que planifican y cosechan sus cultivos a mano.

2. Las maquiladoras son personas que se mudan permanentemente de México a los Estados Unidos.

3. Injusticia es el trato injusto a las personas.

4. Un agricultor de subsistencia cultiva sólo el alimento suficiente para dar de comer a su familia.

5. Importar significa vender mercancías a otro país.

## Repaso de ideas principales

1. Nombra las culturas predominantes de México. (Sección 1)

2. Nombra una forma en que la distribución de la población de México está cambiando. (Sección 1)

3. ¿Cuál es la religión y el idioma principales de América Central? (Sección 2)

4. ¿A qué país están acudiendo algunos centroamericanos para buscar empleo? (Sección 2)

5. ¿Qué combinación de tres culturas constituye una cultura única presente en el Caribe actual? (Sección 3)

6. Nombra algunos de los elementos clave de la cultura caribeña actual. (Sección 3)

7. ¿Cuáles son los tres grupos culturales principales presentes en la América del Sur actual? (Sección 4)

8. Nombra una forma en que las ciudades de América del Sur han sido afectadas por el rápido crecimiento de la población. (Sección 4)

## Actividad de mapa

**Escribe la letra que indica la posición de cada lugar en el mapa.**

1. los Andes
2. la Argentina
3. el Brasil
4. Honduras
5. Jamaica
6. Ciudad de México

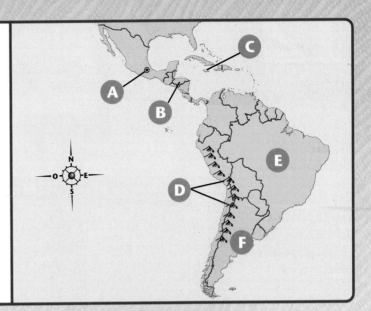

 **Búscalo en la RED**

**Enriquecimiento** Para más actividades con mapas y destrezas de geografía, visita la sección de Social Studies de **phschool.com**.

## Actividad de escritura

1. **Escribir un artículo de revista** En este capítulo has realizado un recorrido guiado de las culturas de América Latina. Escribe un artículo para una revista de viajes en el que describas los "puntos culminantes" de tu recorrido. Al escribir, piensa en cómo influyeron en la cultura de la región los acontecimientos históricos y la geografía.

2. **Escribir un diálogo** Eres un adulto joven miembro de una familia campesina de México que piensa dejar su granja para vivir en la Ciudad de México. Escribe un diálogo entre uno de tus padres y tú, en el que expliques por qué consideras que necesitas ir a la ciudad.

## Aplica tus destrezas

**Pasa a Destrezas para la vida de la página 209 para realizar la siguiente actividad.**

Con un compañero o compañera, busca en revistas y periódicos tres o cuatro imágenes. Procura que las imágenes sean variadas: un anuncio, una fotografía y un dibujo. Sigue los pasos que has aprendido para analizar las imágenes que elegiste.

## Razonamiento crítico

1. **Hacer comparaciones** Considera estas regiones de América Latina: México, América Central, el Caribe, América del Sur. ¿Qué tienen en común las culturas de estas regiones? ¿Cuáles son las diferencias entre ellas?

2. **Reconocer causa y efecto** ¿Cuál es la razón principal por la que muchos latinoamericanos se mudan de las zonas rurales a las urbanas?

3. **Sacar conclusiones** ¿Por qué son importantes las maquiladoras para la economía de México?

 **Búscalo en la RED**

**Actividad** Analiza las pinturas que se muestran en el sitio de la red. Elige una de ellas y escribe una breve descripción de lo que sucede en la pintura y lo que te dice acerca de la comunidad maya. Visita la sección World Explorer: People, Places and Cultures de **phschool.com** para realizar esta actividad.

**Autoevaluación del Capítulo 11**
Como repaso final, resuelve la prueba de autoevaluación del Capítulo 11. Busca la prueba en la sección de Social Studies en **phschool.com**.

# MÉXICO Y AMÉRICA CENTRAL:
## La región hoy en día

## México artístico

"*Los muros de la Secretaría de Educación eran un premio para los muralistas, y Diego Rivera aprovechó la oportunidad; mediante su destreza artística, la fuerza de su personalidad y una voluntad invencible, se convirtió en el pintor de México. Aquí en la Secretaría de Educación, a partir del 23 de marzo de 1923, Diego Rivera creó una de sus indiscutibles obras maestras, y uno de los triunfos artísticos perdurables del arte del siglo veinte...*"

—Pete Hamill, *Diego Rivera*
(Harry N. Abrams, Inc. Publishers, 1999, p. 87)

José Diego Rivera, "Caña de azúcar", 1931. Fresco, 57 ¹/₈ x 94 ¹/₈ pulg (145.1 x 239.1 cm). Philadelphia Museum of Art. Regalo del Sr. y la Sra. Herbert Cameron Morris, 1943-46-2 (C) Banco de México, Fundación del Museo Diego Rivera.

## USAR LAS BIOGRAFÍAS

**Si visitas algún edificio público de México, quizás tengas oportunidad de contemplar la obra del artista mexicano Diego Rivera, conocido principalmente por sus grandes murales. Diego Rivera eligió como temas la revolución y los problemas sociales de su país de principios del siglo XX.**

### Comprender las biografías

Lee el pasaje de la biografía de Diego Rivera. Una biografía es una fuente primaria: un libro escrito acerca de la vida de una persona real. ¿Qué te dice este pasaje acerca de Diego Rivera?

### Uso de las biografías

Elige un personaje que te interese, y busca su biografía escrita. Lista las preguntas que te gustaría responder después de leer la biografía: "¿Dónde vivía esta persona?" "¿Cómo influyó en esta persona el lugar donde vivía?" "¿Cómo afectó la vida de esta persona la influencia de su familia y de sus amigos?". Lee la biografía y responde todas las preguntas posibles.

# SECCIÓN 2

# Guatemala y Nicaragua
## Lucha por la tierra y cambios en el Gobierno

## ANTES DE LEER

### ENFOQUE DE LECTURA

1. ¿Cuáles son los principales problemas que los indígenas de Guatemala enfrentan?
2. ¿Qué clase de cambios han ocurrido recientemente en Guatemala?
3. ¿Qué acontecimientos políticos han provocado la inestabilidad de la economía de Nicaragua?

**PALABRAS CLAVE**
ladino
movimiento político
huelga
criollo
dictador
guerrillero

**LUGARES CLAVE**
Guatemala
Nicaragua

### IDEA PRINCIPAL

En tanto que los mayas de Guatemala han luchado durante cientos de años por hacer oír su voz en el gobierno, en Nicaragua la gente lucha por conservar la estabilidad del gobierno y de la economía.

### ANOTACIONES

Copia el esquema y mientras lees esta sección complétalo con información sobre Guatemala y Nicaragua

I. **Guatemala: Lucha por la tierra**
  A. Historia
    1.
    2.
    3.
    4.
  B. Los mayas luchan por sus derechos
    1.
    2.
    3.
    4.
II. **Nicaragua: Cambios en el Gobierno**
  A. Historia
    1.
    2.
    3.
  B. Muchos cambios en el Gobierno
    1.
    2.

# El escenario

Muchos países latinoamericanos trabajan duramente para mantener vivas sus repúblicas democráticas. La lucha por la tierra, los conflictos entre las personas y los cambios en el Gobierno suelen ser parte de la vida diaria. Dos países de América Central —**Guatemala** y **Nicaragua**— comparten historias similares. Ambos países fueron conquistados y colonizados por los españoles a principios del siglo XVI. Sin embargo, los retos que enfrentan son diferentes.

## La lucha por la tierra en Guatemala

Guatemala es el país centroamericano con más habitantes. Los indígenas constituyen la mayoría de la población, y forman 23 grupos étnicos, cada uno con su propio idioma y costumbres. El grupo mas grande es el maya quiché.

En Guatemala, la mayoría de los mayas viven en las montañas porque en un tiempo era la única tierra disponible para los indígenas. La mayoría de las tierras de Guatemala pertenecen a unos pocos terratenientes ricos llamados **ladinos**, que son mestizos descendientes de indígenas y españoles.

## Retos rurales

**ECONOMÍA** La mayoría de los mayas que viven en las tierras altas de Guatemala tienen sólo pequeñas parcelas para cultivar.

**Razonamiento crítico**
¿Cuáles son los retos que enfrentan los mayas que tienen estas pequeñas parcelas?

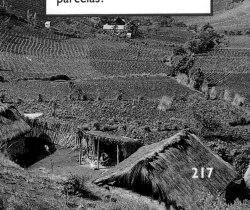

217

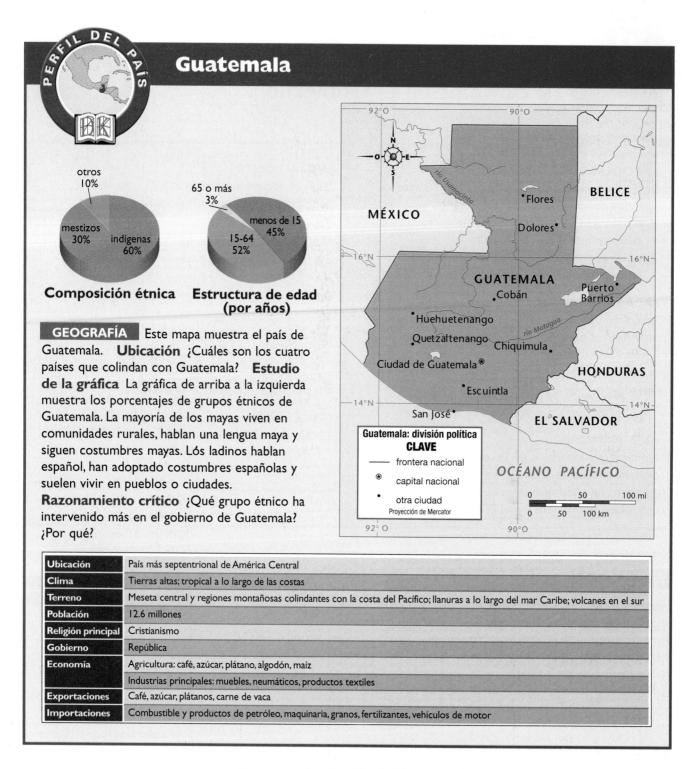

## PERFIL DEL PAÍS

# Guatemala

**Composición étnica**

otros 10%
mestizos 30%
indígenas 60%

**Estructura de edad (por años)**

65 o más 3%
menos de 15 45%
15-64 52%

**GEOGRAFÍA** Este mapa muestra el país de Guatemala. **Ubicación** ¿Cuáles son los cuatro países que colindan con Guatemala? **Estudio de la gráfica** La gráfica de arriba a la izquierda muestra los porcentajes de grupos étnicos de Guatemala. La mayoría de los mayas viven en comunidades rurales, hablan una lengua maya y siguen costumbres mayas. Lós ladinos hablan español, han adoptado costumbres españolas y suelen vivir en pueblos o ciudades.

**Razonamiento crítico** ¿Qué grupo étnico ha intervenido más en el gobierno de Guatemala? ¿Por qué?

**Guatemala: división política**
**CLAVE**
— frontera nacional
⊛ capital nacional
• otra ciudad
Proyección de Mercator

| Ubicación | País más septentrional de América Central |
|---|---|
| Clima | Tierras altas; tropical a lo largo de las costas |
| Terreno | Meseta central y regiones montañosas colindantes con la costa del Pacífico; llanuras a lo largo del mar Caribe; volcanes en el sur |
| Población | 12.6 millones |
| Religión principal | Cristianismo |
| Gobierno | República |
| Economía | Agricultura: café, azúcar, plátano, algodón, maíz |
| | Industrias principales: muebles, neumáticos, productos textiles |
| Exportaciones | Café, azúcar, plátanos, carne de vaca |
| Importaciones | Combustible y productos de petróleo, maquinaria, granos, fertilizantes, vehículos de motor |

Pese a que las familias indígenas trabajan duramente para conseguir que sus tierras produzcan, tienen muchos obstáculos que vencer, pues el suelo no es muy bueno y su erosión es un problema serio. Además, la mayoría de los indígenas de Guatemala no saben leer ni escribir. Muchos de ellos no han presentado al gobierno los papeles para demostrar que son propietarios de tierras. En consecuencia, no tienen forma de probar que las tierras les pertenecen.

## La lucha por el cambio

Cuando comenzó la guerra civil en Guatemala en 1961, muchos mayas quedaron atrapados en medio de ella. En cientos de aldeas los soldados llegaron a desafiar a los mayas. A veces los soldados eran enviados por los terratenientes para reclamar las tierras de los mayas. En otros casos, se buscaba ejercer control sobre los mayas arrebatándoles sus tierras y sus bienes. La mayoría de los sobrevivientes mayas perdieron todas sus pertenencias y fueron obligados a abandonar sus aldeas.

Algunos mayas iniciaron **movimientos políticos,** esto es, grandes grupos de personas que trabajan juntas para defender sus derechos o cambiar a los dirigentes que están en el poder. Estos mayas enseñan a su pueblo la historia de su tierra y también a leer. Asimismo, ayudan a organizar reuniones, protestas y **huelgas,** esto es, paros del trabajo. Por encima de todo, están dispuestos a defender los derechos de los indígenas a sus tierras.

Todos estos esfuerzos han provocado cambios en Guatemala. Por ejemplo, Guatemala designó a 21 sacerdotes mayas para asesorar a los funcionarios acerca de la cultura maya, y el gobierno ha prometido reconstruir las comunidades indígenas dañadas por la guerra civil. Ahora, el pueblo de Guatemala deberá asegurarse de que se haga justicia.

## Nicaragua: divisiones políticas y económicas

A pesar de ser el país más grande de América Central, Nicaragua es el menos poblado. La mayoría de los nicaragüenses son mestizos. Se habla español en la mayor parte de Nicaragua, y la mayoría de sus habitantes son católicos.

De igual modo que los guatemaltecos han luchado contra la injusticia y en guerras civiles, lo mismo han hecho sus vecinos del sur en Nicaragua. Muchas de las luchas de Nicaragua son consecuencia de revueltas políticas y de cambios en el gobierno.

Nicaragua comparte una historia similar con sus vecinos de Mesoamérica. Los colonizadores españoles establecieron dos ciudades, León y Granada, donde se ha dado una larga historia de conflictos económicos y políticos entre los conservadores, que apoyan ideales políticos tradicionales, y los liberales, partidarios de ideales no tradicionales. Los colonos británicos establecieron una industria maderera en la costa oriental de Nicaragua que da al mar Caribe.

Casi todo el mundo habla español en las fértiles tierras bajas del Pacífico y tierras altas del centro. Se habla inglés del lado del Caribe, que está escasamente poblado por personas de ascendencia indígena, africana y criolla. Un **criollo** es una persona nacida en el Caribe, de ascendencia europea —por lo común francesa— y africana. El misquito, una lengua indígena, también se habla del lado del Caribe.

**ENLACE CON las artes del lenguaje**

**La Costa de los Mosquitos (1986)** *La Costa de los Mosquitos* es una película acerca del inventor estadounidense Allie Fox (representado por Harrison Ford), quien lleva a su familia a vivir a una selva tropical de América Central con el propósito de tener una vida más sencilla en medio de la naturaleza, al mismo tiempo que lleva el progreso a la población indígena. Aunque los mosquitos son parte del escenario selvático de la película, la palabra *mosquito* del título de la película se refiere a la región de la costa oriental de Nicaragua y Honduras. Esta región toma su nombre de los misquitos, el pueblo indígena que habita en ella.

## Alimento para los rebeldes "contras"

**CULTURA** En la fotografía, una mujer nicaragüense prepara alimentos para los rebeldes "contras". **Razonamiento crítico** ¿Qué otros papeles desempeñaron las mujeres durante la guerra civil de Nicaragua?

**Independencia y cambios políticos** Desde mediados del siglo XIX hasta finales de la década de 1990 a 2000, Nicaragua ha sido desgarrada por las guerras civiles y las diferencias políticas, principalmente a causa de los dictadores. Un **dictador** es un gobernante que tiene un poder total.

Aunque el país es ahora una república con una forma democrática de gobierno y funcionarios electos, los dirigentes de Nicaragua han impuesto controles gubernamentales al pueblo y han quitado tierras a los ciudadanos. Algunos también han tomado dinero del país para aumentar su riqueza personal. Al mismo tiempo, los gobiernos han pedido dinero en préstamo a otros países y han acumulado una enorme deuda.

**Cambios económicos y sociales** Desde los años setenta hasta finales de los ochenta, una violenta guerra política entre dos grupos políticos guerrilleros —los sandinistas y los contras— sumieron a Nicaragua en profundos problemas económicos y sociales. Un **guerrillero** es una persona que participa en una guerra no declarada como miembro de un grupo independiente. Tanto los sandinistas como los contras fueron disueltos en 1999, pero aún persisten las diferencias entre ellos.

Actualmente, Nicaragua es una de las naciones más pobres de América Latina, pese a que el gobierno trabaja para sacar al país de su crisis económica. La esperanza de Nicaragua es su abundancia de recursos naturales no utilizados. Con una adecuada administración de estos recursos, Nicaragua podría experimentar un crecimiento económico en el siglo XXI.

# EVALUACIÓN DE LA SECCIÓN 2

## DESPUÉS DE LEER

### RECORDAR
1. Identifica: (a) Guatemala, (b) Nicaragua

### COMPRENSIÓN
2. Define: (a) ladino, (b) movimiento político, (c) huelga, (d) criollo, (e) dictador, (f) guerrillero

3. ¿Qué dificultades económicas y políticas enfrentan los indígenas de Guatemala?

4. ¿Cómo ha cambiado el papel de los mayas en el gobierno guatemalteco?

5. ¿Cómo han influido los cambios en el Gobierno en la economía de Nicaragua?

### RAZONAMIENTO CRÍTICO Y ESCRITURA
6. **Explorar la idea principal** Repasa la idea principal al inicio de esta sección. Luego, menciona tres acciones de los mayas de Guatemala para hacerse oír.

7. **Predecir** En tu opinión, ¿qué futuro le espera a la economía de Nicaragua? ¿Piensas que los Estados Unidos continuará tratando de ayudar a ciertos gobiernos nicaragüenses? ¿Por qué?

### ACTIVIDAD
8. **Escribir un diario** Escribe una entrada de diario para explicar lo que habrías hecho si fueras un aldeano maya de Guatemala o un campesino cuyas tierras fueron arrebatadas por el gobierno de Nicaragua durante una guerra civil. Luego, explica lo que harías si fueras el presidente o la presidenta de Guatemala o Nicaragua.

# Panamá
## Un corredor de transportación

### ENFOQUE DE LECTURA

**1.** ¿Cuáles fueron los retos geográficos y políticos que los constructores del canal de Panamá enfrentaron?

**2.** ¿Cómo obtuvo finalmente Panamá el control del canal?

### ANOTACIONES

Copia el esquema y mientras lees esta sección complétalo con información sobre el canal de Panamá.

> **Siglo XVI:** los marineros sueñan con un corredor de transportación que atraviese América Central

### PALABRAS CLAVE

esclusa
corredor de transportación

### LUGARES CLAVE

Panamá
canal de Panamá
Zona del Canal

### IDEA PRINCIPAL

El canal de Panamá es un importante corredor para el transporte que ofrece un atajo a través del hemisferio occidental, del océano Atlántico al océano Pacífico.

## El escenario

En su navegación por el océano Pacífico, los barcos llenos de carga o de pasajeros se aproximan al país de **Panamá** rumbo al **canal de Panamá.** Cuando llegan al canal, se ponen en la fila y esperan quizá hasta 20 horas. Por este canal de 40 millas (64.4 km) pasan barcos las 24 horas del día, los 365 días del año. Un viaje a través del canal toma al menos ocho horas y cuesta miles de dólares.

El canal es un atajo que vale la pena, pues el el único camino que hay en el hemisferio occidental para llegar del océano Pacífico al Atlántico por barco, sin rodear el extremo de América del Sur. El canal de Panamá ahorra alrededor de 7,800 millas (12,553 km) de recorrido.

Los barcos entran en el canal de Panamá al nivel del mar. Pero partes del canal atraviesan las montañas. Es necesario elevar y bajar los barcos varias veces en esclusas durante su recorrido por el canal. Una **esclusa** es una sección de una vía navegable en la que se eleva y se baja un barco ajustando el nivel del agua. Cada barco pasa por una serie de compuertas hasta una cámara de esclusa. Al principio, el agua de la cámara está al nivel del mar. Después, se vierte más agua al interior de la cámara. Cuando el agua sube hasta la altura suficiente, el barco pasa a través de una segunda serie de compuertas y entra en un lago pequeño. De ahí, sigue hasta la siguiente esclusa. Los barcos atraviesan dos o más series de esclusas y avanzan en zigzag por un paso excavado a través de las montañas. Después de cruzar un enorme lago, los barcos salen en la ciudad de Colón a una bahía del océano Atlántico.

### La selva tropical de Panamá

**GEOGRAFÍA** La selva tropical panameña de Barro Colorado está cerca del canal de Panamá. **Razonamiento crítico** Esta fotografía muestra un sendero que atraviesa la selva tropical. ¿Dónde está el sendero? Basándote en esta fotografía, ¿qué dificultades enfrentaron probablemente los trabajadores del canal de Panamá?

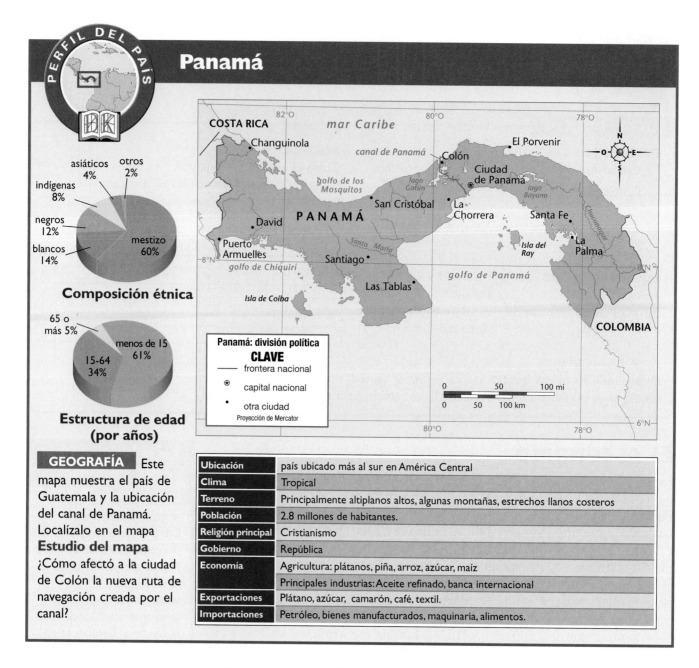

## Panamá

### Composición étnica

- mestizo 60%
- blancos 14%
- negros 12%
- indígenas 8%
- asiáticos 4%
- otros 2%

### Estructura de edad (por años)

- menos de 15: 61%
- 15-64: 34%
- 65 o más: 5%

**Panamá: división política**

**CLAVE**
- —— frontera nacional
- ⊛ capital nacional
- • otra ciudad

Proyección de Mercator

**GEOGRAFÍA** Este mapa muestra el país de Guatemala y la ubicación del canal de Panamá. Localízalo en el mapa **Estudio del mapa** ¿Cómo afectó a la ciudad de Colón la nueva ruta de navegación creada por el canal?

| Ubicación | país ubicado más al sur en América Central |
|---|---|
| Clima | Tropical |
| Terreno | Principalmente altiplanos altos, algunas montañas, estrechos llanos costeros |
| Población | 2.8 millones de habitantes. |
| Religión principal | Cristianismo |
| Gobierno | República |
| Economía | Agricultura: plátanos, piña, arroz, azúcar, maíz |
| | Principales industrias: Aceite refinado, banca internacional |
| Exportaciones | Plátano, azúcar, camarón, café, textil. |
| Importaciones | Petróleo, bienes manufacturados, maquinaria, alimentos. |

## Construcción del canal de Panamá: retos geográficos y políticos

Ya desde el siglo XVI los marineros soñaban con un corredor de transportación a través de América Central, que acortara el recorrido del Atlántico al Pacífico. Un **corredor de transportación** es un paso a través del cual se puede viajar a pie, en un vehículo, en tren, en barco o en avión. Un canal reduce el costo del transporte de mercancías.

En 1881, cuando Panamá era parte de Colombia, Colombia concedió a una compañía francesa los derechos para la construcción de un canal. Excavar a través de Panamá planteaba varios problemas. Los constructores se enfrentaban a las avalanchas de lodo. Una cordillera montañosa obstruía el paso. Además, las enfermedades tropicales como la malaria y la fiebre amarilla mataron a 25,000 trabajadores. Al cabo de unos pocos años, la compañía francesa quebró y los trabajos del canal se interrumpieron.

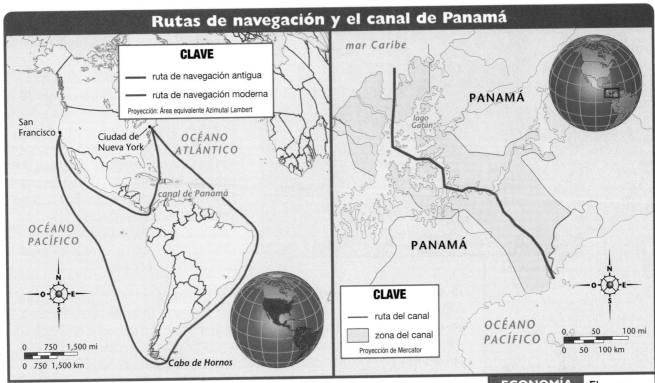

## Rutas de navegación y el canal de Panamá

**CLAVE**

— ruta de navegación antigua

— ruta de navegación moderna

Proyección: Área equivalente Azimutal Lambert

San Francisco

Ciudad de Nueva York

OCÉANO ATLÁNTICO

canal de Panamá

OCÉANO PACÍFICO

Cabo de Hornos

0  750  1,500 mi

0  750  1,500 km

mar Caribe

PANAMÁ

lago Gatún

PANAMÁ

OCÉANO PACÍFICO

**CLAVE**

— ruta del canal

zona del canal

Proyección de Mercator

0  50  100 mi

0  50  100 km

## Estados Unidos asume un papel

En 1902 el gobierno de los Estados Unidos intentó obtener los derechos para continuar la construcción del canal. Colombia se negó, y los panameños, que creían que el canal les traería actividad económica se decepcionaron. Muchos panameños querían liberarse de Colombia, y vieron el canal como una oportunidad para ello.

En noviembre de 1903, Estados Unidos ayudó a Panamá a rebelarse contra Colombia. Dos semanas después de que Panamá declarara su independencia, Estados Unidos recibió los derechos para la construcción del canal.

## Los avances científicos hacen del canal una realidad

Los constructores continuaron enfrentando problemas para construir el canal. Cada vez que los excavadores hacían un hoyo, la tierra suelta lo volvía a llenar. Era necesario construir una presa para formar un lago, proyectar y construir esclusas. Pero los problemas más grandes eran la malaria y la fiebre amarilla.

A principios del siglo XX, los médicos descubrieron que los mosquitos transmitían estas enfermedades. Los mosquitos se crían en los pantanos y en el agua potable. En 1904, la Compañía del Canal de Panamá contrató a un médico y a un gran equipo de asistentes para resolver el problema. Los trabajadores quemaron azufre en todas las casas para matar los mosquitos, cubrieron las fuentes de agua potable con malla de alambre y rellenaron los pantanos con tierra.

Sin la medicina moderna, las innovaciones científicas y una buena planificación, no se hubiera construido el canal de Panamá. Se necesitaron ocho años y 45,000 trabajadores, caribeños en su mayoría, para construir esta vía. El canal de Panamá aún es una de las hazañas más grandes de la ingeniería moderna.

**ECONOMÍA** El mapa de la izquierda muestra las rutas de navegación de Nueva York a San Francisco antes y después de la construcción del canal de Panamá. El mapa de la derecha es un acercamiento de la ruta del canal de Panamá. Antes de la construcción de éste, los barcos tenían que recorrer más de 13,000 millas (20,900 km) rodeando América del Sur. Después de la construcción del canal, los barcos sólo tenían que viajar 5,200 millas (8,370 km). **Estudio del mapa** ¿Qué ahorros se tendrían al acortar el recorrido en 7,800 millas?

## Construcción del canal

# El control del canal

Cuando Estados Unidos obtuvó los derechos para la construcción del canal, firmó un tratado que otorgaba además a Estados Unidos el control sobre el canal de Panamá para siempre. Estados Unidos controlaba también la **Zona del Canal,** que incluía territorio a ambos lados del canal, los puertos, las ciudades portuarias y el ferrocarril. El tratado ponía a la Zona bajo la jurisdicción de las leyes estadounidenses, y daba a Estados Unidos el derecho a invadir Panamá para proteger el canal.

**GEOGRAFÍA** Excavar a través de las colinas de Panamá fue lo más difícil de la construcción. La tierra aún es resbalosa dentro del canal.

**Razonamiento crítico** Basándote en la fotografía, ¿cómo crees que los trabajadores y las provisiones se trasladaban al canal?

**El conflicto y su resolución** Muchos panameños creían que esto daba a Estados Unidos demasiado poder sobre Panamá. Durante años, Panamá sostuvo pláticas con este país acerca de la devolución del control del canal, y en los años sesenta y setenta muchos panameños se irritaron ante la situación y provocaron disturbios para protestar contra el control estadounidense.

En 1978, el presidente Jimmy Carter firmó dos nuevos tratados con Panamá. Estos tratados concedían a Panamá un mayor control sobre el canal. Finalmente, en 1999, Panamá obtuvo el control total del canal.

# EVALUACIÓN DE LA SECCIÓN 3

**DESPUÉS DE LEER**

### RECORDAR
1. Identifica: (a) Panamá, (b) canal de Panamá, (c) Zona del Canal

2. Define: (a) esclusa, (b) corredor de transportación

### COMPRENSIÓN
3. ¿Qué dificultades políticas y geográficas enfrentaron los constructores del canal?

4. ¿Qué países controlaron el canal de Panamá en diferentes épocas? ¿Cómo logró Panamá obtener el control sobre el canal?

### RAZONAMIENTO CRÍTICO Y ESCRITURA
5. **Explorar la idea principal** Repasa la idea principal al inicio de esta sección. Luego, cita tres razones que hacen al canal de Panamá un importante corredor de transportación.

6. **Reconocer un punto de vista** Explica por qué ha sido importante para los panameños, en términos políticos y económicos, tener el control del canal.

### ACTIVIDAD
7. **Escribir un artículo** Imagina que escribes para un diario de 1900. Decide si Panamá es una buena opción para ubicar el canal, y escribe un pequeño editorial con tu punto de vista.

 **Búscalo en la RED**

8. **Hacer una línea cronológica** El canal de Panamá es una maravilla de ingeniería. Haz una línea cronológica de sucesos importantes relacionados con la construcción del canal. Visita World Explorer: People, Places and Cultures de **phschool.com** para realizar esta actividad.

# Usar el español estándar

## Aprende la destreza

Incluso en los lugares donde se habla un mismo idioma, hay variantes de una región a otra. En Estados Unidos, las frases y los acentos son diferentes en el Sur que en el Norte o en el Oeste. Los diversos grupos étnicos también crean sus propias formas de expresarse.

Para resolver la mayor parte de los exámenes estandarizados nacionales y estatales es necesario saber lo que se conoce como "español estándar". Las preguntas de estos exámenes te piden por lo regular leer un pasaje y responder preguntas de opción múltiple. (Ve el examen de muestra de esta página).

El español estándar es lo que aprendes cuando estudias gramática, ortografía, uso de mayúsculas y minúsculas y reglas de puntuación. Usa estas estrategias para responder las preguntas sobre el español al presentar exámenes:

**A.** Reconoce los errores gramaticales. Recuerda las reglas que aprendiste. No confundas el lenguaje común de la calle con el español estándar; por ejemplo, "no'stá" en vez de "no está". Comprueba que se utilice el tiempo verbal correcto; por ejemplo: "yo fui al centro", en vez de "yo fue al centro".

**B.** Reconoce los errores de ortografía. Verifica la ortografía de las palabras del pasaje sobre el que se te examina. Pon especial atención a las palabras homófonas (hecho, echo), a los diptongos y triptongos ("agüita", no "aguita"), a los sufijos ("-mente", no "-miente"), y a las palabras que contienen -ie o -ei.

**C.** Busca errores en el uso de mayúsculas y minúsculas. Verifica que la primera palabra de un enunciado o de una cita comience con mayúscula, al igual que los nombres propios, y que ninguna palabra lleve mayúsculas sin necesidad. Todas las palabras de un nombre propio compuesto deben escribirse con mayúscula; por ejemplo: "Escuela Nacional Preparatoria".

**D.** Reconoce los errores de puntuación. Verifica la puntuación final, asegúrate de que todas las comas necesarias y ninguna coma innecesaria estén donde deben estar; observa si están presentes los dos pares de comillas que deben usarse y busca los signos de interrogación en los casos en que se necesiten.

## Practica la destreza

Lee el examen de muestra y busca los errores de español estándar.

---

**(1)** Alguna vez has visitado el canal de Panamá.

A Error de ortografía    B Error de puntuación

C Error de gramática    D No hay error

**(2)** Este cruza el canal de Panamá a través de América Central.

A Error de uso de    B Error de puntuación
mayúsculas

C Error de gramática    D No hay error

**(3)** La zona del canal solía estar controlada por los Estados Unidos.

A Error de ortografía    B Error de puntuación

C Error de gramática    D No hay error

**(4)** En 1999, Panamá obtuvo finalmente el control total.

A Error de ortografía    B Error de uso
de mayúsculas

C Error de puntuación    D No hay error

---

## Aplica la destreza

Hallarás más preguntas sobre el español estándar en la sección Repaso y evaluación de este capítulo.

# 12 Repaso y evaluación

## Hacer un resumen del capítulo

En una hoja suelta, dibuja un diagrama como éste y agrega la información que resume la primera sección del capítulo. Luego, completa los cuadros que faltan con resúmenes de las secciones 2 y 3.

### MÉXICO Y AMÉRICA CENTRAL: CÓMO ES LA REGIÓN HOY EN DÍA

**Sección 1**
Muchos mexicanos han comenzado a mudarse a zonas urbanas como la Ciudad de México. Esta emigración trae muchos retos a la gente.

**Sección 2**

**Sección 3**

## Repaso de palabras clave

Relaciona las definiciones de la columna I con las palabras clave de la columna II.

**Columna I**

1. gobernante con poder total
2. paro del trabajo
3. grupo de personas que defienden sus derechos
4. paso transitable a pie, en vehículo, tren, barco o avión
5. sección de una vía navegable en que se eleva y se baja un barco ajustando el nivel del agua
6. terrateniente rico de Guatemala o de Nicaragua, o indígena que sigue las costumbres europeas
7. trabajador agrícola sin tierras propias que viaja según las temporadas y las cosechas
8. persona que se establece en el terreno de otra persona sin autorización

**Columna II**

a. huelga
b. corredor de transportación
c. trabajador agrícola migrante
d. dictador
e. ocupante ilegal
f. ladino
g. esclusa
h. movimiento político

## Repaso de ideas principales

1. Describe la migración urbana de México. ¿Por qué tantas personas deciden mudarse? (Sección 1)
2. ¿Qué problemas de vivienda y ambientales tiene la Ciudad de México a raíz del rápido crecimiento de su población? (Sección 1)
3. ¿Cuáles son los retos principales de los indígenas guatemaltecos? (Sección 2)
4. Menciona dos pasos que los mayas de Guatemala están dando para asegurar sus derechos. (Sección 2)
5. ¿Cómo han influido los cambios políticos en la economía de Nicaragua? (Sección 2)
6. ¿Qué papel ha jugado la guerra civil en Nicaragua? (Sección 2)
7. ¿Por qué fue tan difícil construir el canal de Panamá? (Sección 3)
8. ¿Por qué es importante para Panamá controlar su canal? (Sección 3)

## Actividad de mapa

**Escribe la letra que indica la posición de cada lugar en el mapa.**

1. Guatemala
2. Colón, Panamá
3. Panamá
4. Ciudad de México
5. Nicaragua
6. Ciudad de Panamá

 **Búscalo en la RED**

**Enriquecimiento** Para más actividades con mapas y destrezas de geografía, visita la sección de Social Studies de **phschool.com.**

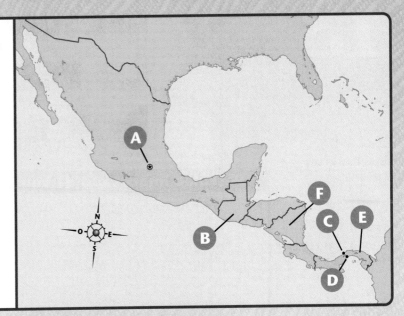

## Actividad de escritura

1. **Escribir reseñas de noticias** Imagina que colaboras en un noticiero. Escribe dos pequeñas reseñas sobre la migración urbana en México y la historia del canal de Panamá.

2. **Escribir un diálogo** Imagina que eres maya de Guatemala. Escribe un diálogo entre un nicaragüense y tú. Analiza los cambios políticos ocurridos en ambos países.

## Razonamiento crítico

1. **Hacer comparaciones** ¿Qué pueden ganar las personas que se mudan del México rural a la ciudad? ¿Qué tienen que perder?

2. **Sacar conclusiones** A lo largo de los años, los Estados Unidos han ejercido influencia económica y política en América Central. ¿De qué forma demuestra la historia del canal de Panamá la influencia de los Estados Unidos en la región?

 **Búscalo en la RED**

**Actividad** Haz una gráfica para ilustrar el crecimiento demográfico de la ciudad de México en los últimos 50 años. ¿Cuáles son los efectos negativos de un aumento tan rápido de la población? ¿Cuáles son algunas soluciones posibles? Visita la sección World Explorer: People, Places and Cultures de **phschool.com** para realizar esta actividad.

**Autoevaluación del Capítulo 12** Como repaso final, resuelve la prueba de autoevaluación del Capítulo 12. Busca la prueba en la sección de Social Studies en **phschool.com.**

## Aplica tus destrezas

**Elige la letra que identifique el error de cada oración.**

1. nicaragua es un país en América Central.

   **A** Error de ortografía
   **B** Error de puntuación
   **C** Error de uso de mayúsculas
   **D** No hay error

2. Mayas de Guatemala ahora hacen oír su voz en su propio gobierno.

   **A** Error de uso de mayúsculas
   **B** Error de ortografía
   **C** Error de gramática
   **D** No hay error

3. ¡Si es un echo que te vas a Panamá, seguro te hecho de menos!

   **A** Error de uso de mayúsculas
   **B** Error de ortografía
   **C** Error de gramática
   **D** No hay error

# EL CARIBE Y AMÉRICA DEL SUR:
# La región hoy en día

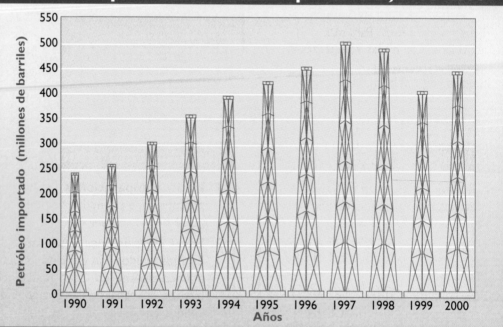

**Petróleo importado de Venezuela por EE. UU., 1990-2000**

# COMPRENDER GRÁFICAS

El petróleo es uno de los recursos más valiosos del mundo. Se extrae de las profundidades de la tierra en forma de petróleo crudo, que se refina para usarse como combustible y crear miles de productos más. Venezuela tiene una de las mayores reservas de petróleo de América del Sur. Estados Unidos, que usa más petróleo del que puede producir, importa petróleo de Venezuela.

### Usar la gráfica
Estudia la gráfica y luego escribe unas preguntas acerca de la información que contiene. Por ejemplo, ¿como cuántos millones de barriles más se importaron en 1998 que en 1992? ¿Entre qué años aumentaron más las importaciones de petróleo? Al terminar, intercambia tus preguntas con tu compañero(a) y usa la gráfica para contestarlas.

### Investigar los productos del petróleo
Ve a tu biblioteca local o usa la Internet para aprender más acerca de los usos del petróleo y los tipos de productos que se elaboran con él. Prepara un breve informe de lo que averigües. Luego, trabaja con tus compañeros para crear un tablero de anuncios que muestre los diversos productos que se hacen con petróleo.

# El Caribe
## Retos económicos y políticos

**ENFOQUE DE LECTURA**
1. ¿Cuáles son las principales industrias del Caribe?
2. Menciona algunos retos políticos que enfrentan las naciones del Caribe.

**PALABRAS CLAVE**
economía de un
solo cultivo

**PERSONAJES CLAVE**
Jean-Bertrand Aristide
René Préval

**IDEA PRINCIPAL**
Las naciones isleñas del Caribe, algunas independientes, otras que siguen dependiendo de otros países, han batallado con la pobreza y la inestabilidad política.

**ANOTACIONES**
Copia el diagrama y mientras lees esta sección complétalo con información del texto.

Industrias del Caribe

# El escenario

Cuando el agricultor Pierre Joseph se para en lo más alto de sus tierras en la isla de Haití, puede ver las tranquilas aguas del Caribe. Cuando baja la vista, ve la seca y agrietada tierra de su acre de terreno.

Cerca de las dos terceras partes de los haitianos se ganan la vida cultivando el campo, pero gran parte del suelo se ha agotado. Casi todos los árboles se han talado para abrir tierras de cultivo, y la lluvia se lleva gran parte de la tierra al mar. "El suelo simplemente no rinde lo suficiente", dice Joseph, señalando las escasas hileras de maíz y frijol que puede cultivar en su único acre.

## Retos económicos

**Agricultura** Las islas del Caribe tienen suelos muy fértiles y se hallan en una región tropical con temperaturas moderadas y suficientes lluvias. Esto hace a la tierra apropiada para el cultivo. Por ello, la agricultura es la principal actividad económica de estas islas, y más de la mitad de la población que trabaja lo hace en esta industria. La caña de azúcar es el principal cultivo en las islas. Se cultiva en grandes plantaciones y se exporta a otros países. Otros productos que se cultivan en plantaciones grandes son plátanos, café y algodón.

## Plantación de caña de azúcar

**ECONOMÍA** Un agricultor del Caribe cosecha caña de azúcar en una plantación de San Cristóbal. Los colonos españoles y portugueses establecieron originalmente las plantaciones de caña del Caribe, como ésta.
**Razonamiento crítico** A juzgar por la fotografía, ¿crees que cosechar caña sea una labor fácil o ardua? ¿Por qué?

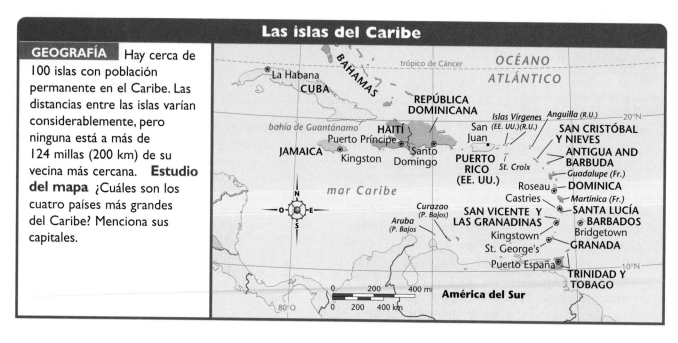

## Las islas del Caribe

**GEOGRAFÍA** Hay cerca de 100 islas con población permanente en el Caribe. Las distancias entre las islas varían considerablemente, pero ninguna está a más de 124 millas (200 km) de su vecina más cercana. **Estudio del mapa** ¿Cuáles son los cuatro países más grandes del Caribe? Menciona sus capitales.

Muchos habitantes de áreas rurales de las islas trabajan como pequeños agricultores, como Pierre Joseph. Cultivan ñame, maíz, boniato y frutas tropicales como guayabas y mangos. Casi todos estos agricultores son pobres y trabajan uno o dos acres de terreno con instrumentos de labranza simples. Además de estas granjas, hay ranchos por todo el Caribe, donde se crían reses, cerdos y otros animales.

Durante años, muchos países del Caribe han dependido de un tipo de cultivo para obtener casi todos sus ingresos. La caña de azúcar, por ejemplo, es uno de los mayores cultivos de Cuba y representa tres cuartas partes de las exportaciones agrícolas de ese país.

Muchas naciones del Caribe han comenzado a variar sus cultivos. Han aprendido que puede ser muy riesgoso depender de una **economía de un solo cultivo**, en la que ésta proporciona la mayor parte de los ingresos del país. Un solo cultivo puede ser destruido por enfermedades o perderse por desastres naturales, como los huracanes, y ello podría dañar gravemente la economía del país.

**Turismo** El turismo es otra actividad económica importante de estas islas. Cada año, millones de turistas viajan a las islas para aprovechar las hermosas playas y el clima tropical. Las tiendas, hoteles y restaurantes dan empleo a cerca de la tercera parte de la población. Puesto que muchas naciones del Caribe dependen del turismo, sus economías podrían sufrir considerablemente por desastres naturales, como los huracanes, o por problemas sociales. Jamaica, por ejemplo, ha enfrentado muchos problemas sociales, como pobreza y desempleo. En los años sesenta y setenta, los jamaiquinos no aguantaron más: hubo muchos disturbios y aumentó la tasa de crímenes violentos, lo cual afectó adversamente la industria del turismo.

**Fabricación y minería**     En las islas se producen también muchos bienes; la ropa y las medicinas son sólo algunos de ellos. Unas cuantas islas son ricas en recursos naturales. Trinidad, por ejemplo, tiene reservas de petróleo y gas natural. Jamaica es rica en bauxita, un mineral que se usa para producir aluminio. Se extrae y se exporta a los Estados Unidos y el Canadá.

## Retos políticos

Hoy en día, las islas del Caribe pertenecen a dos grupos políticos principales: los países independientes y los que siguen dependiendo de otros países. Algunos países, como Cuba, Haití y la República Dominicana, se independizaron de las potencias coloniales hace muchos años. Otros obtuvieron su independencia en fechas más recientes. No obstante, sigue habiendo muchos países en el Caribe, incluido Puerto Rico, que dependen de los gobiernos de otros países en una forma u otra. Estos países por lo regular se manejan solos, pero reciben ayuda económica y militar de las potencias gobernantes.

**El camino de Haití a la democracia**     Haití se convirtió en la primera nación caribeña independiente en 1804. Entre 1790 y 1800, los esclavos que trabajaban en las plantaciones comenzaron a sublevarse contra sus amos franceses. Un antiguo esclavo, Toussaint L'Ouverture, asumió el control del gobierno y ofreció a los haitianos un nuevo modo de vida basado en la idea de que todos los seres humanos pueden vivir como iguales. Lamentablemente, fue capturado por el ejército francés y encarcelado en Francia. En los años que siguieron, el objetivo de libertad e igualdad de Toussaint L'Ouverture nunca logró hacerse realidad cabalmente. Casi todos los presidentes de Haití se convirtieron en dictadores al asumir el poder. Un dictador es una persona que gobierna con poder y autoridad absolutos.

En fechas más recientes se ha intentado establecer la democracia en Haití. En 1990, **Jean-Bertrand Aristide** resultó electo presidente. Aristide era un sacerdote católico que por largo tiempo había defendido los derechos de los pobres. Fue el primer presidente en ser electo democráticamente en muchos años. Sin embargo, Aristide sólo fungió como presidente durante siete meses. Los militares haitianos asumieron una vez más el control y lo obligaron a abandonar el país. La economía de Haití siguió debilitada y casi todos los habitantes continuaron viviendo en la pobreza.

En 1994, Aristide regresó a Haití, restaurando el gobierno democrático. En 1995, **René Préval** resultó electo como nuevo presidente de Haití. Préval ha estado enfrentando problemas con el parlamento de su país. A causa de las constantes disputas, el Gobierno no ha podido reforzar la economía y muchos habitantes siguen sumidos en la pobreza.

**Democracia en Haití**

**GOBIERNO**   Después de su exilio, el presidente de Haití, Jean-Bertrand Aristide, regresó a su país entre vítores de apoyo. **Razonamiento crítico** ¿Por qué fue tan importante para los haitianos el retorno de Aristide?

## Celebración de la herencia española

**CULTURA** Las mujeres de la foto están celebrando la herencia española de Puerto Rico. Los puertorriqueños celebran muchas fiestas con música y baile tradicionales. **Razonamiento crítico** ¿Qué celebraciones similares se efectúan en los Estados Unidos?

**Lazos de Puerto Rico con EE. UU.** Puerto Rico es una isla de ciudades viejas y hermosa campiña. La agricultura sigue siendo muy importante para la economía, pero cerca del 70 por ciento de los habitantes vive en ciudades, y muchos trabajan en fábricas. El nivel de vida en Puerto Rico es alto y su economía es la más vigorosa de todas las islas del Caribe.

Después de derrotar a España en la guerra entre España y Estados Unidos, en 1898, este último país asumió el control de Puerto Rico, que había sido una colonia española. En 1951, los puertorriqueños votaron por adoptar su propia constitución. Una constitución es una declaración de las leyes y los valores básicos de un país. Así, Puerto Rico logró tener sus propios legisladores, pero siguió vinculado a Estados Unidos. Puerto Rico es un estado mancomunado de Estados Unidos. Un estado mancomunado tiene su propio gobierno pero está unido a otro país por lazos muy fuertes. Los puertorriqueños son ciudadanos estadounidenses, pero no pueden votar en las elecciones presidenciales de EE. UU. No pagan impuestos a EE. UU. y sólo tienen un representante sin voto en el Congreso estadounidense.

# EVALUACIÓN DE LA SECCIÓN 1

## DESPUÉS DE LEER

### RECORDAR

**1.** Identifica: (a) Jean-Bertrand Aristide, (b) René Préval

**2.** Define: (a) economía de un solo cultivo

### COMPRENSIÓN

**3.** ¿Cuáles son algunas industrias importantes de las islas del Caribe?

**4.** ¿Cómo obtuvo Haití su independencia?

**5.** ¿Qué relación política hay entre Estados Unidos y Puerto Rico?

### RAZONAMIENTO CRÍTICO

**6. Explorar la idea principal** Repasa la idea principal al inicio de esta sección. Luego, escribe un párrafo corto sobre los retos económicos y políticos que enfrentan las naciones del Caribe.

**7. Sacar conclusiones** Algunos puertorriqueños quieren que su país se separe de Estados Unidos. Otros piensan que debe convertirse en estado para disfrutar de todos los privilegios de la ciudadanía estadounidense. Escribe un párrafo en pro de que Puerto Rico se convierta en estado o bien en pro de que se separe totalmente de los Estados Unidos.

### ACTIVIDAD

 **Búscalo en la RED**

**8. Escribir un diario de viaje** Cuba es uno de nuestros vecinos más cercanos, pero la vida ahí es muy diferente de la vida en EE.UU. Usa la información del sitio Web para escribir un diario de un viaje a Cuba, e incluye datos acerca de la vida en ese país. Visita World Explorer: People, Places and Cultures de **phschool.com** para realizar esta actividad.

# SECCIÓN 2

# Brasil

## Recursos naturales e industria

**ANTES DE LEER**

### ENFOQUE DE LECTURA

**1.** ¿Por qué las selvas tropicales del Brasil son un asunto global?

**2.** ¿Cómo afectan las selvas tropicales a la economía de Brasil?

### PALABRAS CLAVE
campesinos
dosel
fotosíntesis

### PERSONAJES Y LUGARES CLAVE
Río de Janeiro
Brasilia

### IDEA PRINCIPAL
Brasil busca formas de desarrollar nuevas industrias, consciente de que lo que suceda a sus selvas tropicales es importante no sólo para Brasil, sino también para el resto del mundo.

### ANOTACIONES
Copia el esquema y mientras lees esta sección complétalo con información acerca de los recursos naturales de Brasil.

> **Recurso natural de Brasil: selvas tropicales**
> **I.** Importancia de las selvas tropicales para Brasil
>    A.
>    B.
> **II.** Importancia de las selvas tropicales de Brasil para el mundo
>    A.
>    B.

## El escenario

La tierra es un recurso natural valioso de Brasil. En ella pueden establecerse y vivir las personas, y cultivar plantas. Contiene valiosos recursos que pueden usarse, transformarse en otros bienes o venderse a otros países. En ella pueden desarrollarse fábricas y ciudades. La forma en que se usa la tierra y el destino de los recursos que produce afectan considerablemente la economía brasileña.

## Las selvas tropicales brasileñas: un asunto global

Brasil, el país más grande de América del Sur, es casi tan grande como los Estados Unidos. También es uno de los países más ricos del mundo en territorio y recursos. Hasta hace poco, sus inmensas selvas tropicales se mantuvieron intactas. Sólo llegaban a explorarlas los pocos grupos de americanos nativos que habían vivido en ellas durante siglos.

Las selvas tropicales de Brasil ocupan cerca de la mitad del país. Estas selvas son importantes para la economía brasileña. Ahí se corta madera, se extrae oro y se cultiva. En el pasado, el gobierno de Brasil otorgaba tierras a los agricultores pobres o sin tierras, llamados **campesinos**, y los trasladaba a las selvas tropicales donde quemaban los árboles para despejar terrenos de cultivo. Sin embargo, en pocos años los suelos de las selvas tropicales dejaban de ser aptos para la agricultura.

En todo el mundo se alzaron voces expresando preocupación por la tala de las selvas tropicales. Muchos científicos creen que cuando el ser humano llega a la selva tropical, perturba el delicado equilibrio de la Naturaleza. Otros se preocupan porque el modo de vida tradicional de los nativos de la selva tropical sufra cambios o desaparezca.

### Agricultura en una selva tropical

**ECONOMÍA** Este productor de chiles despejó un predio en una isla del río Amazonas, en el norte de Brasil. **Razonamiento crítico** ¿Cómo contribuye el cultivo de chiles a la economía brasileña?

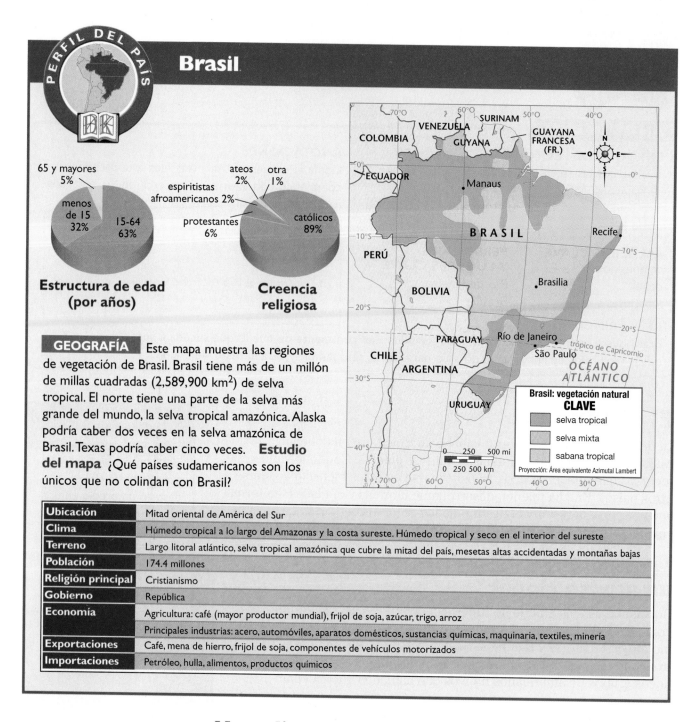

# Brasil

**PERFIL DEL PAÍS**

**Estructura de edad (por años)**

- 65 y mayores 5%
- menos de 15 32%
- 15-64 63%

**Creencia religiosa**

- ateos 2%
- otra 1%
- espiritistas afroamericanos 2%
- protestantes 6%
- católicos 89%

**GEOGRAFÍA** Este mapa muestra las regiones de vegetación de Brasil. Brasil tiene más de un millón de millas cuadradas (2,589,900 km²) de selva tropical. El norte tiene una parte de la selva más grande del mundo, la selva tropical amazónica. Alaska podría caber dos veces en la selva amazónica de Brasil. Texas podría caber cinco veces. **Estudio del mapa** ¿Qué países sudamericanos son los únicos que no colindan con Brasil?

**Brasil: vegetación natural**
**CLAVE**
- selva tropical
- selva mixta
- sabana tropical

Proyección: Área equivalente Azimutal Lambert

| Ubicación | Mitad oriental de América del Sur |
|---|---|
| Clima | Húmedo tropical a lo largo del Amazonas y la costa sureste. Húmedo tropical y seco en el interior del sureste |
| Terreno | Largo litoral atlántico, selva tropical amazónica que cubre la mitad del país, mesetas altas accidentadas y montañas bajas |
| Población | 174.4 millones |
| Religión principal | Cristianismo |
| Gobierno | República |
| Economía | Agricultura: café (mayor productor mundial), frijol de soja, azúcar, trigo, arroz |
| | Principales industrias: acero, automóviles, aparatos domésticos, sustancias químicas, maquinaria, textiles, minería |
| Exportaciones | Café, mena de hierro, frijol de soja, componentes de vehículos motorizados |
| Importaciones | Petróleo, hulla, alimentos, productos químicos |

## Un valioso recurso natural

En las profundidades de la selva brasileña, la luz apenas logra penetrar. El follaje en las copas de los árboles forma una densa masa llamada **dosel**. En el dosel de la selva tropical, y abajo de él, viven más especies de plantas y animales que en ningún otro lugar del planeta. Además, los científicos calculan que las selvas tropicales producen cerca de la tercera parte del oxígeno del mundo. Por un proceso llamado **fotosíntesis**, las plantas verdes producen sus propios alimentos a partir de agua y dióxido de carbono, y al hacerlo emiten oxígeno. Las selvas tropicales también contienen cerca de la quinta parte del agua dulce del planeta.

## Cómo usar la tecnología para proteger la selva tropical

El gobierno de Brasil está tratando de aprovechar los recursos de la selva tropical sin alterar el equilibrio natural. Ha comenzado a usar tecnología de satélites para cuidar la selva. Hay muchas amenazas que el Gobierno debe vigilar. Si una parte de la selva se destruye, los animales y plantas que ahí viven quizá no sobrevivan. Cuando se destruye vida vegetal, se produce menos oxígeno.

Otro problema en la selva tropical es el contrabando. Cada año, Brasil pierde cerca de 12 millones de animales por los contrabandistas. Muchos de esos animales están en peligro de extinción. Está prohibido capturarlos y matarlos, pero muchos contrabandistas logran burlar la ley.

A fines de los años ochenta, el descubrimiento de oro atrajo a muchos mineros a la selva. La extracción de oro contaminó los arroyos de la selva e hizo que enfermaran los habitantes de varias aldeas. El gobierno de Brasil aprobó leyes estrictas para regular la minería en la selva tropical. En su esfuerzo por proteger las selvas, los dirigentes brasileños deben buscar también formas de aprovechar sus recursos para asegurar el progreso económico del país.

## La herencia africana del Brasil

**CULTURA** En Salvador, Brasil, se cocinan platillos similares a los que se comen en África occidental. En ambos lugares, la comida se sazona con agua de coco, chile y aceite de palma, y se cocina en vasijas de barro. Las mujeres de Salvador llevan vestidos de encaje y turbantes, igual que muchas mujeres del África occidental. **Razonamiento crítico** ¿Por qué crees que estas mujeres visten a la usanza africana occidental pese a vivir en Brasil?

## Retos económicos y desarrollo industrial

Los americanos nativos que viven en las selvas tropicales se contaron entre los primeros habitantes de Brasil. Hoy en día, la mayoría de los brasileños son una mezcla de herencias americana nativa, africana y europea. Muchos aspectos de la cultura africana siguen prosperando en Brasil. Casi todos los habitantes de ascendencia africana son descendientes de los millones de africanos que fueron traídos a Brasil como esclavos para trabajar en las plantaciones de café. Brasil usó su mano de obra para convertirse en el mayor productor de café del mundo. Cuando los esclavos fueron liberados a fines del siglo XIX, pasaron a ser mano de obra remunerada pero barata.

Los precios del café bajaron a principios del siglo XX. Los brasileños se percataron de que no podían depender de uno o dos cultivos para sobrevivir. En los años treinta, el Gobierno desalentó la producción de café y trató de diversificar la economía construyendo más fábricas. Hoy, Brasil produce muchos bienes, como hierro y acero, automóviles y equipos eléctricos. Desde 1960, cerca de 30 millones de personas han dejado las granjas y plantaciones para conseguir empleo en las grandes ciudades cerca de la costa y lejos de la selva, como **Río de Janeiro**.

En las ciudades de Brasil vive gente rica y muy pobre. Río de Janeiro es un buen ejemplo de estos contrastes. En la parte sur de la ciudad hay lujosos hoteles y tiendas para turistas; en el centro hay viejos palacios y edificios del gobierno; y al norte hay grupos de casas pequeñas donde viven obreros. Más allá de los hogares de los obreros hay un área aún más pobre. En ella se hacinan viviendas sin electricidad ni agua corriente. Cerca de la cuarta parte de los 12 millones de habitantes de Río de Janeiro vive en estos barrios llamados *favelas*.

**GEOGRAFÍA** São Paulo es la ciudad más grande de Brasil. Más de 20,000 fábricas emplean a casi 600,000 trabajadores. **Razonamiento crítico** ¿En qué se parece São Paulo a las grandes ciudades de Estados Unidos? ¿En qué se diferencian?

## La nueva capital: una acción en pro de la economía

Hace poco, el gobierno de Brasil mudó la nueva capital del país, **Brasilia**, lejos de la costa y más cerca de la selva. El Gobierno pensó que ello atraería a personas de las áreas costeras y ayudaría a desarrollar la industria empleando recursos de la selva tropical. Los dirigentes brasileños siguen enfrentando retos en su intento por fomentar la economía sin destruir la selva.

# EVALUACIÓN DE LA SECCIÓN 2

## DESPUÉS DE LEER

### RECORDAR
1. Identifica: (a) Río de Janeiro, (b) Brasilia

2. Define: (a) campesinos, (b) dosel, (c) fotosíntesis

### COMPRENSIÓN
3. ¿Por qué la selva tropical brasileña es una preocupación ecológica importante a nivel mundial?

4. ¿Cómo depende la economía brasileña de las selvas tropicales?

### RAZONAMIENTO CRÍTICO Y ESCRITURA
5. **Explorar la idea principal** Repasa la idea principal al principio de esta sección. Luego, menciona una forma en que el gobierno de Brasil lucha por proteger sus selvas tropicales, y una forma en que está tratando de usar los recursos de la selva para mejorar su economía.

6. **Apoyar un punto de vista** Mucha gente quiere que Brasil cese totalmente de usar las selvas tropicales. ¿Es razonable pedirlo? ¿Cómo crees que ello afectaría la economía brasileña?

### ACTIVIDAD
7. **Hacer una presentación de la selva tropical** Con un compañero o compañera, busca imágenes de la flora y fauna de la selva tropical brasileña. Pongan título a las imágenes que escojan y hagan una presentación para la clase.

# Chile y Venezuela
## Economías en crecimiento

### ENFOQUE DE LECTURA

1. ¿Cómo se esfuerza el gobierno chileno por proteger el medio ambiente?
2. ¿Por qué es importante la agricultura para la economía de Chile?
3. ¿Cómo afectó el auge petrolero de Venezuela a su pueblo y su economía?

### PALABRAS CLAVE
auge
privatización

### PERSONAJES Y LUGARES CLAVE
Santiago
Caracas

### IDEA PRINCIPAL

Conforme Chile y Venezuela se desarrollan y expanden nuevas industrias y recursos, sus gobiernos deben enfrentar los retos de mantener el vigor de sus economías al tiempo que protegen el medio ambiente.

### ANOTACIONES

Copia la tabla y mientras lees esta sección complétala con información acerca de las economías de Chile y Venezuela.

|  | Chile | Venezuela |
|---|---|---|
| Economía antes de los años ochenta |  |  |
| Economía después de mediados de los años ochenta |  |  |

# El escenario

Tanto Chile como Venezuela han experimentado la prosperidad y los problemas asociados a economías en crecimiento. Antes de los años ochenta, la economía de Chile dependía principalmente de sus exportaciones de cobre y de la industria minera primaria. A principios de los años ochenta, los precios mundiales del cobre comenzaron a bajar y Chile tuvo que dejar de depender del cobre para sobrevivir. Una forma de mejorar la economía de Chile fue concentrarse en la agricultura.

## La agricultura y la economía

Para fines de los años ochenta, la agricultura tenía ya una importancia especial en Chile. Generaba miles de millones de dólares de ingresos y empleaba a cerca de 900,000 chilenos. Al igual que Chile, Venezuela experimentó un **auge** económico: un periodo de creciente prosperidad. El auge de Venezuela se dio por la venta de productos petroleros. Durante los años setenta el precio del petróleo subió. Luego, igual que los precios del cobre en Chile, los precios del petróleo comenzaron a caer. Ahora Venezuela debe hallar otras formas de obtener ingresos. Al subir y bajar la demanda de productos, suben y bajan los niveles de vida.

### El variado paisaje chileno

**GEOGRAFÍA** El desierto de Atacama es árido y desolado, pero otras áreas de Chile son fértiles y verdes.
**Razonamiento crítico** ¿Qué factores crees que permitan a un país tener climas tan diferentes?

## El ambiente físico de Chile

Ve el mapa de América Latina en el Atlas para Actividad de la página 164. Busca los Andes. Se extienden a lo largo de todo el continente como una gigantesca espina dorsal. Chile se extiende 2,650 millas (4,265 km) a lo largo de la costa del Pacífico y llega hasta la punta de América del Sur. Es el país más largo y angosto del mundo.

Chile abarca una asombrosa variedad de terrenos y climas. Al norte está el desierto de Atacama. El largo valle central cerca de la costa tiene sinuosas colinas, crecidos pastizales y densos bosques. Es aquí donde vive la mayoría de los chilenos.

## Lazos culturales de Chile

Los primeros colonos españoles en llegar a Chile se casaron con americanos nativos que ya vivían ahí. Hoy en día, estos mestizos constituyen cerca del 75 por ciento de la población. Sólo el 3 por ciento de los chilenos son americanos nativos.

El estilo de vida de los chilenos varía según la región. Muy al sur, la gente cría ovejas. Más al norte, en el valle central, se cultivan muchas verduras y frutas. Poca gente vive en el desierto de Atacama en el extremo norte. Sin embargo, el desierto es rico y está lleno de minas de cobre. Chile exporta más cobre que ningún otro país.

Una visita a la ciudad de **Santiago** es inolvidable, con sus viejas construcciones españolas al lado de elegantes rascacielos. La ciudad está en el valle de la llanura central, a una altura lo bastante baja como para disfrutar de un clima agradable. El mar hace que el aire sea húmedo. En los parques públicos crecen palmeras con los nevados Andes como fondo al oriente.

## Proteger el medio ambiente

El hermoso paisaje de Santiago, la capital de Chile, a veces no puede verse por la gruesa capa de esmog. ¿Cómo aumentó tanto la contaminación en Santiago? Una causa es la ubicación de la ciudad: está rodeada por los Andes en tres costados. Las montañas atrapan los gases del escape de los automóviles y el humo de las fábricas del valle.

Otra causa es que, a principios de los años ochenta, el Gobierno modificó las leyes que protegían al medio ambiente de la contaminación. Los dirigentes pensaban que si las leyes eran demasiado estrictas, algunas industrias privadas no sobrevivirían. A la economía de Chile le convenía fomentar la industria privada. El nivel de vida se elevó, pero también subieron los niveles de contaminación. Más gente se mudó a las ciudades para trabajar en las nuevas industrias. Ahora, más del 80 por ciento de los chilenos vive en ciudades.

En la década de 1990, el gobierno de Chile actuó para reducir los problemas de contaminación de la ciudad. En los días en que no sopla el viento, las industrias paran y se limita el número de automóviles que puede ingresar en la ciudad. Además, el Gobierno exige a los automóviles nuevos contar con sistemas de escape especiales que no generan tanta contaminación.

**Pesca con redes en la costa de Chile**

**ECONOMÍA** En el norte de Chile, los suelos no son propios para la agricultura, y mucha gente se gana la vida pescando. La industria pesquera de Chile es una de las más grandes del mundo.
**Razonamiento crítico** ¿Qué diferencia notas entre quienes pescan para ganarse la vida y quienes pescan por diversión?

**MIENTRAS LEES**

Usa conocimientos previos ¿Qué ciudades de Estados Unidos tienen problemas de contaminación? ¿Cuáles están rodeadas por montes, como Santiago?

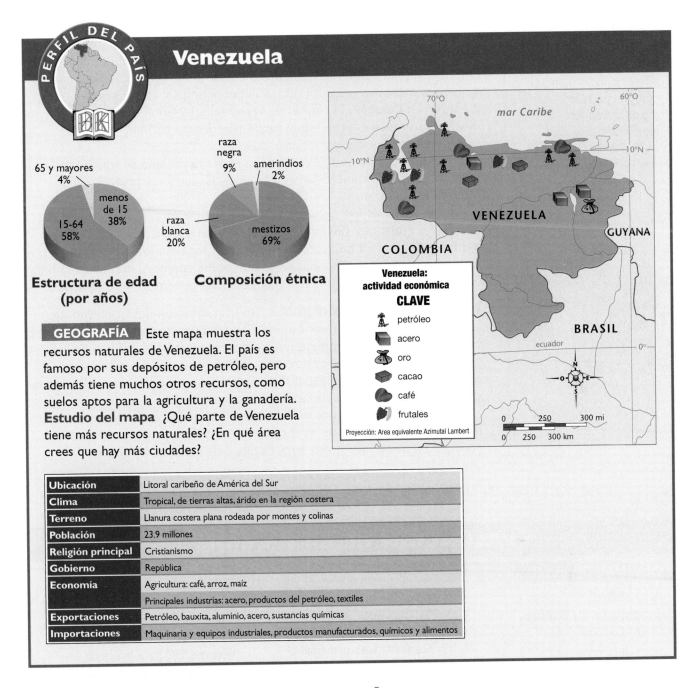

## PERFIL DEL PAÍS

# Venezuela

**Estructura de edad (por años)**

- 65 y mayores 4%
- menos de 15 38%
- 15-64 58%

**Composición étnica**

- raza negra 9%
- amerindios 2%
- raza blanca 20%
- mestizos 69%

**Venezuela: actividad económica**

**CLAVE**

- petróleo
- acero
- oro
- cacao
- café
- frutales

Proyección: Area equivalente Azimutal Lambert

0    250    300 mi
0    250    300 km

**GEOGRAFÍA** Este mapa muestra los recursos naturales de Venezuela. El país es famoso por sus depósitos de petróleo, pero además tiene muchos otros recursos, como suelos aptos para la agricultura y la ganadería. **Estudio del mapa** ¿Qué parte de Venezuela tiene más recursos naturales? ¿En qué área crees que hay más ciudades?

| Ubicación | Litoral caribeño de América del Sur |
|---|---|
| Clima | Tropical, de tierras altas, árido en la región costera |
| Terreno | Llanura costera plana rodeada por montes y colinas |
| Población | 23.9 millones |
| Religión principal | Cristianismo |
| Gobierno | República |
| Economía | Agricultura: café, arroz, maíz |
| | Principales industrias: acero, productos del petróleo, textiles |
| Exportaciones | Petróleo, bauxita, aluminio, acero, sustancias químicas |
| Importaciones | Maquinaria y equipos industriales, productos manufacturados, químicos y alimentos |

## Un país enriquecido por el petróleo

Venezuela, situada en la parte norte de América del Sur, posee grandes reservas de petróleo. El mapa de arriba indica dónde se halla ese petróleo. El crudo venezolano se ha vendido por muchos millones de dólares en el mercado mundial. Por ello, la población ha migrado del campo para trabajar en las compañías petroleras.

Se descubrió petróleo en Venezuela hace cerca de 75 años. Desde entonces, el país ha bombeado cerca de 67,000 millones de barriles de crudo. Salvo por la región del golfo Pérsico, Venezuela tiene las reservas de petróleo más grandes del mundo.

**MIENTRAS LEES**

Revisa tu lectura
¿Crees que un recurso, como el petróleo, pueda mantener indefinidamente a un país? ¿Por qué?

En los años setenta, el precio del crudo subió y se inició un auge petrolero. El nivel de vida de muchos venezolanos ascendió. Fue entonces que el Gobierno comenzó a gastar a manos llenas. Se contrató a muchas personas para operar las dependencias y empresas del gobierno en **Caracas,** la capital de Venezuela. El Gobierno construyó costosos trenes subterráneos y carreteras de alta calidad, y solicitó préstamos para poder gastar aún más.

Durante el auge petrolero, la economía venezolana se transformó, de una cultura tradicional basada en la industria agrícola primaria, a un moderno país urbano.

A mediados de los años ochenta, la producción mundial de petróleo excedió el consumo. Los precios comenzaron a caer, pero el Gobierno seguía empleando a millones de personas. Llegó el momento en que el Gobierno gastaba mucho más de lo que podía ganar. Al continuar la baja en los precios del petróleo, muchas personas quedaron desempleadas.

**Venta de industrias del gobierno**    La solución del Gobierno fue una nueva política de privatización. Hay **privatización** cuando el Gobierno vende sus industrias a individuos o empresas privadas. A fines de los años ochenta y en los años noventa, el Gobierno decidió privatizar algunos negocios, con la esperanza de que las corporaciones obtuvieran grandes utilidades que ayudaran a los trabajadores.

Además, Venezuela promovió nuevas industrias en un intento por reducir la dependencia de su economía del petróleo. Ahora el país produce bienes como acero, oro, cacao, café y frutas tropicales.

# EVALUACIÓN DE LA SECCIÓN 3

**DESPUÉS DE LEER**

**RECORDAR**

1. Identifica: (a) Santiago, (b) Caracas

2. Define: (a) auge, (b) privatización

**COMPRENSIÓN**

3. ¿Qué medidas ha tomado el gobierno chileno para prevenir la contaminación en las ciudades?

4. ¿Por qué comenzó Chile a desarrollar su agricultura?

5. ¿Cómo afectó el auge petrolero de Venezuela a la economía en el pasado y en fechas más recientes?

**RAZONAMIENTO CRÍTICO Y ESCRITURA**

6. **Explorar la idea principal** Repasa la idea principal al principio de esta sección. Luego haz una lista de medidas que Chile y Venezuela han tomado para mantener el vigor de su economía y la salud de sus ciudadanos y su medio ambiente.

7. **Sacar conclusiones** Escribe un párrafo acerca de lo que crees que Venezuela debe hacer para evitar problemas económicos en el futuro, sin dañar el medio ambiente.

**ACTIVIDAD**

8. **Escribir un anuncio** Con un(a) compañero(a), crea un comercial para anunciar un nuevo producto que ayude a la economía de Chile o a la de Venezuela. Hagan un cartel para el comercial y escriban un guión cuya presentación no tarde más de 60 segundos y que explique por qué es importante tener nuevos productos que apoyen la economía.

# Argentina
## Un centro cultural

---

**ANTES DE LEER**

### ENFOQUE DE LECTURA

1. ¿En qué difiere la composición étnica de Argentina de la de otros países sudamericanos?
2. Nombra dos grupos culturales bien definidos de Argentina.
3. ¿En qué se parece el gaucho de las pampas argentinas al vaquero de las grandes llanuras de Estados Unidos?

### PALABRAS CLAVE
cosmopolita
bolas
estancias

### PERSONAJES Y LUGARES CLAVE
Buenos Aires
pampas
gauchos
porteños

### ANOTACIONES
Copia el diagrama y mientras lees esta sección complétalo con información acerca de las culturas de Argentina.

Habitantes de Buenos Aires

Habitantes de las pampas

### IDEA PRINCIPAL
La herencia cultural argentina es una desusada mezcla de influencias europeas en la capital de Buenos Aires y una cultura singularmente argentina proveniente de las llanuras.

---

# El escenario

Al caminar por las pintorescas calles de **Buenos Aires,** la capital de Argentina, un viajero bien podría escuchar el idioma oficial del país, el español, hablado con acento italiano. Buenos Aires es una ciudad **cosmopolita,** cuyos habitantes provienen de muchos lugares del mundo.

No muy lejos de Buenos Aires está una región denominada las **pampas,** extensas praderas planas similares a las grandes llanuras de Estados Unidos. Fue aquí que, a mediados del siglo XVIII, vaqueros nómadas llamados **gauchos** se convirtieron en leyendas y protagonistas de baladas y relatos.

## Diversidad geográfica y cultural

Argentina ocupa casi toda la mitad sur de América del Sur y es el octavo país más grande del mundo. Su diversidad geográfica inicia en el norte con una región baja, húmeda, cálida y boscosa llamada el Gran Chaco. Las llanuras centrales, o pampas, están al sur del Gran Chaco

### Las pampas

**GEOGRAFÍA** Las praderas conocidas como pampas en Argentina son perfectas para la ganadería.
**Razonamiento crítico** ¿En qué se parecen estas praderas a las grandes llanuras de Estados Unidos?

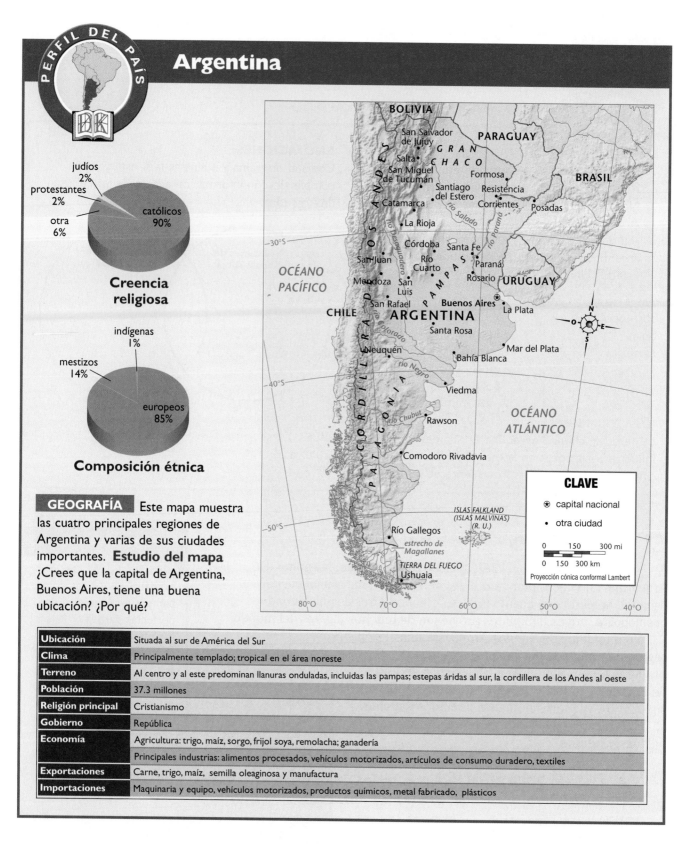

# Argentina

**PERFIL DEL PAÍS**

## Creencia religiosa

- católicos 90%
- judíos 2%
- protestantes 2%
- otra 6%

## Composición étnica

- europeos 85%
- mestizos 14%
- indígenas 1%

**GEOGRAFÍA** Este mapa muestra las cuatro principales regiones de Argentina y varias de sus ciudades importantes. **Estudio del mapa** ¿Crees que la capital de Argentina, Buenos Aires, tiene una buena ubicación? ¿Por qué?

### Mapa

BOLIVIA · PARAGUAY · BRASIL · URUGUAY · CHILE · ARGENTINA

GRAN CHACO · ANDES · PAMPAS · CORDILLERA · PATAGONIA · TIERRA DEL FUEGO

San Salvador de Jujuy · Salta · San Miguel de Tucumán · Catamarca · La Rioja · Córdoba · San Juan · Río Cuarto · Mendoza · San Luis · San Rafael · Santa Rosa · Neuquén · Viedma · Rawson · Comodoro Rivadavia · Río Gallegos · Ushuaia · Formosa · Resistencia · Santiago del Estero · Corrientes · Posadas · Santa Fe · Paraná · Rosario · Buenos Aires · La Plata · Mar del Plata · Bahía Blanca

río Salado · río Paraná · río Desaguadero · río Colorado · río Negro · río Chubut

OCÉANO PACÍFICO · OCÉANO ATLÁNTICO · estrecho de Magallanes · ISLAS FALKLAND (ISLAS MALVINAS) (R. U.)

30°S · 40°S · 50°S · 80°O · 70°O · 60°O · 50°O · 40°O

**CLAVE**
- ⊛ capital nacional
- • otra ciudad

0  150  300 mi
0  150  300 km

Proyección cónica conformal Lambert

| Ubicación | Situada al sur de América del Sur |
|---|---|
| Clima | Principalmente templado; tropical en el área noreste |
| Terreno | Al centro y al este predominan llanuras onduladas, incluidas las pampas; estepas áridas al sur, la cordillera de los Andes al oeste |
| Población | 37.3 millones |
| Religión principal | Cristianismo |
| Gobierno | República |
| Economía | Agricultura: trigo, maíz, sorgo, frijol soya, remolacha; ganadería |
| | Principales industrias: alimentos procesados, vehículos motorizados, artículos de consumo duradero, textiles |
| Exportaciones | Carne, trigo, maíz, semilla oleaginosa y manufactura |
| Importaciones | Maquinaria y equipo, vehículos motorizados, productos químicos, metal fabricado, plásticos |

y abarcan una extensión de tierra que va desde la costa oriental, donde se encuentra Buenos Aires, hasta tierras cada vez más áridas en el occidente. En su mayor parte, las pampas son tierras planas y fértiles con clima templado, y en ellas vive casi el 98% de la población. Al sur de las pampas se extiende una región árida llamada la Patagonia. Esta planicie de vientos constantes también contiene algunos valles con abundantes pastos. La cordillera de los Andes al oeste constituye la cuarta región geográfica de Argentina.

## Historia política y económica

Argentina nació como colonia española en el siglo XVI. Bajo el control español, Argentina tenía prohibido comerciar con otros países. Esta política comercial molestó mucho a los colonos. A principios del siglo XIX, Argentina logró independizarse de España. En el siglo XX llegaron inmigrantes europeos a cultivar la tierra e invertir en negocios.

Después de la independencia, hubo una larga lucha entre los *centralistas*, que deseaban un mayor control por parte de un gobierno central, y los *federalistas*, que preferían el control local. En fechas recientes, el gobierno se ha estabilizado más, y la industria y la agricultura se han desarrollado. Hoy en día, Argentina tiene una economía de libre mercado y los argentinos disfrutan de uno de los niveles de vida más altos de América Latina.

## Dos culturas muy diferentes

La composición étnica de Argentina es en parte española pero también una mezcla de inmigrantes europeos provenientes de países como Italia, Inglaterra, Francia y Alemania. Casi la mitad de la población es de origen italiano. Además, a diferencia de su vecino Brasil y los países del Caribe, nunca se llevaron esclavos africanos a Argentina. Dos grupos sociales bien definidos se establecieron en este extenso territorio que ahora llamamos Argentina. Un grupo cruzó los Andes desde Perú y se estableció en el fértil interior y las pampas centrales. Casi todos eran mestizos: personas con herencia española y americana nativa. Otros eran de origen europeo y africano mixto. Los pobladores del interior aprendieron a criar ganado y adoptaron estilos de vida rurales.

Quienes se establecieron en Buenos Aires y sus alrededores eran europeos que llegaron al puerto para dedicarse al comercio. Los **porteños** como se les conoce, querían que Buenos Aires se pareciera a las ciudades europeas. Estos habitantes de origen europeo eran mucho más numerosos que los pequeños grupos de mestizos que se establecieron en las llanuras.

## Un centro cultural argentino

Más de la tercera parte de la población de Argentina vive en la capital, Buenos Aires. Esta ciudad está sobre el estuario del Río de la Plata, y su ubicación en la costa atlántica, en las rutas marítimas entre el Atlántico del sur y el Pacífico del sur la coloca en un importante corredor de transporte para el comercio.

### GOBIERNO

#### Trabajo en conjunto

Entre 1976 y 1983, Argentina tuvo un gobierno militar. Este Gobierno envió a prisión a miles de personas, muchas de las cuales nadie ha vuelto a ver. Las madres y abuelas de los "desaparecidos" organizaron marchas de protesta a diario durante seis años en Buenos Aires. Sus acciones obligaron al Gobierno a explicar qué suerte habían corrido los desaparecidos.

### Los gauchos de Argentina

**CULTURA** Este gaucho muestra su caballo en un rancho de las pampas.

**Razonamiento crítico** Muchos vaqueros argentinos siguen usando la indumentaria de los primeros gauchos. ¿Por qué crees que aún se visten como gauchos?

Al igual que una ciudad europea, Buenos Aires consta de barrios pequeños, cada uno con sus propias características distintivas. También hay altos rascacielos cosmopolitas que sobresalen sobre las casas construidas en el siglo XIX. El diseño colonial español con influencias italianas y francesas enriquece las hermosas construcciones de la metrópoli. La ciudad ofrece gran variedad de actividades culturales como ópera, ballet, conciertos, teatro, eventos literarios y festivales de cine.

## La cultura de las pampas

Más allá de Buenos Aires, donde las pampas se extienden por las ricas y fértiles praderas del interior, está la cuna del gaucho. Estos nómadas establecieron una cultura singular que sólo se encuentra en Argentina. Vagaban por las pampas y capturaban manadas de caballos salvajes y reses empleando lazos, cuchillos y **bolas**, un juego de cordeles de cuero y tres bolas de hierro o piedras que lanzaban contra las patas de los animales para capturarlos.

Los gauchos formaban parte de un rentable, aunque ilegal, comercio de pieles y sebo en las regiones fronterizas cercanas a Buenos Aires. Famosos por ser expertos jinetes, los gauchos desempeñaron un papel preponderante en la historia de Argentina, pues ayudaron a llevar la civilización a las pampas y participaron en la lucha por la independencia y la estabilidad.

Hacia fines del siglo XIX, casi todas las pampas habían sido cercadas para integrarlas a las enormes **estancias,** o haciendas de propiedad privada. Los gauchos pasaron a ser trabajadores asalariados del campo, en vez de los vaqueros tan independientes de antaño.

# EVALUACIÓN DE LA SECCIÓN 4

**DESPUÉS DE LEER**

**RECORDAR**

**1.** Identifica: (a) Buenos Aires, (b) pampas

**2.** Define: (a) cosmopolita, (b) gauchos, (c) porteños, (d) bolas, (e) estancias

**COMPRENSIÓN**

**3.** ¿En qué sentido es singular la composición étnica de Argentina?

**4.** Describe los dos grupos culturales bien definidos de Argentina.

**5.** Menciona algunas similitudes entre los gauchos de las pampas y los vaqueros de las grandes llanuras de EE. UU.

**RAZONAMIENTO CRÍTICO Y ESCRITURA**

**6. Explorar la idea principal** Repasa la idea principal al inicio de esta sección. Luego escribe un párrafo que describa cómo se formaron dos culturas diferentes en Argentina.

**7. Sacar conclusiones** ¿Por qué crees que casi el 98% de la población vive en un área geográfica pequeña de Argentina llamada pampas?

**ACTIVIDAD**

**8. Aprender acerca de los gauchos** Averigua más acerca de los gauchos investigando en la Internet o en la biblioteca de tu escuela. Escribe un informe corto de lo que averigües e incluye imágenes que encuentres durante tu investigación.

# Hacer generalizaciones

| Calidad de vida | Producto nacional bruto per cápita (en dólares de EE. UU.) | Esperanza de vida en años | Habitantes por doctor | Tasa de alfabetismo | Mortalidad infantil (por 1,000 nacimientos) | Autos por 1,000 habitantes |
|---|---|---|---|---|---|---|
| Estados Unidos | $29,080 | 77 | 400 | 99% | 7 muertes | 489 |
| Venezuela | $3,480 | 72 | 625 | 92% | 21 muertes | 68 |
| Haití | $380 | 54 | 10,000 | 46% | 58 muertes | 4 |
| Brasil | $4,790 | 67 | 714 | 84% | 34 muertes | 128 |
| Chile | $4,820 | 75 | 909 | 95% | 11 muertes | 71 |

## Aprende la destreza

Una generalización es una afirmación general que se basa en datos, o hechos. Es una afirmación que une información o ideas. Para hacer una generalización basada en datos de una tabla, sigue estos pasos:

**A.** Estudia la información de la tabla. Determina qué información proporciona leyendo el título y los rótulos de cada columna y fila. También examina los datos para determinar los intervalos en números o porcentajes. ¿Qué cifras son las más altas? ¿Y las más bajas? ¿Las cifras son decimales? ¿Se dan cifras en millones?

**B.** Busca relaciones en la información. En la tabla de esta página, por ejemplo, puedes buscar una relación entre esperanza de vida y número de habitantes por doctor. Busca otras relaciones en la tabla.

**C.** Haz una afirmación general con base en los datos. Podría ser una conclusión basada en las relaciones que observaste. Se puede hacer una afirmación general, o generalización, acerca de una relación entre esperanza de vida y el número de habitantes por doctor en la tabla: conforme aumenta el número de habitantes por doctor, la esperanza de vida normalmente disminuye.

## Practica la destreza

Utiliza la tabla "Calidad de vida" para practicar las generalizaciones. Para comenzar, contesta estas preguntas. Luego crea tus propias generalizaciones buscando relaciones entre los datos.

**1.** ¿Qué caracteriza a las sociedades altamente industrializadas?

**2.** ¿Qué caracteriza a las sociedades no tan industrializadas?

**3.** Sugiere dos cosas para mejorar la calidad de vida en sociedades no tan industrializadas.

**4.** ¿Qué relación percibes entre el número de habitantes por doctor y la mortalidad infantil? ¿Qué afirmación general puedes hacer acerca de esta relación?

## Aplica la destreza

Hallarás más preguntas sobre generalizaciones en la sección Repaso y evaluación de este capítulo.

## CAPÍTULO

# 13 Repaso y evaluación

## Hacer un resumen del capítulo

En una hoja suelta, dibuja un diagrama como éste y agrega la información que resume la primera sección del capítulo. Luego, completa los cuadros que faltan con un resumen de las secciones 2, 3 y 4.

### EL CARIBE Y AMÉRICA DEL SUR

**Sección I**

Las naciones del Caribe enfrentan muchos retos económicos y políticos. Estados Unidos ha influido en muchas de ellas.

**Sección 2**

**Sección 3**

**Sección 4**

## Repaso de palabras clave

Relaciona las definiciones de la columna I con las palabras clave de la columna II.

**columna I**

**a.** personas que sólo poseen terrenos pequeños en América Latina

**b.** vaqueros nómadas de Argentina

**c.** proceso en el que un gobierno vende sus industrias a individuos y empresas privadas

**d.** un cultivo proporciona la mayor parte de los ingresos de un país

**e.** extensa región de praderas planas en Argentina

**f.** haciendas de propiedad privada

**g.** periodo de creciente prosperidad

**columna II**

**1.** auge

**2.** campesinos

**3.** pampas

**4.** privatización

**5.** economía de un solo cultivo

**6.** gauchos

**7.** estancias

## Repaso de ideas principales

**1.** ¿Por qué la agricultura es la principal industria de casi todas las naciones del Caribe? (Sección 1)

**2.** ¿Cómo han influido en los problemas económicos de Haití sus problemas políticos? (Sección 1)

**3.** ¿Qué lazos políticos existen entre Puerto Rico y los Estados Unidos? (Sección 1)

**4.** ¿Por qué las selvas tropicales de Brasil son una preocupación global? (Sección 2)

**5.** ¿Cómo ha beneficiado a la economía chilena aumentar las cosechas y fomentar la agricultura? (Sección 3)

**6.** ¿Cómo afectó el auge petrolero a la población y la economía de Venezuela? (Sección 3)

**7.** ¿Qué hace a la cultura argentina tan singular? (Sección 4)

**8.** Menciona dos grupos culturales bien definidos de Argentina. (Sección 4))

## Actividad de mapa

### El Caribe y América del Sur

**Escribe la letra que indica la posición de cada lugar en el mapa.**

1. Cuba
2. Haití
3. Puerto Rico
4. Brasil
5. Chile
6. Brasília
7. Venezuela
8. Argentina

 **Búscalo en la RED**

**Enriquecimiento** Para más actividades con mapas del Caribe y América del Sur, visita la sección World Explorer de **phschool.com.**

## Actividad de escritura

1. **Usar fuentes primarias** Visita la biblioteca de la escuela o una biblioteca local, o usa la Internet para hallar artículos de diarios y revistas u otras fuentes primarias que den información acerca de la situación actual de las selvas tropicales de Brasil. Escribe un argumento convincente de por qué es importante proteger las selvas. Haz un cartel para ilustrar tu argumento.

2. **Escribir un diario** Eres ciudadano(a) de Puerto Rico. Mañana habrá una elección para decidir si Puerto Rico debe seguir siendo un estado mancomunado, convertirse en el 51° estado de Estados Unidos o declarar su independencia. Escribe en tu diario qué opinas de esta decisión. Indica cómo piensas votar y por qué.

## Aplica tus destrezas

**Usa la tabla "Calidad de vida" de la página 245. Busca una relación contestando las preguntas y luego escribe una generalización para cada una basándote en datos de la tabla. No olvides escribir oraciones completas.**

1. ¿Crees que el producto nacional bruto tenga que ver con cuántos automóviles posee la población?

2. ¿Los países con tasas más altas de alfabetismo son los más industrializados o los menos industrializados?

## Razonamiento crítico

1. **Hacer comparaciones** Compara las preocupaciones ecológicas de los gobiernos de Brasil y Chile. ¿En qué se parecen? ¿En qué difieren?

2. **Hacer generalizaciones** ¿Qué generalización puedes hacer acerca de la cultura y los habitantes de Argentina?

 **Búscalo en la RED**

**Actividad** Haz una lista de objetos que halles en tu casa y que se elaboren con recursos de la selva tropical. ¿Cómo pueden usarse los recursos de la selva tropical de forma sostenible? Visita la sección World Explorer: People, Places and Cultures de **phschool.com** para realizar esta actividad.

**Autoevaluación del Capítulo 13**
Como repaso final, resuelve la prueba de autoevaluación del Capítulo 13. Busca la prueba en la sección de Social Studies en **phschool.com.**

# CIVILIZACIONES ANTIGUAS

En las selvas tropicales de México, los mayas crearon una compleja y avanzada civilización que alcanzó su cúspide entre los años 250 y 900 D.C. Fueron grandes estudiosos que crearon sistemas de matemáticas y astronomía y su propio sistema de escritura, que usaron para asentar su historia en placas de piedra.

En el siglo XII, los indígenas de américa bajaron de la costa de América del Sur, por los Andes, para formar el imperio Inca. En el siglo XV, el imperio tenía más de 10 millones de habitantes. Los incas tenían un poderoso ejército. Construyeron una red de caminos pavimentados que enlazaban todo el imperio. Relevos de mensajeros imperiales llevaban noticias y mensajes desde y hacia la capital, Cuzco.

En el siglo XIII, una tribu errante de indígenas fundó la civilización azteca en el valle de México. Tomando ideas de los pueblos tolteca y olmeca, que ya tenían civilizaciones establecidas, el imperio Azteca creció hasta incluir 12 millones de habitantes en dos siglos.

**?** ¿Cómo han influido las civilizaciones antiguas en las sociedades contemporáneas de América Latina?

GLIFOS
*La escritura maya consistía en una serie de signos que los arqueólogos llaman glifos. Muchos de los glifos eran dibujos simplificados de los objetos que representaban. Los mayas usaron glifos para registrar su calendario y escribir inscripciones históricas.*

*Un casco de piedra ocultaba la base de tierra y la tumba real.*

*El templo contiene inscripciones históricas.*

## PALENQUE

El Templo de las Inscripciones de Palenque es una famosa pirámide maya. En las profundidades de su base había una cámara secreta con la tumba de Pacal, un rey local que murió alrededor de 684 D.C. En la cima de la pirámide, se construyó un templo en cuyo interior había tablillas de piedra con glifos sobre la historia de los reyes locales hasta el reinado de Pacal.

*Los sacerdotes usaban la escalinata principal.*

*Quienes participaban en las ceremonias podían pararse en los escalones de los niveles principales.*

# TENOCHTITLÁN

La capital azteca era Tenochtitlán. Se le ha descrito como una "ciudad flotante" porque se construyó sobre una isla natural y una serie de islas artificiales en el lago de Texcoco. Caminos elevados, o calzadas, y canales comunicaban a las islas con la tierra firme. Hoy, la Ciudad de México se alza donde estuvo la antigua ciudad.

Pirámide azteca con templo arriba

Víctima sacrificada arriba de un templo

Sacerdote que predica

Los cuerpos de las víctimas sacrificadas se lanzaban al suelo

calzada

Circunscripción del templo de Tenochtitlán

### TRIBUTOS
*Los aztecas se enriquecieron cobrando tributo (pagos) a las tribus conquistadas. Cargadores llevaban tela, maíz, alfarería y artículos de lujo a Tenochtitlán desde las ciudades conquistadas. Las mercancías se intercambiaban en cuatro grandes mercados. Los funcionarios usaban escritura basada en dibujos para hacer listas de los tributos pagados. Los aztecas declaraban la guerra a cualquier tribu que se negara a pagar tributo.*

# QUIPU

Los incas no tenían un lenguaje escrito. En vez de ello, usaban tramos de cordel anudado, llamados quipu, para registrar todos los aspectos de su vida cotidiana. La información acerca de sucesos históricos, leyes, reservas de oro, cifras de población y otras noticias se almacenaba de forma precisa con estos cordeles anudados.

# Bienvenidos a
# Europa y Rusia

**ECONOMÍA**

## Ve de compras con la nueva moneda europea...

**GOBIERNO**

*Celebra la libertad de expresión...*

**GEOGRAFÍA**

*Explora importantes características físicas...*

# ¿Qué quieres aprender?

Trepa el Muro de Berlín...

Escucha la música de Italia...

Explora las antiguas ruinas del Coliseo...

Viaja por Francia en un tren de alta velocidad...

Un diario es tu registro personal de hallazgos. Conforme conoces Europa y Rusia, puedes incluir en tu diario entradas de lo que lees, escribes, piensas y creas. Como primera entrada, elige una región de Europa o Rusia que te gustaría visitar. ¿En qué podría parecerse la historia de esta región a la del lugar donde vives? ¿En qué podría diferir?

DIARIO DEL EXPLORADOR

# Preguntas guía

## ¿Qué preguntas debo hacer para comprender a Europa y Rusia?

**P**reguntar es una buena forma de aprender. Piensa qué información querrías tener si visitaras un nuevo lugar y qué preguntas harías. Las preguntas de estas páginas pueden guiar tu estudio de Europa y Rusia. ¡Haz otras preguntas por tu cuenta!

### GEOGRAFÍA

El continente europeo está rodeado por agua por tres costados. Ríos serpentean por el territorio y llevan a puertos costeros y mares internos. Las empinadas laderas de antiguas montañas separan regiones y pueblos. En el norte, los inviernos son largos y fríos, y en el sur los veranos son calientes y secos. Al oriente, la tierra se abre hacia la inmensa y aislada llanura de Siberia.

**❶ ¿Cómo influye la geografía de Europa y Rusia en las diferencias económicas, políticas y culturales de la región?**

### HISTORIA

Los sucesos del pasado han moldeado el moderno mundo europeo. Entre ellos están conflictos étnicos, colonización de tierras distantes, movimientos de las fronteras políticas y cambios en los sistemas económicos. Para comprender cómo viven hoy los europeos, es importante saber cómo la historia ha moldeado el curso de sus vidas.

**❷ ¿Cómo han influido en la Europa actual los sucesos del pasado?**

### CULTURA

Algunos países de Europa comparten un idioma y una religión, mientras que otros intentan fusionar muchas culturas distintas. Algunas regiones han cambiado de gobierno a lo largo de siglos de guerra y de paz. Durante cientos de años, diferentes creencias y costumbres se han difundido por el continente, pero cada nación ha logrado conservar una identidad cultural única.

**❸ ¿Qué rasgos culturales comparten las naciones europeas y qué rasgos hacen única a cada nación?**

## GOBIERNO

Por muchos años, Europa occidental estuvo separada de Europa oriental y Rusia por una frontera invisible pero tenaz llamada la Cortina de Hierro. En Europa oriental, tras la Cortina de Hierro, las dictaduras controlaron todos los aspectos de la vida de las personas. En Europa occidental los gobiernos eran democráticos y la gente podía escoger sus líderes y crear y hacer cumplir sus leyes. Ambas regiones sufrieron grandes cambios políticos en años recientes, y prevén más cambios futuros.

**4 ¿Cómo es la vida de las personas en la libertad de las recién formadas democracias de Europa oriental?**

## ECONOMÍA

Los países que comparten el continente europeo también comparten recursos naturales limitados. La estabilidad económica y la capacidad para competir en los mercados mundiales dependen de corredores de transportación abiertos y acuerdos comerciales equitativos. Pensando en estos factores, muchos países de Europa se han juntado para formar la Unión Europea.

**5 ¿Qué ventajas económicas tiene la Unión Europea?**

## CIVISMO

En países democráticos, los ciudadanos pueden intervenir en el Gobierno y se les anima para que participen en el proceso político. En países en los que se violan los derechos civiles y humanos, la libertad de todo el pueblo depende de que un grupo de ciudadanos o un líder alce la voz en pro del cambio e inspiren reformas.

**6 ¿Por qué es importante en una sociedad democrática ejercer los deberes ciudadanos?**

## CIENCIA, TECNOLOGÍA Y SOCIEDAD

La densidad de población en los centros urbanos de todo el continente europeo ha aumentado continuamente durante el último siglo. Los rápidos avances tecnológicos en la industria y las telecomunicaciones han reducido el tamaño del mundo, pero también han ampliado la brecha que siempre ha existido entre quienes viven en áreas urbanas y quienes viven en áreas rurales.

**7 ¿Cómo podemos aprovechar las nuevas tecnologías sin romper los lazos con formas de vida más tradicionales?**

 **Búscalo en la RED**

Para más información sobre Europa y Rusia visita el sitio World Explorer: People, Places and Cultures en **phschool.com.**

# Europa y Rusia

Para conocer Europa y Rusia hay que ser exploradores y geógrafos. Ningún explorador parte sin comprobar ciertos datos. Comienza por explorar los mapas de Europa y Rusia en las páginas siguientes.

## Ubicación relativa

## Tamaño relativo

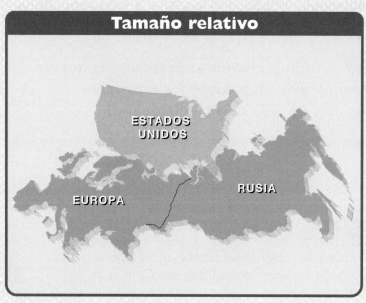

## I. UBICACIÓN

**Localiza Europa y Rusia** Un geógrafo debe saber dónde están los lugares. Usa el mapa de la izquierda para describir la ubicación de Europa y Rusia en relación con los Estados Unidos. ¿Qué área está más cercana al ecuador, Europa y Rusia o los Estados Unidos? ¿Cuál está más cercana al Círculo Polar Ártico? Mucha gente cree que el clima de los Estados Unidos y el de Europa son similares. Examina el mapa y da tres razones por las que eso podría ser cierto.

## 2. LUGAR

**Compara el tamaño de Europa, Rusia y los Estados Unidos** ¿Europa y Rusia juntas son más grandes o más pequeñas que los Estados Unidos? ¿Qué tamaño tiene Europa en comparación con los Estados Unidos continentales? Basándote en lo que sabes, estima el número de países que hay en Europa.

 **Búscalo en la RED**

Los elementos marcados con este logotipo se actualizan periódicamente en Internet. Visita **phschool.com** para obtener información actualizada de la geografía de Europa y Rusia.

## Europa y Rusia: regiones climáticas

OCÉANO ÁRTICO

mar de Groenlandia

mar de Kara

mar de Láptiev

mar de Siberia oriental

mar de Barents

mar de Noruega

Círculo polar ártico

RUSIA

San Petersburgo

Moscú

Irkutsk

mar de Ojotsk

Londres

EUROPA

Roma

Barcelona

mar Mediterráneo

ASIA

Vladivostók

OCÉANO PACÍFICO

ÁFRICA

ecuador

OCÉANO ÍNDICO

**CLAVE**

semiárido
árido
mediterráneo
subtropical húmedo
marino del litoral occidental
continental húmedo
subártico
tundra
tierras altas

Proyección de Mercator

0   500   1000 mi
0   500   1000 km

## 3. REGIONES

**Compara los climas de Europa y Rusia** Localiza Rusia en el mapa. Cita
sus tres principales regiones climáticas. ¿Cómo afecta la latitud (distancia del
ecuador) de Rusia su clima? Compara las regiones climáticas de Rusia con las
de Europa. ¿Europa tiene mayor o menor variedad de regiones climáticas que
Rusia? Localiza Moscú y Roma en el mapa. ¿Qué ciudad crees que tenga clima
más cálido? ¿Por qué?

## 4. INTERACCIÓN ENTRE EL SER HUMANO Y EL MEDIO AMBIENTE

**Predice el efecto del clima sobre la forma de vida de las personas**
En países cálidos como España, mucha gente vive en casas con paredes
gruesas, que se mantienen frescas pese al sol ardiente. En países más fríos,
como Suecia, muchas casas tienen techos empinados para evitar que la nieve
se acumule en ellos. ¿De qué otras formas crees que las personas se han
adaptado a su clima?

# ATLAS PARA ACTIVIDADES

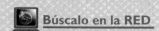 **Búscalo en la RED**

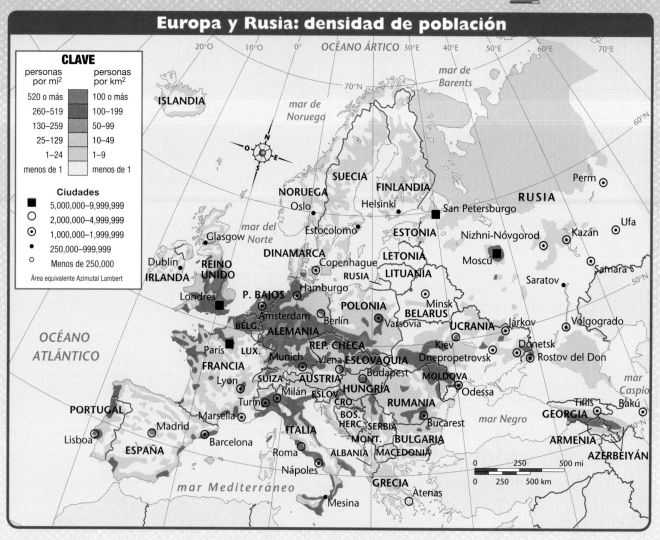

## Europa y Rusia: densidad de población

**CLAVE**

| personas por mi² | personas por km² |
|---|---|
| 520 o más | 100 o más |
| 260–519 | 100–199 |
| 130–259 | 50–99 |
| 25–129 | 10–49 |
| 1–24 | 1–9 |
| menos de 1 | menos de 1 |

**Ciudades**

- 5,000,000–9,999,999
- 2,000,000–4,999,999
- 1,000,000–1,999,999
- 250,000–999,999
- Menos de 250,000

Área equivalente Azimutal Lambert

## 5. LUGAR

**Compara densidades de población** La densidad de población es el número de personas que viven en cierta área. Compara las partes de Europa que tienen muchos habitantes con las que sólo tienen unos cuantos. Haz lo mismo con Rusia. ¿Cómo describirías la densidad de población de las dos regiones? ¿Qué accidentes geográficos podrían explicar la baja densidad de población en países como Finlandia y Suiza?

## 6. MOVIMIENTO

**Analiza la población y el transporte** Examina la densidad de población en la parte más al norte de Europa y Rusia. Ahora estudia la misma región en el mapa de ferrocarriles de la siguiente página. ¿Cuántos ferrocarriles ves en esta región, en comparación con regiones del centro y sur de Europa y Rusia? ¿Las regiones con más habitantes tienden a tener más o menos vías férreas? ¿De qué otras formas podrían estar relacionadas la población y el transporte?

## 7. MOVIMIENTO

**Organiza un viaje por tren** Siempre has querido visitar Europa y Rusia. Ahora tienes la oportunidad. El próximo verano, tu familia explorará por ferrocarril Europa y Rusia. Juntos, se han fijado las siguientes metas. Usa el mapa de abajo para planear las rutas que seguirán.

**A.** *Tu vuelo desde los Estados Unidos llegará a París. De ahí, quieren viajar a Varsovia. Halla la ruta más corta y enumera las ciudades por las que pasarán.*

**B.** *Desde Varsovia, irán lo más al norte que puedan en su camino a Moscú. ¿Qué ciudad rusa verán?*

**C.** *Después de Moscú, irán a Roma. Quieren ver tantas ciudades importantes como puedan en el camino. ¿Qué ruta seguirán?*

**D.** *Desde Roma, deben volver directamente a París. Encuentra la ruta más corta.*

**EXTRA**

*Planean viajar en marzo. ¿Qué ropa debes llevar para cada parte de tu viaje? Usa el mapa climático de la página 255 y el Manual de mapas y globos terráqueos.*

**Europa y Rusia: principales vías férreas**

CLAVE
— ferrocarriles
⊛ capital nacional
• otra ciudad
Proyección de Robinson

Oslo, Helsinki, Estocolomo, San Petersburgo, Moscú, Glasgow, *mar del Norte*, *mar Báltico*, Londres, Berlín, Varsovia, Bruselas, Francfort, Kiev, Volgogrado, Viena, París, *OCÉANO ATLÁNTICO*, Lyon, Milán, Bucarest, *mar Negro*, *mar Caspio*, Roma, Madrid, Atenas, *mar Mediterráneo*

0   300   600 mi
0   300   600 km

## Antiguas repúblicas de la Unión Soviética

OCÉANO GLACIAL ÁRTICO

polo Norte

mar del Norte  **NORUEGA**

**SUECIA**

**FINLANDIA**

**ESTONIA**  Tallinn

**LITUANIA**

Vilnius  ⊛Riga

**LETONIA**  Arcángel

Minsk

**BIELORRUSIA**

Kiev

**UCRANIA**

Chişinău  ⊛Moscú

**MOLDAVIA**

mar Negro  Rostov del Don

**GEORGIA**  Akmola⊛

Tiflis

**ARMENIA**

Yereván  mar Caspio

Bakú  Mar Aral

**AZERBEIYÁN**

**TURKMENISTÁN**  **UZBEKISTÁN**

Ashjabad  Tashkent  Bishkek  ·Alma Atá

**KJRGUIZISTÁN**

**IRÁN**  Dushanbe  **TADZHIKISTÁN**

lago Ladoga

lago Onega

r. Dvina

r. Pechora

r. Kuma

r. Volga

r. Don

r. Ural

Sir Daria

lago Baljash

Yekaterinburg

.Ufa

**KAZAJSTÁN**

lago Baljash

mar de Barents

mar de Kara

r. Ob

río Irtiish

río Ob

río yenisei

río Tunguska

**RUSIA**

río Interior

**S I B E R I A**

Novosibirsk

Irkutsk·  lago Baikal

mar de Láptiev

mar de Siberia oriental

Tiksi

Círculo polar ártico

r. Kolima

río Lena

río Aldan

río Lena

Magadán

Anadr

golfo de Anadr

mar de Bering

mar de Ojotsk

Vladivostok

mar del Japón

**MONGOLIA**

**COREA DEL NORTE**

**COREA DEL SUR**

**JAPÓN**

**CHINA**

### CLAVE
— frontera nacional
⊛ capital nacional
· otra ciudad
Proyección equidistante de dos puntos

## 8. REGIONES

**Identifica los países de la antigua Unión Soviética**  Desde los años veinte hasta 1991, algunos países de Europa oriental fueron repúblicas de la Unión Soviética. Hoy, todos esos países son naciones independientes. El mapa muestra la antigua Unión Soviética. Sus repúblicas se indican con diferentes colores. Examina la frontera occidental de Rusia. Según el mapa, ¿cuántos países de Europa oriental son antiguas repúblicas soviéticas?

## 9. REGIONES

**Describe el tamaño de Rusia**  Puedes ver en el mapa que, en términos de tamaño, Rusia dominaba a las demás repúblicas soviéticas. Usa la escala de millas del mapa. ¿Qué distancia aproximada hay desde la frontera oriental de Rusia hasta la frontera occidental? Moscú es la capital de Rusia. También era la capital de la Unión Soviética. ¿Qué distancia hay de Moscú a Vladivostok?

# Los lagos y ríos más grandes

## EL RÍO MÁS LARGO

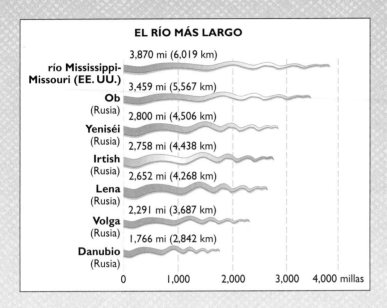

**río Mississippi-Missouri (EE. UU.)** 3,870 mi (6,019 km)

**Ob** (Rusia) 3,459 mi (5,567 km)

**Yeniséi** (Rusia) 2,800 mi (4,506 km)

**Irtish** (Rusia) 2,758 mi (4,438 km)

**Lena** (Rusia) 2,652 mi (4,268 km)

**Volga** (Rusia) 2,291 mi (3,687 km)

**Danubio** (Rusia) 1,766 mi (2,842 km)

0   1,000   2,000   3,000   4,000 millas

## 10. LUGAR

### Compara características físicas

Estudia estos diagramas. Usa los mapas del Atlas para actividades para localizar los lugares indicados en Rusia y Europa. ¿Qué lago tiene mayor volumen de agua? Algunos geógrafos dicen que el mar Caspio es un lago. Otros dicen que es un mar porque sus aguas son saladas. Compara su tamaño con el de otros lagos. ¿Qué países colindan con él? ¿Qué río es el más largo de Rusia y Europa?

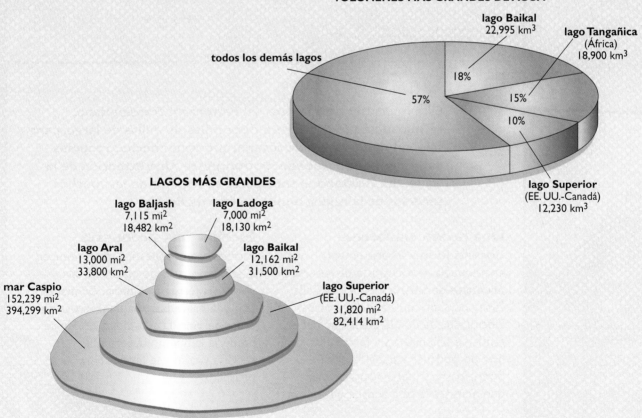

**VOLÚMENES MÁS GRANDES DE AGUA**

todos los demás lagos — 57%

lago Baikal 22,995 km³ — 18%

lago Tangañica (África) 18,900 km³ — 15%

lago Superior (EE. UU.-Canadá) 12,230 km³ — 10%

**LAGOS MÁS GRANDES**

lago Baljash 7,115 mi² 18,482 km²

lago Ladoga 7,000 mi² 18,130 km²

lago Aral 13,000 mi² 33,800 km²

lago Baikal 12,162 mi² 31,500 km²

mar Caspio 152,239 mi² 394,299 km²

lago Superior (EE. UU.-Canadá) 31,820 mi² 82,414 km²

# CAPÍTULO
# 14

# EUROPA Y RUSIA:
# Geografía física

**SECCIÓN 1**
## Características físicas

**SECCIÓN 2**
## Los seres humanos y el ambiente físico

**SECCIÓN 3**
## Factores geográficos y recursos naturales

**Ferrocarril Transiberiano**

mar Báltico  FINLANDIA
RUSIA  EST.
LIT.  San Petersburgo
LET.
BIELORRUSIA
Moscú
UCRANIA  Nizhni Nóvgorod
Perm
Sverdlovsk
mar  río Volga  Ufa
Negro  Samara  Kurgan
Omsk  Krasnoyarsk
Novosibirsk

mar de Kara
R U S I A
Círculo polar ártico
S I B E R I A
Bratsk
lago Baikal
Irkutsk  Chita
Vladivostok
mar de Ojotsk

KAZAJSTÁN
MONGOLIA
C H I N A
mar Amarillo

**CLAVE**
— Ferrocarril Transiberiano
— frontera nacional
⊛ capital nacional
• otra ciudad
Proyección equidistante de dos puntos

0  500  1,000 mi
0  500  1,000 km

70°E  80°E  90°E  100°E  110°E  120°E

## USAR MAPAS

Este mapa muestra la ruta del Ferrocarril Transiberiano, terminado en 1905. La ruta tiene miles de millas de largo, pero sólo cubre una parte de Siberia, que tiene muchos recursos naturales pero pocas vías de transporte. Una extensión de la vía férrea facilitaría el transporte de algunos de los muchos recursos de la región a otras partes de Rusia.

### Una nueva vía férrea

Consulta Rusia y Siberia en una enciclopedia. Haz una lista de recursos minerales de Siberia y dónde se halla cada uno. Con tu lista y otros mapas de Siberia, decide dónde crees que debería tenderse una nueva vía férrea. Haz una lista de ciudades y pueblos por los que podría pasar, y luego dibuja un mapa que muestre la ruta antigua y la nueva.

### Escribir una propuesta

Escribe una propuesta para convencer al gobierno ruso de construir una nueva vía férrea en Siberia. Comienza con una breve historia del Ferrocarril Transiberiano. Luego, indica dónde se tendería la nueva vía, para qué serviría y cómo se financiaría el proyecto.

# Características físicas

## ENFOQUE DE LECTURA

**1.** ¿Qué características físicas principales tienen Europa y Rusia?

**2.** ¿Por qué los ríos de Europa y Rusia constituyen corredores de transportación para todo el continente?

**3.** ¿Cómo afectan al continente europeo los procesos físicos del océano?

| PALABRAS CLAVE | LUGARES CLAVE |
|---|---|
| meseta | Eurasia |
| tributario | Europa |
| navegable | Rusia |
| península | montes Urales |
| | Siberia |

### IDEA PRINCIPAL

Las características físicas de las regiones que constituyen Europa y Rusia determinan el uso del suelo, la densidad de población y los corredores de transportación.

## ANOTACIONES

Copia la tabla y mientras lees esta sección complétala con información acerca de las características físicas de Europa y Rusia.

| Región | Ubicación | Características |
|---|---|---|
| Noroccidentales | | |
| Tierras altas | | |
| Planicies y altiplanos | | |
| | | |
| | | |

# El escenario

**Eurasia** es la masa continental más grande del mundo. Se compone de los continentes de **Europa** y Asia y en buena parte se encuentra en las latitudes septentrionales, donde el clima es más frío y la estación de cultivo más corta que en países más al sur.

Estudia el mapa de Europa y Rusia en el Atlas para actividad de la página 256. El continente europeo comprende 48 países, cuyo tamaño promedio es el de un estado de EE. UU. El continente europeo incluye parte de **Rusia,** el país más grande del mundo. Más allá de los **montes Urales** que marcan el límite entre Europa y Asia, la región rusa de **Siberia** se extiende miles de millas.

## Las características físicas de Europa y Rusia

Europa tiene cuatro regiones orográficas principales: las tierras altas noroccidentales, la planicie noreuropea, los altiplanos centrales y el sistema montañoso alpino.

## Muy al norte

**CULTURA** Esta pequeña iglesia está en los Highlands de Escocia, que están en la región de las tierras altas noroccidentales.
**Razonamiento crítico** ¿Qué papel podría desempeñar esta iglesia en su comunidad rural?

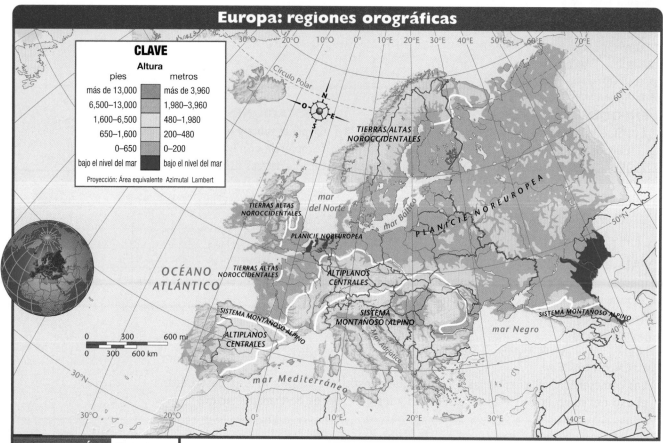

**CLAVE**

**Altura**

| pies | metros |
| --- | --- |
| más de 13,000 | más de 3,960 |
| 6,500–13,000 | 1,980–3,960 |
| 1,600–6,500 | 480–1,980 |
| 650–1,600 | 200–480 |
| 0–650 | 0–200 |
| bajo el nivel del mar | bajo el nivel del mar |

Proyección: Área equivalente Azimutal Lambert

**GEOGRAFÍA** Este mapa muestra las cuatro principales regiones orográficas de Europa. **Estudio del mapa** ¿Cuál región cubre más área? ¿Dónde hay tierras bajo el nivel del mar en Europa?

## Las tierras altas noroccidentales

Las antiguas montañas de las tierras altas noroccidentales están en el norte de Francia, Gran Bretaña y Escandinavia. Siglos de viento, lluvia y nieve las han erosionado. Poca gente vive ahí, pues el clima es muy frío, los suelos son débiles y la agricultura es poco productiva.

## Llanuras y altiplanos

La planicie noreuropea se extiende del sur de Inglaterra y Francia a las laderas de los montes Urales en Rusia. Es una región de suelos fértiles, agricultura productiva y alta densidad de población, que es el número de personas que viven en un área determinada.

Los altiplanos centrales se extienden por la parte central del sur de Europa. Esta región consta de montañas y **mesetas** que son grandes terrenos planos elevados. Aquí los suelos son demasiado pedregosos para la agricultura, pero abundan los minerales y la tierra es propia para pastar cabras y ovejas.

## Sistema montañoso alpino

El sistema montañoso alpino es una serie de cordilleras que cruzan Europa desde España hasta los Balcanes y se extienden hasta Georgia al este del mar Negro. Los Alpes suizos son una parte espectacular de esta región, y sus majestuosas cumbres nevadas son un destino vacacional favorito de excursionistas y esquiadores. Aquí viven familias que trabajan pequeñas granjas en los valles y praderas anidadas en las montañas.

## Siberia

Más allá de los montes Urales está una inmensa extensión baja y cenagosa llamada planicie siberiana occidental. Cubre más de un millón de millas cuadradas (2.58 millones de km$^2$) y es famosa por sus largos y fríos inviernos, arduas condiciones de vida y su escasa y dispersa población. En el borde oriental de la planicie, se alza la meseta central siberiana. Luego el terreno sigue subiendo para formar el altiplano siberiano oriental: una desolada región de agrestes montañas, inhóspitas planicies y más de veinte volcanes activos.

## Recursos fluviales y corredores de transportación

En las tierras altas de Europa y Rusia nacen muchos ríos importantes. En lo alto de los Alpes suizos, los glaciares que se derriten forman dos corrientes que se combinan para formar el río Rin, que serpentea 865 millas (1,391 km) a través de bosques y llanuras, pasando por castillos, fábricas y ciudades antes de desembocar en el mar del Norte. El Rin y sus canales y **tributarios** (ríos y arroyos más pequeños que desembocan en el canal principal) forman una red de corredores de transportación que llegan a todos los rincones de Europa occidental.

El río Volga es el más largo de Europa. Fluye a lo largo de 2,193 millas (3,528 km) por el occidente de Rusia y desemboca en el mar Caspio. Sus tributarios y canales lo conectan con el océano Ártico y el mar Báltico. Sin embargo, el Volga se congela durante tres meses cada año, así que en invierno éste y muchos otros ríos de Rusia no son **navegables,** o sea que las embarcaciones no pueden viajar por ellos.

El río Danubio nace en las montañas de Alemania y fluye por ocho países antes de desembocar en el mar Negro. Es el segundo río más largo de Europa, y es navegable todo el año. Estos factores hacen que sea un importante corredor de transportación para el comercio y los viajes. Barcos del mar Mediterráneo pueden subir por el Danubio hasta puertos en Rumania. De ahí, la carga puede transferirse a embarcaciones más pequeñas que continúan río arriba.

**ECONOMÍA**

Estos trabajadores del campo están cosechando fresas en Siberia. Las mejores tierras de cultivo de Siberia están al suroeste. Aquí, además de fresas, se cosecha trigo, avena y centeno. **Razonamiento crítico** Con base en esta fotografía, ¿qué te parecería trabajar en la cosecha de fresas?

## Pautas y procesos oceánicos

El continente europeo forma una **península** que está casi rodeada por agua. Se proyecta hacia el océano Atlántico y está bordeado por el mar Mediterráneo, el mar del Norte y el mar de Noruega. Tanta agua afecta a todo el continente. La cálida corriente oceánica llamada corriente del Golfo nace en el golfo de México y fluye hacia el noreste para unirse a la corriente Noratlántica, que fluye hacia el océano Ártico. El agua tibia evita que los litorales de la Gran Bretaña y Noruega se congelen en el invierno, aunque la tierra esté cubierta por hielo y nieve.

Aire húmedo y tibio sopla tierra adentro desde la costa y barre la planicie noreuropea. Al oeste de las montañas llueve mucho. Cuando el aire húmedo sube para pasar las montañas, se enfría y cae como nieve sobre las crestas del sistema montañoso alpino. Es poca la carga de agua que logra llegar al lado oriental de las montañas, por lo que esta área es más cálida y seca.

Las olas que han golpeado las costas durante millones de años han formado bahías, ensenadas, caletas y puertos. Examina los mapas del Atlas para actividades, páginas 255 a 256, para ver cómo estos accidentes naturales afectan el clima e influyen en los asentamientos humanos.

# EVALUACIÓN DE LA SECCIÓN I

## DESPUÉS DE LEER

### RECORDAR
1. Identifica: (a) Eurasia, (b) Europa, (c) Rusia, (d) montes Urales, (e) Siberia
2. Define: (a) planicie (b) tributario, (c) navegable, (d) península

### COMPRENSIÓN
3. ¿Por qué la llanura noreuropea tiene la mayor densidad de población de todas las regiones orográficas principales?
4. ¿Qué hace al río Danubio un importante corredor de transportación?
5. ¿Qué evita que los puertos del norte de Inglaterra y de Noruega se congelen en invierno?

### RAZONAMIENTO CRÍTICO Y ESCRITURA
6. **Explorar la idea principal** Repasa la idea principal al inicio de esta sección. Luego escribe un párrafo que describa cómo cambiaría tu vida si te mudaras de una granja en la planicie noreuropea a una en el sistema montañoso alpino.
7. **Comparar y contrastar** Escribe un párrafo para comparar la vida sobre el Rin y la vida en una aldea de las tierras altas de Escocia. ¿Dónde preferirías vivir? Apoya tu respuesta.

### ACTIVIDAD
8. **Hacer un folleto de viaje** Haz un folleto de viaje ilustrado para una de las cuatro principales regiones orográficas o para Siberia. Describe el clima y el campo. Señala sitios de interés. Incluye consejos y una lista de provisiones, ropa o equipos especiales que podrían necesitarse.

 **Búscalo en la RED**

9. **Hacer un mapa de Siberia** La geografía física de Siberia es bella y variada. Imagina que caminas por las rutas descritas en el sitio Web. Escribe un relato detallado de tus experiencias, y describe las características geográficas, el clima y la vegetación. Visita la sección World Explorer: People, Places and Cultures de **phschool.com** para realizar esta actividad.

# Los seres humanos y el ambiente físico

**ENFOQUE DE LECTURA**

1. ¿Cómo se adaptan las personas a las condiciones climáticas de las distintas partes de Europa y Rusia?

2. ¿Cómo han aprendido los habitantes de Europa y Rusia a modificar y usar su ambiente físico y la vegetación natural?

**PALABRAS CLAVE**

caducifolio
coníferas
taiga
praderas
estepas
tundra
permafrost

**LUGARES CLAVE**

Barcelona
Irkutsk
Noruega
Islandia

**ANOTACIONES**

Copia la red de conceptos y mientras lees esta sección complétala con información acerca de la vegetación natural de Europa y Rusia.

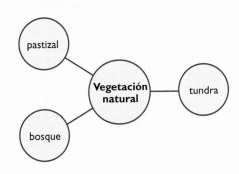

**IDEA PRINCIPAL**

Las personas encuentran formas de adaptarse al clima y de modificar la vegetación natural del lugar donde viven.

# El escenario

Es febrero en **Barcelona** España. Isabella, de doce años de edad, se despierta en una tibia y soleada mañana de domingo. La temperatura es de 65° F (18° C): un día perfecto para pasear en bicicleta.

En ese momento, termina la tarde en **Irkutsk,** una ciudad del sur de Siberia. Es un día despejado, frío y soleado. La temperatura es de –15° F (–26° C). Alexy regresa esquiando a su casa después de visitar a su abuela.

En Barcelona, que está a la orilla del mar Mediterráneo, los inviernos son frescos y lluviosos, mientras que los veranos son calientes y secos. En Siberia, la nieve cubre el suelo seis meses del año. Los inviernos son duros, y las temperaturas bajan hasta –50° F (–46° C). Los veranos son frescos y cortos. La temperatura en un agradable día veraniego en Irkutsk es la misma que en un frío de invierno en Barcelona.

## Adaptación del ser humano al ambiente físico

En la Sección 1 vimos cómo el océano afecta el clima. Gran parte del noroeste de Europa, incluida la costa de **Noruega**

**Esquiar en Siberia**

**GEOGRAFÍA** En lugares como Siberia, donde los inviernos son largos y la nieve cubre el suelo seis meses del año, esquiar a campo traviesa es una forma eficiente de trasladarse. **Razonamiento crítico** ¿Qué otras formas de transporte ha ideado la humanidad como respuesta al clima o a su entorno físico?

265

## Europa: vegetación natural

**CLAVE**
- bosque caducifolio
- bosque mixto
- bosque de coníferas
- vegetación mediterránea
- pastizal templado
- tundra
- tierras altas (la vegetación varía con la altura)

Proyección: Área equivalente Azimutal Lambert

**GEOGRAFÍA** Gran parte de Europa y Rusia estuvo cubierta por bosques. **Estudio del mapa**

¿Qué pasa con la vegetación natural de esta región conforme avanzamos hacia el norte?

y la punta sur de **Islandia,** tiene un clima marino del litoral oeste, y llueve todo el año.

Los países que rodean al Mediterráneo tienen un clima similar al de Barcelona. Gran parte de esta región está en la lluvia de sombra de las montañas del sistema alpino. Una lluvia de sombra es un área en el lado seco y resguardado de una cordillera, donde cae poca lluvia.

Casi toda Europa oriental está en la región continental húmeda. Al avanzar tierra adentro, pasamos fuera del alcance del aire tibio y húmedo que llega del Atlántico. Quienes viven aquí están preparados para inviernos más largos y fríos, y veranos muy calientes.

Poca gente vive en las regiones subárticas y en la tundra de Europa y Asia porque, durante los largos y oscuros inviernos, las temperaturas se mantienen muy por debajo del cero. En verano, las temperaturas no están muy por arriba del punto de congelación.

## Modificar el ambiente físico

La temperatura, la precipitación pluvial, la altura y la latitud son factores que determinan la vegetación natural de un área, es decir, sus plantas. Compara el mapa de vegetación con los mapas de clima y accidentes geográficos que ya viste.

## Bosques y praderas

Europa estuvo cubierta por bosques **caducifolios** o de hoja caduca, constituidos por árboles que pierden sus hojas. En un lapso de muchos años, los árboles se fueron cortando para abrir campos al cultivo y construir ciudades. En el norte de Europa y Rusia, hay grandes bosques de **coníferas** cuyos árboles tienen conos o piñas que protegen las semillas. En Rusia, esta región boscosa se llama **taiga** y cubre más de 4 millones de millas cuadradas (6.4 millones de km$^2$). Los suelos no son muy propios para la agricultura y la temporada de cultivo es corta.

Las partes central y sur de la llanura noreuropea alguna vez estuvieron cubiertas por pastizales llamados **praderas.** La gente creó tierras de cultivo en esta región. En Rusia, las praderas se llaman **estepas.** El negro y fértil suelo es propio para la agricultura.

## Tundra

La **tundra** es una llanura sin árboles donde sólo crecen pastos y musgo. Aquí, el suelo, llamado **permafrost,** está siempre congelado y la estación en que crecen las plantas es muy corta. En Islandia, Noruega y el norte de Rusia, la gente ha tenido que hallar formas de conseguir comida y construir albergues sin los recursos naturales de los bosques.

**La helada tundra**

**GEOGRAFÍA** La tundra se extiende del norte de Europa al norte de Rusia. Las formas que se aprecian aquí en el suelo se deben a levantamientos del permafrost. **Razonamiento crítico** ¿Cómo podrían los habitantes de estos lugares conseguir alimentos, y construir albergues ante la falta de recursos naturales?

# EVALUACIÓN DE LA SECCIÓN 2

**DESPUÉS DE LEER**

### RECORDAR

**1.** Identifica: (a) Barcelona, (b) Irkutsk, (c) Noruega, (d) Islandia

**2.** Define: (a) lluvia de sombra, (b) caducifolio, (c) conífera, (d) taiga, (e) pradera, (f) estepas, (g) tundra, (h) permafrost

### COMPRENSIÓN

**3.** ¿Qué ventajas tiene vivir tras la lluvia de sombra de los Alpes?

**4.** ¿Por qué la taiga es un recurso importante para los habitantes de Siberia?

### RAZONAMIENTO CRÍTICO Y ESCRITURA

**5. Explorar la idea principal** Repasa la idea principal al inicio de esta sección. Luego imagina que eres Isabella o Alexy y escribe una carta en la que describes tu día. Explica cómo te mantuviste a una temperatura agradable y qué viste cuando saliste.

**6. Sacar conclusiones** Pese a las dificultades que presenta el ambiente físico de la tundra, ¿por qué hay quienes deciden vivir ahí?

### ACTIVIDAD

**7. Diseñar una casa** Diseña una casa para vivir en la campiña francesa y en la tundra de Noruega. Usa materiales que se hallen en cada región. ¿Cómo te protegerá del clima esta casa? Incluye ilustraciones que detallen tus ideas de diseño y métodos de construcción.

# Factores geográficos y recursos naturales

## ANTES DE LEER

### ENFOQUE DE LECTURA

**1.** ¿De dónde provienen los combustibles fósiles y cómo benefician a Europa y Rusia?

**2.** ¿Cómo se usan los recursos acuíferos en Europa y Rusia?

**3.** ¿Qué características geográficas contribuyen a la fertilidad de los suelos de Europa y Ucrania?

### PALABRAS CLAVE
combustibles fósiles
recursos no renovables
turbinas
energía hidroeléctrica
loes

### LUGARES CLAVE
mar del Norte
valle del Ruhr
Silesia
Ucrania

### ANOTACIONES
Copia el diagrama de Venn y mientras lees esta sección complétalo con información acerca de los recursos naturales de Europa y Rusia.

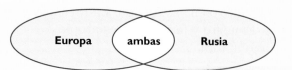

Europa  ambas  Rusia

### IDEA PRINCIPAL
Europa y Rusia son ricos en recursos naturales tanto renovables como no renovables.

**Plataformas petroleras marinas**

**ECONOMÍA** Gran Bretaña, Noruega y otras naciones bañadas por el mar del Norte dependen del petróleo y gas natural extraídos de depósitos submarinos. **Razonamiento crítico** ¿Crees que es costoso perforar pozos petroleros en el mar del Norte? ¿Por qué?

# El escenario

Europa es una región rica y un líder mundial en cuanto a desarrollo económico. Parte de esta riqueza y éxito se debe a su abundante abasto de recursos naturales, como suelos fértiles, agua y combustibles. Rusia tiene muy diversos recursos, pero su clima hostil, ríos congelados y grandes distancias de transporte han dificultado la conversión de esos recursos en riqueza.

## Procesos físicos que producen combustibles fósiles

Los **combustibles fósiles** en forma de petróleo, gas natural y hulla proporcionan energía a las industrias. Se llaman así porque se forman en millones de años a partir de los restos de animales y plantas antiguas. Los combustibles fósiles son **recursos no renovables;** cuando se acaben, no habrá más.

Hace millones de años, plantas y animales marinos llamados plancton murieron y se asentaron en el fondo del mar. Con los años, el plancton se

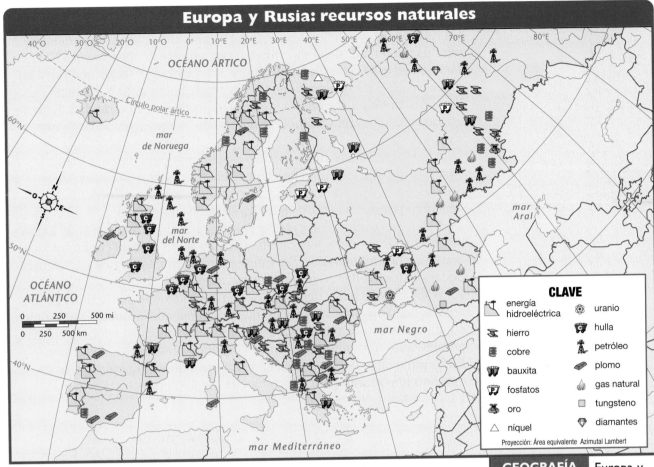

**CLAVE**

| energía hidroeléctrica | | uranio |
| hierro | | hulla |
| cobre | | petróleo |
| bauxita | | plomo |
| fosfatos | | gas natural |
| oro | | tungsteno |
| níquel | | diamantes |

Proyección: Área equivalente Azimutal Lambert

cubrió de cieno y arena. El peso de este material transformó gradualmente el plancton en petróleo atrapado en roca porosa. Cuando se perfora un pozo petrolero, se atraviesa la roca y se saca el petróleo, el cual se llama crudo. Luego el petróleo crudo se limpia para elaborar productos refinados que impulsan automóviles y calientan hogares.

Hay depósitos de petróleo y gas bajo el suelo oceánico en el **mar del Norte** y en Siberia. Sin embargo, estos recursos en áreas remotas de Rusia están a miles de millas de los centros industriales del país, así que se les debe transportar por tubería.

La hulla o carbón mineral se produce a partir de materias vegetales y animales antiguos que se descomponen para formar turba. Tras millones de años, la presión de los materiales que cayeron sobre los depósitos de turba la transformaron gradualmente en lignito o hulla parda. Una mayor presión convirtió el lignito en la llamada hulla grasa que se usa en industrias de todo el mundo.

Se extrae hulla en Gran Bretaña; el valle del Ruhr en Alemania; el centro industrial llamado **Silesia** donde se unen Polonia, la República Checa y Alemania; **Ucrania** y Rusia, que tiene la tercera parte de las reservas mundiales de hulla.

Rusia tiene también grandes reservas de mena de hierro, que sirve para producir acero. Casi todos estos depósitos minerales están al oeste de los montes Urales, que es donde se sitúan los centros industriales rusos.

**GEOGRAFÍA** Europa y Rusia son ricos en recursos naturales que son importantes para el desarrollo y el vigor de la economía de la región. **Estudio del mapa** ¿Qué relación ves entre la distribución de recursos naturales y los principales centros de población de Europa?

**MIENTRAS LEES**

**Revisa tu lectura** ¿Qué tipos de recursos naturales has usado hoy?

# Procesos geográficos

En Europa occidental, el agua es un recurso importante. Se le destina para uso personal, riego de cultivos y transporte de mercancías. El agua también se usa como fuente de energía. La fuerza del agua que fluye en una cascada o de una presa en un río puede hacer girar máquinas llamadas **turbinas,** las cuales generan, o producen, electricidad. Esto se conoce como energía **hidroeléctrica;** *hidro* es un vocablo griego que significa "agua".

Muchos países usan sus recursos acuíferos para obtener energía. Noruega obtiene casi toda su electricidad del agua; y las fábricas de Suecia, Suiza, Austria, España y Portugal operan con electricidad generada por presas en ríos que fluyen de las montañas.

Salvo en el sur y el occidente del país, los congelados ríos de Rusia y Siberia no sirven para generar electricidad porque están contaminados con desechos industriales. Será preciso restaurar estos ríos sucios para poderlos desarrollar como un recurso natural.

A lo largo de miles de años, los vientos han depositado finos suelos fértiles llamados **loes** a lo ancho de la planicie noreuropea. Estos suelos, combinados con la abundante lluvia y lo largo de la estación de cultivo, permite a los agricultores europeos producir abundantes cosechas. En Ucrania, un suelo negro llamado *chernozem* es muy fértil, y es en extremo importante para la producción de alimentos en la región.

# EVALUACIÓN DE LA SECCIÓN 3

## DESPUÉS DE LEER

### RECORDAR

**1.** Identifica: (a) mar del Norte, (b) valle del Ruhr, (c) Silesia, (d) Ucrania

**2.** Define: (a) combustibles fósiles, (b) recursos no renovables, (c) turbinas, (d) energía hidroeléctrica (e) loes

### COMPRENSIÓN

**3.** ¿Por qué los combustibles fósiles benefician más a la economía de Europa que a la rusa?

**4.** ¿Qué impide el desarrollo de la energía hidroeléctrica en Rusia, a diferencia de Europa?

**5.** ¿Cómo contribuyen a la fertilidad de los suelos europeos los tibios y húmedos vientos que soplan del Atlántico?

### RAZONAMIENTO CRÍTICO Y ESCRITURA

**6. Explorar la idea principal** Repasa la idea principal al inicio de esta sección. Luego, escribe un párrafo que identifique el recurso natural más importante para Europa y para Rusia. Apoya tus ideas.

**7. Hacer predicciones** ¿Cuál será el principal recurso natural de Rusia en veinte años? Escribe un párrafo que describa el desarrollo del recurso e indique cómo afectará a la economía del país.

### ACTIVIDAD

**8. Escribir un diario** Imagina que estás en una plataforma petrolera en el mar del Norte. Escribe una entrada de diario que describa tu importante y arriesgada labor en alta mar.

# Interpretar gráficas

## Lo que necesitas

Para hacer tus propias gráficas necesitarás:

▶ papel
▶ lápiz
▶ regla
▶ transportador

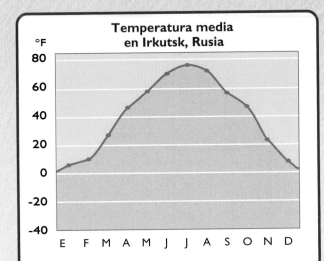

**Temperatura media en Irkutsk, Rusia**

°F

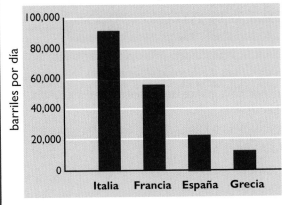

**Producción de petróleo, 2000**

barriles por día

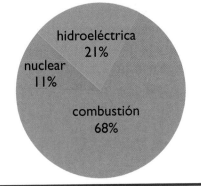

**Generación de electricidad en Rusia**

hidroeléctrica 21%
nuclear 11%
combustión 68%

## Aprende la destreza

Las gráficas son útiles porque organizan información de forma sencilla y fácil de captar. Uno de los tipos más comunes es la gráfica de líneas, que muestra cómo cambian los valores de los datos con el tiempo.

Las gráficas de barras usan barras para indicar cantidades. La longitud de la barra es proporcional al valor numérico que representa.

Las gráficas circulares usan segmentos del círculo (como partes de un pastel) para indicar proporción, o las partes de un todo. El valor de todo el círculo es 100 por ciento.

Para leer una gráfica:

**A.** Lee el título para ver qué información muestra la gráfica.

**B.** Determina qué tipo de gráfica es. Estudia las tres gráficas de esta página. ¿Cuál es de líneas? ¿Cuál es circular? ¿Cuál es de barras?

**C.** Lee la información de la gráfica. Lee la gráfica de líneas para ver en qué mes el clima es más cálido en Irkutsk, Rusia. Lee la gráfica de barras para ver qué país produce más petróleo. Lee la gráfica circular para ver con qué método se genera más electricidad en Rusia.

## Practica la destreza

Compara las tres gráficas de esta página. ¿Cómo muestra cada una los valores de los datos? ¿Crees que se podría usar una gráfica circular para mostrar cambios anuales en la temperatura? ¿Una gráfica de líneas podría mostrar la producción petrolera de distintos países?

## Aplica la destreza

Hallarás más preguntas sobre comparación de gráficas en la sección Repaso y evaluación de este capítulo.

# 14 Repaso y evaluación

## Hacer un resumen del capítulo

**En una hoja suelta, dibuja un diagrama como éste, y agrega la información que resume la primera sección del capítulo. Luego, completa los cuadros que faltan con un resumen de las secciones 2 y 3.**

### EUROPA Y RUSIA: GEOGRAFÍA FÍSICA

**Sección 1**
Europa y Rusia tienen cuatro regiones orográficas principales. La densidad de población en cada una depende del clima, la calidad de los suelos y el acceso a ríos navegables.

**Sección 2**

**Sección 3**

## Repaso de palabras clave

**Relaciona las definiciones de la columna I con las palabras clave de la columna II.**

**Columna I**

1. pradera rusa
2. electricidad generada por agua
3. suelos finos y fértiles
4. ríos o arroyos que desembocan en un río mayor
5. lo bastante profundo para los barcos
6. llanura sin árboles donde el suelo es permafrost
7. combustible —hulla, petróleo y gas natural— que provienen de los restos de plantas y animales antiguos
8. área en el lado seco y resguardado de una cordillera

**Columna II**

a. navegable
b. barrera montañosa (lluvia de sombra)
c. tundra
d. combustibles fósiles
e. estepa
f. energía hidroeléctrica
g. loes
h. tributarios

## Repaso de ideas principales

1. Identifica las cuatro principales regiones orográficas de Europa. (Sección 1)
2. Identifica la parte de Rusia que está en Asia. (Sección 1)
3. Nombra la cordillera que separa Europa y Asia. (Sección 1)
4. Nombra el río más largo del continente europeo. (Sección 1)
5. ¿Qué es un clima marino del litoral oeste? (Sección 2)
6. ¿Qué tipo de vegetación cubrió casi toda Europa hace mucho tiempo? (Sección 2)
7. ¿Qué partes de Europa tienen grandes reservas de hulla? (Sección 3)
8. ¿Por qué se le dificulta a Rusia aprovechar sus recursos naturales? (Sección 3)

## Actividad de mapa

### Europa y Rusia

**Escribe la letra que indica la posición de cada lugar en el mapa.**

**1.** Europa

**2.** montes Urales

**3.** Alpes

**4.** Siberia

**5.** río Rin

**6.** río Volga

**7.** mar del Norte

 **Búscalo en la RED**

**Enriquecimiento** Para más actividades con mapas y destrezas de geografía, visita la sección de Social Studies en **phschool.com**.

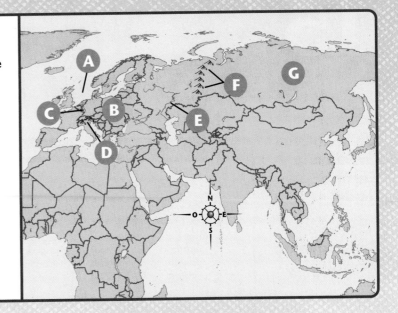

## Actividad de escritura

**1. Usar fuentes primarias** Averigua más sobre regiones orográficas de Europa o de Siberia. Visita una biblioteca y usa fuentes primarias para obtener más información acerca de los poblados de la región, detalles de la vida cotidiana, sus labores y otros. Haz un perfil de una familia típica de la región.

**2. Escribir catálogos** Trabajas para un fabricante de abrigos y recibiste dos abrigos nuevos. Uno es perfecto para la llovizna de Londres. El otro protege del frío siberiano. Escribe un párrafo para el catálogo de tu compañía, con las características de los dos abrigos. Incluye detalles del clima en ambos lugares.

## Razonamiento crítico

**1. Identificar ideas principales** ¿Cómo afecta la corriente del Golfo el clima de la llanura noreuropea? ¿Cómo afecta al litoral de Noruega?

**2. Reconocer causa y efecto** Rusia tuvo que construir un extenso sistema ferroviario y tuberías para sacar recursos de Siberia. ¿Por qué fue necesario construir esos corredores de transportación?

 **Búscalo en la RED**

**Actividad** Lee acerca de la variada geografía física de Europa. ¿En qué se parecen y en qué difieren de la región donde vives algunas de las características geográficas de Europa? Visita la sección World Explorer: People, Places and Cultures de **phschool.com** para realizar esta actividad.

**Autoevaluación del Capítulo 14** Como repaso final, resuelve la prueba de autoevaluación del Capítulo 14. Busca la prueba en la sección de Social Studies en **phschool.com**.

## Aplica tus destrezas

**Pasa a Destrezas para la vida de la página 271 para responder a las siguientes preguntas.**

**1.** ¿Qué gráfica NO usarías para presentar el aumento en la población de Gran Bretaña en los últimos 10 años?

**A** gráfica de líneas

**B** gráfica circular

**C** gráfica de barras

**D** ninguna de las anteriores

**2.** ¿Qué tipo de gráfica ilustraría mejor el porcentaje de días con lluvia en el sur de Francia?

**A** gráfica de líneas

**B** gráfica circular

**C** gráfica de barras

**D** a y c juntas

# EUROPA Y RUSIA:
# Moldeadas por la historia

## Inventos industriales

**El primer generador eléctrico de Michael Faraday**

**1733**
John Kay, lanzadera continua
*Inglaterra*

**1775**
James Watt, máquina de vapor mejorada
*Escocia*

**1779**
Samuel Crompton hiladora selfactina
*Inglaterra*

**1804**
Richard Trevithnic, primera locomotora de vapor con éxito
*Inglaterra*

| 1725 | 1750 | 1775 | 1800 | 1825 | 1850 | 1875 |

**1764**
James Hargreaves, máquina de hilar
*Inglaterra*

**1800**
Alessandro Volta, batería eléctrica
*Italia*

**1831**
Michael Faraday, generador eléctrico
*Inglaterra*

**1864**
John Joseph Etienne Lenoir, motor de combustión interna
*Francia*

La máquina de vapor de James Watt convertía calor en energía, que podía servir para impulsar maquinaria.

# USAR LÍNEAS CRONOLÓGICAS

**Esta línea cronológica muestra inventos industriales europeos de los siglos XVIII y XIX.**

## Explorar inventos antiguos

Muchos de los inventos marcados en la línea cronológica prepararon el camino para tecnología más avanzada. Escoge uno de esos inventos, visita una biblioteca o Internet y reúne información acerca de ese invento, incluida información acerca de cómo y por qué apareció y cómo pudo haber contribuido a que se diera la Revolución Industrial. Prepara un breve informe oral de lo que averigües y compártelo con el resto de la clase.

## Hacer una línea cronológica de inventos modernos

Se siguen inventando tecnologías que cambian el mundo. Haz una lista de ocho inventos modernos de los que quieras saber más. Usa la biblioteca o Internet para reunir información acerca de esos inventos, incluido el año que se inventaron, quién los inventó y para qué sirven. Crea una línea cronológica que presente la información recabada.

# De la antigua Grecia a la Europa feudal

# El escenario

Los atletas compiten en los Juegos Olímpicos. Se diseñan edificios en estilo clásico. Los jueces dictaminan basándose en leyes escritas. Los ciudadanos pagan impuestos al estado. Todas estas actividades se remontan a tiempos antiguos.

## Logros de los antiguos griegos y romanos

Los antiguos griegos fueron los primeros grandes filósofos, historiadores, poetas y escritores de Europa. Tomaron ideas prestadas de civilizaciones más antiguas de Mesopotamia y Egipto y las usaron para desarrollar nuevas formas de pensar. Sus observaciones dieron pie a formas científicas de recabar conocimientos. Su método de gobierno dio pie a la democracia.

**Orígenes de la democracia**   En la antigüedad, **Grecia** estaba dividida en más de 100 ciudades-estado, y actuaban de forma independiente. La más famosa era **Atenas.** Allí, los hombres libres podían votar para elegir a sus dirigentes y aprobar leyes y **políticas.** Las políticas son los métodos y planes con los que un Gobierno trabaja. Mujeres, esclavos y extranjeros no podían votar. Aun así, la idea de que el pueblo debía tener voz en cuanto a cómo se le gobernaba tuvo un gran efecto sobre la historia.

### Aristóteles

**HISTORIA**   Los griegos y los romanos crearon esculturas de sus personajes en política y cultura. Ésta es una escultura de Aristóteles, maestro de Alejandro Magno. Aristóteles es famoso por sus observaciones acerca del mundo natural y por crear reglas dramáticas que se siguen usando en el teatro, la televisión y el cine. **Razonamiento crítico** ¿Por qué crees que los griegos y los romanos creaban esculturas de sus personajes en política y cultura?

## El Imperio Romano

**GEOGRAFÍA** Este mapa muestra las regiones conquistadas por los romanos. Estas regiones pasaron a formar parte del Imperio Romano, que perduró varios siglos. **Estudio del mapa** Con lo que sabes acerca de los recursos, clima y barreras naturales de Europa, describe la geografía del Imperio Romano.

el Imperio Romano, 150 D.C.

*mar del Norte* · Britania · Londres · Germania · París · OCÉANO ATLÁNTICO · río Rin · Galia · Milán · Dacia · río Danubio · mar Negro · mar Caspio · Marsella · Dalmacia · Armenia · Bizancio · Estambul · río Tigris · Partia · Florencia · Italia · mar Adriático · Capadocia · Mesopotamia · Hispania · Roma · Pérgamo · río Eufrates · Córduba · Atenas · Siria · Cartago · Siracusa · Jerusalén · mar Mediterráneo · África del Norte · Arabia · Petra · Egipto · Libia · río Nilo · mar Rojo · N O E S

---

### ENLACE CON las ciencias

**El volcán y la ciudad de Pompeya** La ciudad de Pompeya se hallaba al pie de un volcán llamado monte Vesubio. En 79 D.C., el volcán hizo erupción. Llovieron humo, cenizas y toba sobre la ciudad. En dos días, la erupción cubrió la ciudad con cerca de 20 pies (6.6 m) de cenizas y la selló en una especie de "cápsula de tiempo" volcánica. Los arqueólogos han destapado los edificios de Pompeya, que prácticamente están intactos. ¡Incluso han hallado hogazas de pan en los hornos!

---

**Difusión de la cultura griega** **Alejandro Magno,** un rey de Macedonia, propagó el idioma, las ideas y la cultura de los griegos por todo el Mediterráneo. Entre 334 A.C. y 323 A.C., Alejandro conquistó un **imperio,** que se extendió al oriente hasta el río Indo. Un imperio es un conjunto de países bajo un solo gobierno. Cuando los romanos se apoderaron de los territorios de Alejandro, adoptaron muchas ideas griegas.

**El Imperio Romano** Los romanos comenzaron a forjar su imperio cuando Alejandro murió. Augusto, el primer emperador de **Roma,** ascendió al poder en 27 A.C. Su gobierno inició 200 años de paz imperial, o **Pax Romana.** Durante esos años, Roma fue el estado más poderoso de Europa. Se construyeron espléndidas ciudades, se desarrollaron nuevas tecnologías y la economía prosperó.

Los jueces del Imperio Romano se guiaban por leyes escritas para tomar sus decisiones. Esas leyes protegían a todos los ciudadanos del imperio, no sólo a los ricos y poderosos. Las ideas modernas en cuanto a derecho y civismo aplicadas por los gobiernos democráticos se basan en el derecho romano.

A la Pax Romana siguieron siglos de guerras. Cada vez se necesitaban más soldados para defender las fronteras del imperio. Los impuestos que se recaudaban para pagar los ejércitos lesionaron la economía. El Emperador ya no podía gobernar un área tan extensa, y el Imperio se dividió en dos partes. La mitad occidental comenzó a desmoronarse.

**La caída de Roma** La religión cristiana se basó en las enseñanzas de **Jesús,** quien vivió en la región de **Palestina** al oriente del Mediterráneo. Cuando el emperador romano Constantino se convirtió al cristianismo, esa religión se difundió con mucha rapidez por todo el imperio. Después el imperio se derrumbó. El Gobierno, la ley y el orden, y el comercio perdieron fuerza, pero el cristianismo sobrevivió. Sin el imperio, el pueblo vivió épocas difíciles y peligrosas. El cristianismo les dio esperanza.

# Europa en la Edad Media

Además del cristianismo, el **feudalismo** fue una parte importante de la sociedad en la **Edad Media,** el periodo que separa los tiempos antiguos de los modernos. El feudalismo era una forma de organizar la sociedad sin un gobierno central. Los campesinos constituían cerca del 90 por ciento de la población. Trabajaban como **siervos,** cultivando la tierra en feudos propiedad de señores nobles. Los señores recaudaban impuestos para el rey. Los siervos no eran esclavos, pero debían obedecer las disposiciones del señor. A su vez, se les daba trabajo y protección.

Al paso de los siglos, la vida en Europa cambió. El comercio aumentó. Muchos siervos compraron su libertad a los señores y se mudaron a los pueblos, donde podían practicar oficios y aprovechar oportunidades. Los pueblos se convirtieron en ciudades. Para el siglo XV, una nueva forma de vida había comenzado a aparecer en Europa.

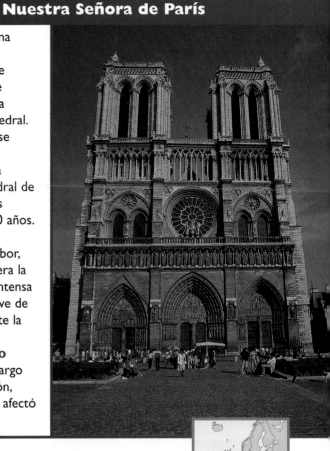

### Nuestra Señora de París

**CULTURA** Imagina una construcción como una montaña hueca hecha de piedra. Gráciles arcos se elevan hacia el cielo. Esta construcción es una catedral. Durante la Edad Media se construyeron muchas catedrales en Europa. La construcción de la catedral de Nuestra Señora de París (Notre Dame) duró 150 años. Muchos trabajadores dedicaron su vida a la labor, con la creencia de que era la voluntad de Dios. Esta intensa fe religiosa fue parte clave de la vida en Europa durante la Edad Media.

**Razonamiento crítico**
¿Cómo crees que este largo proyecto de construcción, basado en la fe en Dios, afectó a la sociedad?

---

# EVALUACIÓN DE LA SECCIÓN 1

## DESPUÉS DE LEER

### RECORDAR
**1.** Identifica: (a) Grecia, (b) Atenas, (c) Alejandro Magno, (d) Roma, (e) Jesús, (f) Palestina

**2.** Define: (a) política, (b) imperio, (c) Pax Romana, (d) feudalismo, (e) Edad Media, (f) siervo

### COMPRENSIÓN
**3.** ¿Cómo unieron sus imperios los antiguos dirigentes de Grecia y Roma?

**4.** ¿Qué efectos positivos tuvo el feudalismo sobre Europa en la Edad Media?

### RAZONAMIENTO CRÍTICO Y ESCRITURA
**5. Explorar la idea principal** Repasa la idea principal al inicio de esta sección. Luego, escribe un párrafo que describa cómo han influido en ti la cultura y las ideas del mundo antiguo.

**6. Comparar y contrastar** Describe diferencias entre Europa bajo la Pax Romana y Europa en la Edad Media.

### ACTIVIDAD
**7. Escribir un diario** Eres un gobernador romano en Britania, lejos de tu hogar y familia en Roma. Escribe una entrada de diario en la que describas lo que echas de menos de Roma. Sé lo más específico que puedas.

# SECCIÓN 2

# Renacimiento y revolución

## ANTES DE LEER

### ENFOQUE DE LECTURA

**1.** ¿Por qué los europeos comenzaron a mirar hacia otros continentes?

**2.** ¿Qué cambios produjo la Edad de las revoluciones en la ciencia y el gobierno?

### PALABRAS CLAVE

monarca
clase media
Renacimiento
Humanismo
revolución
Parlamento
Revolución científica

### PERSONAJES CLÁVE

Marco Polo
Luis XIV

### ANOTACIONES

Copia la tabla de causa y efecto y complétala mientras lees esta sección.

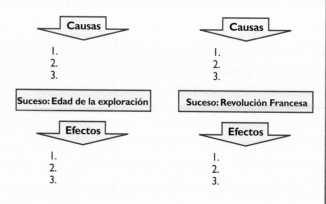

### IDEA PRINCIPAL

Al cambiar lo que los exploradores conocían del mundo, cambió también la expresión cultural, las ideas de las personas y el poder de las naciones rivales.

---

## Bellas artes

**CULTURA** Más de 100 años después del viaje de Marco Polo, los pintores seguían celebrándolo en sus obras.

**Razonamiento crítico** ¿Por qué la idea de los viajes de Marco Polo estimuló tanto a los europeos?

# El escenario

Al final del siglo XIII, **Marco Polo** viajó de Venecia al oriente y regresó con maravillosos relatos del viaje. Visitó las islas de las Especias, fuentes de canela, nuez moscada y clavo: especias muy apreciadas por los europeos. Obtuvo grandes riquezas, pero fue despojado de ellas durante su regreso a Italia. Siglos después, los exploradores seguían buscando rutas que condujeran a más riquezas.

## La Edad de los descubrimientos

Doscientos años después, Cristóbal Colón, inspirado por los viajes de Marco Polo, inició su propio viaje. Colón creía que si navegaba hacia el oeste hallaría una nueva ruta a la China, Japón, las islas de las Especias y la India. En vez de ello, Colón tocó tierra en el Nuevo Mundo y lo reclamó para España.

Mientras Colón cruzaba el Atlántico, los portugueses bajaban por la costa occidental de África. Establecieron un comercio muy rentable en oro, marfil y esclavos. Cuando por fin rodearon el cabo de Buena Esperanza y llegaron al océano Índico, pudieron abrir corredores mercantiles a las islas de las Especias. Para los europeos, las especias eran más preciadas que ningún otro recurso.

Otras naciones europeas no tardaron en enviar exploradores a tierras lejanas, en busca de nuevas rutas comerciales y fuentes de artículos exóticos. Los gobernantes de España, Francia, Inglaterra y los Países Bajos querían una parte de las riquezas de que disfrutaban los portugueses. El resultado fue un gran flujo de extraordinaria mercancía hacia Europa. Además de especias, llegaron minerales preciosos, oro, plata, pieles y tabaco.

**El Renacimiento** La Edad de las exploraciones enriqueció a los monarcas europeos. Los **monarcas** eran el rey y la reina que controlaban una nación. Los mercaderes también se enriquecieron y formaron una nueva **clase media,** un grupo entre los muy pobres y los muy ricos. La clase media debía pagar impuestos a los monarcas, y pronto éstos no necesitaron el apoyo de los señores feudales. Así el feudalismo comenzó a desaparecer.

Los miembros de la clase media usaron su dinero para apoyar a artistas y eruditos, pues ahora tenían tiempo para disfrutar del arte y el saber. Este resurgimiento del interés por el saber y el arte se llama **Renacimiento**. Se inició en Italia en el siglo XIV y se extendió al resto del continente. Llegó a su cúspide en el siglo XVI.

Los eruditos y artistas del Renacimiento redescubrieron las ideas griegas y romanas de la antigüedad, las cuales transformaron la cultura. Comenzó a escribirse poesía nueva y vigorosa. Se construyeron imponentes edificios y se llenaron con impresionantes pinturas y esculturas. La gente se concentró en mejorar este mundo en vez de tener la esperanza de una mejor vida después de la muerte. Esta nueva forma de ver el saber se llamó **humanismo.**

## La Edad de las revoluciones

**Revolución en el gobierno** Con el tiempo, los monarcas europeos unificaron sus países y los fortalecieron. Los reyes eran monarcas absolutos que ejercían un poder total. **Luis XIV**, un poderoso rey de Francia entre 1643 y 1715, dijo: "Yo soy el estado". Sus deseos eran ley, y nadie se atrevía a contradecirlo. Él creía que su poder para gobernar provenía de Dios. Los monarcas franceses cobraban gravosos impuestos a sus ciudadanos para costear su lujoso estilo de vida.

Hacia el final de la Edad de las revoluciones, Europa era un continente de potencias. El comercio florecía y proliferaban nuevas ideas científicas. Europa estaba a punto de iniciar un nuevo tipo de revolución, que ahora sería económica: el surgimiento de la industria.

Los europeos comenzaron a cuestionar a sus gobiernos y a pensar en el cambio, incluso después del profundo cambio en el gobierno llamado **revolución**. En el siglo XVII, cuando el rey de Inglaterra se negó

**Leonardo da Vinci**

**CULTURA** Leonardo da Vinci (arriba), uno de los artistas más conocidos del Renacimiento, es famoso por sus pinturas y dibujos, pero también sobresalió como científico, ingeniero e inventor.

**MIENTRAS LEES**

Usa conocimientos previos ¿Cómo podría haber influido el humanismo en la Revolución científica?

## Las semillas del cambio

La idea de un gobierno limitado se propagó de la Gran Bretaña a las trece colonias de América del Norte. Una colonia es un territorio gobernado por otra nación, generalmente lejana. En 1776, las colonias se rebelaron contra el rey inglés, y en 1789 la Revolución Francesa derrocó al rey Luis XVI.

a compartir el poder con el **Parlamento** (los legisladores electos), fue derrocado. Durante un tiempo, no hubo monarca en Inglaterra. Luego se restauró la monarquía, pero no antes de que el pueblo decidiera que quería un gobierno más limitado. Había nacido la era moderna de la ciencia y la democracia.

**La Revolución científica**   En la era de las revoluciones en América y Francia, también se gestó una revolución en el mundo de la ciencia. Durante siglos los científicos europeos habían estudiado la Naturaleza para explicar el papel que desempeñaba el mundo en sus creencias religiosas. En la Edad de las revoluciones ese enfoque cambió. Los científicos comenzaron a basar teorías en hechos, por medio de examinar detenidamente lo que en verdad sucedía en el mundo. Este cambio fue la **Revolución científica**. Esta revolución requirió nuevos procedimientos, el llamado método científico, en los que las ideas se probaban con experimentos y observación.

El método científico dio pie a grandes avances. Por ejemplo, en la Edad Media los europeos creían que la Tierra era el centro del Universo. Los científicos del Renacimiento cuestionaron esta creencia, pero no pudieron demostrar sus ideas. Luego, durante la Revolución científica, los científicos usaron una nueva forma de matemáticas llamada cálculo para estudiar el movimiento de la Luna y los planetas.

# EVALUACIÓN DE LA SECCIÓN 2

## DESPUÉS DE LEER

### RECORDAR
1. Identifica: (a) Marco Polo, (b) Luis XIV
2. Define: (a) monarca, (b) clase media, (c) Renacimiento, (d) humanismo, (e) revolución, (f) Parlamento, (g) Revolución científica

### COMPRENSIÓN
3. ¿Qué factores dieron pie a los viajes europeos de exploración?
4. ¿Qué grupos formaron la nueva clase media europea durante la Edad de las revoluciones?
5. ¿Cómo cambiaron el gobierno y las ciencias en Europa durante la Edad de las revoluciones?

### RAZONAMIENTO CRÍTICO Y ESCRITURA
6. **Explorar la idea principal** Repasa la idea principal al inicio de esta sección. Luego, imagina que eres un mercader de un puerto europeo. Escribe una carta a un amigo en la que describes los cambios que has sufrido ahora que llegan barcos mercantes de todo el mundo.
7. **Hacer generalizaciones válidas** La Revolución Francesa estalló 13 años después de la Guerra de Independencia de Estados Unidos. Con un(a) compañero(a), escribe un diálogo entre un estadounidense que viaja por Europa en 1780 y un trabajador francés que está pensando en lo provechoso que sería limitar el poder del gobernante.

### ACTIVIDAD
8. **Escribir un párrafo descriptivo** Los escritos de Marco Polo acerca de sus viajes estimularon a los lectores e hicieron que anhelaran explorar el mundo igual que él. Piensa en un lugar que hayas visitado. ¿Por qué es especial? Escribe acerca de ese lugar describiéndolo de forma tal que el lector quiera ir ahí también.

# SECCIÓN 3
# Revolución Industrial y nacionalismo

## ANTES DE LEER

### ENFOQUE DE LECTURA
1. ¿Qué relación hay entre la Revolución Industrial y la Edad del imperialismo?
2. ¿Cómo influyó la Revolución Industrial en el nacionalismo?

### PALABRAS CLAVE
Revolución Industrial
textiles
imperialismo
nacionalismo
alianza

### ANOTACIONES
Copia el diagrama de flujo y mientras lees esta sección complétalo con información acerca de la Revolución Industrial, el imperialismo y el nacionalismo.

| invención de la hiladora selfactina | → | | → | | → | | → | los obreros adquieren poder |
| los países construyen fábricas | → | | → | | → | | → | exportación de bienes a colonias |
| nacionalismo destructivo | → | | → | | → | | → | nacionalismo creativo |

### IDEA PRINCIPAL
El siglo XIX fue de cambios para las naciones europeas, y esos cambios dejaron huella en la historia y siguen influyendo en la vida contemporánea de todo el mundo.

## El escenario

Hasta fines del siglo XVIII, todo lo que la gente necesitaba se hacía a mano. Los bienes se producían en casa o se compraban en pequeñas tiendas locales. Luego, los inventores comenzaron a crear máquinas capaces de producir bienes rápida y económicamente. Fábricas enormes albergaban las máquinas. La gente salía de su hogar para trabajar en las fábricas y operar las máquinas. Este cambio en la manufactura de bienes se denomina **Revolución Industrial**. También fue una revolución en la forma en que la gente vivía y trabajaba.

## La innovación tecnológica moldea el mundo

La Revolución Industrial se inició en Gran Bretaña. Las primeras máquinas se inventaron para acelerar la producción de hilo y el tejido de **textiles** (productos de tela). Las hiladoras selfactinas eran enormes máquinas que podían formar hilo a partir de fibras como algodón o lino. Una persona con una rueca tendría que hilar todo el día durante casi cuatro años para producir la cantidad de hilo que una selfactina podía producir en un solo día.

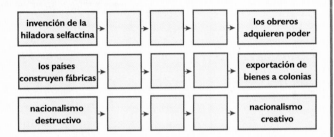

### Fábricas en Inglaterra

**GEOGRAFÍA** Esta imagen del siglo XIX muestra chimeneas de fábricas a la orilla del río Don en Sheffield, una ciudad industrial del norte de Inglaterra. **Razonamiento crítico** ¿Por qué muchos pueblos fabriles están situados cerca de ríos o a sus orillas?

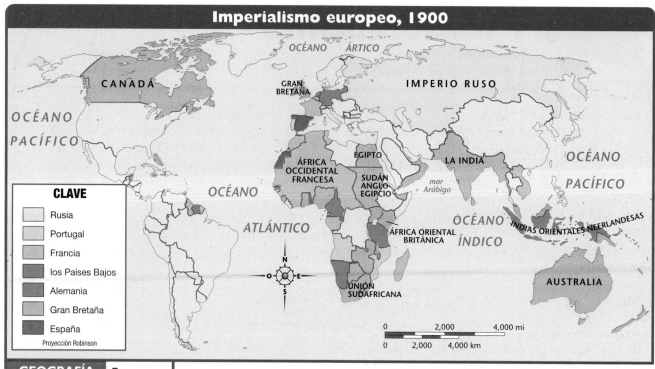

## Imperialismo europeo, 1900

**CLAVE**
- Rusia
- Portugal
- Francia
- los Países Bajos
- Alemania
- Gran Bretaña
- España

Proyección Robinson

Map labels: OCÉANO ÁRTICO, CANADÁ, GRAN BRETAÑA, IMPERIO RUSO, OCÉANO PACÍFICO, ÁFRICA OCCIDENTAL FRANCESA, EGIPTO, LA INDIA, OCÉANO, SUDÁN ANGLO EGIPCIO, mar Arábigo, OCÉANO PACÍFICO, OCÉANO, ATLÁNTICO, ÁFRICA ORIENTAL BRITÁNICA, OCÉANO ÍNDICO, INDIAS ORIENTALES NEERLANDESAS, AUSTRALIA, UNIÓN SUDAFRICANA

0  2,000  4,000 mi
0  2,000  4,000 km

**GEOGRAFÍA** Este mapa muestra las colonias de diversos países europeos en 1900.
**Estudio del mapa**
Indica los tres países que tenían más colonias. ¿Por qué crees que en América ya casi no había colonias? ¿Qué características geográficas impidieron a Rusia colonizar tierras lejanas?

**MIENTRAS LEES**

**Halla las ideas principales** ¿Cómo promovió la Revolución Industrial la democracia?

Las nuevas fábricas hicieron a sus dueños muy ricos, y la revolución se propagó a otros países. Para 1900, las fábricas producían casi todos los bienes hechos en Estados Unidos y en casi toda Europa occidental.

La Revolución Industrial transformó la vida en toda Europa. Durante siglos, los agricultores habían trabajado el campo. Ahora se mudaron a estrechas y sucias viviendas en ciudades de rápido crecimiento para buscar empleo en las fábricas.

Los cambios que el pueblo hizo en su forma de vida fueron difíciles. Durante muchos años, los dueños de fábricas abusaron de los obreros. Las condiciones de trabajo eran riesgosas y los salarios eran bajos. Las condiciones mejoraron gradualmente conforme los obreros formaron sindicatos que reclamaron sus derechos, y se aprobaron leyes para protegerlos.

Los gobiernos tuvieron que responder a las quejas de los trabajadores. Producir y vender bienes adquirió gran importancia en la economía de los países, y la fuerza de trabajo se convirtió en un recurso importante. Las naciones se volvieron más democráticas a medida que los obreros conquistaron más voz en los procesos de aprobar leyes y establecer políticas.

Al mismo tiempo, los gobiernos europeos se volvían más agresivos en ultramar. Durante el siglo XIX, muchas naciones se adueñaron de otros países y los convirtieron en colonias. Esto se denomina **imperialismo**. Las fábricas necesitaban materias primas, como algodón, madera y metales, que las colonias podían suministrar. Con abundantes materias primas, las fábricas lograron producir más bienes de los que la gente podía comprar. Las colonias también se convirtieron en fuentes de nuevos clientes.

El ocaso del siglo XIX se denomina Edad del imperialismo, pero las naciones europeas tenían una larga tradición de colonizar otras partes del mundo. Comenzaron a colonizar América en el siglo XVI. Para el siglo XX casi todas las colonias americanas habían conquistado su independencia. Bélgica, Francia, Italia, España, Portugal y Gran Bretaña concentraron su esfuerzo en administrar colonias en África, el sudeste asiático y el Pacífico del sur. Con el tiempo, las luchas entre estas potencias coloniales llevarían a Europa al desastre.

## Nacionalismo y sucesos históricos

A principios del siglo XX, los pueblos europeos estaban plenos de **nacionalismo;** es decir, muy orgullosos de su país. El nacionalismo puede ser destructivo o creativo, dependiendo de cómo se exprese.

**Nacionalismo destructivo**   El nacionalismo destructivo puede hacer que estalle la ira y el odio entre naciones que compiten por los recursos, la riqueza y el poder del mundo. A principios del siglo XX, esta rivalidad hizo que las naciones europeas se asociaran. Forjaron **alianzas**, o acuerdos, para ayudarse mutuamente en caso de ataque. Pronto, Europa quedó dividida en dos alianzas, con Alemania, Austria-Hungría e Italia por un lado y Gran Bretaña, Francia y Rusia por el otro. Cuando estas alianzas comenzaron a pelear, se inició la Primera Guerra Mundial, y millones de personas murieron.

En 1939, estalló la Segunda Guerra Mundial entre las potencias del Eje y los Aliados. Las primeras eran Alemania, Italia y Japón; los Aliados eran Gran Bretaña y la Unión Soviética, a quienes se unió los Estados Unidos. Más de cincuenta naciones participaron en esta guerra, la más destructiva de la historia. Cuando terminó en 1945, los Aliados habían ganado.

**Nacionalismo creativo**   A este periodo de guerra siguió una era de nacionalismo creativo. Estados Unidos y la Unión Soviética asumieron el papel de naciones líderes del mundo mientras los europeos reconstruían y reparaban sus sociedades y comenzaban a colaborar para establecer un nuevo tipo de nacionalismo europeo.

**Un túnel para enlazar a la Gran Bretaña y Francia**

**GEOGRAFÍA**   En 1987, trabajadores franceses e ingleses comenzaron a excavar un túnel bajo el canal que separa a la Gran Bretaña y Francia. En 1994, rompieron la última barrera para enlazar a las dos naciones. Hoy en día, los trenes recorren este túnel llamado "Chunnel". **Razonamiento crítico** ¿Crees que el nacionalismo habría impedido a la Gran Bretaña y Francia construir el Chunnel antes de 1987?

# EVALUACIÓN DE LA SECCIÓN 3

**DESPUÉS DE LEER**

**RECORDAR**
1. Define: (a) Revolución Industrial, (b) textiles, (c) imperialismo, (d) nacionalismo, (e) alianza

**COMPRENSIÓN**
2. ¿Cómo apoyaron las colonias europeas la economía y aumentaron la riqueza?
3. ¿Qué pasó en Europa cuando los países compitieron por riqueza y poder?

**RAZONAMIENTO CRÍTICO Y ESCRITURA**
4. **Explorar la idea principal** Repasa la idea principal al inicio de esta sección. Luego escribe un párrafo que describa el cambio más importante que hubo en Europa en el siglo XIX.
5. **Identificar causa y efecto** Escribe un editorial en contra del nacionalismo destructivo que llevó a Europa a la Primera Guerra Mundial.

**ACTIVIDAD**
6. **Escribir un relato personal** Durante la Revolución Industrial, muchas personas de tu edad trabajaban en fábricas 12 horas al día, 6 días a la semana. Imagina que trabajas en una fábrica de hilados. Escribe un relato en primera persona que describa tu largo y duro día de trabajo.

# La monarquía rusa y el comunismo soviético

## ENFOQUE DE LECTURA

**1.** ¿Qué sucesos llevaron al derrocamiento de los zares rusos?

**2.** ¿Por qué fracasó el comunismo en la Unión Soviética?

## ANOTACIONES

Copia la red de conceptos y mientras lees esta sección complétala con información acerca de la historia de Rusia bajo los zares y bajo el comunismo.

## PALABRAS CLAVE

occidentalización
zar
Duma
comunismo
dictador
Guerra Fría

## PERSONAJES CLAVE

Horda de Oro
Iván el Terrible
Catalina la Grande
Vladimir Lenin
Mijaíl Gorbachev

## IDEA PRINCIPAL

Rusia se ha transformado, de un pequeño estado ocupado a un imperio que se extendió a lo ancho de Asia, a una dictadura comunista y ahora a una nación independiente.

**Un arquero mongol**

**HISTORIA** Guerreros mongoles como este arquero saquearon e incendiaron Kiev y otros poblados rusos. Mataron tantos rusos que un historiador dijo que "no quedaron ojos para llorar por los muertos". **Razonamiento crítico** ¿Crees que la vida del pueblo ruso fue mejor bajo el dominio mongol o bajo el gobierno zarista? ¿Por qué?

# El escenario

Mientras Europa occidental exploraba el mundo y establecía colonias, Rusia estaba construyendo un gigantesco imperio. La historia de Rusia tiene tres temas: expansión, el duro tratamiento del pueblo común y la lenta **occidentalización**, que es el proceso de parecerse más a Europa occidental y a América del Norte.

# El ascenso y la caída de los zares rusos

Antiguamente, el principado de Moscú fue un grupo de territorios gobernado por débiles príncipes que no se llevaban bien. Kiev, la ciudad más importante de la región, era gobernada por el gran príncipe. En 1238, los conquistadores mongoles conocidos como la **Horda de Oro** invadieron la región provenientes de Asia y en poco tiempo derrotaron a los débiles príncipes. Para 1240, los mongoles habían conquistado Kiev. Todo el territorio pasó a formar parte del imperio mongol que perduró 250 años.

Los mongoles mantuvieron al pueblo aislado de la cultura de Europa occidental. Exigieron servicio en el ejército e impuestos elevados, recaudados por príncipes que ellos nombraban. Poco a poco, los príncipes se hicieron de tierras y poder hasta que lograron sacudirse el dominio mongol.

**El ascenso de los zares**   Conforme Moscú extendía su control por toda Rusia, su gran príncipe asumió el título de **zar**, o emperador. El primer zar, Iván IV, fue coronado en 1547. Iván conquistó la Siberia occidental y los territorios mongoles del sureste. Se le conocía como **Iván el Terrible** debido a su crueldad.

Al morir Iván IV, los rusos padecieron 30 años de guerras hasta 1613, cuando la familia Románov asumió el poder. Los Románov siguieron expandiendo el territorio ruso. Con el tiempo, se añadieron al imperio puertos marítimos en el mar Báltico y el mar Negro, junto con territorios de Polonia, Turquía, China y Suecia.

En 1689, Pedro el Grande asumió el poder, y en 1762 **Catalina la Grande** subió al trono. Ambos abrieron su corte a los maestros, pensadores y científicos de Europa occidental y fomentaron la adopción de costumbres occidentales entre su pueblo.

No obstante, los siervos de Rusia querían libertad, y los zares se negaban a dárela. Hubo una marcada división en el pueblo ruso entre los muy ricos y los muy pobres, y los pobres morían de hambre. Por fin, en 1905, la violencia estalló. Siervos y obreros organizaron demostraciones y exigieron reformas. Cientos fueron muertos y el zar Nicolás se vio obligado a establecer la **Duma**, un congreso cuyos miembros eran elegidos por el pueblo. Esta reforma duró hasta la caída de los zares en 1917.

## El ascenso y la caída del comunismo soviético

La participación de Rusia en la Primera Guerra Mundial causó una grave escasez de alimentos y combustibles en el país. El pueblo escuchó los discursos de líderes que los instaban a derrocar al gobierno. En noviembre de 1917, **Vladimir Lenin** y sus partidarios se apoderaron del gobierno y establecieron un nuevo régimen comunista. El **comunismo** es una forma de gobierno ilimitado en la que el estado es dueño de las granjas y fábricas y decide qué se cultivará y se producirá. Lenin convirtió el Imperio Ruso en la Unión de Repúblicas Socialistas Soviéticas (U.R.S.S.), conocida como la Unión Soviética.

### Catalina la Grande

**GOBIERNO**   Catalina la Grande era una princesa alemana que llegó a Rusia como una novia de 16 años. Su esposo se convirtió en zar, pero era un gobernante débil. Con el apoyo del pueblo, los militares y la Iglesia, Catalina asumió el control del trono. **Razonamiento crítico** ¿Qué cualidades podría haber tenido Catalina la Grande que expliquen su popularidad?

**Vladimir Lenin**

**CIENCIA Y TECNOLOGÍA**

Aquí vemos a Lenin pronunciando un emocionante discurso ante los obreros de Moscú. **Razonamiento crítico** ¿Cómo podría la tecnología actual haber afectado la forma en que Lenin convocó al pueblo a la lucha? ¿Cómo podría haber dificultado aislar al pueblo soviético de Occidente?

**La Cortina de Hierro**   Los comunistas encarcelaban o ejecutaban a los enemigos de la revolución. Al morir Lenin en 1924, José Stalin ocupó su lugar como **dictador**. Un dictador es un gobernante con poder ilimitado. La U.R.S.S. vivía aterrorizada por las duras políticas de Stalin.

Al término de la Segunda Guerra Mundial, los comunistas anexaron a la U.R.S.S. algunos territorios de Europa oriental. Se estableció la barrera imaginaria llamada Cortina de Hierro, que aislaba del occidente al pueblo.

**La Guerra Fría**   En las décadas que siguieron a la Segunda Guerra Mundial, los Estados Unidos comenzó a ver al comunismo como una forma corrupta de gobierno. Los dos países crearon armas suficientes para destruir el planeta mientras se enfrascaban en una **Guerra Fría**, un periodo de tensión sin verdaderos combates. Al mismo tiempo, la gente estaba perdiendo la fe en el control ilimitado que ejercía el sistema comunista. Su trabajo apoyaba los proyectos del estado, no a sus familias.

**Reforma gubernamental**   En 1985, **Mijaíl Gorbachev** asumió el poder, y dio al pueblo más libertad personal al tiempo que reducía los controles económicos. Para 1991, la U.R.S.S. se había separado para formar naciones independientes que luchaban por volverse democráticas. Después de años de duro gobierno, los pueblos de Europa oriental y Rusia podían controlar su propio destino.

# EVALUACIÓN DE LA SECCIÓN 4

**DESPUÉS DE LEER**

## RECORDAR

1. Identifica: (a) Horda de Oro, (b) Iván el Terrible, (c) Catalina la Grande, (d) Vladimir Lenin, (e) Mijaíl Gorbachev

2. Define: (a) occidentalización, (b) zar, (c) Duma, (d) comunismo, (e) dictador, (f) Guerra Fría

## COMPRENSIÓN

3. ¿Cómo las condiciones de vida de los siervos dieron pie a su oposición a los zares?

4. ¿Qué ocurrió en la Unión Soviética bajo la conducción de Lenin y Stalin?

## RAZONAMIENTO CRÍTICO Y ESCRITURA

5. **Explorar la idea principal** Repasa la idea principal al inicio de esta sección. Luego imagina que eres un(a) siervo(a). Escribe una entrada de diario en la que explicas lo frustrado(a) que estás por tu modo de vida y los fuertes lazos que tienes con el territorio y el pueblo de Rusia.

6. **Comparar y contrastar** Algunos rusos quieren regresar al comunismo. Escribe un párrafo en el que compares la vida antes y después, presenta argumentos en contra de volver al comunismo.

## ACTIVIDAD

 **Búscalo en la RED**

7. **Crear una línea cronológica de la Revolución Rusa** La Revolución Rusa inició una era de dictadura comunista en Rusia que perduró hasta fines del siglo XX. Crea una línea cronológica que muestre los sucesos importantes inmediatamente antes y después de la Revolución Rusa de 1917. Visita la sección World Explorer: People, Places and Cultures de **phschool.com** para realizar esta actividad.

# Apoyar un punto de vista

## Aprende la destreza

> Iván IV fue uno de los zares más crueles y violentos de Rusia.

Cuando escribes un trabajo, pronuncias un discurso o debates una cuestión, es muy importante apoyar tu punto de vista o argumento. Al apoyar tus ideas, tu punto de vista será más convincente o verosímil. Por ejemplo, en la afirmación anterior, el escritor dice que Iván IV era un gobernante cruel y violento. Sin embargo, la afirmación sería mucho más convincente si la idea se apoyara con detalles y ejemplos. Sigue estos pasos para aprender a apoyar un punto de vista o argumento:

**A.** Usa datos y estadísticas para reforzar tu postura. Recuerda que tu argumento es una opinión que debe apoyarse con hechos.

**B.** Usa explicaciones y definiciones para aclarar las ideas. No supongas que tus lectores entenderán todos los términos que uses. Tu argumento será más claro si te das tiempo de explicar y definir tus ideas.

**C.** Usa ejemplos para fortalecer tu argumento. Los ejemplos ayudan a ilustrar las ideas y convencer a los lectores.

**D.** Usa citas para apoyar tu postura. Al usar las palabras de otros escritores y expertos, tu argumento será más convincente.

## Practica la destreza

Lee estos párrafos acerca de Iván IV, luego contesta las preguntas.

> ### El reino del terror
>
> Iván IV fue uno de los zares más crueles y violentos de Rusia. Cuenta la leyenda que una terrible tormenta eléctrica sacudió a Moscú el día que nació. Un sacerdote ruso advirtió al padre de Iván que un hijo malvado lo sucedería.
>
> Aún niño, Iván comenzó a desconfiar de todos los que le rodeaban. Creía que los nobles y ministros rusos a su alrededor anhelaban su muerte para poder controlar el país. Cuando se convirtió en zar en 1547, su suspicacia se intensificó. Iván ordenó muchos arrestos y ejecuciones para protegerse. Además, aprobó un nuevo código de derecho que sólo él podía modificar. En cierta ocasión, en un arranque de ira, mató a su propio hijo. Iván murió en 1584, con lo que terminó su reinado del terror.

**A.** ¿Qué punto de vista o argumento presenta el escritor?

**B.** Identifica las formas en que el escritor apoya su punto de vista.

**C.** ¿Crees que el punto de vista del escritor está bien fundamentado y es convincente? ¿Por qué?

**D.** ¿De qué otras formas podría apoyar el escritor su punto de vista para hacerlo más convincente?

## Aplica la destreza

Hallarás más preguntas sobre apoyo de puntos de vista en la sección Repaso y evaluación de este capítulo.

# CAPÍTULO
# 15 Repaso y evaluación

## Hacer un resumen del capítulo

En una hoja suelta, dibuja una tabla como ésta y agrega la información que resume la primera sección del capítulo. Luego, completa los cuadros que faltan con un resumen de las secciones 2, 3 y 4.

| | |
|---|---|
| **Sección 1** | • Los antiguos imperios griego y romano diseminaron ideas y prácticas culturales por toda Europa.<br>• La influencia de estos antiguos imperios continúa hoy día. |
| **Sección 2** | |
| **Sección 3** | |
| **Sección 4** | |

## Repaso de palabras clave

**Completa cada oración con un término de la lista.**

| | | |
|---|---|---|
| zar | comunismo | dictador |
| Revolución Industrial | | Renacimiento |

1. Un _____ es un dirigente que gobierna con poder absoluto.

2. El _____ fue un periodo de resurgimiento artístico e intelectual.

3. Durante la _____, hubo muchos cambios en la forma de elaborar bienes y productos.

4. Un emperador o emperatriz de Rusia se llamaba _____.

5. _____ es un sistema de gobierno en el que el estado decide qué es lo mejor para sus ciudadanos.

## Repaso de ideas principales

1. Identifica influencias de los logros de griegos y romanos en nuestra vida actual. (Sección 1)

2. ¿Cómo afectaron el cristianismo y el feudalismo la vida de la gente en la Edad Media? (Sección 1)

3. Describe la vida bajo el gobierno de los monarcas absolutos europeos. (Sección 2)

4. ¿Qué factores propiciaron la Revolución Francesa? (Sección 2)

5. ¿Qué cambios produjo la Revolución Industrial en la vida de los europeos? (Sección 3)

6. ¿Por qué el nacionalismo en Europa condujo a la guerra mundial? (Sección 3)

7. Describe las diferencias entre el gobierno de los zares rusos y el de los dictadores soviéticos. (Sección 4)

8. ¿Qué factores propiciaron la caída del comunismo soviético? (Sección 4)

## Actividad de mapa

### Europa y Rusia

**Escribe la letra que indica la posición de cada lugar en el mapa. Usa los mapas del Atlas para actividades.**

1. Atenas
2. Roma
3. Italia
4. Francia

5. la Gran Bretaña
6. Rusia
7. Grecia
8. España

 **Búscalo en la RED**

**Enriquecimiento** Para más actividades con mapas y destrezas de geografía, visita la sección Social Studies en **phschool.com.**

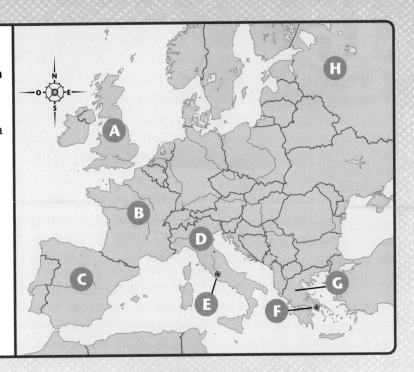

## Actividad de escritura

1. **Usar fuentes primarias** Averigua más acerca de lo que está sucediendo hoy en la ex Unión Soviética. Visita la biblioteca y usa fuentes primarias como artículos de diarios y revistas para obtener más información acerca de la gente, los dirigentes actuales, la economía y la cultura. Usa la información para escribir un breve informe de la vida actual en Rusia.

2. **Escribir una entrevista** Escoge un personaje histórico de este capítulo. Piensa en qué te gustaría preguntarle. Averigua más acerca de esa persona para tener una mejor idea de cómo te habría contestado. Luego redacta la "entrevista" como si le estuvieras haciendo las preguntas al personaje y él o ella las estuviera contestando.

## Aplica tus destrezas

**Pasa a Destrezas para la vida de la página 287 para realizar la siguiente actividad.**

Escribe un informe de una página en el que apoyes el argumento de que el Renacimiento fue uno de los periodos más creativos de la historia europea. Tal vez quieras buscar más información acerca del Renacimiento en la biblioteca o en la Internet para apoyar este punto de vista.

## Razonamiento crítico

1. **Identificar ideas principales** Describe algunas ventajas del feudalismo.

2. **Sacar conclusiones** El crecimiento de los poblados, ¿cómo fortaleció las monarquías e intensificó el nacionalismo?

3. **Reconocer causa y efecto** ¿Por qué los dictadores comunistas consideraban tan peligrosa la exposición a las ideas y cultura occidentales?

 **Búscalo en la RED**

**Actividad** La Revolución Industrial fue una época de grandes cambios que determinó la forma en que vivimos y trabajamos hoy. ¿Qué tan diferente sería tu vida si nunca se hubiera dado esa revolución? Visita la sección World Explorer: People, Places and Cultures de **phschool.com** para realizar esta actividad.

**Autoevaluación del Capítulo 15**
Como repaso final, resuelve la prueba de autoevaluación del Capítulo 15. Busca la prueba en la sección de Social Studies en **phschool.com.**

# EUROPA Y RUSIA:
# Riqueza cultural

## Perla en el huevo

Sir Geoffrey era el señor del feudo, que incluía su enorme casa de piedra y todas las tierras circundantes. Era el amo de esta diminuta aldea. Era incluso amo de casi todos sus habitantes. Unos cuantos, como el panadero, el molinero y el jabonero eran libres, pero pagaban impuestos al señor...

   Los siervos, en cambio, no eran libres. Nunca podían dejar el feudo, ni casarse sin el permiso del señor. No podían pescar en los arroyos ni cazar en el bosque... Los siervos también pagaban impuestos. Cada año daban a Sir Geoffrey parte de sus cosechas. Él se quedaba con una fracción de los huevos; si un rebaño de ovejas o una bandada de gansos crecía, le tocaba una parte; y si una vaca tenía un becerro, también era para él. Algunos días, cada familia enviaba un hombre —y un buey, si lo tenían— para arar los campos del señor, levantar sus cosechas y hacer su trabajo. Las mujeres debían tejer una prenda de ropa al año para el señor y su familia.

—de *Pearl in the Egg* por Dorothy Van Woerkom

## USAR LITERATURA

**Esta descripción de la vida en la Edad Media se tomó de una novela basada en la vida de una niña del siglo XIII. Al desarrollarse durante cierto periodo histórico, revela mucho acerca de la vida en ese lugar y esa época en particular.**

### Conexión con la actualidad

¿La sociedad descrita por la autora te parece justa? Escribe un párrafo en el que comparas la vida en la aldea medieval que el autor describe, con la vida en un pueblo o ciudad actual. ¿Qué similitudes y diferencias hallas?

### Escribir un párrafo descriptivo

Si la autora estuviera escribiendo acerca de tu comunidad, ¿cómo crees que la describiría? Relee su descripción de la aldea de la novela. Luego, haz una lista de puntos importantes para incluir en una descripción del lugar donde vives. Usa tus notas para escribir un párrafo que lo describa, dirigido a alguien que viva dentro de 500 años.

# Las culturas de Europa occidental

## ANTES DE LEER

### ENFOQUE DE LECTURA

1. ¿Cómo ha moldeado la industria las ciudades de Europa occidental?
2. ¿Cómo enriquecen los inmigrantes los centros culturales europeos?
3. ¿Qué influencia ha tenido el desarrollo de la Unión Europea sobre Europa occidental?

### PALABRAS CLAVE

urbanización
multicultural
arancel

### LUGARES CLAVE

París
Londres
Madrid
Berlín
Estocolmo

### ANOTACIONES

Copia el diagrama de flujo y mientras lees esta sección complétalo con información acerca de Europa occidental.

| Desarrollo de maquinaria agrícola | → | | → | | → | | → | |

### IDEA PRINCIPAL

Europa occidental ha prosperado gracias al cambio de una economía agrícola a una industrial, de una sociedad cerrada a una multicultural, y de varias naciones rivales a una sola unión.

## El escenario

Las capitales de Europa occidental tienen una personalidad distintiva. **París,** Francia, atrae a eruditos, escritores y artistas. **Londres,** Inglaterra, es famosa por sus imponentes edificios históricos, teatros y parques. **Madrid,** España, es amigable y relajante. **Berlín,** Alemania, no descansa. **Estocolomo,** Suecia, combina historia vikinga con diseño moderno.

Casi todas las ciudades de Europa occidental son una mezcla de lo viejo y lo nuevo. Hay construcciones de la Edad Media al lado de modernos complejos de apartamentos y oficinas. Automóviles y autobuses circulan por calles empedradas construidas por los romanos. La gente viaja a estas ciudades para disfrutar los atractivos culturales del pasado y el presente.

## Crecimiento industrial

La prosperidad y la riqueza de Europa occidental se basan en la industria. Las fábricas producen bienes de consumo que gozan de gran demanda en todo el mundo, además de acero, automóviles, máquinas y muchos otros productos importantes.

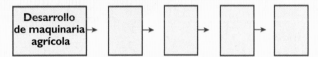

### El teatro británico

**CULTURA** "La ratonera", una obra de la escritora Agatha Christie, se ha representado continuamente en Londres desde su inauguración en noviembre de 1952. **Razonamiento crítico** ¿Qué actividades y eventos culturales ayudan a definir la ciudad o pueblo donde vives?

## Fuerza de trabajo en países de Europa occidental selectos

**servicios** (negro)
**industria** (blanco)
**agricultura** (gris)

**Países Bajos**
- 4%
- 25%
- 71%

**Noruega**
- 6%
- 19%
- 75%

**España**
- 12%
- 37%
- 51%

**Austria**
- 8%
- 34%
- 58%

**ECONOMÍA** Hoy en día, la mayoría de los habitantes de los Países Bajos, Noruega, España y Austria se gana la vida en el campo de los servicios, realizando tareas para otras personas. Los trabajadores industriales elaboran productos. Los trabajadores agrícolas cultivan la tierra y crían ganado. **Estudio de la tabla** De los cuatro países que se muestran, ¿cuáles dos tienen más trabajadores de servicio? ¿Cuáles dos tienen más trabajadores industriales? ¿Esperarías hallar trabajadores de servicio e industriales en las ciudades o en áreas rurales? ¿Por qué?

## El Louvre

**CULTURA** La construcción del Louvre, el museo nacional de Francia, se inició en 1546 donde hubo una fortaleza en el siglo XII. La pirámide de cristales de la entrada se añadió a mediados de los años ochenta.

**Razonamiento crítico** ¿En qué sentido representan la cultura europea occidental estas dos partes del Louvre?

## Innovación tecnológica

Hace doscientos años, casi todos los europeos trabajaban en la agricultura. Al desarrollarse maquinaria y mejorarse las técnicas agrícolas, ya no se necesitaron tantos trabajadores en el campo.

La necesidad de trabajadores agrícolas disminuyó justo cuando inició la Revolución Industrial. Esos trabajadores se mudaron a las ciudades para trabajar en fábricas. Este crecimiento de las ciudades, o **urbanización**, aumentó después de la Segunda Guerra Mundial. El dinero que los Estados Unidos aportó para ayudar a Europa a recuperarse de la destrucción de la guerra contribuyó a fortalecer más que nunca los centros industriales de la región.

Hoy en día, casi todos los europeos occidentales trabajan en fábricas o en industrias de servicio como la banca, la educación y la atención médica. Y casi todos ganan buenos salarios y disfrutan de comodidades. Por ejemplo, quien visita Alemania ve una sociedad ágil manejada sin mucho desperdicio ni esfuerzo adicional por gente trabajadora. Las calles de la ciudad, los autobuses, parques y campos de juego están limpios. Los hoteles son eficientes. Los automóviles alemanes están adecuadamente diseñados y son muy duraderos. El viaje de un lugar a otro es ágil, ya sea por carretera o por tren.

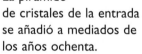

Sin embargo, no todo en la vida es trabajar. Muchas personas reciben hasta seis semanas de vacaciones al año. Las montañas y los ríos son lugares muy populares para todo tipo de actividades recreativas al aire libre. Las ciudades ofrecen muchos festivales culturales y celebraciones, además de museos, teatros y conciertos que tanto ciudadanos como turistas disfrutan.

## Inmigración y cultura

La vida en Europa occidental no siempre fue tan buena. En el siglo XIX y al principio del XX, millones de habitantes partieron en busca de una mejor vida en Estados Unidos, Canadá y América del Sur. Después de la Segunda Guerra Mundial, no obstante, la dirección de la migración humana ha cambiado. Al desarrollarse la industria en los años de posguerra, se necesitaron más obreros. Los europeos occidentales ya no dejaron su patria, y comenzó a llegar gente de otras partes del mundo, como Europa oriental, África del Norte, Asia y el Oriente Medio. Hoy, estos inmigrantes constituyen cerca del 6 por ciento de la fuerza de trabajo de Europa occidental.

Cuando los inmigrantes dejan su patria, llevan consigo su idioma, creencias religiosas, valores y costumbres. Sin embargo, casi todos modifican su forma de vida. Podrían cambiar su indumentaria, o descubrir nuevas formas de cocinar. Casi todos aprenden el idioma de su nuevo país.

La inmigración ha transformado las culturas de Europa occidental. En países como Gran Bretaña y Francia, personas de muchos orígenes distintos viven y trabajan juntas. Llegan a conocer la forma de vivir de los otros y, al hacerlo, comienzan a fusionar sus contextos. Gracias a esto, muchos países de Europa occidental son **multiculturales.** Esto significa que muchas culturas distintas influyen en la forma de vida de un país.

## La influencia de la Unión Europea

Si ves un mapa de Europa, verás que casi todos los países son pequeños y cercanos entre sí. Veloces trenes pueden llevar viajeros de un país a otro en cuestión de horas. Las ideas, bienes y materias primas también pueden viajar con gran rapidez. El intercambio abierto de ideas y objetos ha contribuido a la prosperidad y fortaleza de Europa occidental.

### Escolares británicos

**CULTURA** Estos niños salen de excursión escolar en Londres. **Razonamiento crítico** ¿En qué crees que la experiencia cultural de estos niños difiere de la de sus padres? ¿Y de la de sus abuelos?

## La nueva moneda de Europa: el euro

**ECONOMÍA**

Para facilitar el comercio entre los países miembros, la Unión Europea adoptó una sola moneda llamada unidad monetaria europea, o ECU, cuyo nombre después se cambió a euro. En 1999, los consumidores comenzaron a usar el euro, pero sólo en cheques, tarjetas de crédito o transferencias bancarias. En 2002 aparecieron ya billetes y monedas para reemplazar las monedas de los países miembros de la UE.

**Razonamiento crítico**

¿Cómo crees que el euro facilite los viajes y el comercio entre los países europeos?

No siempre fue tan fácil para las personas, bienes e ideas desplazarse en Europa occidental. Hasta la Segunda Guerra Mundial, muchos países mantuvieron cerradas sus fronteras. Los cambios comenzaron en 1950, cuando Francia y Alemania acordaron colaborar en la reconstrucción después de la guerra. Pronto se les unieron otras naciones para crear una organización llamada Unión Europea (UE). En 2002, la UE tenía 15 países miembros y planea aumentar su número. La UE busca expandir el comercio en Europa. Una forma de hacerlo es acabar con los **aranceles,** cuotas que un gobierno cobra por las mercancías que ingresan en su país. Entre 1958 y 1970, cuando se eliminaron estos aranceles, aumentó al séxtuple el comercio entre las naciones de la UE y al triple el comercio con el resto del mundo. La UE confía en mantener una alianza que siga permitiendo el libre flujo de personas, dinero, bienes y servicios entre los países miembros.

# EVALUACIÓN DE LA SECCIÓN I

## DESPUÉS DE LEER

### RECORDAR

**1.** Identifica: (a) París, (b) Londres, (c) Madrid, (d) Berlín, (e) Estocolmo

**2.** Define: (a) urbanización, (b) multicultural, (c) arancel

### COMPRENSIÓN

**3.** ¿Qué causó el cambio de una economía agrícola a una industrial en Europa occidental?

**4.** ¿Qué fortalezas tiene una sociedad multicultural?

**5.** ¿Qué ha logrado la Unión Europea en los últimos 50 años?

### RAZONAMIENTO CRÍTICO Y ESCRITURA

**6. Explorar la idea principal** Repasa la idea principal al inicio de esta sección. Luego, escribe un párrafo que describa cómo el cambio ha beneficiado a Europa occidental y ha contribuido a su prosperidad.

### ACTIVIDAD

**Búscalo en la RED**

**7. Explorar la arquitectura barroca** La arquitectura nos enseña acerca de la historia y cultura de sociedades pasadas. Ve las imágenes del sitio Web. ¿Qué te dice la arquitectura barroca acerca de la época, la gente y la cultura? Visita la sección World Explorer: People, Places and Cultures de **phschool.com** para realizar esta actividad.

# Las culturas de Europa oriental

## ANTES DE LEER

### ENFOQUE DE LECTURA
1. ¿Cómo han moldeado las culturas eslavas la vida en Europa oriental?
2. ¿Qué ha causado los conflictos étnicos en Europa oriental?

### PALABRAS CLAVE
migración
grupo étnico
OTAN

### LUGARES CLAVE
República Checa
Eslovaquia

### IDEA PRINCIPAL
Los pueblos de Europa oriental tienen en común muchos rasgos culturales, pero son sus diferencias culturales las que les confieren una identidad nacional.

### ANOTACIONES
Copia la red de conceptos y mientras lees esta sección complétala con información acerca de los rasgos culturales de los europeos orientales. Añade óvalos si es necesario.

grupos étnicos

Europa oriental

religiones

idiomas

## El escenario

Examina un mapa de Europa en 1900 y quizá notes algo raro. Falta Polonia. Entre 1795 y 1918, esta nación desapareció de los mapas de Europa.

Un geógrafo podría resolver rápidamente este misterio del país desaparecido. Polonia está en la planicie noreuropea. Hay pocas montañas u otras barreras naturales que protejan de invasores. En 1795, Rusia, Prusia y Austria invadieron Polonia y se la repartieron. Polonia apenas volvió a ser independiente al término de la Primera Guerra Mundial.

En gran parte de Europa oriental no hay obstáculos al desplazamiento. Durante miles de años, varios grupos han ingresado en esta región o la han cruzado. Este desplazamiento de personas o grupos de un lugar a otro, conocido como **migración** continúa en la actualidad.

Hay abundantes motivos para la migración en Europa oriental. Hace mucho, los pueblos se desplazaban para hallar lugares con un buen abasto de recursos naturales. A veces la gente huía de sus enemigos. En años más recientes, la gente ha escapado de lugares en los que sus creencias religiosas o políticas los hacían peligrar. Y en muchos casos han partido en busca de una vida mejor.

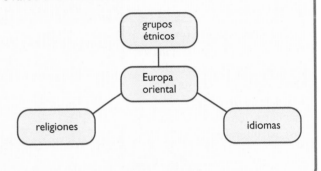

**Europa en 1870**

**GEOGRAFÍA** Entre 1795 y 1918, la nación polaca desapareció de mapas como éste.
**Razonamiento crítico** ¿Cómo afectó a la geografía de Europa oriental la invasión de Polonia?

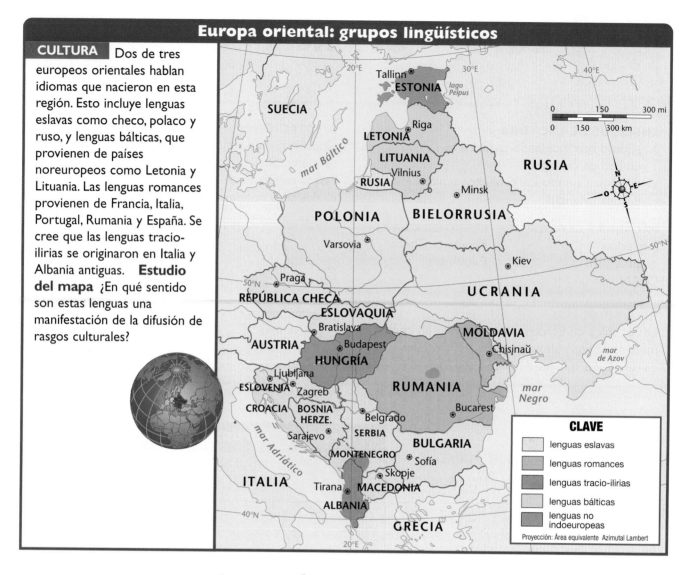

## Europa oriental: grupos lingüísticos

**CULTURA** Dos de tres europeos orientales hablan idiomas que nacieron en esta región. Esto incluye lenguas eslavas como checo, polaco y ruso, y lenguas bálticas, que provienen de países noreuropeos como Letonia y Lituania. Las lenguas romances provienen de Francia, Italia, Portugal, Rumania y España. Se cree que las lenguas tracio-ilirias se originaron en Italia y Albania antiguas. **Estudio del mapa** ¿En qué sentido son estas lenguas una manifestación de la difusión de rasgos culturales?

**CLAVE**

- lenguas eslavas
- lenguas romances
- lenguas tracio-ilirias
- lenguas bálticas
- lenguas no indoeuropeas

Proyección: Área equivalente Azimutal Lambert

# Grupos étnicos en Europa oriental

Entre los grupos que migraron hace mucho a Europa oriental están los eslavos. Estos pueblos se asentaron primero en las montañas de la actual Eslovaquia y en Ucrania. En el siglo VIII se habían extendido al sur hasta Grecia, al oeste hasta los Alpes y al norte hasta la costa del mar Báltico.

**Culturas eslavas**   Hoy en día, los eslavos son uno de los principales grupos étnicos de Europa oriental. Los miembros de un **grupo étnico** tienen cosas en común, como una cultura, un idioma y una religión, que los distinguen de sus vecinos. Hace dos mil años había una sola lengua eslava, pero a medida que los eslavos se separaron, nacieron distintas lenguas eslavas. Actualmente se hablan cerca de 10 lenguas eslavas en Europa oriental, como checo, polaco y ruso.

Aunque ahora los eslavos tienen idiomas distintos y viven en diferentes países, siguen teniendo muchas costumbres en común. Numerosos europeos orientales siguen siendo agricultores y viven en áreas rurales donde las costumbres cambian con mayor lentitud que en las ciudades.

## Otros grupos étnicos

Países como Polonia, Croacia, Eslovenia y la **República Checa** son casi totalmente eslavos, pero en Europa oriental viven muchos otros grupos étnicos. Cerca del 95 por ciento de los húngaros pertenece al grupo étnico de los magiares. En Rumania, casi todos los habitantes pertenecen a otro grupo étnico, los rumanos. Asimismo, los búlgaros de Bulgaria y los albaneses de Albania son grupos étnicos discretos, y miembros del grupo étnico germano viven en varios países de Europa oriental.

## Conflicto étnico

En algunos países de Europa oriental, miembros de diferentes grupos étnicos viven en armonía. Sin embargo , en otros se han presentado conflictos étnicos.

### Checos y eslovacos: una división pacífica

Durante casi todo el siglo XX, Checoslovaquia fue un solo país. Los principales grupos étnicos eran los checos y los eslovacos.

Checoslovaquia fue una democracia parlamentaria entre 1918 y 1935, pero después de la Segunda Guerra Mundial la Unión Soviética controló el país. Casi de la noche a la mañana, el Partido Comunista se adueñó de Checoslovaquia. Mucha gente estaba descontenta con el gobierno comunista. Entre los años sesenta y ochenta, estudiantes y escritores formaron grupos para promover un retorno a la democracia. Vaclav Havel, un dramaturgo, fue una importante voz de protesta. Habló en contra del gobierno durante más de 20 años y fue encarcelado una y otra vez. El Gobierno le suplicó abandonar el país, pero él siempre se negó.

Protestas masivas obligaron al gobierno comunista a considerar cambios. En 1989, el Partido Comunista renunció al poder y colaboró con los grupos democráticos. Este cambio, casi sin violencia, se conoce como la Revolución del Terciopelo. Posteriormente, Havel fue electo presidente de Checoslovaquia.

Los checos y los eslovacos no coincidían en la forma de alcanzar las metas del ahora democrático país. En 1993, convinieron en separarse, y nacieron la República Checa y **Eslovaquia.** Tal vez porque los checos y los eslovacos ya vivían en partes distintas del país, la división fue pacífica.

**La religión en Europa oriental**

**CULTURA** Hay diferencias religiosas entre los eslavos. Algunos siguen la fe ortodoxa oriental, otros son protestantes y otros son católicos. Las mujeres de esta fotografía son musulmanas.
**Razonamiento crítico** ¿Por qué las diferencias religiosas de una región pueden dar pie a conflictos culturales?

## Una paz frágil

**HISTORIA** En Bosnia-Herzegovina, soldados de las Naciones Unidas luchan por mantener una frágil paz entre las partes enemigas. **Razonamiento crítico** ¿Qué crees que se sienta vivir en una ciudad en la que soldados armados patrullan las calles?

## Yugoslavia: división violenta

Casi todos los habitantes de Yugoslavia formaban parte del mismo grupo étnico: los eslavos. Sin embargo, diversos grupos del país tenían religiones y culturas distintas. Estas diferencias llevaron a la desintegración de Yugoslavia en 1991. Se formaron los nuevos países de Bosnia-Herzegovina, Croacia, Eslovenia, Serbia y Montenegro, y Macedonia. Estalló la guerra, y miles de personas, en su mayoría bosnios, murieron. En 1995, fuerzas de la **OTAN** (Organización del Tratado del Atlántico Norte) ayudaron a pacificar la región. La OTAN es una alianza entre Estados Unidos, Canadá y otras naciones occidentales. La OTAN se formó en 1949 con el objetivo de proteger los intereses de los países miembros y promover la cooperación internacional.

En 1999, volvió a estallar un conflicto, ahora entre los serbios y los albaneses étnicos que viven en Kosovo, una provincia de Serbia. De nuevo se enviaron fuerzas de la OTAN a la región. Aunque se logró un cese al fuego, las tensiones aumentaron otra vez en 2001 en Macedonia, y el futuro de la región es incierto.

# EVALUACIÓN DE LA SECCIÓN 2

**DESPUÉS DE LEER**

### RECORDAR
1. Identifica: (a) República Checa, (b) Eslovaquia
2. Define: (a) migración, (b) grupo étnico, (c) OTAN

### COMPRENSIÓN
3. ¿Qué influencia han tenido las culturas eslavas en Europa oriental?
4. ¿Qué factores han contribuido al conflicto étnico en Europa oriental?

### RAZONAMIENTO CRÍTICO Y ESCRITURA
5. **Explorar la idea principal** Repasa la idea principal al inicio de esta sección. Luego, escribe un párrafo que describa las diferencias culturales entre los serbios y los albaneses.
6. **Identificar causa y efecto** ¿Por qué crees que los rasgos culturales cambien más lentamente en áreas rurales que en áreas urbanas?

### ACTIVIDAD
7. **Escribir un diario** Escribe en tu Diario del explorador un párrafo acerca de por qué se ha llamado a esta región "el polvorín de Europa".

# SECCIÓN 3

# Las culturas de Rusia

## ANTES DE LEER

### ENFOQUE DE LECTURA

1. ¿Qué efecto han tenido sobre la historia de Rusia los grupos étnicos rusos y vecinos?
2. ¿Cómo está restableciendo el pueblo ruso sus lazos con sus tradiciones culturales?

### PALABRAS CLAVE

herencia
reprimir
propaganda

### PERSONAJES Y LUGARES CLAVE

León Tólstoi
Piotr Chaikovski
San Petersburgo

### ANOTACIONES

Copia la tabla y mientras lees esta sección complétala con información acerca de la expresión cultural en la Rusia soviética y en la Rusia actual.

| Expresión cultural en la Unión Soviética | Expresión cultural en la Federación Rusa |
|---|---|
| prohibir la práctica de creencias religiosas | práctica renovada de creencias religiosas |

### IDEA PRINCIPAL

Aunque el gobierno soviético del siglo XX trató de controlar las creencias religiosas y la expresión creativa del pueblo ruso, muchas de sus tradiciones culturales han sobrevivido.

## El escenario

Durante muchos años, los rusos que pasaban por la iglesia de los santos Cosme y Damián, en Moscú, nunca escucharon un coro ni servicios religiosos. El gobierno comunista de la Unión Soviética era dueña de la iglesia y la usaba como imprenta. En la Unión Soviética estaba prohibido practicar una religión.

En 1991, la Unión Soviética se derrumbó. Dos años después, los rusos que nunca habían renunciado a su fe recuperaron su iglesia. Ahora la iglesia de los santos Cosme y Damián se llena de personas que entonan cantos de devoción. En años recientes, cientos de iglesias más en Moscú y por toda Rusia han reabierto sus puertas. Ésta es una forma en que el pueblo ruso está recobrando su cultura.

## La mezcla étnica de Rusia

La religión ortodoxa rusa, una rama del cristianismo, ha sido durante siglos un fuerte lazo de unión de los rusos. Forma parte de la **herencia** rusa, las costumbres y prácticas que se pasan de una generación a la siguiente. Otra parte de la herencia rusa es la identidad étnica. Más del 80 por ciento del

### Recuperación de tradiciones culturales

**CULTURA**  Bajo el comunismo, el culto en las iglesias rusas estaba prohibido. Ahora las puertas de iglesias de toda la ex Unión Soviética están otra vez abiertas para los feligreses.  **Razonamiento crítico** ¿Qué sentirías si tu gobierno no te permitiera practicar libremente tu religión? ¿Qué recurso tendrías?

## Los grupos étnicos de Siberia

**CULTURA** En Siberia, la región más grande de Rusia, viven muchos grupos étnicos. Este hombre y su hijo son nentsy, un grupo étnico que vive en el noroeste. **Razonamiento crítico** ¿Crees que el aislamiento de Siberia del resto de Rusia afecte los rasgos culturales de sus grupos étnicos? ¿De qué maneras?

pueblo ruso pertenece al grupo étnico de los eslavos rusos. Esta gente suele hablar el idioma ruso y vivir al occidente del país.

**Otros grupos étnicos**   Además de los eslavos, más de 75 grupos étnicos viven en Rusia. Los fineses y turcos viven en regiones de los montes Urales y del Cáucaso. Los armenios y mongoles viven en el borde sur de Rusia. Los yakuts viven en áreas reducidas de Siberia. Estos grupos hablan lenguas distintas del ruso y también siguen otras religiones. Los musulmanes son el segundo grupo religioso más grande de Rusia, después de los creyentes ortodoxos rusos. Muchos seguidores del budismo viven cerca de la frontera entre Rusia y China.

**¿Unidos o divididos?**   Cuando la Unión Soviética se desintegró, algunos grupos étnicos no rusos se separaron de Rusia y formaron sus propios países. Desde entonces, otros grupos étnicos han tratado de romper los lazos con Rusia.

El nuevo gobierno ruso ha tratado de mantener unificado el país otorgando a los grupos étnicos el derecho de autogobernarse. No obstante, algunos grupos quieren la independencia total de Rusia. En respuesta, el gobierno ruso ha enviado al ejército a **reprimir,** o someter, los movimientos independentistas.

## Cultura rusa del pasado, del presente, y educación

Rusia ha producido muchos grandes artistas, pensadores y escritores. La herencia artística de Rusia incluye destacada arquitectura, bellas pinturas religiosas, grandes dramas e intrincados objetos de arte. El novelista **León Tólstoi** escribió sobresalientes historias de la vida en Rusia en el siglo XIX. **Piotr Chaikovski** compuso emotiva música clásica. Pintores rusos, como Wassily Kandinsky, encabezaron el movimiento del arte moderno a principios del siglo XX. En cierto modo, crear obras de arte es una tradición entre los rusos.

Bajo el comunismo, la creación de grandes obras de arte prácticamente se suspendió. Según el gobierno soviético, el propósito del arte era glorificar el comunismo, así que prohibió cualquier arte que no fuera de su agrado y encarceló a inumerables artistas. El único arte que al Gobierno le gustaba era la **propaganda**: la diseminación de ideas diseñadas para apoyar alguna causa, como el comunismo. Con el colapso del comunismo, el pueblo ruso reanudó con entusiasmo la creación de obras de arte.

### La elegante San Petersburgo

Un importante centro cultural ruso es la ciudad de **San Petersburgo.** Quienes visitan la ciudad pueden ver claramente la mezcla rusa de culturas europea y eslava. Pedro el Grande la fundó en 1703. Su objetivo fue crear una ciudad rusa tan hermosa como cualquier otra de Europa occidental.

El calificativo idóneo para San Petersburgo es *elegante*. El río Neva serpentea por toda la ciudad. A lo largo de sus riberas hay palacios y edificios públicos construidos hace siglos. El lugar más espectacular de San Petersburgo, el Palacio de Invierno, está a la orilla del Neva. Este palacio de 1,000 habitaciones era el hogar invernal de los zares. Una parte del palacio es el museo del Hermitage, que alberga una de las más bellas colecciones de pinturas del mundo.

### La educación en Rusia

Una de las pocas fortalezas de la antigua Unión Soviética era la educación pública gratuita. Con este sistema, el número de rusos que sabían leer y escribir aumentó de cerca del 40 por ciento a casi el 100 por ciento.

La nueva Rusia ha continuado ofreciendo educación pública gratuita a los niños entre los 6 y 17 años de edad. Las escuelas están actualizando sus viejos programas, que sólo presentaban el punto de vista del comunismo. Cursos nuevos, como los de administración de empresas, están preparando a los estudiantes para la nueva Rusia no comunista. Algunas escuelas privadas dirigidas por la Iglesia Ortodoxa ofrecen cursos similares, además de instrucción religiosa.

**Un monumento a los heroicos trabajadores**

**CULTURA** El realismo socialista fue el único estilo artístico permitido en la Unión Soviética. Las pinturas y esculturas de esta corriente mostraban imágenes idealizadas de obreros y agricultores heroicos, a menudo luchando en gran desventaja. El único fin del arte realista socialista era promover los objetivos del gobierno soviético. Esta escultura de Moscú es un monumento a los trabajadores rusos. Los dos trabajadores alzan un martillo y una hoz, los símbolos de la Unión Soviética. **Razonamiento crítico** ¿Qué aspectos del realismo socialista ilustra esta escultura?

## Tesoros rusos

**CULTURA** Quienes visitan el museo del Hermitage en San Petersburgo pueden ver inestimables objetos de arte en el salón de los emblemas.

**Razonamiento crítico** ¿Por qué crees que para los rusos sea importante preservar los hogares de los zares aunque ya no gobiernen en Rusia?

Estos cambios demuestran que Rusia está tratando de recuperar las riquezas de su pasado al tiempo que se prepara para un nuevo futuro. La religión y el arte, dos importantes partes de la herencia cultural rusa, ahora pueden expresarse libremente. Y los jóvenes rusos, a diferencia de sus padres, pueden crecer tomando más decisiones por su cuenta.

# EVALUACIÓN DE LA SECCIÓN 3

## DESPUÉS DE LEER

### RECORDAR

1. Identifica: (a) León Tólstoi, (b) Piotr Chaikovski, (c) San Petersburgo

2. Define: (a) herencia, (b) reprimir, (c) propaganda

### COMPRENSIÓN

3. (a) ¿Cuál es el principal grupo étnico de Rusia? (b) ¿Cómo ha tratado el gobierno ruso a los grupos étnicos menores?

4. ¿Cómo ha contribuido el arte a vincular al pueblo ruso con su herencia cultural?

### RAZONAMIENTO CRÍTICO Y ESCRITURA

5. **Explorar la idea principal** Repasa la idea principal al inicio de esta sección. Luego, escribe un párrafo que describa el papel que el idioma podría haber desempeñado en la preservación de las tradiciones y rasgos culturales de los grupos étnicos rusos.

6. **Identificar un punto de vista** Algunos grupos étnicos de Rusia han exigido su independencia. Escribe un discurso en favor de la independencia de un grupo al que perteneces.

### ACTIVIDAD

7. **Escribir una carta** Imagina que visitas San Petersburgo. Escribe una carta a tu familia en la que describes las obras de arte y otras expresiones de la cultura rusa con las que has entrado en contacto.

# Sintetizar información

El diamante en la parte de arriba del huevo cubre un retrato de la zarina.

Las ventanas del carruaje se hicieron con un cuarzo de cristal de roca transparente

Los colores del huevo son los del vestido que la zarina Alejandra llevaba cuando ella y el zar Nicolás II fueron coronados en 1896.

El huevo encierra un modelo del carruaje empleado en la coronación del zar y la zarina. El carruaje tiene puertas operantes y escalones plegables.

Este huevo hecho a mano fue obsequiado por el zar Nicolás II a su esposa, la zarina Alejandra. Lo elaboró la casa de joyería Fabergé. El huevo tiene 5 pulgadas (12.6 cm) de altura. El carruaje miniatura, engarzado de diamantes, rubíes y cristal de roca, mide cerca de 3 3/4 pulgadas (9.3 cm) de largo. Fabergé creó 56 huevos imperiales para los zares. Maestros orfebres, joyeros, esmaltadores y pintores de miniaturas trabajaron en cada huevo. Todos los huevos llevaban en su interior una sorpresa: algo que se movía o tocaba una canción. Algunos incluso contenían otros objetos como éste.

## Aprende la destreza

Cuando combinamos detalles de diversas fuentes para tomar decisiones o sacar conclusiones, estamos sintetizando información. Ya has practicado esta destreza al ver imágenes y leer sus pies en este texto para contestar después preguntas acerca de la información. Al sintetizar, entiendes mejor la información que ves, oyes y lees. Para aprender a sintetizar información, sigue estos pasos:

**A.** Identifica el tema común de las fuentes de información.

**B.** Identifica la idea principal y los detalles de cada fuente. El propósito de esta destreza es obtener de distintas fuentes información acerca de un tema dado. Para poder comparar esas fuentes, primero debes concentrarte en cada una.

**C.** Identifica las similitudes y diferencias entre las fuentes. Esto ayuda a entender mejor el tema.

**D.** Saca conclusiones basándote en la información.

## Practica la destreza

Estudia las dos informaciones acerca de los huevos Fabergé que se dan arriba. Luego contesta las preguntas para practicar la destreza.

- ¿Qué tema tienen estas dos fuentes de información?
- ¿Qué información acerca del huevo contiene la fotografía? ¿El texto?
- Basándote en la información, ¿qué tan especial crees que era un huevo Fabergé? ¿Crees que costaba mucho producir uno? ¿Por qué?

## Aplica la destreza

Hallarás más preguntas sobre síntesis de información en la sección Repaso y evaluación de este capítulo.

# CAPÍTULO 16 Repaso y evaluación

## Hacer un resumen del capítulo

En una hoja suelta, dibuja una red como ésta y agrega la información que resume las culturas de Europa occidental. Luego agrega más óvalos para resumir el resto de la información acerca de la cultura de Europa oriental y Rusia.

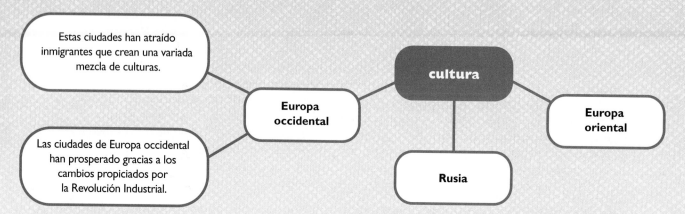

Estas ciudades han atraído inmigrantes que crean una variada mezcla de culturas.

Las ciudades de Europa occidental han prosperado gracias a los cambios propiciados por la Revolución Industrial.

Europa occidental

cultura

Rusia

Europa oriental

## Repaso de palabras clave

**Completa cada oración con un término de la lista de abajo.**

propaganda    grupo étnico    herencia
arancel       migración

**1.** Las personas que comparten un idioma, cultura y religión constituyen un _____.

**2.** La cuota que un gobierno cobra por el ingreso de mercancías a su país se llama _____.

**3.** _____ es el movimiento de personas de un lugar a otro.

**4.** La diseminación de ideas diseñadas para apoyar una causa se llama _____.

**5.** La _____ de una persona consiste en costumbres transmitidas de generaciones anteriores.

## Repaso de ideas principales

**1.** ¿Qué hace a las ciudades de Europa occidental grandes centros culturales? (Sección 1)

**2.** ¿Cómo afectan las fronteras abiertas y el libre comercio la forma de vida de los europeos occidentales? (Sección 1)

**3.** ¿Quiénes son los eslavos y por qué son una parte importante de la población de Europa oriental? (Sección 2)

**4.** ¿Qué diferencias hubo entre la desintegración de Checoeslovaquia y la de Yugoslavia? (Sección 2)

**5.** ¿Cómo han reaccionado los grupos étnicos no rusos a los sucesos recientes en Rusia? (Sección 3)

**6.** ¿Qué tradiciones están reviviendo los rusos después del colapso de la Unión Soviética? (Sección 3)

## Actividad de mapa

### Europa y Rusia

**Escribe la letra que indica la posición de cada lugar en el mapa.**

1. Francia
2. Polonia
3. Rusia
4. Alemania
5. Eslovaquia
6. San Petersburgo

 **Búscalo en la RED**

**Enriquecimiento** Para más actividades con mapas y destrezas de geografía, visita la sección de Social Studies en **phschool.com.**

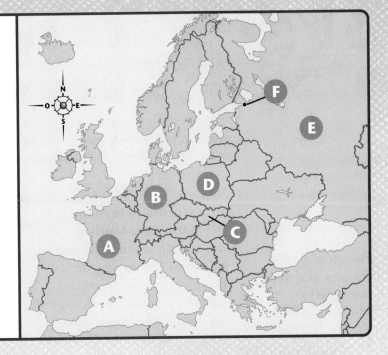

## Actividad de escritura

1. **Usar fuentes primarias** Visita una biblioteca y usa fuentes primarias como artículos de diarios y revistas para obtener información acerca de cómo viven los grupos étnicos no rusos desde el colapso de la Unión Soviética. Usa la información para describir un día en la vida de una persona no rusa.

2. **Crear una guía de viaje** Escoge seis centros culturales de Europa occidental, Europa oriental y Rusia. Crea una guía de viaje que describa una visita cultural a cada uno de esos seis lugares. Describe los puntos destacados del viaje en cada lugar. Proporciona la mayor cantidad posible de antecedentes de interés para convencer a los viajeros de realizar la visita.

## Aplica tus destrezas

**Pasa a Destrezas para la vida de la página 303 para realizar la siguiente actividad.**

Escoge una película que se esté exhibiendo en el cine y no hayas visto. Busca en un diario un anuncio de la película. Busca algunas reseñas de la película en diarios o en internet. Usa estas fuentes para escribir un párrafo que analice y sintetice la información obtenida.

## Razonamiento crítico

1. **Sacar conclusiones** ¿Por qué los europeos occidentales en general tienen un nivel de vida más alto que los orientales?

2. **Identificar ideas principales** ¿Cómo ha cambiado la vida de los rusos desde el colapso de la Unión Soviética?

 **Búscalo en la RED**

**Actividad** Examina las pinturas del sitio Web. ¿Qué aprendes acerca de Rusia y su cultura mirando estas pinturas? Visita la sección World Explorer: People, Places and Cultures de **phschool.com** para realizar esta actividad.

**Autoevaluación del Capítulo 16**
Como repaso final, resuelve la prueba de autoevaluación del Capítulo 16. Busca la prueba en la sección de Social Studies en **phschool.com.**

# EUROPA OCCIDENTAL:
# La región hoy en día

## Una obra maestra del Renacimiento

### USAR ARTE

Esta pintura es la *Mona Lisa* del pintor renacentista italiano Leonardo da Vinci. La *Mona Lisa* es una de las pinturas más famosas del mundo. El sujeto es la esposa de un mercader italiano llamado Giocondo. El artista logró capturar una leve sonrisa y ojos que parecen seguir al observador. Imágenes de la *Mona Lisa* aparecen en arte moderno y su nombre se menciona en literatura y música de todo el mundo.

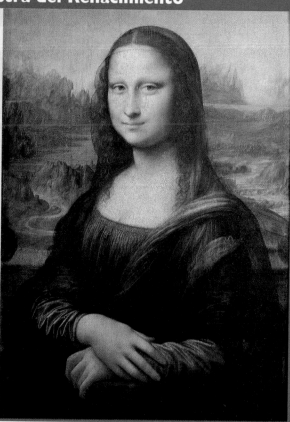

### Comparar retratos

Da Vinci pintó la *Mona Lisa* con pinturas de óleo en un estilo que era popular en su época. Visita la biblioteca y busca ejemplos de retratos pintados más modernos. Escoge uno y compáralo y contrástalo con la *Mona Lisa*. ¿En qué difiere el estilo? ¿Qué revela cada pintura acerca de su sujeto?

### Crear un autorretrato

En la época de Da Vinci, era común usar retratos para capturar y preservar la imagen de una persona para la posteridad. Piensa cómo un pintor podría revelar cosas acerca de la vida de sus modelos. Podría pintar al sujeto con cierta expresión facial, cierta ropa o cierta forma de sentarse, y mostrar otros objetos o símbolos en la pintura. Dibuja o pinta un autorretrato que diga algo acerca de quién eres.

# Gran Bretaña e Irlanda
## Raíces históricas de un conflicto moderno

# El escenario

El Reino Unido se compone de Inglaterra, Escocia, Gales e **Irlanda del Norte.** Los cuatro países tienen su propia historia y cultura, pero están bajo un mismo gobierno. Aunque el nombre oficial del país es *Reino Unido de Gran Bretaña e Irlanda del Norte,* esta región se conoce como *Gran Bretaña.* Ello se debe a que la mayoría de los habitantes viven en la isla de Gran Bretaña. El gobierno del Reino Unido es una monarquía constitucional encabezada por un rey o reina: un símbolo del pasado y las costumbres del país.

## Una historia de democracia

Las raíces de la democracia británica se remontan al pasado, muchos siglos atrás. En la Edad Media, los reyes británicos no podían actuar en cosas importantes sin la aprobación de un grupo de acaudalados nobles. Con el tiempo, el poder de este grupo creció. En 1215, el grupo obligó a un monarca inglés, el **rey Juan,** a firmar un documento llamado Carta Magna, o "Gran Estatuto", que fortaleció el poder de los nobles y limitó el poder del rey.

**La corona de San Eduardo**

**HISTORIA** La corona de san Eduardo, una de varias que se guardan en la Torre de Londres, es una copia de una corona usada por Eduardo el Confesor, quien gobernó Inglaterra de 1042 a 1066. **Razonamiento crítico** ¿Qué tipo de influencia crees que tiene la historia británica sobre los británicos de hoy?

Con el tiempo, este grupo de nobles recibió el nombre de **Parlamento**. Esta palabra proviene del vocablo francés *parler* que significa "hablar". El Parlamento obtuvo mayor poder posteriormente. Ayudaba a decidir qué impuestos pagarían los ciudadanos y elegía personas de todas las áreas del país para fungir como **representantes**. Un representante es alguien que representa a un grupo de personas. Más adelante, el pueblo mismo eligió a estos representantes.

**Poder limitado** La reina británica **Isabel II** fue coronada en 1953. Ella puede aprobar o rechazar leyes aprobadas por el parlamento, pero ningún monarca británico ha rechazado una ley desde el siglo XVIII. La reina y los miembros de su familia también pueden patrocinar eventos de beneficencia, participar en importantes ceremonias nacionales y desfiles, y representar a Gran Bretaña en viajes a otros países.

No obstante, los monarcas británicos actuales no están facultados para crear leyes o recaudar impuestos porque Gran Bretaña es una **monarquía constitucional**. Una constitución es un conjunto de leyes que describe cómo funciona un gobierno. En una monarquía constitucional, el poder de los reyes y reinas es limitado. Las leyes dicen lo que pueden y no pueden hacer. Esto es muy distinto de las monarquías absolutas del pasado. El Parlamento, ni el rey ni la reina, crea las leyes británicas.

## Irlanda: una isla, dos naciones

La lucha de Irlanda por su independencia lleva muchos siglos. Originalmente, la isla estaba dividida en pequeños asentamientos controlados en épocas distintas por jefes irlandeses, obispos católicos, invasores vikingos, conquistadores normandos y hacendados británicos. No había un gobierno central unificado, así que estos asentamientos

### Parlamento británico, presente y pasado

**GOBIERNO** El parlamento moderno consta de la Cámara de los Comunes, cuyos miembros gobiernan realmente la nación, y la Cámara de los Lores. El primer ministro es el jefe del ejecutivo.

**Razonamiento crítico** Compara las cámaras del Parlamento con el congreso estadounidense.

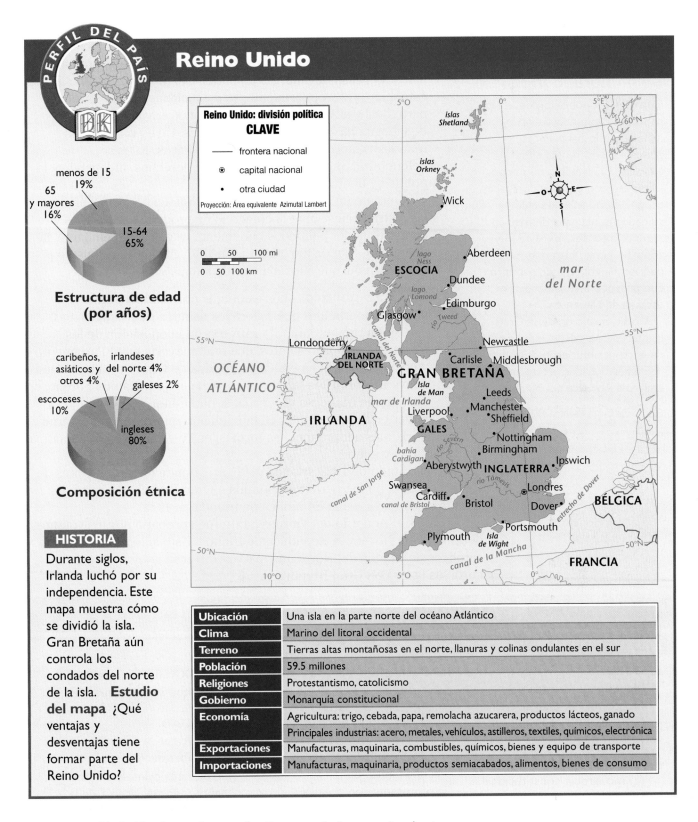

# Reino Unido

PERFIL DEL PAÍS

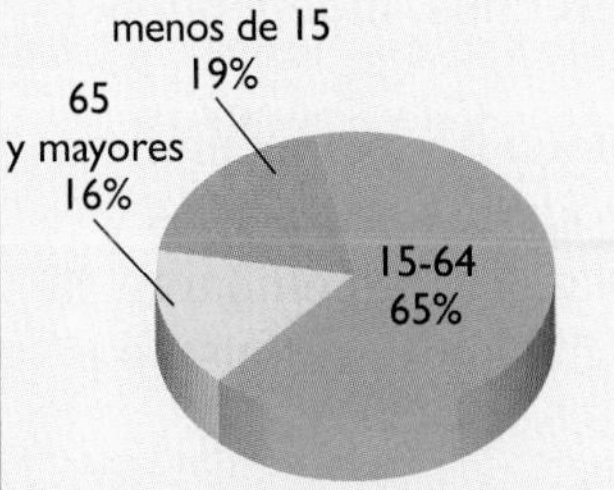

menos de 15
19%
65
y mayores
16%
15-64
65%


**Estructura de edad (por años)**

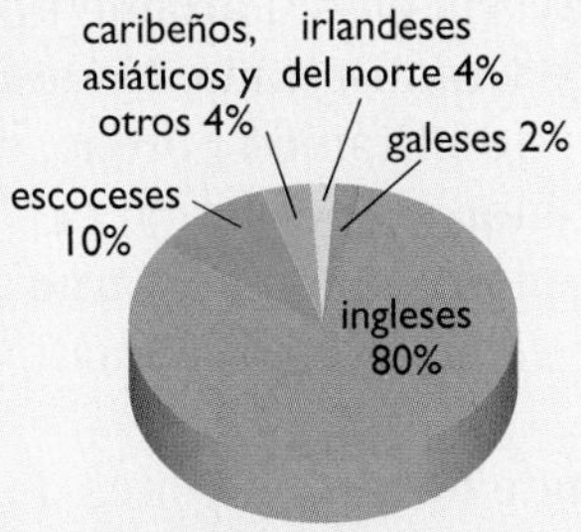

caribeños, asiáticos y otros 4%
irlandeses del norte 4%
galeses 2%
escoceses 10%
ingleses 80%


**Composición étnica**

Reino Unido: división política
CLAVE
frontera nacional
capital nacional
otra ciudad
Proyección: Área equivalente Azimutal Lambert
0 50 100 mi
0 50 100 km
islas Shetland
islas Orkney
Wick
N
O
E
S
lago Ness
Aberdeen
ESCOCIA
mar del Norte
Dundee
lago Lomond
Edimburgo
Glasgow
río Tweed
canal del Norte
55°N
Londonderry
IRLANDA DEL NORTE
Newcastle
Carlisle
Middlesbrough
OCÉANO ATLÁNTICO
GRAN BRETAÑA
Isla de Man
Leeds
mar de Irlanda
Manchester
Liverpool
Sheffield
IRLANDA
GALES
Nottingham
río Severn
Birmingham
bahía Cardigan
Aberystwyth
INGLATERRA
Ipswich
río Támesis
estrecho de Dover
canal de San Jorge
Swansea
Londres
Cardiff
Bristol
canal de Bristol
Dover
BÉLGICA
Portsmouth
Plymouth
Isla de Wight
50°N
canal de la Mancha
FRANCIA
10°O
5°O
0°
5°E
60°N


## HISTORIA

Durante siglos, Irlanda luchó por su independencia. Este mapa muestra cómo se dividió la isla. Gran Bretaña aún controla los condados del norte de la isla. **Estudio del mapa** ¿Qué ventajas y desventajas tiene formar parte del Reino Unido?

| | |
|---|---|
| **Ubicación** | Una isla en la parte norte del océano Atlántico |
| **Clima** | Marino del litoral occidental |
| **Terreno** | Tierras altas montañosas en el norte, llanuras y colinas ondulantes en el sur |
| **Población** | 59.5 millones |
| **Religiones** | Protestantismo, catolicismo |
| **Gobierno** | Monarquía constitucional |
| **Economía** | Agricultura: trigo, cebada, papa, remolacha azucarera, productos lácteos, ganado |
| | Principales industrias: acero, metales, vehículos, astilleros, textiles, químicos, electrónica |
| **Exportaciones** | Manufacturas, maquinaria, combustibles, químicos, bienes y equipo de transporte |
| **Importaciones** | Manufacturas, maquinaria, productos semiacabados, alimentos, bienes de consumo |

eran presa fácil. Al mismo tiempo, lo disperso de los asentamientos dificultaba que una fuerza externa asumiera el control total de la isla. En 1541, el **rey Enrique VIII** de Inglaterra se declaró a sí mismo rey de Irlanda y jefe de la Iglesia. Se había iniciado la colonización de Irlanda por los ingleses.

## La hambruna irlandesa

Para 1841, la población de Irlanda había crecido a más de ocho millones. Sólo había fincas pequeñas y las rentas eran elevadas. Las familias del campo subsistían con una dieta de papas porque eran fáciles de cultivar y su cuidado no ocupaba demasiado tiempo. Entonces, entre 1846 y 1850, un hongo hizo que se pudriera la cosecha de papas, lo que provocó una hambruna, o escasez de alimentos.

Como resultado de la Gran Hambruna, se calcula que un millón de personas murieron de hambre o por enfermedades, y otro millón emigró a América del Norte.

**Conflicto religioso**   A través de los siglos, la herencia religiosa de Irlanda y sus lazos con la iglesia católica romana han sido causa de amargas disputas. Debido a sus creencias, los católicos sufrieron frecuentes **persecuciones**, o acosos, por parte de las autoridades y de los colonos enviados desde Inglaterra para establecer plantaciones. Una y otra vez los irlandeses fueron expulsados de sus tierras. Ellos se defendieron, reclamando igualdad de derechos, independencia política y libertad religiosa.

Durante un tiempo, el gobierno británico tuvo que eliminar las restricciones sobre el comercio de productos irlandeses y conceder poder político al parlamento irlandés. Sin embargo, la libertad de Irlanda fue efímera. En 1801, Inglaterra proclamó la Ley de Unión, que anexaba Irlanda a Inglaterra.

**Conflicto político**   Los esfuerzos por establecer un parlamento irlandés que rigiera los asuntos de Irlanda (un "gobierno autónomo") enfrentaron la oposición de los terratenientes protestantes, que eran mayoría en el Parlamento y no querían la independencia política de Gran Bretaña. No les convenía cortar los lazos con el parlamento británico porque, en una nación irlandesa unificada, serían minoría y perderían el poder en las elecciones. El movimiento en pro de un gobierno autónomo irlandés adoptó muchas formas, entre ellas oposición pacífica, fuerza política y guerra.

Con el tratado de 1922, Irlanda del Norte, donde los protestantes de Úlster tenían el poder, permaneció unida a Gran Bretaña. El resto de Irlanda se convirtió en la República de Irlanda en 1949.

En 1998, el Acuerdo del Viernes Santo fue aprobado por los votantes de Irlanda del Norte y la República de Irlanda. Este acuerdo otorga a los católicos de Irlanda del Norte una mayor voz en su gobierno pero no corta los lazos con Gran Bretaña.

# EVALUACIÓN DE LA SECCIÓN 1

**DESPUÉS DE LEER**

### RECORDAR

1. Identifica: (a) Irlanda del Norte, (b) rey Juan, (c) reina Isabel II, (d) rey Enrique VIII

2. Define: (a) Parlamento, (b) representante, (c) monarquía constitucional, (d) persecución

### COMPRENSIÓN

3. Cita las dos cámaras del parlamento británico.

4. ¿Qué sucedió después de dividirse Irlanda?

### RAZONAMIENTO CRÍTICO Y ESCRITURA

5. **Explorar la idea principal** Repasa la idea principal al inicio de esta sección. Luego escribe un párrafo acerca de la importancia de la representación política equitativa en el Parlamento.

6. **Hacer predicciones** Imagina que es el año 2025. Escribe un artículo periodístico que describa la vida en Irlanda del Norte. ¿El primer cuarto del siglo XXI ha sido pacífico? ¿Por qué sí o por qué no?

### ACTIVIDAD

7. **Investigar la Gran Hambruna** Visita la biblioteca o Internet para aprender más acerca de la Gran Hambruna de Irlanda. Escribe un informe corto que proporcione detalles importantes acerca de la hambruna y cómo afectó la vida en Irlanda.

# Bélgica y los Países Bajos

## Centros de finanzas y exportación

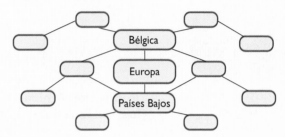
## El escenario

Gran parte de la región que ocupan Bélgica y los Países Bajos está bajo el nivel del mar. Para recuperar territorio que normalmente estaría bajo el agua, se construyeron largas murallas llamadas diques para contener el mar. El exceso de agua se bombea a canales que fluyen hacia el mar del Norte. Los terrenos recuperados se llaman **pólderes**, y en ellos hay campos agrícolas y grandes ciudades.

## Recursos e industria

Durante cientos de años, el control de la región que ahora ocupan Bélgica y los Países Bajos fue pasando de un gobernante europeo a otro. En 1648, España concedió la independencia a los habitantes de la parte norte de los Países Bajos, conocida como Holanda. Los holandeses pronto forjaron una vigorosa economía basada en el transporte marítimo, el comercio de especias y la colonización. En 1794, la parte sur de los Países Bajos, llamada Bélgica, se anexó a Francia. Se desarrollaron industrias y florecieron centros manufactureros. En 1814, las provincias de los Países Bajos del norte y del sur se combinaron para formar un reino, pero para 1830 diferencias de religión e idioma hicieron que Bélgica se separara de los Países Bajos, y nacieron dos naciones distintas.

**Tierra recuperada**

**GEOGRAFÍA** Los pólderes como éste a la orilla de un canal añaden 3,000 millas cuadradas (7,700 km$^2$) de terreno a los Países Bajos. En esta región tan densamente poblada, los terrenos que alguna vez estuvieron bajo el agua albergan a 3.5 millones de personas. **Razonamiento crítico** ¿Cómo ha cambiado al paso de los siglos la necesidad de pólderes y sus usos?

# Bélgica y los Países Bajos

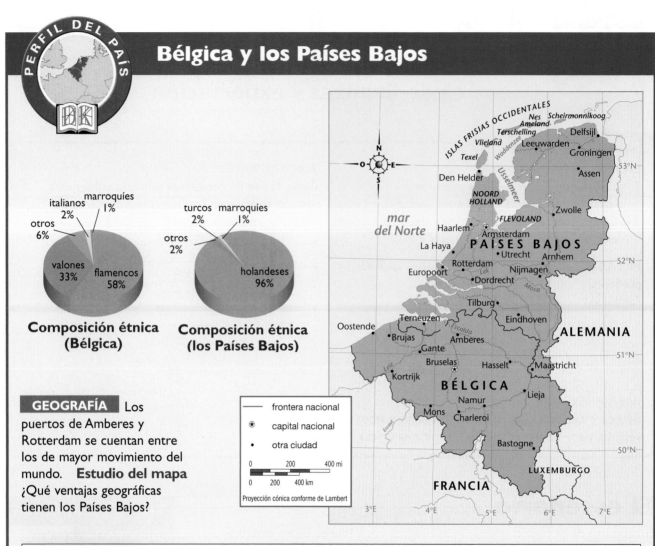

italianos 2%
marroquíes 1%
otros 6%
valones 33%
flamencos 58%

**Composición étnica (Bélgica)**

turcos 2%
marroquíes 1%
otros 2%
holandeses 96%

**Composición étnica (los Países Bajos)**

**GEOGRAFÍA** Los puertos de Amberes y Rotterdam se cuentan entre los de mayor movimiento del mundo. **Estudio del mapa** ¿Qué ventajas geográficas tienen los Países Bajos?

Mapa:
ISLAS FRISIAS OCCIDENTALES
Nes, Scheirmonnikoog, Ameland, Terschelling, Delfsijl, Vlieland, Waddenzee, Leeuwarden, Groningen, Texel, Den Helder, Assen, IJsselmeer, Zwolle, NOORD HOLLAND, FLEVOLAND, mar del Norte, Haarlem, Amsterdam, La Haya, PAÍSES BAJOS, Utrecht, Arnhem, Rotterdam, Nijmagen, Europoort, Dordrecht, Lek, Mosa, Tilburg, Eindhoven, ALEMANIA, Oostende, Terneuzen, Escalda, Brujas, Amberes, Gante, Bruselas, Hasselt, Maastricht, Lele, Kortrijk, BÉLGICA, Namur, Lieja, Mons, Charleroi, Bastogne, Escaut, LUXEMBURGO, FRANCIA

frontera nacional
✺ capital nacional
• otra ciudad
0   200   400 mi
0   200   400 km
Proyección cónica conforme de Lambert

| Ubicación | Bélgica: Europa occidental |
|---|---|
| Clima | Templado; húmedo y moderado en la costa; inviernos fríos, veranos calientes en el sureste, con fuertes lluvias, niebla y llovizna |
| Terreno | Planicie costera baja en el noroeste; meseta central con vías de agua y valles; tierras altas boscosas en el sudeste |
| Población | 10.2 millones |
| Principales grupos étnicos | Flamencos, valones |
| Gobierno | Democracia parlamentaria bajo monarquía constitucional |
| Economía | Agricultura: Cereales, verduras; ganado, lácteos. Principales industrias: maquinaria, químicos, textiles, astilleros |
| Exportaciones | Maquinaria y equipos, químicos, diamantes, metales y productos metálicos |
| Importaciones | Maquinaria y equipos, químicos, metales y productos metálicos |

| Ubicación | Países Bajos: Europa occidental |
|---|---|
| Clima | Templado; son comunes los veranos frescos e inviernos moderados |
| Terreno | Tierras bajas: gran parte del occidente está bajo el nivel del mar; cierto terreno recuperado del mar; oriente plano o levemente ondulado |
| Población | 15.7 millones |
| Principales grupos étnicos | Holandeses |
| Gobierno | Monarquía constitucional |
| Economía | Agricultura: Cereales, frutas, verduras; ganado |
| | Industrias principales: productos metálicos, maquinaria, químicos, petróleo, pesca, construcción |
| Exportaciones | Maquinaria y equipos, químicos, combustibles, alimentos |
| Importaciones | Maquinaria y equipo de transporte, químicos, combustibles, alimentos, ropa |

## La cosecha

**ECONOMÍA** Estos agricultores belgas cortan y empacan cultivos durante la época de la cosecha en Flandes occidental.
**Razonamiento crítico** ¿Por qué es importante que la producción agrícola belga haya aumentado su eficiencia?

## Industria belga en el sur

Bélgica se compone de tres regiones bien definidas. En el norte, los habitantes de **Flandes** hablan holandés, o **flamenco**. En el sur, los habitantes de **Valonia**, llamados **valones**, hablan francés. La región en torno a la capital, **Bruselas**, en el centro del país y en el corazón de Europa, es bilingüe.

Durante siglos, la región de Valonia mantuvo la industria primaria de extracción de hulla o carbón mineral. El carbón era el combustible empleado en fábricas de todo el país. Sin embargo, llegó el momento en que las reservas de carbón, un recurso no renovable, se agotaron. Casi todas las minas de carbón cerraron en los años sesenta, y para 1992 cesó totalmente la extracción del mineral. Ahora es preciso importar carbón para mantener operando las fábricas y para calefacción.

Las fábricas de acero y textiles situadas en las regiones de extracción de hulla entraron en decadencia al cesar la extracción. El Gobierno ha intervenido con reformas diseñadas para fortalecer estas industrias, pero la recuperación de una balanza comercial saludable ha sido lenta.

## Industria belga en el norte

La industria en la región de Flandes, más poblada, ha seguido creciendo. Una sólida red de transporte apoya la exportación de productos. Con el tiempo, las manufacturas han sustituido gradualmente a la agricultura como principal industria, pero la producción agrícola se ha vuelto más eficiente. Se aprovecha mejor la tierra y los cultivos tienen mayores rendimientos. Dichos cultivos son, entre otros, cereales, papas, remolacha, frutas y verduras.

## Industria en los Países Bajos

Al igual que Bélgica, los Países Bajos no son ricos en recursos naturales. Las excepciones son la extracción de hulla y la explotación de gas natural y petróleo. Las industrias lechera y de los quesos han tenido éxito, y los bulbos de flores son una importante fuente de ingresos agrícolas.

**Una planta petroquímica**

**ECONOMÍA** Los Países Bajos no son ricos en recursos naturales, pero la exploración petrolera y los puertos internacionales de Holanda apoyan industrias como esta planta petroquímica. **Razonamiento crítico** ¿Cómo podría una planta petroquímica beneficiar y ser una carga para las comunidades cercanas?

Se importan materias primas a los Países Bajos para apoyar industrias que se concentran en fabricar productos, como las plantas de textiles, metales, alimentos procesados, plásticos y sustancias químicas.

La ciudad de **Amsterdam** es un importante centro financiero para la banca internacional. El concurrido puerto de **Rotterdam** apoya a la marina mercante y al comercio exterior con destinos mundiales para las numerosas exportaciones de Amsterdam que incluyen maquinaria, textiles, productos del petróleo, frutas y verduras, y carne.

El turismo también es una parte importante de la economía, y muchos habitantes de Amsterdam se dedican a compartir la historia y la cultura holandesas con los visitantes.

## La Unión Europea

En los años cincuenta, seis países europeos, entre ellos los Países Bajos, acordaron formar un mercado común. Hoy en día son quince los países que participan en lo que ahora se conoce como la Unión Europea. Tanto Bélgica como los Países Bajos han sido líderes de la Unión Europea. El crecimiento de la Unión ha preparado el camino para más actividades internacionales que cruzarán las fronteras nacionales y económicas de los países de Europa. Todos los países de la unión usan la misma moneda, el euro. La Unión Europea podría ayudar a Bélgica y a los Países Bajos a superar disputas culturales e históricas que los han separado en el pasado.

# EVALUACIÓN DE LA SECCIÓN 2

## DESPUÉS DE LEER

### RECORDAR
1. Identifica: (a) Flandes, (b) Valonia, (c) Valones, (d) Bruselas, (e) Amsterdam, (f) Rotterdam

2. Define: (a) pólderes, (b) flamenco

### COMPRENSIÓN
3. Cita tres industrias importantes para Bélgica y tres importantes para los Países Bajos.

4. ¿Cómo podría la Unión Europea lograr un acercamiento entre Bélgica y los Países Bajos?

### RAZONAMIENTO CRÍTICO Y ESCRITURA
5. **Explorar la idea principal** Repasa la idea principal al inicio de esta sección. Luego escribe un párrafo que describa algunas de las similitudes y diferencias entre Bélgica y los Países Bajos.

6. **Sacar conclusiones** Los terrenos recuperados en Bélgica y los Países Bajos normalmente estarían bajo el mar del Norte. ¿En qué podría diferir la vida en esta región si no hubiera pólderes?

### ACTIVIDAD
7. **Escribir un informe** Averigua más detalles acerca de la unificación, conflicto y separación que marcan la historia de Bélgica y los Países Bajos. ¿Qué papel desempeñó la identidad cultural en las diferencias y desacuerdos entre los holandeses, los belgas, los flamencos y los valones? Organiza en un breve informe la información que obtengas.

# Alemania
## Reunión política y económica

### ANTES DE LEER

#### ENFOQUE DE LECTURA

**1.** ¿Por qué se dividió Alemania y cómo volvió a unirse?

**2.** ¿Cómo están manejando los alemanes los problemas de una nación reunificada?

#### PALABRAS CLAVE
Holocausto
genocidio
reunificación

#### PERSONAJES CLAVE
Adolfo Hitler

#### ANOTACIONES
Copia la tabla y mientras lees esta sección complétala con comparaciones de Alemania antes y después de la reunificación.

| Alemania antes de reunificarse | Alemania reunificada |
| --- | --- |
| | |
| | |
| | |
| | |

#### IDEA PRINCIPAL
Los Estados Unidos, la Gran Bretaña, Francia y la Unión Soviética dividieron Alemania y su capital, Berlín, en dos partes al final de la Segunda Guerra Mundial. Así, Alemania Occidental prosperó, pero la economía de Alemania Oriental se derrumbó, preparando el camino para la reunificación política en 1990.

## El escenario

En 1961, un policía llamado Conrad Schumann estaba de guardia en una cerca de alambre de púas que separaba a Berlín Oriental de Berlín Occidental. En ese entonces, Berlín Oriental formaba parte del gobierno comunista de Alemania Oriental y la cerca pretendía evitar que la gente escapara a Berlín Occidental. Schumann tenía órdenes de disparar contra quienquiera que lo intentara. Schumann pensó en la vivaz cultura de Berlín Occidental, en la libertad política y las oportunidades económicas que brindaba la democracia de Alemania Occidental. Así que saltó la alambrada que separaba los dos Berlines. Poco tiempo después del escape de Schumann, se erigió el Muro de Berlín para sustituir a la cerca, dividiendo en dos a la ciudad.

### La trágica historia de Alemania

Para entender la importancia del Muro de Berlín, hay que entender una parte del pasado alemán. Después de perder la Primera Guerra Mundial en 1918, el gobierno alemán tuvo que pagar miles de millones de dólares como castigo por atacar a otros países. Para empeorar la situación, la economía alemana se derrumbó. Los precios se dispararon. La desesperación cundió en Alemania.

### Un salto a la libertad

**CIVISMO** La obligación de Conrad Schumann era evitar que sus conciudadanos escaparan a Berlín Occidental, desde donde era posible trasladarse a la democracia de Alemania Occidental.
**Razonamiento crítico** ¿Qué habrías hecho de haber estado en el lugar de Schumann?

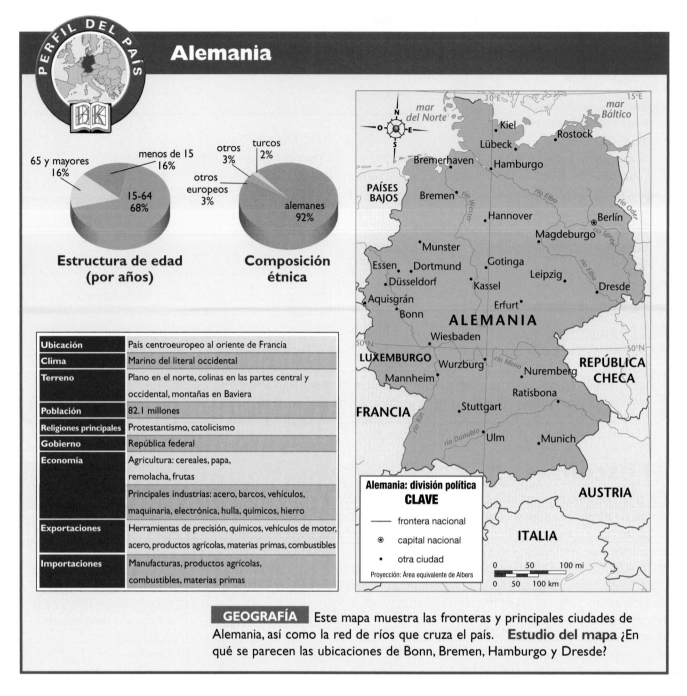

# Alemania

**PERFIL DEL PAÍS**

**Estructura de edad (por años)**

- 65 y mayores 16%
- menos de 15 16%
- 15-64 68%

**Composición étnica**

- otros 3%
- turcos 2%
- otros europeos 3%
- alemanes 92%

| | |
|---|---|
| Ubicación | País centroeuropeo al oriente de Francia |
| Clima | Marino del litoral occidental |
| Terreno | Plano en el norte, colinas en las partes central y occidental, montañas en Baviera |
| Población | 82.1 millones |
| Religiones principales | Protestantismo, catolicismo |
| Gobierno | República federal |
| Economía | Agricultura: cereales, papa, remolacha, frutas |
| | Principales industrias: acero, barcos, vehículos, maquinaria, electrónica, hulla, químicos, hierro |
| Exportaciones | Herramientas de precisión, químicos, vehículos de motor, acero, productos agrícolas, materias primas, combustibles |
| Importaciones | Manufacturas, productos agrícolas, combustibles, materias primas |

**Alemania: división política**
**CLAVE**
— frontera nacional
⊛ capital nacional
• otra ciudad
Proyección: Área equivalente de Albers

**GEOGRAFÍA** Este mapa muestra las fronteras y principales ciudades de Alemania, así como la red de ríos que cruza el país. **Estudio del mapa** ¿En qué se parecen las ubicaciones de Bonn, Bremen, Hamburgo y Dresde?

## Hitler y la Segunda Guerra Mundial

**Adolfo Hitler**, un joven soldado alemán, había llorado amargamente en 1918 al enterarse de que Alemania había perdido la guerra. Se juró a sí mismo que su país jamás sufriría otra derrota semejante. Hitler se dedicó de lleno a la política. En un discurso tras otro, prometió restaurar la grandeza alemana. Para 1933, este soldado una vez desconocido llegó a ser dictador de Alemania.

Hitler culpaba a los judíos por los problemas económicos alemanes. Diseminó odiosas teorías acerca de los judíos, gitanos y otros grupos étnicos de Alemania, y afirmó que eran inferiores a los demás alemanes. Según él, los alemanes eran un grupo étnico superior que merecía un país más grande.

Mucha gente no dio importancia a las amenazas de Hitler, pero éste hablaba en serio. Ordenó ataques contra países vecinos y los sometió al dominio alemán. Sus acciones provocaron la Segunda Guerra Mundial en 1939. Gran Bretaña, la Unión Soviética y Estados Unidos se unieron a otras naciones para detener a Hitler y a los alemanes. Hacia el final de la guerra, Europa estaba en ruinas. Todo el mundo se enteró que los alemanes habían metido a inumerables judíos, gitanos, eslavos y otros en campos de concentración, donde millones de personas fueron asesinadas en masa. Casi todos los que murieron en esos campos eran judíos. Este horrible asesinato en masa de seis millones de judíos se conoce como el **Holocausto**. El exterminio deliberado de un grupo racial, político o étnico se denomina **genocidio**.

**La Guerra Fría**   Al término de la guerra, los estadounidenses, británicos, franceses y soviéticos dividieron a Alemania. Las secciones estadounidense, británica y francesa se juntaron para formar un país democrático llamado Alemania Occidental. La Unión Soviética creó el país comunista de Alemania Oriental.

Berlín estaba en la parte soviética de Alemania, pero su mitad occidental formaba parte de Alemania Occidental. Esto convirtió al Berlín Occidental en una isla de democracia en medio del comunismo. El Muro de Berlín separó las dos mitades de la ciudad, pero dividía algo más que Berlín: era símbolo de un mundo dividido. No es extraño que algunos lo llamaran "el muro de la vergüenza".

Los alemanes orientales vivían de forma muy diferente de los alemanes occidentales. El gobierno comunista exigía obediencia sin preguntas. Incluso animaba a la gente a espiar a sus familiares y vecinos. Se enseñaba a los niños a respetar sólo las cosas que eran útiles para el comunismo. Las cosas de Occidente —como películas, música, libros y revistas— eran consideradas dañinas para el comunismo.

**Los comunistas se debilitan**   Con el tiempo, el dominio comunista comenzó a cambiar. Un motivo fue que la economía de Alemania Oriental se estaba rezagando cada vez más respecto a la de Alemania Occidental. El alemán occidental medio vivía mucho mejor que el alemán oriental medio. Para mantener contentos a sus ciudadanos, el gobierno de Alemania Oriental hizo menos duras algunas reglas y permitió algunas visitas a Alemania Occidental. La madre de Conrad Schumann, que ya se acercaba a los 80 años, pudo por fin verlo, aunque a él no se le permitía visitar Berlín Oriental para verla. Si cruzaba la frontera, sería arrestado y encarcelado.

A fines de los años ochenta, los cambios en la Unión Soviética contribuyeron al colapso de Alemania Oriental. El dirigente soviético Mijaíl Gorbachev dejó muy en claro que no usaría la fuerza para proteger el comunismo en Europa oriental. El temor a los soviéticos había ayudado a mantener al gobierno alemán oriental en el poder. Ahora ese temor había desaparecido y el gobierno de Alemania Oriental se derrumbó.

**¡Por fin libres!**

**HISTORIA** En el verano de 1989, muchos alemanes orientales cruzaron a Alemania Occidental para iniciar una nueva vida. **Razonamiento crítico** ¿Por qué crees que no hubo esfuerzos por evitar que los alemanes orientales huyeran a Occidente?

**El muro cae**

**HISTORIA** La multitud comenzó a destruir el Muro de Berlín el 9 de noviembre de 1989. Organizaron una gran fiesta cerca del muro y sobre él, mientras gente de ambos lados se ayudaba para pasar al otro lado.

**Razonamiento crítico** A juzgar por la conducta de las multitudes, ¿qué crees que los alemanes pensaban del muro?

El Muro de Berlín también se derrumbó. El 9 de noviembre de 1989, multitudes de alemanes comenzaron a treparlo. Algunos corrieron a ver a parientes y amigos. Otros simplemente querían una vida distinta. Las personas se ayudaban mutuamente a pasar al otro lado. Las multitudes atacaron el muro y lo desmantelaron. Menos de un año después, los gobiernos de Alemania Oriental y Occidental se unieron. Alemania era otra vez un solo país.

## Alemania reunificada

A casi todos los alemanes les dio mucho gusto la caída del Muro de Berlín. Las culturas de Alemania Oriental y Occidental se habían seguido pareciendo en muchos aspectos. En las dos Alemanias se hablaba el mismo idioma y se comía lo mismo. Se conocía a los mismos compositores, escritores y pintores alemanes. No obstante, el proceso de volverse a unir, llamado **reunificación**, no sería fácil.

Los alemanes gastaron millones de dólares en reconstruir la economía de la antigua Alemania Oriental. Por primera vez desde la Segunda Guerra Mundial, los alemanes orientales disfrutan de televisores, automóviles y lavadoras modernas. Tienen nuevos centros comerciales y mejores carreteras.

Los orientales quizá tengan más televisores y coches ahora, pero también tienen menos empleos. En la Alemania Oriental comunista, el empleo y la alimentación estaban garantizados. Bajo el sistema democrático occidental no hay tales garantías. Éste es uno de los precios de la libertad, y casi todos los antiguos alemanes orientales están dispuestos a pagarlo.

Cuando Alemania se reunificó en 1990, lo mismo sucedió con Berlín. Al año siguiente, la legislatura alemana devolvió a la ciudad su puesto tradicional como capital de la nación. Para 1999, la mayor parte de las oficinas del gobierno ya se habían mudado de la capital alemana occidental de Bonn, a Berlín.

# EVALUACIÓN DE LA SECCIÓN 3

**DESPUÉS DE LEER**

**RECORDAR**

1. Identifica: (a) Adolfo Hitler

2. Define: (a) Holocausto, (b) genocidio, (c) reunificación

**COMPRENSIÓN**

3. Describe los sucesos que dieron pie a la división de Alemania y los que llevaron a su reunificación.

4. ¿Cómo ha afectado la reunificación de Alemania la vida en la ex Alemania Oriental?

**RAZONAMIENTO CRÍTICO Y ESCRITURA**

5. **Explorar la idea principal** Repasa la idea principal al inicio de esta sección. Luego imagina que vives en Berlín Oriental. Escribe una carta a un pariente en Bonn, en la que describes cómo ha cambiado tu vida desde la reunificación.

6. **Hacer comparaciones** Compara la libertad personal en las dos Alemanias durante la Guerra Fría.

**ACTIVIDAD**

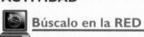 **Búscalo en la RED**

7. **Informar sobre el Muro de Berlín** Escoge un suceso importante relacionado con la creación del Muro de Berlín. Imagina que eres un(a) reportero(a) y escribe un artículo acerca del suceso. Visita la sección World Explorer: People, Places and Cultures de **phschool.com** para realizar esta actividad.

# Francia e Italia

## Influencia cultural en el mundo

---

### ENFOQUE DE LECTURA

1. ¿Qué vínculos con el pasado tiene la cultura francesa contemporánea?
2. ¿Qué rasgos culturales contribuyen a definir al pueblo francés?
3. ¿Qué papel tiene la religión en Italia?
4. Cita las características culturales de Italia.

**PALABRAS CLAVE**
manufactura
emigrar

**LUGARES CLAVE**
Aix-en-Provence
París
El Vaticano
Roma
Milán
Locorotondo

### IDEA PRINCIPAL

Las tradiciones e instituciones culturales de Francia e Italia tienen muchos siglos de antigüedad.

### ANOTACIONES

Copia el diagrama de Venn y mientras lees esta sección complétalo con comparaciones de las culturas francesa e italiana.

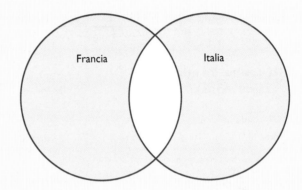

Francia    Italia

---

# El escenario

Catherine y Victoire son hermanas. Ambas tienen veintitantos años, con un solo año de diferencia. Son tan parecidas que algunos las creen gemelas. Crecieron en el sur de Francia, en una ciudad llamada **Aix-en-Provence.** Es un bello y tranquilo poblado, un centro comercial de aceitunas, almendras y vino.

Catherine y Victoire son muy distintas. Catherine sigue viviendo en Aix. Está casada y tiene dos hijos. Su esposo trabaja como chef pastelero, elaborando pasteles y otros postres según recetas francesas creadas hace 150 años.

Victoire es soltera y vive en **París**, la capital de Francia. Trabaja en una casa editorial, supervisando la traducción al francés de libros estadounidenses.

**Influencia francesa**

**CULTURA**  Estas niñas llevan baguettes: largas hogazas de pan con costra. Este tipo de pan se conoce en todo el mundo como "pan francés".  **Razonamiento crítico** ¿Qué otras cosas comunes se describen empleando el adjetivo "francés"?

# Francia

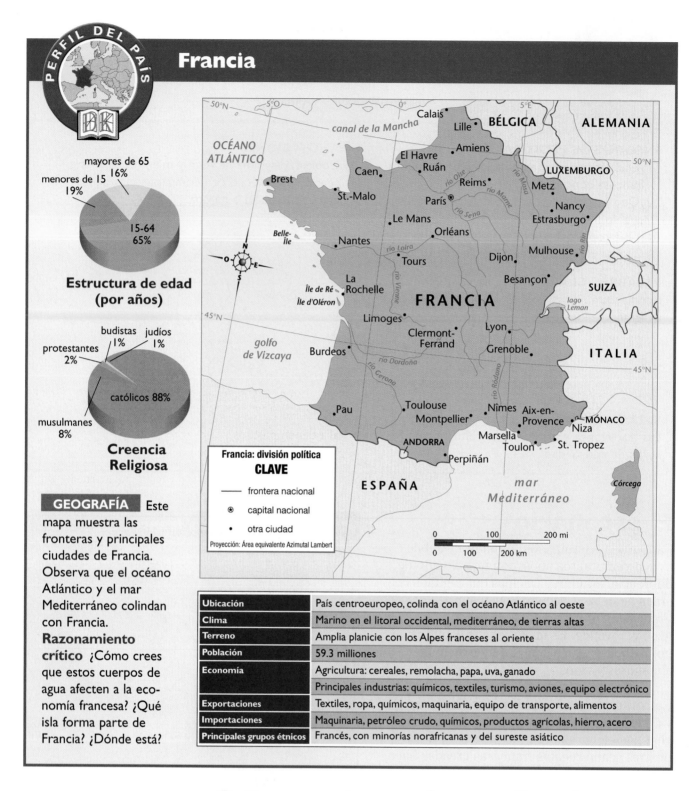

**Estructura de edad (por años)**

- mayores de 65 — 16%
- menores de 15 — 19%
- 15-64 — 65%

**Creencia Religiosa**

- budistas 1%
- judíos 1%
- protestantes 2%
- católicos 88%
- musulmanes 8%

**Francia: división política**

**CLAVE**

— frontera nacional

⊛ capital nacional

• otra ciudad

Proyección: Área equivalente Azimutal Lambert

**GEOGRAFÍA** Este mapa muestra las fronteras y principales ciudades de Francia. Observa que el océano Atlántico y el mar Mediterráneo colindan con Francia. **Razonamiento crítico** ¿Cómo crees que estos cuerpos de agua afecten a la economía francesa? ¿Qué isla forma parte de Francia? ¿Dónde está?

| | |
|---|---|
| **Ubicación** | País centroeuropeo, colinda con el océano Atlántico al oeste |
| **Clima** | Marino en el litoral occidental, mediterráneo, de tierras altas |
| **Terreno** | Amplia planicie con los Alpes franceses al oriente |
| **Población** | 59.3 milliones |
| **Economía** | Agricultura: cereales, remolacha, papa, uva, ganado |
| | Principales industrias: químicos, textiles, turismo, aviones, equipo electrónico |
| **Exportaciones** | Textiles, ropa, químicos, maquinaria, equipo de transporte, alimentos |
| **Importaciones** | Maquinaria, petróleo crudo, químicos, productos agrícolas, hierro, acero |
| **Principales grupos étnicos** | Francés, con minorías norafricanas y del sureste asiático |

## Cultura contemporánea en Francia

Las tradiciones culturales de Francia tienen siglos de antigüedad. A pesar de los rápidos cambios en los centros industriales y las grandes ciudades, sobre todo en los últimos cien años, añejas tradiciones y costumbres siguen vigentes en las provincias y poblados más rurales. Estas tradiciones actúan como cimientos culturales que los franceses comparten orgullosamente con el resto del mundo.

# Rasgos que definen

Catherine y Victoire nos muestran dos caras del carácter francés. Cada una aprecia la cultura francesa de distinto modo. Catherine resume su actitud así:

"Los franceses somos tan modernos como el que más, pero nuestra cultura tiene algo muy especial. Tomemos como ejemplo nuestro idioma. Es muy exacto. En el siglo XVII inventamos una norma para hablar correctamente el francés. Desde entonces, una organización llamada la Academia Francesa ha tratado de mantener nuestro idioma lo más correcto posible. Los franceses amamos nuestras tradiciones."

Catherine tiene razón en cuanto a la Academia. Desde 1635, ha publicado diccionarios que dan todas las palabras aceptadas en el idioma francés. La Academia establece reglas para el uso de esas palabras. Éste es un ejemplo de cómo los franceses tratan de preservar su cultura.

**Aspectos sobresalientes de la cultura francesa**   La cultura francesa siempre ha tenido una influencia perdurable sobre el resto del mundo. Francia ha producido poetas, filósofos, políticos y artistas visuales de fama mundial, y la gran ciudad de París ha sido el centro de muchos de los principales movimientos artísticos y literarios del siglo XX.

En los años veinte, poco después del fin de la Primera Guerra Mundial, artistas de todo el mundo acudieron a París porque sentían que la ciudad les ofrecía libertad para experimentar con diferentes formas de arte, literatura y música. Viviendo en París, escritores como Ernest Hemingway, F. Scott Fitzgerald, T. S. Eliot, Gertrude Stein y James Joyce produjeron muchas de sus obras más famosas. El pintor español Pablo Picasso, el fotógrafo estadounidense Man Ray y los franceses Jean Cocteau y André Breton fueron exponentes destacados de las artes visuales.

Francia también es famosa por su cocina. En 1805, un chef pastelero llamado Marie-Antoine Carême comenzó a elaborar postres para la gente rica y poderosa de Francia.

En 1833, Carême escribió un libro acerca del arte culinario francés que estableció estrictas normas de excelencia. Desde la publicación de esa obra, la cocina francesa ha sido una de las más respetadas del mundo.

# La religión en Italia

La gran mayoría de los ciudadanos franceses e italianos son católicos, y el centro mundial de la iglesia católica romana está en la diminuta nación llamada el **Vaticano.** Se trata de una ciudad-estado independiente situada dentro de **Roma,** y su dirigente es el Papa. El catolicismo une a cerca de mil millones de personas de todo el planeta, y sobre todo a los italianos. No todos los italianos son católicos, pero la historia de Italia está estrechamente ligada a la historia del catolicismo. Hasta hace poco, el catolicismo fue la religión oficial del país.

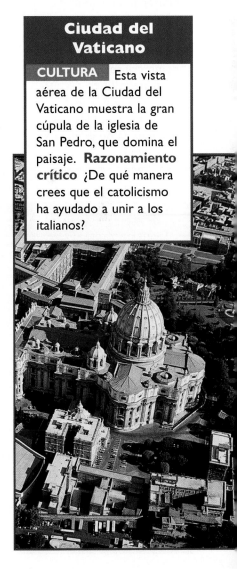

**Ciudad del Vaticano**

**CULTURA**   Esta vista aérea de la Ciudad del Vaticano muestra la gran cúpula de la iglesia de San Pedro, que domina el paisaje. **Razonamiento crítico** ¿De qué manera crees que el catolicismo ha ayudado a unir a los italianos?

## Galleria Vittorio Emanuele

**CULTURA** Este edificio fue diseñado por Giuseppe Mengoni en 1861. Ocupa un área cubierta por un domo que crea una calle comercial techada **Razonamiento crítico** ¿Cómo muestra esta fotografía que Milán es una mezcla de lo viejo y lo nuevo.

# Diferencias culturales entre el norte y el sur de Italia

**La vida en el norte**   **Milán** es representativa del norte de Italia. Es un vértice de un triángulo de ciudades —los otros son Turín y Génova— que albergan casi todas las industrias manufactureras italianas. La **manufactura** es el proceso de convertir materias primas en productos terminados. Milán también es un centro de comercio internacional.

Milán tiene también un lado llamativo. Cada temporada, la gente interesada en la moda abarrota Milán para ver colecciones de diseñadores de modas. La moda italiana se ha vuelto tan importante que Milán sólo es superada por París como capital de la moda. Las fábricas de Milán también producen automóviles, aviones, peletería y plásticos.

**Cultura rural en el sur de Italia**   El sur de Italia es muy diferente de Milán. **Locorotondo** es un pueblo típico situado en el "tacón" de la "bota" italiana. La mayoría de los habitantes se gana la vida en el campo, donde se cultivan trigo, aceitunas y frutas. La pesca es otra industria importante. Las tradiciones y la familia rigen aún la vida cotidiana en esta región.

**Cambios culturales**   Las culturas de Francia y de Italia seguirán cambiando. Conforme la gente **emigra** o llega de otros lugares del mundo, las culturas se vuelven más diversas. Al mismo tiempo, las instituciones y tradiciones que hacen que cada nación sea única se preservarán y seguirán influyendo en personas de todo el mundo durante varias generaciones por venir.

# EVALUACIÓN DE LA SECCIÓN 4

## DESPUÉS DE LEER

### RECORDAR
**1.** Identifica: (a) Aix-en-Provence, (b) París, (c) el Vaticano, (d) Roma, (e) Milán, (f) Locorotondo
**2.** Define: (a) emigrar, (b) manufactura

### COMPRENSIÓN
**3.** Cita algunas tradiciones culturales de Francia que han influido en personas de todo el mundo.

**4.** ¿Cómo ha influido la religión católica en la vida de los italianos?

**5.** Cita tres diferencias entre la vida en Milán y en una aldea del sur de Italia.

### RAZONAMIENTO CRÍTICO Y ESCRITURA
**6. Explorar la idea principal** Repasa la idea principal al inicio de esta sección. Junto con un(a) compañero(a), haz una lista de orígenes de las tradiciones culturales de Francia e Italia.

### ACTIVIDAD
**7. Organizar un debate** Para los franceses es importante mantener ciertas normas en la lengua francesa. Organicen un debate en clase acerca de por qué es importante preservar el idioma y cómo nos vincula con las tradiciones culturales.

# Resolver problemas

| **Problema** |
| --- |

Los fabricantes de automóviles suecos no pueden competir con empresas de otros países porque no pueden producir autos tan rápidamente y a un costo tan bajo como ellas.

| **Posibles soluciones** |
| --- |

1. Buscar crecimiento económico en otras áreas, como recursos naturales.
2. Construir autos de menor calidad para aumentar la producción.
3. Asociarse con una compañía estadounidense y usar sus métodos para aumentar la producción.
4. Contratar más obreros y recortar las vacaciones.

## Aprende la destreza

Muchos países enfrentan problemas, que a menudo son económicos: cómo crecer más o reducir los impuestos para que la gente pueda gastar y ahorrar más dinero. Tú probablemente enfrentas también problemas: cómo ganar dinero para tus gastos, obtener buenas calificaciones o hacer nuevos amigos.

Una forma de resolver los problemas es analizar cómo otros han resuelto el mismo problema. Por ejemplo, los gobiernos pueden estudiar soluciones que otros países han aplicado con éxito.

Otra forma de resolver problemas es hacer una lista de posibles soluciones y escoger la mejor alternativa. Para ello, se puede usar un diagrama de resolución de problemas como el que se muestra aquí. Para prepararlo, sigue estos pasos:

**A.** Identificar el problema. Escríbelo en el primer rectángulo del diagrama. En la muestra, el problema es el que enfrentan los fabricantes de automóviles de Suecia. No pueden vender muchos autos porque no los pueden hacer con la suficiente rapidez ni con un costo lo bastante bajo. ¿Cómo pueden colaborar los fabricantes y el gobierno para aumentar las ventas y así impulsar la economía sueca?

**B.** Enumerar las posibles soluciones. Genera ideas y anota tantas como puedas, aunque no parezcan buenas, pues podrían dar pie a ideas mejores. Habla con otros y pídeles ideas. Muchos gobiernos han hallado soluciones estudiando lo que se hizo para corregir un problema similar en otro país. Es el momento de recurrir a expertos para tener el mayor número posible de opciones.

**C.** Escoger la mejor solución. Estudia detenidamente cada posibilidad. Piensa en los efectos a largo plazo de cada una. Si estás con otros, averigua si están dispuestos a ayudarte, e ideen un plan para colaborar. Luego, escoge la mejor solución y enciérrala en un círculo. La solución que Suecia escogió fue trabajar con una compañía estadounidense y aprender a aumentar la producción. Suecia pudo resolver su problema.

**D.** Poner en práctica la solución escogida.

**E.** Evaluar los resultados. Si no estás satisfecho(a), aprovecha tu experiencia y prueba otra solución. Sigue trabajando en el problema hasta tener éxito.

## Practica la destreza

En grupos pequeños, hagan una lista de problemas que enfrenta su comunidad o ciudad. Escojan uno de ellos y creen un diagrama de resolución de problema como el que se muestra. Primero, definan el problema. Luego, generen una lluvia de ideas para resolverlo. Comenten a fondo cada solución para determinar si producirá o no los resultados deseados. Escojan la solución que les parezca mejor y enciérrenla en un círculo. Expliquen su proceso y diagrama a otro grupo pequeño.

## Aplica la destreza

Hallarás más preguntas sobre resolución de problemas en la sección Repaso y evaluación de este capítulo.

# Repaso y evaluación

## Hacer un resumen del capítulo

En una hoja suelta, dibuja un diagrama como éste, y agrega la información que resume la primera sección del capítulo. Luego, completa los cuadros que faltan con un resumen de las secciones 2, 3 y 4.

### EUROPA OCCIDENTAL

**Sección 1**
Gran Bretaña es una monarquía constitucional en la que el Parlamento establece las leyes. Como parte del Reino Unido, Irlanda del Norte también es gobernada por el Parlamento. La República de Irlanda es una nación independiente.

**Sección 2**

**Sección 3**

**Sección 4**

## Repaso de palabras clave

Relaciona las definiciones de la columna I con las palabras clave de la columna II.

**Columna I**
1. pólderes
2. persecución
3. reunificación
4. Parlamento
5. monarquía constitucional
6. flamenco
7. Holocausto

**Columna II**
a. opresión
b. gobierno en que la ley limita el poder de reyes y reinas
c. belga que habla holandés
d. asesinato masivo de millones de judíos y otros por los alemanes durante la Segunda Guerra Mundial
e. tierra recuperada del mar
f. organismo representativo que establece las leyes en la Gran Bretaña
g. proceso por el que Alemania volvió a unirse

## Repaso de ideas principales

1. ¿Cómo ayuda la monarquía a unir a Gran Bretaña? (Sección 1)
2. ¿Por qué los protestantes de Irlanda del Norte se oponen a un gobierno autónomo? (Sección 1)
3. ¿Cómo obtienen los Países Bajos materias primas para fabricación? (Sección 1)
4. Cita algunas diferencias entre el norte y el sur de Bélgica. (Sección 2)
5. ¿Cómo se dividió Alemania y por qué se reunificó? (Sección 3)
6. ¿Qué mantuvo a los alemanes unificados en su pensar aún cuando su país estaba dividido? (Sección 3)
7. ¿Cómo conservan los franceses sus tradiciones culturales? (Sección 4)
8. ¿Por qué es la religión una parte importante de la cultura italiana? (Sección 4)

## Actividad de mapa

### Europa occidental

**Escribe la letra que indica la posición de cada lugar en el mapa.**

1. Aix-en-Provence     4. Italia
2. Londres             5. Berlín
3. Países Bajos        6. Bruselas

 **Búscalo en la RED**

**Enriquecimiento** Para más actividades con mapas y destrezas de geografía, visita la sección de Social Studies en **phschool.com.**

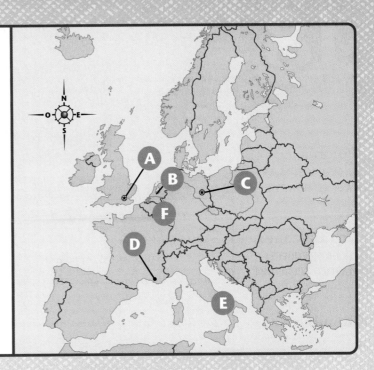

## Actividad de escritura

1. **Usar fuentes primarias** Puedes investigar en la biblioteca noticias acerca de los sucesos de actualidad que se describen en este capítulo. Usa fuentes primarias como diarios personales, autobiografías, cartas e informes de testigos presenciales para escribir un boletín de prensa con lo último acerca de un suceso de actualidad en Gran Bretaña, Irlanda, Bélgica, los Países Bajos, Alemania, Francia o Italia.

2. **Escribir un diario de viaje** Imagina que viajaste a cada uno de los países que vimos en el capítulo. Escribe una entrada de diario en la que describas algunos de los sitios culturales o históricos que visitaste, tradiciones que conociste o experiencias que tuviste. Visita la biblioteca o Internet para realizar esta actividad.

## Aplica tus destrezas

**Pasa a Destrezas para la vida de la página 323 para realizar la siguiente actividad.**

Piensa en un problema que estés teniendo y luego crea un diagrama de resolución de problemas para hallar la mejor solución.

## Razonamiento crítico

1. **Hacer comparaciones** Compara la división de Alemania con la de Irlanda y con la separación de Bélgica de los Países Bajos. ¿Qué factores son similares? ¿Qué factores son diferentes?

2. **Sacar conclusiones** ¿Qué cambios crees que habrá en Alemania en el futuro? ¿Cómo podrían reaccionar los alemanes?

 **Búscalo en la RED**

**Actividad** Haz un recorrido virtual de París empleando el mapa interactivo. Crea una guía turística para tu propio pueblo o ciudad. Incluye fotos o ilustraciones de los atractivos, un mapa, e información acerca de cada punto de interés. Visita la sección World Explorer: People, Places and Cultures de **phschool.com** para realizar esta actividad.

**Autoevaluación del Capítulo 17**
Como repaso final, resuelve la prueba de autoevaluación del Capítulo 17. Busca la prueba en la sección de Social Studies en **phschool.com.**

# EUROPA ORIENTAL Y RUSIA:
# La región hoy en día

## Paz, no guerra

Martes, 3 de diciembre de 1992
Querida Mimmy:

Hoy es mi cumpleaños. Mi primer cumpleaños en tiempos de guerra. Cumplo doce años. Felicitaciones. ¡Feliz cumpleaños a mí!

Como de costumbre, no hay electricidad. La tía Melica vino con su familia (Kenan, Naida y Nihad) y me regalaron un libro... Todo el vecindario se reunió por la noche. Me dieron chocolates, vitaminas, un jabón en forma de corazón, un llavero, un dije hecho con una piedra de Chipre, un anillo (de plata) y unos aretes.

La mesa se veía preciosa, con panecillos, pescado y ensalada de arroz, queso crema (con feta), carne enlatada, un pay y, desde luego, un pastel de cumpleaños. No es como solía ser, pero estamos en guerra. Por fortuna no hubo disparos y pudimos celebrar.

Todo estuvo muy bien, pero algo faltó. ¡Se llama paz!
Saludos, Zlata

## USAR LA LITERATURA

**Zlata Filipovic, una niña que pasó la guerra civil en un país llamado Bosnia escribió esta carta. Ella escribió la carta en su diario, al cual llamaba "Mimmy". Durante la guerra en Bosnia, Zlata y su familia pasaron varios días en el sótano de su casa para evitar los disparos. Las escuelas quedaron cerradas. La comida y el agua eran muy escasos.**

### Usar un diario o bitácora

Muchas personas escriben en un diario lo que no le dirían a nadie. Los diarios dan a las personas esperanza y valor, especialmente en tiempos difíciles. ¿Qué te dice esta entrada de diario acerca de la guerra? ¿Cómo crees que afectó a Zlata la experiencia de la guerra?

### Llevar un diario

Lleva un diario por una semana. Escribe una entrada cada día acerca de lo que te hace feliz y lo que te molesta. Al final de la semana, escribe lo que piensas de llevar un diario.

# Polonia
## El crecimiento de la libre empresa

## El escenario

Después de la Segunda Guerra Mundial, Polonia quedó controlada por la Unión Soviética. A pesar de que los polacos fueron obligados a seguir estrictas reglas en el control de su economía, educación y libertad de expresión, no cedieron terreno en el uso de su idioma y su fuerte relación con la Iglesia Católica Romana. En 1978 se eligió al **Papa Juan Pablo II**, ciudadano polaco, como cabeza de esta iglesia. Su liderazgo ayudó a reforzar las creencias tradicionales y a ganar apoyo en la lucha por la libertad de Polonia. En 1989, el gobierno comunista polaco llegó a su fin. El pueblo de Polonia se había comprometido con la democracia y estaba dispuesto a enfrentar los desafíos de la independencia.

## Cambios en las poblaciones y en la economía

Desde la caída del comunismo, Polonia ha vivido un rápido cambio en su economía. En el sistema comunista, el Gobierno era dueño de todas las empresas. Ahora se ha adoptado la política de la **libre empresa**, un sistema parecido al de Estados Unidos. En el sistema de la libre empresa, los comercios pueden competir entre sí con poco control del Gobierno.

En Varsovia, la capital de Polonia, pronto aparecieron pequeños negocios por doquier. En las calles, los comerciantes vendían todo tipo de productos. Desde pantalones vaqueros, hasta uniformes del ejército soviético. Algunos comerciantes ganaron suficiente dinero para comprar las tiendas que antes pertenecían al gobierno. La economía de Polonia empezó a crecer con mayor

**Tradiciones culturales**

**CULTURA** Los cristianos de todo el mundo suelen regalar huevos decorados durante la Pascua. Estos huevos de brillantes colores son parecidos a los que se intercambian en Polonia en época de Pascua. **Razonamiento crítico** ¿Por qué fue tan importante para los polacos mantener su identidad religiosa aun bajo el régimen comunista?

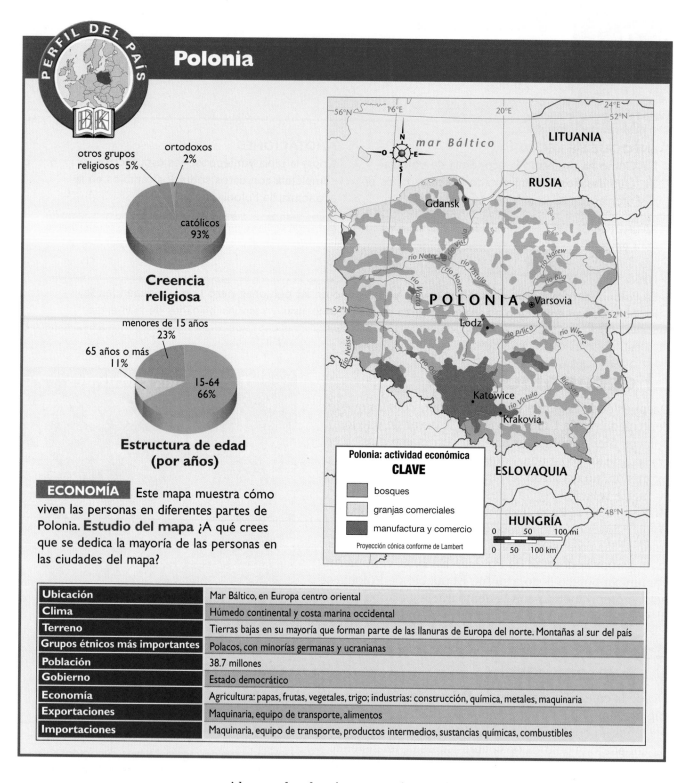

## Polonia

otros grupos religiosos 5%

ortodoxos 2%

católicos 93%

**Creencia religiosa**

menores de 15 años 23%

65 años o más 11%

15-64 66%

**Estructura de edad (por años)**

**ECONOMÍA** Este mapa muestra cómo viven las personas en diferentes partes de Polonia. **Estudio del mapa** ¿A qué crees que se dedica la mayoría de las personas en las ciudades del mapa?

mar Báltico

LITUANIA

RUSIA

Gdansk

P O L O N I A

Varsovia

Lodz

Katowice

Krakovia

ESLOVAQUIA

HUNGRÍA

**Polonia: actividad económica**
**CLAVE**

bosques

granjas comerciales

manufactura y comercio

Proyección cónica conforme de Lambert

0      50      100 mi

0     50    100 km

| Ubicación | Mar Báltico, en Europa centro oriental |
|---|---|
| Clima | Húmedo continental y costa marina occidental |
| Terreno | Tierras bajas en su mayoría que forman parte de las llanuras de Europa del norte. Montañas al sur del país |
| Grupos étnicos más importantes | Polacos, con minorías germanas y ucranianas |
| Población | 38.7 millones |
| Gobierno | Estado democrático |
| Economía | Agricultura: papas, frutas, vegetales, trigo; industrias: construcción, química, metales, maquinaria |
| Exportaciones | Maquinaria, equipo de transporte, alimentos |
| Importaciones | Maquinaria, equipo de transporte, productos intermedios, sustancias químicas, combustibles |

rapidez que las demás economías de Europa oriental. En la actualidad el estándar de vida en Polonia aumenta cada día más.

## Desafíos para el futuro

Los comerciantes y obreros se están beneficiando del trabajo duro. Sin embargo, muchos habitantes de las zonas rurales trabajan duro sin obtener beneficios. Por causa de la falta de apoyo del gobierno, los agricultores empezaron a tener dificultades para competir dentro del

| Estándar de vida en los países de Europa oriental | | |
|---|---|---|
| País | Porcentaje de la población con televisor | Porcentaje de la población con teléfono |
| Albania | 10% | 2% |
| República Checa | 33% | 33% |
| Hungría | 50% | 20% |
| Polonia | 25% | 14% |
| Servia | 17% | 20% |
| Estados Unidos | 83% | 77% |

**ECONOMÍA** Una manera de saber si la economía de un país es saludable, es observar la prestación de servicios básicos, como las comunicaciones. Esta tabla muestra el porcentaje de habitantes que cuentan con televisión o teléfono en varios países de Europa y Estados Unidos. **Estudio de la tabla** Basándote en la información de la tabla, ¿qué país tiene la economía menos sólida?

mercado europeo. Muchos habitantes de las zonas rurales sentían que no tenían oportunidad de ganarse la vida de manera decente. Por eso algunos se mudaron a las ciudades en busca de trabajo.

Sin embargo, la migración a las ciudades causa sobrepoblación. Hoy, 60 por ciento de la población polaca vive en las ciudades, mucho más que hace 50 años. En respuesta, el Gobierno ha empezado a construir edificios de departamentos y a ampliar las zonas suburbanas.

Hoy la vida tiene ventajas y desventajas. Muchos polacos cuentan con bienes que no tenían antes. Para ellos, el nuevo estilo de vida es bueno.

Sin embargo, también hay personas que no tienen nada que hacer. Esto también es un cambio. Hoy en día hay más personas desempleadas que en la época del comunismo y es necesario encontrar una solución para este desafío. El pueblo polaco está dispuesto a hacer lo necesario porque, por primera vez en muchos años, el destino de la nación está en sus manos.

# EVALUACIÓN DE LA SECCIÓN I

## DESPUÉS DE LEER

### RECORDAR
**1.** Identifica: (a) Papa Juan Pablo II
**2.** Define: (a) libre empresa

### COMPRENSIÓN
**3.** ¿Qué cambios económicos ha sufrido Polonia desde la caída del comunismo?
**4.** ¿Qué retos han enfrentado los habitantes de las ciudades y zonas rurales de Polonia en los últimos años?

### RAZONAMIENTO CRÍTICO Y ESCRITURA
**5. Explorar la idea principal** Repasa la idea principal al inicio de esta sección. Luego, escribe un párrafo de los cambios en Polonia después de la caída del régimen comunista.
**6. Comparar y contrastar** Muchos polacos han emigrado a ciudades como Varsovia en busca de una vida mejor. ¿Qué diferencia hay entre la vida en el campo y la vida en la ciudad?

### ACTIVIDAD
**7. Crear un anuncio** Imagina que eres dueño de un comercio en Varsovia. Piensa qué negocio te gustaría tener y cómo anunciarlo. Haz un anuncio de revista para tu negocio.

# SECCIÓN 2

# Los Balcanes
## Lucha de poderes políticos y cultura

## ANTES DE LEER

### ENFOQUE DE LECTURA
1. ¿De qué manera la geografía de los Balcanes ha creado diferencias culturales entre la población?
2. ¿Por qué las diferencias culturales han propiciado la guerra en los Balcanes?

### PALABRAS CLAVE
Naciones Unidas

### LUGARES CLAVE
Los Balcanes
Kosovo

### ANOTACIONES
Copia el diagrama y mientras lees esta sección complétalo con datos sobre los Balcanes.

Yugoslavia — Albania — Bulgaria — Rumania

### IDEA PRINCIPAL
En los Balcanes, las diferencias culturales han sido causa de violentos conflictos que amenazan el futuro de las personas que viven en esta región.

## Mostar, Bosnia-Herzegovina

**CULTURA** Este puente de Mostar, en Bosnia-Herzegovina, construido hace más de 400 años, se destruyó en 1993 durante la guerra entre grupos étnicos. **Razonamiento crítico** ¿Cómo afecta la guerra al patrimonio cultural de una región?

# El escenario

Los **Balcanes** es una región conformada por varios países, entre ellos Yugoslavia. La región se localiza al sur del río Danubio y obtuvo su nombre de un término turco que significa "montaña". La tierra en esta zona tiene formaciones montañosas que representan barreras naturales alrededor de fértiles valles y aldeas alpinas. Al oeste de la península balcánica se encuentra el mar Adriático, al suroeste el mar Jónico y al este el mar Negro.

Una lucha cultural de varios siglos separó los estados que una vez fueron parte de Yugoslavia. La región se encuentra devastada después de varios años de guerra y para muchos, su futuro es incierto.

## Barreras geográficas originan diferencias culturales

Por siglos, el Imperio Otomán controló la región de los Balcanes. Los habitantes de la zona se mantuvieron aislados del Occidente hasta la Primera Guerra Mundial, época en que se establecieron los países de los Balcanes. Los nuevos países eran pobres e inestables, y no podían competir con sus poderosos vecinos. Uno de ellos, la Unión

Soviética, se apoderó de esta región al terminar la Segunda Guerra Mundial.

En el régimen comunista soviético, los habitantes cedieron sus libertades a favor de desarrollar industrias más fuertes y una economía más estable.

## Distintos grupos culturales

Las montañas de la región de los Balcanes forman barreras naturales. Varios grupos culturales se desarrollaron sin la intervención de otros, lo cual fortaleció sus tradiciones y creencias. La unión de estos grupos causó graves conflictos.

Aunque los habitantes de los Balcanes pertenecen a distintos grupos étnicos, muchos comparten el origen eslavo. Los grupos étnicos más grandes de Yugoslavia son los servios, los croatas y los musulmanes. Otros grupos más pequeños son los eslovenios, los macedonios y los montenegrinos. Aunque estos grupos se unieron al régimen comunista, hablan distintos idiomas y tienen diferentes identidades culturales.

## Perfil cultural de los países de los Balcanes

| País | Principales grupos étnicos | Principales religiones | Idiomas |
|------|---------------------------|------------------------|---------|
| **Albania** | albaneses 95% griegos 3% otros 2% | musulmanes 70% albaneses ortodoxos 20% católicos romanos 10% | albanés griego |
| **Bosnia-Herzegovina** | servios 31% bosnios 44% croatas 17% otros 8% | musulmanes 40% ortodoxos 31% católicos romanos 15% otros 14% | croata servio bosnio |
| **Bulgaria** | búlgaros 83% otros 17% | búlgaros ortodoxos 84% musulmanes 13% otros 3% | búlgaro |
| **Croacia** | croatas 78% servios 12% otros 10% | católicos romanos 76% ortodoxos 11% musulmanes 1% otros 12% | croata otros |
| **Antigua República Macedonia de Yugoslavia** | macedonios 67% albaneses 23% otros 10% | macedonios ortodoxos 67% musulmanes 30% otros 3% | macedonio albanés turco servio-croata |
| **Rumania** | rumanos 89% otros 11% | rumanos ortodoxos 87% católicos romanos 5% protestantes 4% otros 4% | rumano húngaro alemán |
| **Yugoslavia (Servia y Montenegro)** | servios 62% albaneses 17% montenegrinos 5% bosnios 3% húngaros 3% otros 10% | ortodoxos 65% musulmanes 19% católicos romanos 4% protestantes 1% otros 11% | servio albanés |
| **Eslovenia** | eslovenios 88% croatas 3% servios 2% bosnios 1% otros 6% | católicos romanos 71% luteranos 11% musulmanes 1% ateos 4% otros 23% | eslovenio servio-croata |

**CULTURA** Esta tabla muestra los grupos étnicos, religiones e idiomas comunes en los Balcanes. **Estudio de la tabla** ¿Qué países crees que son más estables? ¿Cuáles crees que son menos estables? Explica las razones de tu opinión.

## Diferencias de idioma

Aunque servios y croatas hablan servio-croata, no usan el mismo alfabeto para escribirlo. Los idiomas eslovenio, macedonio y búlgaro tienen cierta relación con el servio-croata, pero no son idénticos a éste. Por otra parte, albaneses y rumanos hablan idiomas que no tienen ninguna relación con sus vecinos eslavos. Las diferencias de idioma han separado a los grupos de los Balcanes.

## Diferencias religiosas

La mayoría de los habitantes de los Balcanes son cristianos ortodoxos, católicos romanos o musulmanes. Quienes sólo desean vivir, trabajar y socializar con personas que comparten sus creencias, han tratado de eliminar de sus comunidades, por lo general de manera violenta, a quienes no comparten sus ideas.

## Los Balcanes: división política

**CLAVE**
— frontera nacional
⊛ capital nacional
• otra ciudad
Proyección: Área equivalente Azimutal Lambert

GEOGRAFÍA Estudio
**del mapa** Los Balcanes
se localizan entre Europa
occidental y Rusia.
**Razonamiento crítico**
¿Cómo afecta la
ubicación de cada país en
la historia del mismo?

# División cultural y destrucción

En 1991, las tensiones entre servios, croatas y otros grupos étnicos
de Yugoslavia llegaron al extremo. En esa época, los servios gobernaban
Yugoslavia y los demás grupos no querían vivir bajo dominio servio.

Eslovenia, Croacia, la antigua República Macedonia de Yugoslavia y
Bosnia-Herzegovina declararon su independencia y establecieron las
fronteras de sus naciones.

En el régimen comunista, las industrias se concentraban en grandes
fábricas cercanas a las fuentes de recursos y materias primas. La
creación de países independientes dividió los recursos naturales,
industrias y vías de transporte de la región. Los países recién
independizados enfrentaron grandes desafíos en el desarrollo de su
nueva economía.

A estos cambios se agregaron las diferencias culturales y los
desacuerdos en relación con las fronteras de los países. Los servios
querían mantener el control de toda la región y formaron la nación de
Servia y Montenegro sin el reconocimiento de los demás. A los servios
de Croacia, Bosnia-Herzegovina y otras regiones les preocupaba vivir en
estas condiciones.

Con el tiempo, los conflictos culturales se convirtieron en una dura
guerra. En Bosnia-Herzegovina, los servios luchaban contra los croatas
y éstos contra los musulmanes bosnios. Cientos de miles de vidas se

perdieron y Sarajevo, la capital resultó destruida. Las **Naciones Unidas** enviaron tropas. Es una organización de 189 países que trabaja en conjunto para recuperar la paz y la cooperación entre las naciones del mundo. El grupo envió alimentos y otros suministros a las personas afectadas por el bloqueo servio. En 1995 se firmó un tratado de paz que dividió a Bosnia- Herzegovina: la Federación de Bosnia-Herzegovina y la República servia Srpska de Bosnia.

En 1999, la lucha inició de nuevo cuando los servios empezaron a combatir a los albaneses que buscaban su independencia en **Kosovo**. La comunidad internacional respondió rápidamente con un bombardeo a Servia y el envío de tropas militares para mantener la paz. Para el año 2001, el conflicto se extendió a Macedonia, lo cual puso en riesgo la vida de miles de civiles y estuvo a punto de echar por tierra la labor de las fuerzas de paz.

Estos conflictos han retrasado el desarrollo económico de los Balcanes. Los refugiados que emigran de un lugar a otro representan una enorme carga financiera para estos países tan pobres. Los bombardeos han destruido puentes, medios de comunicación, líneas ferroviarias y carreteras. Aun así, los países que han conseguido evitar el conflicto al centrar sus esfuerzos en la creación de industrias, el desarrollo de su economía y el combate al desempleo, han empezado a mostrar buenos resultados. Eslovenia, Bulgaria y Rumania trabajan para convertirse en integrantes de la Unión Europea.

## La larga guerra en Bosnia

**HISTORIA** La guerra en Bosnia cobró alrededor de 200,000 vidas y dejó muchas ciudades en ruinas. Un trabajador de rescate dice "todos en esta ciudad recordamos los momentos en que no había agua ni electricidad y no podíamos salir a la calle sin temor de resultar heridos". **Razonamiento crítico** ¿Qué desafíos crees que enfrentan quienes viven en un país afectado por la guerra?

# EVALUACIÓN DE LA SECCIÓN 2

**DESPUÉS DE LEER**

### RECORDAR
1. Identifica: (a) los Balcanes, (b) Kosovo
2. Define: (a) Naciones Unidas

### COMPRENSIÓN
3. ¿Cómo contribuyó la geografía física a la separación de los grupos étnicos de los Balcanes?
4. ¿Qué diferencias culturales originaron los conflictos entre las partes que formaban la antigua Yugoslavia?

### RAZONAMIENTO CRÍTICO Y ESCRITURA
5. **Explorar la idea principal** Repasa la idea principal al inicio de esta sección. Luego, escribe un párrafo de las causas del conflicto en los Balcanes y cómo pudo haberse evitado.
6. **Hacer predicciones** ¿Qué crees que sucederá en el futuro en los países que formaban parte de Yugoslavia? Haz tu predicción para el año 2015.

### ACTIVIDAD

 **Búscalo en la RED**

7. **Escribir a un amigo** Escríbele a un estudiante de Bosnia y hazle preguntas para comprender la vida en ese lugar. Comparte con él información sobre la vida en Estados Unidos. Visita la sección World Explorer: People, Places, and Cultures en **phschool.com** para realizar esta actividad.

# República Checa
## Historia de una economía exitosa

**ANTES DE LEER**

**ENFOQUE DE LECTURA**

1. ¿De qué manera la historia de la República Checa la preparó para su independencia?
2. ¿Qué desafíos económicos enfrentó la República Checa?

**PALABRAS CLAVE**
privatización

**LUGARES CLAVE**
Eslovaquia

**IDEA PRINCIPAL**

Antes de la Segunda Guerra Mundial, Checoslovaquia era una nación democrática con una fuerte economía. Hoy, la República Checa usa esa experiencia para reconstruir su economía y competir en el mercado internacional.

**ANOTACIONES**

Copia el esquema y mientras lees esta sección complétalo con información sobre la República Checa.

I. **Checoslovaquia hasta 1989**
  A. Primera Guerra Mundial
    1.
    2.
  B. Segunda Guerra Mundial
    1.
    2.
    3.
    4.
  C. Control comunista
    1.
    2.

II. **Checoslovaquia a partir de 1989**
  A. Colapso comunista
    1.
    2.
  B. República Checa
    1.
    2.

**La lucha por la independencia**

**HISTORIA** Después de la caída de Unión Soviética en 1989, los checos se manifestaron por su libertad e independencia. **Razonamiento crítico** ¿Cómo será la vida en un país donde se castiga por protestar y expresarse?

## El escenario

En 1918, checos y eslovacos se unieron para formar una nación independiente que disfrutara de un rápido desarrollo y prosperidad.

Para 1939, cuando estalló la Segunda Guerra Mundial y los alemanes iniciaron la ocupación del país, Checoslovaquia era uno de los diez países más desarrollados del mundo.

## El camino de vuelta a la independencia

Al terminar la Segunda Guerra Mundial, la República de Checoslovaquia reestableció un gobierno democrático hasta que en 1948 el comunismo se apoderó del país y toda propiedad privada fue confiscada por el Estado. La libertad política y los derechos humanos les fueron retirados a los habitantes de Checoslovaquia.

A pesar de los años, Checoslovaquia trató de mantener viva su esperanza de libertad en un sistema totalitario. La Unión Soviética envió tropas

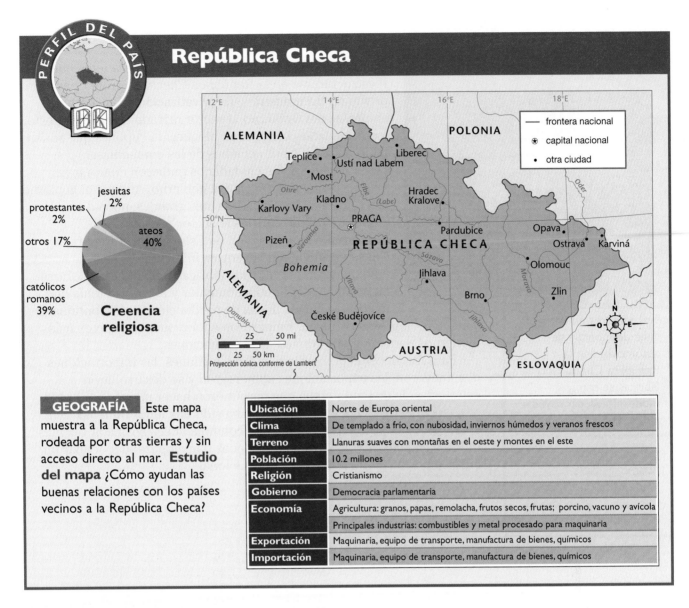

# República Checa

**PERFIL DEL PAÍS**

## Creencia religiosa

- jesuitas 2%
- protestantes 2%
- otros 17%
- católicos romanos 39%
- ateos 40%

Mapa: frontera nacional, capital nacional, otra ciudad

ALEMANIA, POLONIA, AUSTRIA, ESLOVAQUIA

Ciudades: Teplice, Liberec, Ústí nad Labem, Most, Kladno, Hradec Kralove, Karlovy Vary, PRAGA, Pizeň, Pardubice, Opava, Ostravá, Karviná, Olomouc, Bohemia, Jihlava, Brno, Zlin, České Budějovíce

REPÚBLICA CHECA

0  25  50 mi
0  25  50 km
Proyección cónica conforme de Lambert

**GEOGRAFÍA**  Este mapa muestra a la República Checa, rodeada por otras tierras y sin acceso directo al mar. **Estudio del mapa** ¿Cómo ayudan las buenas relaciones con los países vecinos a la República Checa?

| Ubicación | Norte de Europa oriental |
|---|---|
| Clima | De templado a frío, con nubosidad, inviernos húmedos y veranos frescos |
| Terreno | Llanuras suaves con montañas en el oeste y montes en el este |
| Población | 10.2 millones |
| Religión | Cristianismo |
| Gobierno | Democracia parlamentaria |
| Economía | Agricultura: granos, papas, remolacha, frutos secos, frutas; porcino, vacuno y avícola |
|  | Principales industrias: combustibles y metal procesado para maquinaria |
| Exportación | Maquinaria, equipo de transporte, manufactura de bienes, químicos |
| Importación | Maquinaria, equipo de transporte, manufactura de bienes, químicos |

para controlar a la población. Cuando se rebelaron, se reprimió a los ciudadanos con severos castigos.

**Restaurar el sistema de la libre empresa**  Cuando la Unión Soviética cayó en 1989, Checoslovaquia declaró por segunda ocasión su independencia. En pocos años, la República Checa se separó por completo de **Eslovaquia** para ser una nación autónoma.

Bajo el régimen del comunismo, los bienes fabricados en Checoslovaquia sólo se enviaban a la Unión Soviética y a las naciones controladas por ésta. La mayoría de los fabricantes no competían en el mercado internacional porque no tenían necesidad de hacerlo. Aun así, las compañías cuyos productos se exportaban crearon un gran renombre. La calidad de los objetos de vidrio, vehículos, aviones, motocicletas y maquinaria textil checa se ganó la lealtad y el respeto de sus clientes en todo el mundo.

# Nuevos desafíos económicos

Con la caída del comunismo la manufactura tenía que reestructurarse en la República Checa. El primer paso era privatizar las industrias. La **privatización** es la venta de empresas del Gobierno al sector privado. Para lograr esto, los ciudadanos compraron bloques de cupones que serían intercambiados por acciones de las compañías. De esta manera, los ciudadanos pudieron comprar las empresas que pertenecían al gobierno. Aunque el gobierno aún conserva las industrias más grandes, poco a poco ha empezado a transferirlas al sector privado.

Durante la separación de Eslovaquia, la República Checa perdió algunos centros industriales. Para compensar la pérdida, las fábricas tenían que mejorarse. La productividad debía aumentar y la calidad tenía que mejorar. Algunas líneas de producción se descontinuaron y algunas empresas cerraron. Empezaron a fabricarse productos más modernos para competir con los de otras naciones.

Para fortalecer el comercio con otras naciones, las importaciones disminuyeron, las exportaciones aumentaron y se desarrollaron estrategias de mercadotecnia que permitieron hacer nuevos contratos.

Vencer estos desafíos económicos ha sido una labor inmensa. Sin embargo, cada paso ha hecho que la economía checa sea cada vez más fuerte y estable. Hoy los productos checos han empezado a ocupar un lugar importante en el mercado internacional.

---

# EVALUACIÓN DE LA SECCIÓN 3

## DESPUÉS DE LEER

### RECORDAR
1. Identifica: Eslovaquia
2. Define: privatización

### COMPRENSIÓN
3. ¿Cómo ayudó su pasado a la República Checa para ser una nación independiente?
4. ¿Qué desafíos económicos ha enfrentado la República Checa desde su regreso al sistema de la libre empresa?

### RAZONAMIENTO CRÍTICO Y ESCRITURA
5. **Explorar la idea principal** Repasa la idea principal al inicio de esta sección. Luego, haz una lista de las estrategias de la República Checa para fortalecer su economía.
6. **Hacer inferencias** Imagina que eres un obrero en la República Checa. ¿Cómo ha cambiado tu opinión sobre el trabajo con la adopción de la libre empresa? ¿Qué piensas de que haya mejorado la calidad de los productos que fabricas? ¿Te beneficia el sistema de la libre empresa?

### ACTIVIDAD
7. **Hacer un directorio de negocios** Ve a una biblioteca o consulta la Internet para investigar qué productos se fabrican en la República Checa. Con la información haz fichas de los bienes producidos y su mercado en el mundo.

# Rusia

## Nueva democracia con una economía inestable

---

### ANTES DE LEER

**ENFOQUE DE LECTURA**

1. ¿Cómo ha cambiado la vida en Siberia desde la caída del comunismo?
2. ¿Cómo ha cambiado la vida en Moscú desde la caída del comunismo?

**ANOTACIONES**

Copia la tabla y mientras lees esta sección, complétala con comparaciones de la vida en Rusia durante y después del comunismo.

**PALABRAS CLAVE**

inversionista

**LUGARES CLAVE**

Kamerovo
Moscú

|  | Durante el comunismo | Después del comunismo |
|---|---|---|
| La vida en Siberia |  |  |
| La vida en Moscú |  |  |

**IDEA PRINCIPAL**

Adoptar el sistema de libre empresa después de años de dominio comunista ha sido muy difícil para los rusos. Sin embargo, el nuevo sistema les permite aspirar a oportunidades económicas que antes no existían.

---

## El escenario

A Inessa Krichevskaya le sorprenden los cambios que han habido en Rusia. "Ya sabes", dice, "son tiempos difíciles, pero tenemos que enfrentarlos porque esta vez vamos en la dirección correcta… Por ninguna razón debemos regresar a lo que había antes."

¿Qué hay de sorprendente en lo que dice Inessa? Bueno, por más de 30 años, ella apoyó con lealtad al comunismo. Vivió y trabajó en la ciudad de Moscú como ingeniera. Como los demás rusos, esperaba que el gobierno le enviara un cheque de pensión cuando envejeciera y no pudiera trabajar más. Esto era parte del sistema comunista. Pero ahora que Rusia ha adoptado el sistema de libre empresa, Inessa tiene 60 años y se ha jubilado. La cantidad que recibe del gobierno es mucho menor de lo que esperaba, alrededor de 1,300 rublos, es decir, unos 8 dólares al mes.

El cambio del comunismo a la democracia y la libre empresa no ha sido fácil. De Moscú a Siberia, los rusos han sufrido mucho para obtener su libertad.

### La vida en Siberia

En los años del Soviet, el Gobierno trató de cambiar a Siberia, la enorme región que ocupa la parte este de Rusia, creando fábricas que aprovecharan las importantes reservas

### La voz de la democracia

**GOBIERNO** En países como Estados Unidos es fácil olvidar el valor de la libertad. En Rusia, sólo después de la caída del comunismo fue posible hablar de política en libertad.

**Razonamiento crítico** ¿Qué sintieron los habitantes de Rusia cuando pudieron expresar libremente sus ideas y creencias?

# Rusia

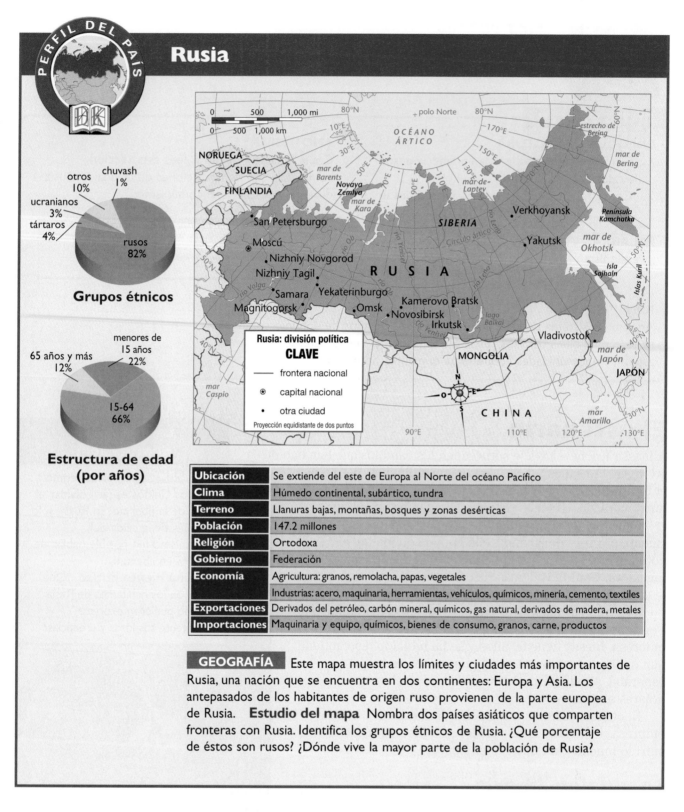

**Grupos étnicos**

otros 10%
chuvash 1%
ucranianos 3%
tártaros 4%
rusos 82%

**Estructura de edad (por años)**

65 años y más 12%
menores de 15 años 22%
15-64 66%

Rusia: división política
**CLAVE**
—— frontera nacional
⊛ capital nacional
• otra ciudad
Proyección equidistante de dos puntos

| Ubicación | Se extiende del este de Europa al Norte del océano Pacífico |
|---|---|
| Clima | Húmedo continental, subártico, tundra |
| Terreno | Llanuras bajas, montañas, bosques y zonas desérticas |
| Población | 147.2 millones |
| Religión | Ortodoxa |
| Gobierno | Federación |
| Economía | Agricultura: granos, remolacha, papas, vegetales |
| | Industrias: acero, maquinaria, herramientas, vehículos, químicos, minería, cemento, textiles |
| Exportaciones | Derivados del petróleo, carbón mineral, químicos, gas natural, derivados de madera, metales |
| Importaciones | Maquinaria y equipo, químicos, bienes de consumo, granos, carne, productos |

**GEOGRAFÍA** Este mapa muestra los límites y ciudades más importantes de Rusia, una nación que se encuentra en dos continentes: Europa y Asia. Los antepasados de los habitantes de origen ruso provienen de la parte europea de Rusia. **Estudio del mapa** Nombra dos países asiáticos que comparten fronteras con Rusia. Identifica los grupos étnicos de Rusia. ¿Qué porcentaje de éstos son rusos? ¿Dónde vive la mayor parte de la población de Rusia?

de carbón, oro, hierro, petróleo y gas natural. Aunque el gobierno construyó el Ferrocarril Transiberiano para transportar materiales a Siberia, muchas fábricas son ya obsoletas. En la ciudad siberiana de **Kamerovo**, aún se ve el humo negro de las fábricas. El resto de los edificios están prácticamente en ruinas y automóviles oxidados transitan lentamente por las enlodadas calles.

En Siberia aún perduran viejas costumbres. El cambio ha sido lento, especialmente en las zonas rurales. Pero la caída del comunismo y la llegada de la libre empresa han afectado a toda la región. Durante el régimen comunista, todos tenían un empleo garantizado. Hoy los siberianos que trabajan en las fábricas y minas de hulla se preocupan por no perder su empleo. Sin embargo, por primera vez en más de 70 años, los siberianos han podido comprar sus propios hogares, ya que sus antiguas casas pertenecían al estado. Ahora, algunas personas incluso pueden aspirar a comprar acciones en las compañías donde trabajan.

## La vida en Moscú

En **Moscú**, donde vive Inessa, comprar acciones de una empresa es un gran negocio. Inversionistas de todo el mundo, incluido Estados Unidos vienen a Moscú a ganar dinero. Un **inversionista** es una persona que usa su dinero para mejorar una empresa con la esperanza de obtener ganancias cuando el negocio tenga éxito. Algunos inversionistas se han vuelto muy ricos. Cuando la primera cadena de restaurantes de comida rápida abrió sus puertas en Moscú, las personas hacían largas filas para comprar. Tan sólo el primer día se sirvió a más de 30,000 personas.

**Una nueva clase media**   En las grandes ciudades como Moscú, los inversionistas han traído grandes cambios. Recientemente se ha construido un rascacielos en las afueras de esta ciudad. En su parte más alta se encuentra un lujoso restaurante hecho de piedra y vidrio. El edificio alberga las oficinas centrales de Gazprom, la única compañía productora de gas natural en Rusia. Esta compañía fundada por un antiguo funcionario comunista genera grandes cantidades de dinero.

El presidente de Gazprom es una de las personas más ricas de Rusia. Son muchos los exfuncionarios comunistas que se han hecho ricos en la nueva democracia. Otro grupo de nuevos ricos de Rusia dirige bandas criminales. Estos grupos preocupan a los rusos comunes, ni ricos ni pobres, los de la nueva clase media.

Las nuevas inversiones, negocios, restaurantes y servicios han contribuido al desarrollo de la clase media, el grupo que ha hecho el mayor esfuerzo desde la caída del comunismo en Rusia. La clase media sueña con tener un negocio propio, incluso una pequeña fábrica y se ha dedicado a estudiar los métodos occidentales de comercio en la Internet,

### La industria siberiana: bendición y desgracia

**CIENCIA Y TECNOLOGÍA**

Humo negro flota en el aire frío del pueblo siberiano de Ulan Ude, establecido al borde de las vías del Ferrocarril Transiberiano. Este ferrocarril, terminado en 1905, sirvió para transportar los recursos de Siberia a áreas más pobladas de Europa. Cuando los poblados establecidos en su trayecto se convirtieron en centros industriales, aumentó la oferta de empleos, pero también la contaminación.

**Razonamiento crítico**
¿Cómo se puede combatir la contaminación en los centros industriales?

**Construcción del nuevo Moscú**

un medio que se ha popularizado en Rusia. A diferencia de los tiempos del Soviet, los rusos ahora pueden comprar aparatos electrodomésticos y a veces hasta pueden viajar.

Como la clase media en otros países, los rusos están en desventaja cuando la economía no marcha bien. Aunque se esfuerzan mucho para tener éxito en el sistema capitalista, han debido superar muchas dificultades. En 1998, el valor del rublo disminuyó y ocasionó un alza desmedida de los precios y una gran inflación. Además, Rusia enfrentó una severa escasez de alimentos, por lo que los rusos se vieron obligados a modificar sus hábitos alimenticios y solicitar ayuda a Estados Unidos. La población culpó al presidente Boris Yeltsin de esta situación.

**ECONOMÍA** Desde la caída del comunismo, los habitantes de Moscú, la capital de Rusia, han empezado una nueva vida. Se han construido edificios y se han creado nuevos negocios. El número de automóviles en Rusia se ha triplicado y las calles, una vez vacías, ahora están saturadas. **Razonamiento crítico** ¿Cómo un nuevo negocio crea empleos?

**Tradición y cambio** Aunque la libre empresa ha cambiado a Moscú, las tradiciones se mantienen junto a nuevas formas de vida. Después de todo, Rusia es un país muy grande con diferentes costumbres y es evidente que enfrentará enormes desafíos en el futuro. ¿Puede un país con varios grupos étnicos y una superficie de más de 6 millones de millas cuadradas (9 millones de kilómetros cuadrados) mantenerse unido? ¿Se unirán las viejas y las nuevas costumbres para bien de la población? Las respuestas a estas preguntas aún no están claras. Sin embargo, los rusos no pierden la esperanza de un futuro mejor.

# EVALUACIÓN DE LA SECCIÓN 4

**DESPUÉS DE LEER**

**RECORDAR**

1. Identifica: (a) Kamerovo, (b) Moscú

2. Define: (a) inversionista

**COMPRENSIÓN**

3. ¿Cómo ha cambiado la vida en Siberia con la caída del comunismo?

4. ¿Cómo ha cambiado la vida en Moscú con la caída del comunismo y el auge de la libre empresa?

**RAZONAMIENTO CRÍTICO Y ESCRITURA**

5. **Explorar la idea principal** Repasa la idea principal al inicio de esta sección. Luego, describe los mayores desafíos que enfrentarías si fueras dueño de un comercio en Moscú.

6. **Comparar y contrastar** Haz una tabla que muestre las semejanzas y diferencias entre la vida en Siberia y en Moscú.

**ACTIVIDAD**

7. **Hacer un informe de negocios** Escribe un informe de negocios sobre la tienda que abriste en Moscú. Explica qué negocios haces, dónde compras tus productos, quiénes son tus clientes, cuántos empleados tienes y por qué crees que tu negocio tendrá buenos resultados.

# Hacer inferencias

| Hechos | Inferencias |
|--------|-------------|
| Durante el comunismo, los habitantes de Yugoslavia se mantenían unidos. Al caer el comunismo, inició una guerra civil. | La represión comunista no permitió que los grupos étnicos expresaran sus tensiones. |
| Ucrania significa "tierra de la frontera". Tierra de vastos recursos naturales, Ucrania está rodeada por varios países y ha sido invadida en distintas ocasiones. | Otros países invaden Ucrania para apoderarse de sus recursos naturales. |
| Seis meses después del accidente de Chernobyl los trabajadores de la planta regresaron a sus labores, pero ya nadie vivía en esta región. | |
| Cuando se inauguró el primer restaurante de comida rápida en Moscú, había largas filas para comprar. El primer día se sirvió a 30,000 personas. | |

## Aprende la destreza

Los escritores no siempre dicen las cosas directamente. Al leer, a veces es necesario "leer entre líneas" para descifrar lo que no se dice en los textos. Al leer entre líneas, haces inferencias. Para hacer inferencias, sigue estos pasos:

**A.** Estudia el texto y busca los hechos. Identificar los hechos es el primer paso para hacer inferencias. Por ejemplo, después de leer la tabla, sabes que los habitantes de Yugoslavia estaban unidos en el régimen comunista, pero con la caída de éste surgió la guerra civil. Éstos son hechos.

**B.** Haz inferencias con la información que conoces. Pregúntate: "¿Qué sugieren los hechos? ¿Qué conclusiones puedo obtener con esto?" Usa tus conocimientos previos y tu sentido común. Piensa en una conclusión razonable que no se mencione en el texto. Sobre el tema de Yugoslavia, puedes concluir que desde el régimen comunista ha habido diferencias entre la población, pero el gobierno reprimía la expresión de estas tensiones.

**C.** Lee los hechos de la segunda casilla sobre Ucrania. Aquí se dice que Ucrania tiene muchos recursos naturales y que la han invadido varias veces otros países. Para hacer inferencias, piensa en la causa de las invasiones. La causa es el deseo de controlar los recursos naturales de Ucrania. Al sacar esta conclusión, haz hecho una inferencia.

## Practica la destreza

La tabla que se muestra está incompleta. Completa tu propia tabla. Escribe el título "Hechos" en la primera columna e "Inferencias" en la segunda. Copia los datos de la tabla y haz inferencias para completar las casillas en blanco. Usa el sentido común y tus conocimientos previos para deducir por qué la gente se fue de Chernobyl y por qué tantos rusos querían probar la comida rápida estadounidense.

## Aplica la destreza

Hallarás más preguntas sobre hacer inferencias en la sección Repaso y evaluación de este capítulo.

# Repaso y evaluación

## Hacer un resumen del capítulo

En una hoja suelta dibuja un diagrama como éste y agrega la información que resume lo que aprendiste en la primera sección de este capítulo. Luego, completa los cuadros que faltan con un resumen de las secciones 2, 3 y 4.

**EUROPA ORIENTAL Y RUSIA**

**Sección 1**
Desde la caída del comunismo, los habitantes de Polonia tienen una nueva vida, sin perder sus tradiciones culturales.

**Sección 2**

**Sección 3**

**Sección 4**

## Repaso de palabras clave

Relaciona las definiciones de la colunma I con las palabras clave de la columna II.

**Columna I**

1. persona que usa su dinero para mejorar una empresa con la esperanza de obtener ganancias

2. sistema que permite a los negocios competir entre sí para obtener ganancias sin un control excesivo del gobierno

3. devolución de empresas del gobierno al sector privado

4. organización internacional que trabaja para obtener paz y cooperación en todo el mundo

**Columna II**

a. libre empresa
b. Naciones Unidas
c. privatización
d. inversionista

## Repaso de ideas principales

1. ¿Qué factores de la vida en Polonia no han cambiado? (Sección 1)

2. ¿Qué fuerzas han cambiado la vida en las ciudades y regiones rurales de Polonia? (Sección 1)

3. ¿Qué conflictos ocasionaron la separación de Yugoslavia? (Sección 2)

4. ¿Cuáles son las semejanzas entre bosnios, croatas y servios en la región de los Balcanes? ¿Cuáles son las diferencias? (Sección 2)

5. ¿Cómo afectó la geografía la historia de Checoslovaquia? (Sección 2)

6. ¿Qué desafíos han enfrentado los habitantes de la República Checa al adoptar el sistema de libre empresa? (Sección 3)

7. ¿Qué diferencias hay entre la vida en Siberia y la vida en Moscú? (Sección 4)

8. ¿Cómo han afectado los sucesos más recientes a los habitantes de Rusia? (Sección 4)

## Actividad de mapa

### Europa oriental

**Escribe la letra que indica la posición de cada lugar en el mapa.**

1. República Checa
2. Polonia
3. Sarajevo
4. Bosnia-Herzegovina
5. Servia y Montenegro
6. Varsovia

 **Búscalo en la RED**

**Enriquecimiento** Para más actividades con mapas y destrezas de geografía, visita la sección de Social Studies en **phschool.com.**

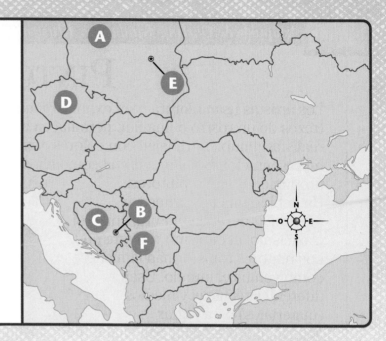

## Actividad de escritura

1. **Usar fuentes primarias** Las naciones trabajan en conjunto para resolver los conflictos de los Balcanes. Visita tu biblioteca escolar o local y consulta fuentes primarias como artículos de periódicos y revistas para obtener más información sobre los sucesos en esa región. Puedes buscar datos en diarios, cartas o autobiografías de personas que han participado en los conflictos. Describe en un bosquejo cómo es la vida de un estudiante, atleta, líder político o un ciudadano común de la región. Usa el bosquejo para presentar a ese personaje a la clase.

2. **Escribir un anuncio** Escribe un anuncio para una tienda de sombreros de Varsovia. En el anuncio, explica por qué es preferible comprar en las nuevas tiendas que en los negocios del antiguo gobierno.

## Aplica tus destrezas

**Pasa a Destrezas para la vida de la página 341 para ayuda en hacer inferencias con la información siguiente.**

1. Por siglos, el Imperio Otomán controló la región de los Balcanes. Los países de esta región se establecieron después de la Primera Guerra Mundial.

2. En el régimen comunista, las industrias de Yugoslavia se concentraban en grandes fábricas cerca de las reservas de recursos naturales. Con la caída del comunismo, Yugoslavia se separó en varias naciones independientes.

## Razonamiento crítico

1. **Hacer comparaciones** Compara la adopción de la libre empresa en la República Checa y en Rusia después de la caída del comunismo. ¿Qué semejanzas y diferencias hay entre ambos países en este cambio?

2. **Identificar el problema** ¿Qué harías para obtener paz duradera en los Balcanes? Explica tu respuesta.

 **Búscalo en la RED**

**Actividad** Lee acerca de la separación de Unión Soviética y de Rusia en la actualidad. Elige la actividad interactiva "Una nación en transición" o "Rusia hoy en día". Visita la sección World Explorer: People, Places, and Culture de **phschool.com** para realizar esta actividad.

**Autoevaluación del Capítulo 18** Como repaso final, resuelve la prueba de autoevaluación del Capítulo 18. Busca la prueba en la sección de Social Studies en **phschool.com.**

# PINTORES

Los artistas usan pintura para expresar ideas. Los pintores pueden capturar los trazos de un rostro o una flor, pero hacen algo más que sólo pintar imágenes realistas: también trabajan con colores, texturas y formas para crear llamativas representaciones del mundo tal como ellos lo ven. Toda cultura de la historia ha producido grandes pintores.

Ha habido muchos grupos, o movimientos, en la pintura, como el clasicismo, el cubismo y el arte pop. Los pintores transforman la manera como vemos el mundo. Usan diferentes técnicas y medios (materiales) para lograr determinados efectos. Sea cual sea el medio o el estilo, la obra de cualquier pintor refleja sus rasgos culturales.

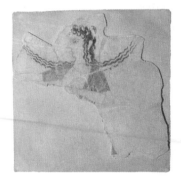

**PRIMEROS PINTORES**
*Los artistas del antiguo Egipto decoraban los muros de las tumbas con escenas de dioses y diosas, cacerías y festines. Los pueblos minoicos de los albores de Grecia pintaban sus casas y palacios con imágenes de bailarinas, aves y flores. Los artistas romanos pintaban dioses y diosas, y escenas de la mitología clásica.*

 ¿Cómo se usa el arte para expresar ideas y creencias en una cultura?

## RENACIMIENTO

Uno de los más grandes periodos de la pintura europea fue el Renacimiento, que alcanzó su cúspide en Italia a principios del siglo XVI. Durante el Renacimiento, los pintores estudiaron perspectiva para desarrollar un estilo más realista al pintar paisajes y retratos.

**MIGUEL ÁNGEL**
*El italiano Michelangelo Buonarroti (1475-1564) es uno de los pintores del Renacimiento más conocidos. Pintó el techo de la Capilla Sixtina del Vaticano en Roma entre 1508 y 1512.*

**PINTORES MEDIEVALES**
*Hasta el siglo XIV, los artistas de Europa y Rusia pintaban temas del cristianismo. Los pintores aplicaban colores vivos y delgadas capas de oro a tableros de madera para los altares o directamente en los muros de las iglesias. Tal estilo podría parecernos plano, pero las imágenes son poderosas y reflejan los profundos sentimientos religiosos de la cultura occidental en esa época.*

**REMBRANDT**
*Al igual que Miguel Ángel, al artista holandés Rembrandt van Rijn (1606-1669) se le conoce ampliamente por su nombre de pila. Los famosos retratos de Rembrandt, como este autorretrato, son poderosos y muy expresivos.*

# MOVIMIENTO ROMÁNTICO

A fines del siglo XVIII y principios del XIX, surgió un nuevo estilo de pintura conocido como movimiento romántico. Los románticos saturaban sus obras de luz y color. Éste es un detalle de una pintura llamada *El columpio* del pintor romántico francés Fragonard (1732-1806).

# IMPRESIONISMO

Los artistas del movimiento impresionista aplicaban pequeñas manchas de color para crear el efecto de luz y sombra que define a los objetos. Entre los artistas del movimiento impresionista están Claude Monet, Camille Pisarro, Pierre Auguste Renoir, Edgard Degas, Mary Cassatt y Alfred Sisley.

MONET
*Claude Monet (1840-1926) fue el líder del movimiento impresionista. Pintó muchos cuadros de su jardín y de la campiña francesa, como El campo de amapolas que se muestra aquí. Vista de cerca, la pintura consiste en muchas pinceladas de diferentes colores. A distancia, las manchas de color se funden para formar un campo de flores rojas.*

PICASSO
*El pintor español Pablo Picasso (1881-1973) fue uno de los artistas más creativos e influyentes del siglo XX. Su inquieta personalidad lo llevó a pintar en muchos estilos distintos en diferentes épocas de su vida. Sus pinturas de personas compuestas de figuras distorsionadas y ángulos abruptos dieron pie al movimiento llamado cubismo.*

MARY CASSATT
*Mary Cassatt (1845-1926) nació en Estados Unidos pero pasó gran parte de su vida en Francia. Al igual que muchos artistas de su época, adoptó el estilo de los impresionistas franceses. Muchas de sus pinturas muestran la vida cotidiana de mujeres, a menudo con sus hijos. Esta pintura se intitula Madre a punto de bañar a su soñoliento hijo, 1880.*

# Bienvenidos a

# África

**GOBIERNO**

**Sé testigo de la elección de un nuevo presidente.**

**CULTURA**

*Escucha relatos del pasado...*

**CIVISMO**

**Lucha por la igualdad de derechos en Sudáfrica...**

# ¿Qué quieres aprender?

ECONOMÍA

## Cuida cultivos en una granja de Tanzania...

HISTORIA

## Explora las ruinas de la gran Zimbabwe...

CIENCIA, TECNOLOGÍA Y SOCIEDAD

## Explora modernos métodos de agricultura...

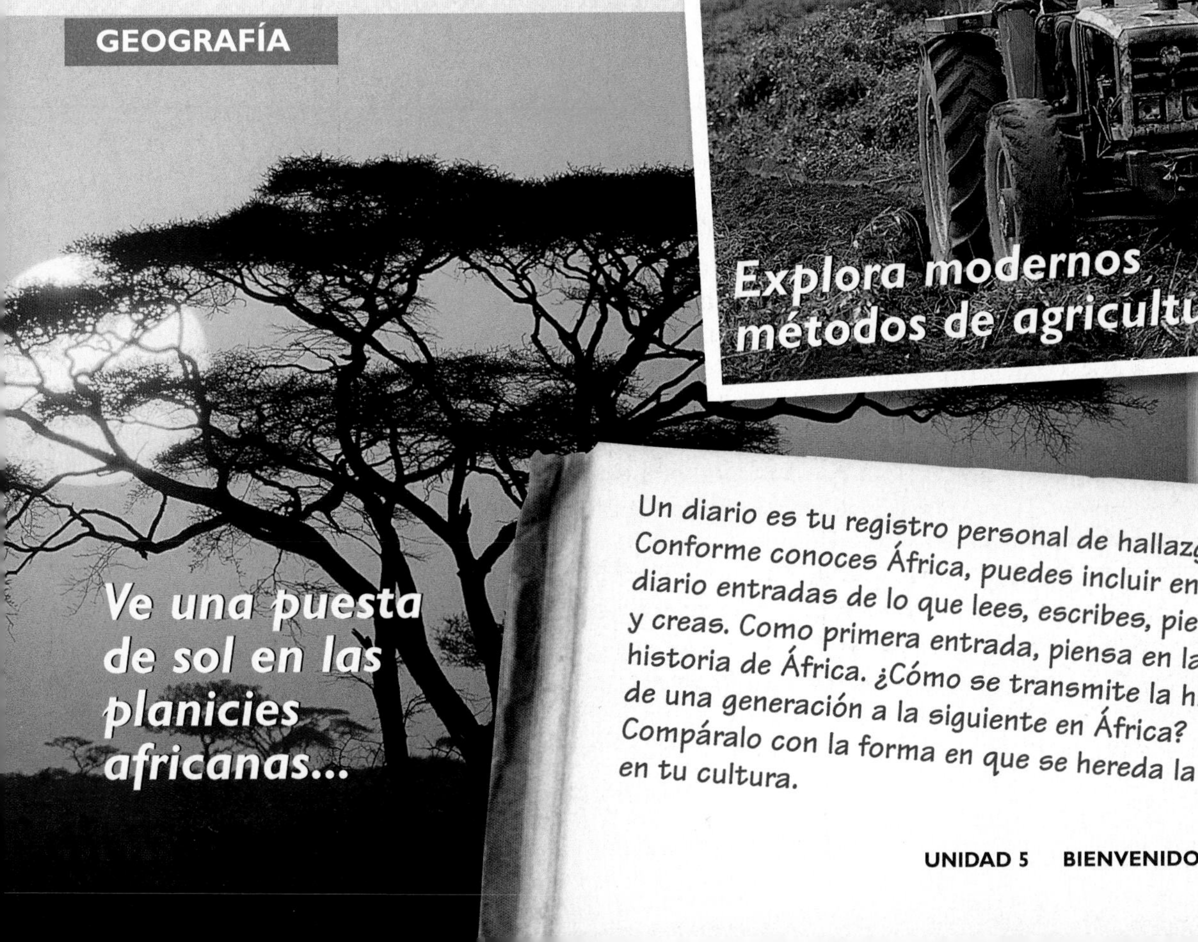

GEOGRAFÍA

## Ve una puesta de sol en las planicies africanas...

Un diario es tu registro personal de hallazgos. Conforme conoces África, puedes incluir en tu diario entradas de lo que lees, escribes, piensas y creas. Como primera entrada, piensa en la historia de África. ¿Cómo se transmite la historia de una generación a la siguiente en África? Compáralo con la forma en que se hereda la historia en tu cultura.

DIARIO DEL EXPLORADOR

# Preguntas guía
## ¿Qué preguntas debo hacer para comprender a África?

**P**reguntar es una buena forma de aprender. Piensa qué información querrías tener si visitaras un nuevo lugar, y qué preguntas harías. Las preguntas de estas páginas pueden guiar tu estudio de África. ¡Haz otras preguntas por tu cuenta!

## GEOGRAFÍA

Las culturas africanas han sido moldeadas por la necesidad de sobrevivir en el planeta. Este gran continente tiene ciudades abigarradas, cafetales en las montañas y praderas donde galopan cebras. La geografía africana presenta barreras al movimiento, como extensos desiertos y espesas selvas. No obstante, los africanos han descubierto formas de superar esas barreras.

**❶ ¿Cómo ha influido la geografía en el desarrollo de las sociedades en África?**

## HISTORIA

En África nacieron algunas de las civilizaciones más antiguas del mundo. Los primeros africanos comerciaban fuera de sus fronteras y el mundo exterior poco sabía del continente. Con mitos, poemas y relatos, los africanos transmitieron su historia sobre grandes reinos, costumbres familiares y sabiduría humana. Estos relatos moldean su sentido actual de identidad.

**❷ ¿Cómo ha influido su historia en los africanos?**

## CULTURA

Una cultura es un grupo de personas con las mismas creencias y costumbres. No hay una sola "cultura" africana porque África tiene cientos de culturas. Algunas se aislaron, creando tradiciones únicas, pero en la mayoría las ideas, costumbres e inventos se difundieron alterándose al pasar de una región a otra.

**❸ ¿Qué diferencias hay entre las muchas culturas de África según la región?**

## GOBIERNO

En la historia de África hubo poderosos reinos, imperios y naciones, pero hasta la época moderna los africanos se gobernaban en clanes pequeños, aldeas o pueblos. Hoy, muchos gobiernos nacionales africanos otorgan a sus ciudadanos libertades al estilo de Estados Unidos, como el derecho a votar, la libertad de culto y el derecho a escoger dónde vivir y trabajar.

**4 ¿Qué diferencias y similitudes hay entre los gobiernos africanos y el de Estados Unidos?**

## ECONOMÍA

Durante generaciones, muchos africanos han cultivado la tierra y criado ganado, tanto para consumo como para venta. Sin embargo, su economía se está industrializando. La gente trabaja en fábricas, restaurantes, carreteras y otros lugares. La demanda mundial de productos africanos —petróleo, oro, café y cacao— da empleo a millones de trabajadores.

**5 ¿Cómo se ganan la vida los africanos?**

## CIVISMO

El civismo adopta diferentes formas en las regiones de África. Los ciudadanos tienen distintas funciones y obligaciones, y participan de diversas formas en el proceso político. En algunos países, los ciudadanos han luchado arduamente por participar en el proceso político de su gobierno, pero en otros se han valido de métodos diferentes para lograr cambios.

**6 ¿Cómo han luchado los africanos para participar en los procesos políticos de sus gobiernos?**

## CIENCIA, TECNOLOGÍA Y SOCIEDAD

La economía africana se basa en la agricultura y la ganadería. Las innovaciones científicas en agricultura y los adelantos tecnológicos han elevado el grado de industrialización y la economía de algunos países africanos ha comenzado a mejorar.

**7 ¿Cómo ha influido el relativo aislamiento de África del resto del mundo en el uso de la ciencia y la tecnología?**

 **Búscalo en la RED**

Para más información sobre África visita el sitio World Explorer: People, Places and Cultures en **phschool.com**.

# ATLAS PARA ACTIVIDADES

# África

Para aprender acerca de África hay que ser explorador y geógrafo. Por ello necesitas comprobar ciertos hechos. Comienza por explorar los mapas de África en las páginas que siguen.

## Ubicación relativa

ESTADOS UNIDOS

OCÉANO ATLÁNTICO

trópico de Cáncer

ÁFRICA

ecuador

N O E S

trópico de Capricornio

## Tamaño relativo

ESTADOS UNIDOS

ÁFRICA

## 1. UBICACIÓN

**Explora la ubicación de África**

Una de las primeras cosas que un geógrafo pregunta acerca de un lugar es: "¿Dónde está?". Usa el mapa para describir la ubicación de África en relación con Estados Unidos. ¿Qué océano yace entre África y Estados Unidos? Observa que el ecuador atraviesa África. ¿Qué papel podría desempeñar el ecuador sobre el clima de los países cercanos a él? ¿Qué diferencias crees que haya entre los climas de Estados Unidos y los de África?

## 2. REGIONES

**Explora el tamaño de África**

¿Qué tan grande es África en comparación con Estados Unidos? En una hoja suelta, copia el mapa de Estados Unidos y recórtalo. ¿Cuántas veces cabe dentro del mapa de África?

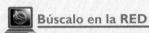 Búscalo en la RED

Los elementos marcados con este logotipo se actualizan periódicamente en la Internet. Visita **phschool.com** para obtener información actualizada de la geografía de África.

# África: división política

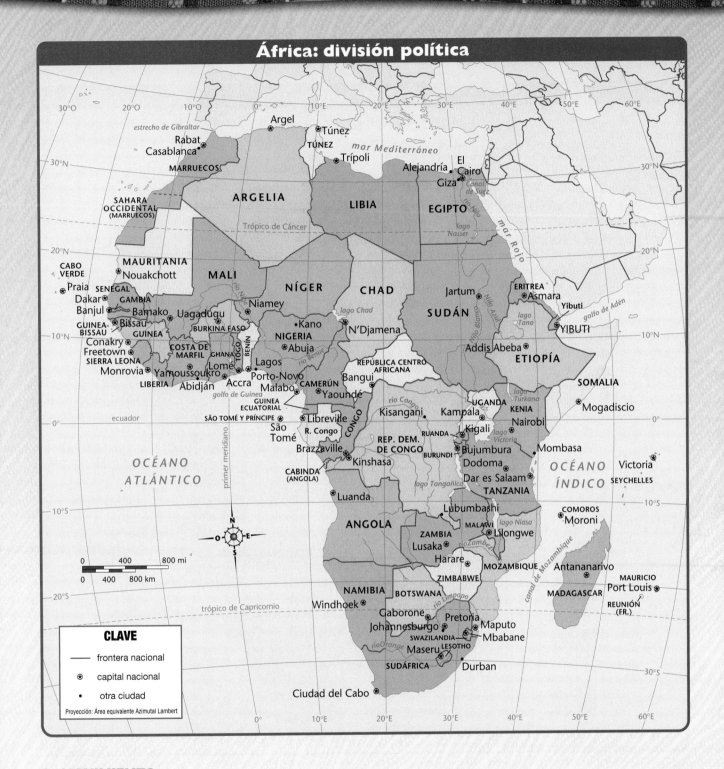

## 3. MOVIMIENTO

**Explora la influencia de la geografía en la economía** Quince naciones africanas carecen de salida al mar. Señálalas en el mapa y haz una lista. Los países sin salida al mar suelen ser pobres. ¿Cómo crees que la falta de una salida al mar afecte la economía de una nación?

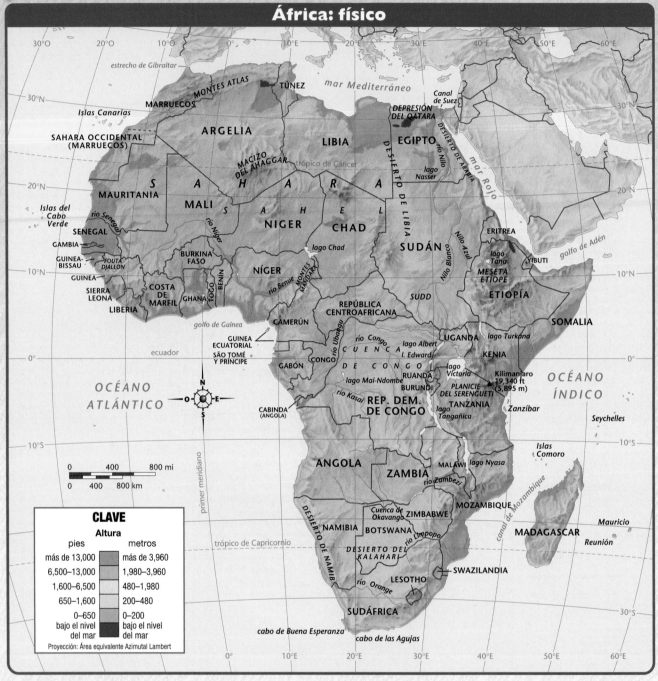

## África: físico

**CLAVE**

**Altura**

| pies | metros |
|------|--------|
| más de 13,000 | más de 3,960 |
| 6,500–13,000 | 1,980–3,960 |
| 1,600–6,500 | 480–1,980 |
| 650–1,600 | 200–480 |
| 0–650 | 0–200 |
| bajo el nivel del mar | bajo el nivel del mar |

Proyección: Área equivalente Azimutal Lambert

**4. LUGAR**

**Describe las características físicas de África** Localiza África del Sur en este mapa. Se extiende al sur de 10 °S. Empinados acantilados se levantan de las estrechas planicies costeras, donde las áreas verde oscuro cambian a verde claro. Sigue esos acantilados hacia el norte con el dedo. Dentro de esta línea de acantilados, ¿cómo describirías las características físicas del interior de África del Sur?

## 5. REGIONES

**Identifica los rasgos físicos de África** Una amiga aventurera se ha ido en avión a África, pero a nadie le ha dicho a dónde va. Ella te envía pistas. Usa los mapas de las páginas 351, 352 y 353 para descubrir su paradero.

**A.** Aterricé en una ciudad de Etiopía. Está en una región de pastos crecidos y pocos árboles. La ciudad está cerca de 10 °N y 40 °E. ¿En qué ciudad estoy?

**B.** El área circundante tiene vegetación mediterránea, ¡pero estoy lejos del mar Mediterráneo! Estoy volando sobre una ciudad en una planicie costera muy angosta. Cerca hay empinados acantilados. ¿Qué ciudad está allá abajo?

**C.** Hoy volé sobre selvas a lo largo del ecuador. Más al norte, las selvas se transforman en una sabana. Estoy en una ciudad al norte de donde el río Benue se une al río Níger. ¿En dónde estoy?

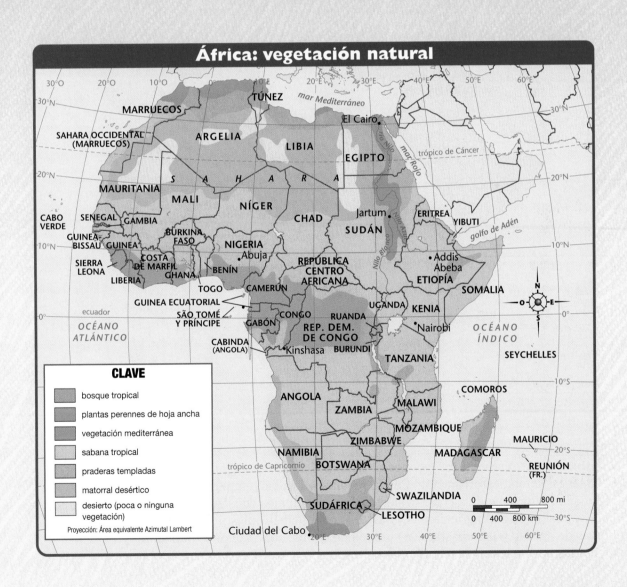

### África: vegetación natural

**CLAVE**

- bosque tropical
- plantas perennes de hoja ancha
- vegetación mediterránea
- sabana tropical
- praderas templadas
- matorral desértico
- desierto (poca o ninguna vegetación)

Proyección: Área equivalente Azimutal Lambert

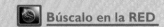
Búscalo en la RED

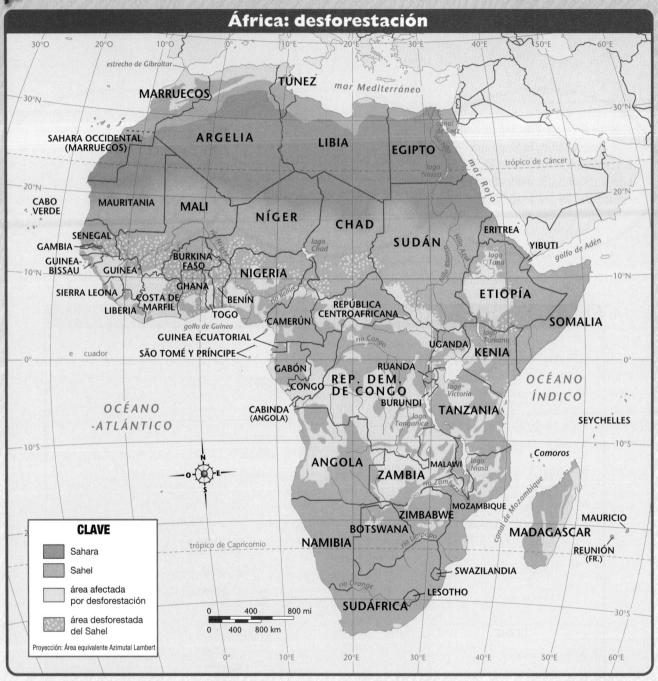

## África: desforestación

**CLAVE**

- Sahara
- Sahel
- área afectada por desforestación
- área desforestada del Sahel

Proyección: Área equivalente Azimutal Lambert

(Map labels)

estrecho de Gibraltar · mar Mediterráneo · MARRUECOS · TÚNEZ · SAHARA OCCIDENTAL (MARRUECOS) · ARGELIA · LIBIA · EGIPTO · canal de Suez · río Nilo · trópico de Cáncer · lago Nasser · mar Rojo · CABO VERDE · MAURITANIA · MALI · NÍGER · CHAD · SUDÁN · ERITREA · YIBUTI · golfo de Adén · lago Chad · SENEGAL · GAMBIA · GUINEA-BISSAU · GUINEA · BURKINA FASO · río Níger · NIGERIA · Nilo Azul · Nilo Blanco · lago Tana · SIERRA LEONA · GHANA · COSTA DE MARFIL · BENÍN · río Benué · REPÚBLICA CENTROAFRICANA · ETIOPÍA · SOMALIA · LIBERIA · TOGO · golfo de Guinea · CAMERÚN · río Congo · lago Turkana · GUINEA ECUATORIAL · SÃO TOMÉ Y PRÍNCIPE · ecuador · GABÓN · CONGO · UGANDA · KENIA · RUANDA · REP. DEM. DE CONGO · lago Victoria · BURUNDI · OCÉANO ÍNDICO · OCÉANO ATLÁNTICO · CABINDA (ANGOLA) · lago Tanganica · TANZANIA · SEYCHELLES · Comoros · ANGOLA · MALAWI · lago Niasa · ZAMBIA · río Zambeze · canal de Mozambique · MOZAMBIQUE · MAURICIO · ZIMBABWE · MADAGASCAR · BOTSWANA · río Limpopo · NAMIBIA · REUNIÓN (FR.) · trópico de Capricornio · SWAZILANDIA · río Orange · LESOTHO · SUDÁFRICA

0  400  800 mi
0  400  800 km

## 6. INTERACCIÓN ENTRE EL SER HUMANO Y EL MEDIO AMBIENTE

**Explora los efectos de los procesos físicos** La pérdida de árboles y bosques se llama desforestación. Causa sequías, eleva las temperaturas, reduce la fauna y ayuda a crear desiertos. Los principales causantes de la desforestación son agricultores y pastores que talan árboles para crear tierras de cultivo y para pastar. En el mapa de arriba, ¿qué regiones han sido afectadas por la desforestación? ¿Cómo lo sabes?

# Lo más profundo, lo más grande, lo más alto y lo más largo de África...

## LOS LAGOS MÁS PROFUNDOS

**lago Victoria**
área 26,828 mi²
profundidad
270 pies

**lago Chad** (estación húmeda)
área 10,000 mi²
profundidad 25 pies

**lago Turkana**
área 2471 mi²
profundidad
240 pies

**lago Michigan**
(EE. UU.)
área 22.300 mi²
profundidad 923 pies

**lago Chad** (estación seca)
área 4,000 mi²
profundidad 25 pies

**lago Malawi**
área 11,430 mi²
profundidad 2,310 pies

**lago Tangañica**
área 12,750 mi²
profundidad 3465 pies

## LOS DESIERTOS MÁS EXTENSOS

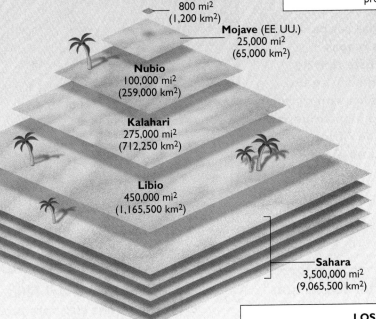

**Namib**
800 mi²
(1,200 km²)

**Mojave** (EE. UU.)
25,000 mi²
(65,000 km²)

**Nubio**
100,000 mi²
(259,000 km²)

**Kalahari**
275,000 mi²
(712,250 km²)

**Libio**
450,000 mi²
(1,165,500 km²)

**Sahara**
3,500,000 mi²
(9,065,500 km²)

## 7. LUGAR

**Compara características físicas** Estudia los diagramas de esta página. Usa los mapas de este Atlas para actividades para localizar los rasgos africanos que se muestran. ¿Qué parte de África —norte, sur, oriental, occidental o central— tiene (a) la montaña más alta; (b) el río más largo; (c) el lago más profundo; (d) el desierto más extenso?

Búscalo en la RED

## LOS RÍOS MÁS LARGOS

**Orange** 1,350 mi (2,173 km)

**Zambezi** 2,200 mi (3,540 km)

**Mississippi** (EE. UU.) 2,350 mi (3,780 km)

**Níger** 2,600 mi (4,180 km)

**Congo** 2,720 mi (4,375 km)

**Nilo** 4,000 mi (6,437 km)

0    1,000    2,000    3,000    4,000 millas

## LAS MONTAÑAS MÁS ALTAS

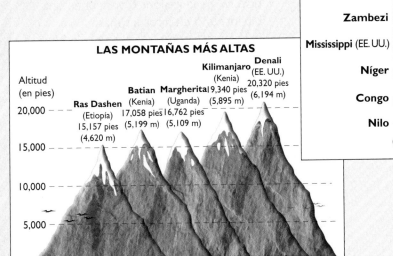

Altitud
(en pies)

**Ras Dashen**
(Etiopía)
15,157 pies
(4,620 m)

**Batian**
(Kenia)
17,058 pies
(5,199 m)

**Margherita**
(Uganda)
16,762 pies
(5,109 m)

**Kilimanjaro**
(Kenia)
19,340 pies
(5,895 m)

**Denali**
(EE. UU.)
20,320 pies
(6,194 m)

20,000

15,000

10,000

5,000

# ÁFRICA:
# Geografía física

## El valle del río Nilo

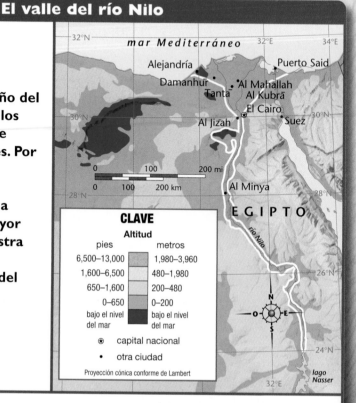

## USAR MAPAS

Debido al tamaño del área que cubren, los mapamundis no siempre detallan todas sus partes. Por eso usamos mapas regionales. Este tipo de mapas se enfocan en una parte específica con mayor detalle. Este mapa muestra una región de África conocida como el valle del Nilo.

**CLAVE**

**Altitud**

| pies | metros |
|---|---|
| 6,500–13,000 | 1,980–3,960 |
| 1,600–6,500 | 480–1,980 |
| 650–1,600 | 200–480 |
| 0–650 | 0–200 |
| bajo el nivel del mar | bajo el nivel del mar |

⊛ capital nacional

• otra ciudad

Proyección cónica conforme de Lambert

### Comprender los mapas regionales

Una región es una zona de la tierra que comparte características comunes. ¿Qué región muestra este mapa? ¿Qué define a la región? ¿Qué tipo de accidentes geográficos hay a ambos lados del valle del Nilo? ¿Dónde está la mayoría de las ciudades del valle del Nilo? ¿Por qué sería importante el Nilo para los habitantes de Egipto?

### Explorar el valle del Nilo

¿De qué te serviría este mapa para estudiar las formas de vida de la región? ¿Cómo te ayudaría a comprender la historia de la región? Consulta en una biblioteca o en Internet más información sobre el valle del río Nilo. Describe en un informe breve cómo ha influido el río Nilo en la vida de los habitantes de la región.

## SECCIÓN 1

# África
## Características físicas

## ANTES DE LEER

### ENFOQUE DE LECTURA

1. ¿Cuáles son las cuatro regiones de África y qué diferencias geográficas hay entre ellas?
2. ¿Cuáles son los tres principales accidentes geográficos de África?
3. ¿Qué efecto tienen los ríos africanos en la vida de las personas?

### PALABRAS CLAVE

meseta
altitud
escarpadura
grieta
cataratas
barrera de transportación
cieno
fértil
tributario

### LUGARES CLAVE

Sahara
valle Great Rift
río Nilo
río Congo
río Níger
río Zambezi

### ANOTACIONES

Copia la tabla y mientras lees esta sección, complétala con los nombres de las regiones en las que se encuentran las características físicas.

| Características físicas | Norte | Oeste | Este | Centro/Sur |
|---|---|---|---|---|
| Sahara | | | | |
| Mesetas | | | | |
| valle Great Rift | | | | |
| Río Nilo | | | | |
| Río Congo | | | | |
| Río Níger | | | | |
| Río Zambezi | | | | |

### IDEA PRINCIPAL

África es un enorme continente con una variedad de regiones y características físicas que influyen en la vida y el trabajo de las personas.

## El escenario

África es gigantesca. Es más de tres veces mayor que Estados Unidos y cubre un área de 11,700,000 millas cuadradas (más de 30,000,000 kilómetros cuadrados), es decir, casi una quinta parte de la superficie del planeta. Para cruzar en automóvil la parte más amplia de África a una velocidad de 65 millas (105 kilómetros) por hora sin detenerte por gasolina ni para dormir, tardarías unas 72 horas. Y para viajar de norte a sur necesitarías alrededor de 77 horas.

## La geografía contrastante de África

África puede dividirse en cuatro regiones: (1) Norte, (2) Oeste, (3) Este y (4) Centro/Sur. En cada región hay diferentes tipos de clima y características geográficas.

El norte de África se caracteriza por sus montañas rocosas. En él también se encuentra el desierto más grande del mundo, el **Sahara**, que es casi del mismo tamaño que Estados Unidos.

### La vida en el Sahara

**GEOGRAFÍA** El Sahara cubre alrededor de 3 1/2 millones de millas cuadradas (9 millones de kilómetros cuadrados), pero tiene una población de menos de 2 millones de personas. **Razonamiento crítico** ¿Qué dificultades enfrentan los habitantes del Sahara?

África occidental, la región más poblada de África, está cubierta de pastizales y suelos buenos para la agricultura.

África oriental cuenta con montañas y **mesetas**, que son grandes áreas elevadas de terreno plano. En esta zona también hay colinas y pastizales.

Gran parte del sur de África está cubierta por pastizales de pendiente suave, pero también hay densas selvas, montañas y pantanos. El desierto de Namib en Namibia y el desierto de Kalahari en Botswana se encuentran en esta región.

## Principales accidentes geográficos de África

África puede describirse como un pastel boca abajo. Si cortaras una rebanada de este a oeste, verías que gran parte del continente es una meseta con lados empinados en las costas.

**Mesetas**   Muchos llaman a África "el continente de las mesetas" porque hay muchas zonas planas de mayor altura que el terreno que las rodea. La **altitud** es la altura de la tierra sobre el nivel del mar.

Aunque en las cuatro regiones de África hay montañas, las más altas se localizan en la parte este. El monte Kilimanjaro es la montaña más alta de África con sus 19,341 pies (5,895 m) de altura.

**Planicies costeras**   Las costas de África se extienden sobre una franja de tierras planas, por lo general secas y arenosas, con algunas partes húmedas y pantanosas. En la ciudad de Accra, en Ghana, la franja

### Planicies de la costa de África

**ECONOMÍA**   Las planicies de África se encuentran en sus costas, como ésta en Cabo Costa, Ghana.
**Razonamiento crítico** Observa la foto. ¿Cómo se ganan la vida los habitantes de las planicies costeras?

costera sólo tiene 16 millas (25 kilómetros) de ancho y termina en una **escarpadura**, o risco empinado con una altura equivalente a un edificio de 100 pisos.

**El Gran Valle de Fisura**   El monte Kilimanjaro se localiza en el borde del **valle Great Rift**, en África oriental. Este valle se formó hace millones de años, cuando los continentes se separaron. Una **grieta o fisura** es una trinchera profunda. La grieta que separa a África oriental del resto del continente mide unas 4,000 millas (6,400 kilómetros) de largo. Casi todos los lagos importantes de África se encuentran en el valle Great Rift o cerca de él.

## Los ríos de África

Cuatro grandes ríos llevan el agua de las montañas de África hasta el mar. Estos son el **Nilo**, el **Congo**, el **Níger** y el **Zambezi**. Por lo general, estos ríos permiten la navegación, pero en algunas partes tienen **cataratas**, que son grandes caídas de agua. Las cataratas son **barreras de transportación** porque hacen imposible la navegación del interior de África hacia los mares que la rodean. Las barreras de transportación son características físicas que impiden el tránsito de bienes y personas de una región a otra.

**El río Nilo**   El río Nilo es el más largo del mundo, con una extensión de más de 4,000 millas (6,400 kilómetros), más de la anchura de Estados Unidos. Este río se origina en dos fuentes: el Nilo Blanco en Uganda y el Nilo Azul en las tierras altas de Etiopía. Luego fluye hacia el norte, hasta el mar Mediterráneo.

Los habitantes de la región han sembrado en las riberas del Nilo desde hace miles de años. En el pasado, el Nilo inundaba la región de manera periódica. Los agricultores empezaron a sembrar con el ciclo del río. Las inundaciones proveían de agua para las cosechas y dejaban una capa de **cieno**, formado por fragmentos de rocas y tierra arrastrados por el agua desde el fondo. El cieno hace más **fértil** el suelo, ya que contiene las sustancias que necesitan las plantas para crecer.

En 1960, el gobierno de Egipto empezó a construir la presa Aswan High para controlar el flujo del Nilo. Con esta presa se formó el lago Nasser, cuyas aguas se usan para el riego de cultivos en el desierto y para producir electricidad.

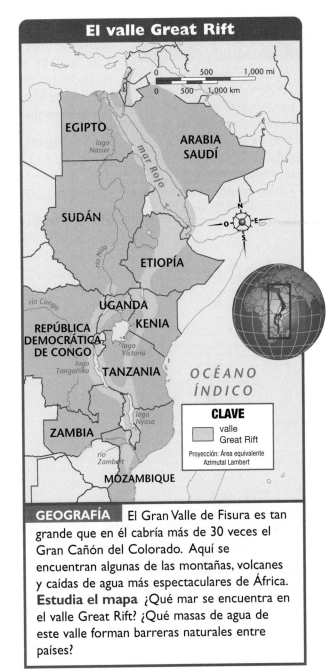

**El valle Great Rift**

**GEOGRAFÍA**   El Gran Valle de Fisura es tan grande que en él cabría más de 30 veces el Gran Cañón del Colorado. Aquí se encuentran algunas de las montañas, volcanes y caídas de agua más espectaculares de África. **Estudia el mapa** ¿Qué mar se encuentra en el valle Great Rift? ¿Qué masas de agua de este valle forman barreras naturales entre países?

**Un río sin delta** La corriente del río Congo es tan fuerte que no desemboca en el mar al nivel de la tierra (en un delta), sino que ha formado un cañón submarino de más de 125 millas (200 km) de largo.

**El río Congo**   El río Congo recorre la selva tropical del Congo, en África central. Con 2,900 millas (4,677 km), el Congo es el segundo río más largo de África. Lo alimentan cientos de **tributarios**, o pequeños ríos o corrientes que confluyen en un río más grande. En esta región, se cultivan granos y camote dulce, planta parecida a la patata. En el Congo también se puede pescar, y se usan trampas de mimbre.

**El río Níger**   El río Níger, el tercer río africano más largo, inicia su recorrido en Guinea, país de África occidental. Corre hacia el norte y dobla hacia el sur, recorriendo 2,600 millas (4,180 km). El Níger suministra agua a las granjas de la ribera y los pueblos viven de la pesca.

**El río Zambezi**   Es el cuarto río más largo de África. El Zambezi está al sur de África. Recorre y conforma las fronteras de seis países: Angola, Zambia, Namibia, Botswana, Zimbabwe y Mozambique. El Zambezi mide 2,200 millas (3,540 km) de largo. Su gran corriente  sirve para generar electricidad. Casi a la mitad de su desembocadura en el océano Índico, el Zambezi se sumerge en un cañón y forma las cataratas Victoria. El nombre africano de estas cataratas es "humo estruendoso". La gente puede ver la niebla y el rocío desde una distancia de 40 millas.

## EVALUACIÓN DE LA SECCIÓN 1

**DESPUÉS DE LEER**

### RECORDAR
**1.** Identifica: (a) Sahara, (b) valle Great Rift, (c) río Nilo, (d) río Congo, (e) río Níger, (f) río Zambezi

**2.** Define: (a) meseta, (b) altitud, (c) grieta, (d) catarata, (e) cieno, (f) barrera de transportación, (g) fértil, (h) tributario

### COMPRENSIÓN
**3.** Describe una característica geográfica de cada una de las cuatro regiones de África.

**4.** ¿Por qué a África se le llama "el continente de las mesetas"?

**5.** ¿Qué usos tienen los ríos de África? ¿Por qué los ríos son difíciles de usar?

### RAZONAMIENTO CRÍTICO Y ESCRITURA
**6. Explorar la idea principal** Repasa la idea principal al inicio de esta sección. Luego, elige tres accidentes geográficos de África que te gustaría visitar. Explica por qué quieres conocerlos y lo que harías en ellos.

**7. Sacar conclusiones** La mayor parte de la población del norte de África vive al norte del Sahara, cerca del mar Mediterráneo. Si el Sahara fuera una región de pastizales, ¿cambiaría el lugar de residencia de estas personas? Explica tu respuesta.

### ACTIVIDAD
**8. Escribir un diario de viaje** Imagina que recorres las cuatro regiones de África y anotas en un diario tus aventuras. Escribe una entrada para cada región describiendo el lugar en que te encuentras y lo que ves.

# Los seres humanos y el ambiente físico

### ENFOQUE DE LECTURA

1. ¿Qué características físicas influyen en el clima de África?
2. ¿Cómo se han adaptado los habitantes de África a las condiciones del medio ambiente?

### PALABRAS CLAVE

regar        sabana

oasis        nómada

### IDEA PRINCIPAL

Cada región climática de África tiene sus propios patrones y características físicas, las cuales influyen en la vida de las personas.

### ANOTACIONES

Copia la tabla y mientras lees esta sección complétala con datos sobre las características físicas de África y las formas en que las personas se han adaptado al ambiente.

| | Bosque tropical | Sabana | Desierto |
|---|---|---|---|
| Características físicas | | | |
| Formas de adaptación | | | |

## El escenario

Visualiza el continente africano, con todas sus características físicas: montañas, mesetas, ríos, bosques, pastizales y desiertos. Ahora visualiza a la gente que vive y trabaja en esos lugares. Todos deben adaptarse a las condiciones de vida y trabajo para aprovechar mejor las características físicas del medio ambiente.

## Características físicas y clima

Observa el mapa de la página siguiente. Busca el trópico de Cáncer y el trópico de Capricornio. Gran parte de África se encuentra entre estas líneas de latitud, lo cual significa que el continente está en una región de clima tropical. El ecuador cruza África por la mitad, por eso estas regiones son cálidas.

Pero la cercanía al ecuador no es la única influencia en el clima. Éste también depende de las masas de agua. Los principales accidentes geográficos y la altitud también influyen en el clima.

**La vida cerca del ecuador**  La posición de un lugar en relación con el ecuador influye en las estaciones del año. Al norte del ecuador, el invierno y el verano ocurren al mismo tiempo

### Cómo se adaptan las personas

**GEOGRAFÍA**  Durante la época de lluvias en Botswana, las inundaciones del río Okavango son frecuentes, como aquí se ve. **Razonamiento crítico** ¿Cómo influye el clima en la forma de vida de la región donde vives?

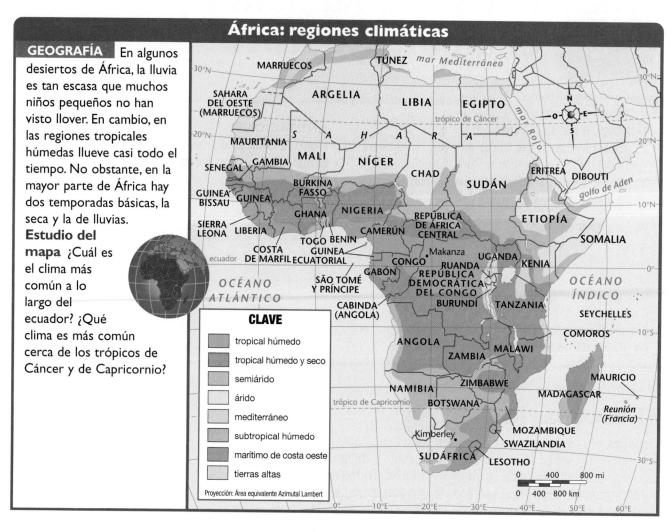

En algunos desiertos de África, la lluvia es tan escasa que muchos niños pequeños no han visto llover. En cambio, en las regiones tropicales húmedas llueve casi todo el tiempo. No obstante, en la mayor parte de África hay dos temporadas básicas, la seca y la de lluvias.

**Estudio del mapa** ¿Cuál es el clima más común a lo largo del ecuador? ¿Qué clima es más común cerca de los trópicos de Cáncer y de Capricornio?

**CLAVE**

- tropical húmedo
- tropical húmedo y seco
- semiárido
- árido
- mediterráneo
- subtropical húmedo
- marítimo de costa oeste
- tierras altas

Proyección: Área equivalente Azimutal Lambert

que en Estados Unidos. Al sur del ecuador, las estaciones están invertidas y el invierno inicia en junio.

**El clima y la agricultura** La altitud o altura sobre el nivel del mar también influye en el clima. A mayor altura, el clima es más frío. Aunque Etiopía y Somalia están a la misma distancia del ecuador, ambos tienen climas diferentes. Etiopía se encuentra en una meseta muy alta, donde el clima es templado y llueve mucho. Por eso en este país pueden cultivarse diversos productos como plátanos, café, dátiles y avena. Como en Etiopía la lluvia es abundante, no es necesario usar sistemas artificiales para **regar**.

Somalia se localiza en una zona mucho más baja, donde el clima es caliente y seco. La agricultura sólo es posible cerca de los **oasis**, lugares con manantiales de agua fresca que hacen posible la vida en las regiones con lluvias escasas y que también pueden usarse para riego.

## Adaptarse al terreno

El terreno varía en cada región de África. Los habitantes de las diferentes regiones deben adaptarse a las estaciones del año y a las características geográficas para sobrevivir.

**Bosques tropicales lluviosos** En los bosques tropicales lluviosos llueve casi todo el año. La humedad favorece el desarrollo de muchos árboles, plantas y animales. Aunque esta región era mucho mayor y abarcaba casi toda África central, con el tiempo se han talado muchos árboles para obtener madera o para crear campos agrícolas. Con la pérdida de los árboles, las intensas lluvias se han llevado los nutrientes del suelo.

**Sabana tropical** Gran parte de África, al norte y al sur de los bosques tropicales lluviosos, está cubierta por la **sabana**, una región de pastos altos. El clima de la sabana es tropical, húmedo y seco con dos temporadas básicas: la seca y la de lluvias. En la temporada seca no es posible cultivar nada. Las personas se dedican al comercio, la construcción y a visitar amigos. En la temporada de lluvias, la tierra reverdece y los agricultores la cultivan.

**Los desiertos de África** Más allá de la sabana están los desiertos. Al sur se localizan el de Kalahari y el de Namib. El inmenso desierto del Sahara cubre casi todo el norte de África. Los **nómadas**, personas que viven en el Sahara, viajan de un lugar a otro para ganarse la vida. Algunos son comerciantes, otros son cazadores o recolectores. Sin embargo, la mayoría de ellos se dedican a la cría de ganado. Viajan en busca de agua y alimento para sus cabras, camellos y ovejas.

Al sur, el Sahara limita con una sabana llamada Sahel, una palabra árabe que significa "orilla" o "borde". El Sahel es muy caliente y seco. Sólo recibe de 4 a 8 pulgadas (10 a 20 centímetros) de lluvia al año, lo suficiente para que crezcan arbustos pequeños, pastos bajos y algunos árboles.

**MIENTRAS LEES**

**Supervisa tu lectura**
Imagina un bosque tropical lluvioso. ¿Qué paisajes y sonidos pueden haber en él? ¿Cómo crees que huele?

# EVALUACIÓN DE LA SECCIÓN 2

**DESPUÉS DE LEER**

**RECORDAR**
1. Define: (a) regar, (b) sabana, (c) oasis, (d) nómada

**COMPRENSIÓN**
2. ¿Cómo influyen las características físicas en el clima de África?
3. ¿De qué maneras se han adaptado las personas al clima de cada región de África?

**RAZONAMIENTO CRÍTICO Y ESCRITURA**
4. **Explorar la idea principal** Repasa el concepto de la idea principal al inicio de esta sección. Luego imagina que viajas a varias regiones climáticas de África. Haz una lista de lo que llevarás contigo y explica por qué elegiste esos objetos.

5. **Resumir** Los africanos enfrentan varios problemas ambientales originados por la diversidad de climas. Resume en un párrafo los problemas relacionados con el clima y las soluciones analizadas en esta sección.

**ACTIVIDAD**

 **Búscalo en la RED**

6. **La vida en el desierto** Consulta el sitio en la red y escribe un breve informe sobre cómo se han adaptado las personas y animales a la vida en el Sahara. Visita la sección World Explorer: People, Places, and Cultures en el sitio **phschool.com** para completar esta actividad.

# SECCIÓN 3
# Factores geográficos y recursos naturales

## ANTES DE LEER

### ENFOQUE DE LECTURA
1. ¿Qué recursos agrícolas hay en África?
2. ¿Qué recursos minerales y energéticos hay en África?
3. ¿Cómo se prepara la economía de África para el futuro?

### PALABRAS CLAVE
agricultura de subsistencia
cultivos para la venta

### IDEA PRINCIPAL
Los factores geográficos influyen en el uso de los recursos naturales de África y en los beneficios que éstos aportan.

### ANOTACIONES
Copia la tabla y mientras lees esta sección complétala con información sobre la agricultura y recursos minerales de África.

| Cultivos | Recursos minerales |
|---|---|
| • granos de cacao | • cobre |
| • ñame | • diamantes |
| • | • |
| • | • |

## El escenario

Los factores geográficos como el clima limitan la explotación de los recursos naturales en ciertas regiones de África, mientras que otras son ricas en recursos, especialmente los de tipo mineral.

## Recursos agrícolas

Algunos africanos se dedican a la agricultura porque viven en regiones de suelos fértiles y con mucha lluvia. Sin embargo, muchos otros viven en tierras que es casi imposible cultivar debido a la pobreza del suelo o a la escasez de lluvia.

**Agricultura de subsistencia**   La mayor parte de las tierras en África se usan en la **agricultura de subsistencia**, en la cual se cosecha lo necesario para mantener a las familias y sobra muy poco para la venta. En los países del norte de África como Marruecos, muchos agricultores siembran trigo o cebada. En los oasis del Sahara se producen dátiles y pequeñas cosechas de cebada y trigo. En las secas sabanas tropicales de Burkina Fasso y en Nigeria se cultivan granos. En las regiones con más lluvia suelen producirse vegetales, frutas y tubérculos como ñame y mandioca. En África occidental, el maíz y el arroz son cultivos importantes.

**ECONOMÍA**   El cacao es un recurso natural de Ghana que se exporta en forma de chocolate.
**Razonamiento crítico**
¿Es el cacao un recurso natural importante? Explica tu respuesta.

# La influencia europea y la independencia de África

## ENFOQUE DE LECTURA

1. ¿Qué efecto tuvo el dominio europeo en África?
2. ¿Cómo lograron las naciones africanas su independencia?
3. ¿Qué desafíos enfrentaron los líderes de las naciones africanas después de lograr su independencia?

### PALABRAS CLAVE

colonizar
nacionalismo
panafricanismo
boicoteo

### PERSONAJES Y LUGARES CLAVE

Leopold Sedar Senghor
Kwame Nkrumah

## ANOTACIONES

Copia la tabla y mientras lees esta sección complétala con datos sobre los sucesos ocurridos desde el siglo XV hasta la independencia de África.

| | |
|---|---|
| Siglo XV | |
| Siglo XVI | |
| Siglo XVII | |
| Siglo XVIII | |
| Siglo XIX | |
| Siglo XX | |
| 1920 | |
| 1950–1990 | |

## IDEA PRINCIPAL

Por muchos siglos, los africanos sufrieron la pérdida de su libertad, tierras y muchas de sus tradiciones; aunque muchas naciones africanas lucharon y recuperaron su independencia, han enfrentado los desafíos comunes de gobernarse a sí mismas.

# El escenario

En la isla de Gorée, frente a la costa de Senegal, en África occidental, se halla un edificio, hoy en día un museo llamado Casa de los Esclavos en honor de los millones de africanos llevados como esclavos a América. Muchos africanos pasaron por este edificio. En él se encuentra una entrada que se llama "La puerta sin retorno" desde la cual puede verse el océano y los barcos que transportaban a los esclavos hasta el continente americano.

## Comercio con Europa

El contacto entre Europa y africanos empezó al norte de África cuando los europeos empezaron a comprar oro y sal a cambio de cobre, ropa y semillas para cultivo, como el maíz que habían traído de América.

### La puerta sin retorno

**CULTURA** La puerta sin retorno, donde los barcos esperaban a los esclavos para llevarlos a América.
**Razonamiento crítico** ¿Por qué son importantes los monumentos como éste? ¿Qué representan?

# El comercio de esclavos en el Atlántico

Antes de la llegada de los europeos, la esclavitud ya existía en África. Sin embargo, los esclavos obtenían su libertad después de algunos años. No obstante, los europeos veían a los esclavos como una propiedad y no consideraban liberarlos en el futuro. Por eso empezaron a llevarlos a través del Atlántico a plantaciones y minas de América del Norte y del Sur. Los efectos de la esclavitud fueron desastrosos, en especial para África occidental. Familias y sociedades completas fueron separadas hasta finales del siglo XIX.

# Los efectos de la colonización

Muchos europeos deseaban **colonizar** o gobernar África. Con la finalización del comercio de esclavos, los europeos vieron en los recursos naturales de África una nueva manera de obtener poder y riquezas. Los africanos se resistieron a la colonización, pero varios líderes europeos se unieron y crearon leyes para apropiarse de territorios africanos. Para 1900 gran parte de África había sido colonizada. Aunque no en todas partes se gobernaba igual, en la mayoría de los casos los africanos tenían poca influencia en los gobiernos que controlaban sus regiones.

Los europeos dominaban África y alentaban a los africanos a luchar entre sí. Se habían apoderado de las mejores tierras de cultivo y muchos obligaban a los africanos a trabajar las tierras en condiciones terribles. Las fronteras políticas creadas por los europeos separaron a algunos grupos étnicos y unieron a otros. Esto ocasionó grandes conflictos, algunos de los cuales aún continúan en la actualidad.

# La independencia de África

A finales del siglo XIX muchos africanos soñaban con ser independientes. Mankayi Sontanga creó música con este sueño. Su canción "Bendice, oh señor, esta tierra de África" expresaba el creciente **nacionalismo,** es decir, el sentimiento de orgullo de los africanos hacia su tierra. Los líderes africanos se dieron cuenta que para terminar con el colonialismo necesitaban desarrollar un espíritu de hermandad entre los grupos étnicos africanos.

En 1912 se formó en Sudáfrica un partido político que protestaba la creación de leyes que restringieran los derechos de los habitantes de raza negra. Este partido aún existe con el nombre de Congreso Nacional Africano (ANC, por sus siglas en inglés). En la parte de África occidental dominada por Gran Bretaña varios abogados de raza negra formaron el Congreso Nacional de África occidental, un grupo dedicado a obtener el derecho al voto de los africanos de raza negra.

## El movimiento panafricano

El movimiento conocido como **panafricanismo** se formó en la década de 1920 con la idea de unidad y cooperación entre todos los africanos, vivieran o no en África, con el lema "África para los africanos". Uno de los líderes más importantes del panafricanismo fue **Leopold Sedar Senghor** de Senegal. Senghor, poeta y líder político promovió el estudio de las tradiciones y el orgullo por la cultura entre los africanos. Senghor fue el primer presidente de Senegal cuando éste obtuvo su independencia en 1960.

## El camino a la independencia

Un período clave en la independencia de África fue el de las décadas de 1930 y 1940, cuando África se alió con Gran Bretaña, Francia y Estados Unidos para luchar contra las tropas de Alemania, Italia y Japón, quienes querían invadir gran parte del mundo. Muchos soldados africanos dieron su vida por ayudar a Europa y evitar esta conquista. Al terminar la Segunda Guerra Mundial, los africanos deseaban su libertad y varias naciones europeas decidieron liberarlos en forma pacífica. Ghana, por ejemplo, obtuvo su libertad de Gran Bretaña sin luchar. Argelia, por el contrario, tuvo que luchar para independizarse de Francia.

**Ghana: el pasado y el presente**  En la colonia británica de Costa de Oro, en África occidental, **Kwame Nkrumah** organizó protestas como huelgas y **boicoteos** pacíficos contra el dominio británico en la década de 1950. Un boicoteo es la negativa de usar ciertos productos o servicios. El gobierno británico ordenó el encarcelamiento de Nkrumah, pero las protestas continuaron sin él. Por fin, en 1957, Nkrumah logró su sueño, la independencia de Costa de Oro. La nación adoptó el nombre de Ghana en honor de un reino concluido en el siglo XIII que recuerda la grandeza africana de esa época. Liberado de prisión, Nkrumah se convirtió en el primer presidente de Ghana en 1960.

**Los gambios celebran su independencia**

**HISTORIA** Gambia obtuvo su independencia de Gran Bretaña con elecciones pacíficas en 1965. Estos niños celebran cada año el día de la independencia.
**Razonamiento crítico**
¿En qué se parece esta celebración a la del 4 de julio en Estados Unidos?

## Los desafíos de la independencia

Aunque los nuevos líderes de África habían luchado muchos años por su independencia, tenían poca experiencia para gobernar una nación. Esto ocasionó la inestabilidad de algunos gobiernos de África.

En varios países las fuerzas militares tomaron control del gobierno. Aunque estos gobiernos no siempre son justos porque limitan los derechos de los habitantes y pueden encarcelarlos si protestan, mantuvieron unidos a algunos países donde la guerra amenazaba con dividir a la población.

Otras naciones africanas han vivido ya una larga historia de democracia. En la democracia, los ciudadanos ayudan al gobierno a tomar decisiones. Algunos países usan métodos tradicionales de gobierno. Por ejemplo, en Botswana los debates políticos se realizan en lugares llamados "plazas de la libertad". Estas reuniones al aire libre, como la tradicional kgotla, reúnen a la gente para platicar con sus líderes.

La mayoría de los países africanos tienen menos de 40 años de independencia. En contraste, el estable gobierno democrático de Estados Unidos tiene más de 200 años como tal. Muchos africanos creen que sus gobiernos serán igualmente estables con el tiempo. Un líder africano comentó "dejen que África se tome su tiempo para desarrollar su propia democracia".

# EVALUACIÓN DE LA SECCIÓN 3

## DESPUÉS DE LEER

### RECORDAR
1. Identifica: (a) Leopold Sedar Senghor, (b) Kwame Nkrumah
2. Define: (a) colonizar, (b) nacionalismo, (c) panafricanismo, (d) boicoteo

### COMPRENSIÓN
3. ¿Cómo cambiaron las relaciones entre África y Europa entre los siglos XV y XX?
4. Describe el camino de Ghana hacia su independencia.

5. ¿Qué problemas causaron los gobiernos coloniales a los países africanos después de su independencia?

### RAZONAMIENTO CRÍTICO Y ESCRITURA
6. **Explorar la idea principal** Repasa la idea principal al inicio de esta sección. Luego, describe los desafíos que enfrentaron los países africanos al independizarse.

7. **Apoyar un punto de vista** Escribe un breve discurso sobre el movimiento llamado panafricanismo que promovió la unión africana.

### ACTIVIDAD
8. **Escribir para aprender** Elige un país africano que haya obtenido su independencia después de 1950. Escribe un encabezado y un artículo que pudiera haber aparecido en un diario de esa época.

# Organizar en secuencia y por categorías

## Aprende la destreza

Organizar en secuencia o por categorías te ayudará a comprender lo que lees. Organizar en secuencia es ordenar una serie de sucesos. Organizar por categoría es ordenar en grupos.

**Organizar en secuencia.** Tal vez has observado que en tu libro de texto los sucesos históricos se muestran en el orden en que ocurrieron. Por ejemplo, la guerra contra los colonizadores se muestra antes de la guerra de independencia. Además, es probable que hayas leído los pasos que condujeron a la guerra primero, los sucesos de la guerra después y la independencia al último. Para comprender una secuencia de sucesos, sigue estos pasos:

**A.** Busca las fechas. Para leer una secuencia es importante que incluya fechas. Si falta alguna fecha, lee la información que la precede. Algunos escritores se refieren a varias fechas de un mismo año sin repetir el año.

**B.** Busca palabras clave como día, semana, mes o año. Éstas te ayudarán a comprender la secuencia.

**Organizar por categorías.** Si lees información sobre economía, por ejemplo, verás que los temas se organizan por categorías. Otro ejemplo es una sección de agricultura, seguida por una de minería. Estas también se han organizado por categorías. Cada tema o categoría puede clasificarse a su vez en otros temas o categorías. La sección de minería puede dividirse en extracción de cobre y plata, por ejemplo. Para clasificar por categorías la información que leas, sigue estos pasos:

**A.** Lee la información y decide qué temas incluye. Piensa en el contenido del texto y en las posibles categorías.

**B.** Decide qué categorías usarás. Por ejemplo, si lees un texto sobre África en la antigüedad, puedes crear categorías para alimentos, ropa, joyería y cuchillería.

**C.** Una vez que hayas elegido las categorías, incluye la información en ellas. En alimentos, por ejemplo, incluye sal, aceite, azúcar y granos.

## Practica la destreza

La tabla a continuación menciona varios países de África, en dónde se encuentran y el año en que obtuvieron su independencia. Usa la información para crear otras tablas. Primero incluye los países en un orden particular a tu gusto. Luego organízalos por categorías. Al terminar, compara tu tabla con la tabla del libro. ¿Cuál es más fácil de leer y comprender? ¿De qué te sirvió clasificar en secuencia o por categorías?

| País | Ubicación | Año de independencia |
|------|-----------|----------------------|
| Egipto | África del Norte | 1922 |
| Kenia | África oriental | 1963 |
| Ghana | África occidental | 1957 |
| Somalia | África oriental | 1960 |
| Sudáfrica | África del Sur | 1910 |
| Argelia | África del Norte | 1962 |
| Congo | África central | 1960 |
| Tanzania | África oriental | 1961 |
| Nigeria | África occidental | 1960 |
| Etiopía | África oriental | 1941 |

## Aplica la destreza

Hallarás más preguntas sobre organización en secuencia y por categorías en la sección Repaso y evaluación de este capítulo.

# 20 Repaso y evaluación

## Hacer un resumen del capítulo

**En una hoja suelta dibuja un diagrama como éste y agrega la información que resume la primera sección de este capítulo. Luego, completa los cuadros que faltan con un resumen de las secciones 2 y 3.**

**ÁFRICA**

**Sección I**
En África oriental vivieron los primeros seres humanos de la historia. Fabricaron herramientas de piedra y hierro, y se convirtieron en agricultores y cazadores—recolectores.

**Sección 2**

**Sección 3**

## Repaso de palabras clave

**Relaciona las definiciones de la columna I con las palabras clave de la columna II.**

**Columna I**

**I.** una sociedad con ciudades

**2.** movimiento que promovía la unidad de los africanos

**3.** ciudad autogobernada que controla parte del territorio que la rodea

**4.** persona que recolecta vegetales y caza animales para sobrevivir

**5.** establecerse en un área para gobernarla

**6.** libro sagrado del Islam

**7.** sentimiento de orgullo por su propio país

**8.** gobierno en el que los ciudadanos tienen poder mediante sus representantes

**Columna II**

**a.** cazador—recolector

**b.** nacionalismo

**c.** Corán

**d.** civilización

**e.** panafricanismo

**f.** colonizar

**g.** democracia

**h.** ciudades—estado

## Repaso de ideas principales

**I.** Haz una lista de las formas en que sobrevivían los primeros africanos (Sección I)

**2.** ¿Cómo fueron las primeras civilizaciones africanas? (Sección I)

**3.** ¿Cómo adquirieron poder y riquezas los reinos y ciudades—estado de África? (Sección 2)

**4.** ¿Cómo ayudó el comercio a extender ideas entre culturas y regiones? (Sección 2)

**5.** ¿Cómo cambió con el tiempo la relación entre África y Europa? (Sección 3)

**6.** ¿Qué efectos tuvo en África el comercio de esclavos con América? (Sección 3)

**7.** ¿Qué factores favorecieron la independencia de muchas naciones africanas? (Sección 3)

## Actividad de mapa

### África

**Escribe la letra que indica la posición de cada lugar en el mapa.**

1. Senegal
2. Tombuctú
3. Kilwa
4. Reino de Mali
5. Nubia
6. Aksum

 **Búscalo en la RED**

**Enriquecimiento** Para más actividades con mapas y destrezas de geografía, visita la sección de Social Studies en **phschool.com.**

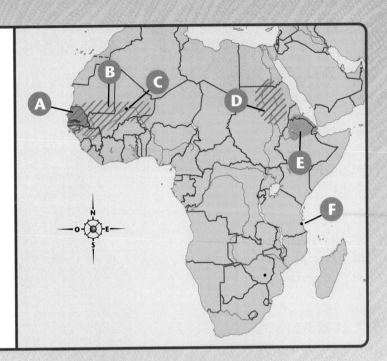

## Actividad de escritura

1. **Escribir un discurso** En el siglo XIX, muchas personas en Estados Unidos rechazaban la esclavitud. Se les llamaba abolicionistas porque querían abolir o terminar con la esclavitud. Imagina que eres un abolicionista del siglo XIX. Usa lo que has aprendido para hacer un discurso que convenza a las personas de que la esclavitud es incorrecta.

2. **Escribir una carta** Hoy es el día de la independencia en tu país. Es una fecha para recordar a quienes pelearon por la libertad. Escribe una carta a tus antepasados en la que les expliques cómo te sientes hoy.

## Aplica tus destrezas

**Pasa a Destrezas para la vida de la página 381 para contestar las siguientes preguntas.**

1. Vuelve a leer las páginas 374 a 376. ¿Cómo se ha organizado la información sobre los reinos africanos, en secuencia o por categorías?

2. Vuelve a leer las páginas 378 a 380. ¿Cómo se ha organizado la información? Explica tu respuesta.

## Razonamiento crítico

1. **Reconocer causa y efecto** Muchos países y ciudades africanas se localizaban en rutas comerciales. ¿Cómo afectó el comercio a la historia de África?

2. **Expresar problemas con claridad** El comercio de esclavos en el Atlántico duró del siglo XVI al siglo XIX. ¿Cómo afectó la esclavitud y la colonización a las culturas africanas?

3. **Sacar conclusiones** ¿Cómo crees que se sienten los africanos después de haber luchado tanto por su libertad? Explica tu respuesta.

 **Búscalo en la RED**

**Actividad** Lee acerca de la historia de África. Elige un tema en particular y haz una presentación sobre lo que aprendiste. Visita la sección World Explorer: People, Places, and Cultures en el sitio **phschool.com** para completar esta actividad.

**Autoevaluación del Capítulo 20** Como repaso final, resuelve la prueba de autoevaluación del Capítulo 20. Busca la prueba en la sección de Social Studies en **phschool.com.**

# ÁFRICA:
# Riqueza cultural

**Los tambores retumban**

# USAR MÚSICA

La música tiene muchos papeles en las culturas africanas: enviar mensajes, contar una historia, organizar el trabajo o una celebración. Difícilmente tocan música por tocarla. Casi siempre la combinan con el baile, el teatro, las palabras, los juegos o las artes visuales.

## Explorar instrumentos musicales

En muchas culturas africanas, los tambores son protagonistas de la música tradicional y la moderna. En la biblioteca o por Internet, investiga sobre los tambores tradicionales africanos y su clasificación. Busca encabezados como arte africano, música africana, e instrumentos africanos.

## Hacer un tambor africano

De la información sobre tambores africanos, elige un modelo de tambor para hacer el tuyo. Infórmate sobre esta clase de tambores. Haz tu tambor con base en esa información. Si puedes, usa materiales similares. Prueba diferentes métodos para ver cómo suena mejor.

# Las culturas de África del Norte

**ANTES DE LEER**

**PREGUNTAS DE ENFOQUE**

1. ¿Qué es cultura?
2. ¿Cuáles son las principales influencias en la cultura de África del Norte?
3. ¿Cómo influyó en las culturas de África del Norte su ubicación en el Mediterráneo?

**PALABRAS CLAVE**
cultura
difusión cultural

**IDEA PRINCIPAL**
La cultura, o forma de vida, en una sociedad es el resultado de la influencia de los distintos grupos étnicos vinculados por la religión y el idioma, entre otros, y de la influencia de las sociedades vecinas.

**ANOTACIONES**
Copia el diagrama y mientras lees esta sección complétalo con las instituciones y características básicas en una sociedad, y que ayudan a definir una cultura.

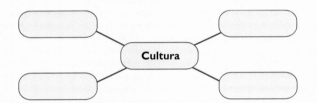

Cultura

# El escenario

Meena, de trece años de edad, vive en la ciudad de Marrakech, en Marruecos, país de África del Norte. Trabaja en una fábrica tejiendo alfombras. Su madre, quien a su vez aprendió el oficio de su madre, le enseñó a tejer alfombras. Las alfombras son muy importantes en la vida marroquí. En ciertos hogares, son más que una cubierta para el piso, se usan como sillas, camas y esterillas para rezar. También son importantes artículos de exportación para el país. Por la tarde, al salir de la fábrica, Meena va a la escuela. Su jornada termina al atardecer, cuando escucha al pregonero que llama desde una cercana mezquita, un centro musulmán de adoración. Los musulmanes se rigen por la religión del Islam. Cuando Meena escucha el llamado, dice su oración en árabe: "No hay más Dios que Alá, y Mahoma es Su profeta."

## ¿Qué es cultura?

Cuando un grupo de personas comparte creencias y costumbres similares, se dice que comparten una **cultura.** La cultura tiene muchos elementos, entre ellos la comida, la ropa, las casas, los empleos y el idioma. Las ideas, la manera de ver al mundo y de practicar una religión también pueden compartirse. Por ejemplo, en algunas culturas la gente se da el tiempo para rezar todos los días. La cultura da forma al comportamiento de las personas.

**Alfombras marroquíes**

**CULTURA** Los tejedores marroquíes hilan sus alfombras con diseños complicados.
**Razonamiento crítico**
¿Por qué las alfombras son tan importantes en la cultura marroquí? ¿En Estados Unidos tenemos tradiciones como ésta?

**Centros comunitarios**

**CULTURA** Casi siempre los musulmanes construyen un espacio grande y vacío en medio de sus mezquitas. ¿Por qué? El espacio sirve para distintas actividades, como la educación.

**Razonamiento crítico** ¿Para qué sirven las construcciones religiosas en tu pueblo o ciudad? ¿Se parecen a ésta?

## Influencias en la cultura

La religión es una parte importante de la cultura de África del Norte. Más del 95 por ciento de los habitantes de esta región practica el Islam y es musulmán. Como los judíos y los cristianos, los musulmanes creen en un dios. En árabe, Dios se dice Alá.

**Influencia del Islam** El libro sagrado del Islam, el Corán, influye en la vida diaria de África del Norte. Como el Tora hebreo y la Biblia cristiana, el Corán es una guía para la vida y no permite mentir, robar ni matar. También prohíbe apostar, comer carne de cerdo y beber alcohol. La ley en África del Norte es islámica y regula la vida familiar, las actividades de negocios y los bancos, así como la forma de gobernar.

**La religión y el idioma unifican al pueblo** En África del Norte, la religión del Islam y el idioma árabe unen a personas de diversos orígenes étnicos y formas de vida. Estas personas viven en una gran región que abarca a Egipto, Libia, Túnez, Argelia y Marruecos, donde la gente tiene distintos orígenes y formas de vida.

Un grupo étnico es un grupo de personas que comparten el idioma, la religión y las tradiciones culturales. La mayoría de los africanos del norte son árabes, aunque en la región también hay otros grupos étnicos. El más importante es el de los beréberes, que habitan principalmente en Argelia y Marruecos. Casi todos los beréberes hablan árabe y beréber. Algunos viven en ciudades, pero casi todos viven en pequeñas aldeas en zonas de montañas escarpadas, gracias al pastoreo y la agricultura.

Los tuareg son un grupo de beréberes que viven en el Sahara y viven del pastoreo de camellos y cabras.

En las grandes ciudades, como El Cairo, Egipto y Túnez, en Tunicia, las personas viven con una mezcla de formas de vida tradicionales y modernas. Hay quienes tejen alfombras o venden canastos. Otros son científicos o venden computadoras en modernas tiendas. Los africanos del norte viven de maneras sumamente distintas, pero casi todos ellos se consideran musulmanes.

## Diseminación de la cultura

Las culturas cambian constantemente conforme las personas y las ideas van de un lugar a otro. Este movimiento de costumbres e ideas se llama **difusión cultural.** La palabra *difusión* significa "diseminar".

África del Norte participa en el proceso de difusión gracias a su ubicación en el Mediterráneo. A lo largo de la historia ha sido un centro de comercio con Europa, Asia y otras partes de África. Incluso las guerras afectaron la cultura cuando un imperio conquistaba a otro. Por lo tanto, los africanos del norte han influido en las culturas de diversos lugares, y se han visto influidos por ellas también.

**Cultura contemporánea de África del Norte**   Una de las influencias más recientes en África del Norte es la cultura occidental. Los africanos están preocupados porque sus países se están volviendo demasiado occidentales. Hay más personas con vestimenta occidental, comprando productos occidentales, viendo películas occidentales y adaptando las ideas occidentales. En todo África, los pueblos enfrentan el reto de conservar las tradiciones que valoran al tiempo en que sus naciones se modernizan.

**MIENTRAS LEES**

**Revisa tu lectura** Si caminaras por una ciudad de África del Norte, ¿qué verías? ¿En qué se diferencia de lo que verías en una ciudad de Estados Unidos?

# EVALUACIÓN DE LA SECCIÓN I

**DESPUÉS DE LEER**

### RECORDAR
1. Define: (a) cultura, (b) difusión cultural

### COMPRENSIÓN
2. ¿Cómo vincula la cultura a las personas?

3. ¿Cómo influye el Islam en la vida cotidiana de África del Norte?

4. ¿De qué ha servido la ubicación de África del Norte para la difusión cultural?

### RAZONAMIENTO CRÍTICO Y ESCRITURA
5. **Explorar la idea principal** Repasa la idea principal al inicio de esta sección. Luego, haz una lista de los lazos comunes entre los habitantes de África del Norte. ¿Cuáles son los lazos comunes en tu cultura?

6. **Comparar y contrastar** Imagina un mapa de Estados Unidos. ¿Qué regiones tienen la influencia de los países vecinos y cuál es esa influencia? ¿En qué se parece a la influencia de otras culturas en África del Norte? Explica tu opinión en un párrafo.

### ACTIVIDAD
7. **Escribir un ensayo** ¿Qué tradiciones de tu cultura crees que vale la pena conservar? Describe las costumbres que más valoras en un ensayo.

# Las culturas de África occidental

## ANTES DE LEER

### ENFOQUE DE LECTURA

**1.** ¿Por qué África occidental tiene una gran variedad de culturas?

**2.** ¿Cuál es la influencia de los vínculos familiares en la cultura de África occidental?

**3.** ¿Cómo influyó la urbanización en las culturas de África occidental?

### PALABRAS CLAVE

diversidad cultural     linaje
parentesco     clan
familia nuclear     griot
familia extendida

### ANOTACIONES

Copia el diagrama y mientras lees esta sección complétalo con información que defina el parentesco.

```
  ┌──────┐            ┌──────┐
  │      │            │      │
  └──────┘            └──────┘
       \              /
        ┌───────────┐
        │Parentesco │
        └───────────┘
       /              \
  ┌──────┐            ┌──────┐
  │      │            │      │
  └──────┘            └──────┘
```

### IDEA PRINCIPAL

Ya que África occidental tiene una gran variedad de culturas y grupos étnicos, sus habitantes no están unidos por una religión ni un idioma común.

**Un mercado en Dakar, Senegal**

**ECONOMÍA**    En este mercado al aire libre de Dakar, Senegal, los clientes compran todo tipo de productos, incluso pescado fresco. Senegal tiene una industria pesquera tan grande que la pesca es su mayor exportación.   **Razonamiento crítico** Además de los pescadores, ¿quién se beneficia con la pesca en Dakar?

## El escenario

Al igual que los habitantes de África del Norte, los de África occidental se consideran parte de varios grupos. Así como tú perteneces a una familia, a un grupo étnico y a un país. La cultura de África occidental es producto de las semejanzas y las diferencias de sus habitantes y su forma de vida. Hay 17 países en esta región, con cientos de grupo étnicos. África occidental es famosa por su **diversidad cultural**; tiene una amplia variedad de culturas.

## Diferencias culturales

Con tantos grupos étnicos en África occidental, cada uno con diferente idioma, casi todos los habitantes aprenden a hablar más de un idioma.

Muchos se comunican en cuatro o cinco idiomas que les sirven para hacer negocios o viajar. Esta capacidad es una forma significativa de unificación en un país con tal diversidad cultural.

## Diferentes formas de ganarse la vida

La vida laboral en África occidental varía, desde pastorear camellos en el Sahara hasta trabajar en un hotel de una gran ciudad. Casi todos los habitantes de la región viven en aldeas rodeadas de granjas agrícolas y cultivos para la venta. Aunque en algunos países, como Costa de Marfil, casi la mitad de la población vive y trabaja en ciudades.

## Lazos culturales

Uno de los lazos más sólidos entre los habitantes de África occidental es el **parentesco,** que se refiere a la relación familiar. El primer nivel de parentesco es la **familia nuclear,** que está formada por los padres y sus hijos. El siguiente nivel es la **familia extendida,** que abarca a todos los demás parientes. La población de África occidental suele vivir con su familia extendida, trabajando en conjunto y atendiéndose entre sí. Esta costumbre se hace evidente en el conocido proverbio africano: "Se necesita un pueblo para criar un hijo."

En muchas zonas rurales, un grupo de familias puede rastrear sus ascendentes hasta llegar a un ancestro común. Un grupo así forma un **linaje.** Varios linajes forman un **clan,** todos con raíces que vienen de un ancestro aún anterior.

## Conservar la cultura

Los lazos familiares son sólidos en África occidental aunque la vida cambie por tanto movimiento de personas de las zonas rurales a las urbes. Esta tendencia, conocida como urbanización, ocurre en África y en todo el mundo. Los jóvenes van a las ciudades en busca de empleo, en tanto las mujeres se quedan en casa para criar a los hijos además de cultivar la tierra. Los hombres regresan a visitarlas y a compartir lo que han ganado.

La población de África occidental se ha adaptado, ha cambiado y ha mantenido sus lazos familiares gracias, en parte, a que transmite su historia, sus valores y tradiciones a sus hijos. Se vale de los relatos, de manera verbal más que escrita. Al relator se le llama **griot** y es quien pasa la tradición oral de una generación a otra.

**MIENTRAS LEES**

**Haz inferencias**
¿Cómo crees que influya la diversidad cultural de África occidental en su pueblo?

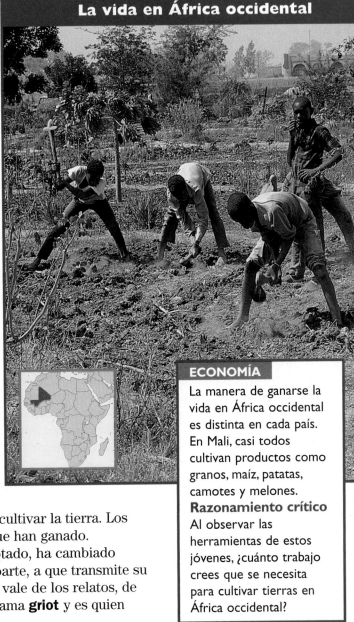

**La vida en África occidental**

**ECONOMÍA**

La manera de ganarse la vida en África occidental es distinta en cada país. En Mali, casi todos cultivan productos como granos, maíz, patatas, camotes y melones.

**Razonamiento crítico**

Al observar las herramientas de estos jóvenes, ¿cuánto trabajo crees que se necesita para cultivar tierras en África occidental?

## Un griot cuenta un cuento

**CULTURA**  Cuando un griot cuenta un relato, puede pasar toda la noche o incluso varios días en ello. Pero eso no afecta a su auditorio, pues suelen ser cuentos de miedo, de risa o emocionantes. Este griot de Costa de Marfil está contando una leyenda de su historia. Como el griot actúa partes de la historia, es fácil para los niños estar muy atentos.  **Razonamiento crítico**  ¿En qué se parece el relato de este griot a los relatos que has escuchado?

## La influencia de la cultura de África occidental

Las tradiciones de África occidental tienen gran influencia en otras culturas, sobre todo en la de Estados Unidos. Los pobladores de África occidental que llegaron como esclavos trajeron sus ideas, relatos, danza, música y costumbres a Estados Unidos. El origen de las historias de *Brer Rabbit*, al igual que el blues y el jazz, está en África occidental. En los últimos años, tres de los ganadores del premio Nobel en literatura han sido africanos. Uno de ellos, Wole Soyinka es originario de Nigeria, en África occidental.

# EVALUACIÓN DE LA SECCIÓN 2

**DESPUÉS DE LEER**

## RECORDAR

1. (a) diversidad cultural, (b) parentesco, (c) familia nuclear, (d) familia extendida, (e) linaje, (f) clan, (g) griot

## COMPRENSIÓN

2. ¿Por qué África occidental es culturalmente variada?

3. Describe la importancia de los lazos familiares para los habitantes de África occidental.

4. ¿De qué manera ha influido la urbanización en la vida de los habitantes de África occidental?

## RAZONAMIENTO CRÍTICO Y ESCRITURA

5. **Explorar la idea principal** Repasa la idea principal al inicio de esta sección. Luego, imagina que vives con tu familia extendida en una pequeña aldea en África occidental. Enumera las semejanzas y las diferencias que guardas con alguien de la próxima aldea.

6. **Sacar conclusiones** ¿En qué contribuyó la familia extendida para desarrollar un sentido de comunidad entre los pueblos

de África occidental? Explica tu respuesta en un párrafo.

## ACTIVIDAD

 **Búscalo en la RED**

7. **Escribir un mito o una fábula** Lee los mitos y fábulas del sitio en la red para escribir tu propio mito o fábula. Visita la sección World Explorer: People, Places, and Cultures de **phschool.com** para realizar esta actividad.

# Las culturas de África oriental

## ANTES DE LEER

1. ¿Cómo influyó la ubicación en el desarrollo de las culturas de África oriental?
2. ¿Qué papel tiene la lengua suajili en las culturas de África oriental?
3. ¿Cómo y por qué están cambiando las ideas sobre tenencia de la tierra en África oriental?

**PALABRAS CLAVE**
plantación

**IDEA PRINCIPAL**
África oriental es una región de gran diversidad cultural donde la migración de personas de otros continentes ha influido en el desarrollo cultural y la sociedad actual.

**ANOTACIONES**
Copia el diagrama y mientras lees esta sección complétalo con información que muestre las características que las culturas de África oriental y África occidental tienen en común.

África oriental — lengua bantú — África occidental

## El escenario

Alemeseged Taddesse Mekonnen es un etíope que trabaja en una pastelería de San Luis, Missouri.

Mekonnen extraña la vida con su tan unida familia en Etiopía. "En casa nos reuníamos para cada comida. Cuando alguien faltaba, esperábamos hasta que llegara", dice. Mekonnen espera regresar algún día a casa. Vive en Estados Unidos, pero su corazón está en Etiopía.

## La ubicación propicia préstamos culturales

Al igual que África occidental, África oriental tiene muchos grupos étnicos con diferentes idiomas. Tan sólo en Etiopía se hablan más de 70 idiomas. La diversidad de África oriental se debe a su ubicación y a que la gente ha migrado a esta región durante al menos 2,000 años, cuando llegaron los pueblos de África occidental que hablaban bantú. Del otro lado del océano Índico, los exploradores de los países árabes, de la India y de China, se establecieron a lo largo de la costa de África oriental.

### Una familia keniata

**CULTURA** Ésta es una familia de Kenia. Reunirse para comer con un solo tazón o plato es una tradición de las familias de África oriental. **Razonamiento crítico** ¿Qué alimentos comen los estadounidenses compartiendo el mismo plato o tazón? ¿Por qué?

## Mezcla de culturas

A lo largo de las costas de África, desde Somalia hasta Mozambique, viven africanos que han mezclado sus orígenes africanos y árabes. Son los suajili. El idioma suajili, con su mezcla de palabras bantú y árabes, se usa mucho para negocios y comunicaciones en toda la región. Es el idioma oficial de Kenia y Tanzania, aunque también se instruye a los niños en inglés. Al fomentar la permanencia de esta lengua, estos países de culturas mezcladas tratan de conservar su herencia africana.

Al igual que las lenguas, las creencias religiosas en África oriental reflejan su diversidad. Los comerciantes árabes trajeron el Islam a la región. El cristianismo llegó primero de África del Norte y más adelante, de la influencia europea. Las religiones y costumbres tradicionales también continúan vivas en África oriental y en todo el continente.

## Cambio en la manera de concebir la tierra

La manera en que los pobladores de África oriental perciben la tierra y la trabajan, es una parte importante de su cultura. Por tradición, los africanos no son dueños de su tierra. La idea de comprar o vender la tierra no existía. Las familias extendidas cultivaban parcelas cerca de la aldea y producían cosechas para todo el grupo. Los hombres limpiaban la tierra, las mujeres sembraban y cosechaban, en tanto los hombres pastoreaban ganado o comerciaban.

Los colonizadores europeos trajeron la idea de la propiedad privada. Los británicos establecieron **plantaciones,** grandes granjas de cultivos para la venta. Al independizarse, muchos países acabaron con las plantaciones coloniales y la tierra se vendió a los africanos.

En África oriental la tierra fértil para la agricultura es escasa y las naciones que cuentan con ella están densamente pobladas. Esta escasez de tierra ha provocado conflictos entre grupos en países como Ruanda y Burundi.

## Urbanización creciente

Al igual que el resto del continente, África oriental se urbaniza cada vez más. Con todo, incluso las personas que pasan más tiempo en una ciudad, no la consideran su hogar. Si alguien les pregunta dónde está su casa, dicen el nombre de la aldea de su familia o de su clan. La mayoría considera temporal la vida en la ciudad. Esperan regresar a sus aldeas algún día.

Todavía hay algunas tierras en África oriental que pueden comprarse. Pero buena parte es tierra pobre para el cultivo y en zonas con poca población. En las regiones fértiles como las tierras altas de Etiopía y el valle de la Fisura, la tierra de cultivo es escasa pues mucha gente vive en estas zonas de tierra fértil. En países densamente poblados, como Ruanda y Burundi, han surgido conflictos por las tierras.

**CULTURA** Kampala es la ciudad más grande de Uganda, el centro comercial más importante y un centro religioso. Hay mezquitas musulmanas, templos hindúes e iglesias cristianas.
**Razonamiento crítico**
¿Qué significa para la composición religiosa de Uganda la presencia de edificios religiosos?

---

# EVALUACIÓN DE LA SECCIÓN 3

## DESPUÉS DE LEER

### RECORDAR
1. Define: (a) plantación

### COMPRENSIÓN
2. Describe cómo ha influido la ubicación de África oriental en sus culturas?

3. ¿Por qué tanta gente en África oriental habla suajili?

4. Explica los cambios de la idea de la propiedad sobre la tierra en África oriental.

### RAZONAMIENTO CRÍTICO Y ESCRITURA
5. **Explorar la idea principal** Repasa la idea principal al inicio de esta sección. Luego, piensa en toda la gente que ha emigrado a África oriental y elige el grupo que crees que ha tenido una influencia más duradera. Da ejemplos para apoyar tu elección.

6. **Hacer comparaciones** ¿En qué se diferencian las ideas de África oriental sobre la tierra y las ideas de los europeos que se apropiaron de zonas de África?

### ACTIVIDAD
7. **Escribir una descripción** En un párrafo describe una institución cultural de tu sociedad, como tu escuela o tu iglesia. Explica por qué es importante para ti y tu familia.

# Las culturas de África del Sur

## ENFOQUE DE LECTURA

1. ¿Cómo ha influido el país de Sudáfrica en la región entera de África del Sur?
2. ¿Cómo originó la mano de obra migratoria la identidad de un nuevo grupo en los pueblos de África del Sur?

### PALABRAS CLAVE
peón migratorio

### PERSONAJES Y LUGARES CLAVE
República de Sudáfrica
Nelson Mandela

### IDEA PRINCIPAL

La cultura de Sudáfrica se ha desarrollado en torno a dos ejes: el conflicto por los derechos básicos entre sudafricanos de raza negra y colonizadores de raza blanca, y la influencia de los mineros que buscaron la igualdad de derechos.

### ANOTACIONES

Copia el esquema y mientras lees esta sección complétalo con sucesos importantes en la historia reciente de Sudáfrica.

I. **Historia moderna de la nación de Sudáfrica**

  A. Gobierno de minoría europea
    1. separación de personas por categorías
    2.
  B.
    1.
    2.
  C.
    1.
    2.

## Lucha por igualdad de derechos

**GOBIERNO** Los sudafricanos de raza negra formaron el Congreso Nacional Africano (CNA) para luchar por la igualdad. El CNA organizó boicoteos, marchas y huelgas para obligar al Gobierno a reformar sus leyes. **Razonamiento crítico** ¿Se parece a la lucha por igualdad de derechos en Estados Unidos? ¿Por qué?

# El escenario

El Congreso Nacional Africano (CNA) (ANC, por sus siglas en inglés), partido político en **República de Sudáfrica,** tuvo un papel determinante en la obtención de derechos políticos y civiles para todos los sudafricanos. Hasta 1991, los europeos en Sudáfrica negaron la igualdad de derechos para las personas de raza negra, quienes eran una mayoría. Tanzania, Zambia y Zimbabwe, adoptaron el himno del CNA para su himno nacional. Ésta es la traducción de la letra del himno del CNA:

> "Bendice, oh señor, nuestra tierra en África
> Eleva su nombre y libera a su pueblo.
> Toma los presentes que Te ofrecemos
> Escúchanos, hijos fieles.
> Escúchanos, hijos fieles."

## La influencia de Sudáfrica

Sudáfrica es tan sólo un país de África del Sur, pero hasta hoy ha sido el de mayor efecto en esta región. Su influencia ha conmovido la vida de millones de personas.

## Influencia política

Hasta la década de 1990 un grupo minoritario de personas de raza blanca gobernó Sudáfrica, y todo estaba separado por categorías de acuerdo al color de la piel. A los descendientes de africanos los clasificaron como negros, a los descendientes de europeos como blancos, y a los de ascendencia mezclada se les llamó de color; a los asiáticos los clasificaron en una cuarta categoría. Sólo podían votar y gozar otros derechos básicos de ciudadanos los que se consideraba blancos.

## Un creciente sentido de nacionalismo

Los colonizadores blancos fundaron la nación de Sudáfrica. Pero como los sudafricanos negros lucharon para obtener derechos políticos, comenzaron a considerarse parte de la nación. Así, surgió un sentido de nacionalismo que condujo a los sudafricanos negros a obtener igualdad de derechos y, por ser mayoría, el derecho a gobernar el país.

En 1912, los negros de Sudáfrica formaron el Congreso Nacional Africano (CNA) para pelear por la igualdad. Muchos miembros del CNA, entre ellos **Nelson Mandela,** fueron a prisión por sus actos. Mandela pasó casi 30 años en prisión. La lucha finalmente dio frutos. Y en la década de 1990, Sudáfrica acabó con sus leyes discriminatorias y dio a los africanos que no eran blancos el derecho de votar por primera vez. Mandela llegó a ser presidente de Sudáfrica. La lucha por un Gobierno mayoritario inspiró movimientos similares en otras partes de la región.

## Influencia económica

Sudáfrica es el país más rico e industrializado de África del Sur. Su poder económico ha incidido en toda la región gracias a que ha sido

tanta su demanda de mano de obra, sobre todo de mineros, que ha provocado un rápido movimiento de cientos de miles de **peones migratorios,** personas que van de un lugar a otro en busca de empleo.

## Peones migratorios conforman nueva identidad de grupo

Los mineros en Sudáfrica provenientes de varios países, vivían en conjuntos habitacionales, o series de casas cercadas. Estaban lejos de su familia, su clan y su grupo étnico, trabajando largas horas en condiciones peligrosas y con salario bajo.

Comenzaron a considerarse un grupo de trabajadores. Esta clase de identidad de grupo era nueva para los africanos del sur. No se basaba en una familia ni en un grupo étnico. La identidad de grupo es muy importante en África. Y ello se refleja en el proverbio africano que dice, "Una persona es una persona gracias al pueblo." Significa que una persona es quien es gracias a sus relaciones con los demás. Así, los peones migratorios formaron una nueva identidad de acuerdo con su relación entre sí como trabajadores.

**Los mineros forman un sindicato** En los años ochenta, los mineros de Sudáfrica formaron un sindicato, el Sindicato Nacional de Mineros. En esa época, era ilegal; pero, tuvo un importante papel en el impulso por la igualdad de derechos. A veces, los trabajadores del sindicato emplazaban a huelga para apoyar sus causas. De esta manera, la nueva identidad de los mineros los llevó a actuar como grupo.

**MIENTRAS LEES**

Resume ¿Cómo influyeron las minas de Sudáfrica en su cultura?

# EVALUACIÓN DE LA SECCIÓN 4

## DESPUÉS DE LEER

### RECORDAR
1. Identifica: (a) República de Sudáfrica, (b) Nelson Mandela
2. Define: (a) peón migratorio

### COMPRENSIÓN
3. Describe los efectos políticos y económicos de Sudáfrica en la región de África del Sur.
4. ¿Por qué fue extraordinario que los peones migratorios en Sudáfrica conformaran una identidad de grupo como trabajadores?

### RAZONAMIENTO CRÍTICO Y ESCRITURA
5. **Explorar la idea principal** Repasa la idea principal al inicio de esta sección. Luego, resume en un párrafo la información de esta sección que apoye a esta idea principal.
6. **Reconocer causa y efecto** ¿Qué efectos positivos o negativos habrá tenido la demanda de mano de obra de Sudáfrica en la economía de países cercanos?

### ACTIVIDAD
7. **Escribir una canción de protesta** Piensa en la vida de un trabajador sudafricano en una mina de oro, en los años setenta. Escribe el primer verso de una canción denunciando las condiciones de vida y de trabajo, y el sueldo de un minero.

# Hallar la idea principal

**detalles de apoyo**

En África, la música puede servir para enviar mensajes o relatos. Los cuernos, las campanas y los tambores pueden servir para organizar el trabajo. Xilófonos, laúdes, arpas, flautas y clarinetes, para celebrar una ocasión especial. La música tiene diversas funciones en las culturas de los países africanos.

**idea principal**

| Idea principal |
| --- |
| La música tiene diversas funciones en las culturas de los países africanos. |

| Detalles de apoyo |
| --- |
| La música puede servir para enviar mensajes, hacer un relato, organizar el trabajo o celebrar una ocasión especial. |

| Detalles de apoyo |
| --- |
| Entre los instrumentos se encuentran cuernos, campanas, tambores, xilófonos, laúdes, arpas, flautas y clarinetes. |

## Aprende la destreza

En un libro de texto, cada párrafo contiene idea principal y detalles de apoyo. La idea principal es la más importante en relación con el tema del párrafo. Si localizas la idea principal podrás deducir de qué trata el párrafo. Sigue estos pasos para encontrar la idea principal y los detalles de apoyo:

**A.** Lee el párrafo con cuidado.

**B.** Busca la idea principal en el párrafo. Ésta suele enunciarse en la primera o la última oración del párrafo. Vuelve a leer esas oraciones para ver en cuál está la idea principal. Observa que en el ejemplo de esta página la última oración es la idea principal. En caso de que no esté ni en la primera ni la última oración, busca la idea principal en medio del párrafo. También puede ser que la idea principal no esté enunciada. Si ese es el caso, el lector debe deducirla y enunciarla con sus propias palabras.

**C.** Después de haber encontrado la idea principal, busca los detalles de apoyo. Éstos son pequeñas notas de información que dicen más sobre la idea principal. Algunos detalles pueden ser más interesantes que otros, pero todos hablan sobre el tema. Necesitas encontrar varios detalles de apoyo en cada párrafo.

## Practica la destreza

Con lo que has aprendido, halla la idea principal y los detalles de apoyo del párrafo acerca del pueblo dogon de Mali. Luego, haz una tabla de la idea principal y los detalles de apoyo como la que se muestra en esta página.

El pueblo dogon de Mali almacena sus granos en graneros hechos de ramas y lodo, pero con puertas de madera estilizadas. Los dogon creen que el árbol con el que se hizo la puerta contiene un espíritu que protege al grano almacenado. Aun cuando la lluvia y el sol desgastan los graneros, los dogon cambian la puerta simbólica de un granero a otro.

## Aplica la destreza

Hallarás más preguntas sobre cómo hallar la idea principal en la sección Repaso y evaluación de este capítulo.

# 21 Repaso y evaluación

## Hacer un resumen del capítulo

En una hoja suelta, dibuja un diagrama como éste y agrega la información que resume la primera sección del capítulo. Luego, completa los cuadros que faltan con un resumen de las secciones 2, 3 y 4.

### LAS CULTURAS DE ÁFRICA

**Sección 1**
La ubicación de África del Norte, en el Mediterráneo y su historia como centro comercial han influido en su cultura, mezcla de elementos africanos, europeos y del suroeste de Asia. El Islam tiene un importante papel en la vida de la región.

**Sección 2**

**Sección 3**

**Sección 4**

## Repaso de palabras clave

Relaciona las definiciones de la columna I con las palabras clave de la columna II.

**Columna I**

1. padres y sus hijos
2. personas que cambian de lugar en busca de trabajo
3. creencias y costumbres compartidas
4. grandes granjas de cultivo para la venta
5. una relación familiar
6. la diseminación de la cultura
7. varios linajes con un ancestro en común
8. gran variedad de culturas

**Columna II**

a. difusión cultural
b. cultura
c. parentesco
d. diversidad cultural
e. clan
f. peones migratorios
g. plantación
h. familia nuclear

## Repaso de ideas principales

1. Describe la influencia del Islam en la cultura de África del Norte. (Sección 1)
2. ¿Qué factor ha ayudado mucho a la difusión cultural en África del Norte? (Sección 1)
3. ¿Por qué es África occidental culturalmente diversa? (Sección 2)
4. ¿Qué papel juegan los lazos familiares en la cultura de África occidental? (Sección 2)
5. Explica el efecto del lugar en las culturas de África oriental (Sección 3)
6. ¿Cómo ha unido la lengua suajili a los pueblos en África oriental? (Sección 3)
7. ¿Cuál es el efecto de Sudáfrica en las culturas de toda la región de África del Sur? (Sección 4)
8. ¿Cuál fue el mayor efecto de la mano de obra migratoria en los pueblos de África del Sur? (Sección 4)

## Actividad de mapa

### África

**Escribe la letra que indica la posición de cada lugar en el mapa.**

**1.** mar Mediterráneo

**2.** África del Norte

**3.** África occidental

**4.** África oriental

**5.** África del Sur

 **Búscalo en la RED**

**Enriquecimiento** Para más actividades con mapas y destrezas de geografía, visita la sección de Social Studies en **phschool.com**.

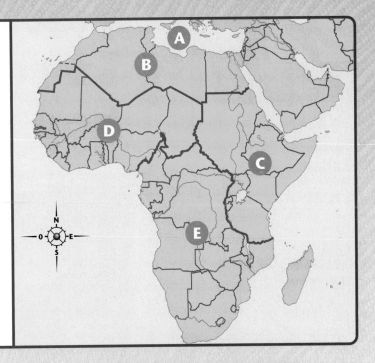

## Actividad de escritura

**1. Escribir un diálogo** Un estudiante de intercambio de un país africano se quedará en tu casa durante seis semanas. Tú y tu familia están comiendo con el visitante por primera vez. Haz un diálogo para preguntarle sobre la cultura africana. Con lo que has aprendido en este capítulo escribe las respuestas del visitante.

**2. Escribir un artículo de periódico** Eres reportero en Sudáfrica y tienes la oportunidad de entrevistar a Nelson Mandela. Haz una lista de las preguntas que más querrías hacerle, y luego ve a la biblioteca de tu escuela o de tu localidad para encontrar las respuestas a tus preguntas. Cuando termines tu investigación, escribe un artículo de periódico basándote en la información que reuniste.

## Aplica tus destrezas

Lee el primer párrafo bajo el encabezado "Lazos culturales" de la página 389. Haz una tabla como la de la página 397 para identificar la idea principal y los detalles de apoyo del párrafo.

## Razonamiento crítico

**1. Identificar los temas centrales** Explica por qué el proverbio "Una persona es una persona gracias al pueblo" es particularmente adecuado para la cultura africana.

**2. Hacer una generalización válida** ¿Qué beneficios y problemas llegaron con la modernización en África?

**3. Sacar conclusiones** ¿Qué organización, fundada en el siglo XX, crees que haya tenido el mayor efecto en los sucesos del África moderna? Explica tu respuesta.

 **Búscalo en la RED**

Mira el arte y los objetos personales de África. Piensa en el arte y los objetos personales de tu región. ¿Qué reflejan de la cultura e historia de tu región? Visita **phschool.com** para realizar esta actividad.

**Autoevaluación del Capítulo 21**
Como repaso final, resuelve la prueba de autoevaluación del Capítulo 21. Busca la prueba en la sección de Social Studies en **phschool.com**.

# ÁFRICA OCCIDENTAL Y DEL NORTE:
# La región hoy en día

Cuerpos celestes

# USAR ARTE

La educación es una de las prioridades en la religión islámica, una de las principales religiones que se practican en África. Desde el año 600, hasta ahora, los musulmanes han estudiado arte, literatura, filosofía, matemáticas, astronomía y medicina. Los matemáticos musulmanes inventaron el álgebra, y los astrónomos hicieron mapas acertados de la ubicación de las estrellas. Un astrónomo musulmán dibujó este cometa en el siglo XVI.

## Sacar conclusiones

Antes de la famosa travesía de Cristóbal Colón en 1492, los europeos creían que la Tierra era plana. No fue sino hasta el siglo XVI que Galileo, un italiano, descubrió que los planetas giraban alrededor del Sol. Estudia cuidadosamente la ilustración. Piensa en lo que el astrónomo musulmán debió saber acerca del firmamento. Haz una lista de lo que piensas que sabía y por qué.

## Explorar la ciencia a través del arte

Haz una lista de los hechos astronómicos y del espacio exterior que recuerdes. Después úsalos para crear una ilustración que revele lo que sabes. Compara tu dibujo con la ilustración musulmana. ¿En qué se parecen? ¿En qué se diferencian?

# SECCIÓN 1

# Egipto
## Una nación conformada por el Islam

---

## ANTES DE LEER

### ENFOQUE DE LECTURA
**1.** ¿Cómo afecta la religión a la cultura Egipcia?
**2.** ¿En qué se diferencia la vida de los egipcios de una zona rural y los de una zona urbana?

### PALABRAS CLAVE
bazar
felá

### LUGARES CLAVE
El Cairo

### ANOTACIONES
Copia la tabla y mientras lees esta sección complétala con aspectos cotidianos en la vida de los egipcios que puedan definir la cultura musulmana.

Cultura musulmana

### IDEA PRINCIPAL
A pesar de que algunos egipcios viven en ciudades modernas y otros viven en zonas rurales, la fe en el Islam une a la mayoría.

---

## El escenario

Al mediodía, los restaurantes en El Cairo están vacíos. Es el día festivo de los musulmanes, el Ramadán y durante un mes los seguidores del Islam ayunarán, es decir, no comerán desde el alba hasta el anochecer. La cultura musulmana es uno de los elementos más fuertes que unen a la sociedad egipcia.

## La cultura religiosa de Egipto

Egipto está enfrente de Arabia Saudí, al otro lado del mar Rojo. En Arabia Saudí nació el mesías del Islam, Mahoma. Como en la mayoría de los países de África del Norte, el Islam es ahora la principal religión en Egipto. De hecho, es la religión oficial del país.

### Las calles bulliciosas de El Cairo

**GEOGRAFÍA** Hay más habitantes en El Cairo que en cualquier otra ciudad de África. La mayoría de las personas que viven aquí son árabes musulmanes.
**Razonamiento crítico** ¿Qué similitudes o diferencias ves entre esta calle bulliciosa de El Cairo y alguna de las ciudades de Estados Unidos? Haz una lista.

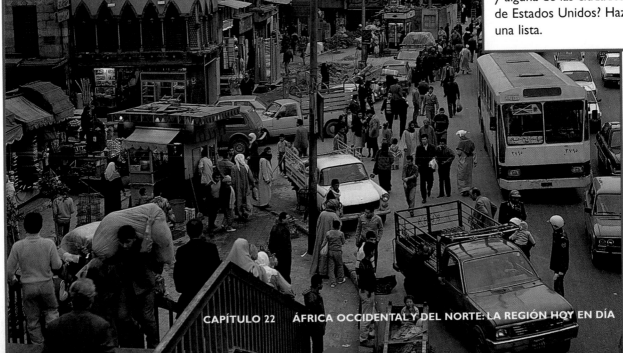

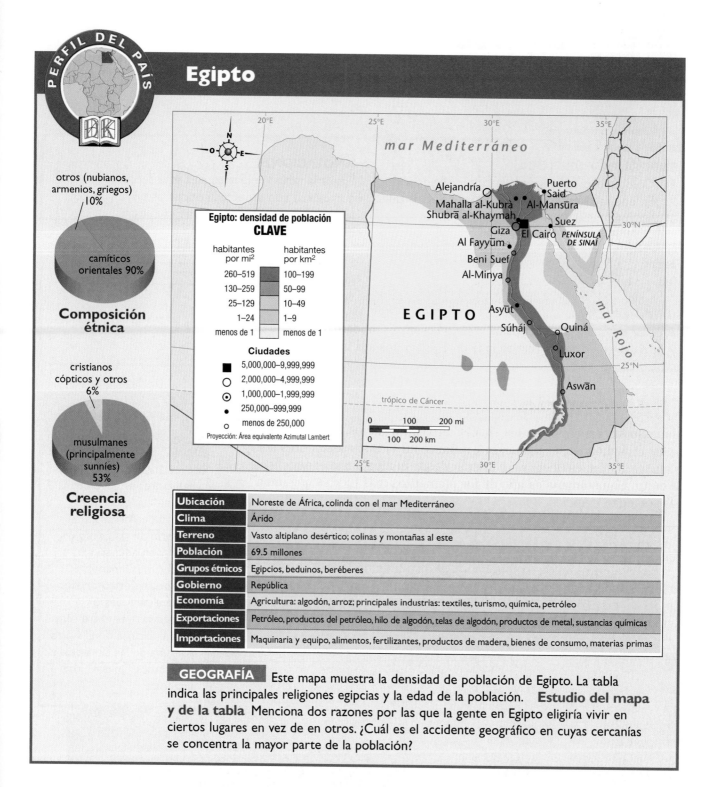

## Egipto

otros (nubianos, armenios, griegos) 10%

camíticos orientales 90%

**Composición étnica**

cristianos cópticos y otros 6%

musulmanes (principalmente sunníes) 53%

**Creencia religiosa**

**Egipto: densidad de población**
**CLAVE**

| habitantes por mi² | | habitantes por km² |
|---|---|---|
| 260–519 | | 100–199 |
| 130–259 | | 50–99 |
| 25–129 | | 10–49 |
| 1–24 | | 1–9 |
| menos de 1 | | menos de 1 |

**Ciudades**

| | |
|---|---|
| ■ | 5,000,000–9,999,999 |
| ○ | 2,000,000–4,999,999 |
| ◉ | 1,000,000–1,999,999 |
| • | 250,000–999,999 |
| ○ | menos de 250,000 |

Proyección: Área equivalente Azimutal Lambert

mar Mediterráneo

Alejandría · Puerto Said · Mahalla al-Kubrā · Al-Mansūra · Shubrā al-Khaymah · Suez · Giza · El Cairo · PENÍNSULA DE SINAÍ · Al Fayyūm · Beni Suef · Al-Minya · EGIPTO · Asyūt · Súháj · Quiná · Luxor · Aswān · mar Rojo

trópico de Cáncer

| 0 | 100 | 200 mi |
| 0 | 100 | 200 km |

| | |
|---|---|
| **Ubicación** | Noreste de África, colinda con el mar Mediterráneo |
| **Clima** | Árido |
| **Terreno** | Vasto altiplano desértico; colinas y montañas al este |
| **Población** | 69.5 millones |
| **Grupos étnicos** | Egipcios, beduinos, beréberes |
| **Gobierno** | República |
| **Economía** | Agricultura: algodón, arroz; principales industrias: textiles, turismo, química, petróleo |
| **Exportaciones** | Petróleo, productos del petróleo, hilo de algodón, telas de algodón, productos de metal, sustancias químicas |
| **Importaciones** | Maquinaria y equipo, alimentos, fertilizantes, productos de madera, bienes de consumo, materias primas |

**GEOGRAFÍA** Este mapa muestra la densidad de población de Egipto. La tabla indica las principales religiones egipcias y la edad de la población. **Estudio del mapa y de la tabla** Menciona dos razones por las que la gente en Egipto eligiría vivir en ciertos lugares en vez de en otros. ¿Cuál es el accidente geográfico en cuyas cercanías se concentra la mayor parte de la población?

## Creencias musulmanas

Los musulmanes creen que el Corán, su libro sagrado, contiene las palabras de Dios y que éstas se le revelaron a Mahoma durante el mes del Ramadán. También creen que el Tora judío y la Biblia cristiana son la palabra de Dios.

Los musulmanes rezan cinco veces al día, por lo general en una mezquita, un edificio que se utiliza para el culto. Éstos apuntan en dirección a la Meca, la ciudad en Arabia Saudí donde se encuentra el santuario más sagrado del Islam.

# Una renovación islámica

Para los musulmanes egipcios la oración y el ayuno son dos maneras de profesar su religión. Pero hay mucho más que aprender en el Corán, por ejemplo la importancia de la honestidad, el honor, compartir, amar y respetar a sus familias y gobernar sus vidas diarias.

A pesar de que la mayoría de los musulmanes piensan que las leyes en Egipto deberían basarse en la ley islámica, existen algunos desacuerdos entre los egipcios. Uno de ellos es el comportamiento en público de las mujeres.

Mahoma les enseñó que hombres y mujeres eran iguales ante los ojos de Dios. Pero las leyes islámicas las obligan a vestirse modestamente en público. Parte del debate es, si a las mujeres se les debe obligar o no, a cubrirse la cara con un velo. Algunos piensan que deberían estar por completo cubiertas con excepción de los ojos. Otros egipcios piensan que las mujeres deben tener el derecho de elegir su vestimenta.

## La diversidad de vida en Egipto

A pesar de que la gente en Egipto comparte un vínculo común en su práctica religiosa, sus vidas son por completo distintas según el lugar donde viven, ya sea en una ciudad o un pueblo rural.

**Vida urbana**   Cerca de la mitad de los egipcios viven en ciudades. **El Cairo** es la capital del país y la ciudad más grande; en ella viven más de 13 millones de personas, más de las que viven en Los Ángeles y Chicago juntos.

Es la ciudad más grande de África. Algunas zonas tienen más de 1,000 años de antigüedad, mientras que otras semejan ciudades occidentales modernas. Los edificios con aire acondicionado son muy comunes. Las compras se realizan en mercados al aire libre llamados **bazares.**

Mucha gente de las áreas rurales se traslada a las ciudades, esperan encontrar trabajo y una mejor educación. Por eso, El Cairo está lleno de gente todo el tiempo, con problemas de tráfico y déficit de viviendas. Algunas personas viven en tiendas de campaña tendidas en lanchas sobre el Nilo. Otros viven en casas que construyeron en los enormes cementerios a las afueras de El Cairo. Como muchos viven en los cementerios, se les considera los suburbios de la ciudad, incluso el gobierno los abastece con electricidad.

**Un embotellamiento en El Cairo**

**CULTURA**   Algunas personas piensan que El Cairo es la ciudad más ruidosa en el mundo debido al claxon y humo de los motores de autos. Más de 13 millones de personas viven en la ciudad, y todavía más conducen o utilizan el autobús o tren.

**Razonamiento crítico** ¿Cuáles podrían ser dos maneras para ayudar a reducir este tipo de tráfico en la ciudad de El Cairo?

**Una granja en Egipto**

**ECONOMÍA** Con ayuda de un búfalo, una mujer felá utiliza una máquina tradicional que separa las semillas del grano de las plantas. **Razonamiento crítico** ¿Qué concluyes del cultivo como una forma de vida en Egipto, basándote en esta fotografía?

**Vida rural** En las zonas rurales de Egipto, la gente vive en pueblos a lo largo del Nilo o del canal de Suez. Muchos viven del cultivo. A estos agricultores se les llama **felás** y, debido a que la tierra es escasa a lo largo de los bancos del río, la mayoría tiene pequeñas parcelas de tierra rentadas. Otros trabajan en los campos de terratenientes ricos. Los felás viven en casas de ladrillos de lodo o piedras, con uno a tres cuartos y un patio que se comparte con los animales.

Ya sea en una ciudad o en una zona rural, muchos egipcios tienen la esperanza de que renovar diariamente su fe musulmana les ayudará a conservar los valores y costumbres tradicionales en la época moderna.

# EVALUACIÓN DE LA SECCIÓN I

## DESPUÉS DE LEER

### RECORDAR

1. Identificar: (a) El Cairo

2. Define: (a) bazar, (b) felá

### COMPRENSIÓN

3. Da dos ejemplos de cómo afecta el Islam la vida cotidiana de Egipto.

4. Compara la vida de los habitantes de la ciudad y los pueblos en Egipto.

### RAZONAMIENTO CRÍTICO Y ESCRITURA

5. **Explorar la idea principal** Repasa la idea principal al inicio de esta sección. Luego, escribe un párrafo acerca de la manera en que los egipcios están unidos por su fe islámica.

### ACTIVIDAD

6. **Escribir para aprender** En una entrada de diario, describe cómo la forma de vestir de la gente y el tipo de música que escucha puede reflejar sus creencias. Utiliza ejemplos de tu propia experiencia así como de esta sección.

# Nigeria

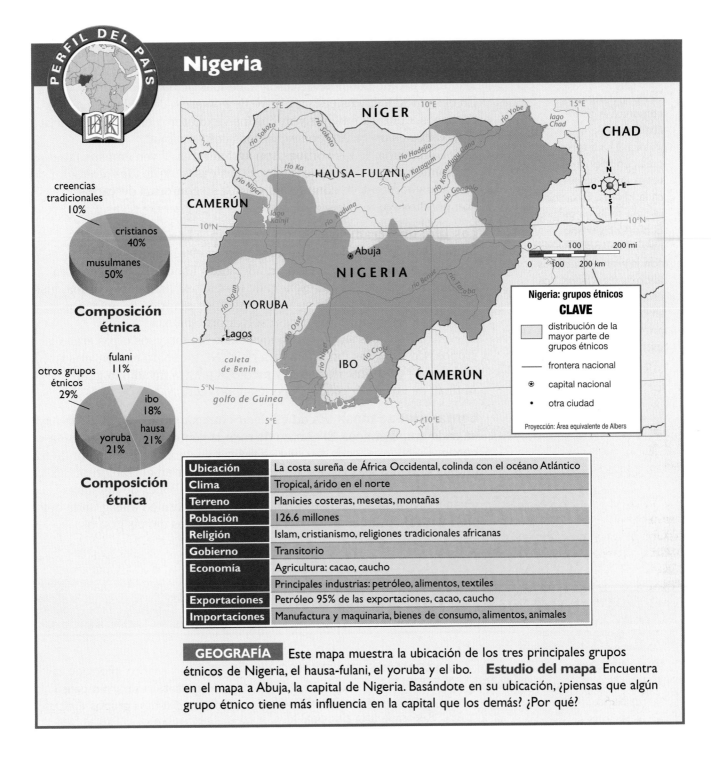

**Composición étnica**

creencias tradicionales 10%

cristianos 40%

musulmanes 50%

**Composición étnica**

otros grupos étnicos 29%

fulani 11%

ibo 18%

hausa 21%

yoruba 21%

**Nigeria: grupos étnicos**

**CLAVE**

- distribución de la mayor parte de grupos étnicos
- frontera nacional
- ⊛ capital nacional
- • otra ciudad

Proyección: Área equivalente de Albers

| Ubicación | La costa sureña de África Occidental, colinda con el océano Atlántico |
|---|---|
| Clima | Tropical, árido en el norte |
| Terreno | Planicies costeras, mesetas, montañas |
| Población | 126.6 millones |
| Religión | Islam, cristianismo, religiones tradicionales africanas |
| Gobierno | Transitorio |
| Economía | Agricultura: cacao, caucho |
| | Principales industrias: petróleo, alimentos, textiles |
| Exportaciones | Petróleo 95% de las exportaciones, cacao, caucho |
| Importaciones | Manufactura y maquinaria, bienes de consumo, alimentos, animales |

**GEOGRAFÍA** Este mapa muestra la ubicación de los tres principales grupos étnicos de Nigeria, el hausa-fulani, el yoruba y el ibo. **Estudio del mapa** Encuentra en el mapa a Abuja, la capital de Nigeria. Basándote en su ubicación, ¿piensas que algún grupo étnico tiene más influencia en la capital que los demás? ¿Por qué?

## Tres culturas diferentes

Los hausa y los fulani conforman aproximadamente el 33 por ciento del pueblo en Nigeria y la mayoría son musulmanes. Durante cientos de años, los hausa-fulani han sobrevivido gracias al comercio de bienes importados de países como España, Italia y Egipto. Los hausa-fulani construyeron ciudades en los caminos de las rutas de comercio. Cada ciudad tenía sus propias reglas, pues se cercaba con muros y tenía un mercado central. **Kano,** la ciudad más antigua en África occidental, es una ciudad hausa y ha sido un centro para el comercio por más de 1,000 años.

**Pidgin** ¿Cómo se comunica la gente cuando habla diferentes idiomas? Una forma es crear un idioma que tenga un poco de cada idioma. Este tipo de idioma se llama pidgin. El pidgin nigeriano mezcla palabras inglesas con la gramática de los idiomas nigerianos. Los esclavos africanos y sus amos debieron ser los primeros en África que usaron el pidgin.

**Los yoruba: agricultores de la costa**   Cerca del 20 por ciento de la población en Nigeria son yorubas y muchos todavía viven en Lagos, la ciudad-estado que construyeron hace más de 500 años.

En el siglo XIX, Lagos era un centro de comercio de esclavos para los europeos, donde a muchos yorubas los vendieron y enviaron a América. Hoy, Lagos es un centro comercial más convencional.

La mayoría de los yorubas son agricultores. Viven con sus familias en grandes compendios que tienen varias casas agrupadas alrededor de un patio enorme. Una comunidad yoruba se conforma de varios compendios como éstos.

**Los ibo: una tradición de democracia**   Los ibo han vivido tradicionalmente como agricultores rurales en el sureste y no han construido ninguna ciudad tan grande como Kano o Lagos. Viven en pueblos agricultores. A diferencia de los hausa-fulani y los yoruba, los ibo se rigen por su cuenta en un concilio democrático de ancianos sabios que trabajan juntos para resolver problemas.

Algunas veces surgen tensiones entre los ibo y los otros grandes grupos. En 1967, los ibo intentaron dejar Nigeria para comenzar su propio país y durante dos años y medio al país lo invadió la guerra. Al final, de cualquier modo, Nigeria siguió unido.

**Contar ciudadanos**   Es difícil decir con exactitud cuánta gente hay en cada grupo étnico.  El conteo de toda la gente de un país se llama **censo.** En Nigeria, cada vez que se realiza un censo existe un conflicto porque el grupo más grande tendrá mayor poder en el Gobierno.

En 1991, el censo mostró que más de 88 millones de personas viven en Nigeria, y que hausa-fulani es el grupo étnico más grande del país. Esto les otorgó más poder político que a los demás grupos.

# EVALUACIÓN DE LA SECCIÓN 3

## DESPUÉS DE LEER

### RECORDAR
**1.** Identifica: (a) Lagos, (b) Abuja, (c) Kano

**2.** Define: (a) multiétnico, (b) censo

### COMPRENSIÓN
**3.** ¿De qué manera afectó la llegada de los europeos a los grupos étnicos que vivían en la región?

**4.** ¿Cuáles son los grupos étnicos más grandes en Nigeria y dónde vive cada grupo?

### RAZONAMIENTO CRÍTICO Y ESCRITURA
**5.** **Explorar la idea principal** Repasa la idea principal al inicio de esta sección. Luego, escribe un párrafo que resuma algunas de las razones por las que Nigeria fue capaz de unificar a varios grupos étnicos y trabajar juntos en un gobierno común. Piensa en la influencia del pasado y las contribuciones de los dirigentes modernos.

**6.** **Causa y efecto** ¿Por qué es importante realizar un censo en los distintos grupos étnicos de Nigeria?

### ACTIVIDAD
**7.** **Escribir para aprender** Actualmente, Nigeria no tiene un idioma nacional. Basándote en lo que aprendiste, ¿crees que un idioma nacional pueda ser útil en Nigeria? ¿Por qué? Escribe un párrafo que explique tu opinión.

# Ghana
## Orígenes de un gobierno democrático

**ANTES DE LEER**

### ENFOQUE DE LECTURA
1. ¿Qué cambios hizo Kwane Nkrumah en Ghana?
2. ¿Cómo ha cambiado la vida en Ghana desde su independencia?

### PALABRAS CLAVE
soberanía
golpe de estado

### PERSONAJES CLAVE
Kwame Nkrumah
Jerry Rawlings

### ANOTACIONES
Copia la tabla y mientras lees esta sección complétala con los sucesos que llevaron a Ghana a su independencia.

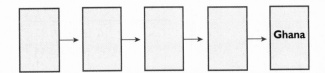

Ghana

### IDEA PRINCIPAL
Mientras enfrentaban varios retos, la gente en Ghana hacía lo posible por mantener un gobierno demócrata.

# El escenario

En 1935, **Kwame Nkrumah,** un estudiante de 26 años, se embarcó de Ghana a Estados Unidos. En ese tiempo, Ghana se llamaba Costa Dorada y había sido gobernada por Gran Bretaña durante más de 60 años. Nkrumah sabía muy bien que la gente de su país no tenía verdadera libertad o igualdad, y cuando vio la Estatua de la Libertad por primera vez, tomó la determinación de llevar la libertad no sólo a su país, sino a todo el continente.

# Cambio hacia la independencia

En 1947, Nkrumah regresó a Costa Dorada. Se nombraba así por su oro, que es uno de los recursos más importantes del país. El Perfil del país en la siguiente página muestra los demás recursos importantes del país.

A pesar de que Costa Dorada tenía muchos recursos, la mayoría de su gente era pobre. Nkrumah creía que la gente debería beneficiarse de la riqueza de su propio país, así que empezó a viajar por todo el país para convencer a la gente de exigir la independencia de Gran Bretaña.

**Ghana independiente**

**HISTORIA** Kwame Nkrumah, el primer dirigente de la independencia de Ghana, muestra su respeto por las tradiciones africanas al usar ropa tradicional. **Razonamiento crítico** ¿Cuáles crees que eran las tradiciones africanas más importantes que Nkrumah pensaba conservar en Ghana? ¿Por qué?

# Ghana

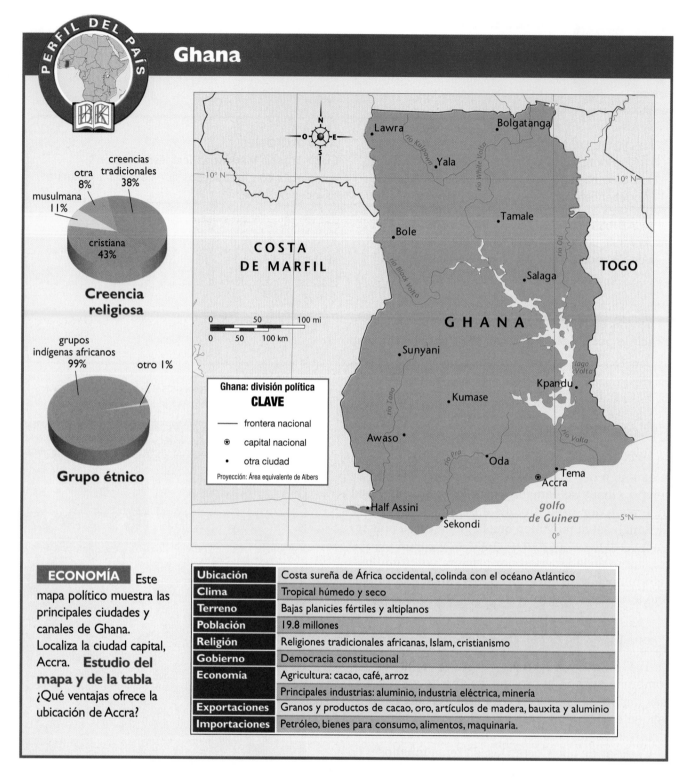

**Creencia religiosa**

- otra 8%
- creencias tradicionales 38%
- musulmana 11%
- cristiana 43%

**Grupo étnico**

- grupos indígenas africanos 99%
- otro 1%

COSTA DE MARFIL

TOGO

GHANA

Lawra
Bolgatanga
Yala
Tamale
Bole
Salaga
Sunyani
Kpandu
Kumase
Awaso
Oda
Tema
Accra
Half Assini
Sekondi

*río Kulpawn*
*río White Volta*
*río Oti*
*río Black Volta*
*lago Volta*
*río Tano*
*río Pra*
*río Volta*

*golfo de Guinea*

0   50   100 mi
0   50   100 km

**Ghana: división política**
**CLAVE**

— frontera nacional
⊛ capital nacional
• otra ciudad

Proyección: Área equivalente de Albers

**ECONOMÍA** Este mapa político muestra las principales ciudades y canales de Ghana. Localiza la ciudad capital, Accra. **Estudio del mapa y de la tabla** ¿Qué ventajas ofrece la ubicación de Accra?

| | |
|---|---|
| **Ubicación** | Costa sureña de África occidental, colinda con el océano Atlántico |
| **Clima** | Tropical húmedo y seco |
| **Terreno** | Bajas planicies fértiles y altiplanos |
| **Población** | 19.8 millones |
| **Religión** | Religiones tradicionales africanas, Islam, cristianismo |
| **Gobierno** | Democracia constitucional |
| **Economía** | Agricultura: cacao, café, arroz |
| | Principales industrias: aluminio, industria eléctrica, minería |
| **Exportaciones** | Granos y productos de cacao, oro, artículos de madera, bauxita y aluminio |
| **Importaciones** | Petróleo, bienes para consumo, alimentos, maquinaria. |

## Gobierno tradicional de Ghana

El akan es el grupo étnico más grande de Ghana. Cuando los akanos otorgan el poder a un nuevo líder, también le advierten lo siguiente: si un líder no dirige de manera justa, el pueblo puede otorgar el poder a un nuevo líder. De esta manera, los akanos son democráticos porque el pueblo tiene el control sobre sus dirigentes.

En tanto los europeos comerciaban con oro y esclavos en las costas, algunos grupos akanos conformaban el reino Asante. Se convirtió en un reino muy rico gracias al comercio y al dominio de la parte norte de la sabana y la costa sur. Los asantes utilizaron todo su poder para intentar detener a los europeos de tomar la parte occidental de África.

**La influencia del colonialismo**   En 1874, Gran Bretaña hizo de Costa Dorada una colonia e intentó controlar su economía. Convencieron a los agricultores de sembrar cacao para las fábricas británicas de chocolate y exportaron oro y madera. Mientras esta materia prima dejaba el país, bienes de otros países llegaban a Ghana. La gente cosechaba menos sembradíos para alimentos, pues los cultivos para la venta como los de cacao les producían más dinero y los alimentos tenían que importarse. La gente también aprovechaba más el tiempo en la agricultura que en oficios tradicionales. Los británicos vendían alimentos y productos manufacturados a los habitantes de Costa Dorada. Pronto, empezaron a depender de sus importaciones.

Los británicos también construyeron escuelas en Costa Dorada, incluso misioneros extranjeros las dirigían y el cristianismo empezó a reemplazar las religiones tradicionales. Por la época en que Ghana se independizó en 1957, muchas nuevas ideas y estilos de vida ya eran parte de las comunidades tradicionales. Kwame Nkrumah, por ejemplo, era cristiano. Pero también creía en parte de las religiones africanas tradicionales. El respeto de Nkrumah hacia los antiguos y nuevos estilos de vida le ayudó a gobernar Ghana cuando se independizó.

**MIENTRAS LEES**

Saca inferencias
¿Cómo combina tu comunidad los estilos de vida tradicionales con los modernos?

**ECONOMÍA**   Desde la colonización, muchas ghanesas compran telas de algodón en lugar de la tela tradicional kente, que usan para los vestidos y los turbantes.
**Razonamiento crítico**
¿Crees que este efecto de colonización es positivo o negativo? ¿Por qué?

## Independencia

En 1957, Nkrumah dio un discurso conmovedor a su gente. Gran Bretaña, dijo, finalmente está de acuerdo en conceder la **soberanía,** o la independencia política. Para celebrar, la gente cargó a Nkrumah entre las calles. Multitudes cantaban canciones de victoria para celebrar un sueño convertido en realidad.

Nkrumah se convirtió en el líder del nuevo país, y más tarde en el presidente. El Gobierno cambió el nombre del país a Ghana, un antiguo reino africano que dirigió la región cientos de años antes. Ghana fue la primera colonia africana del sur del Sahara en ser independiente.

Desde su independencia, Ghana

busca combinar la nueva tecnología con la cultura tradicional. Modernos cuidados en la salud, electricidad, transportes y educación son algunas de las cosas que los ghaneses desean tener.

Derribada por ciudadanos iracundos, la estatua decapitada de Kwame Nkrumah descansa en los patios de la estación central de policía en Accra. A Nkrumah lo exiliaron del país cuando el Gobierno fue derrocado en febrero de 1966. Nunca regresó a Ghana, pero vivió en exilio en el cercano país de Guinea.

### El gobierno de Nkrumah es derrocado

Nueve años después de haber sido levantado en hombros entre las calles como un héroe, Nkrumah fue derrocado o destituido por un **golpe de estado** militar. La mayoría de los ciudadanos ghaneses no protestó. De hecho, muchos celebraron. La gente derribó las estatuas de Nkrumah.

¿Cómo se convirtió este héroe en un enemigo? Nkrumah tenía grandes planes para Ghana. Pidió en préstamo considerables cantidades de dinero para hacer que esos planes fueran posibles más rápido. Pero cuando el precio mundial del cacao cayó, la principal exportación del país, Ghana no pudo pagar sus préstamos. Mucha gente culpó a Nkrumah por los problemas económicos del país.

La caída de Nkrumah no terminó con los problemas de Ghana. El país alternaba entre los gobiernos militares y los democráticamente electos. Muy pocos tuvieron éxito. Mientras tanto, el pueblo empezó a pensar mejor de Nkrumah. Muchos creyeron que había hecho su mejor esfuerzo para ayudar al país. Cuando murió en 1972, fue aclamado como héroe nacional.

### La economía y cultura de Ghana hoy en día

En 1980, el presidente de Ghana, **Jerry Rawlings,** intentó reformar la política y la economía de Ghana. Rawlings fue un oficial militar que había participado en algunos de los golpes de estado recientes. Rawlings destacó los valores africanos tradicionales acerca del trabajo arduo y el sacrificio. Los ghaneses apoyaron a Rawlings, y como resultado, la economía de Ghana comenzó a crecer.

Ghana aún depende de la venta de cacao. Pero, la economía ha crecido tanto que Ghana ha podido construir mejores carreteras y sistemas de riego. El Gobierno piensa implantar la educación y el cuidado de la salud. La gente forma grupos en donde pueden hablar acerca de los acontecimientos que afectan su vida.

La cultura de Ghana, así como su economía, se han beneficiado de la renovación de los valores tradicionales dispuesta por Rawlings. Ghana tiene centros especiales para conservar viva la cultura del país.

## EVALUACIÓN DE LA SECCIÓN 4

### DESPUÉS DE LEER

**RECORDAR**

1. Identifica: (a) Kwame Nkrumah, (b) Jerry Rawlings

2. Define: (a) soberanía, (b) golpe de estado

**COMPRENSIÓN**

3. ¿Cómo influyó la colonización en la economía de Ghana y su impulso por la independencia?

4. ¿Qué retos enfrentaron los líderes de la Ghana independiente?

**RAZONAMIENTO CRÍTICO Y ESCRITURA**

5. **Explorar la idea principal** Repasa la idea principal al inicio de esta sección. Luego, escribe un párrafo sobre las creencias y tradiciones de ghaneses para formar una democracia independiente.

6. **Reconocer causa y efecto** Kwame Nkrumah se convirtió de un héroe ghanés a un personaje desconocido y después a un héroe otra vez. ¿Qué originó estos cambios de actitud en la gente?

**ACTIVIDAD**

7. **Escribir un ensayo** Escribe un ensayo sobre uno o dos cambios en tu comunidad. Describe los obstáculos posibes y cómo superarlos.

# Usar modelos

## Lo que necesitas

Para hacer un modelo del proceso de desertificación, necesitarás:

▶ una caja de tres lados
▶ secadora de aire
▶ un poco de césped del ancho de la caja
▶ arena
▶ anteojos

## Aprende la destreza

Un modelo es una copia pequeña de algo, que se utiliza para representar un objeto o un proceso. Por ejemplo, un globo terráqueo es un modelo de la Tierra. Los modelos son útiles porque ayudan a ver y entender el objeto o proceso que se representa.

En esta actividad, elaborarás un modelo para explorar y comprender una causa de la desertificación. La desertificación ocurre cuando una tierra que fue fértil se convierte en desierto. La tierra se vuelve seca y salada, bajo tierra el agua se seca, la erosión ocurre y la planta muere.

El Sahara se está expandiendo a las orillas de la sabana, o el Sahel. La desertificación del Sahel afecta no sólo al ambiente sino también a la gente que vive ahí.

**A.** Arma tu modelo. Coloca la caja de modo que el final de la abertura esté frente a ti. Ponte los anteojos. Coloca el césped en la caja, deja un espacio entre el césped y la parte de atrás de la caja. Vierte la arena en una hilera que atraviese el final de la abertura de la caja, directamente enfrente del césped. Sostén la secadora de aire al final de la abertura para que sople la arena hacia el césped.

**B.** Crea una tormenta de aire utilizando la secadora para formar el aire. Luego levanta puñados de arena y déjala caer entre tus dedos enfrente de la secadora, y así la arena soplará a través del pasto. Esto representa los arenosos aires que soplan a través del desierto y sobre los pastizales. Haz esto durante un minuto aproximadamente, sosteniendo la secadora no más alto que el césped. Observa cuánta arena se queda atrapada en el pasto.

**C.** Empieza el proceso de desertificación. Adelgaza la vegetación moviendo aproximadamente la mitad del pasto en el césped. Esto es similar a lo que pasa cuando la vegetación se convierte en pastizal o muere por un cambio en el clima. Utiliza la secadora y puñados de arena para crear otra tormenta de aire, otra vez durante un minuto. ¿Cuánta arena hay ahora en el césped? ¿Cómo se ve el pasto?

**D.** Continúa el proceso de desertificación. Esta vez remueve casi todo el pasto del césped. Esto representa más pastizales y la muerte de la vegetación. Haz el último minuto de tormenta de aire. ¿Cuánta arena hay ahora en el césped? ¿Cómo afecta la arena al suelo?

## Practica la destreza

Anota tus observaciones de la actividad. ¿Qué pasa con la arena cuando sopla a través del césped? ¿Qué pasa con el pasto que queda y con el suelo de arriba cuando la arena sopla a través del césped "hecho pastizal"? Imagina que eres el pastor de un ganado que necesita alimentar a su ganado. Sabes que si dejas a tus animales pastar, estas contribuyendo a la desertificación. Pero si tus animales no comen, morirán. ¿Qué harías?

## Aplica la destreza

Hallarás más preguntas sobre cómo utilizar los modelos en la sección Repaso y evaluación de este capítulo.

# 22 Repaso y evaluación

## Hacer un resumen del capítulo

En una hoja suelta, dibuja una tabla como ésta y agrega la información que resume lo que has aprendido acerca de Egipto. Luego, completa los cuadros que faltan con un resumen de la información que aprendiste acerca de los otros tres países.

| Egipto | Los egipcios son personas diversas, pero están unidas por sus creencias islámicas. La religión islámica afecta todos los aspectos de la vida egipcia. |
|--------|---|
| Argelia | |
| Nigeria | |
| Ghana | |

## Repaso de palabras clave

Usa cada una de las siguientes palabras en un enunciado para explicar su significado.

1. felá (p. 404)
2. souq (p. 407)
3. censo (p. 410)
4. bazar (p. 403)
5. multiétnico (p. 408)
6. casba (p. 407)
7. golpe de estado (p. 414)
8. soberanía (p. 413)

## Repaso de ideas principales

1. ¿Cómo demuestran los egipcios su fe en el Islam en sus vidas cotidianas? (Sección 1)
2. ¿En qué se diferencia la vida en las ciudades egipcias de las zonas rurales? (Sección 1)
3. ¿Qué tienen en común los beréberes y los árabes y qué los diferencia? (Sección 2)
4. ¿Cómo influye la geografía de Argelia en sus habitantes? (Sección 2)
5. ¿Cuáles son los tres grupos étnicos más grandes de Nigeria? (Sección 3)
6. ¿Cómo influyen los censos en la política de Nigeria? (Sección 3)
7. ¿Qué papel jugó Kwame Nkrumah en el movimiento de independencia de Ghana? (Sección 4)
8. ¿Cómo ha cambiado Ghana desde su independencia? (Sección 4)

## SECCIÓN 3

# República Democrática de Congo

## Un gobierno caótico

### ANTES DE LEER

**ENFOQUE DE LECTURA**

1. ¿Por qué desde hace largo tiempo han sido importantes los minerales para la economía de Congo?

2. ¿Qué retos económicos ha enfrentado Congo desde su independencia?

**PALABRAS CLAVE**
autoritario
nacionalizar

**PERSONAJES Y LUGARES CLAVE**
Shaba
Mobutu Sese Seko

**ANOTACIONES**

Copia el diagrama y mientras lees esta sección, complétalo con información que muestre algunos de los problemas y la confusión que han afectado a Congo a lo largo de su historia.

| Los portugueses llegan en busca de oro | → | | → | | → | | → | |

**IDEA PRINCIPAL**

La República Democrática de Congo es un país rico en minerales con una larga historia de malestar social.

## El escenario

Desde los años treinta, República Democrática de Congo (conocida también como Congo) llegó a ser una de las fuentes principales de cobre en el mundo. Congo también tiene reservas de muchos otros recursos, como oro, diamantes, bosques, agua y fauna, que han desempeñado un importante papel en la historia del país. Con todo, sólo se ha explotado una pequeña parte de los recursos naturales del país.

## Minería y otros recursos naturales

República Democrática de Congo está situada en África central occidental, y su tamaño es equivalente al de Estados Unidos al este del río Mississippi. Congo es el tercer país más grande de África.

No obstante que dos terceras partes de los habitantes de Congo trabajan como agricultores, la minería produce la mayor parte de la riqueza del país. Congo tiene enormes depósitos de cobre en la provincia meridional de **Shaba**, palabra que en suajili significa "cobre". El país tiene además reservas de oro y otros minerales, y produce más diamantes que cualquier otro país, excepto Australia.

**Extracción de cobre en Congo**

**ECONOMÍA** En Congo, los mineros sacan cobre del suelo en capas y dejan una mina abierta a su paso.

**Razonamiento crítico** ¿Cómo podrían influir los recursos naturales de un país en su historia?

# República Democrática de Congo

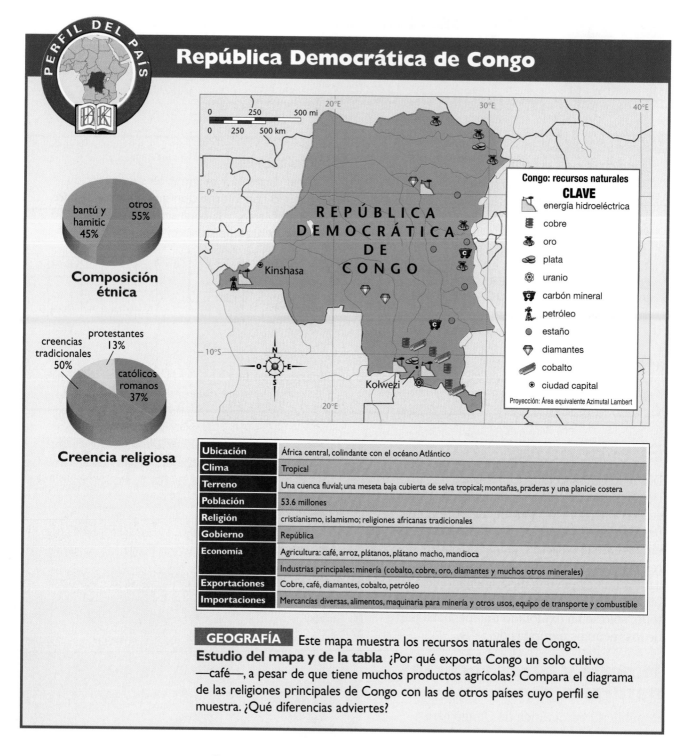

**Composición étnica**

- otros 55%
- bantú y hamitic 45%

**Creencia religiosa**

- creencias tradicionales 50%
- protestantes 13%
- católicos romanos 37%

**Congo: recursos naturales**

**CLAVE**
- energía hidroeléctrica
- cobre
- oro
- plata
- uranio
- carbón mineral
- petróleo
- estaño
- diamantes
- cobalto
- ciudad capital

Proyección: Área equivalente Azimutal Lambert

| Ubicación | África central, colindante con el océano Atlántico |
|---|---|
| Clima | Tropical |
| Terreno | Una cuenca fluvial; una meseta baja cubierta de selva tropical; montañas, praderas y una planicie costera |
| Población | 53.6 millones |
| Religión | cristianismo, islamismo; religiones africanas tradicionales |
| Gobierno | República |
| Economía | Agricultura: café, arroz, plátanos, plátano macho, mandioca |
| | Industrias principales: minería (cobalto, cobre, oro, diamantes y muchos otros minerales) |
| Exportaciones | Cobre, café, diamantes, cobalto, petróleo |
| Importaciones | Mercancías diversas, alimentos, maquinaria para minería y otros usos, equipo de transporte y combustible |

**GEOGRAFÍA** Este mapa muestra los recursos naturales de Congo.
**Estudio del mapa y de la tabla** ¿Por qué exporta Congo un solo cultivo —café—, a pesar de que tiene muchos productos agrícolas? Compara el diagrama de las religiones principales de Congo con las de otros países cuyo perfil se muestra. ¿Qué diferencias adviertes?

## Los recursos naturales en la historia de Congo

Los acontecimientos relacionados con los recursos naturales dominan la historia de Congo. El poder de los antiguos reinos de Kongo, Luba y Lunda se fundaba en el conocimiento de la fundición del hierro. En la década de 1480 a 1490, los portugueses llegaron a Congo en busca de oro. Cuando Bélgica colonizó la región 400 años más tarde, obligó a los africanos a cosechar caucho silvestre, pero después se interesó únicamente en los otros recursos de Congo, especialmente en su cobre y sus diamantes.

En Estados Unidos, la sede del Gobierno es Washington, D. C. En el Capitolio, los miembros del Congreso (constituido por el Senado y la Cámara de Diputados) se reúnen para discutir políticas y aprobar leyes.

## SEDES DE GOBIERNO

Todo gobierno tiene un lugar donde se reúne: la sede de Gobierno. En ella, se aprueban leyes federales que confieren una estructura a todo el país. Los gobiernos estatales o provinciales, y los locales, cumplen con las leyes federales y establecen políticas según pautas federales delineadas en la constitución.

## INDEPENDENCIA

La llegada de la independencia a gran parte de África después de 1956 no siempre acarreó paz y prosperidad a las nuevas naciones. Muchas quedaron debilitadas por hambrunas y sequías, o se vieron desgarradas por guerras civiles. Pocas han logrado mantener gobiernos civiles sin periodos de dictadura militar.

**BENÍN**
El reino de Benín, en África occidental, alcanzó la cúspide de su poder entre los siglos XIV y XVII. Aquí se muestra una máscara de bronce de Benín.

NELSON MANDELA
En 1994, Nelson Mandela, líder del CNA, se convirtió en presidente de Sudáfrica.

## APARTHEID

En 1948, el Partido Nacional asumió el poder en Sudáfrica. Siguieron años de segregación, llamada apartheid. Esa política confería poder a los blancos y negaba a los negros muchos derechos, entre ellos el voto. En 1990 el Congreso Nacional Africano (CNA), un proscrito movimiento nacionalista negro encabezado por Nelson Mandela, fue legalizado y las leyes del apartheid comenzaron a ser desmanteladas. En 1994 se celebraron las primeras elecciones libres en la historia del país.

# Bienvenidos a
# Asia

**GEOGRAFÍA**

## Escala las empinadas laderas del monte Fuji...

**CIENCIA, TECNOLOGÍA Y SOCIEDAD**

*Explora innovaciones en la tecnología de computadoras...*

**HISTORIA**

*Visita el antiguo Taj Mahal...*

# ¿Qué quieres aprender?

## GOBIERNO

*Presencia un apretón de manos en pro de la paz...*

## ECONOMÍA

*Eleva la productividad de una planta japonesa de mariscos...*

## CULTURA

*Representa los mitos y leyendas tradicionales de China...*

## CIVISMO

*Participa en manifestaciones para exigir mejores salarios en Corea del Sur...*

Un diario es tu registro personal de hallazgos. A medida que conoces más cosas sobre Asia, puedes incluir en tu diario entradas de lo que lees, escribes, piensas y creas. Como primera entrada, piensa en la geografía de Asia. ¿Qué accidentes geográficos son los más distintivos de Asia? Compáralos y contrástalos con los accidentes geográficos del lugar donde vives.

DIARIO DEL EXPLORADOR

# Preguntas guía

## ¿Qué preguntas debo hacer para comprender como es Asia?

**P**reguntar es una buena forma de aprender. Piensa en la información que querrías obtener si visitaras un lugar que no conoces, y qué preguntas harías. Las preguntas de estas páginas guiarán tu estudio de Asia. ¡Haz otras preguntas por tu cuenta!

### GEOGRAFÍA

Asia es una región de extremos: tiene algunos de los desiertos más áridos, los ríos más largos y las montañas más altas del mundo. Este gigantesco continente tiene ciudades atestadas de habitantes, pequeñas aldeas donde se lucha para adaptarse al medio ambiente, concurridos puertos mercantes y una región de islas volcánicas. Masas de agua como el océano Pacífico y el río Indo moldean la vida de quienes viven a sus orillas.

**❶ ¿De qué manera la geografía ha afectado el desarrollo de las sociedades en Asia?**

### HISTORIA

En Asia nacieron algunas de las grandes civilizaciones del mundo. Comerciantes, exploradores y viajeros trajeron nuevas ideas que los pueblos asiáticos adoptaron y adaptaron. Los tesoros arquitectónicos, las formas de arte tradicionales y la diversidad de lenguas reflejan la rica historia de la región. Esta historia continúa moldeando el sentido de identidad asiático.

**❷ ¿De qué manera la historia y los logros de personajes históricos afectan la vida actual en Asia?**

### CULTURA

Muchas de las religiones del mundo se iniciaron en Asia. Hoy en día, las creencias y prácticas religiosas contribuyen a definir las numerosas culturas de esta región. En el suroeste asiático, las leyes religiosas y civiles a menudo son las mismas. En el este y sur de Asia las prácticas y celebraciones religiosas son una parte importante de la vida cotidiana.

**❸ ¿De qué manera la religión ha afectado el desarrollo de las sociedades asiáticas?**

## GOBIERNO

Asia ha sido gobernada por poderosas dinastías y emperadores, y también por extranjeros. Hoy, los gobiernos de Asia varían. Incluyen los gobiernos comunistas de China y Corea del Norte, y los gobiernos más democráticos de Japón y Corea del Sur. En Israel, al suroeste de Asia, prevalece la democracia, pero antiguos conflictos siguen amenazando la estabilidad de la región.

**4** **¿Qué diferencias y similitudes hay entre los gobiernos asiáticos, y entre esos gobiernos y el de Estados Unidos?**

## ECONOMÍA

Durante generaciones, los asiáticos han cultivado la tierra, para mantener a sus familias y para la venta o exportación. Muchas naciones asiáticas se han industrializado, y otras aún lo están haciendo. Las industrias que les dan sustento son la producción de artesanías y la fabricación de repuestos para automóviles. La demanda de petróleo ha enriquecido a algunos países del suroeste de Asia.

**5** **¿De que manera la geografía y los recursos naturales afectan la forma en que se ganan la vida los asiáticos?**

## CIVISMO

La naturaleza del civismo en las diferentes regiones de Asia está definida en buena parte por la historia. Algunos países asiáticos apenas se han independizado del dominio colonial. Sus gobiernos enfrentan grandes retos al construir un proceso político aceptable para todos y que permita a los ciudadanos participar en la toma de decisiones.

**6** **¿Qué diferencias hay entre Asia y Estados Unidos en cuanto a la participación en el proceso político?**

## CIENCIA, TECNOLOGÍA Y SOCIEDAD

Desde hace mucho, la excelencia en innovación científica y tecnológica ha sido una característica de Asia, y la región sigue manteniendo esa distinción. Los israelíes han ideado métodos de riego para desarrollar importantes áreas agrícolas en tierras áridas. Los agricultores de Arabia Saudí han utilizado tecnología para adaptarse a un clima de veranos ardientes e inviernos fríos. Japón se ha convertido en un líder mundial de tecnología de computadoras.

**7** **¿De qué manera la geografía ha afectado el desarrollo de la ciencia y la tecnología en Asia?**

 **Búscalo en la RED**

Para más información sobre Asia visita el sitio World Explorer: People, Places and Cultures, en **phschool.com.**

# ATLAS PARA ACTIVIDADES

# Asia

◆ ◆ ◆ ◆ ◆ ◆ ◆ ◆ ◆ ◆ ◆ ◆ ◆ ◆ ◆ ◆ ◆ ◆ ◆ ◆ ◆ ◆ ◆ ◆ ◆ ◆ ◆ ◆ ◆ ◆

Para conocer Asia hay que ser explorador. Para ello, necesitas comprobar ciertos hechos. Comienza por explorar los mapas de Asia en las páginas que siguen.

## Ubicación relativa

## Tamaño relativo

## I. UBICACIÓN

**Localiza Asia y Estados Unidos** Examina el mapa de la izquierda. Asia está coloreada de verde. ¿Qué océano yace entre Asia y Estados Unidos? Si vivieras en la costa occidental de Estados Unidos, ¿en qué dirección viajarías para llegar a Asia?

## 2. REGIONES

**Calcula el tamaño de Asia** ¿Qué tamaño tiene Asia en comparación con Estados Unidos continentales? Con una regla, mide la distancia de norte a sur máxima en Asia. Luego mide la distancia máxima de este a oeste. Ahora realiza las mismas mediciones en Estados Unidos. ¿Cuánto más ancha es Asia de norte a sur que Estados Unidos? ¿Y de este a oeste?

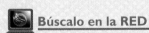 **Búscalo en la RED**

Los elementos marcados con este logotipo se actualizan periódicamente en la Internet. Visita **phschool.com** para obtener información actualizada de la geografía de Asia.

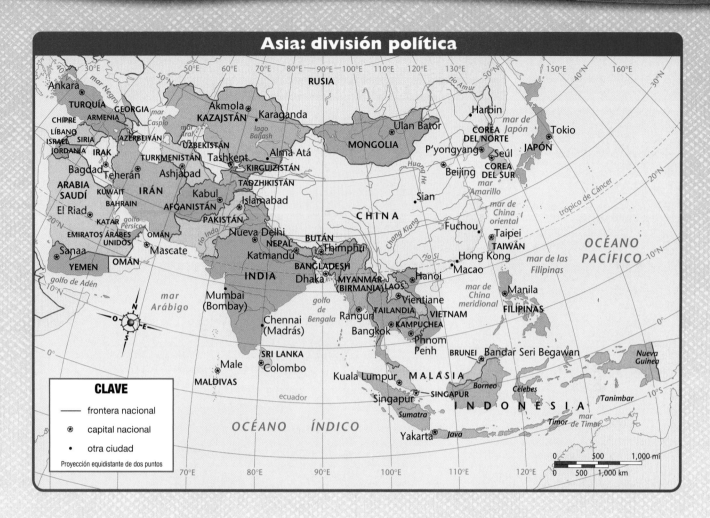

## Asia: división política

**CLAVE**

— frontera nacional

⊗ capital nacional

• otra ciudad

Proyección equidistante de dos puntos

## 3. LUGAR

**Identifica países asiáticos** Asia es el continente más grande del planeta. El mapa de arriba muestra los países asiáticos. ¿Cuál de ellos crees que sea el más grande? Asia también tiene muchos países situados en islas. Halla tres países isleños en el mapa. ¿Cómo se llaman? Asia tiene una gran extensión de este a oeste. Un país de la parte occidental de Asia es Arabia Saudí. Nombra tres países cercanos a Arabia Saudí.

El continente asiático también contiene parte de Rusia. Rusia es un país tan grande que forma parte de dos continentes: Europa y Asia. Observa la ubicación de Rusia en el mapa. Casi toda Rusia está en Asia, pero la mayoría de los rusos viven en la parte europea de Rusia. Por ello, muchos geógrafos incluyen a Rusia cuando hablan de Europa y no cuando hablan de Asia.

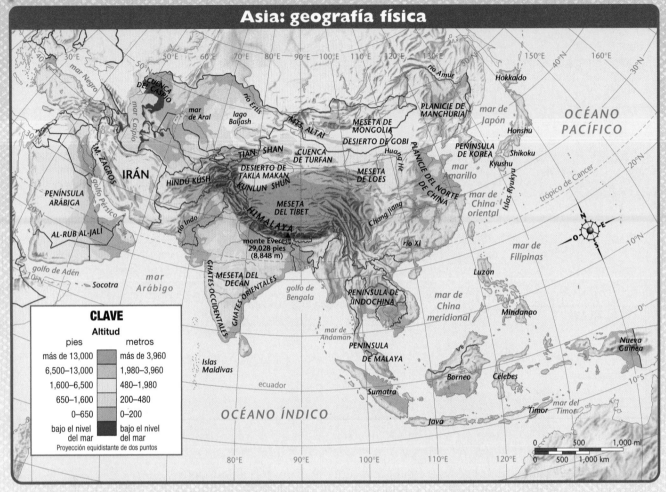

## Asia: geografía física

**4. MOVIMIENTO**

**Analiza la influencia de la geografía en la economía** Los montes
Himalaya son las montañas más altas del mundo. Asia también tiene otras
cordilleras altas con extensos y áridos desiertos. Halla estas características
físicas en el mapa. ¿Qué efectos crees que tengan en la economía de los países
asiáticos estas barreras para la transportación?

**5. LOCALIZACIÓN**

**Identifica las masas de agua y penínsulas de Asia** Asia está rodeada
de agua en la mayoría de sus lados. Usa el mapa de arriba para localizar y
nombrar las masas de agua al este y al oeste de Asia. También Asia tiene
cuatro penínsulas principales. Una península es un área de tierra que está
unida a otra más grande y rodeada de agua por la mayoría de sus lados. Las
cuatro penínsulas principales de Asia están señaladas en el mapa. ¿Cómo se
llaman?

## 6. INTERACCIÓN ENTRE EL SER HUMANO Y EL MEDIO AMBIENTE

**Examinar el efecto de los procesos físicos** Los monzones son fuertes vientos que soplan cada invierno y cada verano por el sureste de Asia y la India. Los monzones invernales desplazan aire seco sobre la tierra y empujan las nubes hacia el océano. Los estivales llevan nubes y aire húmedo a la tierra, y producen lluvias intensas. El mapa de abajo muestra el uso del suelo y los monzones en Asia. Lee las descripciones que siguen y luego usa el mapa para contestar a las preguntas.

**A.** Este país está en una península que se proyecta hacia el océano Índico. Su litoral oriental da al golfo de Bengala. ¿Cómo se llama este país? ¿Qué uso se da a la mayor parte de su territorio?

**B.** Se trata de un país grande con un largo litoral oriental. En la mitad occidental del país se practica el pastoreo nómada. Del sur soplan monzones húmedos que afectan la costa sudoriental. ¿Cómo se llama el país?

**C.** Localiza el sureste de Asia en el mapa. Gran parte de esta zona tiene clima tropical húmedo. ¿Qué tipo de monzón afecta más esta área? ¿Qué tipos de agricultura se practican en esta región?

Asia: uso del suelo y los monzones

**CLAVE**
- pastoreo nómada
- caza y recolección
- silvicultura
- cría de ganado
- agricultura comercial
- agricultura de subsistencia
- fabricación y comercio
- pesca comercial
- poca o ninguna actividad
- → monzón húmedo
- ← monzón seco

Proyección equidistante de dos puntos

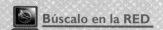 **Búscalo en la RED**

## Selvas tropicales de Asia

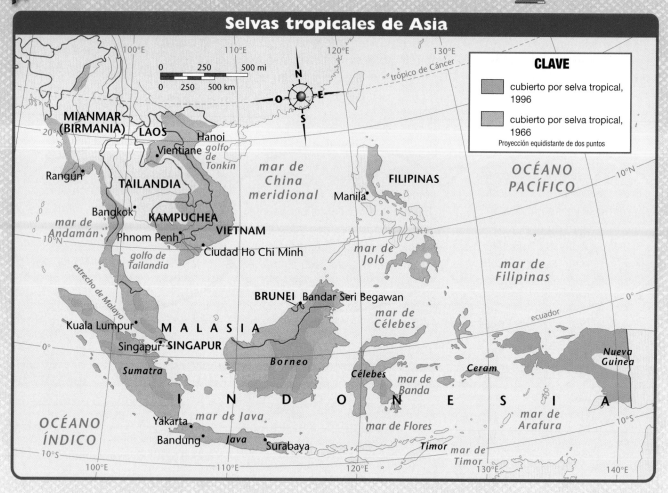

**CLAVE**

cubierto por selva tropical, 1996

cubierto por selva tropical, 1966

Proyección equidistante de dos puntos

## 7. INTERACCIÓN ENTRE EL SER HUMANO Y EL MEDIO AMBIENTE

**Examina la influencia del ser humano sobre el medio ambiente** El sureste asiático tiene una elevada precipitación pluvial y se encuentra cerca del ecuador. Por ello, gran parte de la región estuvo alguna vez cubierta por selvas tropicales. En las últimas décadas, muchas de esas selvas han desaparecido. Las talan agricultores que necesitan terreno. Otras selvas son taladas por compañías madereras que desean vender madera a otros países. Estudia el mapa. ¿Qué naciones han perdido todas sus selvas tropicales? ¿A dónde irías para hallar la selva tropical más grande que queda?

# Lo más grande de Asia

## TAMAÑO DE LOS CONTINENTES

**Australia**
2,989,000 mi²
(7,741,000 km²)

**Antártida**
5,400,000 mi²
(14,000,000 km²)

**Europa**
4,015,000 mi²
(10,3398,000 km²)

**África**
11,657,000 mi²
(30,190,000 km²

**América del Sur**
6,889,000 mi²
(17,868,000 km²)

**América del Norte**
9,347,000 mi²
(24,208,000 km² )

**Asia**
16,992,000 mi²
(44,008,000 km²)

## 8. LUGAR

**Compara características físicas** Estudia estos diagramas. En ellos se comparan las características físicas de Asia con las del resto del mundo. ¿Cuántos de los siete ríos más largos del mundo están en Asia? ¿Cuál es el río más largo de Asia? ¿Qué porcentaje de la población mundial vive en Asia? ¿Cuántas de las cinco montañas más altas del mundo están en Asia? ¿Dónde está el monte Everest? Enumera los tres continentes más grandes, de mayor a menor.

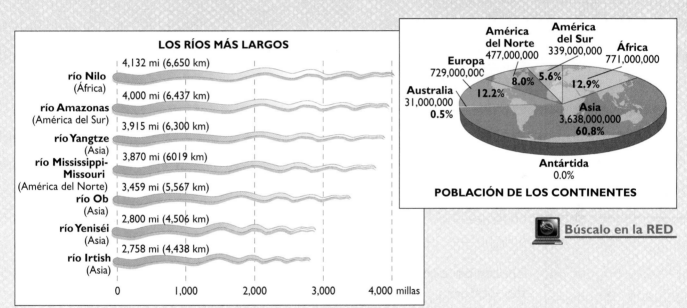

### LOS RÍOS MÁS LARGOS

**río Nilo**
(África)
4,132 mi (6,650 km)

**río Amazonas**
(América del Sur)
4,000 mi (6,437 km)

**río Yangtze**
(Asia)
3,915 mi (6,300 km)

**río Mississippi-Missouri**
(América del Norte)
3,870 mi (6019 km)

**río Ob**
(Asia)
3,459 mi (5,567 km)

**río Yeniséi**
(Asia)
2,800 mi (4,506 km)

**río Irtish**
(Asia)
2,758 mi (4,438 km)

0    1,000    2,000    3,000    4,000 millas

**América del Norte**
477,000,000
8.0%

**América del Sur**
339,000,000
5.6%

**Europa**
729,000,000
12.2%

**África**
771,000,000
12.9%

**Australia**
31,000,000
0.5%

**Asia**
3,638,000,000
60.8%

**Antártida**
0.0%

**POBLACIÓN DE LOS CONTINENTES**

**Búscalo en la RED**

### LAS MONTAÑAS MÁS ALTAS DEL MUNDO

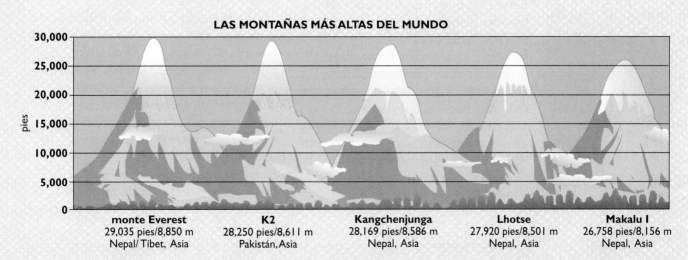

pies

30,000
25,000
20,000
15,000
10,000
5,000
0

**monte Everest**
29,035 pies/8,850 m
Nepal/Tíbet, Asia

**K2**
28,250 pies/8,611 m
Pakistán, Asia

**Kangchenjunga**
28,169 pies/8,586 m
Nepal, Asia

**Lhotse**
27,920 pies/8,501 m
Nepal, Asia

**Makalu I**
26,758 pies/8,156 m
Nepal, Asia

# ASIA:
# Geografía física

**Tierras áridas**

# USAR ILUSTRACIONES

**El desierto de Gobi es el desierto más grande de Asia. Las tierras estériles cubren alrededor de 500,000 millas cuadradas del territorio de China y Mongolia. Aquí cae muy poca lluvia. La palabra "Gobi", de origen mongol, significa "lugar sin agua". Sin embargo, pese al tiempo inclemente y a la escasez de agua, tanto las personas como las plantas y los animales se las arreglan para subsistir en este desierto.**

### Trazar un camino a través del desierto

Busca y traza un mapa del Gobi. Dibuja una línea punteada en él para trazar la ruta que harías en camión a través del desierto. Usa la escala del mapa para determinar cuántas millas recorrerías. Para decidir cuántas millas debes recorrer cada día, responde lo siguiente:
• ¿A cuántas millas por hora crees que tu camión pueda viajar a través del desierto?
• ¿Qué podría obligarte a ir más despacio? ¿Cuánto tiempo necesitarías para emergencias y descanso?

### Llevar un diario de viaje

Las personas que viven en climas desérticos han ideado formas de conservar el agua y mantenerse frescas durante el día y calientes por la noche. Investiga cuáles son los animales, las plantas, los habitantes, el relieve y el clima del Gobi. Luego, escribe un diario acerca de tu viaje por el desierto. Describe cómo crees que te sentirías si pasaras noches y días enteros en el desierto. ¿Con qué descubrimientos, contratiempos y peligros podrías toparte? Proporciona detalles usando todos tus sentidos: la vista, el oído, el olfato, el gusto y el tacto.

# Características físicas

## ANTES DE LEER

### ENFOQUE DE LECTURA

1. ¿De qué modo han formando al paisaje de Asia los procesos físicos?
2. ¿Por qué los ríos son recursos naturales importantes en Asia?
3. ¿Cómo influyen los factores geográficos de Asia sobre los lugares poblados por la gente?

### PALABRAS CLAVE
subcontinente

### LUGARES CLAVE
montes Himalaya
Chang Jiang
Huang He
río Ganges
río Indo
río Tigris
río Éufrates

### ANOTACIONES

Copia la tabla y mientras lees esta sección, complétala con información sobre las características físicas de Asia y la distribución de su población.

| | Principales accidentes geográficos o regiones de vegetación | Principales masas de agua | Principales zonas de población |
|---|---|---|---|
| Subcontinente indio | | | |
| Sureste de Asia | | | |
| Suroeste y centro de Asia | | | |

### IDEA PRINCIPAL

Los recursos naturales de Asia comprenden ríos que proveen agua y transporte, así como valles fértiles donde la gente puede vivir y cultivar alimentos con más facilidad.

## El escenario

Hace 200 millones de años, lo que hoy es el **subcontinente** indio, en la región sur de Asia, estaba unido a la costa este de África. Un subcontinente es una masa de tierra que forma una parte importante de un continente. Los científicos creen que alguna vez todos los continentes estuvieron unidos.

Hace casi 200 millones de años, la tierra se movió y se agrietó, y los continentes comenzaron a separarse. El subcontinente indio se separó de África y avanzó lentamente rumbo a Asia. La tierra se movía tan lentamente, que tardaba cuatro años en recorrer el largo de un lápiz.

Hace como 40 millones de años, el subcontinente indio chocó con Asia. Igual que los frentes de dos autos se arrugan en un accidente, el norte de la India y el sur de Asia se arrugaron en el punto donde se encontraron. Ahí está la gran cordillera de los **montes Himalaya** en donde están los picos más altos del mundo.

### Los montes Himalaya

**GEOGRAFÍA** Un arroyo que es alimentado por la nieve que se derrite, desciende en zigzag entre los escarpados montes Himalaya, en el valle de Lahaul, en el norte de la India. **Razonamiento crítico** Fíjate en el mapa de la página 452 y nombra dos ríos cuyas fuentes están en los montes Himalaya.

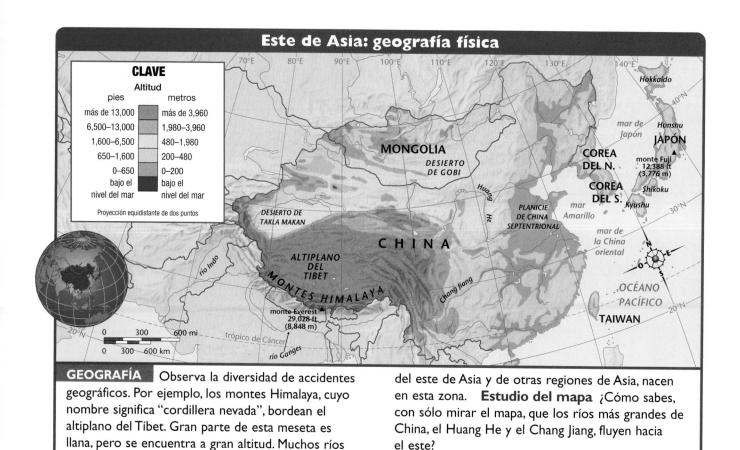

**CLAVE**

Altitud

| pies | metros |
|---|---|
| más de 13,000 | más de 3,960 |
| 6,500–13,000 | 1,980–3,960 |
| 1,600–6,500 | 480–1,980 |
| 650–1,600 | 200–480 |
| 0–650 | 0–200 |
| bajo el nivel del mar | bajo el nivel del mar |

Proyección equidistante de dos puntos

0    300    600 mi
0    300    600 km

**GEOGRAFÍA** Observa la diversidad de accidentes geográficos. Por ejemplo, los montes Himalaya, cuyo nombre significa "cordillera nevada", bordean el altiplano del Tíbet. Gran parte de esta meseta es llana, pero se encuentra a gran altitud. Muchos ríos del este de Asia y de otras regiones de Asia, nacen en esta zona. **Estudio del mapa** ¿Cómo sabes, con sólo mirar el mapa, que los ríos más grandes de China, el Huang He y el Chang Jiang, fluyen hacia el este?

## Procesos físicos poderosos

Las cordilleras de China, al noreste de la India, también se formaron por la colisión de ambas masas de tierra. Este antiguo proceso de formación de montañas continúa hasta el presente. Los científicos estiman que el monte Everest está "creciendo" casi 2 pulgadas (5 cm) al año. El Everest, la montaña más grande del mundo, se eleva a una altura de 29,028 pies (8,848 m), o ¡cinco millas y media!

Más al oriente de China, las fuerzas naturales también formaron las islas de Japón, cuando los sismos elevaron o hundieron ciertas partes del terreno. Los volcanes en erupción apilaron montañas de lava y ceniza formando nuevas montañas. Hoy, en muchas partes de Asia, los sismos y los volcanes aún modifican el paisaje. La mayoría de las islas de esta región son montañosas porque son cimas de volcanes submarinos.

## Ríos que dan vida

Asia tiene varios ríos que, como recursos naturales, no sólo proveen agua, sino que representan medios de transporte. Uno es el **Chang Jiang** de China, que fluye a lo largo de 3,915 millas (6,300 km) hacia el mar de la China oriental, y es el único del este de Asia que tiene profundidad para permitir la navegación de barcos de carga. Hay mas de 400 millones de habitantes en las riberas de otro río, el Huang He, que corre por una región fértil: la llanura de China septentrional.

## Nacimiento en las montañas

Los dos ríos más importantes del sur de Asia: el **Ganges** y el **Indo**, nacen en las alturas de los montes Himalaya.

El río Ganges fluye en un ancho y amplio arco a lo largo del norte de la India, en tanto que el Indo fluye hacia el oeste desde los montes Himalaya y entra al país de Pakistán.

Los ríos transportan desde las montañas, el agua y los minerales necesarios para la agricultura. Las planicies que rodean a los ríos son, por tanto, muy fértiles y, en consecuencia, están muy pobladas.

## Ríos en el mundo seco

Las regiones del suroeste y centro de Asia se conocen con el sobrenombre de "el mundo seco" porque contienen algunos de los desiertos más grandes de la Tierra. El Rub al-Jalí es casi tan grande como el estado de Texas. El Kara Kum cubre 70 por ciento de Turkmenistán. Aunque crecen pocas plantas en los desiertos del suroeste y centro de Asia, algunos de los suelos más fértiles del mundo están a lo largo de los ríos **Tigris, Éufrates** y Ural. Cuando estos ríos se desbordan, depositan tierra fértil a lo largo de sus riberas, que es favorable para los cultivos. Por consiguiente, vive más gente en los valles fluviales que en cualquier otra parte de la región.

Los ríos son importantes no sólo como fuentes de agua sino también ofrecen medios de transporte. Los ríos Tigris y Éufrates, por ejemplo, nacen ambos en Turquía y se abren camino hacia el sur, donde se combinan para formar el canal de Shatt-el-Arab, en Irak. Este canal desemboca en el golfo Pérsico y proporciona a Irak su única salida hacia el mar.

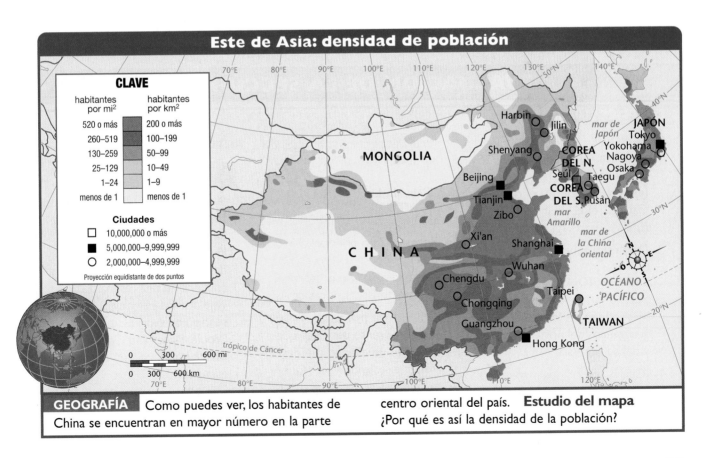

**Este de Asia: densidad de población**

**CLAVE**

| habitantes por mi² | habitantes por km² |
|---|---|
| 520 o más | 200 o más |
| 260–519 | 100–199 |
| 130–259 | 50–99 |
| 25–129 | 10–49 |
| 1–24 | 1–9 |
| menos de 1 | menos de 1 |

**Ciudades**

☐ 10,000,000 o más
■ 5,000,000–9,999,999
○ 2,000,000–4,999,999

Proyección equidistante de dos puntos

**GEOGRAFÍA** Como puedes ver, los habitantes de China se encuentran en mayor número en la parte centro oriental del país. **Estudio del mapa** ¿Por qué es así la densidad de la población?

# Geografía y población

Como puedes ver en el mapa de la página anterior, la población del este de Asia no está distribuida uniformemente en todo el territorio porque hay pocos habitantes en los desiertos, las tierras altas y las montañas. No obstante, casi 1,500 millones de personas tienen su hogar en China, Corea del Norte, Corea del Sur y Japón. Esto significa que la población se aglomera en las regiones costeras y de tierras bajas, y estas partes de Asia tienen una densidad de población, o número promedio de habitantes por milla cuadrada (o kilómetro cuadrado) muy grande.

En el este de Asia, el suelo llano es escaso y debe ser compartido por las ciudades, las fincas agrícolas y las industrias. Por ejemplo, casi la mitad de la población de Japón se aglomera en menos del 3 por ciento del territorio total del país. La mayor parte de la población de China está en el este.

Aunque el este de Asia es principalmente una región rural, y alrededor del 75 por ciento de los habitantes de China viven en zonas rurales, también tiene algunas de las ciudades más grandes del mundo. En Japón, el 80 por ciento de sus habitantes viven en ciudades, y en Seúl, la capital de Corea del Sur, la población es de más de 10 millones.

**GEOGRAFÍA** Seúl, vista aquí de noche, es una de las ciudades más densamente pobladas del este de Asia.
**Razonamiento crítico** A juzgar por esta imagen, ¿Cómo crees que la geografía afecta la densidad de la población en Seúl?

## Sureste de Asia continental

Los países de la parte continental del sureste de Asia son Vietnam, Camboya, Laos, Mianmar y Tailandia. El sureste de Asia tiene aproximadamente una quinta parte del tamaño de Estados Unidos. Gran parte de esta región está cubierta de montañas boscosas, pero la mayoría de sus habitantes viven en los estrechos valles fluviales encerrados entre las cordilleras montañosas. Al igual que en el subcontinente indio, los ríos fluyen desde el norte y crean valles fluviales con el agua y los minerales necesarios para cultivar la tierra.

# EVALUACIÓN DE LA SECCIÓN 1

**DESPUÉS DE LEER**

### RECORDAR

1. Identifica: (a) los montes Himalaya, (b) el Chang Jiang, (c) el Huang He, (d) el río Ganges, (e) el río Indo, (f) el río Tigris, (g) el río Éufrates

2. Define: (a) subcontinente

### COMPRENSIÓN

3. ¿Cómo formó la colisión de dos masas de tierra los accidentes geográficos del norte de la India y del sur de Asia?

4. ¿Cuáles son las dos razones por las que los ríos Tigris y Éufrates son importantes recursos naturales para los habitantes del suroeste de Asia?

### RAZONAMIENTO CRÍTICO Y ESCRITURA

5. **Explorar la idea principal** Repasa la idea principal al inicio de esta sección. Luego, escribe un párrafo en el que describas las características físicas de Asia.

6. **Apoyar un punto de vista** Eres un agente de viajes que está con un cliente que desea visitar el este de Asia. ¿Qué accidentes geográficos le sugerirías visitar a tu cliente?

### ACTIVIDAD

 **Búscalo en la RED**

7. **Viajar por los Himalayas** Imagina que eres un viajero que ha venido a explorar los Himalayas. Usa la información del sitio de la red para escribir en tu diario una reseña de tu viaje por los Himalayas. Visita la sección de World Explorer: People, Places and Cultures de **phschool.com** para realizar esta actividad.

# Los seres humanos y el ambiente físico

**ANTES DE LEER**

### ENFOQUE DE LECTURA

1. ¿Cómo influye el ambiente físico en la vida de los habitantes del suroeste de Asia?
2. ¿Cómo influye el ambiente físico en la vida de los habitantes del este de Asia?
3. ¿Cómo influye el ambiente físico en la vida de los habitantes del sur y sureste de Asia?

### PALABRAS CLAVE

tierras de cultivo
monzón

### IDEA PRINCIPAL

En toda Asia, los seres humanos deben adaptarse a ambientes físicos difíciles y a veces peligrosos.

### ANOTACIONES

Copia el esquema y mientras lees esta sección complétalo con información sobre la influencia del ambiente físico en la vida de los habitantes de Asia.

> I. **Aspectos y efectos del ambiente físico**
>   A.
>     1. Clima seco: la gente debe adaptar los métodos de cultivo
>     2. Tierras de cultivo limitadas:
>   B. Este, sur y sureste de Asia
>     1.
>     2. Clima tropical (Sureste de Asia):

## El escenario

Mohamed bin Abdalá Al Shaik y su familia cultivan la tierra en lo que en un tiempo fue una enorme planicie arenosa de Arabia Saudí. Ahí sólo crece el matorral espinoso, un arbusto bajo y grueso. Para cultivar sus tierras, Mohamed y su familia tuvieron que cavar antes un pozo de más de 600 pies (183 m) de profundidad.

La familia de Mohamed también excavó canales de riego en los 20 acres (8 hectáreas de tierras de cultivo que le pertenecen). Después de plantar árboles para proteger la finca de los fuertes vientos, plantaron palmeras datileras. Los dátiles son un cultivo importante en el suroeste de Asia porque las palmeras subsisten bien en las condiciones del desierto.

Los dátiles no son lo único que cultiva la familia de Mohamed. También cultiva pepinos, tomates, maíz y alfalfa. Las raíces largas de las plantas de alfalfa encuentran humedad a mayor profundidad en el suelo. Cultivar plantas de raíces largas es uno de los medios de los agricultores para adaptarse a un clima de veranos calurosos e inviernos fríos.

### La palmera datilera

**ECONOMÍA** Mohamed bin Abdalá Al Shaik inspecciona una de las palmas datileras de su finca. Estos árboles producen un fruto dulce y nutritivo. Además, el tronco proporciona madera, y las hojas sirven como combustible y para elaborar canastas y cuerdas.
**Razonamiento crítico** ¿Por qué es la palmera datilera una planta que conviene cultivar para vender?

**MIENTRAS LEES**

Usa conocimientos previos ¿Qué partes de Estados Unidos tienen tierras de cultivo en abundancia?

# Adaptarse a condiciones difíciles

El suroeste de Asia es una región de clima extremo. Tiene veranos abrasadores e inviernos helados. En ciertos lugares, la temperatura cambia drásticamente todos los días. Sin embargo, en invierno o en verano, hay algo que no cambia: El suroeste de Asia se cuenta entre las regiones áridas más grandes de la Tierra.

La mayoría de los trabajadores del suroeste de Asia laboran en granjas de cultivo. En Turquía y Siria, la agricultura es la actividad económica más importante. Pero la cantidad de **tierras de cultivo,** es decir, tierras capaces de producir cultivos, es limitada. En algunos lugares el suelo no es fértil. A veces no hay agua suficiente para todos. En otros lugares las montañas dificultan las labores agrícolas. En estas condiciones, la gente pasa grandes apuros para ganarse la vida.

**El río se desborda**

## Influencia del clima

El clima tiene una gran influencia en la vida en el este de Asia. En China, la región en torno al Huang He, o río Amarillo, es un buen ejemplo. El nombre de este río viene del polvo amarillo parduzco que los vientos del desierto levantan. El río recoge el polvo y lo deposita al este de la planicie de China septentrional. Esta planicie es una enorme área de 125,000 millas cuadradas (32,375,000 hectáreas) en torno al río y una de las mejores regiones agrícolas de China.

El río, conocido como "dolor de China", es al mismo tiempo una bendición y una maldición para los agricultores chinos que viven a lo largo de sus riberas, porque el Huang He llega a desbordarse durante los monzones. Los **monzones** son vientos que soplan en ciertas épocas del año. En el verano, los vientos del océano Pacífico soplan hacia el oeste, rumbo al continente asiático, y provocan un tiempo caluroso y húmedo con fuertes lluvias.

En invierno, los vientos soplan hacia el este y llevan aire más frío y seco al continente. En ciertas partes de China, los monzones de invierno producen tormentas de polvo que duran días enteros. Donde cruzan aguas oceánicas cálidas, como las del mar de la China meridional, estos monzones recogen humedad que después se precipita en forma de lluvia o nieve.

**GEOGRAFÍA** El Huang He, como el Chang Jiang, otro río chino, a veces se desborda. Una inundación en 1998 fue la peor en 44 años: murieron 4,100 personas y causó daños de $30,000 millones. Arriba, tres trabajadores de Wuhan visitan su tienda en un bote de remos.

**Razonamiento crítico**
¿Cómo puede un río ser al mismo tiempo bendición y maldición para la gente?

## Las tormentas de Asia

Las lluvias monzónicas de Asia proveen de agua a la mitad de la población mundial, pero también influyen de otras formas en la vida al sur de Asia. En la India, los estudiantes inician su año escolar en junio, una vez que han caído las primeras lluvias. Las vacaciones largas son en primavera, cuando es muy difícil concentrarse debido al calor tan asfixiante.

En Nepal, las fuertes lluvias monzónicas causan a veces avalanchas de lodo que destruyen aldeas enteras. El lodo viene de cerros talados. En Bangladesh, los ríos se desbordan e inundan dos terceras partes del territorio.

Gran parte del sureste de Asia tiene un clima húmedo tropical y está cubierta de selva tropical. Vietnam debe sus exuberantes selvas tropicales a los monzones de invierno. Cuando estos vientos invernales soplan hacia el sur, de China hacia Vietnam, cruzan el mar de China meridional. El aire recoge humedad, que cae en forma de lluvia al llegar a la costa.

Las selvas tropicales del sureste de Asia son exuberantes y espesas. Pero, vivir en ese clima tropical tiene sus inconvenientes: los tifones. Cuando éstos llegan a tierra, causan grandes daños materiales y muertes.

### Mumbai: una ciudad de monzones

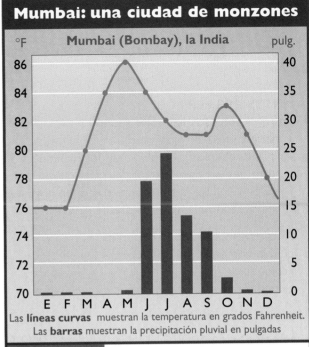

**Mumbai (Bombay), la India**

Las **líneas curvas** muestran la temperatura en grados Fahrenheit. Las **barras** muestran la precipitación pluvial en pulgadas

**GEOGRAFÍA**  Esta gráfica del clima muestra la temperatura y la precipitación pluvial medias mensuales de Mumbai (Bombay), en la India. Como se ve en la gráfica, las lluvias fuertes comienzan en junio. Esto marca el comienzo de los monzones de verano.  **Estudio de la gráfica**  ¿Qué efecto tienen los vientos monzónicos de verano en la temperatura de Mumbai?

## EVALUACIÓN DE LA SECCIÓN 2

**DESPUÉS DE LEER**

### RECORDAR
1. Define: (a) tierras de cultivo, (b) monzón

### COMPRENSIÓN
2. ¿Cómo afecta el medio ambiente a los agricultores de la región?
3. ¿Cómo influyen los monzones en la vida de los habitantes del sur de Asia?
4. ¿Cuál es un inconveniente de vivir en el clima tropical del sureste asiático?

### RAZONAMIENTO CRÍTICO Y ESCRITURA
5. **Explorar la idea principal** Repasa la idea principal al inicio de esta sección. Luego, haz una lista de las características del medio ambiente de Asia, y de cómo influye en la vida de la gente.
6. **Reconocer causa y efecto** Los montes Himalaya tienen una gran influencia en el clima del sur del Asia y en la vida de la gente. ¿En qué aspectos variaría el clima y la vida de estos habitantes del sur de Asia si los montes Himalaya no estuvieran ahí? Responde con un párrafo.

### ACTIVIDAD
7. **Escribir una carta** Estás de viaje por Asia. Escribe una carta a un amigo o a un familiar, en la que describas los diversos climas y la vegetación de los lugares que visitas. Compáralos con el lugar donde vives.

# Factores geográficos y recursos naturales

## ANTES DE LEER

### ANTES DE LEER

1. ¿Qué recursos naturales se usan en el sur y el sureste de Asia para vivir?
2. ¿Qué recursos naturales usan los habitantes del este de Asia para vivir?
3. ¿Cómo influye la riqueza petrolera en la gente y en la economía del suroeste de Asia?

### PALABRAS CLAVE

cultivo comercial
acuicultura
estándar de vida

### IDEA PRINCIPAL

Los recursos terrestres, acuáticos, y el petróleo, contribuyen a la forma en que la mayoría de los habitantes del sur y el suroeste de Asia se ganan la vida.

### ANOTACIONES

Copia el esquema y mientras lees esta sección, complétalo para mostrar los recursos más importantes de Asia y los problemas que implica el uso de éstos.

| | Recursos más importantes | Problemas del uso de los recursos |
|---|---|---|
| Sur y sureste de Asia | cultivos comerciales como té y caucho ⇨ | |
| Este de Asia | metales preciosos y recursos minerales ⇨ | |
| Suroeste de Asia | ⇨ | |

## Cosecha de té

**ECONOMÍA** El té es un importante cultivo comercial en el país insular de Sri Lanka. Estas campesinas cosechan alrededor de 40 libras (18 kg) de té al día.
**Razonamiento crítico** ¿Qué ocurriría a los habitantes de Sri Lanka si los precios del té bajaran mucho?

## El escenario

De haber nacido en una pequeña aldea de Tailandia, probablemente vivirías en una casa de bambú construida sobre pilotes, cerca de un río. Durante las lluvias monzónicas, el río podría desbordarse, y entonces tendrías que remar para ir a casa después de la escuela en un pequeño bote. Durante la estación seca, el preciado bien de tu familia, un carabao, viviría entre los pilotes debajo de tu casa. Ahí estaría a salvo de los animales salvajes.

Pasarías la mayor parte del tiempo cultivando arroz. Poco después de sembrar las semillas en cajas, trasplantarías los vástagos a los campos un poco antes de que comiencen las lluvias. Durante toda la temporada de crecimiento, mantendrías los campos inundados. Sacarías con cuidado la mala hierba de entre las plantas de arroz con un cuchillo o una hoz. Todo esto es un trabajo pesado pero necesario. En Tailandia, como en gran parte de Asia, el arroz es la parte más importante de todas las comidas.

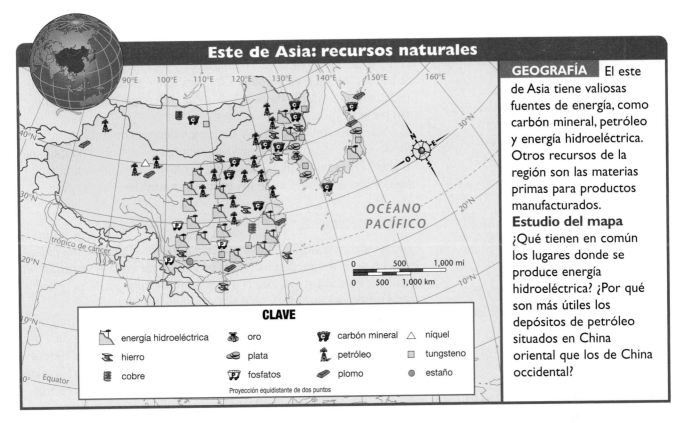

**Este de Asia: recursos naturales**

**GEOGRAFÍA** El este de Asia tiene valiosas fuentes de energía, como carbón mineral, petróleo y energía hidroeléctrica. Otros recursos de la región son las materias primas para productos manufacturados.
**Estudio del mapa** ¿Qué tienen en común los lugares donde se produce energía hidroeléctrica? ¿Por qué son más útiles los depósitos de petróleo situados en China oriental que los de China occidental?

**CLAVE**

| | | | | | |
|---|---|---|---|---|---|
| energía hidroeléctrica | | oro | | carbón mineral | níquel |
| hierro | | plata | | petróleo | tungsteno |
| cobre | | fosfatos | | plomo | estaño |

Proyección equidistante de dos puntos

## Tierra y agua: recursos preciosos

La mayoría de los habitantes del sur y del sureste de Asia se ganan la vida trabajando la tierra. Estas personas viven en pequeñas aldeas agrupadas a lo largo de valles fértiles de los poderosos ríos de la región, donde construyen sus viviendas, que suelen ser de bambú, y cultivan sus propios alimentos. Algunas de esas personas utilizan los mismos métodos de construcción y de labranza que sus antepasados aplicaban hace miles de años.

Ciertos países del sur y el sureste de Asia producen cultivos comerciales como té, algodón y caucho. Un **cultivo comercial** es aquél que se produce para venderlo en el mercado internacional.

Los cultivos comerciales suelen aportar gran cantidad de dinero, pero también ocasionan problemas cuando la economía de una región se torna dependiente de los precios internacionales del producto. Cuando los precios son altos, la gente que cultiva los productos puede comprar alimentos; pero cuando bajan, los cultivos comerciales no aportan el dinero suficiente. Puesto que no pueden comer ni té ni caucho, a veces las personas que cultivan estos productos pasan hambre.

## Uso de los recursos de Asia oriental

El océano Pacífico es un importante recurso alimentario en el este de Asia. Algunos habitantes del este de Asia pescan con palos, redes e incluso unas aves entrenadas llamadas cormoranes. Pero la pesca también es un negocio en grande. Enormes barcos de compañías pescan gran cantidad de peces y mariscos.

Los habitantes del este de Asia practican además la **acuicultura,** o crianza de animales marinos. En bahías poco profundas de la región,

**ENLACE CON las ciencias**

**El lago salado de la India** Durante los meses de calor, el lago Sambhar, de 90 millas cuadradas (230 km$^2$), situado en el noroeste de la India, está seco. Extrañamente, durante este tiempo el lecho del lago parece como si estuviera cubierto de nieve. El manto blanco no es nieve, sino una capa de sal. Esta reserva de sal se explotaba ya en el siglo XVI, y aun hoy día es un importante recurso de la región.

## Trabajar juntos

Durante la Guerra del Golfo en 1991, después de que el ejército iraquí abrió fuego en los pozos petroleros de Kuwait, un grupo de valientes bomberos texanos, guiados por un hombre llamado Red Adair, salvaron la situación. Junto con los kuwaitíes, sofocaron el fuego con nitrógeno. El trabajo era peligroso; los bomberos respiraban el humo; el calor convertía la arena del desierto en vidrio. Tomó ocho meses apagar el fuego.

la gente cría peces en unas jaulas enormes, y unos arrecifes artificiales sirven para criar camarones y ostras. Los lagos y ríos de China son también importantes fuentes alimenticias. En China se pesca cerca del doble de peces de agua dulce que en cualquier otro país del mundo.

Pese a que en las tierras y las aguas del este de Asia abundan los recursos naturales, algunos son demasiado difíciles o costosos de obtener. El mapa de recursos de la página 459 te ayudará a entender la distribución de los recursos naturales de la región.

## Petróleo: oro negro

Sólo en algunos sitios del planeta hay petróleo. Por ello, los países ricos en petróleo juegan un papel fundamental en la economía mundial. El suroeste de Asia es la región productora de petróleo más grande del mundo, y esta riqueza tiene efectos muy importantes en ella. El suroeste de Asia tiene más de la mitad de las reservas mundiales de petróleo, pero algunos países de la región tienen poco o nada. Estos países suelen tener un **estándar o calidad de vida** más bajo que sus vecinos ricos en petróleo porque no reciben los ingresos que éste aporta. Pero, se benefician de otra forma. Cuando sus ciudadanos trabajan en los países ricos en petróleo, llevan dinero a casa.

Kazajstán es uno de los tres países del suroeste de Asia con grandes reservas petroleras. Los otros dos son Uzbekistán y Turkmenistán. Son países que explotan sus reservas menos que otras naciones del suroeste de Asia. Muchos países desean ayudar a Kazajstán y a sus vecinos a crear una industria petrolera mayor, ofreciéndoles equipo, capacitación y préstamos a cambio de una participación en la riqueza.

# EVALUACIÓN DE LA SECCIÓN 3

**DESPUÉS DE LEER**

### RECORDAR

**1.** Define: (a) cultivo comercial, (b) acuicultura, (c) estándar de vida

### COMPRENSIÓN

**2.** ¿Cómo usan los habitantes del sur y el sureste de Asia sus recursos de tierras y aguas?

**3.** ¿Cómo usan los habitantes del este de Asia el océano Pacífico como recurso alimentario?

**4.** ¿Cómo podría el suroeste de Asia trabajar con los países de la región para explotar sus reservas petroleras?

### RAZONAMIENTO CRÍTICO Y ESCRITURA

**5. Explorar la idea principal** Repasa la idea principal al inicio de esta sección. Luego, explica en un párrafo cómo influyen los recursos naturales en el estándar de vida de las diferentes regiones.

**6. Escribir para aprender** La economía del suroeste de Asia depende del petróleo y del agua. (Hay pocas fuentes permanentes de agua en la región.) Explica cómo conservar el agua y el petróleo.

### ACTIVIDAD

**7. Aprender sobre las gemas** La riqueza mineral del sur y el suroeste de Asia incluye valiosas gemas. Mianmar, Tailandia, Sri Lanka y la India son fuentes de finos rubíes y zafiros. Investiga en la biblioteca o en la Internet los tipos de gemas que hay en Asia y cómo ayudan a la economía de los diversos países. Presenta la información a tu grupo.

# Analizar imágenes

## Aprende la destreza

Todos los días te encuentras con imágenes: en la televisión, en los diarios y revistas y en la Internet. Estas imágenes transmiten información, comunican ideas e influyen en las actitudes. Es importante saber leer estas imágenes, tanto como saber leer las palabras de esta página. Sigue estos pasos para aprender a analizar imágenes:

**A.** Identifica el contenido de la imagen. Pon atención minuciosamente a todos los elementos que constituyen la imagen. ¿Cuáles de ellos son los más importantes?

**B.** Identifica los elementos emocionales de la imagen. Los artistas y fotógrafos suelen utilizar el color y la forma para comunicar sus ideas y emociones. ¿Qué sentimientos transmiten los elementos de la imagen?

**C.** Identifica y lee todo texto que acompañe a la imagen. En muchos casos, la imagen tiene un título, leyenda u otro texto que te ayudará a analizarla. ¿Qué te dice el texto acerca de la imagen?

**D.** Identifica el propósito de la imagen. Se crean imágenes por muchas razones. Algunas de ellas proporcionan información, otras intentan convencer, y otras más tienen el propósito de divertir. Entenderás mejor una imagen, si piensas en la razón por la que fue creada.

**E.** Responde a la imagen. Identifica las emociones que la imagen te provoca. Piensa en la posible relación entre estas emociones y el propósito de la imagen. ¿Hasta qué punto logra la imagen su propósito?

## Practica la destreza

Analiza la imagen "Monte Haruna" mediante pasos que has aprendido y responde a las siguientes preguntas:

**Monte Haruna**

*Vista del monte Haruna cubierto de nieve,* grabado japonés, principios del siglo XIX

- ¿Cuáles son algunos de los elementos importantes de esta pintura? ¿Cuál es el elemento más importante? ¿Por qué?

- ¿Cómo utiliza el artista el color para transmitir emociones en esta pintura?

- ¿Qué información proporciona la leyenda acerca de la pintura?

- ¿Por qué fue creada esta pintura? ¿Cuál es su propósito?

- ¿Qué emociones y sentimientos transmite esta pintura?

## Aplica la destreza

Hallarás más preguntas sobre cómo analizar imágenes en la sección Repaso y evaluación de este capítulo.

# 24 Repaso y evaluación

## Hacer un resumen del capítulo

**En una hoja suelta, dibuja un diagrama como éste y agrega la información que resume la primera sección del capítulo. Luego, completa los cuadros que faltan con un resumen de las secciones 2 y 3.**

### ASIA: GEOGRAFÍA FÍSICA

**Sección 1**

Las fuerzas naturales han formado el paisaje de Asia y continúan haciéndolo en la actualidad. Las montañas más altas, y algunos de los desiertos más grandes del mundo, están en Asia. Hay además muchos ríos importantes.

**Sección 2**

**Sección 3**

## Repaso de palabras clave

**Lee cada uno de los siguientes enunciados y decide si es verdadero o falso. Si es falso, escribe de nuevo la parte subrayada para que el enunciado sea verdadero.**

1. El estándar de vida de un país se refiere <u>al tamaño de su población.</u>

2. Un <u>subcontinente</u> es una gran masa de tierra que constituye una parte importante de un continente.

3. Si la tierra es de <u>cultivo</u>, servirá para sembrar.

4. Los habitantes del este de Asia practican la acuicultura, que consiste en <u>cultivar productos para venderlos a cambio de dinero.</u>

5. Los <u>monzones</u> son vientos que soplan sobre Asia oriental en determinadas épocas del año.

## Repaso de ideas principales

1. Nombra dos fuerzas naturales que formaron el paisaje de Asia. (Sección 1)

2. ¿Qué ofrecen los ríos a los asiáticos? (Sección 1)

3. ¿Por qué es grande la densidad de población en las tierras bajas costeras y los valles fluviales? (Sección 1)

4. ¿Cómo influye en la vida de la gente del suroeste de Asia la limitada disponibilidad de tierras de cultivo? (Sección 2)

5. ¿Cómo influyen los monzones en el este y el sur de Asia? (Sección 2)

6. ¿Qué beneficios obtiene el suroeste de Asia de sus reservas petroleras? (Sección 2)

7. Nombra dos recursos naturales que los habitantes del sur, el sureste y el este de Asia explotan para vivir. (Sección 3)

## Actividad de mapa

### Ubicación de lugares

**Escribe la letra que indica la posición de cada lugar en el mapa.**

**1.** Ganges

**2.** Indo

**3.** Tailandia

**4.** montes Himalaya

**5.** Chang Jiang

**6.** Huang He

**7.** Sri Lanka

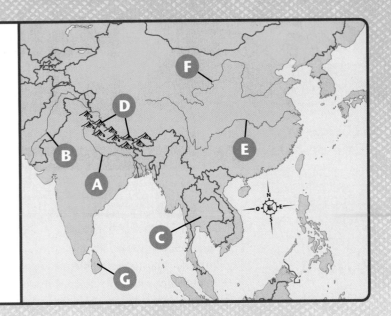

 **Búscalo en la RED**

**Enriquecimiento** Para más actividades con mapas y destrezas de geografía, visita la sección de Social Studies de **phschool.com**.

## Actividad de escritura

**1. Escribir un informe** El Huang He de China ha creado suelos muy fértiles en las tierras de su alrededor. Esto convierte a esas tierras en las mejores regiones agrícolas de China. Sin embargo, la temporada de monzones de China hace que los ríos se desborden con frecuencia. Investiga qué hace la gente para proteger sus campos de las inundaciones. Da sugerencias para que los agricultores de las riberas del Huang He protejan sus cultivos.

**2. Escribir un folleto** A fin de tener el agua suficiente para satisfacer las necesidades de la población, es necesario utilizar sistemas de riego en todo el suroeste asiático. A veces estos sistemas de riego causan problemas ambientales o privan de agua a otros países. Elige un país del suroeste de Asia. Escribe un folleto que exponga las ventajas que una presa ofrecería a este país. Asimismo, menciona los posibles problemas que ésta originaría, y propón soluciones a esos problemas.

## Aplica tus destrezas

**Pasa a Destrezas para la vida de la página 461 para realizar la siguiente actividad.**

Elige una imagen de un diario o revista. Escribe tu análisis en una hoja de papel.

## Razonamiento crítico

**1. Sacar conclusiones** El Chang Jiang es el único río del este de Asia que permite la navegación de barcos cargueros. ¿Cómo influiría esto en la población de las tierras que rodean el río? ¿Y en la población del este de Asia?

**2. Reconocer causa y efecto** La mayor parte del suroeste de Asia es árida o semiárida. ¿Qué efectos tiene esta carencia de agua?

 **Búscalo en la RED**

**Actividad** Explora las variadas características físicas de Asia. Haz un mapa de Asia con los accidentes geográficos más importantes, como cordilleras, ríos, lagos y bosques. Visita la sección World Explorer: People, Places and Cultures de **phschool.com** para realizar esta actividad.

**Autoevaluación del Capítulo 24** Como repaso final, resuelve la prueba de autoevaluación del Capítulo 24. Busca la prueba en la sección de Social Studies en **phschool.com**.

# ASIA: Moldeada por la historia

## Mohandas K. Gandhi

"Él fue tal vez el más grande símbolo de la India del pasado y del futuro... Permanecemos en esta peligrosa época del presente, entre el pasado y el futuro, y enfrentamos toda clase de peligros. El mayor es a veces la falta de fe que hay en nosotros, el sentido de frustración que hay en nosotros, el hundimiento del corazón y del espíritu que hay en nosotros cuando vemos los ideales irse por la borda, cuando vemos las grandezas de las que hablamos convertirse en palabras vacías, y la vida tomar un curso diferente. Aun así, creo que quizás este periodo pase lo suficientemente rápido."

—*Jawaharlal Nehru*

## USAR DISCURSOS

**Mohandas K. Gandhi (1869–1948), estimado líder espiritual y político de la India, representó un papel importante en la liberación de su país de Gran Bretaña en 1947. Jawaharlal Nehru, primero en ocupar el cargo de primer ministro de la India, pronunció este discurso en 1948, después de la muerte de Gandhi.**

### Comprender el discurso

En este discurso, Nehru habla de los peligros que enfrenta la nueva nación de la India, y del "decaimiento del corazón y del espíritu" que viene cuando se pierden los ideales. Investiga qué peligros enfrentaba la India, y qué ocurrió al morir Gandhi. ¿Por qué se sintió la gente desalentada después de su muerte?

### Escribir un discurso

Los grandes oradores repiten frases para crear un ritmo al hablar. Analiza el discurso de Nehru, busca palabras o frases repetitivas. Lee el discurso en voz alta, poniendo atención a las repeticiones. Luego, escribe un breve discurso sobre un tema de tu interés. Usa repeticiones para resaltar los puntos clave. Preséntalo ante la clase.

# Este de Asia

## ANTES DE LEER

### ENFOQUE DE LECTURA

1. ¿Cuáles fueron algunos de los logros principales del este de Asia en la antigüedad?
2. ¿Cómo se propagaron los rasgos culturales dentro y desde Asia hacia Occidente?
3. ¿Cómo contribuyó la presión comercial occidental al surgimiento de estados comunistas en el este de Asia después de la Segunda Guerra Mundial?

### PALABRAS CLAVE

civilización
emperador
dinastía

emigración
clan
difusión cultural

### ANOTACIONES

Copia la tabla y mientras lees esta sección, complétala con causas y efectos de la historia de Asia oriental.

| Causa | Efectos |
| --- | --- |
| • Los chinos querían mantenerse aislados del mundo | • Construcción de la Gran Muralla China |

### IDEA PRINCIPAL

Los descubrimientos y adelantos científicos, tecnológicos y artísticos se propagaron dentro del este de Asia y hacia las naciones occidentales antes de que estallaran los conflictos dentro y fuera del este de Asia durante la Segunda Guerra Mundial.

# El escenario

Hace más de dos mil años, Confucio, uno de los pensadores más importantes de la antigüedad, aconsejaba a sus discípulos:

"Que el gobernante sea gobernante y el súbdito sea súbdito."

"En casa, el joven debe actuar con respeto hacia sus padres; fuera de casa, debe ser respetuoso con sus mayores."

Confucio enseñó que todo el mundo tiene deberes y responsabilidades. Si una persona actúa correctamente, el resultado será paz y armonía. Las ideas de Confucio contribuyeron a que el gobierno de China funcionara sin tropiezos durante años y también a que la cultura china perdurase por muchos siglos.

## Logros del este de Asia

Una **civilización** tiene ciudades, un gobierno central, trabajadores que realizan tareas especializadas y clases sociales. De las civilizaciones antiguas, sólo la china ha sobrevivido. Esto la convierte en la civilización más antigua del mundo.

**La gloriosa China del pasado**   A lo largo de gran parte de su historia, China tuvo poco que ver con el resto del mundo. La Gran Muralla China —comenzada antes de 206 A.C.— es un símbolo del deseo de China de guardar las distancias con el mundo. Los dirigentes

## Estatua de Confucio

**CULTURA**   Esta estatua de Confucio está en la sección de Chinatown (el barrio chino) de la ciudad de Nueva York. **Razonamiento crítico** ¿Por qué los chinos de todas partes del mundo admiran todavía a Confucio?

**MIENTRAS LEES**

Revisa tu lectura
Piensa en dos preguntas
que podrías hacer
acerca de los logros de
China.

chinos llamaron a su país el Reino Medio, porque para ellos era el centro del universo.

Los chinos tenían motivos para sentirse orgullosos. Ellos inventaron el papel, la pólvora, el tejido de la seda, la brújula, la imprenta, el mecanismo de relojería, la rueca y la noria. Los ingenieros chinos eran expertos en abrir canales, construir presas y puentes y montar sistemas de riego.

La antigua China era gobernada por un **emperador**, esto es, un gobernante de extensos territorios y grupos de personas. Una serie de gobernantes de la misma familia era una **dinastía**. La historia china se describe por dinastías.

**La emigración influye en Corea** Alrededor de 1200 A.C., durante una época de turbulencia en China, algunos chinos **emigraron** a la península de Corea. Una emigración es un movimiento de personas de un país o región a otro para adoptar un nuevo hogar. Tiempo después, otros chinos se asentaron en la parte meridional de la península. Estas emigraciones originaron una transferencia de conocimientos y costumbres chinas a los coreanos.

**Años de aislamiento japonés** Durante gran parte de la historia de Japón, los **clanes**, o grupos de familias que afirmaban tener un antepasado común, pelearon entre ellos por las tierras y el poder. Alrededor de 500 D.C. un clan, el Yamato, se volvió poderoso. Los jefes del Yamato que afirmaban descender de la diosa solar, adoptaron el título de "emperador". Muchos emperadores ocuparon el trono de Japón, pero durante mucho tiempo tuvieron poco poder. En su lugar, los shogunes, o "generales del emperador", hacían las leyes. Los nobles guerreros, o samurais, hacían valer estas leyes. Juntos, los shogunes y los samurais gobernaron Japón durante más de 700 años.

Los dirigentes japoneses pensaron que el aislamiento, o separación, era el mejor medio para mantener unido el país. Por consiguiente, Japón estuvo aislado del mundo exterior durante muchos cientos de años.

**HISTORIA** Esta línea cronológica destaca algunos acontecimientos y aportaciones culturales importantes de varias dinastías. **Estudio de la tabla** ¿Bajo qué dinastía alcanzó China los logros más importantes? ¿Por qué?

## Principales dinastías de China

| 1500 A.C. | 1000 A.C. | 500 A.C. | D.C. 1 | D.C. 500 | D.C. 1000 | D.C. 1500 |
|---|---|---|---|---|---|---|

**Shang**
1700 A.C.–1100 A.C.
- Escritura
- Carros con ruedas

**Zhou**
1100 A.C.–256 A.C.
- Confucio
- Construcción de los primeros canales

**Qin**
221 A.C.–206 A.C.
- China toma su nombre de esta dinastía
- Construcción de la Gran Muralla
- Pesos y medidas estándar

**Han**
206 A.C.–220 D.C.
- Los chinos ubican su origen en esta dinastía
- Invención del papel, la brújula y el sismógrafo
- El budismo llega a China de la India

**Tang**
618 D.C.–907 D.C.
- Florecen el arte y la poesía
- Mercaderías chinas fluyen al suroeste de Asia
- Impresión del primer libro

**Song**
960 D.C.–1279 D.C.
- Impresión con bloques y papel moneda

**Ming**
1368 D.C.–1644 D.C.
- Artistas y filósofos hacen de China un país altamente civilizado

**Qing**
1644 D.C.–1911 D.C.
- La última dinastía termina con el emperador Pu Yi

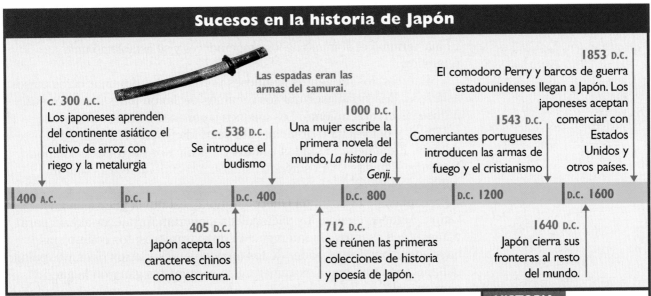

## Sucesos en la historia de Japón

Las espadas eran las armas del samurai.

**c. 300 A.C.**
Los japoneses aprenden del continente asiático el cultivo de arroz con riego y la metalurgia

**c. 538 D.C.**
Se introduce el budismo

**1000 D.C.**
Una mujer escribe la primera novela del mundo, *La historia de Genji.*

**1543 D.C.**
Comerciantes portugueses introducen las armas de fuego y el cristianismo

**1853 D.C.**
El comodoro Perry y barcos de guerra estadounidenses llegan a Japón. Los japoneses aceptan comerciar con Estados Unidos y otros países.

| 400 A.C. | D.C. 1 | D.C. 400 | D.C. 800 | D.C. 1200 | D.C. 1600 |

**405 D.C.**
Japón acepta los caracteres chinos como escritura.

**712 D.C.**
Se reúnen las primeras colecciones de historia y poesía de Japón.

**1640 D.C.**
Japón cierra sus fronteras al resto del mundo.

## Se difunden los rasgos culturales

En la antigüedad, China llevó la delantera en materia de inventos y descubrimientos. Muchos descubrimientos chinos se propagaron después en Corea y Japón. Esta **difusión cultural**, o **transmisión de ideas**, sucedió pronto, y las enseñanzas de Confucio fueron las primeras en ser transmitidas. El budismo, que China había adoptado de la India, se propagó más tarde en Corea y Japón.

La difusión cultural no fue siempre amistosa. Por ejemplo, los alfareros coreanos deslumbraron de tal manera a los japoneses, que fueron capturados y llevados a Japón en 1598. La cultura del este de Asia debe mucho a los primeros intercambios entre China, Japón y Corea. Estos países modificaron lo que tomaron prestado hasta que la tradición se convirtió en propia.

## Presión comercial y comunismo

No obstante que el este de Asia no se interesaba por el resto del mundo, el mundo estaba interesado en ella. En el siglo XIX, los europeos y los estadounidenses comenzaron a producir grandes cantidades de productos manufacturados. El este de Asia parecía ser apto como lugar donde vender estos productos, por lo que comenzaron a zarpar los barcos mercantes occidentales hacia puertos asiáticos.

En 1835, el comodoro estadounidense Matthew Perry navegó con cuatro barcos de guerra hacia Japón, con el fin de obligarlo a conceder derechos comerciales a Estados Unidos. Los japoneses adaptaron las costumbres e inventos que les eran útiles, lo que les ayudó a convertirse en la nación más fuerte de Asia.

La apertura de China fue diferente. Los países extranjeros deseaban dominar parte de China y de su riqueza, y el país no pudo protegerse cuando los británicos, franceses, holandeses, rusos y japoneses dominaron parte de China. Estados Unidos temía desaprovechar las riquezas chinas y, en 1854, anunció la apertura de China al comercio internacional en términos de igualdad. Por un tiempo, esto frenó la división de China.

**HISTORIA** Japón se ha relacionado con otros países con excepción de un periodo de su historia. **Estudio de la tabla** Cita tres ejemplos de difusión cultural que aparecen en la línea cronológica.

**Conflicto y comunismo**  Muchos chinos culparon al emperador por la creciente influencia extranjera. En 1911, cuando estalló la Revolución China, terminó el dominio de los emperadores y se estableció una república.

Mientras, los dirigentes japoneses pretendieron dominar otros países asiáticos. Deseaban asegurar los recursos de Japón para alimentar sus industrias en crecimiento. Los ataques japoneses a otros territorios asiáticos y del Pacífico originaron la Segunda Guerra Mundial en el este de Asia. Finalmente, Estados Unidos y sus aliados derrotaron a Japón. Después, Estados Unidos ayudó a Japón a recuperarse y a crear un gobierno electo.

Después de la Segunda Guerra Mundial, estalló la guerra civil en China. Algunos chinos, los nacionalistas, querían fortalecer al país para manejar sus asuntos sin intervención de extranjeros; los comunistas querían acabar con el poder de los terratenientes y otros ricos y expulsar del país toda influencia extranjera. Los comunistas ganaron la guerra civil en 1949.

Después de la Segunda Guerra Mundial, Corea se dividió en dos. Los comunistas dominaban Corea del Norte, y Corea del Sur buscó apoyo en países occidentales. En 1950 estalló una cruel guerra civil entre ambas: Corea del Norte invadió Corea del Sur. Estados Unidos y otros países de las Naciones Unidas enviaron 480,000 soldados a Corea del Sur, en tanto que China envió tropas a Corea del Norte. La guerra se prolongó por tres años, y en ella murieron alrededor de 54,000 soldados estadounidenses y 1.8 millones de soldados y civiles coreanos. Ningún bando ganó. El frente de batalla al final de la guerra en 1953 aún es frontera entre las dos Coreas.

# EVALUACIÓN DE LA SECCIÓN 1

**DESPUÉS DE LEER**

### RECORDAR

1. Define: (a) civilización,
   (b) emperador, (c) dinastía,
   (d) emigración, (e) clan,
   (f) difusión cultural

### COMPRENSIÓN

2. ¿Cuáles son algunos de los logros más importantes de las antiguas civilizaciones del este de Asia?

3. ¿Cómo cambiaron China y Corea del Norte en los años posteriores a la apertura del este de Asia al comercio con Occidente?

### RAZONAMIENTO CRÍTICO Y ESCRITURA

4. **Explorar la idea principal** Repasa la idea principal al inicio de esta sección. Luego, elige un invento de los chinos. Explica en un párrafo la importancia del invento, o bien la diferencia que éste represente en la vida de las personas.

5. **Hacer inferencias y sacar conclusiones** Explica en una o dos oraciones por qué el aislamiento de un país contribuiría a mantenerlo unido.

### ACTIVIDAD

 **Búscalo en la RED**

6. **Hacer un mapa de la Ruta de la Seda**  El viejo camino comercial, la ruta de la Seda, incluía a varias vías que unían ciudades y las culturas de oriente y occidente. Haz un mapa que muestre la ruta de la Seda. Visita la sección de World Explorer: People, Places and Cultures de **phschool.com**.

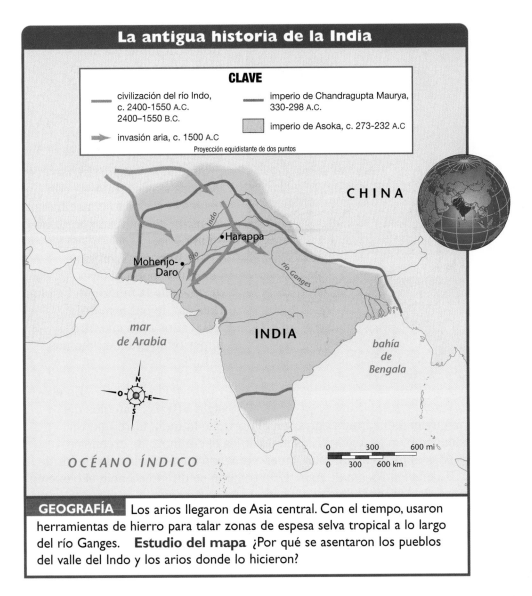

## La antigua historia de la India

**CLAVE**

civilización del río Indo,
c. 2400-1550 A.C.
2400–1550 B.C.

→ invasión aria, c. 1500 A.C

imperio de Chandragupta Maurya,
330-298 A.C.

imperio de Asoka, c. 273-232 A.C

Proyección equidistante de dos puntos

CHINA

Río Indo

• Harappa

Mohenjo-
Daro •

Río

río Ganges

mar
de Arabia

INDIA

bahía
de
Bengala

N
O-E
S

OCÉANO ÍNDICO

0    300    600 mi
0   300   600 km

**GEOGRAFÍA** Los arios llegaron de Asia central. Con el tiempo, usaron herramientas de hierro para talar zonas de espesa selva tropical a lo largo del río Ganges. **Estudio del mapa** ¿Por qué se asentaron los pueblos del valle del Indo y los arios donde lo hicieron?

los arios incluyeron a los pueblos conquistados en su sistema de clases. Para el año 500 A.C. ya había una estricta división de clases. Los europeos más tarde la llamaron el sistema de **castas**. Cada casta, o clase, tenía deberes y trabajos específicos.

El sistema de castas se convirtió en el centro de un nuevo sistema de creencias que también surgió de las ideas y prácticas religiosas de los arios. Este sistema de creencias (el hinduismo) es la religión viva más antigua del mundo.

## Grupos y personajes importantes

Durante cientos de años, la India estuvo dividida en muchos reinos pequeños, sin que surgiera un gobernante capaz de unificarlos.

**El Imperio Maurya** Alrededor de 330 A.C., un fiero caudillo llamado Chandragupta Maurya conquistó numerosos reinos. A su muerte en 298 A.C., gobernaba un imperio que abarcaba gran parte del subcontinente.

El nieto de Chandragupta, **Asoka**, continuó con las conquistas, pero pronto cambiaron las cosas. Luego de una sangrienta batalla, Asoka

**ENLACE CON las matemáticas**

**Números decimales**
En el año **600** D.C. los astrónomos indios ya usaban el sistema decimal, basado en decenas. Éste tenía valores por posición y un cero, lo que facilitaba sumar, restar, multiplicar y dividir. En esa época los europeos usaban todavía números romanos. Luego cambiaron al sistema decimal actual.

**El Taj Mahal**

**CULTURA** Hubo necesidad de emplear a 20,000 trabajadores y llevó 22 años terminar el Taj Mahal, estupendo monumento que Shah Jahan construyó para su esposa.

**Razonamiento crítico**
¿De qué modo refleja la arquitectura del Taj Mahal la religión islámica de su constructor?

**MIENTRAS LEES**

**Revisa tu lectura**
¿Qué preguntas se te ocurren acerca de cómo la India logró liberarse de Gran Bretaña?

renunció a la guerra y a la violencia y liberó a sus prisioneros. Más tarde se convirtió al budismo y juró gobernar en paz.

Asoka cumplió su palabra; mostró preocupación por el bienestar de su pueblo, promulgó leyes que exigían que las personas se tratasen con respeto y propagó el pacífico mensaje del budismo por todo su imperio.

El Imperio Maurya se derrumbó poco tiempo después de la muerte de Asoka. Habrían de pasar más de 1,500 años para que otro imperio tan grande dominase la India.

**El Imperio Mogol** En el siglo VIII D.C., pueblos del norte que comenzaron a entrar en el norte de la India introdujeron el islamismo en la región. El islamismo es el conjunto de creencias reveladas al profeta Mahoma, quien comenzó a enseñarlas alrededor de 610 D.C. en el suroeste de Asia. Esta religión se difundió hacia el oeste en el norte de África y hacia el este en el sur de Asia.

Entre estos musulmanes, o seguidores del islamismo, que se asentaron en la India estaban los mogoles, quienes en el siglo XVI establecieron un imperio gobernado por Akbar, de 1556 a 1605. Akbar dio a todos sus súbditos libertad de culto, y también apoyó las artes y la literatura.

El nieto de Akbar, Shah Jahan, erigió grandes edificios. Quizá el más grande es el Taj Mahal, construido para servir de espléndida tumba a Mumtaz Mahal, su esposa. Pero el costo de éste y de otras construcciones de Jahan fue enorme; vació las arcas imperiales y, finalmente, contribuyó a la caída del imperio en el siglo XVIII.

**Colonización y resistencia** Durante los siglos XVIII, XIX y XX, los países europeos establecieron numerosas colonias en Asia, África y América. Una **colonia** es un territorio gobernado por otra nación, que por lo general está muy lejos. Por medio del comercio y la guerra, las naciones europeas crearon colonias en la mayor parte del sur de Asia. Gran Bretaña se apoderó de la mayoría de esta región, incluso de la India. En razón de las riquezas que producía, los británicos llamaron a la India la "joya de la corona" de su imperio.

Si bien por una parte los británicos apreciaban mucho su imperio, por otra, muchos indios apreciaban más su libertad, por lo que surgió un fuerte movimiento en favor de la independencia. El principal líder era **Mohandas K. Gandhi**, quien convocó al pueblo a oponer resistencia a la dominación británica. Sin embargo, Gandhi puso énfasis en que ello debería hacerse por medios no violentos. Por ejemplo, exhortó a realizar un **boicoteo** de los productos británicos. Un boicoteo consiste en negarse a comprar o utilizar ciertos bienes y servicios. Gandhi fue encarcelado muchas veces por resistirse a la dominación británica, pero esto lo convirtió en un gran héroe para su pueblo. Los esfuerzos de Gandhi desempeñaron un papel importantísimo al obligar a Gran Bretaña a conceder su libertad a la India en 1947.

## Conflictos del pasado moldean las condiciones actuales

A la independencia le siguió pronto el horror de la guerra religiosa. Durante la lucha por la libertad, los hindúes y los musulmanes trabajaron juntos. Sin embargo, los musulmanes eran una minoría. Muchos temían que sus derechos no gozaran de protección en un país de mayoría hindú. En 1947 los hindúes y los musulmanes acordaron realizar la **separación**, o división, del subcontinente en dos naciones. La India sería principalmente hindú. Los musulmanes serían mayoría en Pakistán.

Esto no consiguió terminar con los combates, y más de 500,000 personas murieron. Gandhi fue asesinado y el conflicto entre las dos naciones continuó. En 1971, por ejemplo, las tropas hindúes ayudaron a Pakistán oriental a separarse de Pakistán para formar la nación de Bangladesh. En la actualidad, la India y Pakistán siguen mirándose con desconfianza.

**Fuerza sin violencia**

**HISTORIA** Gandhi exhortó a los indios a resistirse a los británicos siguiendo las tradiciones hindúes. Gandhi predicaba la idea de *ahimsa*, o no violencia y respeto por toda forma de vida. Por esta táctica, los indios lo llaman *Mahatma*, que significa "alma grande". **Razonamiento crítico** ¿Por qué tuvieron tanto éxito los métodos de Gandhi?

# EVALUACIÓN DE LA SECCIÓN 3

**DESPUÉS DE LEER**

### RECORDAR
**1.** Identifica: (a) Asoka, (b) Mohandas K. Gandhi

**2.** Define: (a) casta, (b) colonia, (c) separación

### COMPRENSIÓN
**3.** ¿Qué sistema social introdujeron los arios en el sur de Asia?

**4.** Nombra dos importantes personajes de la historia del sur de Asia y menciona la aportación de cada uno.

### RAZONAMIENTO CRÍTICO Y ESCRITURA
**5. Explorar la idea principal** Repasa la idea principal al inicio de esta sección. Luego, escribe un párrafo en el que describas algunas de las influencias importantes que la invasión aria aportó al sur de Asia.

**6. Comparar y contrastar** Piensa cómo el carro de guerra tirado por caballos permitió a los arios dominar la región habitada por los agricultores del valle del Indo. ¿Qué innovaciones tecnológicas han dado a regiones, países o grupos específicos poder sobre otros en tiempos recientes?

### ACTIVIDAD
**7. Escribir para aprender** Escribe una entrada de diario en la que comentes por qué piensas que el encarcelamiento de Gandhi lo convirtió en un héroe aún más grande para el pueblo de la India.

# Suroeste de Asia

## ANTES DE LEER

### ENFOQUE DE LECTURA

**1.** ¿Qué logros alcanzaron individuos y grupos del suroeste de Asia en la antigüedad?

**2.** ¿De qué manera las fronteras políticas han intensificado los conflictos entre diferentes grupos del suroeste de Asia?

### LUGARES CLAVE

Mesopotamia
Palestina

### ANOTACIONES

Copia el esquema y mientras lees esta sección, complétalo con información sobre dos conflictos que no han cesado, en el suroeste de Asia.

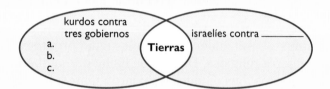

kurdos contra tres gobiernos
a.
b.
c.
Tierras
israelíes contra _____

### IDEA PRINCIPAL

En tiempos modernos, las fronteras políticas y las diferencias étnicas han intensificado los conflictos regionales entre grupos y países del suroeste de Asia.

---

## Antiguo sistema de escritura

**CULTURA** Los habitantes de Mesopotamia usaban un sistema de escritura basado en marcas con forma de cuña. Esta tablilla muestra el cálculo del área de un terreno. **Razonamiento crítico** ¿Para qué otros usos le serviría a esta antigua civilización un sistema de escritura?

## El escenario

El código de Hammurabi fue escrito hace aproximadamente 3,800 años en el suroeste de Asia. Se ha afirmado que sus leyes exigen retribuir "ojo por ojo". Pero hay algo más que eso en el código:

"Si el ladrón no es atrapado, el hombre que ha sido robado declarará formalmente lo que ha perdido... y la ciudad y el alcalde... le repondrán lo que ha perdido."

El código ordenaba castigar a las personas que obrasen mal, pero también ofrecía justicia a quienes hubiesen sido perjudicados sin tener culpa de ello.

## Mesopotamia

Hammurabi gobernó la ciudad de Babilonia desde alrededor de 1800 A.C. hasta 1750 A.C., y unificó la región a lo largo de los ríos Tigris y Éufrates. Esta región se llama **Mesopotamia**, que significa "entre los ríos".

En Mesopotamia ha vivido gente desde hace miles de años, incluso mucho antes de que Hammurabi la unificara; y para el 3,500 A.C., sus habitantes la habían convertido en un centro agrícola y comercial. Los ríos Tigris y Éufrates se desbordaban todos los años, dejando suelos fértiles a lo largo de sus riberas. La gente cavaba acequias de riego para llevar agua a campos muy alejados del río. De este modo, el riego les ayudaba a producir un excedente de cosecha, es decir, más de lo que necesitaban.

## Las fronteras políticas intensifican los conflictos y los retos

Por muchos siglos, el suroeste de Asia ha sido un cruce de caminos entre Asia, África y Europa. En consecuencia, viven aquí numerosos grupos religiosos y étnicos. Estas diferencias, junto con los conflictos motivados por las fronteras políticas, han dado origen a violentos altercados.

Aswir Shawat es un kurdo de la población de Halabja, Irak. Los kurdos son un grupo étnico cuyos miembros viven en todo el suroeste de Asia y que tienen su idioma y su cultura propios. Sin embargo, no tienen un país que les pertenezca. Su deseo de tener un país ha originado conflictos entre los kurdos y los gobiernos de Irán, Irak y Turquía. Shawat describe lo que le ocurrió cuando el ejército iraquí atacó su pueblo natal en 1991:

"Más de 5,000 kurdos murieron en Halabja, y miles quedaron heridos. Tuvimos que ir con miles de personas hacia la frontera con Irán. Nadie llevó nada consigo. Dejamos todas nuestras cosas en Halabja. Cuando llegamos a Irán, nos llevaron a un campamento y nos dieron una tienda. Ahí, encontramos a nuestra madre y a nuestro abuelo."

Después de la Primera Guerra Mundial estalló un conflicto entre los árabes y los judíos en el suroeste de Asia. Las raíces del judaísmo están en el suroeste de Asia. A lo largo de los siglos, unos cuantos judíos continuaron viviendo en su patria, pero muchos emigraron a otras partes del mundo. A finales del siglo XIX, judíos de todo el mundo comenzaron a soñar con regresar a Palestina, una región a lo largo de la costa oriental del mar Mediterráneo. Esto alarmó a los árabes que vivían ahí. **Palestina** también era su patria. Cuando algunos judíos se fueron a vivir a Palestina al final de la Primera Guerra Mundial, las tensiones aumentaron.

Los judíos continuaron emigrando a Palestina durante los años treinta. Durante la Segunda Guerra Mundial, millones de judíos fueron asesinados sólo por ser judíos. Después de la guerra, muchos de los que habían sobrevivido decidieron ir a Palestina. Las Naciones Unidas votaron en favor de dividir a Palestina en un estado árabe y un estado judío, ambos independientes. Pero ninguna de las partes quedó contenta con las fronteras que se eligieron. El resultado fue la guerra.

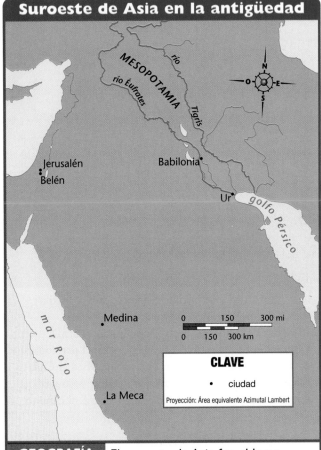

### Suroeste de Asia en la antigüedad

**CLAVE**

• ciudad

Proyección: Área equivalente Azimutal Lambert

**GEOGRAFÍA** El suroeste de Asia fue el lugar donde existieron algunas de las civilizaciones más antiguas del mundo. Es asimismo la cuna del judaísmo, del cristianismo y del islamismo. Las ciudades de Jerusalén, Belén, la Meca y Medina tienen vínculos religiosos. **Estudio del mapa** ¿Entre qué ríos está situada Mesopotamia?

**HISTORIA** El ex primer ministro israelí Yitzhak Rabin (izquierda) da la mano a Yasser Arafat (derecha), presidente de la Organización para la Liberación de Palestina (OLP). En 1995, el presidente estadounidense invitó a los dos dirigentes a la Casa Blanca, donde ambos firmaron un acuerdo de paz entre Israel y la OLP. Este suceso preparó el camino para el acuerdo de Wye de 1998, por el que Israel debía dar más territorio a los palestinos y liberar a ciertos prisioneros palestinos de las cárceles israelíes. **Razonamiento crítico** ¿Por qué fue considerado por muchos el encuentro de 1995 como una ocasión histórica?

En 1948, los judíos formaron su propio estado: Israel. Su estado fue reconocido por las Naciones Unidas. Desde entonces, los árabes de Palestina han vivido como refugiados en otros países o en Israel, bajo la dominación israelí. Israel ha participado en varias guerras sangrientas con las naciones árabes que lo rodean. Árabes e israelíes continúan trabajando en pro de la paz, pero el avance es lento.

# EVALUACIÓN DE LA SECCIÓN 4

**DESPUÉS DE LEER**

## RECORDAR

**1.** Identifica: (a) Mesopotamia, (b) Palestina

## COMPRENSIÓN

**2.** Nombra tres logros de Hammurabi y un logro del pueblo más antiguo de Mesopotamia.

**3.** ¿Por qué ha sido causa de conflictos para los kurdos, árabes y judíos del suroeste de Asia el establecimiento de fronteras políticas?

## RAZONAMIENTO CRÍTICO Y ESCRITURA

**4.** **Explorar la idea principal** Repasa la idea principal al inicio de esta sección. Luego, escribe un párrafo para explicar los conflictos en curso en el suroeste de Asia y describir las partes implicadas.

**5.** **Sacar conclusiones** Escribe un párrafo para explicar cómo es posible que haya ayudado la escritura a Mesopotamia a dejar su huella en el mundo.

## ACTIVIDAD

**6.** **Escribir para aprender** Repasa los tres primeros párrafos de la página 477. Luego, escribe un párrafo en el que identifiques una fuente primaria y una fuente secundaria, y explica la diferencia entre los dos tipos de fuentes.

# Identificar causa y efecto

| CAUSA | SUCESO | EFECTOS |
|-------|--------|---------|

**CAUSA**

Persecución en Europa

Creían que Palestina era su patria

**SUCESO**

Los judíos se mudaron de Europa a Palestina después de la Segunda Guerra Mundial

**EFECTOS**

Discordia entre árabes y judíos

Establecimiento de Israel

## Aprende la destreza

Una causa es algo que provoca que algo más suceda. El efecto es lo que ocurre. La causa y el efecto explican la relación entre los sucesos. La historia está llena de causas y efectos. Un solo suceso puede tener más de una causa o más de un efecto. Asimismo, un efecto puede, a su vez, convertirse en causa de más efectos. Aprender a reconocer las causas y los efectos te ayudará a comprender la historia.

Para entender cómo funcionan las relaciones de causa y efecto, haz un esquema de causa y efecto de la información sobre los judíos de Europa que se fueron a vivir a Palestina después de la Segunda Guerra Mundial. Para hacer tu esquema de causa y efecto, sigue los pasos siguientes:

**A.** Identifica el suceso. Los judíos dejaron los países europeos para irse a vivir a Palestina después de la Segunda Guerra Mundial. Escribe el suceso en medio de una hoja de papel y enciérralo en un círculo.

**B.** Identifica las causas. ¿Qué los motivó a mudarse a Palestina? Deberás ser capaz de identificar al menos dos causas. No se mudaron sólo porque se les perseguía en Europa, sino también porque pensaban que Palestina era su antigua patria y Jerusalén, su ciudad santa. Escribe estas causas a la izquierda del suceso y dibuja un círculo alrededor de cada una. Luego, dibuja una flecha de cada causa al suceso del centro.

**C.** Identifica los efectos. Un efecto fue la discordia entre árabes y judíos. Otro, el establecimiento de Israel como nación. Escribe los efectos a la derecha del suceso

y encierra cada uno en un círculo. Luego, dibuja una flecha del suceso a cada efecto.

Ahora analiza tu esquema para ver cómo funciona. Siguiendo las flechas puedes identificar las causas y efectos de los sucesos.

## Practica la destreza

Lee el párrafo y busca relaciones de causa y efecto entre los sucesos. Palabras y frases tales como "en consecuencia" te darán indicios de que existe una relación de causa y efecto. Haz una lista de las relaciones de causa y efecto que encuentres.

### Sui Wendi

Sui Wendi gobernó China como emperador de 581 D.C. a 604 D.C. Como joven trabajador para la dinastía Chou del norte, Sui Wendi ayudó al emperador a dominar la mayor parte de China septentrional. En consecuencia, se convirtió en un apreciado funcionario.

Como emperador, Sui Wendi invadió China meridional, que había estado separada del resto de China durante aproximadamente 300 años. En 589, Sui Wendi se convirtió en el gobernante de toda China. Mucho tiempo después de su muerte, China ha permanecido unida y poderosa.

Sui Wendi comenzó además la reconstrucción del Gran Canal, que comunica los dos ríos más grandes de China. Esto mejoró el transporte de mercancías. Asimismo, el emperador reformó la manera de elegir a los funcionarios del gobierno exigiendo exámenes de administración pública. El resultado fue la creación de un talentoso y calificado grupo de funcionarios.

## Aplica la destreza

Hallarás más preguntas sobre causas y efectos en la sección Repaso y evaluación de este capítulo.

# Repaso y evaluación

## Hacer un resumen del capítulo

En una hoja suelta, dibuja un diagrama como éste y agrega la información que resume la primera sección del capítulo. Luego, completa los cuadros que faltan con un resumen de las secciones 2, 3 y 4.

### ASIA: MOLDEADA POR LA HISTORIA

**Sección 1**
Los logros del este de Asia se extendieron por la emigración, la invasión y el comercio. Los conflictos internos propiciaron la Segunda Guerra Mundial, después de ésta, China y Corea del Norte se hicieron comunistas.

**Sección 2**

**Sección 3**

**Sección 4**

## Repaso de palabras clave

Relaciona las palabras clave de la columna I con las definiciones de la columna II.

**Columna I**
1. dinastía
2. colonia
3. boicoteo
4. casta
5. emigración
6. dictador
7. difusión cultural

**Columna II**
a. clase de personas que realiza un trabajo especial
b. serie de gobernantes de la misma familia
c. dirigente que tiene un poder absoluto
d. territorio gobernado por otra nación
e. propagación de ideas y culturas mediante el movimiento de personas
f. movimiento de personas de una región a otra
g. negativa a comprar o utilizar bienes y servicios

## Repaso de ideas principales

1. Menciona hallazgos del antiguo este de Asia. (Sección 1)
2. ¿Cómo afectó la migración, la invasión y el comercio al este de Asia y a occidente? (Sección 1)
3. ¿Cómo se propagaron los rasgos culturales de otros países al sureste de Asia? (Sección 1)
4. A principios del siglo XX, ¿cómo respondía el sureste de Asia a la colonización? (Sección 2)
5. ¿Qué nuevo estilo de vida establecieron los arios en el sur de Asia? (Sección 3)
6. Identifica dos dirigentes importantes en la historia del sur de Asia. (Sección 3)
7. Identifica un logro del suroeste de Asia en la antigüedad. (Sección 4)
8. ¿Cómo afectaron las fronteras del suroeste de Asia a Palestina? (Sección 4)

**Asia**

**Escribe la letra que indica la posición de cada lugar en el mapa. Usa el Atlas del final del libro para realizar este ejercicio.**

1. la India
2. Vietnam
3. océano Pacífico
4. China
5. Japón

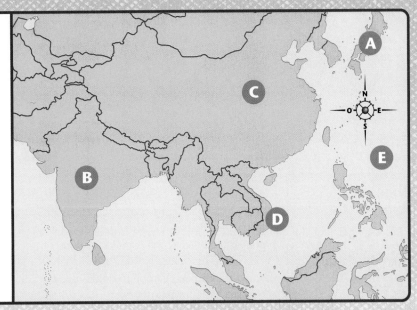

## Actividad de escritura

1. **Escribir un editorial de periódico** Elige un conflicto de los que se analizaron en este capítulo y escribe un editorial de periódico que exponga tu punto de vista sobre el conflicto.

2. **Escribir un informe de avance** Elige uno de los países que se estudiaron en este capítulo y escribe un informe de avance sobre él. Busca más información en fuentes primarias o secundarias.
   Recuerda tratar los problemas que el país enfrenta y las soluciones que se proponen para resolverlos.

## Aplica tus destrezas

**Pasa a Destrezas para la vida de la página 479 para contestar a las siguientes preguntas.**

1. ¿Qué es una causa?
2. ¿Qué es un efecto?
3. ¿Cuál es la relación entre las causas y los efectos?
4. ¿Cuáles fueron las causas de que tantos judíos se fueran a vivir a Palestina después de la Segunda Guerra Mundial?
5. ¿Cuáles fueron los efectos de esta emigración?

## Razonamiento crítico

1. **Sacar conclusiones** Tanto la antigua China como Japón intentaron aislarse de las influencias extranjeras. ¿Cómo influyó esto en ambos países?

2. **Hacer inferencias** ¿Qué clase de conflictos podrían estallar en un país muy joven como Israel?

### Búscalo en la RED

**Actividad** Lee acerca de las dinastías Qin, Han y Ming, y de las aportaciones que hicieron al mundo. ¿Dónde ves estas aportaciones en la sociedad actual? Visita la sección World Explorer: People, Places and Cultures de **phschool.com** para realizar esta actividad.

**Autoevaluación del Capítulo 25**
Como repaso final, resuelve la prueba de autoevaluación del Capítulo 25. Busca la prueba en la sección de Social Studies en **phschool.com**.

# ASIA:
# Riqueza cultural

### Sadako y las mil grullas de papel

—¿Qué es? —preguntó Sadako mirando fijamente el papel.

Chizuko se sentía complacida consigo misma: —He ideado un medio para que te pongas bien —dijo con orgullo—. Observa.

Cortó un cuadrado grande de papel dorado, y en poco tiempo lo dobló una y otra vez hasta formar una hermosa grulla.

Sadako no entendía: —Pero, ¿cómo puede esa ave de papel hacer que me ponga bien?

—¿Acaso no recuerdas esa antigua historia acerca de la grulla? —preguntó Chizuko— Se supone que vive mil años. Si una persona enferma hace mil grullas de papel, los dioses le concederán su deseo y le devolverán la salud. Aquí está la primera —dijo, dando la grulla a Sadako.

# USAR LA LITERATURA

**Sadako era una niña que vivía en Hiroshima cuando Estados Unidos lanzó una bomba atómica al final de la Segunda Guerra Mundial. Sadako murió a los 12 años debido a los efectos radioactivos. Su historia se relata en el libro *Sadako y las mil grullas de papel* de Eleanor Coerr.**

### Explorar las leyendas japonesas

La historia que Chizuko cuenta a Sadako es una antigua leyenda japonesa. Busca en la biblioteca otras leyendas japonesas. Elige una y escribe una versión actualizada del relato con personajes y trama modernos. Prepara una exposición para mostrar copias de la versión original de la historia y de tu versión actualizada. Exhibe ambas en el salón de clases.

### Usar el origami

Sadako decidió hacer mil grullas de papel para ponerse bien, pero sólo pudo hacer 644 antes de morir. Sus compañeras de clase hicieron 356 grullas más a fin de enterrar mil con Sadako. En Japón, el arte de doblar papel se llama origami. Busca en la biblioteca un libro sobre el origami. Con papel de colores, intenta hacer una grulla u otra figura de origami.

# Este de Asia

**ENFOQUE DE LECTURA**

1. ¿Cómo influye el pasado del este de Asia en su cultura actual?
2. ¿Qué similitudes y diferencias en materia de población existen en el este de Asia?

**PALABRAS CLAVE**

comuna
dialecto
nómada
homogéneo

**IDEA PRINCIPAL**

En el este de Asia, el pasado influye en las expresiones modernas de la cultura, ya sea en la China comunista o en el Japón tecnológico, y las similitudes y diferencias entre los países se manifiestan en la composición étnica de sus respectivas poblaciones.

**ANOTACIONES**

Copia la tabla y mientras lees esta sección, complétala con detalles sobre cómo combina cada país la tradición con las prácticas modernas.

| País | Combinación de lo antiguo con lo nuevo |
|------|----------------------------------------|
| China | |
| Corea | |
| Japón | |

## El escenario

El juego chino de *wieiqi* tiene raíces culturales muy antiguas. Un jugador tiene 180 piedras negras que representan la noche. El otro tiene 180 piedras blancas que representan el día. La meta es rodear y capturar las piedras del oponente. Pero para los chinos, el wieiqui es más que un juego. Durante siglos, los budistas lo han utilizado para disciplinar la mente y estudiar el comportamiento. Los maestros pueden mirar el puntaje de un juego e identificar exactamente el momento en que los jugadores se tornaron demasiado ambiciosos y se condenaron a la derrota. Hoy en día se puede ver a la gente jugar este antiguo juego en cualquier parque de China.

## Tradición en medio del cambio

En el este de Asia, la tradición se mezcla con el cambio. La gente de negocios, vestida con trajes occidentales, se saluda con una reverencia. Hay antiguos palacios entre rascacielos. En Japón, China y las Coreas, los vestigios del pasado se entremezclan con las actividades del presente.

### La familia ideal

**CULTURA** El gobierno chino usa vallas publicitarias para alentar al pueblo a limitar el tamaño de las familias. **Razonamiento crítico** ¿Por qué quiere el gobierno chino que las familias sean pequeñas?

**El comunismo trae cambios a China** Cuando los comunistas asumieron el poder en 1949, hicieron cambios importantes en el estilo de vida. Para comenzar, el gobierno creó **comunas,** esto es, comunidades en las que las tierras son propiedad de todos y los miembros de la comuna viven y trabajan juntos. Los agricultores chinos estaban habituados a vivir en familias que trabajaban juntas en campos pequeños, por lo que se opusieron a las comunas. La producción de alimentos disminuyó mucho y China sufrió una terrible escasez de alimentos. Sólo cuando el gobierno permitió cierta propiedad privada, la producción de alimentos aumentó.

Los comunistas también intentaron reducir el crecimiento de la población china atacando la idea de las familias grandes. En esto tuvieron más éxito. A las parejas chinas se les exige aguardar hasta tener casi treinta años para casarse, y no tener más de un hijo por familia. Las familias chinas con un solo hijo gozan de privilegios especiales.

La mezcla de lo antiguo y lo nuevo influye en la vida de todos los chinos. Incluso las ciudades conservan aspectos de la antigua China, y las calles están llenas de taxis de tres ruedas que se mueven con pedales, como triciclos. Diminutas tiendas que venden curas tradicionales basadas en hierbas, coexisten al lado de modernos hospitales.

**Corea en proceso de cambio** En Corea, las antiguas tradiciones influyen en la vida diaria. Cada familia cuida del bienestar de sus miembros. En las zonas rurales viven juntos abuelos, padres, tías y tíos. En las ciudades, la familia se compone por lo regular de padres e hijos.

Al igual que en China, las costumbres modernas se dan más en las zonas urbanas. La mayoría de los coreanos usa ropa moderna y guarda su vestimenta tradicional para las festividades. Antes, las coreanas tenían pocas oportunidades. Hoy en día pueden trabajar y votar.

**Mezcla de lo antiguo y lo nuevo en Japón** Los japoneses trabajan con computadoras en rascacielos y regresan a casa en veloces trenes. No obstante, cuando llegan a su casa, comúnmente siguen, costumbres tradicionales, se ponen kimonos o batas y se sientan sobre esterillas a cenar en una mesa baja. Los estudiantes se visten como estadounidenses, aunque algunos usan las cintas para el cabello de los guerreros samurai, para mostrar que se están preparando para un reto.

**CULTURA** Esta mujer originaria del Tíbet, en la parte occidental de China, refleja las tradiciones de su grupo étnico en su tocado, sus joyas y su forma de cargar al bebé.
**Razonamiento crítico** ¿De qué modo la ropa que usas refleja las tradiciones de tu cultura o grupo étnico?

Los japoneses se esfuerzan mucho por conservar el pasado. Por ejemplo, hace tiempo notaron que las artes y oficios tradicionales se estaban perdiendo, por lo que el gobierno comenzó a ofrecer salarios vitalicios a algunos artistas. Su tarea principal consiste en enseñar a los jóvenes, quienes mantendrán vivas las artes antiguas.

## Similitudes y diferencias en la población

Cada país del este de Asia tiene una cultura predominante. Sin embargo, en China persisten varias subculturas de las distintas regiones, debido a la enorme diversidad étnica del país.

**China: los han y otros**   Aproximadamente 19 de cada 20 chinos descienden de los han, habitantes de China durante la segunda dinastía. Como puedes ver en el mapa, los han viven principalmente en China oriental y central. Aunque tienen un idioma común, en las distintas regiones se hablan diferentes **dialectos,** es decir, variedades de un idioma principal. Los demás chinos provienen de 55 grupos minoritarios diversos de las partes occidentales de China.

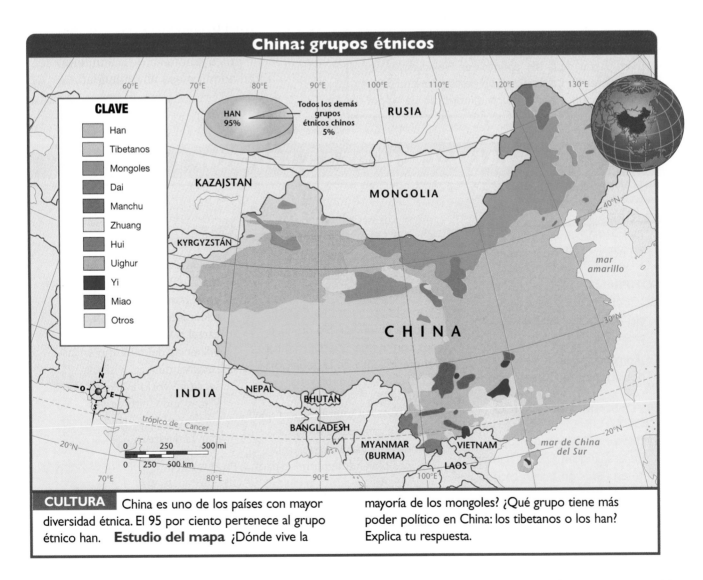

**CULTURA**   China es uno de los países con mayor diversidad étnica. El 95 por ciento pertenece al grupo étnico han.   **Estudio del mapa** ¿Dónde vive la mayoría de los mongoles? ¿Qué grupo tiene más poder político en China: los tibetanos o los han? Explica tu respuesta.

## Corea y Japón: pocas minorías

Los historiadores piensan que los antiguos coreanos descendían de muchos grupos de **nómadas** de Mongolia. Los nómadas son personas que no tienen un hogar fijo.

Los nómadas se desplazan de un lugar a otro en busca de agua y pastos para sus rebaños. Al paso de los siglos, estos grupos perdieron sus tradiciones individuales y formaron un grupo **homogéneo.** Esto significa que los miembros del grupo eran muy similares. Hoy en día, pese a la división de Corea en dos países, la población es homogénea. Hay pocos grupos minoritarios.

Debido a que se aisló del resto del mundo durante largo tiempo, Japón tiene una de las poblaciones más homogéneas de la Tierra. Casi todos sus habitantes pertenecen a un solo grupo étnico, un grupo que comparte el mismo idioma, la misma religión y tradiciones culturales. Los grupos minoritarios son pocos. Un grupo minoritario notable es el de los ainos, que fueron tal vez los primeros habitantes de Japón. También viven unos pocos chinos y coreanos en Japón. Sin embargo, este país tiene reglas estrictas de inmigración. A una persona que no es japonesa de nacimiento, le resulta difícil adquirir esa nacionalidad.

**CULTURA** Estas mujeres aino realizan una ceremonia vestidas a la manera tradicional. También se han pintado los labios al estilo tradicional. Los ainos viven en partes de la isla japonesa de Hokkaido. **Razonamiento crítico** ¿Qué retos podrían enfrentar los ainos como grupo minoritario de Japón?

# EVALUACIÓN DE LA SECCIÓN I

## DESPUÉS DE LEER

### RECORDAR
**1.** Define: (a) comuna, (b) dialecto, (c) nómada, (d) homogéneo

### COMPRENSIÓN
**2.** ¿Cómo refleja el este de Asia sus tradiciones del pasado y del presente?

**3.** ¿Por qué son homogéneas las poblaciones de Corea y Japón?

### RAZONAMIENTO CRÍTICO Y ESCRITURA
**4. Explorar la idea principal** Repasa la idea principal al inicio de esta sección. Luego, escribe un bosquejo de un recorrido de tres días por el este de Asia. Incluye un día para cada uno de estos países: China, Japón y las Coreas. Identifica y describe brevemente los elementos antiguos y nuevos, junto con la distribución étnica.

**5. Identificar causa y efecto** Explica en un párrafo por qué los comunistas querían reducir el crecimiento de la población.

### ACTIVIDAD
**6. Escribir una carta** Supón que deseas establecerte en Japón. Escribe una carta al gobierno japonés pidiéndole permiso para hacerlo. Para que tu carta sea convincente, explica tus razones.

 **Búscalo en la RED**

**7. Entender el budismo** Hay más de 300 millones de budistas en el mundo. Con la información de la red, haz un cartel o escribe sobre la influencia del budismo en las culturas de Asia. Visita la sección World Explorer: People, Places and Cultures de **phschool.com** para realizar esta actividad.

# SECCIÓN 2

# Sureste de Asia

## ENFOQUE DE LECTURA

**1.** ¿Cómo se refleja el patrimonio cultural del sureste de Asia en la religión y las artes?

**2.** ¿Cómo se utiliza la riqueza mineral para apoyar la herencia islámica del sureste de Asia?

### PALABRAS CLAVE
*Ramayana*

### LUGARES CLAVE
Brunei

### IDEA PRINCIPAL
La religión, la arquitectura y las artes reflejan una mezcla de tradición y cambio en el sureste de Asia.

## ANOTACIONES

Copia la tabla y mientras lees esta sección, complétala con ejemplos de cómo se refleja el patrimonio cultural del sureste de Asia en la vida moderna.

|  | Visto en |
|---|---|
| Patrimonio cultural |  |
| Herencia religiosa |  |

# El escenario

Los espectáculos acuáticos de marionetas se iniciaron en Vietnam hace muchos siglos. Con el estanque de escenario, un titiritero guía las figuras de madera para que parezca que caminan por el agua. Éstas están sujetas a varas y cuerdas ocultas bajo el agua. El público se sienta a la orilla del agua y se ponen escenarios de árboles y nubes en el estanque.

Al mismo tiempo, los asiáticos del sureste disfrutan de comodidades modernas, como las motocicletas, y conservan las artes tradicionales, como los espectáculos de marionetas. La religión, la arquitectura y las artes reflejan una mezcla de tradición y cambio en la región.

## Artes y religión en Camboya

La mayoría de los camboyanos son budistas. Pero la herencia cultural hindú se refleja en las artes de Camboya. En la ciudad capital de Phnom Penh, el Ballet Real de Camboya representa el **Ramayana,** un poema épico hindú, desde el siglo XVIII. En las aldeas camboyanas, este poema se lee en voz alta o se representa con marionetas de sombras.

**Comodidades modernas**

**CULTURA** A estas jóvenes vietnamitas les gusta viajar en motocicleta. Estos vehículos son más económicos que los autos y más veloces que las bicicletas.

**Razonamiento crítico** Basándote en la descripción de los espectáculos acuáticos de marionetas y la fotografía, identifica un contraste que un visitante observaría en Vietnam. ¿Se te ocurren otros?

**HISTORIA** A mediados de los años setenta, la guerra civil obligó a miles de camboyanos a dejar sus hogares e ir a campamentos de refugiados cerca de la frontera con Tailandia. Estos niños están en uno de esos campamentos.

**Razonamiento crítico** ¿Cómo ayudarían países como Estados Unidos a refugiados como éstos?

Los hindúes creen que el *Ramayana*, terminado aproximadamente en el año 4 D.C., fue revelado a su autor por Brahma, el dios de la creación. Esta epopeya habla de un príncipe llamado Rama, que es despojado de su trono, y de su amada esposa Sita, secuestrada por un rey demonio. El *Ramayana* se cuenta una y otra vez en diversas versiones, por toda la India y el sureste de Asia. Esta historia de intriga, traición, amor y pérdida va más allá de los límites de las sociedades y expresa temas universales.

Hoy en día, muchos camboyanos —alrededor del 90 por ciento— practican el budismo, aunque hubo un tiempo en que el gobierno camboyano desalentó la práctica de esa religión. Dos de las ideas fundamentales del budismo son que la vida implica sufrimiento y que las personas viven, mueren y renacen. Quizá estas ideas hayan ayudado a los camboyanos a comprender su historia reciente, durante la cual muchísima gente inocente sufrió y murió.

## Herencia islámica

Los países del sureste de Asia son ricos en minerales. Indonesia, Mianmar y el pequeño reino de **Brunei** contienen grandes depósitos de petróleo. Brunei, situado en la costa noroccidental de la isla de Borneo, es tan sólo del tamaño del estado de Delaware. No obstante, este diminuto país ostenta el palacio más grande del mundo, hogar del sultán de Brunei. Este edificio abarca 50 acres (20 hectáreas) —aproximadamente el área de 36 campos de fútbol americano— y tiene 1,788 habitaciones.

Aunque no todos sus habitantes son musulmanes, Brunei es un estado islámico. Brunei ha utilizado su riqueza petrolera para sostener a sus habitantes y apoyar las tradiciones islámicas. Los habitantes de Brunei reciben atención médica, educación gratuita y elevados salarios por los que no pagan impuestos. A cambio, se espera de ellos obediencia al gobierno que dirige por decreto el sultán Sir Hassanal Bolkiah.

La herencia religiosa de Brunei se refleja en el gobierno del sultán, que hace respetar estrictamente las costumbres y tradiciones islámicas, y en su arquitectura, que refleja la adhesión del país al islamismo.

**La mezquita del sultán Omar Alí Saifudín**

**CULTURA** Esta mezquita de Brunei, terminada en 1958, es un ejemplo moderno de arquitectura islámica clásica. Con su característica cúpula de oro, esta mezquita domina el perfil de la ciudad contra el horizonte. **Razonamiento crítico** Cita un ejemplo de un edificio de tu estado o comunidad que refleje algún aspecto del patrimonio cultural estadounidense.

---

# EVALUACIÓN DE LA SECCIÓN 2

## DESPUÉS DE LEER

### RECORDAR
1. Identifica: Brunei
2. Define: El *Ramayana*

### COMPRENSIÓN
3. ¿Cómo han ayudado las ideas del budismo a los camboyanos a comprender su historia reciente?
4. Cita un ejemplo de cómo utiliza Brunei su riqueza mineral para apoyar su herencia islámica.

### RAZONAMIENTO CRÍTICO Y ESCRITURA
5. **Explorar la idea principal** Repasa la idea principal al inicio de esta sección. Luego, imagina que visitas un país del sureste de Asia. Escribe una entrada de diario en la que describas los lugares de interés que reflejan una mezcla cultural del pasado y el presente.
6. **Hacer inferencias y sacar conclusiones** ¿Por qué tiene tanta difusión la epopeya hindú *Ramayana* en Camboya, a pesar de que sus habitantes sean budistas en su inmensa mayoría?

### ACTIVIDAD
7. **Escribir un poema** Imagina que has sido desplazado o desplazada de tu hogar por la guerra. Escribe un poema que describa tus sentimientos acerca de tu vida actual y tus esperanzas respecto al futuro.

# Sur de Asia

## ANTES DE LEER

### ENFOQUE DE LECTURA

1. ¿Cuáles son dos religiones cuyas raíces están en el sur de Asia?
2. ¿Qué retos plantea la diversidad religiosa en el sur de Asia?
3. ¿Qué relación existe entre muchos idiomas del sur de Asia?

### PERSONAJES CLAVE
Siddharta Gautama

### IDEA PRINCIPAL
Muchas religiones, entre ellas el islamismo y el sikhismo, y los idiomas, son importantes en la política y la cultura del sur de Asia.

### ANOTACIONES
Copia el esquema y mientras lees esta sección, complétalo con detalles sobre el idioma y la religión en el sur de Asia. Agrega más óvalos a la red conforme los necesites.

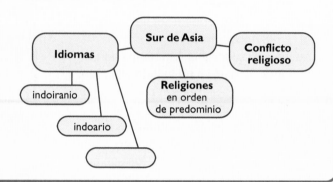

Idiomas — indoiranio — indoario

Sur de Asia — Religiones en orden de predominio — Conflicto religioso

---

## Festival religioso

**CULTURA** Esta fotografía muestra una celebración religiosa en la India.
**Razonamiento crítico** ¿Qué te dice esta imagen acerca del papel de la religión en la vida diaria del sur de Asia?

# El escenario

Cuando los arios invadieron el valle del Indo entre 2000 A.C. y 1500 A.C., trajeron consigo nuevas maneras de vivir. Según una de ellas, la gente se dividía en tres clases: sacerdotes, guerreros y trabajadores ordinarios. Este sistema, conocido como sistema de castas, se basaba en las escrituras religiosas arias llamadas Vedas, y se convirtió en parte medular de un nuevo sistema de creencias que también surgió de las ideas y prácticas religiosas de los arios. Este sistema de creencias, conocido como hinduismo, es la religión viva más antigua del mundo.

## Religiones del sur de Asia

De las dos grandes religiones del mundo que surgieron en la India, el hinduismo es la que tiene el mayor número de adeptos en ese país actualmente. El budismo tuvo su época de mayor popularidad en la India en 200 A.C.

# El budismo en la India

**HISTORIA** La religión fundada por Buda (izquierda) tuvo la mayor cantidad de fieles durante la época del gobernante indio Asoka. Estos leones de piedra (derecha) remataban uno de los pilares que Asoka levantó por toda la India. Asoka mandó grabar las escrituras budistas en estos pilares. Después de la muerte de Asoka, el budismo casi desapareció de la India, pero algunos misioneros llevaron esta religión a Japón, Corea, China y Vietnam. **Razonamiento crítico** ¿Por qué es la propagación del budismo un buen ejemplo de difusión cultural?

## Hinduismo

El hinduismo es diferente de otras grandes religiones del mundo. No tiene un fundador único; en cambio, tiene muchos grandes pensadores religiosos. Asimismo, los hindúes rinden culto a muchos dioses y diosas, pero creen en un solo espíritu. Para los hindúes, los diversos dioses y diosas representan diferentes partes de este espíritu. Como dice un antiguo proverbio hindú: "Dios es uno, pero los sabios lo conocen por muchos nombres". Hoy en día, el hinduismo es la religión tradicional de la India y tiene 700 millones de adeptos en ese país.

## Budismo

El budismo, como el hinduismo, surgió en la India. Según la tradición budista, su fundador fue un príncipe llamado **Siddharta Gautama** que nació alrededor de 560 A.C. en lo que hoy es Nepal. Se dice que Gautama era un indio de casta superior que llevaba una vida llena de privilegios, a salvo del hambre y las enfermedades.

Cuando tenía 29 años, Gautama dejó su hogar para conocer su reino. Por primera vez, Gautama vio personas que tenían hambre, estaban enfermas y eran pobres. Gautama se entristeció tanto, que renunció a su riqueza y dedicó su vida a buscar las causas del sufrimiento de la gente.

Finalmente, Gautama encontró lo que pensó que era la solución. Enseñó que las personas pueden liberarse del sufrimiento, si renuncian a sus deseos egoístas de poder, riqueza y placer. Se le conoció entonces como Buda, o "el iluminado". Gente de todas las condiciones, príncipes y personas ordinarias por igual, acudían en gran número a escuchar sus sermones.

Durante algún tiempo después de la muerte de Buda, el budismo tuvo un gran número de adeptos en la India. Sin embargo, con el tiempo, el budismo se extinguió casi totalmente en ese país.

---

**MIENTRAS LEES**

**Revisa tu lectura**
Piensa en tres preguntas que podrías hacer acerca de las enseñanzas de Buda.

## La India acoge a los exiliados

En 1950, China comunista invadió el Tíbet. Hasta entonces un país independiente gobernado por el decimocuarto Dalai Lama, considerado por los budistas tibetanos como la reencarnación del primer Dalai Lama, y como su verdadero dirigente espiritual y temporal. En 1959, el Dalai Lama y 100,000 de sus seguidores huyeron a la India y fundaron un gobierno para preservar la religión y la cultura tibetanas. En 1989, el Dalai Lama recibió el Premio Nobel de la paz por su campaña no violenta para terminar con la ocupación china del Tíbet.

# El reto de la diversidad

Hoy en día, el 80 por ciento de los indios son hindúes. Sin embargo, otras religiones siguen siendo importantes en la política y la cultura de la India. Durante el siglo VIII, por ejemplo, los comerciantes musulmanes llevaron el islamismo a la India, y en la actualidad el 14 por ciento de los indios son musulmanes. Los cristianos y los sikhs son minorías religiosas pero son importantes en la India actual.

El conflicto armado entre grupos religiosos representa un peligro para muchos habitantes de la India, y plantea un reto constante para su gobierno. Musulmanes e hindúes luchan por el dominio de Cachemira, situada en la frontera entre Pakistán y la India. Los sikhs han expresado mediante ataques terroristas su deseo de tener más control de la región del Punjab. Esos ataques, son objeto de severas y a veces brutales represalias por parte del gobierno dominado por los hindúes.

# Una raíz, muchas lenguas

Así como dos religiones del sur de Asia —el budismo y el hinduismo— tienen raíces comunes, de igual manera las tienen

**Indira Gandhi**

**HISTORIA** Indira Gandhi fue primera ministra de la India de 1966 a 1984. El conflicto entre el gobierno indio y los sikhs, una minoría religiosa, desembocó en la muerte de Indira Gandhi en 1984. Ella fue asesinada luego de haber ordenado un ataque sobre un templo que estaba en poder de sikhs armados.

**Razonamiento crítico** ¿Cómo refleja la experiencia de la India los problemas y posibilidades de un país muy grande con gran diversidad de población? ¿Qué similitudes y diferencias hay entre la India y Estados Unidos?

| Idiomas del sur de Asia | |
| --- | --- |
| **País** | **Idiomas principales** |
| **Afganistán** | pashtu, persa dari, túrquico |
| **Bangladesh** | bangla (oficial), bengalí, inglés |
| **Bután** | dzongkha (oficial), gurung, asamés |
| **La India** | hindi (oficial), bengalí, inglés y 13 lenguas más |
| **Nepal** | nepalí (oficial) y muchos más |
| **Pakistán** | urdu (oficial), inglés (oficial), punjabí, sindhi |
| **Sri Lanka** | cingalés (oficial), tamil |

**CULTURA** Esta tabla muestra los idiomas principales que se hablan en el sur de Asia. En la India, por ejemplo, se hablan más de 1,000 idiomas y dialectos. Un idioma oficial es aquél que ha sido elegido por un país y es utilizado para los asuntos del gobierno.

**Razonamiento crítico** ¿Por qué crees que el inglés es un idioma importante en diversos países del sur de Asia?

muchos idiomas del sur de Asia. Estos idiomas pertenecen a un grupo muy grande de lenguas que constituyen la rama indoirania del grupo lingüístico indoeuropeo. Estudia la tabla para aprender más acerca de los idiomas que se hablan en el sur de Asia.

El hindi, que hablan los hindúes del sur de Asia, y el urdu, hablado por los musulmanes de esta misma región, son dialectos.

Se ha escrito más literatura en el sur de Asia en bengalí que en ningún otro idioma indio moderno. El bengalí se habla en Bengala Occidental, en la India y en todo Bangladesh.

# EVALUACIÓN DE LA SECCIÓN 3

## DESPUÉS DE LEER

### RECORDAR
1. Identifica: Siddharta Gautama

### COMPRENSIÓN
2. Nombra dos religiones con raíces en el sur de Asia.

3. Describe de qué modo la diversidad religiosa plantea retos a los habitantes del sur de Asia.

4. Explica cuál es la relación entre los numerosos idiomas que se hablan en el sur de Asia.

### RAZONAMIENTO CRÍTICO Y ESCRITURA
5. **Explorar la idea principal** Repasa la idea principal al inicio de esta sección. Luego, escribe una composición sobre el patrimonio y la diversidad cultural del sur de Asia. Da ejemplos específicos.

6. **Hacer predicciones** ¿Crees que los conflictos entre diferentes grupos religiosos del sur de Asia aumentarán o se resolverán?

7. **Identificar causa y efecto** ¿Por qué comparten raíces tantos idiomas del sur de Asia?

### ACTIVIDAD
8. **Viajar en el tiempo** Localiza la población donde vives en un mapamundi en el que se indiquen los husos horarios. Luego, localiza una ciudad del sur de Asia, por ejemplo, Katmandú en Nepal o Kabul, en Afganistán. Anota el nombre de la ciudad y la hora cuando es (a) medianoche, (b) mediodía y (c) las 5:00 P.M. en tu localidad.

# Suroeste de Asia

**ANTES DE LEER**

**1.** ¿Por qué hay tantas culturas en el suroeste de Asia?

**2.** ¿Cuáles son las tres religiones cuyas raíces están en el suroeste de Asia?

**PALABRAS CLAVE**
muecín
minarete

**PERSONAJES Y LUGARES CLAVE**
Abraham
Jerusalén
Jesús de Nazaret
Belén
Mahoma
La Meca

**ANOTACIONES**
Copia la tabla y mientras lees esta sección, complétala con algunas similitudes y diferencias entre tres religiones cuyas raíces están en el suroeste de Asia.

|  | Judaísmo | Islamismo | Cristianismo |
| --- | --- | --- | --- |
| lugar de nacimiento |  |  |  |
| ciudad santa |  |  |  |
| fundador |  |  |  |
| país de origen |  |  |  |
| texto sagrado |  |  |  |

**IDEA PRINCIPAL**

Tres religiones del mundo —cristianismo, judaísmo e islamismo— y muchas culturas tienen sus raíces en el suroeste de Asia, una región de gran diversidad cultural.

**La Mezquita Azul**

**CULTURA** La mezquita que se ve al fondo es conocida como la Mezquita Azul debido al azulejo azul con el que está decorado su interior. La mezquita se encuentra en Estambul, Turquía. Las altas torres que se ven son los minaretes, desde donde el muecín llama a los musulmanes a la oración. **Razonamiento crítico** ¿Cómo imaginas que sería vivir en un lugar donde todo se detiene cinco veces al día para la oración?

# El escenario

Las imágenes y sonidos característicos del Islam están presentes por todas partes en el suroeste de Asia. Uno de estos sonidos es el llamado del **muecín**, la persona cuya tarea es invitar a los musulmanes a la oración desde lo alto de la mezquita, en un **minarete.** Cinco veces al día, dondequiera que estén, los musulmanes dejan lo que están haciendo y oran.

## Diversidad cultural

Por su ubicación, el suroeste de Asia ha sido siempre un enlace importante entre Asia, África y Europa. En consecuencia, esta región se convirtió en cruce de caminos y centro de civilización. A lo largo de la historia, la región ha sido dominada por muchos imperios. La mayor parte de estos imperios, como el hitita y el persa, por ejemplo, nacieron en Europa y en Asia central, e hicieron aportaciones duraderas a la región. Además, muchos de los habitantes de esta región eran comerciantes y viajaban extensamente por todo Asia, África y Europa, lo que contribuyó a promover aún más la difusión cultural de ideas y tradiciones.

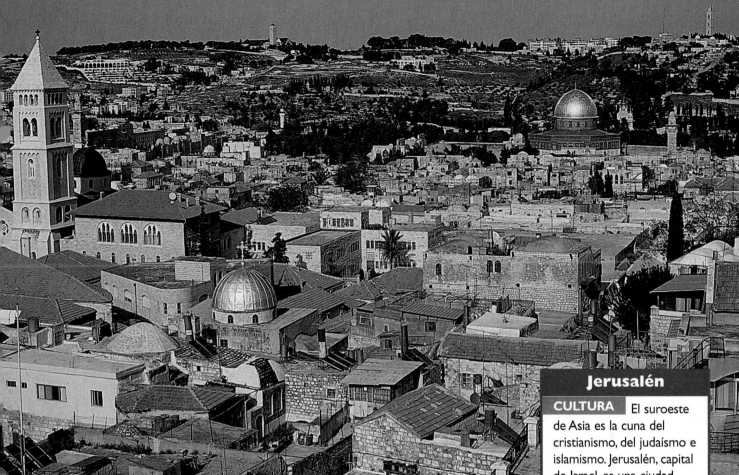

## Cuna de tres religiones

Tanto el cristianismo como el judaísmo y el islamismo surgieron en el suroeste de Asia. Se cree que el judaísmo comenzó con **Abraham** hace más de 3,000 años. Abraham y su familia vivían en Mesopotamia. Según la Tora, conjunto de escrituras sagradas para los judíos, Dios ordenó a Abraham irse con su familia hacia el oeste a otra tierra llamada Canaán (lo que hoy es Israel). Dios prometió a Abraham que lo haría padre de una gran nación. A cambio, Abraham prometió que él y sus descendientes rendirían culto sólo a Dios. Hoy en día **Jerusalén,** la capital de Israel, es una ciudad santa para los judíos.

**Surgimiento del cristianismo**   El cristianismo se inició como un movimiento dentro del judaísmo. Alrededor de 30 D.C., un joven llamado **Jesús de Nazaret** comenzó a predicar a sus compatriotas judíos, exhortando a la gente a volverse hacia Dios y llevar una vida moral.

Jesús nació en **Belén,** un pueblo de las afueras de Jerusalén considerado santo por los cristianos. Algunos creyeron que Jesús era el mesías, y lo siguieron hasta que fue arrestado, juzgado y ejecutado en Jerusalén. Tiempo después sus discípulos escribieron relatos de la vida de Jesús, los cuales son ahora parte importante del Nuevo Testamento de la Biblia cristiana.

Después de la muerte de Jesús, sus seguidores comenzaron a formar pequeñas comunidades donde vivían y oraban juntos. Estas personas

### Jerusalén

**CULTURA**   El suroeste de Asia es la cuna del cristianismo, del judaísmo e islamismo. Jerusalén, capital de Israel, es una ciudad antigua, habitada desde 1800 A.C. Es una ciudad santa para cristianos, judíos y musulmanes porque en ella ocurrieron sucesos importantes para las tres religiones. A la izquierda, se ve la cúpula plateada de una iglesia cristiana. El edificio con una cúpula dorada, la Cúpula de la Roca, se asienta sobre la roca desde la que, según los musulmanes, Mahoma habló con Dios.

**Razonamiento crítico**
¿Es fácil que tres religiones compartan una misma ciudad santa? ¿Por qué?

**Vecinos de la Ribera Occidental**

comenzaron a referirse a Jesús como Cristo, que significaba "mesías", y se les conocía como cristianos. Poco a poco, estos cristianos comenzaron a recorrer las antiguas rutas comerciales y a predicar las enseñanzas de Jesús por el camino. Pronto, estas pequeñas comunidades se extendieron por todo el Imperio Romano. Pese a la persecución de sus adeptos, el cristianismo llegaría a ser la religión principal del Imperio Romano, lo que la ayudó a florecer en torno al Mediterráneo.

**Mahoma y el Islam** **Mahoma,** el profeta del Islam, nació en la ciudad árabe de **La Meca**, aproximadamente en 570 D.C. La Meca, que actualmente es una ciudad santa para los musulmanes, está situada en lo que hoy es Arabia Saudí. A principios del siglo VII, Mahoma tuvo una visión en la que el ángel Gabriel se le apareció y le dijo que iba a ser el mensajero de Dios, conocido como Alá en árabe. Mahoma comenzó a enseñar a los habitantes de La Meca que sólo Alá era Dios, y que las personas serían juzgadas por sus acciones no por su riqueza o poder. Estas enseñanzas constituyen la base del libro sagrado del islamismo: el Corán.

## La región en la actualidad

El suroeste de Asia es todavía una región de gran diversidad cultural. Docenas de grupos étnicos consideran esta región como su patria, y en conjunto hablan más de 30 idiomas, entre ellos árabe, turco, persa, hebreo y armenio. Sin embargo, esta diversidad cultural ha traído consigo conflictos y violencia a nivel interno y externo en muchos de los países de la región.

# EVALUACIÓN DE LA SECCIÓN 4

**DESPUÉS DE LEER**

**RECORDAR**

1. Define: (a) muecín, (b) minarete

2. Identifica: (a) Abraham, (b) Jerusalén, (c) Jesús de Nazaret, (d) Belén, (e) Mahoma, (f) La Meca

**COMPRENSIÓN**

3. Describe los factores de una gran diversidad cultural en el suroeste de Asia.

4. Nombra tres religiones cuyas raíces están en el suroeste de Asia.

**RAZONAMIENTO CRÍTICO Y ESCRITURA**

5. **Explorar la idea principal** Repasa la idea principal al inicio de esta sección. Luego, escribe un párrafo para describir algunos de los factores que enlazan las tres religiones principales del suroeste de Asia.

**ACTIVIDAD**

6. **Hacer un perfil del país** Haz un perfil de uno de estos países del suroeste de Asia: Turquía, Irán o Líbano. Busca en la biblioteca o en Internet información sobre los grupos étnicos y las religiones del país, y haz una tabla apropiada para mostrar esta información. Dibuja un mapa del país, indicando la capital y los accidentes geográficos importantes. Muéstralo junto con tus tablas.

# Explicar puntos de vista

## Aprende la destreza

Un punto de vista es la posición desde la cual una persona mira algo. A lo largo de la historia, los diversos individuos y grupos han sostenido puntos de vista diferentes. Para reconocer y explicar los diferentes puntos de vista durante una lectura, debes examinar detenidamente el argumento de una persona para comprender las razones en las que se apoya esa creencia. Entender los puntos de vista de grupos de personas y de dirigentes históricos te ayudará a comprender mejor lo que lees. Para explicarlos sigue estos pasos:

**A.** Mientras lees, mantente alerta para identificar la información sobre el punto de vista de una persona o grupo. Esto puede darse en forma de un enunciado dentro del texto en el que se expone un punto de vista. O bien, el punto de vista puede ponerse de manifiesto a través de los actos de las personas. Los siguientes enunciados exponen los puntos de vista religiosos opuestos de Unión Soviética y de los kazacos étnicos:

> Cuando Unión Soviética tomó el control de Kazajstán durante el punto más álgido de la Guerra Fría, prohibió la práctica del islamismo e intentó acabar con la cultura musulmana. Después de la Guerra Fría, los kazacos étnicos volvieron a construir las mezquitas y comenzaron a practicar una vez más su cultura y su religión.

**B.** Busca las razones por las que cada lado tiene cierta postura, y analízalas. Los enunciados siguientes explican por qué los soviéticos prohibieron la práctica de la religión en Unión Soviética:

> Dondequiera que iban, los soviéticos prohibían la práctica de la religión, pues pensaban que era el "opio" del pueblo. Los soviéticos querían que el pueblo celebrara el comunismo, no la religión. Pensaban que la ausencia de religión fortalecería su dominio.

**C.** Explica ambos lados del argumento citando las razones por las que diferentes personas adoptan diversas posturas sobre el mismo asunto. Para explicar la práctica de la religión en Kazajstán, podrías escribir esto:

> Los kazacos estaban orgullosos de su patrimonio y deseaban la libertad de rendir culto como quisieran y de practicar las religiones de sus antepasados.

## Practica la destreza

Lee la siguiente información. Luego, sigue los pasos para escribir un resumen y explica los dos puntos de vista.

### Unión Soviética en Kazajstán

Los kazacos étnicos tenían un estilo de vida nómada: llevaban a sus animales de cría a lugares donde podían encontrar alimento y agua. Pero los soviéticos pensaban que sería mejor que los kazacos se convirtieran en agricultores y renunciaran a su estilo de vida nómada, por lo que los obligaron a trabajar en granjas colectivas de cultivo. Los kazacos se opusieron resueltamente a arar el suelo de sus tierras de pastoreo para cultivarlas. Después, los soviéticos desviaron tanta agua para irrigación del mar de Aral, en cuyos alrededores viven los kazacos, que el mar se encogió y muchos barcos quedaron varados en lo que solía ser el fondo del mar. Ya no se practica la irrigación, pero los kazacos consideran que el mar de Aral tardará 30 años en recuperar su tamaño normal.

## Aplica la destreza

Hallarás más preguntas sobre cómo explicar puntos de vista en la sección Repaso y evaluación de este capítulo.

# CAPÍTULO 26 Repaso y evaluación

## Hacer un resumen del capítulo

En una hoja suelta, dibuja un diagrama como éste y agrega la información que resume la primera sección del capítulo. Luego, completa los cuadros que faltan con un resumen de las secciones 2, 3 y 4.

### ASIA: RIQUEZA CULTURAL

**Sección I**

La historia influye en la cultura moderna del este de Asia. Los países de esta región difieren en la composición de su población. Japón y Corea tienen poblaciones homogéneas, en tanto que China es uno de los países con mayor diversidad étnica en el mundo.

**Sección 2**

**Sección 3**

**Sección 4**

## Repaso de palabras clave

Relaciona las palabras clave de la columna I con las definiciones de la columna II.

**Columna I**

1. Jesús
2. dialectos
3. nómada
4. deidad
5. homogéneo
6. Siddharta Gautama
7. Abraham
8. Mahoma

**Columna II**

a. muy similar
b. fundador del budismo
c. formas de un solo idioma
d. fundador del judaísmo
e. Dios
f. fundador del islamismo
g. persona sin hogar fijo
h. fundador del cristianismo

## Repaso de ideas principales

1. ¿Cómo se combinan el pasado y el presente en el este de Asia? (Sección I)
2. ¿Qué países del este de Asia tienen poblaciones homogéneas? ¿Cuál tiene gran diversidad? (Sección I)
3. ¿Qué manifiestan las prácticas religiosas, la arquitectura y arte sobre el pasado y el presente en el sureste de Asia? (Sección 2)
4. ¿Cómo se utiliza la riqueza petrolera en Brunei? (Sección 2)
5. ¿Qué religiones tienen sus raíces en el sur de Asia, y qué otras son importantes hoy en la región? (Sección 3)
6. ¿A qué grupo de idiomas pertenecen muchas lenguas del sur de Asia? (Sección 3)
7. ¿Cuáles son tres religiones que tienen sus raíces en el suroeste de Asia? (Sección 4)

## Actividad de mapa

Escribe la letra que indica la posición de cada lugar en el mapa. Usa los mapas del Atlas para la actividad que están al principio del libro.

| | |
|---|---|
| **1.** China | **7.** Nepal |
| **2.** Brunei | **8.** Corea del Norte |
| **3.** Japón | **9.** Corea del Sur |
| **4.** Vietnam | **10.** Camboya |
| **5.** Israel | **11.** Kazajstán |
| **6.** la India | |

 **Búscalo en la RED**

**Enriquecimiento** Para más actividades con mapas y destrezas de geografía, visita la sección de Social Studies de **phschool.com.**

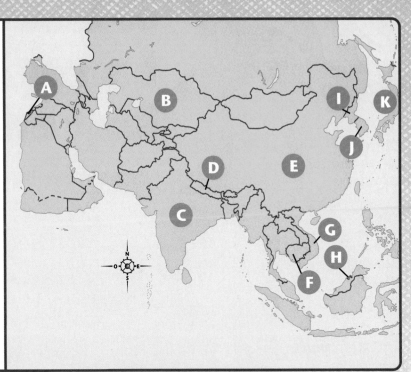

## Actividad de escritura

**1. Escribir enunciados** Basándote en lo que leíste en este capítulo, escribe cinco enunciados que describan cómo coexisten la tradición y el cambio en Asia. Luego, escribe cinco enunciados que describan cómo coexisten la tradición y el cambio en Estados Unidos.

**2. Escribir una carta** Estás de visita en Asia para observar cómo se entremezclan el pasado y el presente en la vida diaria. Escribe una carta a un profesor en la que describas tus observaciones.

## Aplica tus destrezas

Pasa a Destrezas para la vida de la página 497 para contestar a las siguientes preguntas.

**1.** Escribe una definición de punto de vista.

**2.** ¿Qué hicieron los kazacos étnicos después de la Guerra Fría, que muestra al lector que este pueblo valora su religión islámica?

## Razonamiento crítico

**1. Comparar y contrastar** La India y Kazajstán son países jóvenes. ¿En qué se parecen estos países? ¿En qué aspectos son diferentes?

**2. Generalizar** Cada país de Asia es único. Sin embargo, muchos países asiáticos tienen ciertas similitudes respecto a su patrimonio cultural. ¿Qué relación con su patrimonio comparten muchos países asiáticos?

 **Búscalo en la RED**

**Actividad** Analiza algunos de los objetos de cerámica de esta exposición. ¿Qué te enseña sobre la antigua cultura asiática la contemplación de estos objetos? Visita la sección World Explorer: People, Places and Cultures de **phschool.com** para realizar esta actividad.

**Autoevaluación del Capítulo 26**
Como repaso final, resuelve la prueba de autoevaluación del Capítulo 26. Busca la prueba en la sección de Social Studies en **phschool.com.**

# ESTE Y SURESTE DE ASIA:
# La región hoy en día

## La vida urbana

# USAR ILUSTRACIONES

**Shangai, situada cerca de la desembocadura del río Chang Jiang, es el puerto principal de China. Con una población de 8 millones de habitantes, es la ciudad más grande de China.**

### Explorar Shangai
Shangai es una ciudad moderna. ¿Qué detalles de la fotografía lo demuestran? ¿Qué efecto ha tenido el comercio en el crecimiento de la ciudad de Shangai? ¿Qué efecto ha tenido el comercio en la cultura de la ciudad de Shangai?

### Hacer predicciones
China exporta muchos productos a otros países. Busca en una enciclopedia información sobre los recursos naturales de China. Enlista esos recursos; luego, piensa en qué productos podría exportar China a otros países, según sus recursos, y enlista esos productos. Recopila información en la biblioteca y en Internet para hacer una lista de las exportaciones principales de China. Comprueba si tus predicciones sobre las exportaciones de China fueron acertadas.

# China
## Cambios políticos y económicos

---

**ANTES DE LEER**

**ENFOQUE DE LECTURA**
1. ¿En qué aspectos el comunismo ha cambiado la vida de muchos chinos?
2. ¿Qué medidas ha tomado China recientemente para mejorar su economía?

**PALABRAS CLAVE**
radical
libre empresa

**PERSONAJES Y LUGARES CLAVE**
Mao Tse-Tung
Guardia Roja
Taiwan

**IDEA PRINCIPAL**
China ha experimentado enormes cambios políticos y económicos desde 1949.

**ANOTACIONES**
Copia el diagrama y mientras lees esta sección, complétalo para mostrar las similitudes y diferencias —de 1949 a la fecha— entre China y Taiwan.

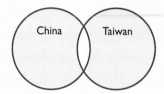

## El escenario

A principios de los años ochenta, las calles de las grandes ciudades chinas eran bastante tranquilas. La mayoría de sus habitantes viajaban en bicicleta: 200 millones de ellas. En esa época, el número total de vehículos de motor en toda China era de 100,000. En 1996, ascendió a 670,000. Los vehículos se aglomeraban en las calles de las ciudades principales. A principios de los años ochenta, la mayoría de las casas eran viviendas estrechas de un solo piso, hechas de barro y ladrillo. Pocas tenían agua corriente o inodoros. Hoy en día, las ciudades principales de China tienen edificios de oficinas y departamentos de muchos pisos. Nuevas carreteras comunican las zonas rurales con las ciudades. El cambio es notorio. China se esfuerza por convertirse en una nación industrializada.

### Gobierno ilimitado

Cuando los comunistas chinos arrebataron el poder a los nacionalistas en 1949, tenían pocos países amigos en el mundo. Estados Unidos había apoyado a los nacionalistas, y Unión Soviética había estado de su lado pero se retiró después porque no estaba de acuerdo con la forma en que China gobernaba.

Los comunistas tuvieron muchos problemas al tomar el país. China no había tenido paz durante casi un siglo. La mayoría de los chinos eran muy pobres y sus métodos agrícolas y de manufactura, anticuados.

### Calles modernas concurridas

**CULTURA** En las calles de China hay menos bicicletas. La moderna Shangai tiene muchos peatones y vehículos de motor. **Razonamiento crítico** ¿Qué ventajas y desventajas tiene que los vehículos de motor sustituyan a las bicicletas?

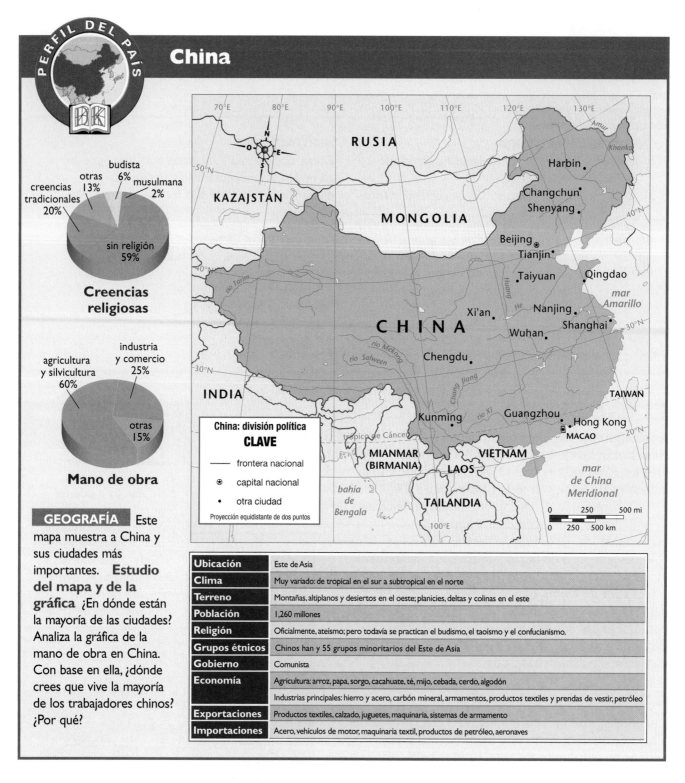

# China

**Creencias religiosas**

- otras 13%
- creencias tradicionales 20%
- budista 6%
- musulmana 2%
- sin religión 59%

**Mano de obra**

- agricultura y silvicultura 60%
- industria y comercio 25%
- otras 15%

**GEOGRAFÍA** Este mapa muestra a China y sus ciudades más importantes. **Estudio del mapa y de la gráfica** ¿En dónde están la mayoría de las ciudades? Analiza la gráfica de la mano de obra en China. Con base en ella, ¿dónde crees que vive la mayoría de los trabajadores chinos? ¿Por qué?

**China: división política**
**CLAVE**
— frontera nacional
⊛ capital nacional
• otra ciudad
Proyección equidistante de dos puntos

| Ubicación | Este de Asia |
|---|---|
| Clima | Muy variado: de tropical en el sur a subtropical en el norte |
| Terreno | Montañas, altiplanos y desiertos en el oeste; planicies, deltas y colinas en el este |
| Población | 1,260 millones |
| Religión | Oficialmente, ateísmo; pero todavía se practican el budismo, el taoísmo y el confucianismo. |
| Grupos étnicos | Chinos han y 55 grupos minoritarios del Este de Asia |
| Gobierno | Comunista |
| Economía | Agricultura: arroz, papa, sorgo, cacahuate, té, mijo, cebada, cerdo, algodón |
| | Industrias principales: hierro y acero, carbón mineral, armamentos, productos textiles y prendas de vestir, petróleo |
| Exportaciones | Productos textiles, calzado, juguetes, maquinaria, sistemas de armamento |
| Importaciones | Acero, vehículos de motor, maquinaria textil, productos de petróleo, aeronaves |

Bajo la dirección de **Mao Tse-Tung**, China llevó a cabo cambios muy grandes. El Gobierno confiscó tierras a los grandes terratenientes y se hizo cargo de todas las fábricas y empresas. Pero Mao no estaba satisfecho. El crecimiento económico era muy lento.

En los años cincuenta, Mao puso en marcha un programa de cambios **radicales**, o extremos. Este programa, llamado el "Gran salto hacia adelante", resultó ser un gigantesco paso hacia atrás. Los comunistas se apresuraron a aumentar la producción en granjas de cultivo y fábricas, pero pasaron por alto la experiencia y la planificación. Por ejemplo, el Gobierno ordenó un aumento en la producción de acero. Miles de trabajadores no capacitados construyeron hornos para fabricar acero que nunca funcionaron.

En 1966, Mao introdujo otro programa radical conocido como la Revolución Cultural. Su objetivo era crear una sociedad sin ataduras con el pasado. Mao exhortó a los estudiantes a rebelarse contra sus profesores y sus familias. Los estudiantes formaron bandas de radicales que constituían la **guardia roja.** Estas bandas destruyeron algunos de los edificios antiguos más hermosos de China y golpearon y apresaron a muchos artistas y profesionales chinos, como abogados y médicos, por ejemplo.

Luego, la guardia roja comenzó a ser una amenaza para el gobierno de Mao, y sus miembros fueron encarcelados. Mao terminó con la Revolución Cultural en 1969. Este programa mal concebido dejó a China en caos y provocó la muerte de cientos de miles de ciudadanos.

## Mejora a través del espíritu de empresa

En la segunda mitad de los años setenta, los comunistas comprendieron que sus programas habían hecho daño a China. Después de la muerte de Mao en 1976, el poder quedó en manos de comunistas más moderados. A lo largo de los 20 años siguientes, el nuevo gobierno introdujo poco a poco una forma restringida de **libre empresa.** Bajo este sistema económico, la gente puede elegir su propio empleo, poner en marcha empresas privadas y tener ganancias. El nuevo sistema abarca también la agricultura. Los agricultores pueden hacer cultivos adicionales en parcelas privadas y vender las cosechas a cambio de una ganancia.

Hoy en día, tanto el Gobierno como los ciudadanos son empresarios que forman y administran pequeños negocios de, por ejemplo, tallado de jade, manufactura de porcelana y tejido de seda. Hay además fábricas chinas de propiedad privada que producen automóviles, ascensores, aparatos electrónicos, relojes, cámaras y bicicletas.

## Crecimiento de Taiwan

Después de su derrota a manos de los comunistas en 1949,

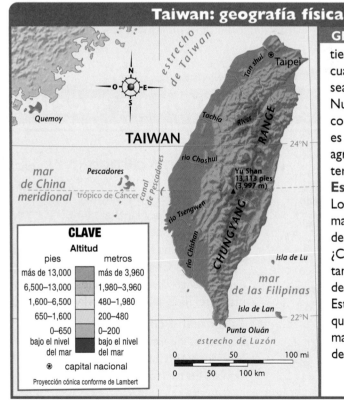

**Taiwan: geografía física**

CLAVE
Altitud

| pies | metros |
| --- | --- |
| más de 13,000 | más de 3,960 |
| 6,500–13,000 | 1,980–3,960 |
| 1,600–6,500 | 480–1,980 |
| 650–1,600 | 200–480 |
| 0–650 bajo el nivel del mar | 0–200 bajo el nivel del mar |

⊛ capital nacional

Proyección cónica conforme de Lambert

**GEOGRAFÍA** Taiwan tiene 13,900 millas cuadradas (35,980 km²), o sea, casi al doble de Nueva Jersey. Taiwan, como gran parte de Asia, es montañosa. Sus agricultores construyen terrazas para el cultivo.

**Estudio del mapa**
Localiza Taiwan en el mapa del "Perfil del país" de China en la página 502. ¿Cómo se compara el tamaño de Taiwan con el de China continental? Estudia este mapa. ¿En qué regiones vive la mayoría de los habitantes de la isla? ¿Por qué?

### La presa Tres Gargantas

**ECONOMÍA**

La construcción de la presa Tres Gargantas en el río Yangtze de China es el proyecto hidroeléctrico más grande del mundo. Iniciado en 1994, este proyecto generará hasta una novena parte de la energía eléctrica de China cuando se termine alrededor del 2009.

**Razonamiento crítico**
¿Qué ventajas y daños ofrecería la presa a los agricultores que viven y trabajan ahí?

los nacionalistas huyeron a **Taiwan**, isla situada a 100 millas (161 km) de la costa sudoriental de China, donde establecieron lo que llamaron República de China.

Incluso en la década de los cincuenta, la economía de libre empresa de Taiwan era una de las más fuertes de Asia. Los chinos de Taiwan iniciaron un programa que permitía a los agricultores comprar tierras a precios bajos. Esto aumentó la producción agrícola y aportó más dinero al gobierno. Este dinero ayudó a Taiwan a construir nuevos puertos y ferrocarriles modernos y, con la ayuda de Estados Unidos, Taiwan también construyó carreteras y apoyó a las industrias. Luego, los taiwaneses intensificaron su comercio con otros países. Taiwan vende chips de computadora, computadoras y otros productos electrónicos al resto del mundo.

## Retos en China

En la actualidad, China se está convirtiendo en una fuerza económica mundial. Está entrando al país dinero para impulsar la industria y las empresas, y la clase media de China está creciendo. No obstante, el progreso ha generado algunos retos. Las zonas rurales de China no han prosperado tanto como las zonas urbanas. A veces, los agricultores tienen dificultades para conseguir que sus cosechas lleguen a los mercados.

China está tratando de resolver estos problemas. El gobierno ha construido nuevas comunidades en zonas rurales, con escuelas, parques y bibliotecas. El gobierno favorece el crecimiento de los negocios y de la industria en estas comunidades y en toda la China rural.

Otro reto que China enfrenta son sus malos antecedentes en materia de derechos humanos. Con la inversión extranjera y el comercio en aumento, China experimenta una presión mayor por parte de la comunidad internacional para promover los derechos civiles entre sus ciudadanos.

## EVALUACIÓN DE LA SECCIÓN 1

**DESPUÉS DE LEER**

### RECORDAR
**1.** Identifica: (a) Mao Tse-Tung, (b) Guardia Roja, (c) Taiwan

**2.** Define: (a) radical, (b) libre empresa

### COMPRENSIÓN
**3.** ¿Cómo afectaron los primeros programas comunistas a los habitantes de China?

**4.** ¿En qué aspectos ha cambiado la economía de China en años recientes?

### RAZONAMIENTO CRÍTICO Y ESCRITURA
**5. Explorar la idea principal** Repasa la idea principal al inicio de esta sección. Luego, enumera algunos de los cambios que China experimentó después de que Mao Tse-Tung asumió el poder.

**6. Comparar y contrastar** Explica las diferencias entre la economía de China y la de Taiwan. En tus comentarios, da las razones de las diferencias.

### ACTIVIDAD
**7. Escribir para aprender** Escribe una carta para dar consejos de economía a un país en vías de desarrollo. Usa lo aprendido acerca de China para sugerir medios que permitan al país fortalecer su economía.

# Japón
## Una próspera economía de mercado

**ANTES DE LEER**

### ENFOQUE DE LECTURA

**1.** ¿Cómo llegó Japón a ser uno de los países desarrollados más prósperos del mundo?

**2.** ¿De qué modo inhiben las tradiciones el cambio en Japón?

### PALABRAS CLAVE

robot

subsidio

incentivo

discriminación

### IDEA PRINCIPAL

Después de la Segunda Guerra Mundial, Japón recuperó su posición como importante país manufacturero y se convirtió en una próspera nación industrial.

### ANOTACIONES

Copia el esquema y mientras lees esta sección, complétalo para mostrar por qué Japón creó una próspera economía de mercado, y para identificar algunas de las amenazas actuales para esta economía.

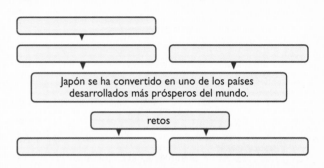

Japón se ha convertido en uno de los países desarrollados más prósperos del mundo.

retos

# El escenario

Una compañía japonesa que fabrica **robots**, o máquinas impulsadas por computadora que realizan tareas que antes hacían los seres humanos, celebra una "olimpíada de ideas" cada año. Los empleados compiten generando ideas para mejorar la compañía. Cerca de la mitad de los empleados lo hacen en su tiempo libre.

## Reorganización de los sistemas económicos

Algunas de las ideas de Japón han llegado de fuera del país. Una vez que Japón abrió sus puertas a otros países en el siglo XIX, acogió las nuevas ideas e inventos de Occidente. Durante años, los japoneses trabajaron en la construcción de las principales industrias. Para la década de 1920 a 1930, Japón era un importante país manufacturero. Su economía dependía de la importación de recursos naturales y la exportación de artículos manufacturados.

## Una ética laboral uniforme

**CULTURA** Estos trabajadores con pulcros uniformes hacen ejercicio al unísono en una fábrica procesadora de mariscos. Los japoneses piensan que este tipo de actividades en grupo aumentan la productividad de los trabajadores. **Razonamiento crítico** ¿Por qué aumentan la productividad de estos trabajadores las actividades en grupo?

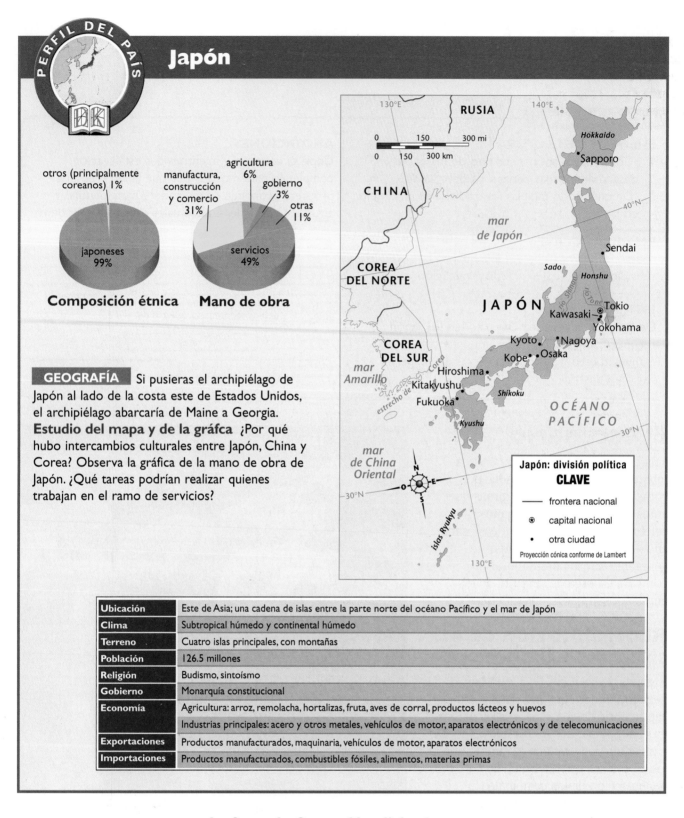

# Japón

**Composición étnica**

otros (principalmente coreanos) 1%

japoneses 99%

**Mano de obra**

agricultura 6%

manufactura, construcción y comercio 31%

gobierno 3%

otras 11%

servicios 49%

**GEOGRAFÍA** Si pusieras el archipiélago de Japón al lado de la costa este de Estados Unidos, el archipiélago abarcaría de Maine a Georgia. **Estudio del mapa y de la gráfca** ¿Por qué hubo intercambios culturales entre Japón, China y Corea? Observa la gráfica de la mano de obra de Japón. ¿Qué tareas podrían realizar quienes trabajan en el ramo de servicios?

**Japón: división política**
**CLAVE**

— frontera nacional

⊛ capital nacional

• otra ciudad

Proyección cónica conforme de Lambert

| Ubicación | Este de Asia; una cadena de islas entre la parte norte del océano Pacífico y el mar de Japón |
| --- | --- |
| Clima | Subtropical húmedo y continental húmedo |
| Terreno | Cuatro islas principales, con montañas |
| Población | 126.5 millones |
| Religión | Budismo, sintoísmo |
| Gobierno | Monarquía constitucional |
| Economía | Agricultura: arroz, remolacha, hortalizas, fruta, aves de corral, productos lácteos y huevos |
| | Industrias principales: acero y otros metales, vehículos de motor, aparatos electrónicos y de telecomunicaciones |
| Exportaciones | Productos manufacturados, maquinaria, vehículos de motor, aparatos electrónicos |
| Importaciones | Productos manufacturados, combustibles fósiles, alimentos, materias primas |

**La Segunda Guerra Mundial y la posguerra** Después de la Segunda Guerra Mundial, Japón estaba en ruinas. Sólo unas pocas fábricas seguían funcionando. Se hacían zapatos con pedazos de madera y cacharros de cocina con los cascos de acero de los soldados. La idea de que los japoneses podrían competir muy pronto con los gigantes industriales de Occidente parecía descabellada.

La ayuda financiera de Estados Unidos contribuyó a reconstruir la industria. Otra razón por la que Japón se convirtió en una próspera nación industrial fue su capacidad para cambiar y crecer. El gobierno japonés ayudó a las industrias **con subsidio**, o apoyo financiero. Esto permitió a las compañías construir grandes fábricas y comprar máquinas modernas. Con más productos, los fabricantes ganaban más dinero. También los trabajadores ganaban más dinero, y por ello podían gastar más. Esto aumentó la demanda de productos japoneses dentro del mismo Japón.

A partir de los años sesenta, Japón produjo algunos de los robots industriales más modernos. Ya en los años setenta los japoneses fabricaban más relojes y cámaras que los suizos y los alemanes, y para los años ochenta, Japón fabricaba y vendía una considerable cantidad de los automóviles, artículos electrónicos, equipo para esquiar y bicicletas del mundo. Japón producía asimismo enormes cantidades de acero y muchos barcos. Seguramente conoces bien los aparatos estereofónicos personales y los pequeños juegos electrónicos de mano, inventados por los japoneses.

## Los trabajadores de Japón

Hoy en día Japón goza de un gran éxito económico. Los empleados laboran arduamente y se ven como miembros de un grupo; todos trabajan para alcanzar una meta. Tienen largas jornadas de trabajo y toman pocas vacaciones.

Las compañías japonesas tienden a ser leales con sus trabajadores. Las grandes ofrecen **incentivos**, o prestaciones, que atraen trabajadores y los mantienen contentos. Estos incentivos incluyen vivienda, educación y atención médica gratuitas. El resultado es que los trabajadores japoneses producen más artículos que los trabajadores de cualquier otra parte del mundo.

### Limitación del papel del Gobierno

En Japón siempre ha existido una estrecha cooperación entre las empresas y el gobierno. En el pasado, esto contribuyó a la prosperidad de las empresas. En años recientes, no obstante, ha perjudicado a la economía.

El gobierno japonés ha apoyado siempre a sus ciudadanos, sin importar el costo. Rara vez se despide a un empleado por falta de trabajo, incluso cuando la compañía para la que trabaja no tiene utilidades y no puede pagar su salario. El Gobierno interviene siempre para que las compañías y las personas estén contentas. Un medio para hacer esto es desempeñar un importante papel en los bancos y mercados accionarios de Japón. El Gobierno controla préstamos bancarios, alienta a los consumidores a ahorrar su dinero en bancos y regula el mercado accionario a fin de expandir y fortalecer la economía japonesa y crear un alto estándar de vida. En años recientes, sin embargo, la economía se ha resentido. El Gobierno no ha suministrado un sistema bancario que regule los préstamos, y su control del mercado accionario ha desalentado la saludable competencia.

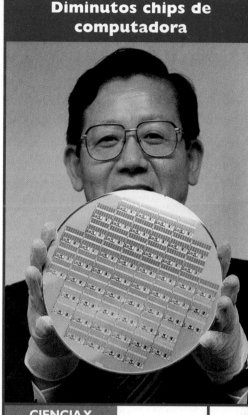

**Diminutos chips de computadora**

**CIENCIA Y TECNOLOGÍA** En años recientes, Japón se ha convertido en líder de tecnología de computadoras. En esta fotografía un gerente de una compañía japonesa de computadoras exhibe chips de memoria dinámica de acceso aleatorio, o DRAM. Estos diminutos chips, que miden aproximadamente 0.5 pulgadas (1.2 cm) por 0.75 pulgadas (2 cm), son el "cerebro" de una computadora.
**Razonamiento crítico** ¿Cómo ayudó el gobierno japonés a la tecnología de computadoras y a otras industrias a crecer?

## Mujeres en el mercado laboral

# La tradición inhibe el cambio

Como en otras partes de Asia, las tradiciones son importantes en Japón. Los tiempos cambian, pero el cambio tarda y el papel de las mujeres es un ejemplo. Como en el pasado, estar casada es lo más aceptable para una mujer japonesa. Las compañías grandes tienen agencias matrimoniales para presentar a sus empleados solteros.

Las laboriosas esposas y madres de Japón sostienen la economía y están a cargo de su hogar. Deciden sobre educación, manejan las finanzas y hacen las compras importantes.

Las mujeres japonesas trabajan antes de casarse. En el pasado, muchas trabajaban en arrozales, fábricas, la industria pesquera, o como enfermeras o maestras. Ahora, sin embargo, algunas mujeres casadas salen del hogar como trabajadoras de media jornada.

En los años ochenta, el grupo más numeroso era el de las "damas de oficina", que servían té, hacían la limpieza ligera, abrían puertas y contestaban el teléfono. Hoy es raro encontrarlas. En cambio, en los centros de trabajo, las mujeres en muchos casos trabajan largas jornadas al lado de trabajadores varones con salarios más altos y buenas prestaciones.

En la actualidad pocas mujeres llegan a gerentes de empresas japonesas y cuando lo consiguen, es posible que sufran **discriminación** o reciban un trato no equitativo. Por ello muchas mujeres jóvenes no quieren trabajar en empresas japonesas. Buscan empleo en empresas extranjeras con oficinas en Japón. Asimismo, incursionan en campos nuevos, donde hay menos discriminación.

# EVALUACIÓN DE LA SECCIÓN 2

## DESPUÉS DE LEER

### RECORDAR
1. Define: (a) robot, (b) subsidio, (c) incentivo, (d) discriminación

### COMPRENSIÓN
2. ¿Da algunas razones del éxito económico y reciente deterioro de Japón?
3. ¿El papel de las mujeres ilustra la forma en que la tradición y el cambio afectan al Japón actual?

### RAZONAMIENTO CRÍTICO Y ESCRITURA
4. **Explorar la idea principal** Repasa la idea principal al inicio de esta sección. Luego, imagina que eres un abuelo o abuela japonés. En un párrafo describe a tus nietos los cambios económicos desde la Segunda Guerra Mundial.

5. **Hacer inferencias y sacar conclusiones** ¿Por qué ayuda a los japoneses a producir más su forma de ver el trabajo y los incentivos?

6. **Escribir un ensayo** Pregunta a varios amigos o personas cuál es su actitud hacia su empleo. ¿Se sienten parte de un equipo? ¿Se enorgullecen de su trabajo? ¿Qué incentivos les ofrecen sus patrones? En un ensayo escribe los puntos de vista estadounidenses y japoneses.

### ACTIVIDAD

 **Búscalo en la RED**

7. **Gráfica de la economía de Japón** Haz una gráfica o tabla para organizar la información que encuentres en el sitio de la red. Visita la sección de World Explorer: People, Places and Cultures de **phschool.com** para realizar esta actividad.

# SECCIÓN 3

# Las Coreas
## Diferentes formas de gobernar

---

**ANTES DE LEER**

### ENFOQUE DE LECTURA

1. ¿Cómo se convirtió Corea del Sur en un éxito económico?
2. ¿Por qué ha sido más lento el desarrollo de Corea del Norte?

### PALABRAS CLAVE

zona de tolerancia
diversificar
hambruna

### ANOTACIONES

Copia la tabla y mientras lees esta sección, complétala con las diferencias entre las economías y los gobiernos respectivos de las Coreas.

| Corea del Sur | Corea del Norte |
| --- | --- |
|  |  |
|  |  |
|  |  |

### IDEA PRINCIPAL

Corea del Sur, una democracia con una economía fuerte basada en la libre empresa, y Corea del Norte, un país comunista con una economía dirigida, constituyen una región fuertemente dividida del este de Asia.

## El escenario

DMZ, por sus siglas en ingles, significa **"zona de tolerancia"**. En las Coreas, la DMZ es una zona fronteriza donde no se permiten armas. No obstante, la DMZ detiene algo más que armas y tropas. Impide que pasen personas, suministros y comunicación entre estos países. Asimismo, divide dos países que siguen sendas económicas muy diferentes.

## Corea del Sur: ¿un tigre económico asiático?

A mediados del siglo XX, Corea del Sur tenía recursos agrícolas pero pocas industrias. Medio siglo después, Corea del Sur se ha convertido en una sobresaliente potencia económica.

Corea del Sur es una democracia cuya economía se basa en la libre empresa. Después de la Segunda Guerra Mundial, las fábricas de Corea del Sur se concentraron en producir tejidos y alimentos procesados. Más tarde, se creó una industria pesada. En los años setenta, Corea del Sur —junto con Tailandia, Hong Kong, Filipinas y otras naciones asiáticas— experimentó un auge económico. La gente apodó a estos países los "tigres asiáticos". Hoy en día, Corea del Sur es uno de los constructores de barcos más importantes del mundo; tiene una industria electrónica en crecimiento que exporta radios, televisores y computadoras; tiene asimismo grandes refinerías, es decir, fábricas que transforman el petróleo para fabricar plásticos, caucho y otros productos.

El cambio de Corea del Sur, de una economía agrícola a una economía industrial, ha creado un auge de la construcción.

### En la DMZ

**GOBIERNO** Tropas coreanas patrullan una sección de la cerca de alambre de púas a lo largo de la zona de tolerancia. Corea del Norte y Corea del Sur temen cada una ser atacada por la otra. **Razonamiento crítico** ¿Cómo imaginas que sería vivir al lado de un país enemigo?

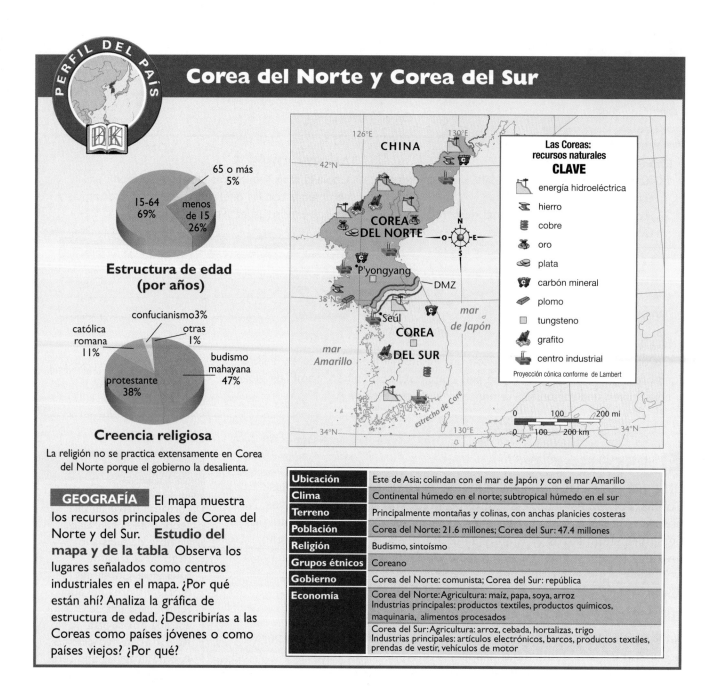

# Corea del Norte y Corea del Sur

**PERFIL DEL PAÍS**

## Estructura de edad (por años)

- 65 o más 5%
- 15-64 69%
- menos de 15 26%

## Creencia religiosa

- confucianismo 3%
- otras 1%
- católica romana 11%
- protestante 38%
- budismo mahayana 47%

La religión no se practica extensamente en Corea del Norte porque el gobierno la desalienta.

### Las Coreas: recursos naturales
**CLAVE**

- energía hidroeléctrica
- hierro
- cobre
- oro
- plata
- carbón mineral
- plomo
- tungsteno
- grafito
- centro industrial

Proyección cónica conforme de Lambert

**GEOGRAFÍA** El mapa muestra los recursos principales de Corea del Norte y del Sur. **Estudio del mapa y de la tabla** Observa los lugares señalados como centros industriales en el mapa. ¿Por qué están ahí? Analiza la gráfica de estructura de edad. ¿Describirías a las Coreas como países jóvenes o como países viejos? ¿Por qué?

| | |
|---|---|
| **Ubicación** | Este de Asia; colindan con el mar de Japón y con el mar Amarillo |
| **Clima** | Continental húmedo en el norte; subtropical húmedo en el sur |
| **Terreno** | Principalmente montañas y colinas, con anchas planicies costeras |
| **Población** | Corea del Norte: 21.6 millones; Corea del Sur: 47.4 millones |
| **Religión** | Budismo, sintoísmo |
| **Grupos étnicos** | Coreano |
| **Gobierno** | Corea del Norte: comunista; Corea del Sur: república |
| **Economía** | Corea del Norte: Agricultura: maíz, papa, soya, arroz<br>Industrias principales: productos textiles, productos químicos, maquinaria, alimentos procesados |
| | Corea del Sur: Agricultura: arroz, cebada, hortalizas, trigo<br>Industrias principales: artículos electrónicos, barcos, productos textiles, prendas de vestir, vehículos de motor |

**MIENTRAS LEES**

**Halla las ideas principales** ¿En qué difiere la economía de Corea del Sur de la economía de Corea del Norte?

Han brotado fábricas, edificios de oficinas y departamentos y carreteras para satisfacer las necesidades de la sociedad moderna.

A pesar de sus éxitos, Corea del Sur enfrenta varios retos. Al igual que Japón, carece de recursos naturales y debe importar grandes cantidades de materias primas para que su industria continúe funcionando. Las importaciones principales son de petróleo, hierro, acero y productos químicos. El costo de la vida ha aumentado, y los salarios suelen quedarse atrás.

Asimismo, al igual que los otros tigres asiáticos, Corea del Sur ha enfrentado graves dificultades económicas en los últimos años. Se ha generalizado la corrupción en el gobierno y se han acumulado enormes deudas. Corea del Sur confía en poder reestructurar sus sistemas políticos y financieros. Si logra transformar la crisis en oportunidades, este país puede llegar a ser nuevamente un tigre.

## Corea del Norte: una economía dirigida

Corea del Norte es un país comunista que ha mantenido cerradas sus puertas a gran parte del mundo. Esto ha impedido la entrada de nueva tecnología e ideas novedosas. No obstante, Corea del Norte es rica en recursos naturales. Hasta el fin de la Segunda Guerra Mundial, este país fue el centro industrial de la península coreana.

Hoy día, Corea del Norte no compite con Corea del Sur. Elabora productos en fábricas del gobierno, que son de mala calidad. Poco se ha hecho para **diversificar**, o aportar variedad, a la economía.

Los métodos agrícolas son anticuados en el norte. Muchos agricultores queman las laderas para cultivar la tierra. En pocos años de destruir la vegetación, la lluvia se lleva el suelo bueno. Entonces ya no es posible cultivarlo. En 1996, los norcoreanos enfrentaron una **hambruna**, o escasez de alimentos, y la posibilidad de morir de inanición. Por primera vez, Corea del Norte pidió ayuda a países no comunistas.

¿Por qué no se unen los dos lados? Ambos comparten una herencia y un idioma comunes. Muchas familias tienen miembros que viven a ambos lados de la DMZ. Corea del Norte tiene gran necesidad de los alimentos que se cosechan en el sur. Sus industrias también podrían aprovechar la tecnología del sur. Las necesidades de Corea del Sur son menores. Le serían muy útiles los recursos minerales del norte. Pero Corea del Sur puede comprar fácilmente lo que necesita con el dinero de sus exportaciones. Son principalmente las diferencias políticas lo que impide que los dos países se unan pacíficamente. Quizá sólo el fin del comunismo en el norte permitirá que Corea se unifique una vez más.

**Manifestación estudiantil en Seúl**

**CIVISMO** En Corea del Sur, hay grupos que demandan mejores sueldos y condiciones laborales, nuevos programas de gobierno o relaciones más amistosas con Corea del Norte. Aquí, algunos estudiantes universitarios se manifiestan en Seúl. A veces, se enfrentan con la policía.
**Razonamiento crítico** ¿Qué consignas crees que muestran las pancartas?

## EVALUACIÓN DE LA SECCIÓN 3

### DESPUÉS DE LEER

**RECORDAR**
1. Define: (a) zona de tolerancia, (b) diversificar, (c) hambruna

**COMPRENSIÓN**
2. Analiza las razones del éxito económico de Corea del Sur y de su reciente deterioro.

3. ¿Por qué se ha quedado rezagada la economía de Corea del Norte respecto a la de Corea del Sur?

**RAZONAMIENTO CRÍTICO Y ESCRITURA**
4. **Explorar la idea principal** Repasa la idea principal al inicio de esta sección. Luego, enumera las industrias y los recursos de Corea del Sur y Corea del Norte.

5. **Comparar y contrastar** ¿Cómo influyen en sus respectivas economías los gobiernos de Corea del Norte y Corea del Sur?

**ACTIVIDAD**
6. **Escribir para aprender** La división entre Corea del Norte y Corea del Sur te ha separado de tus familiares y también ha influido en tu forma de vivir. Escribe una entrada de diario en la que describas cómo se vive ya sea en Corea del Norte o en Corea del Sur.

# Vietnam
## Reconstrucción de la economía

**ANTES DE LEER**

### ENFOQUE DE LECTURA
**1.** ¿Cuáles son los conflictos que han dividido a Vietnam?
**2.** ¿Cómo están reconstruyendo su economía los vietnamitas?

### PALABRAS CLAVE
refugiados

### PERSONAJES Y LUGARES CLAVE
Ho Chi Minh
Ciudad Ho Chi Minh

### IDEA PRINCIPAL
Luego de que décadas de conflicto y guerra devastaran Vietnam, un país reunificado se esfuerza por reconstruir su economía.

### ANOTACIONES
Copia el diagrama y mientras lees esta sección, complétalo con lo que provocó una larga y devastadora guerra en Vietnam, e identifica algunos de los problemas que la guerra dejó.

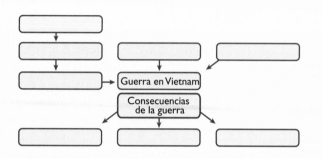

Guerra en Vietnam

Consecuencias de la guerra

**CULTURA** Estas mujeres vietnamitas fabrican platos y tazones a la manera tradicional. Se necesita gran destreza para formar ollas redondas y lisas de arcilla sin utilizar una rueda de alfarero. **Razonamiento crítico** ¿Por qué estas mujeres no utilizan una rueda de alfarero para hacer sus ollas?

# El escenario

Es verano en el norte de Vietnam. Los aldeanos cortan, cosechan y aran los campos de arroz como lo hicieron sus padres y abuelos. A diferencia de ellos, sin embargo, estos aldeanos ganan dinero. Los cultivadores de arroz de la aldea de Phu Do regresan de los campos a un segundo trabajo: elaborar fideos. Los agricultores de Son Dong tallan estatuas religiosas de madera en su tiempo libre. Los alfareros de Bat Trang, los orfebres de Dong Sam, las bordadoras de Thuong Tin: todos ellos ganan dinero practicando oficios muy antiguos. Su prosperidad contribuye a reconstruir la economía de Vietnam.

## Décadas de conflictos y guerra

A mediados del siglo XIX, Francia se apoderó de Vietnam como colonia. A los vietnamitas les molestaba la dominación francesa. Ellos querían tener su propio gobierno en su territorio. En 1946, muchos vietnamitas acudieron al llamado a las armas del dirigente independentista **Ho Chi Minh**.

Bajo la dirección de Ho Chi Minh, los comunistas vietnamitas derrotaron a los franceses. Estados Unidos no quería que Vietnam fuera un país comunista. Después de la derrota francesa, un tratado dividió Vietnam en dos países. La nación del norte estaba dominada por los comunistas, los cuales, encabezados por Ho Chi Minh, intentaron apoderarse del sur por la fuerza. En 1959, las fuerzas de Ho Chi Minh, el Viet Cong, emprendieron una guerra para lograr esta meta. Ante esta amenaza para Vietnam del Sur, Estados Unidos asumió un papel activo en la guerra.

# Vietnam

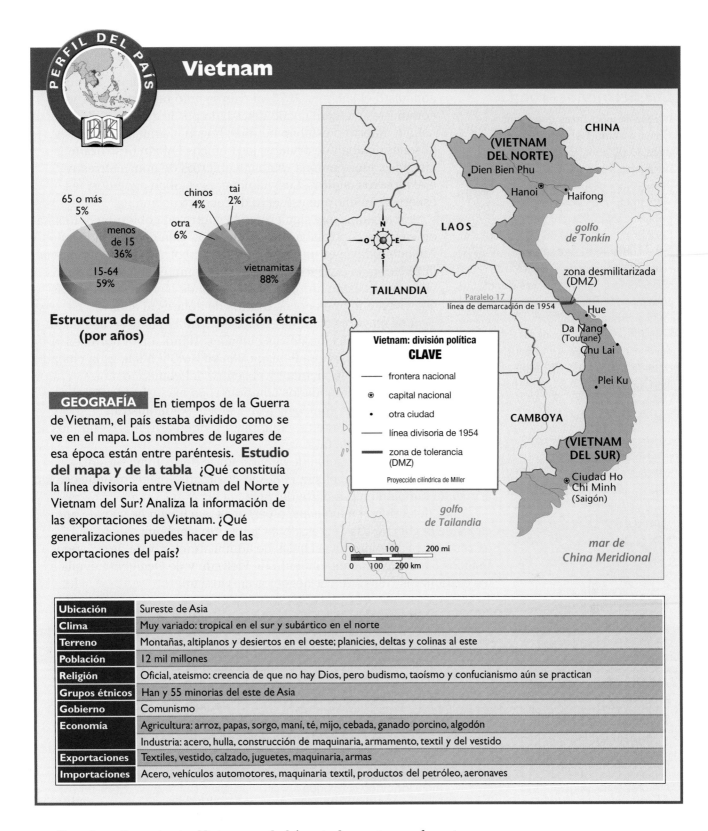

**Estructura de edad (por años)**

65 o más 5%

menos de 15 36%

15-64 59%

**Composición étnica**

chinos 4%

tai 2%

otra 6%

vietnamitas 88%

**GEOGRAFÍA** En tiempos de la Guerra de Vietnam, el país estaba dividido como se ve en el mapa. Los nombres de lugares de esa época están entre paréntesis. **Estudio del mapa y de la tabla** ¿Qué constituía la línea divisoria entre Vietnam del Norte y Vietnam del Sur? Analiza la información de las exportaciones de Vietnam. ¿Qué generalizaciones puedes hacer de las exportaciones del país?

**Vietnam: división política**
**CLAVE**

— frontera nacional

⊛ capital nacional

• otra ciudad

— línea divisoria de 1954

▬ zona de tolerancia (DMZ)

Proyección cilíndrica de Miller

| Ubicación | Sureste de Asia |
|---|---|
| Clima | Muy variado: tropical en el sur y subártico en el norte |
| Terreno | Montañas, altiplanos y desiertos en el oeste; planicies, deltas y colinas al este |
| Población | 12 mil millones |
| Religión | Oficial, ateísmo: creencia de que no hay Dios, pero budismo, taoísmo y confucianismo aún se practican |
| Grupos étnicos | Han y 55 minorias del este de Asia |
| Gobierno | Comunismo |
| Economía | Agricultura: arroz, papas, sorgo, maní, té, mijo, cebada, ganado porcino, algodón |
| | Industria: acero, hulla, construcción de maquinaria, armamento, textil y del vestido |
| Exportaciones | Textiles, vestido, calzado, juguetes, maquinaria, armas |
| Importaciones | Acero, vehículos automotores, maquinaria textil, productos del petróleo, aeronaves |

Para los años setenta, Vietnam ya había estado en guerra durante 30 años. El gobierno de Estados Unidos comprendió que estaba combatiendo en una guerra que nunca podría ganar. Asimismo, miles de personas de Estados Unidos demandaban el fin de la guerra. En 1973, Estados Unidos dejó por fin de participar en la guerra.

### Las hermanas Trung

Mucho tiempo antes que Francia, China dominó Vietnam durante unos 1,000 años. En 39 D.C., dos hermanas llamadas Trung-Trac y Trung-Nhi encabezaron un ejército vietnamita que liberó 65 poblaciones de los chinos. Las hermanas establecieron un estado independiente, se declararon reinas y gobernaron durante tres años. Aunque finalmente los chinos aplastaron la nación independiente, los vietnamitas continúan honrando la memoria de las hermanas Trung, como lo prueba la calle de Ciudad Ho Chi Minh que lleva su nombre.

# Los vietnamitas reconstruyen

Después de la salida de Estados Unidos, Vietnam del Norte conquistó el sur y, en 1976, el país se unió bajo un gobierno comunista. Vietnam quedó devastado por la guerra. Millones habían muerto o estaban heridos; hogares, granjas, fábricas y bosques estaban destruidos, las bombas habían destrozado las ciudades y los campos estaban cubiertos de minas terrestres, o explosivos ocultos. Los vietnamitas estaban agotados; les esperaba un enorme esfuerzo de reconstrucción.

En los años que siguieron a la guerra, el gobierno comunista de Vietnam controlaba estrictamente la vida de sus ciudadanos. Aunque todavía es un país comunista, ahora Vietnam permite la libre empresa en cierta medida. No obstante, la mayoría de los vietnamitas están en zonas rurales donde hay familias enteras que viven con unos pocos cientos de dólares al año.

Los mayores triunfos económicos de Vietnam se han dado en la reconstrucción de sus ciudades. Hanoi, en el norte, es la capital. Saigón, ahora llamada **Ciudad Ho Chi Minh**, es la ciudad más próspera de Vietnam y el centro del comercio. Los vietnamitas acomodados compran ropa exclusiva y relojes, sistemas estereofónicos y joyas. Muchos administran restaurantes u hoteles, compran y venden terrenos o edificios o son dueños de fábricas.

Aunque la modernización de la parte norte de Vietnam ha sido mucho más lenta que en el sur, el deseo de prosperidad económica se ha arraigado también en esa parte del país.

Miles de antiguos **refugiados**, o personas que huyen de su país por causa de la guerra, han regresado a Ciudad Ho Chi Minh. Algunos ex refugiados asistieron a escuelas de administración y de derecho en Estados Unidos, y su conocimiento de Vietnam y de Occidente ayuda a los extranjeros ricos a hacer negocios en Vietnam.

# EVALUACIÓN DE LA SECCIÓN 4

## DESPUÉS DE LEER

### RECORDAR
**1.** Identifica: (a) Ho Chi Minh, (b) Ciudad Ho Chi Minh

**2.** Define: (a) refugiado

### COMPRENSIÓN
**3.** ¿Cuáles son los conflictos que han dividido a Vietnam?

**4.** ¿Cuáles son los éxitos que Vietnam ha alcanzado en la reconstrucción de su economía?

### RAZONAMIENTO CRÍTICO Y ESCRITURA
**5. Explorar la idea principal** Repasa la idea principal al inicio de esta sección. Luego, menciona dos retos que Vietnam enfrentó después de la guerra y dos medios que ha empleado para reconstruir su economía.

**6. Identificar el marco de referencia y el punto de vista** ¿Por qué se cambió el nombre de Saigón por el de Ciudad Ho Chi Minh después de la guerra?

### ACTIVIDAD
**7. Escribir una carta al editor** Imagina que eres un vietnamita que vivía en Saigón en 1954. Escribe una carta a un diario en la que expreses tu actitud hacia Ho Chi Minh.

# Reconocer la parcialidad

## Aprende la destreza

Ser parcial significa inclinarse hacia un punto de vista determinado. A veces, las personas que escriben acerca de algo conocen sólo una cara de la historia. Otras personas dejan fuera información intencionalmente para dar su propio punto de vista. Un escrito parcial toma partido, aun cuando al principio parezca que no es así. Debes ser capaz de reconocer la parcialidad en los escritos para saber si se te está presentando una imagen justa de la situación. Al leer, puedes buscar ciertas pistas que ponen de manifiesto la parcialidad de un autor. Para determinar si un autor es parcial, haz lo siguiente:

**A.** Busca opiniones. Las opiniones son creencias que no se pueden probar. Son lo contrario de los hechos, que sí se pueden probar. Un escrito parcial suele contener opiniones disfrazadas de hechos. Por ejemplo, la afirmación "la vida en Vietnam del Sur es mejor que la vida en Vietnam del Norte" puede sonar como un hecho, pero es una opinión. No importa si estás de acuerdo con la opinión o si piensas que es razonable.

**B.** Busca palabras y frases tendenciosas con un significado oculto. Estas palabras pueden dar una impresión positiva o negativa. Lee esta oración: "Los bajos y llanos deltas de Vietnam crean litorales de ensueño". Las palabras "de ensueño" son tendenciosas, pues dan una impresión muy positiva. Sin embargo, este significado oculto no se puede probar. No es un hecho.

**C.** Busca lo que no está ahí. Los autores parciales suelen excluir la información que no apoya su parcialidad. Por ejemplo, el autor podría escribir "el presidente de Vietnam del Sur, Ngo Dinh Diem, distribuyó tierras entre más campesinos y construyó nuevas fábricas en los años cincuenta", pero dejar fuera los actos negativos de Diem o los actos positivos del gobernante de Vietnam del Norte.

**D.** Piensa en el tono. El tono es la sensación general que produce un escrito, y muestra la actitud del autor hacia el tema: "Las marionetas acuáticas se convirtieron en una forma burda de entretenimiento." Este enunciado produce la impresión definida de que el autor tiene sentimientos poco favorables hacia las formas vietnamitas de entretenimiento. Un escrito imparcial proporciona los hechos y deja que el lector o lectora saque sus propias conclusiones.

## Practica la destreza

El texto del cuadro es una descripción parcial del Vietnam de hoy. Sigue los pasos del A al D para identificar la parcialidad. Reflexiona en estas preguntas: ¿Están las opiniones disfrazadas como hechos en el texto? ¿Qué palabras producen una impresión positiva o negativa de Vietnam? ¿Qué hechos importantes acerca de Vietnam han sido omitidos por el autor? ¿Cómo describirías el tono del escrito? ¿Es positivo o negativo? Cuando hayas terminado, describe el Vietnam de hoy en un párrafo, sin parcialidad.

### Vietnam actual

Es lamentable que Vietnam se haya convertido en un país comunista. Hoy en día, Vietnam es una de las naciones más pobres de Asia. La mayor parte de las casas no tienen inodoro interior ni agua corriente. Lo mejor sería que el gobierno de Vietnam tomara como modelo a Estados Unidos.

## Aplica la destreza

Hallarás más preguntas sobre cómo reconocer la parcialidad, en la sección Repaso y evaluación de este capítulo.

## CAPÍTULO 27

# Repaso y evaluación

## Hacer un resumen del capítulo

En una hoja suelta, dibuja un diagrama como éste y agrega la información que resume la primera sección del capítulo. Luego, completa los cuadros que faltan con un resumen de las secciones 2, 3 y 4.

### ASIA ORIENTAL Y SUDORIENTAL HOY

**Sección 1**
En años recientes, China comenzó a reparar su economía, devastada en el gobierno de Mao Tse-Tung. La economía de libre empresa de Taiwan, desde su fundación, ha sido una de las más fuertes de Asia.

**Sección 2**

**Sección 3**

**Sección 4**

## Repaso de palabras clave

Relaciona las palabras clave de la columna I con las definiciones de la columna II.

**Columna I**

1. subsidio
2. diversificar
3. incentivo
4. refugiado
5. libre empresa
6. radical
7. discriminación

**Columna II**

a. extremo
b. dar variedad
c. apoyo financiero
d. sistema económico que permite a las personas elegir su empleo, poner en marcha empresas privadas y tener ganancias
e. persona que huye de su país a causa de la guerra
f. prestación que induce a las personas a trabajar arduamente
g. trato no equitativo

## Repaso de ideas principales

1. ¿Cómo influyeron los programas de Mao Tse-Tung en la economía de China? (Sección 1)
2. ¿Qué cambio ha fortalecido la economía de China en años recientes? (Sección 1)
3. ¿Qué ha ayudado a Taiwan a convertirse en un país económicamente fuerte y conservarse como tal? (Sección 1)
4. ¿Cómo se recuperó Japón económicamente después de la Segunda Guerra Mundial? (Sección 2)
5. ¿Qué aspectos debe Japón atender para conservar su economía? (Sección 2)
6. ¿Qué diferencias políticas y económicas dividen a Corea del Norte y Corea del Sur? (Sección 3)
7. ¿Cómo se dividió Vietnam luego de su independencia de Francia? (Sección 4)
8. ¿Qué cambio en la política económica está ayudando a algunos vietnamitas a alcanzar un estándar de vida más alto? (Sección 4)

## Actividad de mapa

### Este y sureste de Asia

**Escribe la letra que indica la posición de cada lugar en el mapa. Usa los mapas del Atlas para la actividad que está al final del libro para realizar esta actividad.**

| | |
|---|---|
| **1.** Japón | **4.** Corea del Sur |
| **2.** China | **5.** Corea del Norte |
| **3.** Taiwan | **6.** Vietnam |

 **Búscalo en la RED**

**Enriquecimiento** Para más actividades con mapas y destrezas de geografía, visita la sección de Social Studies de **phschool.com.**

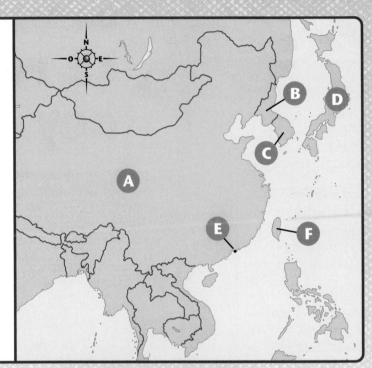

## Actividad de escritura

**1. Escribir un editorial de periódico** Elige un conflicto sobre el que hayas leído en este capítulo. Escribe un editorial en el que expongas tu punto de vista sobre el conflicto.

**2. Usar fuentes primarias** Elige uno de los lugares que estudiaste en el capítulo para investigar acerca de él. Visita la biblioteca de tu escuela y busca más información sobre ese lugar en fuentes primarias, como entrevistas publicadas en artículos y monografías de diarios o revistas. Escribe un artículo de viajes que ofrezca información y sugerencias acerca de lo que se puede ver y cómo comportarse en el lugar.

## Aplica tus destrezas

Busca en un diario o revista de actualidad un artículo breve que te interese. Repasa los pasos que aprendiste para reconocer la parcialidad. Lee el artículo y decide si el autor es parcial. Pon por escrito tus ideas en una hoja suelta, y no olvides respaldar tu decisión con detalles del artículo.

## Razonamiento crítico

**1. Comparar y contrastar** Compara las normas generales del gobierno comunista de China antes y después de la segunda mitad de los años setenta.

**2. Identificar las ideas principales y los detalles de apoyo** ¿Por qué se dice a veces que los habitantes de Japón son el único recurso natural del país?

 **Búscalo en la RED**

**Actividad** Lee el artículo periodístico acerca del estado actual de la economía y el gobierno de Vietnam. ¿Quién controla la economía de Vietnam? ¿En qué aspectos se diferencia de la economía de Estados Unidos? Visita la sección World Explorer: People, Places and Cultures de **phschool.com** para realizar esta actividad.

**Autoevaluación del Capítulo 27**
Como repaso final, resuelve la prueba de autoevaluación del Capítulo 27. Busca la prueba en la sección de Social Studies en **phschool.com.**

# SUR Y SUROESTE DE ASIA:
# La región hoy en día

## Un tributo a la belleza

# USAR ILUSTRACIONES

**El Taj Mahal fue construido por el shah Jahan, un gobernante musulmán del norte de la India. Representa el trono de Dios en el paraíso, pero también sirvió como mausoleo (tumba) para el shah y su esposa cuando murieron.**

### Aritmética del Taj Mahal

La construcción del Taj Mahal se inició en 1632. Veinte mil trabajadores tardaron once años en construir el mausoleo, y otros once en terminar todo el complejo. ¿En qué año quedó terminado el mausoleo? ¿Cuántos años se requirieron para construir todo el complejo?

### Hacer un modelo del Taj Mahal

El Taj Mahal está hecho de mármol blanco. El mausoleo tiene una altura aproximada de 120 pies y cubre un área de 300 pies cuadrados. Los minaretes tienen 133 pies de altura. Observa el enorme domo en el centro y los otros domos más pequeños. El domo grande tiene 70 pies de diámetro. Trabajen en parejas. Con plastilina, un trozo de cartón para la base y la fotografía de esta página, hagan un modelo del Taj Mahal.

# Pakistán

## Avances económicos

**ANTES DE LEER**

### ENFOQUE DE LECTURA

**1.** ¿Cómo influye el río Indo en la relación entre Pakistán y la India?

**2.** ¿Qué ha hecho Pakistán para ayudar a sus agricultores?

**3.** ¿Qué crecimiento económico ha experimentado Pakistán?

### PALABRAS CLAVE
sequía

### LUGAR CLAVE
Cachemira

### IDEA PRINCIPAL

Los pakistaníes son en su mayoría agricultores, pero la economía está creciendo gracias al desarrollo de la industria agrícola y otras industrias.

### ANOTACIONES

Copia el esquema y mientras lees esta sección complétalo para mostrar cómo Pakistán está logrando avances económicos.

> **I. Aspectos geográficos**
> A. El río Indo es vital para la economía de Pakistán
> B.
> **II. Agricultura**
> **III. Crecimiento industrial**

## El escenario

Muchos damos el agua por sentada. Abrimos el grifo y sale un chorro de agua. No obstante, en muchos países del mundo el agua es un recurso escaso. La **sequía,** un período largo sin lluvia, es un problema importante en Pakistán, y es una causa del conflicto por la región de **Cachemira.**

## La geografía influye en la política

Cachemira es una región de altas montañas y hermosos lagos, y en ella nace el río Indo. Quien controla Cachemira, controla el flujo de las aguas del Indo. Los agricultores necesitan estas aguas para regar sus cultivos porque, sin el Indo, Pakistán sería un árido y ardiente desierto.

Cachemira limita con Pakistán, la India, China y Afganistán. Tanto Pakistán como la India reclaman a Cachemira y quieren controlar las aguas del Indo. El conflicto por Cachemira ha dado pie a combates entre la India y Pakistán. Así de importante es el agua para la región.

**Terraza agrícola**

**GEOGRAFÍA** Apenas el 6 por ciento del territorio de Cachemira es apto para el cultivo. Aquí, los agricultores han construido terrazas para poder cultivar terrenos inclinados.

**Razonamiento crítico** ¿Cómo afecta al río la nieve de las cumbres montañosas?

# Pakistán

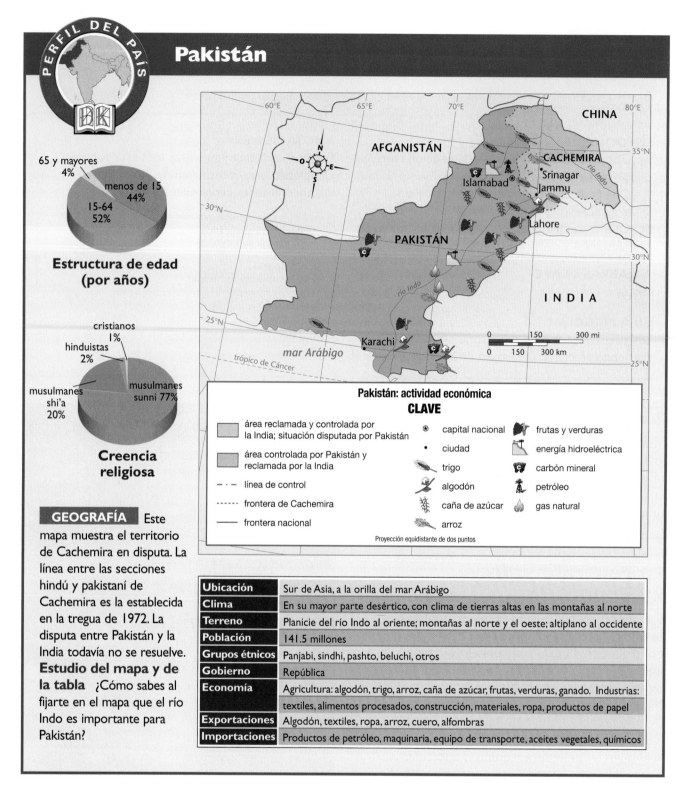

**Estructura de edad (por años)**

- 65 y mayores 4%
- menos de 15 44%
- 15-64 52%

**Creencia religiosa**

- cristianos 1%
- hinduistas 2%
- musulmanes sunni 77%
- musulmanes shi'a 20%

## Pakistán: actividad económica
### CLAVE

- área reclamada y controlada por la India; situación disputada por Pakistán
- área controlada por Pakistán y reclamada por la India
- – · – línea de control
- ······ frontera de Cachemira
- ——— frontera nacional

- ⊛ capital nacional
- · ciudad
- trigo
- algodón
- caña de azúcar
- arroz

- frutas y verduras
- energía hidroeléctrica
- carbón mineral
- petróleo
- gas natural

Proyección equidistante de dos puntos

| Ubicación | Sur de Asia, a la orilla del mar Arábigo |
|---|---|
| Clima | En su mayor parte desértico, con clima de tierras altas en las montañas al norte |
| Terreno | Planicie del río Indo al oriente; montañas al norte y el oeste; altiplano al occidente |
| Población | 141.5 millones |
| Grupos étnicos | Panjabi, sindhi, pashto, beluchi, otros |
| Gobierno | República |
| Economía | Agricultura: algodón, trigo, arroz, caña de azúcar, frutas, verduras, ganado. Industrias: textiles, alimentos procesados, construcción, materiales, ropa, productos de papel |
| Exportaciones | Algodón, textiles, ropa, arroz, cuero, alfombras |
| Importaciones | Productos de petróleo, maquinaria, equipo de transporte, aceites vegetales, químicos |

**GEOGRAFÍA** Este mapa muestra el territorio de Cachemira en disputa. La línea entre las secciones hindú y pakistaní de Cachemira es la establecida en la tregua de 1972. La disputa entre Pakistán y la India todavía no se resuelve. **Estudio del mapa y de la tabla** ¿Cómo sabes al fijarte en el mapa que el río Indo es importante para Pakistán?

## Una nación agrícola

Trabajando duro y aplicando ingeniosos métodos de cultivo, los agricultores pakistaníes cosechan grandes cantidades de trigo, algodón y caña de azúcar. También cosechan tanto arroz que pueden exportarlo a otros países. Los grandes avances que el país ha logrado en la agricultura bien podrían perderse si falta la imprescindible agua.

**El riego aumenta las cosechas**   Los pakistaníes de la llanura del Indo han construido miles de canales y zanjas para llevar agua a sus campos. Así, los agricultores mantienen un flujo constante de agua, incluso durante las sequías. Al regar más terrenos, crece la superficie cultivada. Esto ha aumentado las cosechas.

En la época de la cosecha, las flores amarillo brillante de las cinco variedades de mostaza de Pakistán cubren los campos. Los métodos de cultivo mejorados permiten a los agricultores pakistaníes cultivar lentejas, que son legumbres que se usan en un condimentado platillo llamado dhal. También se cultivan frutas como albaricoques y mangos, y verduras como chiles y guisantes.

**Problemas y soluciones**   El riego resuelve muchos problemas agrícolas, pero crea otros. Por ejemplo, el agua de río contiene pequeñas cantidades de sales que, con el tiempo, se acumulan en los suelos y frenan el crecimiento de las plantas. Los científicos pakistaníes están buscando formas de "curar" los suelos dañados por las sales.

Los pakistaníes tienen otro problema relacionado con el agua. Durante la temporada de los monzones se presentan inundaciones destructoras. Una solución han sido las grandes presas construidas por el Gobierno. Las presas atrapan y almacenan las lluvias de los monzones. Luego las aguas se echan a los canales de riego cuando se las necesita.

## Desarrollo económico

Además de ayudar a los agricultores, las presas aceleran el crecimiento industrial. Al liberarse las aguas, su flujo puede crear energía hidroeléctrica. En Pakistán, las plantas hidroeléctricas producen electricidad para operar molinos y fábricas. Casi todas las industrias están cerca de las fuentes de energía hidroeléctrica, en la planicie del Indo.

### Cosecha de trigo en Pakistán

**ECONOMÍA**   Estos agricultores pakistaníes separan la cascarilla de los granos de trigo lanzando el trigo hacia arriba. Además de este tipo de prácticas milenarias, también usan métodos agrícolas modernos. Por ejemplo, plantan semillas desarrolladas por científicos que producen mayores cosechas. Desde que los agricultores adoptaron esta práctica en los años sesenta, la producción de trigo ha aumentado al doble. Ahora Pakistán cosecha más trigo que Kansas y Nebraska juntos. **Razonamiento crítico** ¿Por qué crees que algunos agricultores pakistaníes siguen usando prácticas de cultivo milenarias?

### Industrias basadas en la agricultura

Al independizarse, Pakistán tenía pocas fábricas. El país se ha esforzado por construir una economía basada en la agricultura y la industria. Hoy, Pakistán es uno de los países más prósperos de Asia. No obstante, sólo unos cuantos pakistaníes pueden comprar cosas como refrigeradores, teléfonos y automóviles.

Pakistán inició su crecimiento industrial apoyándose en lo que mejor sabía hacer la gente: cultivar la tierra. Más de la mitad de la producción industrial de Pakistán proviene de la conversión de cultivos, como el algodón, en manufacturas, como los calcetines.

### Artesanías tradicionales

**ECONOMÍA** Muchos pakistaníes trabajan en talleres de artesanías. Este artesano de Karachi hace bandejas y cajas de madera incrustadas con diseños metálicos. También producen encajes, alfombras, alfarería y artículos de cuero.

**Razonamiento crítico**
¿Cómo ayudaría a la economía de Pakistán el desarrollo de las artesanías tradicionales?

### Industrias: del acero a las artesanías

El país tiene también otras industrias. La industria química produce pinturas, jabones y colorantes. Varias siderúrgicas permiten a Pakistán producir casi todo el acero que necesita, con lo que el país ahorra dinero.

Millones de pakistaníes trabajan en pequeños talleres, no en grandes fábricas. Los talleres producen palos para hockey, muebles, cuchillos, sillas de montar y alfombras. Pakistán es famoso por sus hermosas alfombras. Algunas se venden por $25,000 dólares en Pakistán y $50,000 en Nueva York o Londres.

Los pakistaníes estan haciendo un esfuerzo para mejorar su futuro. Al construir industrias y modernizar la agricultura, confían en elevar su calidad de vida.

## EVALUACIÓN DE LA SECCIÓN I

### DESPUÉS DE LEER

**DESPUÉS DE LEER**
1. Identifica: Cachemira
2. Define: sequía

**COMPRENSIÓN**
3. ¿Por qué el río Indo es crucial para los agricultores pakistaníes?
4. ¿Qué medidas ha tomado Pakistán para mejorar su agricultura?

5. ¿Qué industrias han surgido desde que Pakistán es una nación?

**RAZONAMIENTO CRÍTICO Y ESCRITURA**
6. **Explorar la idea principal** Repasa la idea principal al inicio de esta sección. Luego, escribe en un párrafo corto cómo el crecimiento industrial de Pakistán afecta su economía.

7. **Identificar un problema** Escribe un párrafo en el que expliques por qué Cachemira es importante tanto para la India como para Pakistán.

**ACTIVIDAD**
8. **Escribe una carta** Eres un agricultor pakistaní. Escribe una carta a un amigo en EE. UU. en la que describes tus cultivos y lo que cuesta mantener la productividad de tu granja.

# La India
## Una democracia arraigada en la tradición

**ANTES DE LEER**

### ENFOQUE DE LECTURA

1. ¿Cómo han aumentado las oportunidades de los intocables desde la independencia?
2. ¿Cómo influyen las mujeres indias en el proceso político?

### PALABRAS CLAVE

castas                        purdah

cuota                         parlamento

### ANOTACIONES

Copia la tabla y mientras lees esta sección, complétala para mostrar cómo los intocables y las mujeres se están convirtiendo en ciudadanos plenos de la India.

| Intocables | Mujeres |
|---|---|
|  |  |
|  |  |

### IDEA PRINCIPAL

Desde la independencia, se han multiplicado las oportunidades para que más hindúes participen e influyan en el proceso político, aunque los cambios han sido más rápidos en las ciudades que en las áreas rurales más tradicionalistas.

## El escenario

La aldea entera se presentó para el servicio religioso hinduista: desde los miembros de la casta más alta hasta los que no tienen casta, los intocables. Después del servicio, los participantes se sentaron a comer. A nadie le parecía importarle quién estuviera sentado al lado. Terminada la comida, miembros de castas inferiores e intocables comenzaron el aseo del comedor. Algunos miembros de castas superiores les pidieron que se detuvieran, e hicieron el trabajo ellos mismos. Desconcertado, un intocable dijo: "Es la primera vez en mi vida que veo algo así".

## Oportunidad para todos los ciudadanos

¿Por qué estaba sorprendido el intocable? Por las antiguas tradiciones, como el sistema de castas, en que está arraigada la cultura hindú.

**El sistema de castas**   La sociedad hindú tradicional divide a sus miembros en cuatro **castas,** o grupos sociales. Las castas ordenan a las personas desde el estrato más bajo hasta el más alto de la sociedad. Por debajo de la casta más baja están los intocables: un grupo "sin casta", o "parias".

**Calles concurridas**

**CULTURA**   Un barbero hindú rasura a un cliente. Muchos barberos trabajan al aire libre en la India. **Razonamiento crítico** ¿Por qué razones económicas querría un barbero trabajar en la calle?

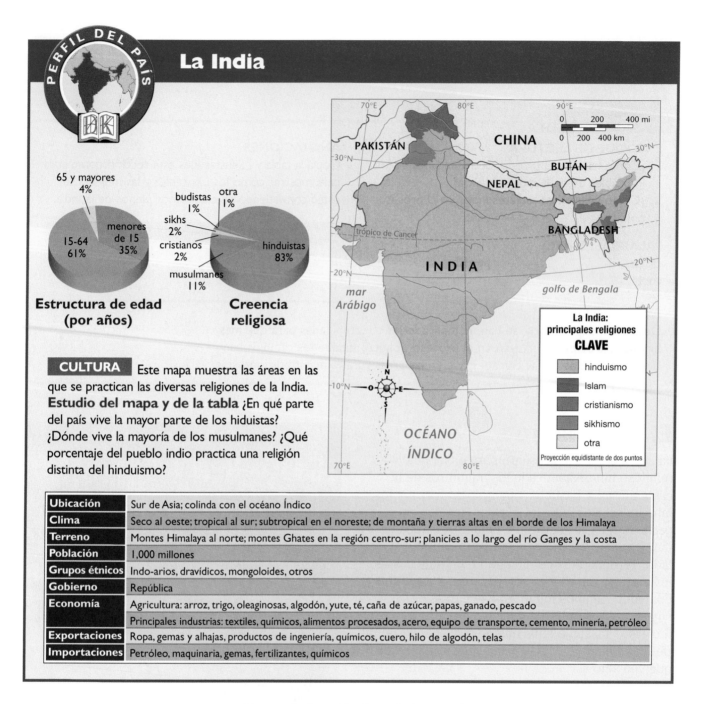

## La India

**Estructura de edad (por años)**

- 65 y mayores 4%
- 15-64 61%
- menores de 15 35%

**Creencia religiosa**

- budistas 1%
- otra 1%
- sikhs 2%
- cristianos 2%
- musulmanes 11%
- hinduistas 83%

**La India: principales religiones**

**CLAVE**
- hinduismo
- Islam
- cristianismo
- sikhismo
- otra

Proyección equidistante de dos puntos

**CULTURA** Este mapa muestra las áreas en las que se practican las diversas religiones de la India. **Estudio del mapa y de la tabla** ¿En qué parte del país vive la mayor parte de los hiduistas? ¿Dónde vive la mayoría de los musulmanes? ¿Qué porcentaje del pueblo indio practica una religión distinta del hinduismo?

| | |
|---|---|
| **Ubicación** | Sur de Asia; colinda con el océano Índico |
| **Clima** | Seco al oeste; tropical al sur; subtropical en el noreste; de montaña y tierras altas en el borde de los Himalaya |
| **Terreno** | Montes Himalaya al norte; montes Ghates en la región centro-sur; planicies a lo largo del río Ganges y la costa |
| **Población** | 1,000 millones |
| **Grupos étnicos** | Indo-arios, dravídicos, mongoloides, otros |
| **Gobierno** | República |
| **Economía** | Agricultura: arroz, trigo, oleaginosas, algodón, yute, té, caña de azúcar, papas, ganado, pescado |
| | Principales industrias: textiles, químicos, alimentos procesados, acero, equipo de transporte, cemento, minería, petróleo |
| **Exportaciones** | Ropa, gemas y alhajas, productos de ingeniería, químicos, cuero, hilo de algodón, telas |
| **Importaciones** | Petróleo, maquinaria, gemas, fertilizantes, químicos |

Al paso de los milenios, el sistema de castas se volvió más complejo. Las castas principales se dividieron en cientos de grupos, o subcastas. Los miembros de cada subcasta tenían la misma ocupación. Los tenderos, barberos y tejedores, por ejemplo, tenían su propia casta. El sistema de castas confería a los hindúes una sensación de orden, pero para los intocables la vida era ardua. Los intocables sólo podían realizar las labores más desagradables. No se les permitía mezclarse con personas de casta superior.

**El sistema se debilita** Hoy en día, el sistema de castas se está debilitando. Durante la lucha de la India por su independencia, Mohandas Gandhi comenzó a defender los derechos de los intocables, a quienes tomó como discípulos y llamó *harijans*, o hijos de Dios.

Muchos líderes saudíes creen que su país depende demasiado del petróleo, y están tratando de diversificar su economía. Quieren crear muchas formas distintas de ganar dinero. Sin embargo, las exportaciones de petróleo siguen siendo la principal fuente de ingresos de Arabia Saudí.

Mientras tanto, los proyectos financiados con el dinero del petróleo han transformado la vida de los habitantes de Arabia Saudí. Antes del auge petrolero, había pocas carreteras. Ahora todos los rincones del país están enlazados por carretera. En el pasado, mucha gente vivía sin electricidad ni teléfono. Ahora estos lujos son comunes en Arabia Saudí.

La riqueza de la nación también ha permitido desarrollar un buen sistema educativo construyendo miles de ciudades. En 1900, muchos saudíes no sabían leer ni escribir. Hoy en día, los estudiantes saudíes se están convirtiendo en doctores, científicos y maestros.

**Valores tradicionales**   En Arabia Saudí, la religión del Islam regula la vida de casi toda la población. Por ejemplo, las ciudades como Riyãd tienen tiendas departamentales, hoteles y universidades, pero no tienen cines ni centros nocturnos. La rama sunni del Islam, a la que pertenecen casi todos los saudíes, prohíbe este tipo de diversiones.

También, el alcohol y la carne de cerdo están prohibidos en Arabia Saudí, y todas las tiendas deben cerrar durante las cinco ocasiones en que los musulmanes oran cada día. Los saudíes usan inventos occidentales para mejorar su vida, pero cuidan que esos inventos no interfieran con sus tradiciones.

# El papel de la mujer en Arabia Saudí

Muchas leyes de Arabia Saudí se ocupan del papel de la mujer; las protegen en ciertos sentidos pero también les prohíben hacer algunas cosas. El papel de las mujeres está cambiando, pero los valores tradicionales se mantienen fuertes.

**Viejas costumbres y nuevas profesiones**   En Riyãd, las mujeres que salen a la calle se cubren desde la cabeza hasta los pies con un largo manto negro. Incluso suelen cubrirse el rostro. Ésta es una de las reglas del país. Otra es que las mujeres no pueden conducir automóviles. En su hogar, las mujeres se quedan en la parte de la casa designada para ellas en caso de haber visitas.

Samira Al Tuwaijri, una joven mujer que vive en Riyãd, sigue esas reglas. Es doctora en el hospital Rey Fahd, y está estudiando para cirujana.

**Vidas dobles**

**CULTURA**  Esta doctora de Riyãd (arriba) usa ropa occidental en su oficina. En la calle, usa un largo manto negro tradicional similar al que llevan estas mujeres en la ciudad saudita de Yidda (izquierda). **Razonamiento crítico** ¿Qué te dicen las fotografías acerca de estas mujeres?

"Tradicionalmente, las mujeres siempre se quedaban en casa para cocinar y cuidar a la familia. Ninguna trabajaba para ganarse la vida", dice Tuwaijri.

Pero cuando Arabia Saudí construyó nuevas escuelas, las mujeres comenzaron a estar mejor instruidas. "Las mujeres ya no se conforman con quedarse en casa... Podemos competir en un mundo masculino", añade Tuwaijri.

A pesar de los cambios, las mujeres y los hombres normalmente se mantienen separados. Los niños y las niñas van a distintas escuelas y no se reúnen socialmente. Las mujeres escogen profesiones en las que no tendrán que trabajar de cerca con hombres. Todos los pacientes de Tuwaijri son mujeres. "Podría haberme dedicado a medicina general, pero mi educación fue estricta y habría sido difícil ajustarme a examinar pacientes hombres", explica.

**La religión moldea la cultura**  Casi todas las reglas que rigen la conducta de las mujeres en Arabia Saudí provienen del Corán, el libro sagrado del Islam. El Corán exige un trato justo para las mujeres. Las mujeres musulmanas podían poseer propiedades mucho antes de que las mujeres occidentales tuvieran ese derecho. Sin embargo, no todos los musulmanes coinciden en la forma en que el Corán debe aplicarse a la vida moderna.

"Supongo que para quienes viven en occidente es difícil entender por qué no está permitido fotografiarme", dice Tuwaijri. "En el Islam, la familia es muy importante y una decisión familiar es aceptada por todos los miembros sin chistar... Incluso si no estuviera de acuerdo con ella, la respetaría."

Al igual que muchas mujeres saudíes, Tuwaijri está satisfecha con su papel en una sociedad musulmana. No quiere vivir como las mujeres en occidente. "Hay muchas cosas en esta cultura que limitan nuestra libertad, pero yo no querría que las cosas cambiaran repentinamente", dice. "Es importante avanzar lentamente y con cautela."

# EVALUACIÓN DE LA SECCIÓN 3

## DESPUÉS DE LEER

### RECORDAR
1. Identifica: (a) La Meca, (b) Riyăd
2. Define: hajj

### COMPRENSIÓN
3. Menciona tres cambios que experimentó Arabia Saudí cuando el país se hizo rico gracias al petróleo.
4. ¿Cómo mantienen las mujeres saudíes una forma de vida tradicional aun con los cambios debidos a su riqueza petrolera?

### RAZONAMIENTO CRÍTICO Y ESCRITURA
5. **Explorar la idea principal** Repasa la idea principal al inicio de esta sección. Luego, imagina que eres un hombre o mujer de edad avanzada en Arabia Saudí. Escribe una entrada de diario que describa lo que ha cambiado en tu vida y lo que sigue igual desde que se descubrió petróleo.
6. **Identificar el marco de referencia y el punto de vista** ¿Qué piensa Samira Al Tuwaijri acerca del lugar de la mujer en su cultura?

### ACTIVIDAD
7. **Hacer observaciones** Usa el mapa de la página 528 para elaborar una lista de observaciones acerca de la situación geográfica de Arabia y su influencia sobre el país. Incluye en tu lista observaciones acerca de los países vecinos, el tamaño relativo y el acceso al agua.

# SECCIÓN 4

# Israel
## Construcción de la economía

## ANTES DE LEER

### ENFOQUE DE LECTURA

1. ¿Cómo afecta la geografía a la economía de Israel?
2. ¿Cómo trabajan juntos a veces los israelíes?
3. ¿Por qué Israel ha tenido que cooperar con países vecinos?

### PALABRAS CLAVE
moshavim
kibutz

### LUGAR CLAVE
desierto de Négev

### ANOTACIONES
Copia la tabla y mientras lees esta sección, complétala de modo que muestre cómo los israelíes han hecho posible la agricultura en el desierto.

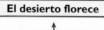

El desierto florece

cooperación

### IDEA PRINCIPAL
Empleando tecnología agrícola, los israelíes han transformado una región desértica para cultivar frutas y verduras que se venden por todo el mundo.

## El escenario

Imagina una región de rocas y arena, que es el punto más bajo del planeta: 1,310 pies (399 m) bajo el nivel del mar. Apenas una pulgada de lluvia se registra cada año. Las temperaturas diurnas pueden rebasar los 120°F (49°C). Se trata del **desierto de Négev,** que constituye los dos tercios meridionales del país de Israel.

## La tecnología altera la geografía

La geografía de Israel es similar a la del resto del suroeste asiático, y dos terceras partes del país están cubiertas por un desierto. A lo largo de la historia, los habitantes de regiones desérticas han subsistido pastoreando animales en el desierto, no cultivando. En Israel esto ha cambiado.

Los habitantes de Israel han utilizado tecnología, ideas nuevas y trabajo intenso para hacer posible la agricultura en el desierto. Hoy en día, las frutas y verduras que se cultivan allí se venden en todo el mundo, y la agricultura se ha convertido en una parte importante de la economía de Israel.

Kalman Eisenmann cultiva frutas y verduras en tierras del Négev, alguna vez estériles y áridas. Utiliza un sistema de riego controlado por computadora que desplaza agua por tubos de plástico subterráneos directamente a las raíces de las plantas. Esta forma de regar cultivos se inventó en Israel. Cuando se desarrolló, poca gente vivía en este desierto. Ahora medio millón de personas vive aquí.

### Agricultura del desierto

**ECONOMÍA** Con las arenas del desierto israelí del Négev como fondo, estos trabajadores cosechan fresas. **Razonamiento crítico** ¿Por qué crees que las fresas se cultivan bajo hojas protectoras de plástico?

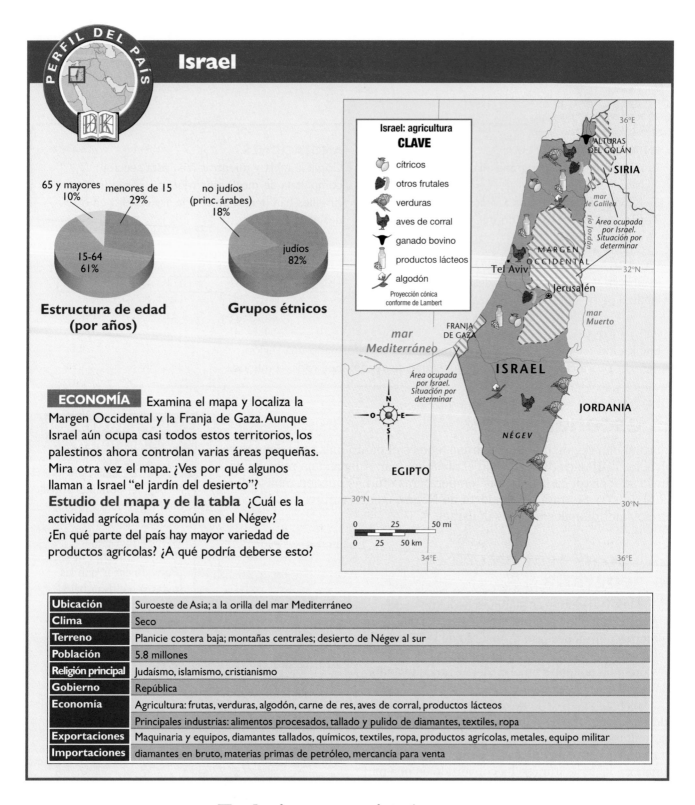

# Israel

**PERFIL DEL PAÍS**

## Israel: agricultura
### CLAVE
- cítricos
- otros frutales
- verduras
- aves de corral
- ganado bovino
- productos lácteos
- algodón

Proyección cónica conforme de Lambert

**Estructura de edad (por años)**
- 65 y mayores 10%
- menores de 15 29%
- 15-64 61%

**Grupos étnicos**
- no judíos (princ. árabes) 18%
- judíos 82%

**ECONOMÍA** Examina el mapa y localiza la Margen Occidental y la Franja de Gaza. Aunque Israel aún ocupa casi todos estos territorios, los palestinos ahora controlan varias áreas pequeñas. Mira otra vez el mapa. ¿Ves por qué algunos llaman a Israel "el jardín del desierto"?

**Estudio del mapa y de la tabla** ¿Cuál es la actividad agrícola más común en el Négev? ¿En qué parte del país hay mayor variedad de productos agrícolas? ¿A qué podría deberse esto?

| | |
|---|---|
| **Ubicación** | Suroeste de Asia; a la orilla del mar Mediterráneo |
| **Clima** | Seco |
| **Terreno** | Planicie costera baja; montañas centrales; desierto de Négev al sur |
| **Población** | 5.8 millones |
| **Religión principal** | Judaísmo, islamismo, cristianismo |
| **Gobierno** | República |
| **Economía** | Agricultura: frutas, verduras, algodón, carne de res, aves de corral, productos lácteos |
| | Principales industrias: alimentos procesados, tallado y pulido de diamantes, textiles, ropa |
| **Exportaciones** | Maquinaria y equipos, diamantes tallados, químicos, textiles, ropa, productos agrícolas, metales, equipo militar |
| **Importaciones** | diamantes en bruto, materias primas de petróleo, mercancía para venta |

## Trabajo en conjunto

Israel se convirtió en una nación en 1948. Desde entonces, casi ha duplicado el área cultivada dentro de sus fronteras. Un motivo de este éxito ha sido la cooperación entre los trabajadores del campo. En Israel, la mayoría de los habitantes que no viven en ciudades viven en **moshavim**, pequeñas aldeas agrícolas. En ellas, los agricultores cooperan: juntan su dinero para comprar

## La vida en un kibutz

**ECONOMÍA** En un kibutz israelí, todos los adultos sanos trabajan. Mientras algunos adultos atienden cultivos, como las naranjas, otros se dedican a cocinar, lavar ropa o enseñar en la escuela. Los niños del kibutz pueden vivir con sus padres o en una casa de niños, donde comen, duermen y van a la escuela. Este grupo de jardín de niños de un kibutz (derecha) está aprendiendo a hornear pan. **Razonamiento crítico** ¿En qué se parece a tu vida la vida de los niños de un kibutz? ¿En qué difiere?

equipos y se enseñan mutuamente nuevos métodos de cultivo. También juntan sus cosechas para obtener un mejor precio.

El **kibutz** es otro tipo de asentamiento cooperativo que existe en Israel. Los habitantes de un kibutz cooperan en todos los aspectos de la vida. Comen juntos, trabajan juntos, y se reparten equitativamente las utilidades. Quienes viven en un kibutz no ganan dinero mientras trabajan ahí, pero el kibutz les proporciona vivienda, alimentación, educación y atención médica.

En un kibutz, la gente no sólo se dedica a la agricultura. Algunos trabajan en fábricas que producen, por ejemplo, equipos electrónicos y ropa. Las manufacturas son una parte importante de la economía de Israel, que exporta productos a muchos países.

## Israel y sus vecinos

Israel ha logrado que sus tierras áridas adquieran vida pero, al igual que todos los países del suroeste asiático, debe seguir administrando cuidadosamente su agua. Para ello, Israel debe cooperar con sus vecinos.

**Compartir el río Jordán** Galilea, al norte de Israel, es una comarca de verdes y onduladas colinas y valles cubiertos de flores silvestres. Los agricultores cortan plátanos para llevarlos al mercado. Sentados cerca del mar de Galilea, los excursionistas lanzan trocitos de pan a las gaviotas. Quienes llegan como turistas a esta fértil región podrían olvidar que Israel es un país árido. También podrían dudar que Galilea haya sido sede de conflictos entre Israel y sus vecinos árabes. El río Jordán, que atraviesa Galilea, es importante tanto para Israel como para sus vecinos.

El río Jordán corre a lo largo de las fronteras de Israel con Siria y Jordania, y desemboca en el mar Muerto. En muchos lugares, este río es pequeño y cenagoso, pero en el suroeste asiático es un recurso vital. Israel, Siria y Jordania riegan sus cultivos con agua del Jordán.

**GEOGRAFÍA** El río Jordán es el río más bajo del mundo. Nace en los manantiales del monte Herman en Siria y desemboca en el mar Muerto, alrededor de 1,310 pies (399 m) bajo el nivel del mar.

**Razonamiento crítico**
¿Cómo afecta la ubicación del río Jordán al conflicto entre Israel y sus vecinos árabes?

Por ejemplo, Israel usa agua de este río para regar una parte del desierto de Négev.

El uso que cada país hace del agua del Jordán afecta a sus vecinos. El largo conflicto entre Israel y los estados árabes dificulta la confianza mutua entre estos vecinos. Por ello, vigilan de cerca el uso que cada uno hace del río Jordán. Cuando Israel comenzó a construir un sistema nacional de riego en los años cincuenta, Siria trató de parar el proyecto. En los años sesenta, Israel trató de impedir que Siria desviara a canales una parte de las aguas del río. Hoy en día, Jordania está preocupado por no tener suficiente agua para satisfacer sus necesidades. Planea construir una presa cerca del mar de Galilea. No se ha iniciado el trabajo de construcción, porque si Jordania lo hace sin la aprobación de Israel, podría haber guerra.

# EVALUACIÓN DE LA SECCIÓN 4

**DESPUÉS DE LEER**

**RECORDAR**

1. Identifica: desierto de Négev

2. Define: (a) moshavim, (b) kibutz

**COMPRENSIÓN**

3. ¿Qué problemas geográficos ha superado Israel para construir su economía?

4. ¿Cómo han colaborado los israelíes para superar obstáculos?

5. ¿Por qué debe Israel cooperar con sus vecinos para administrar sus recursos hidráulicos?

**RAZONAMIENTO CRÍTICO Y ESCRITURA**

6. **Explorar la idea principal** Repasa la idea principal al inicio de esta sección. Luego, imagina que visitas Israel. Escribe una tarjeta postal en la que describes cómo los israelíes cultivan terrenos que alguna vez fueron estériles y áridos.

7. **Comparar y contrastar** ¿Qué ventajas y desventajas crees que tendría vivir en un kibutz?

**ACTIVIDAD**

8. **Escribir una descripción** Con la información del perfil de país de la página 532, escribe una breve descripción de la población de Israel.

# Hacer predicciones

| |
|---|
| A. Lo que ya sé: a veces se plantan árboles para detener la erosión. |
| B. Patrones: otros agricultores que han plantado árboles han detenido la erosión. |
| C. Lista de posibles resultados: |
| (1) Los campos agrícolas son más atractivos. |
| (2) Los árboles producen fruta. |
| (3) Los árboles evitan la erosión del viento. |
| D. Predicción: los árboles dentendrán la erosión. |
| E. Evaluación: los árboles no detuvieron la erosión, pero sí la frenaron. Tal vez mi padre no plantó los árboles correctos, o no plantó suficientes. |

## Aprende la destreza

Imagina que vives en el desierto de Négev de Israel, donde la lluvia a menudo erosiona las arenas del desierto. Un día, tu padre planta árboles donde normalmente hay erosión. ¿Puedes predecir lo que sucederá? Al hacer una predicción, determinas las consecuencias lógicas de ciertas acciones o decisiones. Sigue estos pasos para hacer predicciones:

**A.** Piensa en lo que ya sabes y anótalo en una hoja. Podrías recordar, por ejemplo, que hay ocasiones en que se plantan árboles para detener la erosión. Esta información previa te ayudará a predecir.

**B.** Busca patrones. Quizá hayas visto a otros agricultores plantar árboles en áreas erosionadas. Tal vez hayas notado que la erosión se detuvo o se frenó. Piensa en qué te dicen esos patrones. Escribe los patrones que hayas notado.

**C.** Haz una lista de posibles resultados. Genera tantas ideas como puedas, sin reparar en su validez. Escríbelas todas. Si ves árboles plantados en el desierto, tu lista podría parecerse a la que se muestra en esta página.

**D.** Usa lo que aprendiste en los pasos A, B y C para hacer una predicción. Primero, analiza cada resultado para determinar cuál es más posible que ocurra. Probablemente escogerás ése.

**E.** Evalúa los resultados. Aunque tu predicción sea probable, las cosas podrían no salir como esperabas. Todavía no sabes si los árboles que tu padre plantó detendrán realmente la erosión. Sólo el tiempo dirá si tu predicción fue acertada.

## Practica la destreza

Lee los sucesos de la lista que sigue y efectúa una predicción siguiendo los pasos.

**1.** Israel, Siria y Jordania necesitan agua del río Jordán, en la frontera de los tres países, para regar sus cultivos. ¿Qué resultado predices?

**2.** Arabia Saudí mejora el transporte y el alojamiento a fin de que a los peregrinos les resulte más fácil visitar La Meca. ¿Qué resultado predices?

**3.** Los líderes de Arabia Saudí creen que su país depende demasiado del petróleo. ¿Qué resultado predices?

**4.** Cada vez más mujeres de Arabia Saudí están recibiendo instrucción superior. ¿Qué resultado predices?

## Aplica la destreza

Hallarás más preguntas sobre predicciones, en la sección Repaso y evaluación de este capítulo.

# Repaso y evaluación

## Hacer un resumen del capítulo

En una hoja suelta, dibuja un diagrama como éste y agrega la información que resume la primera sección del capítulo. Luego, completa los cuadros que faltan con un resumen de las secciones 2, 3 y 4.

### ASIA DEL SUR Y DEL SUROESTE HOY

**Sección 1**
El conflicto entre la India y Pakistán tiene su origen en el control del río Indo, pero Pakistán, una nación de agricultores, está creciendo económicamente gracias al desarrollo industrial.

**Sección 2**

**Sección 3**

**Sección 4**

## Repaso de palabras clave

Relaciona las palabras clave de la columna I con las definiciones de la columna II.

**Columna I**

1. moshavim
2. superpotencias
3. sequía
4. hajj
5. kibutz
6. parlamento

**Columna II**

a. Estados Unidos y Unión Soviética, durante la Guerra Fría

b. pequeñas aldeas de agricultura cooperativa en Israel

c. periodo largo sin lluvia

d. peregrinaje islámico a La Meca

e. organismo legislador

f. asentamiento cooperativo

## Repaso de ideas principales

1. ¿Qué factor geográfico influye en el conflicto entre Pakistán y la India? (Sección 1)

2. ¿Cómo está logrando crecer económicamente Pakistán? (Sección 1)

3. Cita dos grupos que han conquistado derechos y mayor acceso al proceso político desde la independencia de la India. (Sección 2)

4. ¿Dónde ha sido más rápido el cambio social en la India, en las ciudades o en el campo? (Sección 2)

5. ¿Cómo se reflejan los valores y las tradiciones islámicas en Arabia Saudí? (Sección 3)

6. ¿Qué reto ha presentado el desierto a la economía de Israel? (Sección 4)

7. ¿Cómo colaboran los agricultores en Israel? (Sección 4)

## Actividad de mapa

### Sur y suroeste de Asia

**Escribe la letra que indica la posición de cada lugar en el mapa.**

**1.** Pakistán     **4.** La Meca

**2.** Riyãd     **5.** río Indo

**3.** desierto de Négev     **6.** la India

 **Búscalo en la RED**

**Enriquecimiento** Para más actividades con mapas y destrezas de geografía, visita la sección de Social Studies de **phschool.com.**

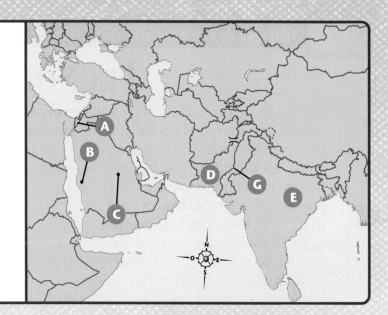

## Actividad de escritura

**1. Escribir un boletín informativo** Entérate de los problemas políticos que han vinculado a Arabia Saudí o a Israel con Estados Unidos. Escribe un boletín informativo para un senador o diputado que va a llegar, en el que resumes tus hallazgos acerca de la relación entre Estados Unidos y el país que escogiste.

**2. Escribir un discurso** Escoge un problema de la actualidad descrito en el capítulo e investígalo. (Por ejemplo, el conflicto por Cachemira o la política de los talibán.) Visita la biblioteca y usa fuentes primarias como artículos de diarios y revistas para obtener información adicional acerca del problema. Escribe un discurso que informe acerca del problema y presente tu opinión en cuanto a la forma de resolverlo.

## Aplica tus destrezas

**Pasa a Destrezas para la vida de la página 535 para contestar las siguientes preguntas.**

**1.** Jordania construye una presa en el río Jordán. Predice la reacción de Siria e Israel.

**2.** La India asume el control de Cachemira. Predice la reacción de Pakistán.

## Razonamiento crítico

**1. Hacer comparaciones** Compara la vida de las mujeres en la India y en Arabia Saudí.

**2. Reconocer causa y efecto** ¿Cómo podría afectar la baja precipitación pluvial la vida en el suroeste de Asia?

**3. Sacar conclusiones** Explica por qué el petróleo es un recurso tan valioso para Arabia Saudí.

 **Búscalo en la RED**

**Actividad** Lee acerca de la historia, gobiernos y culturas del sur de Asia. ¿En qué se parecen y en qué difieren la democaracia de la India y la de Estados Unidos? Visita la sección World Explorer: People, Places and Cultures de **phschool.com** para realizar esta actividad.

**Autoevaluación del Capítulo 28** Como repaso final, resuelve la prueba de autoevaluación del Capítulo 28. Busca la prueba en la sección de Social Studies en **phschool.com.**

# TECNOLOGÍA

Hace más de dos millones de años se inventaron las herramientas de piedra, suceso que marcó el nacimiento de la tecnología. La tecnología es la forma en que usamos ideas y principios científicos para construir máquinas que facilitan nuestras tareas. La tecnología nació en la época prehistórica, y avanzó con gran rapidez durante la Revolución Industrial en el siglo XVIII. Desde entonces, la tecnología se ha seguido desarrollando y ha transformado drásticamente al mundo. Los adelantos tecnológicos en transporte, electrónica y comunicaciones han reducido el tamaño del planeta. Hasta las culturas más aisladas están accesibles. La cooperación entre culturas implica que los conocimientos e ideas pueden beneficiar a personas de todo el mundo.

*Las trilladoras ayudan a los agricultores a separar las espigas de los tallos de las plantas de arroz. Antes, esta labor tenía que efectuarse a mano.*

**?** ¿Cómo han ayudado la ciencia y la tecnología a moldear el mundo?

## COMPUTADORAS

El desarrollo de las computadoras ha sido uno de los adelantos tecnológicos recientes más importantes. La invención del microchip transformó la orientación de la producción de bienes: de mecánica a electrónica. Muchas tareas que antes eran manuales ya se han automatizado.

*Los microchips son el corazón de las computadoras. Estos diminutos dispositivos almacenan y procesan cantidades enormes de información a velocidades vertiginosas.*

*Miembros discapacitados de la comunidad pueden participar en más actividades gracias a los adelantos tecnológicos y equipos de diseño especial.*

# COMUNICACIONES

Hoy en día podemos comunicarnos instantáneamente de un lado a otro del mundo sin importar dónde estemos. Voz, imágenes y texto se convierten en señales que se transmiten a teléfonos, máquinas de fax, computadoras, radios y televisores. Las señales viajan por alambres, cables, fibras ópticas, ondas de radio y satélites.

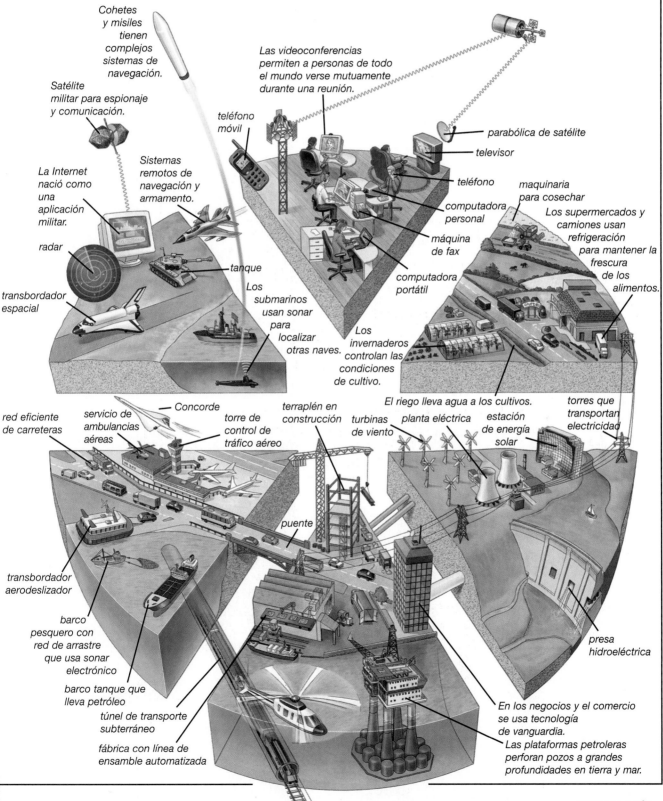

Cohetes y misiles tienen complejos sistemas de navegación.

Satélite militar para espionaje y comunicación.

Las videoconferencias permiten a personas de todo el mundo verse mutuamente durante una reunión.

teléfono móvil

parabólica de satélite

televisor

Sistemas remotos de navegación y armamento.

La Internet nació como una aplicación militar.

teléfono

maquinaria para cosechar

computadora personal

Los supermercados y camiones usan refrigeración para mantener la frescura de los alimentos.

radar

máquina de fax

tanque

computadora portátil

transbordador espacial

Los submarinos usan sonar para localizar otras naves.

Los invernaderos controlan las condiciones de cultivo.

El riego lleva agua a los cultivos.

torres que transportan electricidad

red eficiente de carreteras

servicio de ambulancias aéreas

Concorde

torre de control de tráfico aéreo

terraplén en construcción

turbinas de viento

planta eléctrica

estación de energía solar

puente

transbordador aerodeslizador

barco pesquero con red de arrastre que usa sonar electrónico

barco tanque que lleva petróleo

túnel de transporte subterráneo

fábrica con línea de ensamble automatizada

presa hidroeléctrica

En los negocios y el comercio se usa tecnología de vanguardia.

Las plataformas petroleras perforan pozos a grandes profundidades en tierra y mar.

# UNIDAD 7

## Bienvenidos a Oceanía

**GOBIERNO**

**Conoce las democracias parlamentarias...**

**HISTORIA**

**Estudia las estatuas gigantes de la isla de Pascua...**

**CIENCIA, TECNOLOGÍA Y SOCIEDAD**

**Pastorea ganado en las llanuras del interior ...**

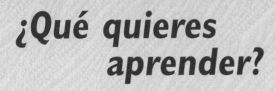

# ¿Qué quieres aprender?

Explora las islas volcánicas de Polinesia...

**ECONOMÍA**

Visita una dinámica ciudad en Nueva Zelanda...

**CULTURA**

Crea una pintura tradicional...

**CIVISMO**

Conoce a los jóvenes ciudadanos australianos...

Un diario es tu registro personal de hallazgos. A medida que aprendes más cosas sobre Oceanía, puedes incluir en tu diario entradas de lo que lees, escribes, piensas y creas. Como primera entrada, piensa en las diferentes culturas de Oceanía. ¿Cómo han definido la vida en esta región?

DIARIO DEL EXPLORADOR

# Preguntas guía

## ¿Qué preguntas debo hacer para comprender cómo es Oceanía?

Preguntar es una buena forma de aprender. Piensa en la información que querrías obtener si visitaras un lugar que no conoces, y qué preguntas harías. Las preguntas de estas páginas guiarán tu estudio de Oceanía. ¡Haz otras preguntas por tu cuenta!

### GEOGRAFÍA

En el océano Pacífico, al este del continente asiático, hay varias cadenas de islas. La geografía afecta de sobremanera la vida de los habitantes de estas islas. Las islas altas poseen ricos suelos volcánicos propicios para el cultivo. Las islas bajas tienen suelos pobres y escasos recursos naturales que dificultan la subsistencia.

**❶ ¿De qué manera la geografía ha afectado el desarrollo económico en Oceanía?**

### HISTORIA

La colonización ha afectado la historia de Oceanía. Australia fue una colonia penitenciaria. Nueva Zelanda atrajo colonos británicos con sus acogedores puertos y suelos fértiles. Los europeos encontraron a las islas del Pacífico atractivas para establecer puestos comerciales y bases navales. Algunas naciones de Oceanía apenas se liberaron del dominio colonial en los últimos 125 años.

**❷ ¿Qué características de la vida en Oceanía son resultado de la colonización?**

### CULTURA

La diversidad cultural de Oceanía es resultado de su historia y la mezcla de costumbres y herencias de sus pueblos. Las tradiciones culturales de los indígenas, los primeros exploradores y colonos, e inmigrantes más recientes, influyen en las artes, la religión, el idioma y las costumbres de la región.

**❸ ¿Cómo el pasado ha influido en las expresiones culturales de Oceanía?**

## GOBIERNO

En los gobiernos de Australia y Nueva Zelanda influyó mucho la colonización inicial de estas regiones por los británicos. Las tradiciones gubernamentales europeas siguen moldeando las instituciones y leyes que rigen a estos países, pero los pueblos indígenas están exigiendo y consiguiendo tener voz en el gobierno.

**4** **¿Qué diferencias y similitudes hay entre los gobiernos de Australia y Nueva Zelanda, y el de Inglaterra?**

## ECONOMÍA

Como lo han hecho durante generaciones, muchos habitantes de Oceanía siembran para vender sus cosechas. Australia y Nueva Zelanda son líderes mundiales en la producción de lana. La falta de recursos naturales presenta retos económicos para muchas de las islas del Pacífico, donde los habitantes están recurriendo cada vez más a la industria del turismo para fortalecer sus economías.

**5** **¿Cómo se ganan la vida los habitantes de Oceanía?**

## CIVISMO

Los derechos de los ciudadanos varían entre los grupos culturales de Oceanía. En años recientes, los pueblos indígenas han estado conquistando más derechos. Están luchando por mejorar su calidad de vida pero sin perder las importantes tradiciones de sus culturas.

**6** **¿Cómo varía la naturaleza del civismo entre las diferentes culturas de Oceanía?**

## CIENCIA, TECNOLOGÍA Y SOCIEDAD

Innovaciones científicas en agricultura y ganadería han fortalecido las economías de Australia y Nueva Zelanda. Nuevas investigaciones acerca de las virtudes médicas del aceite de coco podrían traer prosperidad a las islas del Pacífico.

**7** **¿De qué manera los factores geográficos han afectado el uso de la ciencia y la tecnología en Oceanía?**

 **Búscalo en la RED**

Para más información sobre Oceanía visita el sitio World Explorer: People, Places and Cultures en **phschool.com**.

# ATLAS PARA ACTIVIDADES

# Oceanía

◆ ◆ ◆ ◆ ◆ ◆ ◆ ◆ ◆ ◆ ◆ ◆ ◆ ◆ ◆ ◆ ◆ ◆ ◆ ◆ ◆ ◆ ◆ ◆ ◆ ◆ ◆

Para conocer a Oceanía hay que ser explorador. Para ello, necesitas comprobar ciertos hechos. Comienza por explorar los mapas de Oceanía en las páginas que siguen.

**Ubicación relativa**

## 1. UBICACIÓN

**Localiza Australia y las islas del Pacífico** Usa el mapa de la izquierda para describir la ubicación de Australia y las islas del Pacífico en relación con Estados Unidos. ¿Qué océano cruzarías para llegar a Australia desde la costa occidental de Estados Unidos? ¿En qué dirección viajarías? ¿De qué lado del ecuador está Australia? ¿Dónde están las islas del Pacífico en relación con el ecuador?

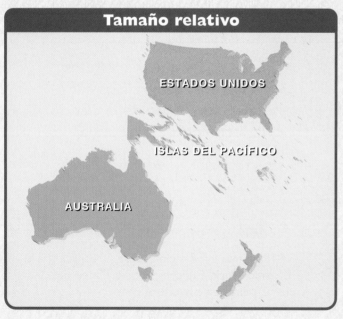

**Tamaño relativo**

## 2. LUGAR

**Compara el tamaño de Australia, las islas del Pacífico y Estados Unidos** Estudia el mapa de la izquierda. ¿Qué tamaño tiene Australia en comparación con Estados Unidos continentales? Ahora compara Estados Unidos con el área que cubren las islas del Pacífico. ¿Qué diferencia hay en el sentido este a oeste? ¿De norte a sur?

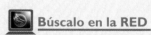

**Búscalo en la RED**

Los elementos marcados con este logotipo se actualizan periódicamente en Internet. Visita **phschool.com** para obtener información actualizada acerca de la geografía de Oceanía.

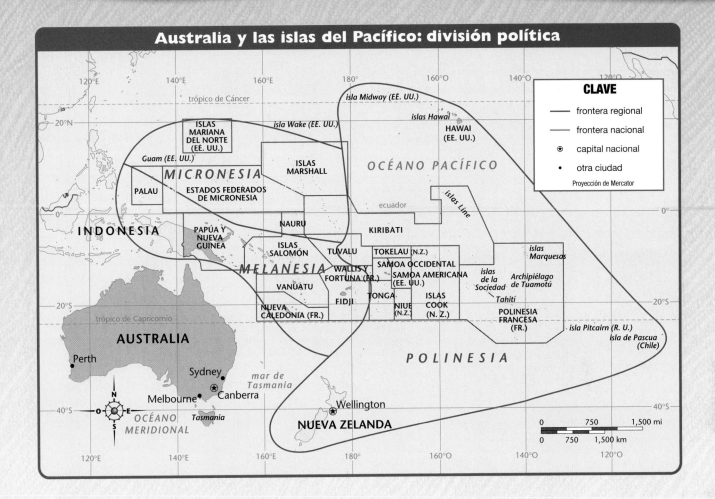

## Australia y las islas del Pacífico: división política

**CLAVE**
— frontera regional
— frontera nacional
⊛ capital nacional
• otra ciudad
Proyección de Mercator

3. **LUGAR**

**Explora Oceanía** Australia es tanto un continente como un país. Localízalo en el mapa. ¿Cuál es la capital nacional de Australia? Casi todas las islas del Pacífico son pequeñas. Dos de las más grandes constituyen el país de Nueva Zelanda. ¿Dónde está Nueva Zelanda en relación con Australia? Las islas del Pacífico se dividen en tres grupos: Micronesia, Melanesia y Polinesia. Éstas son regiones, no países. En el mapa de arriba se indican las tres regiones. ¿En cuál está Hawai? Hawai es también uno de los 50 estados de Estados Unidos.

4. **MOVIMIENTO**

**Analiza el movimiento histórico de las sociedades** Los primeros habitantes de las islas del Pacífico se asentaron en Nueva Guinea hace unos 30,000 años. De ahí, viajaron por todo el océano Pacífico en canoa. Primero, llegaron a Micronesia. ¿En qué dirección general viajaron? Luego, siguieron hasta la Polinesia. ¿Aproximadamente qué distancia recorrieron desde Nueva Guinea hasta las islas Hawai? ¿Y a la isla de Pascua?

# ATLAS PARA ACTIVIDADES

Búscalo en la RED

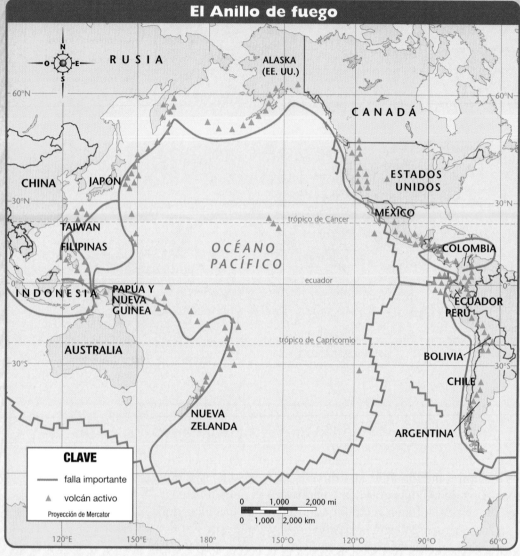

**El Anillo de fuego**

RUSIA

ALASKA (EE. UU.)

CANADÁ

ESTADOS UNIDOS

60°N

30°N

CHINA

JAPÓN

TAIWAN

FILIPINAS

INDONESIA

PAPÚA Y NUEVA GUINEA

AUSTRALIA

NUEVA ZELANDA

OCÉANO PACÍFICO

trópico de Cáncer

ecuador

trópico de Capricornio

MÉXICO

COLOMBIA

ECUADOR
PERÚ

BOLIVIA

CHILE

ARGENTINA

**CLAVE**

—— falla importante

▲ volcán activo

Proyección de Mercator

0   1,000   2,000 mi

0   1,000   2,000 km

120°E   150°E   180°   150°O   120°O   90°O   60°O

## 5. REGIONES

**Explora procesos físicos en el Pacífico**  El océano Pacífico está rodeado de volcanes activos. Muchos están en las islas del Pacífico. Otros se encuentran en partes de América del Norte y del Sur. Usa el mapa para hallar países que tengan varios volcanes. Ahora sigue estas hileras de volcanes con el dedo. ¿Por qué crees que esta región se conoce como el Anillo de fuego?

## 6. REGIONES

**Analiza procesos físicos**  Las fallas son rupturas en la corteza terrestre, bajo las cuales hay roca líquida y caliente. Encuentra las fallas en el mapa y síguelas con el dedo. ¿Dónde hay volcanes, en relación con las fallas? Durante los terremotos, la corteza terrestre se abre brevemente, y a veces escapa roca líquida, o lava. ¿Qué crees que tenga que ver esto con los volcanes?

## 7. LUGAR

**Localiza características físicas de Australia y Nueva Zelanda** Tu tío favorito te ha invitado a acompañarlo en una visita a Australia y Nueva Zelanda. Viajarás extensamente y explorarás las características físicas de la región. Usa el mapa de abajo para planear tu visita.

**A.** *Tu primera parada será Nueva Zelanda. Quieres ver los Alpes del sur. ¿Cuál isla visitarás?*

**B.** *Desde Nueva Zelanda, volarás a Australia por la ruta más corta. Luego el avión se dirigirá al norte, siguiendo la costa hasta la gran Barrera de Arrecifes. ¿Qué cordillera está a tu izquierda?*

**C.** *Finalmente llegas al macizo Kimberley, y luego vuelas hacia el sur hasta la planicie de Nullarbor. ¿Sobre qué desiertos volarás?*

### EXTRA

Tu viaje está planeado para julio. ¿Qué ropa deberás llevar para tu visita a los Alpes del sur? ¿Y para el área cercana a la gran Barrera de Arrecifes?

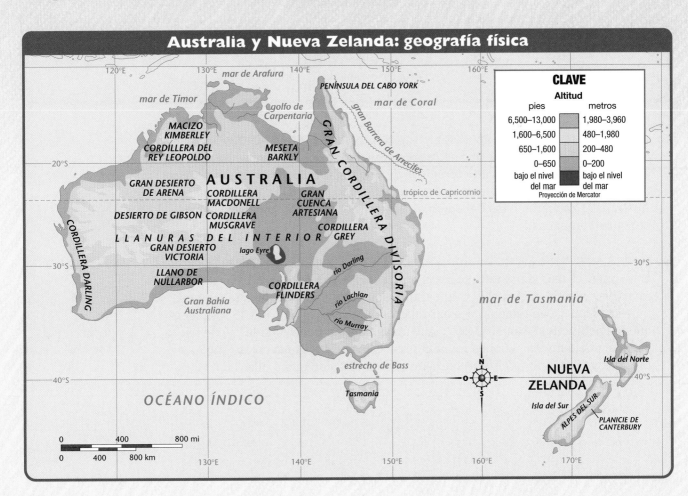

**Australia y Nueva Zelanda: geografía física**

CLAVE

**Altitud**

| pies | metros |
|---|---|
| 6,500–13,000 | 1,980–3,960 |
| 1,600–6,500 | 480–1,980 |
| 650–1,600 | 200–480 |
| 0–650 | 0–200 |
| bajo el nivel del mar | bajo el nivel del mar |

Proyección de Mercator

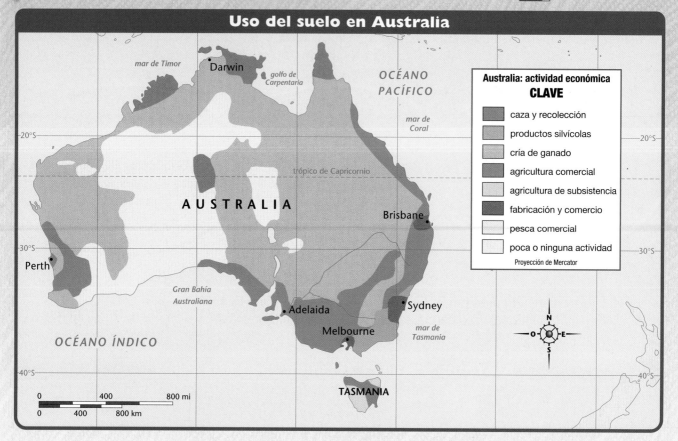

## Uso del suelo en Australia

**Australia: actividad económica**
**CLAVE**

- caza y recolección
- productos silvícolas
- cría de ganado
- agricultura comercial
- agricultura de subsistencia
- fabricación y comercio
- pesca comercial
- poca o ninguna actividad

Proyección de Mercator

**8. INTERACCIÓN ENTRE EL SER HUMANO Y EL MEDIO AMBIENTE**
**Examina cómo la gente usa el medio ambiente** El uso que se da al suelo
es una de las principales características de una región. ¿Cuántos tipos de uso
del suelo se identifican en el mapa? ¿Cuál es el uso más extendido en
Australia? Compara el uso del suelo en el este y el oeste de Australia. ¿Qué
conclusiones sacas?

**9. INTERACCIÓN ENTRE EL SER HUMANO Y EL MEDIO AMBIENTE**
**Compara el uso del suelo con las características físicas** Observa el
mapa físico de la página 547. Compáralo con el mapa de uso del suelo que se
muestra aquí. ¿Qué relación ves entre las características físicas y la forma en
que los habitantes usan el suelo? ¿Qué áreas se usan poco o nada? ¿Qué uso
se da al suelo en las regiones montañosas? Observa las áreas en las que hay
fabricas y comercio. ¿Qué característica física está cercana a ellas?

# Comparación de lo más largo, lo más alto y lo más grande de Oceanía

## 10. LUGAR

**Compara características físicas** ¿Cuál es la montaña más alta de Nueva Zelanda? ¿Cuánto más alta es la montaña más alta del mundo? ¿Como cuántas veces mayor que el desierto Mojave es el desierto más grande de Australia? ¿Cuál es el río más largo de Australia?

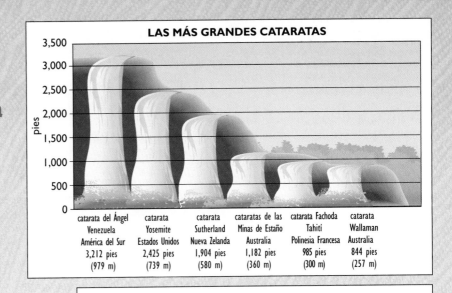

**LAS MÁS GRANDES CATARATAS**

pies

| catarata del Ángel | catarata | catarata | cataratas de las | catarata Fachoda | catarata |
| Venezuela | Yosemite | Sutherland | Minas de Estaño | Tahití | Wallaman |
| América del Sur | Estados Unidos | Nueva Zelanda | Australia | Polinesia Francesa | Australia |
| 3,212 pies | 2,425 pies | 1,904 pies | 1,182 pies | 985 pies | 844 pies |
| (979 m) | (739 m) | (580 m) | (360 m) | (300 m) | (257 m) |

**LOS RÍOS MÁS LARGOS**

- **río Nilo** (África) — 4,180 mi (6,690 km)
- **río Mississippi** (Estados Unidos) — 2,348 mi (3,779 km)
- **río Murray** (Australia) — 1,566 mi (2,520 km)
- **río Murrumbidgee** (Australia) — 979 mi (1,575 km)
- **río Darling** (Australia) — 864 mi (1,390 km)
- **río Lachlan** (Australia) — 851 mi (1,370 km)

0    1000 mi    2000 mi    3000 mi

## LOS DESIERTOS MÁS GRANDES

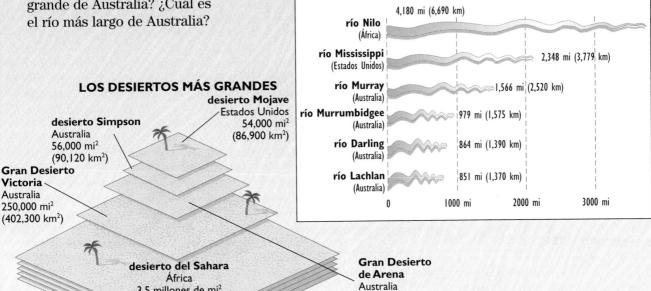

**desierto Mojave**
Estados Unidos
54,000 mi²
(86,900 km²)

**desierto Simpson**
Australia
56,000 mi²
(90,120 km²)

**Gran Desierto Victoria**
Australia
250,000 mi²
(402,300 km²)

**desierto del Sahara**
África
3,5 millones de mi²
(5.6 millones de km²)

**Gran Desierto de Arena**
Australia
150,000 mi²
(241,400 km²)

## LAS MONTAÑAS MÁS ALTAS

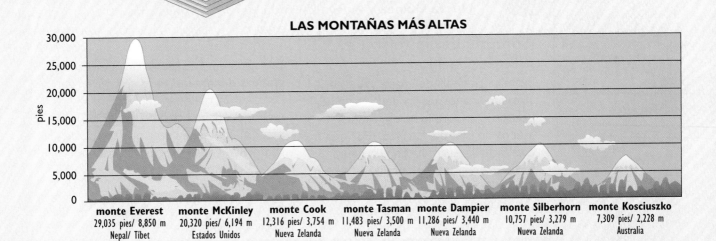

pies

| **monte Everest** | **monte McKinley** | **monte Cook** | **monte Tasman** | **monte Dampier** | **monte Silberhorn** | **monte Kosciuszko** |
| 29,035 pies/ 8,850 m | 20,320 pies/ 6,194 m | 12,316 pies/ 3,754 m | 11,483 pies/ 3,500 m | 11,286 pies/ 3,440 m | 10,757 pies/ 3,279 m | 7,309 pies/ 2,228 m |
| Nepal/ Tíbet | Estados Unidos | Nueva Zelanda | Nueva Zelanda | Nueva Zelanda | Nueva Zelanda | Australia |

# AUSTRALIA, NUEVA ZELANDA Y LAS ISLAS DEL PACÍFICO:
# Geografía física

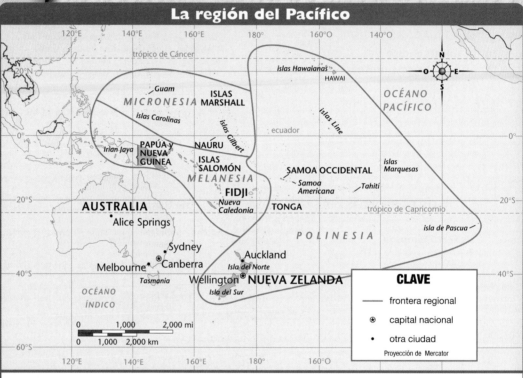

**La región del Pacífico**

## USAR MAPAS

**La región del Pacífico incluye el continente de Australia y muchas islas. Las islas más grandes son las que constituyen Nueva Guinea y Nueva Zelanda, pero hay miles más.**

### Comprender la región de las islas del Pacífico

Examina la escala del mapa. ¿Te dice algo importante acerca de la región del Pacífico? Nombra los tres grandes grupos de islas del Pacífico. ¿Por qué no está incluida Australia en una de las fronteras regionales? Localiza la región del Pacífico en otro mapa o globo terráqueo.

### Hallar relaciones

La región del Pacífico es una de las más grandes del mundo, pero sólo viven ahí cerca de 29 millones de personas: menos del 1 por ciento de la población mundial. ¿Por qué crees que tan poca gente vive en esta región? Escribe una descripción corta de la vida en una isla del Pacífico, como tú la imagines.

# Características físicas

## ENFOQUE DE LECTURA

1. ¿Cómo ha afectado el movimiento de las placas tectónicas el medio ambiente de Australia y de Nueva Zelanda?

2. ¿Qué características físicas principales tiene Nueva Zelanda?

3. ¿Qué diferencia hay entre islas altas e islas bajas?

## PALABRAS CLAVE

marsupiales      coral

placa tectónica

géiser

fiordo

atolón

## IDEA PRINCIPAL

El movimiento de la corteza terrestre y la ubicación han dado pie a flora y fauna únicas y variadas tanto en Australia como en Nueva Zelanda.

## ANOTACIONES

Copia la tabla y mientras lees esta sección marca la celda o celdas apropiadas junto a cada área de Oceanía para indicar algunas características de su geografía física.

| Geografía física | | | | |
|---|---|---|---|---|
| | Arrecifes y atolones | Fauna única | Géiseres y fiordos | Volcanes |
| Australia | | | | |
| Nueva Zelanda | | | | |
| Islas del Pacífico | | | | |

# El escenario

¿Qué ave extraña tiene un pico largo, no vuela y sólo sale de noche a cazar? Si dijiste kiwi, acertaste. Los neozelandeses están tan orgullosos de esta inusitada ave que la han adoptado como símbolo nacional. Incluso se llaman a sí mismos "kiwis". El ave es sólo uno de los muchos animales singulares que habitan en Nueva Zelanda y su vecino al oeste, Australia.

## Ambientes físicos únicos

Australia y Nueva Zelanda están entre los océanos Pacífico e Índico. Ambos están en el hemisferio sur, al sur del ecuador. Esto implica que sus estaciones son opuestas a las de Estados Unidos. Están lejos de otras masas continentales, lo cual los ha hecho únicos.

Nueva Zelanda y Australia están tan lejos de otras masas continentales que muchas de sus plantas y animales no se encuentran en ningún otro lugar del planeta. Sólo en Nueva Zelanda es posible hallar kiwis y pingüinos de ojos amarillos. El 84 por

**El kiwi: un ave asombrosa**

**GEOGRAFÍA** El kiwi no tiene cola, y es la única ave con fosas nasales en la punta del pico, las cuales le ayudan a husmear insectos y moras. **Razonamiento crítico** ¿Por qué crees que los neozelandeses se llamen a sí mismos "kiwis"?

## Australia y Nueva Zelanda: mapa físico

**CLAVE**

**Altitud**

| pies | | metros |
|---|---|---|
| 6,500–13,000 | | 1,980–3,960 |
| 1,600–6,500 | | 480–1,980 |
| 650–1,600 | | 200–480 |
| 0–650 | | 0–200 |
| abajo del nivel del mar | | abajo del nivel del mar |

Proyección de Mercator

**GEOGRAFÍA** Fuera de la Gran Cordillera Divisoria, la mayor parte de Australia es prácticamente plana. La inmensa área al oeste de la Gran Cordillera consiste en llanuras o mesetas bajas. En contraste, Nueva Zelanda es montañosa o accidentada. **Estudio del mapa** ¿Dónde está la mayor parte de los desiertos australianos? ¿Cuál de las dos islas de Nueva Zelanda es más montañosa?

ciento de la vegetación de los bosques de Nueva Zelanda sólo crece en ese país. Australia tiene muchas criaturas únicas, como el canguro y el koala. Estos animales también son biológicamente únicos. Son **marsupiales**: animales que llevan a sus crías en una bolsa de la piel. Hay marsupiales en otras regiones del mundo. La zarigüeya de América del Norte, por ejemplo, es un marsupial. Sin embargo, en Australia casi todos los mamíferos son marsupiales. Eso no sucede en ninguna otra parte del mundo.

Lo singular de Nueva Zelanda y Australia es resultado de fuerzas subterráneas. La "piel" de la Tierra, llamada corteza, se compone de enormes fragmentos llamados **placas tectónicas**. Australia, Nueva Zelanda y las islas del Pacífico forman parte de la placa Indoaustraliana. En otros tiempos esa placa formó parte de una masa continental que incluía a Asia, pero hace varios cientos de millones de años la placa se separó. Lentamente —apenas una o dos pulgadas al año— se desplazó hacia el sureste, en el océano Pacífico.

Al desplazarse la placa, la distancia entre las islas y Asia aumentó. Al paso de los siglos, se presentaron pequeños cambios naturales en las plantas y animales de las islas. Por ejemplo, muchas aves han perdido la capacidad de volar, aunque todavía tienen pequeñas alas. Debido al aislamiento de las islas, estos seres vivos no se difundieron por otras regiones.

## Características físicas

Australia es la isla más grande y el continente más pequeño del mundo. Tiene el tamaño aproximado de Estados Unidos continentales: la parte de Estados Unidos situada entre Canadá y México.

Examina el mapa de la página 552 y localiza a Nueva Zelanda, que está a unas 1,200 millas (1,900 km) al sureste de Australia. Nueva Zelanda, constituido por dos islas, la Isla del Norte y la Isla del Sur, es mucho más pequeño que Australia, pero es uno de los países más grandes de la región del Pacífico. Tiene aproximadamente el tamaño del estado de Colorado.

Aquí, los accidentes geográficos han sido moldeados por volcanes que, a su vez, son resultado del movimiento de las placas tectónicas. Al igual que otros grupos de islas, la Isla del Norte y la Isla del Sur de Nueva Zelanda fueron formadas por volcanes cuando sus placas chocaron.

Ambas islas tienen tierras altas, bosques, lagos y montañas escarpadas y nevadas. En la parte central de la Isla del Norte hay una meseta volcánica. Tres de los volcanes están activos. Al norte de los volcanes, **géiseres** (manantiales calientes) lanzan agua hirviendo hasta una altura de 100 pies (30.5 m).

La Isla del Sur tiene una elevada cordillera llamada Alpes del sur. El monte Cook, el pico más alto de la cordillera, se eleva 12,349 pies (3,764 m). Sus laderas están cubiertas por glaciares. Más abajo, lagos cristalinos cubren el paisaje. El litoral del suroeste está marcado por **fiordos**, que son angostas ensenadas. Aquí, las montañas llegan hasta el mar. Al sureste hay tierras planas y fértiles llamadas llanura de Canterbury.

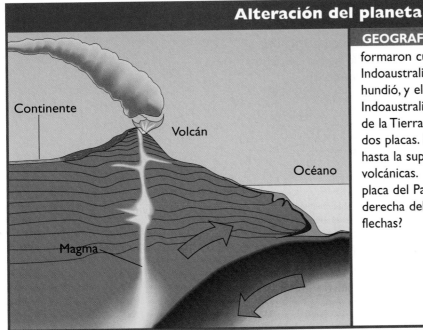

### Alteración del planeta

Continente

Volcán

Océano

Magma

**GEOGRAFÍA** Nueva Zelanda y sus volcanes se formaron cuando las placas del Pacífico e Indoaustraliana chocaron. La placa del Pacífico se hundió, y ello levantó el borde de la placa Indoaustraliana. La fricción y el calor del interior de la Tierra fundieron la roca en los bordes de las dos placas. Esta roca fundida, o magma, subió hasta la superficie, causando erupciones volcánicas. **Estudio de la tabla** ¿Cuál es la placa del Pacífico, la de la izquierda o la de la derecha del diagrama? ¿Qué indican las dos flechas?

**1** **2** **3**

**GEOGRAFÍA** Los diagramas de arriba muestran cómo se forma un atolón coralino. Inicia como una "orla" de coral en torno a una isla volcánica. Este arrecife sigue creciendo mientras la isla se desgasta. Finalmente, sólo queda el arrecife de coral.

**Estudio de la tabla**
¿Por qué crees que las islas de coral no permiten muchos cultivos?

# Las islas del Pacífico: altas y bajas

Los geógrafos dividen las islas del Pacífico en islas altas e islas bajas. Los volcanes forman las islas altas, que suelen tener montañas y suelos muy fértiles formados por ceniza volcánica.

Las islas bajas son arrecifes o atolones. Un **atolón** es una pequeña isla de coral en forma de anillo que encierra una laguna de agua salada. Es común que la laguna tenga al menos una apertura al mar. Muchos atolones apenas sobresalen del mar unos cuantos pies. Las islas bajas tienen esta forma y baja altura porque se construyen sobre arrecifes de coral. El **coral** es un material rocoso formado por los esqueletos de diminutas criaturas marinas. Los arrecifes crecen hasta acercarse a la superficie. Luego, arena y otros residuos se acumulan sobre el arrecife elevando la isla sobre el nivel del agua.

# EVALUACIÓN DE LA SECCIÓN 1

**DESPUÉS DE LEER**

**DESPUÉS DE LEER**
1. Define: (a) marsupiales, (b) placa tectónica, (c) géiser, (d) fiordo, (e) atolón, (f) coral

**COMPRENSIÓN**
2. ¿Cómo el movimiento de las placas ha afectado al medio ambiente de Australia y de Nueva Zelanda?

3. Menciona algunas características físicas de Nueva Zelanda.

4. ¿Qué diferencia hay entre islas altas e islas bajas?

**RAZONAMIENTO CRÍTICO Y ESCRITURA**
5. Explorar la idea principal Repasa la idea principal al inicio de esta sección. Luego, imagina que visitas Australia, Nueva Zelanda o las islas del Pacífico. Escribe una tarjeta postal a una amiga en la que describes algunas de las características físicas que has visto.

6. Sacar conclusiones Cita una ventaja y una desventaja de vivir en una región donde hay montañas volcánicas.

**ACTIVIDAD**
7. Escribir un informe Averigua más acerca de las singulares plantas y animales de Australia y Nueva Zelanda. Elige uno que te interese. Escribe e ilustra un informe al respecto.

 **Búscalo en la RED**

8. Crear un modelo de volcán Con la información del sitio Web, crea un modelo de un volcán y rotula sus partes principales. Escribe un informe corto que describa cómo se forma un volcán y qué causa una erupción. Visita la sección World Explorer: People, Places and Cultures de **phschool.com** para realizar esta actividad.

# SECCIÓN 2

# Los seres humanos y el ambiente físico

## ANTES DE LEER

### ENFOQUE DE LECTURA

1. ¿Qué factores geográficos ayudan a explicar dónde vive la mayoría de los australianos?
2. Cita un recurso energético de la Isla del Norte e indica cómo se usa.
3. ¿En qué se parecen y en qué difieren Australia y Nueva Zelanda?

### LUGARES CLAVE
Gran Cordillera Divisoria
llanuras del interior

### IDEA PRINCIPAL
Hay muchas similitudes y diferencias en la topología y el clima de Australia y de Nueva Zelanda.

### ANOTACIONES
Copia el diagrama y mientras lees esta sección complétalo con las formas en que los habitantes de Australia y Nueva Zelanda han respondido a su medio ambiente.

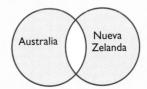

Australia    Nueva Zelanda

## El escenario

Aunque Australia es casi tan grande como Estados Unidos continentales, su población es mucho más pequeña. Casi todos los australianos viven en angostas llanuras de las costas oriental y sudoriental del país. La geografía física de Australia nos dice por qué.

## Australia: clima y población

Localiza la costa oriental de Australia en el mapa de la página 552. En esta llanura están las tierras agrícolas más fértiles del país, y llueve lo suficiente. Los vientos que soplan hacia el oeste por el océano Pacífico recogen humedad. Cuando esos vientos se elevan para cruzar la **Gran Cordillera Divisoria** —montañas que están inmediatamente al oeste de la llanura costera— la humedad se precipita en forma de lluvia. Estos vientos también contribuyen a moderar el clima y hacerlo agradable. Los ríos más importantes de Australia,

### Uluru

**GEOGRAFÍA**   Uluru, antes conocido como Ayers Rock, tiene 1.5 millas (2.4 km) de largo y 1,000 pies (305 m) de altura. Este enorme monolito rojo, o masa de roca, es un importante punto de las llanuras del interior australianas. Pinturas rupestres cubren las paredes de muchas cuevas de Uluru. En 1985 el Gobierno devolvió el territorio donde está el monolito a los indígenas que viven en la región. **Razonamiento crítico** ¿Por qué crees que Uluru es tan importante para los indígenas que viven ahí? ¿Para qué habrán servido las pinturas?

## La población de Nueva Zelanda

**GEOGRAFÍA** Esta fotografía muestra el imponente monte Cook en la Isla del Sur de Nueva Zelanda. Las ovejas, como éstas que pastan en las colinas a la sombra del monte Cook, son mucho más numerosas que los habitantes humanos de Nueva Zelanda. **Razonamiento crítico** ¿Por qué crees que la mayoría de los habitantes vive en puertos, como Auckland (izquierda) en la Isla del Norte de Nueva Zelanda?

el Murray y el Darling, fluyen por esta región. Casi todos los australianos viven aquí, en ciudades.

El resto de Australia es muy distinto. Justo al oeste de la Gran Cordillera hay una sombra de lluvia: una región en la que hay poca precipitación debido a la barrera montañosa, y que consiste en mesetas semiáridas y áreas desérticas. Puesto que casi nunca llueve aquí y hay pocos ríos, los habitantes dependen de pozos para obtener agua dulce. Más al oeste, el enorme altiplano central llamado **llanura del interior** consta de desiertos y pastizales secos.

## Nueva Zelanda: clima y energía

Aun cuando Nueva Zelanda tiene una longitud de más de 1,000 millas (1,600 km), ningún lugar está a más de 80 millas (129 km) del mar. El clima templado y las abundantes lluvias del país favorecen la agricultura y la ganadería. Los agricultores producen la mayor parte de las cosechas de Nueva Zelanda en la fértil llanura de Canterbury. Los rancheros también

# Distinguir hecho y opinión

Los kiwis sólo se encuentran en Nueva Zelanda.

Nueva Zelanda tiene las criaturas más raras del planeta.

## Aprende la destreza

Distinguir entre hechos y opiniones es algo que tendrás que hacer casi todos los días de tu vida, y también es una destreza valiosa al leer. Para apreciar la diferencia entre hechos y opiniones, sigue estos pasos:

**A.** Para determinar si una afirmación es un hecho, decide si es posible demostrar su verdad o falsedad. Esto siempre puede hacerse con los hechos. La primera de las afirmaciones de arriba es un hecho porque podemos demostrar que es cierta. Hay pruebas de que los kiwis no se encuentran en otro lugar de la Tierra, fuera de Nueva Zelanda.

**B.** Para determinar si una afirmación es una opinión, decide si es una creencia cuya verdad o falsedad no puede demostrarse. Las opiniones a menudo se indican con palabras como "pienso", "creo", "conviene" o "debería". Una opinión podría basarse en un hecho, pero sin que pueda demostrarse si es falsa o cierta. La segunda afirmación de arriba es una opinión porque no hay forma de demostrar que las criaturas más raras del planeta viven en Nueva Zelanda. Se trata de una expresión de lo que cree el que escribe.

## Practica la destreza

Ahora distingue hechos y opiniones en un caso real. Primero, lee el párrafo del recuadro una o dos veces hasta tener la certeza de que entiendes su significado. Luego, lee cada enunciado uno por uno. Pregúntate: ¿Se trata de un hecho cuya verdad o falsedad puede demostrarse, o es una opinión, una creencia cuya verdad o falsedad no se puede comprobar? Identifica los enunciados que son hechos y los que son opiniones.

### Hawai

Hawai forma parte de la región de islas del Pacífico llamada Polinesia. También es uno de los 50 estados de Estados Unidos. Si quieres visitar una isla de Polinesia, el mejor destino es Hawai. Su cálido clima es perfecto todo el año. Sin embargo, conviene evitar las cumbres volcánicas. Éstas llegan a recibir hasta 100 pulgadas de lluvia al año. El clima cálido y la lluvia producen exuberante y hermosa vegetación que incluye palmas, pastos y arbustos. Sin duda, Hawai es la isla más hermosa de Polinesia.

## Aplica la destreza

Hallarás más preguntas sobre distinguir hechos y opiniones en la sección Repaso y evaluación de este capítulo.

# 29 Repaso y evaluación

## Hacer un resumen del capítulo

**En una hoja suelta, dibuja un diagrama como éste, y agrega la información que resume la primera sección del capítulo. Luego, completa los cuadros que faltan con un resumen de las secciones 2 y 3.**

### OCEANÍA: GEOGRAFÍA FÍSICA

**Sección 1**

Australia y Nueva Zelanda se formaron por la ruptura y deriva de la placa Indoaustraliana. El movimiento de esa placa dio pie a la singular flora y fauna de la región.

**Sección 2**

**Sección 3**

## Repaso de palabras clave

**Relaciona las palabras clave de la columna I con las definiciones de la columna II.**

**Columna I**

**1.** coral

**2.** fiordo

**3.** atolón

**4.** géiser

**5.** placa tectónica

**6.** marsupiales

**Columna II**

**a.** material rocoso formado por los esqueletos de diminutas criaturas marinas

**b.** animales que llevan a sus crías en una bolsa del cuerpo

**c.** enorme trozo de la corteza terrestre

**d.** pequeña isla de coral con forma de anillo

**e.** ensenada angosta

**f.** manantial caliente que expulsa agua hirviendo hacia arriba

## Repaso de ideas principales

**1.** ¿Cómo afecta el aislamiento geográfico la flora y fauna de Australia y Nueva Zelanda? (Sección 1)

**2.** ¿Qué país de Oceanía se caracteriza por accidentes muy diversos como cumbres volcánicas, bosques, lagos, glaciares, géiseres y fiordos? (Sección 1)

**3.** ¿Qué característica física esperarías hallar en una isla alta? (Sección 1)

**4.** ¿Cómo el clima afecta la distribución de la población australiana? (Sección 2)

**5.** ¿Cómo los neozelandeses usan los géiseres de la Isla del Norte? (Sección 2)

**6.** Describe una similitud y una diferencia entre Australia y Nueva Zelanda. (Sección 2)

**7.** ¿Qué factores geográficos determinan el clima y la vegetación de las islas del Pacífico? (Sección 3)

**8.** ¿Qué recursos naturales se hallan en las islas altas y en áreas costeras? (Sección 3)

## Actividad de mapa

### Oceanía

**Escribe la letra que indica la posición de cada lugar en el mapa.**

**1.** Micronesia
**2.** Isla del Sur
**3.** Nueva Zelanda
**4.** Australia
**5.** Polinesia
**6.** Melanesia
**7.** Isla del Norte

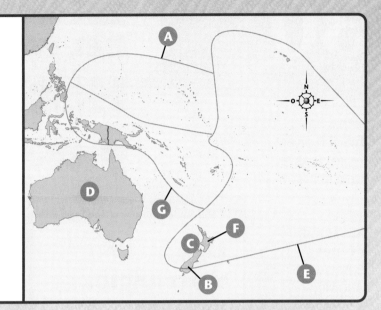

 **Búscalo en la RED**

**Enriquecimiento** Para más actividades con mapas y destrezas de geografía, visita la sección de Social Studies en **phschool.com.**

## Actividad de escritura

**1. Escribir un itinerario de viaje** Escoge un país de los mencionados en este capítulo. Investiga para aprender más acerca de él. Si pasaras una semana ahí, ¿qué verías? Escribe una lista de las cosas que más te gustaría ver y hacer en una semana, y organízala en un plan para cada día.

**2. Escribir un informe de libro** Busca y lee un relato tradicional o cuento popular de Australia, Nueva Zelanda o las islas del Pacífico. Piensa en cómo el relato refleja la geografía y cultura de su país de origen. Escribe un informe de libro con cuatro o cinco oraciones, parecido a los que se presentan en programas de televisión como *Reading Rainbow*.

## Aplica tus destrezas

**Pasa a Destrezas para la vida de la página 561 para realizar la siguiente actividad.**

En diez tarjetas de notas, escribe cinco hechos y cinco opiniones acerca de la región del Pacífico. Al reverso de cada tarjeta, escribe HECHO si se trata de un hecho y OPINIÓN si es una opinión. Escoge una pareja y baraja tus tarjetas. Desafía a tu pareja a identificar cada afirmación como un hecho o una opinión. En cada caso, explica cómo decidiste si se trataba de un hecho o de una opinión.

## Razonamiento crítico

**1. Reconocer causa y efecto** ¿Cómo afecta la forma de Nueva Zelanda a su clima?

**2. Comparar y contrastar** Cita dos diferencias entre las islas altas y las bajas. Menciona una similitud.

 **Búscalo en la RED**

**Actividad** Australia, Nueva Zelanda y algunas de las islas del Pacífico reciben el nombre colectivo de Australasia. Haz un mapa de Australasia. Incluye las principales características geográficas, recursos naturales y clima. Visita la sección World Explorer: People, Places and Cultures de **phschool.com** para realizar esta actividad.

**Autoevaluación del Capítulo 29** Como repaso final, resuelve la prueba de autoevaluación del Capítulo 29. Busca la prueba en la sección de Social Studies en **phschool.com.**

# AUSTRALIA, NUEVA ZELANDA Y LAS ISLAS DEL PACÍFICO:
## Historia, cultura y economía

## Contar el relato del tiempo de sueños

### USAR ILUSTRACIONES

Según la tradición aborigen, en el "Tiempo de sueños" antes de que los seres humanos caminaran sobre la Tierra, antepasados míticos formaron las montañas, ríos, plantas y animales del mundo. Los aborígenes transmitieron sus tradiciones de una generación a otra. Además, artistas aborígenes usaron grabados y pinturas rupestres, como ésta en el norte de Australia, para registrar relatos y la historia. Los aborígenes siguen usando estas prácticas antiguas para mantener vivas sus tradiciones.

### Escribir un relato

Observa de cerca las figuras de la pintura rupestre. ¿Qué ves? ¿Qué son estas figuras y qué crees que simbolicen? Escribe un relato breve que podría corresponder a las figuras y sucesos que muestra esta pintura.

### Hacer una pintura rupestre

Si quisieras dejar para la posteridad un dibujo para dar una idea de la vida al principio del siglo XXI, ¿qué dibujarías? Anota varias ideas. Podrías pedir ideas a un amigo o amiga. Luego, usa un dibujo o una pintura para ilustrar un suceso o actividad de la vida en el siglo XXI.

# Tradiciones históricas y culturales

**ANTES DE LEER**

**ENFOQUE DE LECTURA**

1. ¿Cómo fueron colonizadas Australia y Nueva Zelanda?
2. ¿Qué grupos moldearon las culturas de Australia y Nueva Zelanda?
3. ¿Cómo han influido otras culturas en las naciones isleñas del Pacífico?

**PALABRAS CLAVE**

colonia penitenciaria
estación

**IDEA PRINCIPAL**

Las vigorosas y singulares culturas de los primeros habitantes de Australia, Nueva Zelanda y las islas del Pacífico sufrieron fuertes cambios con la llegada de los europeos en los siglos XVIII y XIX.

**ANOTACIONES**

Copia la tabla y mientras lees esta sección complétala con información acerca de la historia y culturas de Australia, Nueva Zelanda y las islas del Pacífico.

| Australia | Nueva Zelanda | Islas del Pacífico |
|---|---|---|
| los primeros habitantes fueron los aborígenes | | |

## El escenario

Cientos de gigantescas estatuas de piedra llenan el paisaje de la isla de Pascua. Cada estatua, hecha de piedra volcánica sólida, se alza de 10 a 40 pies (3 a 12 m) sobre el suelo. Algunas pesan más de 50 toneladas (46 toneladas métricas).

Las estatuas de la isla de Pascua siguen impresionando al mundo. Además, los científicos se preguntan cómo llegaron los primeros habitantes a otras partes de la región del Pacífico.

## Primeros colonizadores de Australia y Nueva Zelanda

Los cieníficos creen que los aborígenes, que fueron los primeros colonizadores de Australia, llegaron de Asia hace cerca de 40,000 años. Durante milenios, cazaron y recolectaron alimentos en los valles de las costas y los ríos, y aprendieron a vivir en las llanuras del interior.

Durante esta época, la población aborigen se mantuvo en un nivel estable. La gente vivía en pequeños grupos familiares que se desplazaban de un lugar a otro en busca de alimentos y agua. Todos tenían firmes creencias religiosas acerca de la Naturaleza y la tierra. Tales creencias desempeñaban un papel clave en su forma de vivir.

### Las misteriosas estatuas de la isla de Pascua

**CULTURA** Gigantes de piedra sin ojos llenan el paisaje de la isla de Pascua. Nadie sabe con certeza cómo los antiguos isleños esculpieron y erigieron las estatuas.

**Razonamiento crítico** ¿Por qué crees que se construyeron estas enormes imágenes de piedra?

## Un país con raíces europeas

# Influencias culturales

### Los maoríes de Nueva Zelanda
Los primeros pobladores de Nueva Zelanda fueron los maoríes. Sus antepasados viajaron primero de Asia a Polinesia. Luego, hace alrededor de 1,000 años, los maoríes cruzaron el océano a Nueva Zelanda y se asentaron en aldeas, viviendo de la caza y la agricultura. También, los maoríes valoraban el combate y la conquista de sus enemigos, y usaban relatos para transmitir sus creencias.

### La llegada de los europeos
Los exploradores europeos oyeron hablar de un misterioso continente que estaba al sur de Asia y, en el siglo XVII, varios barcos llegaron a Australia o Nueva Zelanda. En 1769, el capitán británico James Cook exploró Nueva Zelanda y, al año siguiente, la costa oriental de Australia. Él reclamó ambas tierras para Gran Bretaña.

En 1788, los británicos fundaron la primera colonia en Australia como **colonia penitenciaria,** es decir, un asentamiento de convictos, o prisioneros. Pronto, otros colonos se establecieron en Australia, algunos empleados para trabajar en las prisiones. Otros acudieron en busca de nuevas tierras. En 1851 se descubrió oro, y la población creció vertiginosamente. Poco después, Gran Bretaña dejó de enviar convictos a Australia. Casi 50 años después, en 1901, Australia obtuvo la independencia.

Nueva Zelanda fue colonizada por europeos en la misma época que Australia, y en 1840 los británicos asumieron el control de la colonia. Ésta, con sus excelentes puertos y suelo fértil, atrajo muchos colonos británicos. Nueva Zelanda obtuvo la independencia en 1907.

## Las culturas actuales de Australia y Nueva Zelanda

Hoy en día, la mayoría de los australianos y neozelandeses son descendientes de colonos británicos. Comparten la cultura, los días de fiesta y las costumbres de Gran Bretaña, y casi todos se muestran orgullosos de su herencia británica, sobre todo su sistema parlamentario de gobierno y su fe en la libertad y la democracia.

No obstante, Australia y Nueva Zelanda no son idénticos. Cada uno tiene su propia cultura singular. Por ejemplo, los australianos han añadido muchas palabras nuevas al idioma inglés, como "*mate*", que significa "amigo cercano", y "*fair go*", que significa "oportunidad equitativa". Los neozelandeses están decididamente opuestos a la guerra nuclear. No se permite a ningún barco que lleve armas nucleares usar los puertos del país.

### Los aborígenes hoy
En la actualidad, alrededor de 200,000 aborígenes viven en Australia. Desde la llegada de los europeos, los aborígenes han

padecido muchas dificultades. En el período colonial, los colonos expulsaron a estos pueblos indígenas de sus tierras. Decenas de miles murieron por enfermedades europeas y otros se vieron obligados a trabajar en **estaciones,** para la cría de ganado ovino y bovino, que son ranchos muy extensos. Los colonos exigieron a los aborígenes adoptar las costumbres europeas, por lo que comenzaron a perder sus propias costumbres y tradiciones. Sin embargo, en años recientes la vida de los aborígenes ha comenzado a mejorar un poco.

**La forma de vida de los maoríes**   Cuando Nueva Zelanda se convirtió en una colonia británica, Gran Bretaña prometió proteger las tierras maoríes. No obstante, los colonos rompieron esa promesa. Durante muchos años, los colonos y los maoríes tuvieron violentos enfrentamientos. Los colonos finalmente derrotaron a los maoríes en 1872.

Después de su derrota, los maoríes se vieron obligados a adoptar las costumbres inglesas. La cultura maorí parecía estar en peligro de desaparición. Sin embargo, poco a poco los dirigentes maoríes obtuvieron mayor poder y recuperaron algunas tierras ancestrales. Ahora las nuevas leyes permiten a los maoríes practicar sus costumbres y ceremonias.

Hoy en día hay más de 300,000 maoríes en Nueva Zelanda, y constituyen cerca del 9 por ciento de la población del país. Muchos de ellos viven ahora en ciudades y trabajan en negocios, fábricas y oficinas. No obstante, siguen honrando su herencia maorí. Muchos de ellos hablan tanto maorí como inglés. Gracias a sus artistas, escritores y cantantes, la cultura maorí es una parte importante de la vida de todos los neozelandeses.

# Las culturas de las islas del Pacífico

Los científicos creen que los primeros pobladores de las islas del Pacífico llegaron del sureste asiático hace más de 30,000 años. Primero, estos pueblos se asentaron en Nueva Guinea, la isla más grande de Melanesia. Luego, a lo largo de milenios, viajaron por el Pacífico en canoa hasta llegar a Micronesia y posteriormente a Polinesia.

**Diversidad de culturas**   A medida que se pobló la región del Pacífico, se desarrollaron muchas culturas distintas. Debido a las distancias entre las islas, los grupos no podían comunicarse entre sí y cada uno desarrolló su propio idioma, costumbres y creencias religiosas. No obstante, los pueblos tenían cosas en común porque todos vivían en un entorno oceánico. Utilizaban el océano para obtener alimentos y para la transportación. La vida normalmente giraba en torno de pequeñas aldeas o granjas.

**De colonias a países independientes**   La llegada de los europeos en el siglo XIX tuvo un fuerte efecto sobre las islas del Pacífico. Gran Bretaña, Francia y Alemania establecieron puestos comerciales y bases navales en muchas islas. Japón y Estados Unidos pronto se unieron a la competencia por controlar la región del Pacífico. A fines del siglo XIX, esas naciones convirtieron las islas en colonias y durante los 100 años siguientes gobernaron a los pueblos del Pacífico.

**Una forma de vida tradicional**

**CULTURA**   En Rotorúa, donde viven muchos maoríes, una mujer con indumentaria tradicional calienta su comida en los hirvientes manantiales. **Razonamiento crítico** ¿Cómo está usando esta mujer un recurso natural? ¿Qué tecnologías podríamos usar hoy en vez de recursos como éste?

## La vida en las islas del Pacífico

Casi todos los cuatro millones de habitantes de Nueva Guinea siguen cultivando la tierra, pescando y construyendo casas a la usanza tradicional. **Razonamiento crítico** ¿Por qué crees que los residentes de esta aldea construyen sus casas sobre pilotes?

Después de la Segunda Guerra Mundial, casi todas las islas del Pacífico se independizaron. Para entonces, casi todas las culturas isleñas tradicionales se habían mezclado con culturas de Europa, Estados Unidos y otros países. Casi todos los gobiernos eran democráticos y casi todas las iglesias eran cristianas. Muchos isleños leían y hablaban inglés. Empresas extranjeras operaban negocios y extensas granjas ahí. Desde la Independencia, la vida de casi todos los isleños ha mejorado, pero sus ingresos siguen siendo bajos. Muchos dependen de la pesca o de cultivos como el taro y los ñames para subsistir.

# EVALUACIÓN DE LA SECCIÓN I

**DESPUÉS DE LEER**

### RECORDAR
1. Define: (a) colonia penitenciaria, (b) estación

### COMPRENSIÓN
2. ¿De dónde creen los científicos que provinieron los pueblos indígenas de Australia, Nueva Zelanda y las islas del Pacífico?

3. ¿Qué sucedió a los indígenas cuando los europeos llegaron a Australia y Nueva Zelanda?

### RAZONAMIENTO CRÍTICO Y ESCRITURA
4. **Explorar la idea principal** Repasa la idea principal al inicio de esta sección. Luego, haz una tabla que compare la historia de los aborígenes y de los maoríes. ¿Qué similitudes y diferencias hay?

5. **Hacer inferencias** ¿Por qué los habitantes de una isla podrían preservar su cultura sin cambios durante mucho tiempo?

### ACTIVIDAD
6. **Hacer una línea cronológica** Haz una línea cronológica con diez entradas breves que sigan la historia de Australia, Nueva Zelanda y las islas del Pacífico.

 **Búscalo en la RED**

7. **Explorar la cultura aborigen** Con la información del sitio Web, escoge un aspecto de la cultura o historia de los aborígenes que te interese y crea una presentación audiovisual. Visita la sección World Explorer: People, Places and Cultures de **phschool.com** para realizar esta actividad.

# Australia y Nueva Zelanda
## Comercio y agricultura

**ANTES DE LEER**

**ENFOQUE DE LECTURA**
1. Cita algunos aspectos clave de la economía australiana.
2. ¿Cómo influye el clima de Nueva Zelanda en su economía?

**PALABRAS CLAVE**
pozo artesiano

**LUGARES CLAVE**
Sydney
Alice Springs

**IDEA PRINCIPAL**
Las economías de Australia y de Nueva Zelanda dependen de la agricultura y el comercio, y ambos países tienen estrechos lazos económicos con las naciones de la cuenca del Pacífico.

**ANOTACIONES**
Copia la tabla y mientras lees esta sección complétala con similitudes entre las economías de Australia y Nueva Zelanda.

|  | Australia | Nueva Zelanda |
|---|---|---|
| Ganadería |  |  |
| Agricultura |  |  |
| Comercio con naciones de la cuenca del Pacífico |  |  |

## El escenario

Michael Chang es dueño de una importante empresa comercial en **Sydney,** la ciudad más grande de Australia. Desde su oficina en un moderno rascacielos con grandes ventanales, a veces mira el concurrido puerto de Sydney. Lo que más le interesa son los grandes cargueros.

John Koeyers y su familia tienen un extenso rancho ganadero en el noroeste de Australia. Él usa un Jeep para juntar los rebaños de su rancho. Los Koeyers venden casi todo su ganado a empresas que abastecen restaurantes de comida rápida en países asiáticos.

Lyle Sansbury es presidente de la mesa directiva de la Nurungga Farming Company. Está muy orgulloso de esa granja, que produce cebada, trigo, reses y ovejas. Lyle tiene muchos planes para expandir la compañía a otras actividades, como piscicultura. La granja Nurungga es uno de los prósperos negocios propiedad de aborígenes y operados por ellos.

### La Sydney Opera House

**CULTURA** La Sydney Opera House terminó de construirse en 1973. Los arcos del edificio semejan las velas de un enorme barco. **Razonamiento crítico** ¿Qué relación hay entre la arquitectura de la Opera House y su medio ambiente?

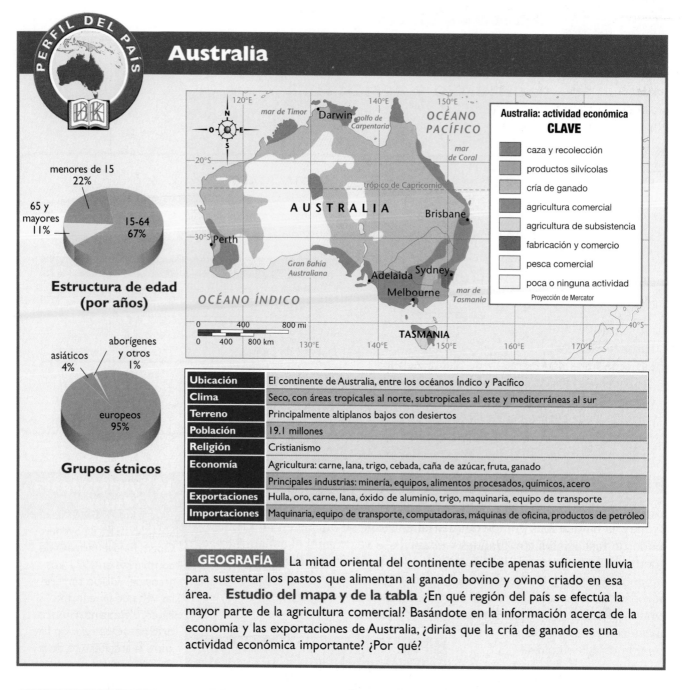

# Australia

**menores de 15**
**22%**

**65 y mayores**
**11%**

**15-64**
**67%**

## Estructura de edad (por años)

**asiáticos**
**4%**

**aborígenes y otros**
**1%**

**europeos**
**95%**

## Grupos étnicos

Darwin

golfo de Carpentaria

mar de Timor

OCÉANO PACÍFICO

mar de Coral

trópico de Capricornio

AUSTRALIA

Brisbane

Perth

Gran Bahía Australiana

Adelaida

Sydney

Melbourne

mar de Tasmania

OCÉANO ÍNDICO

TASMANIA

### Australia: actividad económica
### CLAVE

- caza y recolección
- productos silvícolas
- cría de ganado
- agricultura comercial
- agricultura de subsistencia
- fabricación y comercio
- pesca comercial
- poca o ninguna actividad

Proyección de Mercator

| Ubicación | El continente de Australia, entre los océanos Índico y Pacífico |
|---|---|
| Clima | Seco, con áreas tropicales al norte, subtropicales al este y mediterráneas al sur |
| Terreno | Principalmente altiplanos bajos con desiertos |
| Población | 19.1 millones |
| Religión | Cristianismo |
| Economía | Agricultura: carne, lana, trigo, cebada, caña de azúcar, fruta, ganado |
| | Principales industrias: minería, equipos, alimentos procesados, químicos, acero |
| Exportaciones | Hulla, oro, carne, lana, óxido de aluminio, trigo, maquinaria, equipo de transporte |
| Importaciones | Maquinaria, equipo de transporte, computadoras, máquinas de oficina, productos de petróleo |

**GEOGRAFÍA** La mitad oriental del continente recibe apenas suficiente lluvia para sustentar los pastos que alimentan al ganado bovino y ovino criado en esa área. **Estudio del mapa y de la tabla** ¿En qué región del país se efectúa la mayor parte de la agricultura comercial? Basándote en la información acerca de la economía y las exportaciones de Australia, ¿dirías que la cría de ganado es una actividad económica importante? ¿Por qué?

---

**MIENTRAS LEES**

**Revisa tu lectura**
¿Qué tienen en común las tres personas? ¿Cómo contribuyen a la economía australiana?

## Una economía comercial

Michael Chang, los Koeyers y Lyle Sansbury son australianos. La definición de australiano ha cambiado desde que el país se independizó. Ya no es "británico"; ahora refleja la diversidad de los habitantes de Australia. Hoy en día, estrechos lazos unen a Australia con otras naciones de la cuenca del Pacífico. Esas naciones están en el borde del océano Pacífico, e incluyen Japón, Corea del Sur, China y Taiwan. Estados Unidos es otra importante nación de la cuenca del Pacífico, y es uno de los socios comerciales clave de Australia.

Japón, Estados Unidos y otras naciones de la cuenca del Pacífico han invertido mucho dinero en la economía australiana. También han establecido bancos, compañías de seguros y otros negocios en Australia, cuya economía depende cada vez más del comercio con esas naciones.

La empresa comercial de Michael Chang es sólo una de cientos de compañías que comercian con países de la cuenca del Pacífico. Él exporta diversos productos a muchos países de Asia. John Koeyers también participa en el comercio. Grandes cargueros transportan su ganado a Corea del Sur y Taiwan. Otros cargueros llevan lana, carne y muchos otros productos de Australia a mercados extranjeros. Y buques tanque aún más grandes llevan la hulla, el cinc, el plomo y otros minerales de Australia a Japón.

**Agricultura**    Parece extraño que los productos agrícolas sean importantes exportaciones, porque sólo cerca del 6% del territorio australiano es propio para la agricultura. Casi todas estas tierras están en el sureste del país y a lo largo de la costa oriental. Los pocos ríos del país están en esas áreas. Los agricultores usan el agua de los ríos para regar sus cultivos. Los agricultores australianos cultivan cebada, avena y caña de azúcar, pero su cultivo más valioso es el trigo. Australia es uno de los principales cultivadores y exportadores de trigo en el mundo.

**Ganadería**    La ganadería es otro componente clave de la economía australiana. Las ovejas y reses suministran carne para exportación, y Australia es el principal productor de lana del mundo. Casi todas las reses y ovejas se crían en grandes estaciones. Algunas de las más grandes están en las llanuras del interior.

Por ejemplo, el rancho de los Koeyers está en un área caliente y seca del noroeste de Australia, y ocupa 680,000 acres (275,196 hectáreas). Otra estación de las llanuras del interior, cerca de **Alice Springs** en el centro de Australia, es aún mayor: cubre 12,000 millas cuadradas (31,080 km$^2$): aproximadamente la extensión del estado de Maryland.

## Reunión de ganado

**ECONOMÍA**

Los enormes ranchos de las calientes y áridas llanuras del interior son ideales para el pastoreo de ovejas y reses. Algunos de esos ranchos, o estaciones, son más grandes que algunos estados de EE. UU.

**Razonamiento crítico**
¿Por qué los rancheros necesitan tecnología, como este helicóptero, en estaciones como ésta? ¿Qué otros tipos de tecnología podrían usar?

**Cosecha de trigo**

Incluso con tanto terreno, el ganado apenas encuentra suficiente pasto para alimentarse. El agua dulce también escasea. Pocas veces llueve, y la región tiene sólo unas cuantas corrientes de agua. Los Koeyers obtienen el agua para su ganado por medio de **pozos artesianos,** perforaciones profundas que llegan hasta rocas porosas saturadas de aguas subterráneas.

## Comercio y agricultura en Nueva Zelanda

Con su clima y condiciones favorables, y el extenso uso de métodos y maquinaria agrícolas modernas, Nueva Zelanda ha logrado una impresionante productividad. Efectivamente, la productividad agrícola de esta pequeña nación es una de las más altas del mundo.

Los agricultores neozelandeses producen cientos de miles de toneladas métricas de cereales, entre ellos trigo, cebada, avena y maíz.

Los ganaderos de Nueva Zelanda pueden criar vacas lecheras, ovejas y reses a un costo relativamente bajo, gracias al clima moderado en que viven. Los ganaderos no tienen que gastar en la construcción y mantenimiento de albergues invernales para el ganado.

**Comercio exterior**  Al igual que Australia, Nueva Zelanda tiene estrechos vínculos con otras naciones de la cuenca del Pacífico. Sus socios comerciales clave son Japón, Corea del Sur, Hong Kong, Estados Unidos y Taiwan. Nueva Zelanda también mantiene un activo comercio con Australia, Reino Unido y Alemania.

Nueva Zelanda exporta más productos lecheros que ninguna otra nación. También exporta más lana que ningún otro país con excepción de Australia. Otras exportaciones importantes son cereales, fruta kiwi, carne de res, pescado, carne de oveja y carne de cordero.

### ECONOMÍA

La productividad agrícola en Nueva Zelanda es una de las más altas del mundo. Aquí un agricultor cosecha trigo en Waikari, en la Isla del Sur de Nueva Zelanda.

**Razonamiento crítico**
¿Por qué crees que una nación tan pequeña tiene tan elevada producción agrícola?

---

# EVALUACIÓN DE LA SECCIÓN 2

## DESPUÉS DE LEER

### RECORDAR
**1.** Identifica: (a) Sydney, (b) Alice Springs

**2.** Define: (a) pozo artesiano

### COMPRENSIÓN
**3.** Cita algunas exportaciones importantes de Australia. ¿Quiénes son los socios comerciales primarios de Australia?

**4.** ¿Por qué el clima de Nueva Zelanda es idóneo para la ganadería?

### RAZONAMIENTO CRÍTICO Y ESCRITURA
**5.** **Explorar la idea principal** Repasa la idea principal al inicio de esta sección. Luego, supón que vives con tu familia en una enorme estación ganadera cerca de Alice Springs. Describe tu vida, según la imagen. Incluye aspectos económicos que afecten a tu familia.

**6.** **Sacar conclusiones** Escribe un párrafo breve que explique por qué Australia es un socio comercial lógico para Japón.

### ACTIVIDAD
**7.** **Escribe para aprender** Eres de Nueva Zelanda y estás fundando una compañía exportadora. Escribe una carta comercial al dueño de una empresa de la cuenca del Pacífico en la que le explicas qué artículos planeas exportar y por qué le conviene tratar contigo.

# SECCIÓN 3

# Las islas del Pacífico
## Escasez de recursos naturales

## ANTES DE LEER

### ENFOQUE DE LECTURA
**1.** ¿Cómo afecta la escasez de recursos naturales la vida en las islas del Pacífico?
**2.** ¿Qué industrias son importantes en las islas del Pacífico?

### PALABRAS CLAVE
copra
industria primaria
industria secundaria
industria terciaria
turismo

### LUGARES CLAVE
Fidji
Tahití

### ANOTACIONES
Copia el diagrama de red y mientras lees esta sección complétalo con detalles de las diferentes industrias de las islas del Pacífico. Añade más círculos si es necesario.

minería

Economías de las islas del Pacífico

### IDEA PRINCIPAL
Las islas del Pacífico tienen pocos recursos naturales, y aunque la mayoría de sus habitantes se gana la vida en la agricultura o la pesca, el turismo es una industria en rápido crecimiento.

## El escenario

El océano Pacífico cubre casi la tercera parte de la superficie terrestre. Cerca de 25,000 islas se esparcen en este océano. Aunque muchas son islas altas con suelos fértiles que permiten a sus habitantes cultivar la tierra, otras islas bajas, más pequeñas, tienen suelos pobres y arenosos y poca agua dulce, lo que dificulta la agricultura. Algunas de estas islas bajas tienen depósitos de minerales, como el fosfato, que se pueden exportar. Sin embargo, el principal recurso de las islas del Pacífico es su belleza, pues sustenta el turismo y proporciona una nueva fuente de ingresos para sus habitantes.

### Una isla alta en Polinesia

#### ECONOMÍA
Los volcanes crearon las islas altas como las Marquesas de Polinesia. Las sublimes playas y exóticos paisajes de las islas del Pacífico las convierten en destacadas atracciones turísticas y apoyan la economía de la región. **Razonamiento crítico** ¿Cómo crees que estas atracciones turísticas apoyen la economía de la región?

## Un recurso natural produce medicinas

Las principales naciones productoras de coco han formado una organización intergubernamental llamada Comunidad del Coco de Asia y el Pacífico (APCC). Cada año, el panel de la APCC, conocido como "Cocotech", celebra una reunión en la que científicos, investigadores, comerciantes, procesadores, agricultores, exportadores y reglamentadores intercambian ideas. En una reunión reciente, los participantes aplaudieron las nuevas investigaciones sobre los posibles beneficios del aceite de coco. En pruebas clínicas en curso, los investigadores están usando monolaurina, un ácido graso del aceite de coco, para tratar pacientes con VIH o SIDA.

# Adaptación a la escasez de recursos naturales

En toda la región de las islas del Pacífico escasean los recursos naturales. El cocotero es el más importante, pues proporciona alimento, vestido y abrigo. Los isleños exportan pulpa de coco seca, o **copra,** que se usa en la producción de margarina, aceites comestibles y jabones de lujo.

# Industrias de las islas del Pacífico

Las economías de las islas del Pacífico, al igual que las de muchos países en desarrollo, se basan en **industrias primarias,** como pesca, agricultura y minería. Estas industrias crean o extraen materias primas. Casi todos los isleños del Pacífico se ganan la vida cultivando o pescando. Muchos son dueños de sus granjas, pero otras granjas son propiedad colectiva de aldeas enteras. Además del cocotero, los agricultores siembran otros cultivos que crecen fácilmente en climas tropicales. En las islas más grandes se cultivan ampliamente la caña de azúcar y los plátanos. La producción y exportación de azúcar es una industria clave en la isla de **Fidji,** donde también hay numerosos huertos de plátano. En Nueva Guinea, los agricultores cultivan café y cacao para exportarlos a todo el mundo.

La minería y la silvicultura proporcionan empleo en algunas de las islas mayores, como Fidji y Nueva Guinea. Los isleños del Pacífico se están esforzando por desarrollar éstas y otro tipo de

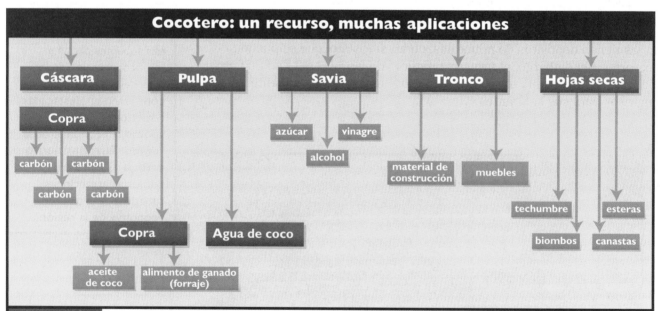

**Cocotero: un recurso, muchas aplicaciones**

| Cáscara | Pulpa | Savia | Tronco | Hojas secas |

Cáscara → Copra → carbón, carbón, carbón, carbón

Pulpa → Copra → aceite de coco, alimento de ganado (forraje); Agua de coco

Savia → azúcar, vinagre → alcohol

Tronco → material de construcción, muebles

Hojas secas → techumbre → biombos; esteras → canastas

**ECONOMÍA** El cocotero no sólo proporciona alimento, vestido y abrigo: también salva vidas. Durante los huracanes, los isleños pueden atarse al tronco de un cocotero para evitar que se los lleve el mar.

**Estudio del diagrama** Halla el aceite de coco en el diagrama. (a) ¿De qué parte de la planta se obtiene? (b) Este aceite tiene un alto contenido de ácido láurico, que evita que se enrancie. ¿Por qué suele usarse aceite de coco en las galletas hechas en fábrica?

### ECONOMÍA

Muchos isleños del Pacífico trabajan en la industria turística. Aquí, un grupo de turistas admiran Fidji desde una lancha. **Razonamiento crítico** ¿Crees que tales visitas pueden ayudar a los vacacionistas a conocer culturas diferentes?

industrias. La inversión extranjera está ayudando a desarrollar una de las minas de cobre más grandes del mundo en la isla de Bougainville en Papúa y Nueva Guinea.

Las **industrias secundarias,** o manufactureras, toman materias primas (como el azúcar) producidas por las industrias primarias y las procesan para crear bienes de consumo (como dulces). No hay mucha industria secundaria en las islas del Pacífico, con algunas excepciones. Por ejemplo, en Fidji se construyen botes pesqueros y para paseo. También se fabrica pintura en esa isla.

## Turismo: una industria en crecimiento

Las industrias de servicio, o **industrias terciarias,** no producen bienes, como tela o computadoras, sino que prestan servicios, como banca o telecomunicaciones. El **turismo** es el negocio de prestar servicios a los turistas y es una industria en crecimiento en las islas del Pacífico. Estas islas, en otro tiempo remotas y accesibles sólo por barco o aviones pequeños, se convirtieron en importantes atracciones turísticas en los años cincuenta al hacerse accesibles los viajes en aviones de reacción.

Más turistas visitan Fidji que ninguna otra nación de las islas del Pacífico. En años recientes, el turismo ha rebasado al azúcar como principal fuente de divisas de Fidji. La Polinesia Francesa —de manera específica Tahití— es otro destino turístico muy popular. Muchos viajeros de Japón, Estados Unidos, Gran Bretaña, Francia, Australia y Nueva Zelanda visitan las islas del Pacífico, lo que refleja los vínculos persistentes entre la región y los países que en otra época la colonizaron.

## Buceo en las islas del Pacífico

**CULTURA** Rodeadas por cristalinas aguas color turquesa y bañadas de sol, las islas del Pacífico ofrecen a los turistas, amantes del buceo, excelentes oportunidades para explorar la espectacular variedad de organismos marinos. **Razonamiento crítico** ¿De qué otras actividades podrían disfrutar los turistas que vacacionan en estas islas? ¿Crees que el turismo perjudica los ecosistemas de las islas y el mar?

A medida que el turismo adquiere importancia en las islas del Pacífico, proporciona una nueva fuente de ingresos. Sin embargo, hay una desventaja. Casi todas las instalaciones turísticas, como los hoteles, son propiedad de extranjeros. Esto implica que gran parte de las utilidades salen de la región. Además, muchos empleos en la industria turística no están abiertos para los isleños. Los que sí lo están suelen requerir pocas aptitudes y estar mal pagados. Por último, muchas actividades turísticas pueden dañar el medio ambiente. Los isleños deben planear con cuidado para proteger sus arrecifes coralinos, selvas y áreas costeras.

# EVALUACIÓN DE LA SECCIÓN 3

**DESPUÉS DE LEER**

### RECORDAR

**1.** Identifica: (a) Fidji, (b) Tahití

**2.** Define: (a) copra, (b) industria primaria, (c) industria secundaria, (d) industria terciaria, (e) turismo

### COMPRENSIÓN

**3.** ¿Cómo están las islas del Pacífico tratando de compensar la escasez de recursos naturales?

**4.** Cita algunas industrias importantes de las islas del Pacífico.

### RAZONAMIENTO CRÍTICO Y ESCRITURA

**5. Explorar la idea principal** Repasa la idea principal al inicio de esta sección. Luego, escribe un discurso corto en que un isleño del Pacífico explica el valor del cocotero. Usa gramática, ortografía, construcción y puntuación estándar.

**6. Entender causa y efecto** ¿Cómo podría la escasez de recursos naturales en las islas del Pacífico afectar el comercio entre ellas y otras naciones más industrializadas?

### ACTIVIDAD

**7. Escribir una entrada de diario** Supón que has decidido vivir en una isla del Pacífico. Escribe una entrada de diario en la que explicas tu decisión. ¿Qué beneficios tiene vivir en una isla? ¿Qué desventajas tiene?

# Identificar el marco de referencia

## Aprende la destreza

William Buckley escapó de una colonia penitenciaria británica de Australia en 1803. Mientras vagaba por el matorral, halló una lanza rota sobre una tumba y la recogió. Cuando los aborígenes hallaron a Buckley lo recibieron con los brazos abiertos y lo llevaron a vivir con su tribu. ¿Por qué lo hicieron?

Para contestar esta pregunta, tendrías que entender la cultura aborigen y el período histórico en que ocurrió este suceso. Ello te ayudará a entender el marco de referencia de los aborígenes. El lugar y la forma en que crecemos nos hace ver el mundo de cierta manera. El marco de referencia influye en nuestros pensamientos y conducta. En el caso de William Buckley, los aborígenes vieron que su pálida piel era parecida a la de sus muertos. Luego reconocieron la lanza que llevaba como la perteneciente a un pariente que había muerto poco antes. Los aborígenes creían que muchos espíritus habitaban la tierra. Acogieron a Buckley porque pensaron que era su pariente muerto que había regresado a ellos.

Para identificar un marco de referencia al leer, sigue estos pasos:

**A.** Lee la información, fijándote en los grupos o individuos que participan y el suceso que ocurre. Escríbela en una hoja.

**B.** Toma nota del lugar y la época del suceso. Esta información podría revelarse directamente, pero también podría haber pistas en el lenguaje y los hábitos de las personas descritas.

**C.** Busca evidencias de valores culturales, actitudes y creencias diferentes. Anótalos en una hoja, cuidándote de no juzgar la cultura según tus propios valores y actitudes actuales.

**D.** Usa la información para escribir un párrafo corto que describa el marco de referencia.

## Practica la destreza

Lee la siguiente entrada de diario escrita por un personaje ficticio adoptado por los aborígenes de Australia. Luego, sigue los cuatro pasos para determinar el marco de referencia en el que se escribió.

### Vida con los aborígenes

*Yo, James Carter, fui enviado a una colonia penitenciaria de Australia en 1799 por robar pan. Dos años después, escapé y me fui a vivir con los aborígenes en el monte. La información que sigue describe algunas de mis experiencias con ellos:*

Llegué al campamento en mal estado, con una cortada honda en la pierna y con dolor de cabeza por el calor y la falta de agua. Los cazadores que me hallaron me llevaron de inmediato a un refugio. Una anciana sacó de un guaje unas hormigas arborícolas verdes y las hirvió para preparar una bebida que me quitó el dolor de cabeza. Otra mujer examinó mi pierna y salió, volviendo al rato con varias larvas grandes que, según me enteré después, eran larvas witchety, un alimento básico de los aborígenes. La mujer trituró las larvas y untó con ellas mi herida para curarla.

Una vez que mi pierna sanó, asistí a un festín de polillas con los aborígenes en los montes Bogong. Las grietas de las rocas estaban atestadas de polillas Bogong. La gente recolectó miles de polillas y las cocinó en arena y cenizas calientes para eliminar las alas y patas. Luego las polillas se tamizaron con redes para eliminar las cabezas. Me sorprendí al comprobar lo sabrosas que eran.

## Aplica la destreza

Hallarás más preguntas sobre identificar el marco de referencia en la sección Repaso y evaluación de este capítulo.

# CAPÍTULO 30 Repaso y evaluación

## Hacer un resumen del capítulo

En una hoja suelta, dibuja un diagrama como éste y agrega la información que resume la primera sección del capítulo. Luego, completa los cuadros que faltan con un resumen de las secciones 2 y 3.

| | Australia | Nueva Zelanda | Islas del Pacífico |
|---|---|---|---|
| **Historia** | • Poblada por los aborígenes y luego por los británicos | • Poblada por los maoríes y luego por los británicos | |
| **Cultura** | • Acusa influencia de culturas isleña tradicional y europea | | |
| **Economía** | | | |

## Repaso de palabras clave

Lee cada oración y decide si la definición es verdadera o falsa. Si es falsa, redáctala de modo que sea verdadera.

1. Una colonia penitenciaria es un lugar poblado por convictos o prisioneros.

2. Una estación es un rancho de ovejas o reses muy grande.

3. La copra consiste en hojas de cocotero secas.

4. Un pozo artesiano es un estanque somero de agua.

5. Las industrias secundarias son las que fabrican bienes y productos.

## Repaso de ideas principales

1. ¿Quiénes fueron los primeros pobladores de Australia y Nueva Zelanda? (Sección 1)

2. ¿Qué similitudes entre las islas del Pacífico se deben al medio ambiente oceánico de todas ellas? (Sección 1)

3. Cita tres industrias importantes que contribuyen a las economías tanto de Australia como de Nueva Zelanda. (Sección 2)

4. ¿Qué lazos mantiene Australia con otras naciones de la cuenca del Pacífico? (Sección 2)

5. ¿Por qué es difícil para muchos habitantes de las islas del Pacífico ganarse la vida? (Sección 3)

6. Cita cuatro industrias primarias de las islas del Pacífico. (Sección 3)

## Actividad de mapa

**Australia, Nueva Zelanda y las islas del Pacífico**

Escribe la letra que indica la posición de cada lugar en el mapa.

**1.** Nueva Zelanda
**2.** Papúa y Nueva Guinea
**3.** Sydney
**4.** océano Pacífico
**5.** Tasmania

 **Búscalo en la RED**

**Enriquecimiento** Para más actividades con mapas y destrezas de geografía, visita la sección de Social Studies en **phschool.com**.

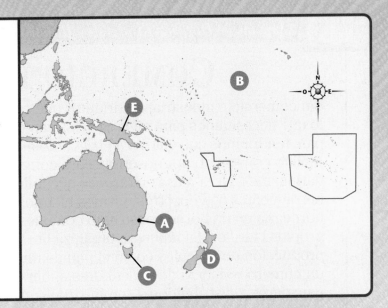

## Actividad de escritura

**1. Escribir un folleto** Escribe un folleto que explique la perspectiva moderna de la historia y la cultura de Australia, Nueva Zelanda o las islas del Pacífico. Ilústralo con dibujos o con fotografías recortadas de folletos de viajes o fotocopiadas de libros de referencia o revistas de geografía. Escribe un pie para cada ilustración, que explique lo que muestra e identifique el lugar.

**2. Escribir un artículo** Usa la información del perfil de país de la página 570 para escribir un artículo acerca de Australia para una revista de viajes. Incluye un panorama del país para quienes planeen visitarlo.

## Aplica tus destrezas

**Pasa a Destrezas para la vida de la página 577 para realizar la siguiente actividad.**

Escribe un ensayo breve en el que identifiques y explores algunas de las influencias en tu vida que podrían moldear tu marco de referencia.

## Razonamiento crítico

**1. Comparar y contrastar** Compara las influencias europeas sobre Australia, Nueva Zelanda y las islas del Pacífico. Haz una tabla que muestre similitudes y diferencias.

**2. Comparar y contrastar** En la historia estadounidense, los indígenas fueron obligados a vivir en reservaciones. Compara esto con la historia de los aborígenes.

 **Búscalo en la RED**

**Actividad** Lee acerca de la región llamada Oceanía, que incluye las islas del Pacífico. Haz una tabla o diagrama que organice la información contenida en el sitio Web. Visita la sección World Explorer: People, Places and Cultures de **phschool.com** para realizar esta actividad.

**Autoevaluación del Capítulo 30** Como repaso final, resuelve la prueba de autoevaluación del Capítulo 30. Busca la prueba en la sección de Social Studies en **phschool.com**.

# COMERCIO E INDUSTRIA

Sin comercio e industria, tendríamos que crear todo lo que necesitamos para vivir. Si quisiéramos un pan, tendríamos que cultivar el trigo, molerlo en un molino construido por nosotros, para convertirlo en harina, mezclar la masa en tazones que tallamos con herramientas que nosotros mismos hicimos, y hornearla en un horno construido con nuestros propios ladrillos. La industria organiza la producción de artículos como el pan de modo que un número reducido de agricultores, molineros, panaderos y distribuidores suministren suficiente pan para todos. Una organización industrial similar nos proporciona todo lo que usamos, desde agua hasta automóviles. El comercio es el proceso de comprar y vender, y ayuda a proporcionar materias primas a los fabricantes y a distribuir los bienes de consumo que producen. Juntos, el comercio y la industria determinan la economía de una nación.

**LA RUTA DE LA SEDA**
*El comercio entre diferentes regiones y pueblos se remonta a la antigüedad. La Ruta de la Seda fue una de las primeras y más famosas rutas comerciales. Los comerciantes guiaron caballos y camellos por esta ruta entre 300 A.C. y 1600 D.C., llevando seda de China a Europa.*

**?** ¿Cómo influyen el comercio y la industria en el lugar y la forma en que vive la gente?

*Una fábrica francesa produce la carrocería usando acero inglés.*

*El motor proviene de una fábrica española.*

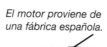

*La transmisión se hace en Alemania.*

*El ensamblado final del automóvil podría efectuarse en España.*

*Un auto moderno es tan complejo que una fábrica no hace todas sus partes. Así que varias fabrican partes que se ensamblan en otra planta.*

**EXPLOTACIÓN A CIELO ABIERTO**
*Australia tiene grandes riquezas minerales, y su extracción es una industria importante. El país produce un tercio del uranio mundial, indispensable para la energía nuclear. En años recientes, se ha extraído mena de hierro de minas a cielo abierto con excavadoras gigantes.*

## FABRICACIÓN

La forma básica de la industria es la fabricación. Esto implica trabajar materiales para obtener un producto terminado. Casi todo lo que usamos es obra de la fabricación, que en su mayor parte se efectúa en grandes fábricas. Algunos bienes pasan por muchas etapas de fabricación. Por ejemplo, los obreros que producen automóviles ensamblan piezas que, a su vez, se han hecho en otras fábricas y con frecuencia en otros países.

## AGRICULTURA

Nueva Zelanda tiene un clima tibio y húmedo ideal para muchos tipos de agricultura. La cría de ganado ovino y bovino son las actividades más importantes. Hay dos reses y 13 ovejas por cada ser humano en Nueva Zelanda. El país exporta más productos lácteos y cordero que ningún otro y es el segundo exportador de lana. En los últimos 15 años ha aumentado la producción de cultivos como kiwi, naranja y limón. Barcos pesqueros recién construidos han aumentado la pesca de Nueva Zelanda, que hoy es un importante exportador de mariscos.

*Quienes esquilan ovejas trabajan con gran rapidez; algunos lo hacen en menos de un minuto.*

## FÁBRICAS

Una parte de la industria está en los hogares, pero los obreros de las fábricas elaboran casi todos los productos que compramos. En una fábrica, cada persona tiene una pequeña tarea dentro del proceso de fabricación. Ya sea operar una máquina grande o armar algo a mano. Ninguna persona elabora un producto completo. Este proceso de producción en serie hace que la fabricación sea más económica y rápida. Casi todas las fábricas son propiedad de gobiernos o grandes empresas; unas cuantas son de quienes trabajan en ellas.

## CINEMATOGRAFÍA

La industria australiana del cine produce varias películas importantes al año. Algunas, como *Picnic at Hanging Rock* (1975), que trata de la misteriosa desaparición de un grupo de escolares australianas, han sido aclamadas internacionalmente.

# Materiales de consulta

## CONTENIDO

# Atlas

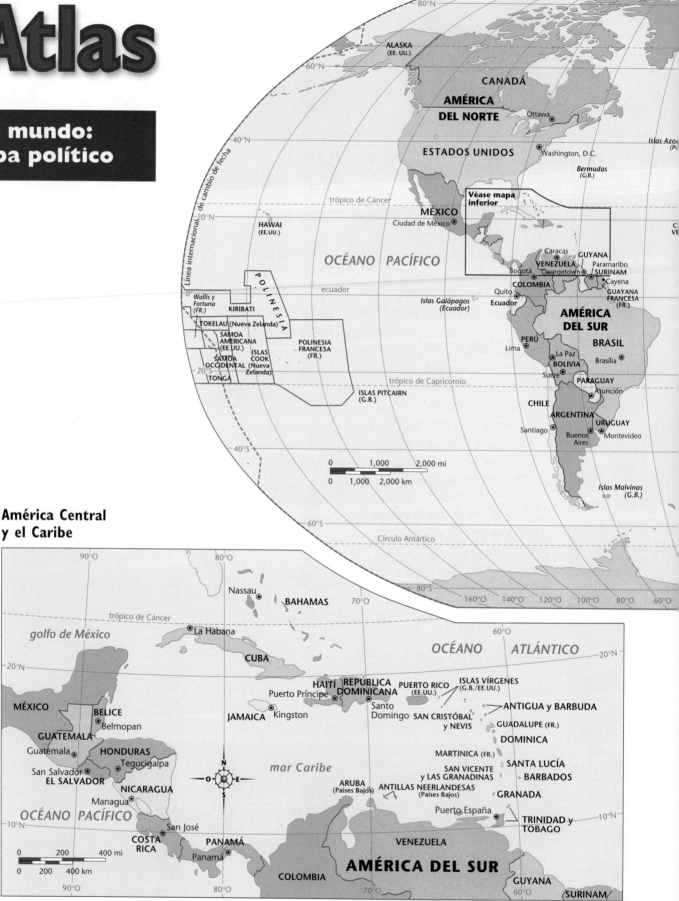

## América Central y el Caribe

OCÉANO ÁRTICO

GROENLANDIA
(DINAMARCA)

Círculo Ártico

ISLANDIA
Reikiavik

Véase mapa inferior

EUROPA

Moscú

RUSIA

ASIA

KAZAJSTÁN

Ulan Bator

MONGOLIA

GEORGIA
ARMENIA
Tbilisi
UZBEKISTAN
Almati
Bishkek
KIRGUIZISTÁN
TURQUÍA
Yereva
Bakú
Tashkent
Ashjabad
Dusanbe
TADZHIKISTÁN
TURKMENISTÁN

COREA
DEL NORTE
P'yongyang
Seúl
Tokio
JAPÓN
COREA
DEL SUR

Beijing

CHINA

OCÉANO PACÍFICO

Argel
Rabat
TÚNEZ
MARRUECOS
Trípoli
JORDANIA
ISRAEL
El Cairo
SIRIA
IRAK
Ammán
Bagdad
AZERBEIYÁN
Teherán
IRÁN
Kabul
Islamabad
AFGANISTÁN
BUTÁN

BAHRAIN
KUWAIT
KATAR
ARABIA
SAUDÍ
Riyád
EMIRATOS
ÁRABES UNIDOS
Abu Dabi
Mascate
OMÁN
PAKISTÁN
Nueva
Delhi
NEPAL
Katmandú
MYANMAR
(BIRMANIA)
Dhaka
BANGLADESH

Taipei
TAIWAN
Hong Kong

tropico de Cáncer

ISLAS MARIANAS
(EE.UU.)
GUAM (EE.UU.)

ISLAS
MARSHALL

SAHARA
OCCIDENTAL
(Marruecos)

ARGELIA
LIBIA
EGIPTO

ÁFRICA
Véase mapa inferior

NÍGER
CHAD
Jartum
Asmara
Sanaá
YEMEN
YIBUTI
Yibuti
ETIOPÍA
Adís Abeba
SOMALIA

INDIA
SRI
LANKA
Colombo
LAOS
Hanoi
Vientiane
TAILANDIA
Bangkok
KAMPUCHEA
Phnom Penh
VIETNAM
Manila
FILIPINAS
BRUNEI
Koror
PALAU

MICRONESIA
ESTADOS FEDERADOS
DE MICRONESIA
Ecuador

NAURU
KIRIBATI

Niamey
NIGERIA
Abuja
N'Djamena
REPÚBLICA
CENTROAFRICANA
CAMERÚN
Bangui
GUINEA ECUATORIAL
SÃO TOMÉ
Y PRÍNCIPE
Libreville
GABÓN
Brazzaville
R. CONGO
Yaundé
RUANDA
Kampala
UGANDA
KENIA
Nairobi

Kuala Lumpur
SINGAPUR

MALASIA

INDONESIA
Yakarta

MELANESIA
PAPÚA Y
NUEVA GUINEA
Port Moresby

ISLAS
SALOMÓN
TUVALU

VANUATU
FIDJI

OCÉANO
ATLÁNTICO

CABINDA
(ANGOLA)
REPÚBLICA
DEMOCRÁTICA
DEL CONGO
Kinshasa
BURUNDI
Luanda
ANGOLA

TANZANIA
Dar es Salaam
ISLAS COMOROS

MALAWI
Llongwe
ZAMBIA
Lusaka
Harare
ZIMBABWE

Mogadiscio

OCÉANO ÍNDICO

MADAGASCAR
Antananarivo

NUEVA CALEDONIA
(FR.)

AUSTRALIA

NAMIBIA
Windhoek
BOTSWANA
Gaborone
Pretoria
Johannesburgo
SUDÁFRICA
Ciudad de El Cabo
MOZAMBIQUE
Maputo
Mbabane
SWAZILANDIA
Durban
LESOTHO
Maseru

MAURICIO
Port Louis
(FR.)

tropico de Capricornio

Canberra

NUEVA
ZELANDA
Wellington

meridiano primo

Círculo Antártico

OCÉANO
ANTÁRTIDA

Europa

ANTÁRTIDA

## África occidental

MAURITANIA
Nouakchott
MALÍ
NÍGER

SENEGAL
GAMBIA
Bissau
GUINEA
Bamako
BURKINA FASO
Niamey
Ouagadougou
BENIN
NIGERIA

NEA-
SAU

Conakry
Freetown
SIERRA
LEONA
Monrovia
LIBERIA
COSTA
DE MARFIL
Yamoussoukro
GHANA
Accra
TOGO
Lome
Porto
Novo

OCÉANO ATLÁNTICO
Ecuador

0    300    600 mi
0    300    600 km

## Europa

NORUEGA
Oslo
SUECIA
FINLANDIA
Helsinki
Estocolmo
Tallinn
ESTONIA
RUSIA
Riga
LATVIA
IRLANDA
DEL NORTE
Dublín
GRAN
BRETAÑA
mar
del Norte
DINAMARCA
Copenhague
LITUANIA
Vilnius
Minsk
BIELORRUSIA
La
Haya
HOLANDA
Amsterdam
Berlín
Varsovia
Kiev
Londres
BÉLGICA
Bruselas
ALEMANIA
POLONIA
UCRANIA
París
LUXEMBURGO
Praga
REPÚBLICA
CHECA
FRANCIA
LIECHTENSTEIN
Berna
ESLOVAQUIA
Bratislava
MOLDAVIA
Chisinău
OCÉANO
ATLÁNTICO
SUIZA
AUSTRIA
Viena
Budapest
HUNGRÍA
ANDORRA
ESLOVENIA
Ljubljana
Zagreb
RUMANIA
Bucarest
GEORGIA
PORTUGAL
Lisboa
Madrid
ITALIA
MÓNACO
SAN
MARINO
Roma
CROACIA
BOSNIA
SANHERZEGOVINA
Sarajevo
Belgrado
SERBIA
Sofía
BULGARIA
mar Negro
ESPAÑA
MONTENEGRO
Tirana
MACEDONIA
Skopje
ALBANIA
GRECIA
Ankara
TURQUÍA
GIBRALTAR (G.B.)
Túnez
Atenas
Nicosia
CHIPRE
SIRIA
LÍBANO
Beirut
Damasco
MARRUECOS
ARGELIA
mar Mediterráneo
TUNICIA
LIBIA
ISRAEL
Jerusalén
JORDANIA
EGIPTO

0    400    800 mi
0    400    800 km

# El mundo: mapa físico

**CLAVE**

Altitud

| Pies | | Metros |
|---|---|---|
| Más de 13,000 | | Más de 3,960 |
| 6,500–13,000 | | 1,980–3,960 |
| 1,600–6,500 | | 480–1,980 |
| 650–1,600 | | 200–480 |
| 0–650 | | 0–200 |
| Debajo del nivel del mar | | Debajo del nivel del mar |
| | | Banco de hielo |
| | | Barrera |

Proyección de Robinson

**Polo Sur**

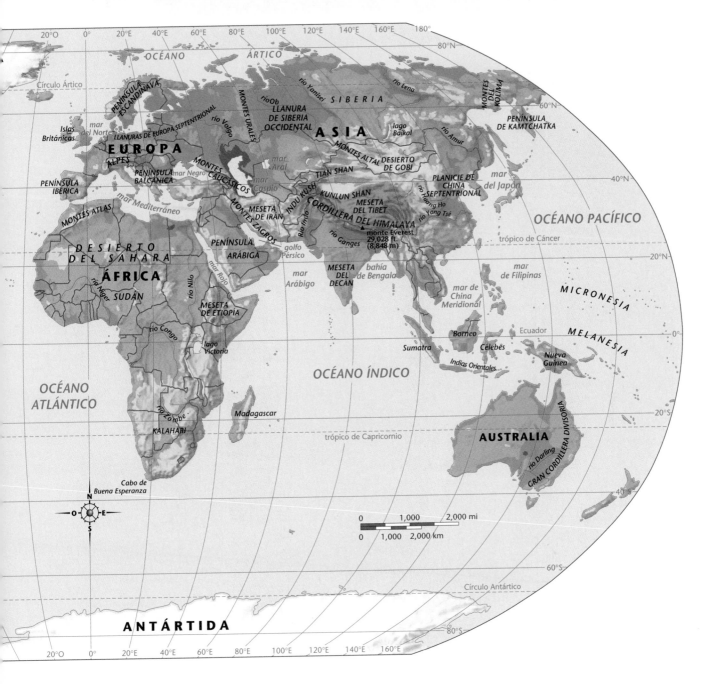

OCÉANO ÁRTICO

80°N

Círculo Ártico

PENÍNSULA
ESCANDINAVA

Islas
Británicas

mar
del Norte

LLANURAS DE EUROPA SEPTENTRIONAL

EUROPA

ALPES

PENÍNSULA
IBÉRICA

PENÍNSULA
BALCÁNICA

mar Negro

MONTES
CAUCÁSICOS

MONTES ATLAS

mar Mediterráneo

DESIERTO
DEL SAHARA

ÁFRICA

río Níger

SUDÁN

río Nilo

río Congo

lago
Victoria

MONTES URALES

río Volga

LLANURA
DE SIBERIA
OCCIDENTAL

mar
Aral

mar
Caspio

MESETA
DE IRÁN

MONTES ZAGROS

PENÍNSULA
ARÁBIGA

río Indo

mar Rojo

golfo
Pérsico

mar
Arábigo

río Ob

río Yenisei

SIBERIA

ASIA

INDÚ KUSH

KUNLUN SHAN

CORDILLERA DEL HIMALAYA

TIAN SHAN

MONTES ALTAI

MESETA
DEL TÍBET

monte Éverest
29,028 ft.
(8,848 m)

río Ganges

MESETA
DEL
DECÁN

bahía
de Bengala

río Lena

MONTES
DEL
KOLIMA

PENÍNSULA
DE KAMTCHATKA

lago
Baikal

río Amur

DESIERTO
DE GOBI

PLANICIE DE
CHINA
SEPTENTRIONAL

río Huang Ho

río Yang Tsé

mar
del Japón

60°N

40°N

OCÉANO PACÍFICO

trópico de Cáncer

20°N

mar
de Filipinas

mar de
China
Meridional

MICRONESIA

MELANESIA

Borneo

Sumatra

Célebes

Indias Orientales

Ecuador

Nueva
Guinea

0°

OCÉANO
ATLÁNTICO

OCÉANO ÍNDICO

Madagascar

KALAHARI

Cabo de
Buena Esperanza

AUSTRALIA

GRAN CORDILLERA DIVISORIA

río Darling

20°S

trópico de Capricornio

40°S

0       1,000       2,000 mi

0    1,000   2,000 km

60°S

Círculo Antártico

80°S

ANTÁRTIDA

20°O    0°    20°E    40°E    60°E    80°E    100°E    120°E    140°E    160°E

ASIA

PENÍNSULA
DE TAIMYR

mar de Laptev

Islas de
Nueva
Siberia

mar de Karo

Severnaya
Zemlya

Novaya
Zemlya

mar de
Barents

Tierras de
Franz Josef

Banco de hielo
permanente

mar de
Siberia
Occidental

OCÉANO ÁRTICO

Polo Norte

Línea internacional
de cambio de fecha

mar de
Chukchi

Svalbard
(Noruega)

meridiano primo

0        500 mi

0    500 km

polo norte
magnético

Islas
Reina
Elizabeth

isla Ellesmere

bahía
de Baffin

AMÉRICA
DEL NORTE

**Polo Norte**

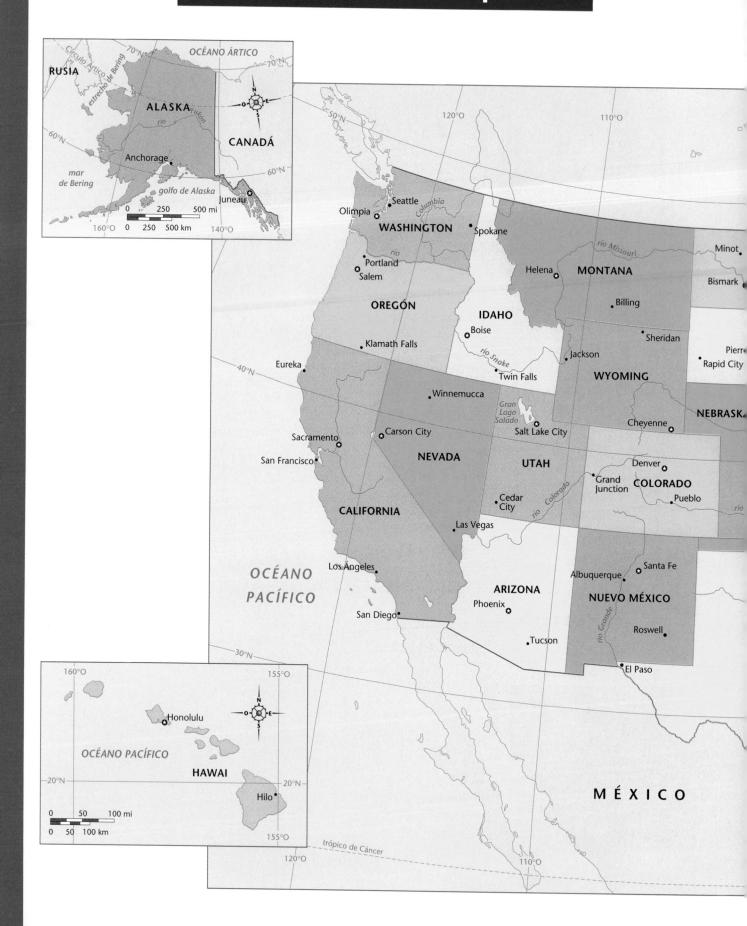

OCÉANO ÁRTICO

RUSIA

ALASKA

CANADÁ

Anchorage

mar
de Bering

golfo de Alaska

Juneau

Círculo Ártico

estrecho de Bering

río Yukon

70°N
70°N
60°N
60°N
160°O
140°O

0   250   500 mi
0   250   500 km

Seattle
Olimpia
WASHINGTON
Spokane
Columbia
río

Portland
Salem

OREGÓN

Klamath Falls

Eureka

Helena
MONTANA
Billing

IDAHO
Boise

Jackson
Sheridan

río Snake
Twin Falls

WYOMING

Winnemucca

Gran
Lago
Salado

Carson City

Salt Lake City

Cheyenne

NEBRASKA

Sacramento

San Francisco

NEVADA

UTAH

Denver
Grand
Junction
COLORADO
Pueblo

río Colorado

Cedar
City

CALIFORNIA

Las Vegas

Los Ángeles

San Diego

ARIZONA
Phoenix

Tucson

Albuquerque
Santa Fe

NUEVO MÉXICO

Roswell

rio Grande

El Paso

OCÉANO
PACÍFICO

MÉXICO

rio Missouri

Minot

Bismark

Pierr
Rapid City

120°O
110°O
50°N
40°N
30°N

trópico de Cáncer

120°O
110°O

160°O
155°O

Honolulu

OCÉANO PACÍFICO

HAWAI

20°N
20°N

Hilo

0   50   100 mi
0   50   100 km

155°O

CANADÁ

lago Superior

DAKOTA DEL NORTE
Duluth
MINNESOTA
MICHIGAN
lago Hurón
Sault St. Marie

Minneapolis · St. Paul
DAKOTA DEL SUR
WISCONSIN
lago Ontario
Búfalo

río Mississippi
Milwaukee
Lansing
lago Michigan
Detroit
lago Erie

río Missouri
IOWA
Madison
Cleveland
Albany

Omaha
Cedar Rapids
Chicago
Des Moines
INDIANA
OHIO
Columbus
Pittsburgh

Lincoln
ILLINOIS
Indianapolis
Cincinnati
Charleston

Topeka
Kansas City
Springfield
VIRGINIA OCCIDENTAL
Richmond

KANSAS
Jefferson City
St. Louis
Louisville
Frankfort
VIRGINIA
Norfolk

río Arkansas
Wichita
MISSOURI
río Ohio
KENTUCKY
río Tennessee

Tulsa
Nashville
Charlotte
Raleigh

OKLAHOMA
Memphis
TENNESSEE
CAROLINA DEL NORTE

Oklahoma City
ARKANSAS
Atlanta
Columbia

río Red
Little Rock
Birmingham
GEORGIA
CAROLINA DEL SUR
Charleston

Dallas
Pine Bluff
MISSISSIPPI
ALABAMA
Columbus
Savannah

Shreveport
Jackson
Montgomery

TEXAS
Hattiesburg
Jacksonville

Austin
Baton Rouge
Taleahassee
FLORIDA

San Antonio
LUISIANA
Nueva Orleáns

Houston
Tampa
lago Okeechobee

río Grande
golfo de México
Miami

MAINE
Isla Presque
Angusta

Portland
Montpelier
NEW HAMPSHIRE
VERMONT
Concord

NUEVA YORK
Boston
MASSACHUSETTS

Hartford
Providence
RHODE ISLAND
40°N

New Haven
CONNECTICUT

PENNSYLVANIA
Ciudad de Nueva York
Harrisburg
Trenton
NUEVA JERSEY
Filadelfia

Baltimore
Dover
DELAWARE
MARYLAND
Annapolis
Washington D.C.

OCÉANO ATLÁNTICO

30°N

90°O    80°O    70°O

0    150    300 mi
0    150    300 km

N
O    E
S

**CLAVE**
—— frontera nacional
—— límite estatal
⊛ capital nacional
⊙ capital estatal
· otras ciudades

Proyección transversal de Mercator

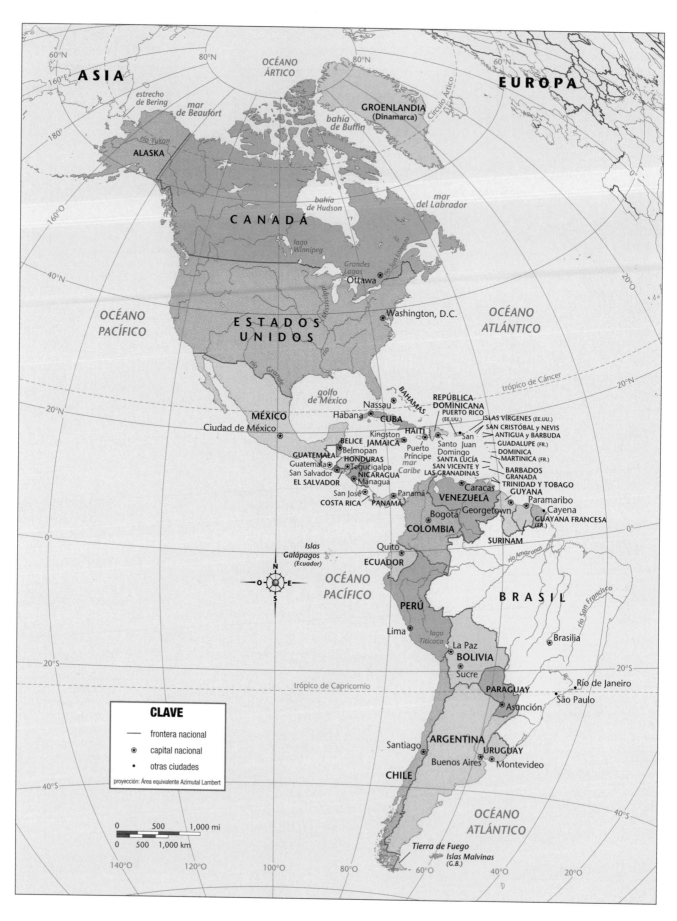

ASIA

OCÉANO ÁRTICO

EUROPA

estrecho de Bering

mar de Beaufort

GROENLANDIA (Dinamarca)

bahía de Buffin

ALASKA

río Yukon

Círculo Ártico

bahía de Hudson

mar del Labrador

CANADÁ

lago Winnipeg

Grandes Lagos

río San Lorenzo

Ottawa

OCÉANO PACÍFICO

ESTADOS UNIDOS

río Mississippi

Washington, D.C.

OCÉANO ATLÁNTICO

río Grande

golfo de México

trópico de Cáncer

BAHAMAS

REPÚBLICA DOMINICANA

MÉXICO

Nassau

PUERTO RICO (EE.UU.)

ISLAS VÍRGENES (EE.UU.)

Ciudad de México

Habana

CUBA

SAN CRISTÓBAL y NEVIS

ANTIGUA Y BARBUDA

Kingston

HAITÍ

San

GUADALUPE (FR.)

BELICE

JAMAICA

Puerto Príncipe

Santo Juan Domingo

DOMINICA

GUATEMALA

Belmopan

mar Caribe

SANTA LUCÍA

MARTINICA (FR.)

Guatemala

HONDURAS

SAN VICENTE Y LAS GRANADINAS

BARBADOS

San Salvador

Tegucigalpa

GRANADA

EL SALVADOR

NICARAGUA

TRINIDAD Y TOBAGO

San José

Managua

GUYANA

COSTA RICA

PANAMÁ

Panamá

Caracas

VENEZUELA

Paramaribo

Bogotá

Georgetown

Cayena

GUAYANA FRANCESA (FR.)

COLOMBIA

SURINAM

Quito

Islas Galápagos (Ecuador)

ECUADOR

río Amazonas

BRASIL

OCÉANO PACÍFICO

PERÚ

río San Francisco

Lima

lago Titicaca

Brasilia

La Paz

BOLIVIA

Sucre

trópico de Capricornio

PARAGUAY

Río de Janeiro

São Paulo

Asunción

ARGENTINA

URUGUAY

Santiago

Buenos Aires

Montevideo

CHILE

OCÉANO ATLÁNTICO

Tierra de Fuego

Islas Malvinas (G.B.)

**CLAVE**

— frontera nacional

⊛ capital nacional

• otras ciudades

proyección: Área equivalente Azimutal Lambert

0   500   1,000 mi

0   500   1,000 km

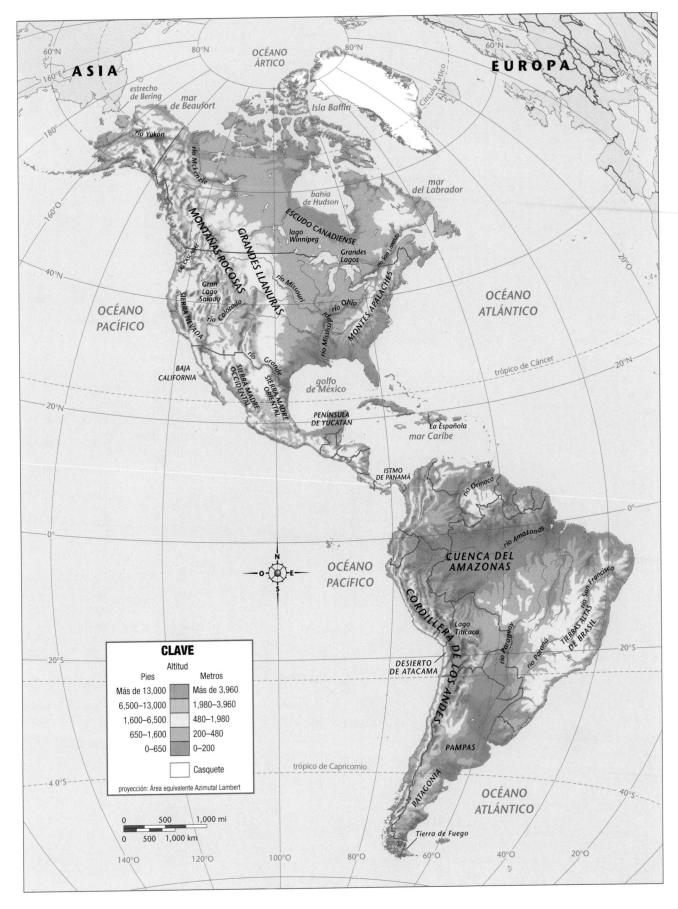

ASIA

OCÉANO ÁRTICO

EUROPA

estrecho de Bering

mar de Beaufort

Isla Baffin

río Yukón

río McKenzie

bahía de Hudson

mar del Labrador

ESCUDO CANADIENSE

lago Winnipeg

MONTAÑAS ROCOSAS

GRANDES LLANURAS

La Cascada

Grandes Lagos

río San Lorenzo

Gran Lago Salado

río Missouri

río Ohio

OCÉANO ATLÁNTICO

SIERRA NEVADA

río Colorado

río Mississippi

MONTES APALACHES

OCÉANO PACÍFICO

BAJA CALIFORNIA

SIERRA MADRE OCCIDENTAL

SIERRA MADRE ORIENTAL

río Grande

golfo de México

trópico de Cáncer

PENÍNSULA DE YUCATÁN

La Española

mar Caribe

ISTMO DE PANAMÁ

río Orinoco

río Amazonas

CUENCA DEL AMAZONAS

río San Francisco

CORDILLERA DE LOS ANDES

Lago Titicaca

río Paraguay

río Paraná

TIERRAS ALTAS DE BRASIL

DESIERTO DE ATACAMA

PAMPAS

trópico de Capricornio

PATAGONIA

OCÉANO ATLÁNTICO

Tierra de Fuego

OCÉANO PACÍFICO

**CLAVE**

Altitud

| Pies | Metros |
|---|---|
| Más de 13,000 | Más de 3,960 |
| 6,500–13,000 | 1,980–3,960 |
| 1,600–6,500 | 480–1,980 |
| 650–1,600 | 200–480 |
| 0–650 | 0–200 |
| | Casquete |

proyección: Área equivalente Azimutal Lambert

0   500   1,000 mi

0   500   1,000 km

CLAVE

—— frontera nacional

⊛ capital nacional

• otras ciudades

Proyección: Área equivalnete Azimutal Lambert

OCÉANO ÁRTICO

Círculo Ártico

Reikiavik
**ISLANDIA**

OCÉANO
ATLÁNTICO

*Islas Feroe
(Dinamarca)*

*Islas Shetlan
(G.B.)*

60°N

60°N

primer meridiano

**FINLANDIA**

golfo de Bothnia

**SUECIA**

**NORUEGA**
Lillehammer
Oslo ⊛    Estocolomo

Turku    Helsinki
San Petersburgo

Tallinn ⊛
**ESTONIA**

**RUSIA**

Moscú ⊛

Goteborg

Riga ⊛
**LETONIA**

*mar
del Norte*

**DINAMARCA**
Copenhague

*mar
Báltico*

**LITUANIA**
Vilnius ⊛
**BIELORRUSIA**

**RUSIA**

Gdańsk    Minsk

**IRLANDA**
Dublín ⊛

**REINO
UNIDO**

Manchester

50°N

**POLONIA**
Varsovia ⊛
Łodz

Kiev ⊛

50°N

Londres

Amsterdam
La Haya
**PAÍSES BAJOS**

Berlín

**UCRANIA**

*Canal de la Mancha*

Bruselas ⊛
**BÉLGICA**
Bonn

Colonia

**ALEMANIA**

Frankfurt

Katowice
Krakovia

Praga ⊛
**REPÚBLICA
CHECA**
Brno

**LUXEMBURGO**
⊛ Luxemburgo

**MOLDAVIA**
Chişinău

**ESLOVAQUIA**

⊛ París

*río Danubio*

Munich

⊛ Bratislava

*bahía
de
Viscaya*

**FRANCIA**

**LIECHTENSTEIN**
Berna ⊛
**SUIZA**

Viena ⊛

**AUSTRIA**

Budapest

Cluj

**HUNGRÍA**    **RUMANIA**

Bucarest

*mar
Negro*

Milán

Ljubljana
**ESLOVENIA**

Zagreb

**CROACIA**

**BOSNIA
HERZEGOVINA**
Sarajevo

Belgrado
**SERBIA**

**BULGARIA**

Sofía ⊛

**PORTUGAL**

**ANDORRA**

Marsella

**SAN MARINO**

**MÓNACO**
**ITALIA**

*mar
Adriático*

Podgorica
**MONTENEGRO**

Skopje
**MACEDONIA**

40°N

⊛ Madrid

Barcelona

**CIUDAD DEL
VATICANO**
Roma

**ALBANIA**
Tirana

Lisboa

**ESPAÑA**

*Córcega*

*Cerdeña*

Nápoles

**GRECIA**

*mar
Egeo*

*Islas Baleares*

*mar Tirreno*

*mar
Iónico*

Atenas

*mar*

*estrecho de
Gibraltar*

**GIBRALTAR**
**(G.B.)**

*Mediterráneo*

*Sicilia*

*Creta*

O    E
S

| 0 | 250 | 500 mi |

| 0 | 250 | 500 km |

**ÁFRICA**

**MALTA**

10°E

20°E

# Europa: mapa físico

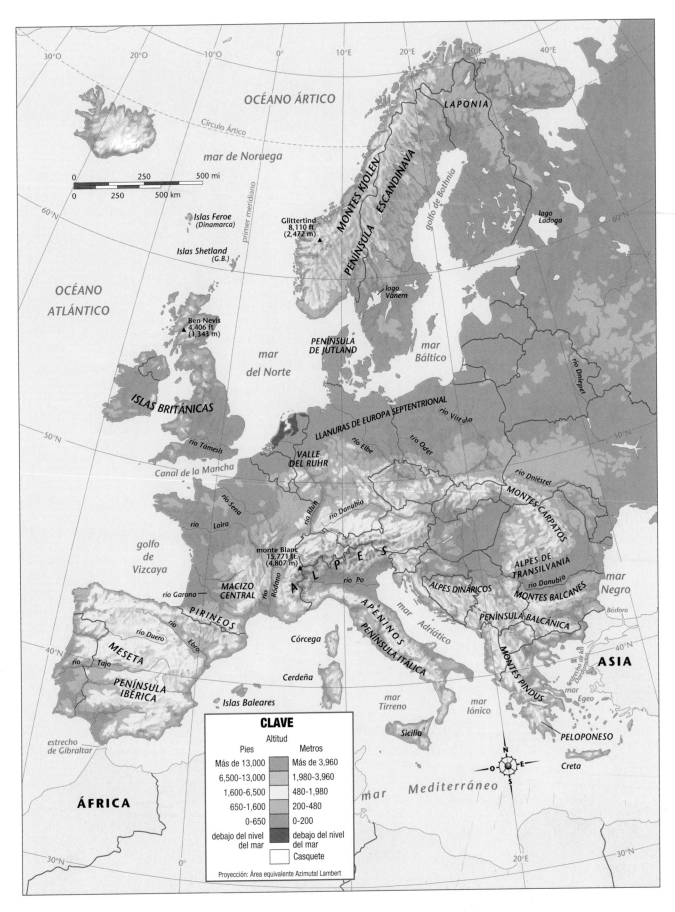

OCÉANO ÁRTICO

Círculo Ártico

mar de Noruega

LAPONIA

MONTES KJOLEN

PENÍNSULA ESCANDINAVA

golfo de Bothnia

lago Ladoga

Islas Feroe (Dinamarca)

Glittertind 8,110 ft. (2,472 m)

Islas Shetland (G.B.)

OCÉANO ATLÁNTICO

60°N

lago Vänern

Ben Nevis 4,406 ft. (1,343 m)

mar del Norte

PENÍNSULA DE JUTLAND

mar Báltico

río Dniéper

60°N

ISLAS BRITÁNICAS

río Támesis

50°N

LLANURAS DE EUROPA SEPTENTRIONAL

río Vístula

50°N

Canal de la Mancha

VALLE DEL RUHR

río Elbe

río Oder

río Dniéster

río Sena

río Rhin

río Danubio

MONTES CARPATOS

golfo de Vizcaya

río Loira

monte Blanc 15,771 ft. (4,807 m)

A L P E S

río Po

ALPES DINÁRICOS

ALPES DE TRANSILVANIA

río Danubio

MONTES BALCANES

mar Negro

Bósforo

río Garona

MACIZO CENTRAL

río Ródano

A P E N I N O S

mar Adriático

PENÍNSULA BALCÁNICA

PIRINEOS

PENÍNSULA ITÁLICA

Córcega

MONTES PINDUS

ASIA

40°N

río Duero

río Ebro

MESETA

Cerdeña

estrecho de los Dardanelos

40°N

río Tajo

PENÍNSULA IBÉRICA

Islas Baleares

mar Tirreno

mar Iónico

mar Egeo

PELOPONESO

Creta

estrecho de Gibraltar

Sicilia

**CLAVE**

Altitud

| Pies | Metros |
| --- | --- |
| Más de 13,000 | Más de 3,960 |
| 6,500-13,000 | 1,980-3,960 |
| 1,600-6,500 | 480-1,980 |
| 650-1,600 | 200-480 |
| 0-650 | 0-200 |
| debajo del nivel del mar | debajo del nivel del mar |
| | Casquete |

Proyección: Área equivalente Azimutal Lambert

ÁFRICA

mar Mediterráneo

O - E N S

30°N

30°N

# África: división política

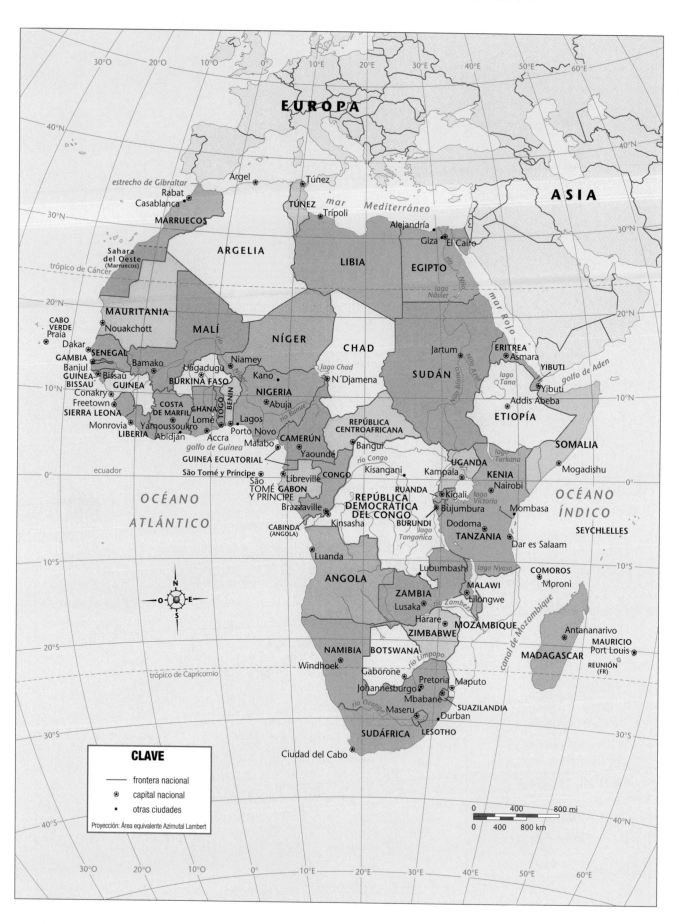

30°O 20°O 10°O 0° 10°E 20°E 30°E 40°E 50°E 60°E

**EUROPA**

**ASIA**

40°N

30°N

20°N

trópico de Cáncer

10°N

ecuador 0°

**OCÉANO ATLÁNTICO**

10°S

20°S

trópico de Capricornio

30°S

40°S

estrecho de Gibraltar
mar Mediterráneo
mar Rojo
golfo de Aden

Argel
Túnez
Rabat
Casablanca
**MARRUECOS**
**TÚNEZ**
Trípoli
Alejandría
Giza El Cairo

**Sahara del Oeste (Marruecos)**
**ARGELIA**
**LIBIA**
**EGIPTO**
lago Násser

**MAURITANIA**
Nouakchott
**MALÍ**
**NÍGER**
**CHAD**
Jartum
**ERITREA**
Asmara
**YIBUTI**

**CABO VERDE**
Praia
Dakar
**SENEGAL**
**GAMBIA**
Banjul
**GUINEA-BISSAU**
Bissau
Bamako
Uagadugu
Niamey
Kano
N'Djamena
**SUDÁN**
lago Tana
Yibuti
Addis Abeba

**GUINEA**
Conakry
Freetown
**SIERRA LEONA**
Monrovia
**LIBERIA**
**BURKINA FASO**
**BENIN**
**TOGO**
**NIGERIA**
Abuja
**GHANA**
Lomé
Lagos
Porto Novo
Accra
Abidján
Yamoussoukro
**COSTA DE MARFIL**
río Bunue
**REPÚBLICA CENTROAFRICANA**
Bangui
**ETIOPÍA**

golfo de Guinea
Malabo
**CAMERÚN**
Yaoundé
**GUINEA ECUATORIAL**
São Tomé y Príncipe
**SÃO TOMÉ Y PRÍNCIPE**
Libreville
**GABON**
**CONGO**
río Congo
Kisangani
**UGANDA**
Kampala
**KENIA**
Nairobi
**SOMALIA**
Mogadishu
lago Turkana

Brazzaville
**CABINDA (ANGOLA)**
Kinsasha
**REPÚBLICA DEMOCRÁTICA DEL CONGO**
**RUANDA**
Kigali
**BURUNDI**
Bujumbura
lago Victoria
Mombasa
**OCÉANO ÍNDICO**
**SEYCHLELLES**

Luanda
**ANGOLA**
Dodoma
**TANZANIA**
Dar es Salaam
lago Tanganica
lago Nyaso

**ZAMBIA**
Lusaka
Lubumbashi
**MALAWI**
Lilongwe
**COMOROS**
Moroni

**NAMIBIA**
Windhoek
**BOTSWANA**
Gaborone
Harare
**ZIMBABWE**
río Zambeze
**MOZAMBIQUE**
canal de Mozambique
Antananarivo
**MADAGASCAR**
**MAURICIO**
Port Louis
**REUNIÓN (FR)**

río Limpopo
Johannesburgo
Pretoria
Maputo
Mbabane
**SUAZILANDIA**
Maseru
**LESOTHO**
Durban
río Orange
**SUDÁFRICA**
Ciudad del Cabo

**CLAVE**

— frontera nacional

⊛ capital nacional

• otras ciudades

Proyección: Área equivalente Azimutal Lambert

0 400 800 mi
0 400 800 km

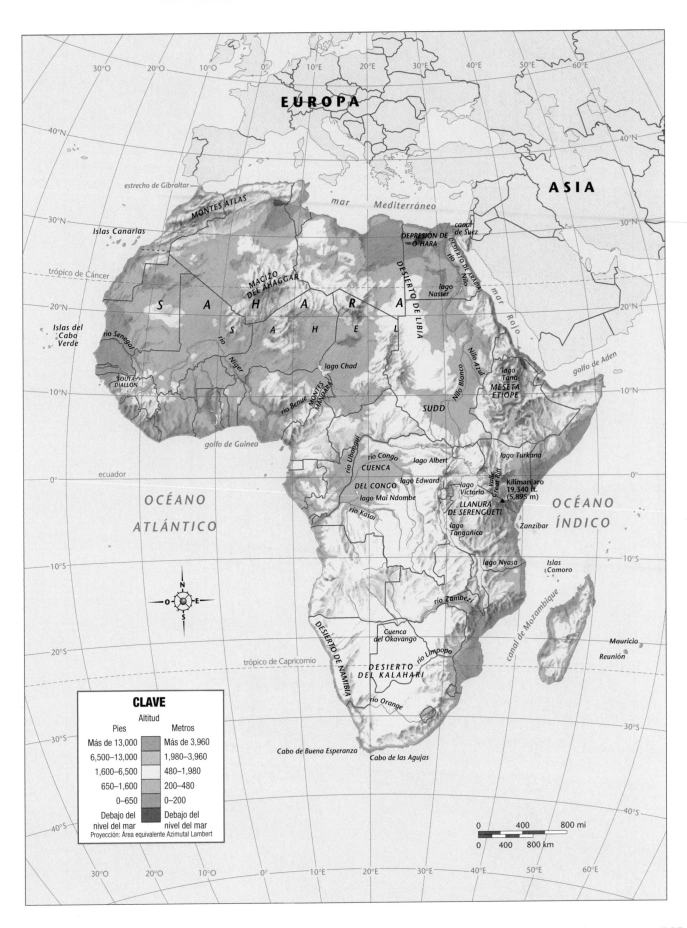

EUROPA

ASIA

estrecho de Gibraltar

mar Mediterráneo

MONTES ATLAS

Islas Canarias

canal
de Suez

DEPRESIÓN DE
O'HARA

DESIERTO DE ARABIA

trópico de Cáncer

río Nilo

MACIZO
DEL AHAGGAR

lago
Nasser

S   A   H   A   R   A

mar
Rojo

Islas del
Cabo
Verde

río Senegal

S  A  H  E  L

DESIERTO DE LIBIA

golfo de Aden

Níger

lago Chad

lago
Tana

SOUTA
DIALLON

río Benue

MONTES
MANDARA

Nilo Azul

MESETA
ETIOPE

golfo de Guinea

SUDD

Nilo Blanco

ecuador

río Ubangui

río Congo

lago Albert

lago Turkana

CUENCA

OCÉANO

DEL CONGO

lago Edward

valle
Great Rift

Kilimanjaro
19,340 ft.
(5,895 m)

ATLÁNTICO

lago Mai Ndombe

lago
Victoria

OCÉANO
ÍNDICO

río Kasai

LLANURA
DE SERENGUETI

Zanzíbar

lago
Tangañica

lago Nyasa

Islas
Comoro

río Zambezi

Mauricio

DESIERTO DE NAMIBIA

Cuenca
del Okavango

canal de Mozambique

Reunión

trópico de Capricornio

río Limpopo

DESIERTO
DEL KALAHARI

río Orange

Cabo de Buena Esperanza

Cabo de las Agujas

0   400   800 mi

0   400   800 km

## Asia: división política

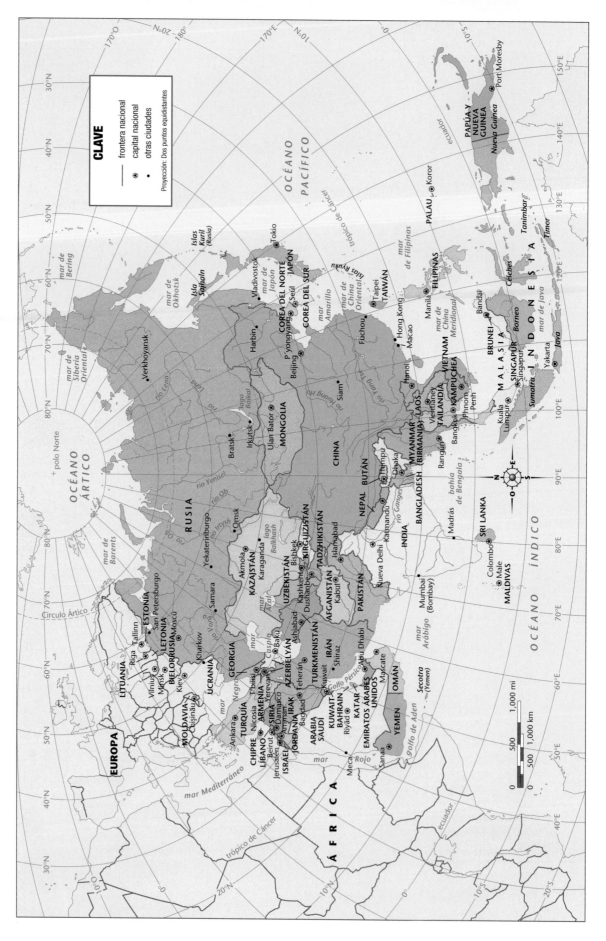

CLAVE

—— frontera nacional
⊛ capital nacional
• otras ciudades

Proyección: Dos puntos equidistantes

OCÉANO PACÍFICO

Port Moresby

PAPÚA Y NUEVA GUINEA
Nueva Guinea

PALAU ⊛ Koror

FILIPINAS
Manila ⊛

mar de China Meridional

Tanimbar

Timor

Célebes

mar de Java

Java

Yakarta ⊛

INDONESIA

BRUNEI

Borneo

Bandar

MALASIA

SINGAPUR
Singapur ⊛

Kuala Lumpur ⊛

Sumatra

ecuador

Islas Kuril (Rusia)

Isla Sajalín

Vladivostok

mar de Japón

Tokio ⊛

JAPÓN

mar de Okhotsk

Verkhoyansk

mar de Siberia Oriental

mar de Bering

polo Norte

OCÉANO ÁRTICO

mar de Barents

Círculo Ártico

RUSIA

río Lena

río Yenisei

río Ob

río Irtysh

lago Baikal

Bratsk

Irkutsk ⊛

Ulan Bator ⊛

MONGOLIA

CHINA

Harbin

COREA DEL NORTE

P'yongyang ⊛

Beijing ⊛

COREA DEL SUR

Seúl ⊛

mar Amarillo

río Huang Ho

río Yang Tsi

Siam

Fuchou

mar de China Oriental

Islas Ryukyu

Taipei

TAIWÁN

Hong Kong

Macao

trópico de Cáncer

mar de Filipinas

Yekaterinburgo

Omsk

Akmola

Karaganda

KAZAJSTÁN

lago Balkhash

mar de Aral

UZBEKISTÁN

Bishkek ⊛

KIRGUIZISTÁN

Kashgar

TADZHIKISTÁN

Dushanbe ⊛

Islamabad ⊛

PAKISTÁN

AFGANISTÁN

Kabul ⊛

Ashjabad ⊛

TURKMENISTÁN

mar Caspio

Bakú ⊛

AZERBEYÁN

ARMENIA

GEORGIA

Tbilisi ⊛

Yerevan ⊛

Teherán ⊛

IRÁN

Shiraz

Kuwait ⊛

KUWAIT

BAHRAIN

Riyäd ⊛

ARABIA SAUDÍ

KATAR

EMIRATOS ÁRABES UNIDOS

Abu Dhabi ⊛

OMÁN

Mascate ⊛

Golfo Pérsico

YEMEN

Sanaa ⊛

golfo de Adén

Secotra (Yemen)

mar Arábigo

Mumbai (Bombay)

INDIA

Nueva Delhi ⊛

Madrás

bahía de Bengala

SRI LANKA

Colombo ⊛

Male

MALDIVAS

OCÉANO ÍNDICO

NEPAL

Katmandú ⊛

BUTÁN

Thimpu ⊛

BANGLADESH

Dhaka ⊛

MYANMAR (BIRMANIA)

Rangún ⊛

LAOS

Vientiane ⊛

TAILANDIA

Bangkok ⊛

KAMPUCHEA

Phnom Penh ⊛

VIETNAM

Hanói ⊛

río Ganges

Moscú ⊛

San Petersburgo

Samara

ESTONIA

Tallinn ⊛

Riga ⊛

LETONIA

LITUANIA

Vilnius ⊛

BIELORRUSIA

Minsk ⊛

Kharkiv

Kiev ⊛

UCRANIA

MOLDAVIA

Chişinău ⊛

mar Negro

TURQUÍA

Ankara ⊛

CHIPRE

Nicosia ⊛

LÍBANO

Beirut ⊛

ISRAEL

Jerusalén ⊛

Damasco ⊛

SIRIA

JORDANIA

Ammán ⊛

IRAK

Bagdad ⊛

Meca

mar Rojo

mar Mediterráneo

EUROPA

ÁFRICA

trópico de Cáncer

ecuador

N
O ⊕ E
S

0    500    1,000 km
0    500    1,000 mi

# Asia: mapa físico

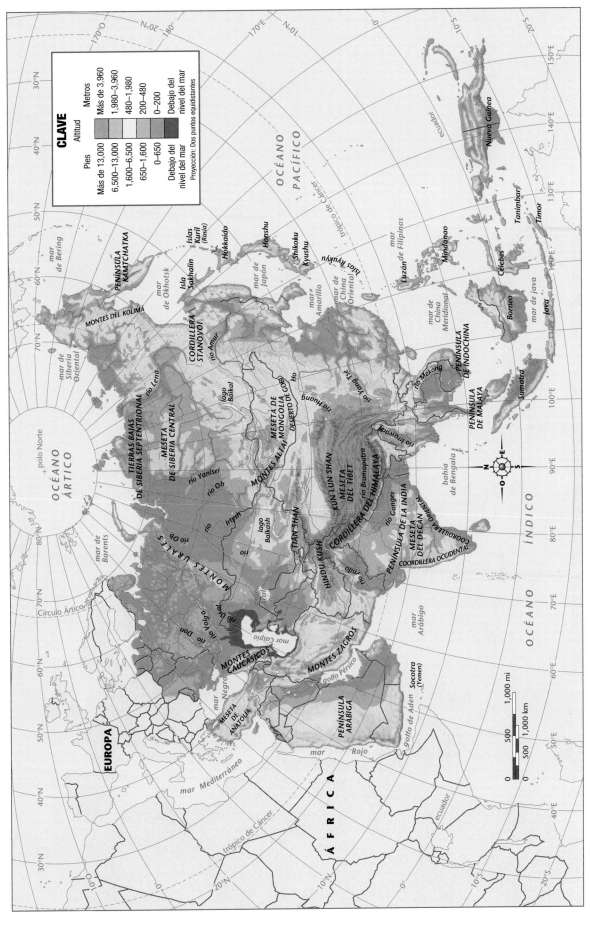

**CLAVE**

| Pies | Metros |
|------|--------|
| Más de 13,000 | Más de 3,960 |
| 6,500–13,000 | 1,980–3,960 |
| 1,600–6,500 | 480–1,980 |
| 650–1,600 | 200–480 |
| 0–650 | 0–200 |
| Debajo del nivel del mar | Debajo del nivel del mar |

Altitud

Proyección: Dos puntos equidistantes

OCÉANO ÁRTICO

+ polo Norte

OCÉANO PACÍFICO

OCÉANO ÍNDICO

EUROPA

ÁFRICA

mar de Bering

mar de Okhotsk

mar de Japón

mar de China Oriental

mar de China Meridional

mar de Java

mar Amarillo

mar de Siberia Oriental

mar de Barents

mar Caspio

mar Negro

mar Mediterráneo

mar Rojo

mar Arábigo

PENÍNSULA KAMTCHATKA

MONTES DEL KOLIMÁ

CORDILLERA STANOVÓI

río Amur

río Lena

TIERRAS BAJAS DE SIBERIA SEPTENTRIONAL

MESETA DE SIBERIA CENTRAL

río Yanisei

río Ob

río Irtysh

río

MONTES URALES

río Ural

río Volga

río Don

MONTES CAUCÁSICOS

MESETA DE ANATOLIA

PENÍNSULA ARÁBIGA

golfo de Aden

golfo Pérsico

MONTES ZAGROS

Socotra (Yemen)

lago Baikal

MESETA DE MONGOLIA

DESIERTO DE GOBI

MONTES ALTAI

lago Balkash

lago Aral

TIAN SHAN

HINDU KUSH

KUN LUN SHAN

MESETA DEL TÍBET

CORDILLERA DEL HIMALAYA

río Indo

río Ganges

río Bramaputra

PENÍNSULA DE LA INDIA

MESETA DEL DECÁN

CORDILLERA ORIENTAL

COORDILLERA OCCIDENTAL

bahía de Bengala

río Huang

río Yang Tsé

Ho

río Mekong

río Irrawady

PENÍNSULA DE INDOCHINA

PENÍNSULA DE MALAYA

Islas Kuril (Rusia)

Isla Sakhalin

Hokkaido

Honshu

Shikoku

Kyushu

Islas Ryukyu

trópico de Cáncer

Luzón de Filipinas

Mindanao

Célebes

Borneo

Sumatra

Java

Nueva Guinea

Tanimbar

Timor

ecuador

Círculo Ártico

trópico de Cáncer

ecuador

N E S O

0   500   1,000 mi

0   500   1,000 km

ATLAS **597**

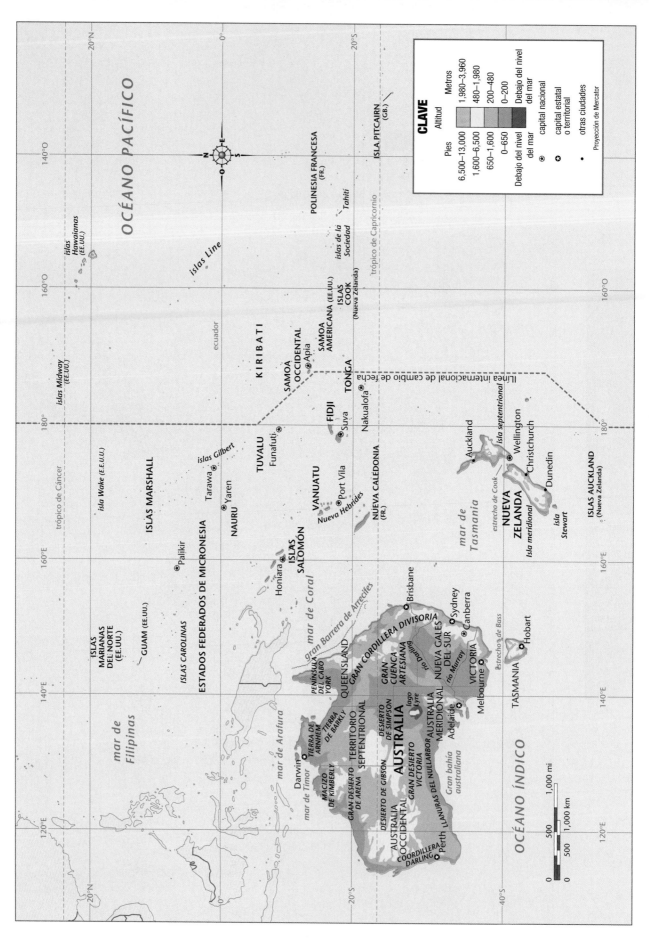

# Australia, Nueva Zelanda y las islas del Pacífico: mapa físico-político

**CLAVE**

Altitud

Pies | Metros
6,500–13,000 | 1,980–3,960
1,600–6,500 | 480–1,980
650–1,600 | 200–480
0–650 | 0–200
Debajo del nivel del mar | Debajo del nivel del mar

⊛ capital nacional
✪ capital estatal o territorial
• otras ciudades

Proyección de Mercator

OCÉANO PACÍFICO

islas Hawaianas (EE.UU.)

islas Midway (EE.UU.)

islas Line

POLINESIA FRANCESA (FR.)

Tahití

islas de la Sociedad

ISLA PITCAIRN (GB.)

trópico de Capricornio

ecuador

KIRIBATI

SAMOA AMERICANA (EE.UU.)

SAMOA OCCIDENTAL
Apia

ISLAS COOK (Nueva Zelanda)

trópico de Cáncer

isla Wake (E.E.U.U.)

islas Gilbert

Tarawa

TUVALU
Funafuti

Yaren

NAURU

FIDJI
Suva

TONGA
Nakualofa

Línea internacional de cambio de fecha

ISLAS MARSHALL

ESTADOS FEDERADOS DE MICRONESIA

Palikir

ISLAS MARIANAS DEL NORTE (EE.UU.)

GUAM (EE.UU.)

ISLAS CAROLINAS

VANUATU
Port Vila
Nueva Hebridas

NUEVA CALEDONIA (FR.)

ISLAS SALOMÓN
Honiara

mar de Filipinas

mar de Arafura

mar de Timor

mar de Coral

gran Barrera de Arrecifes

PENÍNSULA DEL CABO YORK

QUEENSLAND

Brisbane

Auckland

isla septentrional

Wellington
Christchurch

Dunedin

NUEVA ZELANDA
isla meridional

isla Stewart

ISLAS AUCKLAND (Nueva Zelanda)

mar de Tasmania

estrecho de Cook

Darwin

TIERRA DE ARNHEM

TERRITORIO SEPTENTRIONAL

TIERRA DE BARKLY

DESIERTO DE SIMPSON

GRAN CORDILLERA DIVISORIA

GRAN CUENCA ARTESIANA

río Darling

NUEVA GALES DEL SUR

Sydney
Canberra

VICTORIA
Melbourne

río Murray

estrecho de Bass

Hobart

TASMANIA

MACIZO DE KIMBERLY

GRAN DESIERTO DE ARENA

DESIERTO DE GIBSON

GRAN DESIERTO VICTORIA

AUSTRALIA OCCIDENTAL

LLANURAS DEL NULARBOR

Gran bahía australiana

COORDILLERA DARLING

Perth

AUSTRALIA

AUSTRALIA MERIDIONAL

lago Eyre

Adelaide

OCÉANO ÍNDICO

0   500   1,000 mi
0   500   1,000 km

# El Ártico y la Antártida

## El Ártico

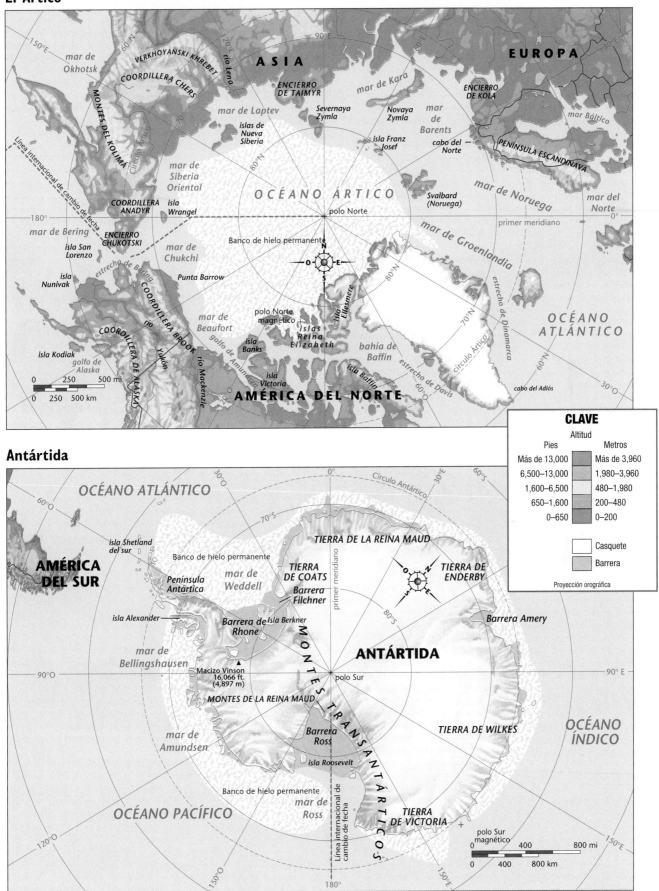

mar de Okhotsk
VERKHOYANSKI KHREBET
COORDILLERA CHERS
MONTES DEL KOLIMA
río Lena
**ASIA**
ENCIERRO DE TAIMYR
mar de Laptev
Severnaya Zymla
islas de Nueva Siberia
Novaya Zymla
mar de Kará
isla Franz Josef
**EUROPA**
ENCIERRO DE KOLA
mar de Barents
cabo del Norte
mar Báltico
PENÍNSULA ESCANDINAVA
Línea internacional de cambio de fecha
Círculo Ártico
mar de Siberia Oriental
COORDILLERA ANADYR
isla Wrangel
**OCÉANO ÁRTICO**
polo Norte
Svalbard (Noruega)
mar de Noruega
mar de Groenlandia
primer meridiano
mar del Norte
mar de Bering
ENCIERRO CHUKOTSKI
isla San Lorenzo
mar de Chukchi
Banco de hielo permanente
estrecho de Dinamarca
isla Nunivak
estrecho de Bering
Punta Barrow
isla Ellesmere
OCÉANO ATLÁNTICO
COORDILLERA BROOK
río Yukón
mar de Beaufort
polo Norte magnético
Islas Reina Elizabeth
Círculo Ártico
isla Kodiak
golfo de Alaska
COORDILLERA DE ALASKA
río Mackenzie
golfo de Amundsen
isla Banks
isla Victoria
bahía de Baffin
isla Baffin
estrecho de Davis
cabo del Adiós
**AMÉRICA DEL NORTE**

0   250   500 mi
0   250   500 km

## Antártida

**OCÉANO ATLÁNTICO**
isla Shetland del sur
Banco de hielo permanente
TIERRA DE LA REINA MAUD
Círculo Antártico
**AMÉRICA DEL SUR**
Península Antártica
mar de Weddell
TIERRA DE COATS
Barrera Filchner
primer meridiano
TIERRA DE ENDERBY
isla Alexander
Barrera de Rhone
Isla Berkner
Barrera Amery
mar de Bellingshausen
▲ Macizo Vinson 16,066 ft. (4,897 m)
MONTES TRANSANTÁRTICOS
**ANTÁRTIDA**
polo Sur
MONTES DE LA REINA MAUD
TIERRA DE WILKES
OCÉANO ÍNDICO
mar de Amundsen
Barrera Ross
isla Roosevelt
Banco de hielo permanente
OCÉANO PACÍFICO
Línea internacional de cambio de fecha
mar de Ross
TIERRA DE VICTORIA
polo Sur magnético

0   400   800 mi
0   400   800 km

### CLAVE

**Altitud**

| Pies | Metros |
|---|---|
| Más de 13,000 | Más de 3,960 |
| 6,500–13,000 | 1,980–3,960 |
| 1,600–6,500 | 480–1,980 |
| 650–1,600 | 200–480 |
| 0–650 | 0–200 |

☐ Casquete

☐ Barrera

Proyección orográfica

# Base de datos de las regiones

## CONTENIDO

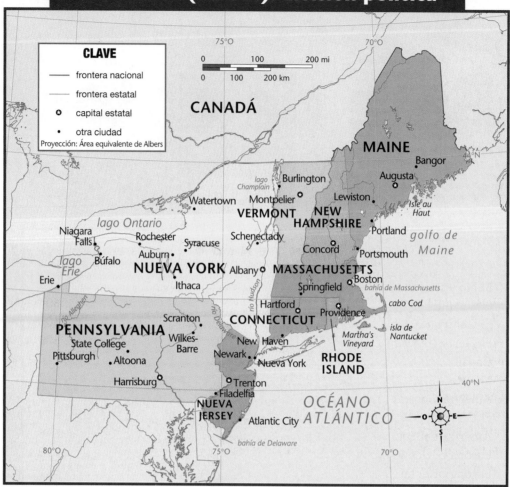

CLAVE

— frontera nacional

— frontera estatal

⊗ capital estatal

• otra ciudad

Proyección: Área equivalente de Albers

CANADÁ

MAINE

Bangor

Augusta

lago Champlain

Burlington

Montpelier

Watertown

Lewiston

VERMONT

NEW HAMPSHIRE

Isle au Haut

Niagara Falls

Rochester

Syracuse

Schenectady

Portland

golfo de Maine

lago Ontario

Auburn

Concord

Portsmouth

Búfalo

NUEVA YORK

Albany

MASSACHUSETTS

Boston

lago Erie

Erie

Ithaca

Springfield

bahía de Massachusetts

río Hudson

Hartford

cabo Cod

Scranton

CONNECTICUT

Providence

isla de Nantucket

PENNSYLVANIA

Wilkes-Barre

New Haven

Martha's Vineyard

río Allegheny

State College

Newark

RHODE ISLAND

Pittsburgh

Altoona

Nueva York

río Delaware

Harrisburg

Trenton

40°N

Filadelfia

NUEVA JERSEY

OCÉANO ATLÁNTICO

Atlantic City

bahía de Delaware

---

## Connecticut

**Capital:** Hartford

**Superficie:** 5,544 mi²; 14,359 km²

**Clima:** continental húmedo; inviernos fríos y largos, veranos calurosos

**Población:** 3.4 millones

**Agricultura:** hongos, hortalizas, maíz tierno, tabaco, manzana, heno; aves de corral, productos lácteos, animales de cría; productos de vivero, árboles de Navidad

**Actividades económicas:** motores y piezas de avión, submarinos, helicópteros, maquinaria y equipo de cómputo, aparatos eléctricos, instrumentos médicos, productos farmacéuticos

---

## Maine

**Capital:** Augusta

**Superficie:** 35,387 mi²; 91,652 km²

**Clima:** continental húmedo; inviernos fríos y veranos templados; más benigno a lo largo de la costa

**Población:** 1.3 millones

**Agricultura:** papa, arándano, manzana; aves de corral, productos lácteos; pescado; madera

**Actividades económicas:** pulpa y papel, equipo de transporte, productos de madera, alimentos procesados, turismo

---

## Massachusetts

**Capital:** Boston

**Superficie:** 10,555 mi²; 27,337 km²

**Clima:** continental húmedo; inviernos fríos y veranos largos y calurosos; más benigno a lo largo de la costa

**Población:** 6.3 millones

**Agricultura:** arándano agrio, plantas de invernadero y de vivero, hortalizas; pescado

**Actividades económicas:** equipo eléctrico, electrónico e industrial, imprenta e industria editorial, productos metálicos, alimentos procesados

---

## New Hampshire

**Capital:** Concord

**Superficie:** 9,351 mi²; 24,219 km²

**Clima:** continental húmedo; inviernos fríos y largos y veranos frescos; inviernos crudos en las montañas del norte

**Población:** 1.2 millones

**Agricultura:** productos de vivero y de invernadero, heno, hortalizas, fruta, jarabe de arce y productos de azúcar; madera

**Actividades económicas:** turismo, maquinaria, productos eléctricos y electrónicos, plásticos

## Nueva Jersey

**Capital:** Trenton
**Superficie:** 8,722 mi$^2$; 22,590 km$^2$
**Clima:** continental húmedo; inviernos fríos y nevados y veranos calurosos y húmedos
**Población:** 8.4 millones
**Agricultura:** plantas de vivero, tomate, arándano, melocotón; productos lácteos; madera
**Actividades económicas:** productos químicos y farmacéuticos, aparatos electrónicos, alimentos procesados, telecomunicaciones, biotecnología, imprenta e industria editorial

## Nueva York

**Capital:** Albany
**Superficie:** 54,475 mi$^2$; 141,090 km$^2$
**Clima:** continental húmedo; inviernos muy fríos en el norte; más benigno a lo largo de la costa
**Población:** 19 millones
**Agricultura:** papa, cebolla, col, maíz tierno, uva, manzana, fresa, pera, jarabe de arce, heno, trigo, avena, frijol; productos lácteos, ganado bovino, aves de corral; madera
**Actividades económicas:** imprenta e industria editorial, alimentos procesados, productos textiles, productos farmacéuticos, maquinaria, instrumentos, juguetes y artículos deportivos, aparatos electrónicos, piezas de automóvil y de avión

## Pennsylvania

**Capital:** Harrisburg
**Superficie:** 46,058 mi$^2$; 119,290 km$^2$
**Clima:** continental húmedo; inviernos duros y veranos cortos en las mesetas y en las montañas; inviernos más benignos y veranos más largos en las tierras bajas, en los valles y en la llanura costera
**Población:** 12.3 millones
**Agricultura:** maíz, heno, hongos, manzana, papa, trigo de invierno, avena, hortalizas, tabaco, uva, melocotón; productos lácteos, pollo, ganado bovino y porcino; madera
**Actividades económicas:** alimentos procesados, productos metálicos, maquinaria y equipo industrial, equipo de transporte, caucho y plásticos, aparatos electrónicos, productos químicos y farmacéuticos, madera aserrada y productos de madera, turismo, biotecnología, imprenta e industria editorial, minería (hulla, piedra caliza)

## Rhode Island

**Capital:** Providence
**Superficie:** 1,545 mi$^2$; 4,002 km$^2$
**Clima:** continental húmedo (moderado por el océano Atlántico); moderadamente húmedo
**Población:** 1 millón
**Agricultura:** productos de invernadero y de vivero, césped, maíz tierno, papa; productos lácteos; pescado
**Actividades económicas:** bisutería y platería, juguetes, maquinaria, productos textiles, electrónica

## Vermont

**Capital:** Montpelier
**Superficie:** 9,615 mi$^2$; 24,903 km$^2$
**Clima:** continental húmedo; inviernos fríos y largos y veranos cortos y cálidos; fuertes nevadas en las montañas
**Población:** 610,000
**Agricultura:** manzana, jarabe y azúcar de arce, productos de vivero y de invernadero, hortalizas, frutos pequeños, heno; productos lácteos
**Actividades económicas:** aparatos eléctricos y electrónicos, máquinas herramientas, muebles, balanzas, libros, alimentos procesados, minería (granito, mármol, piedra caliza, pizarra), turismo

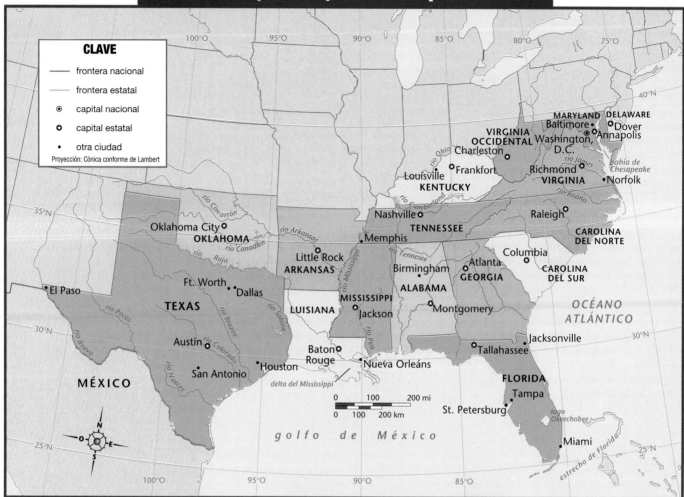

**CLAVE**
— frontera nacional
— frontera estatal
⊛ capital nacional
✪ capital estatal
• otra ciudad
Proyección: Cónica conforme de Lambert

## Alabama

**Capital:** Montgomery
**Superficie:** 52,423 mi²; 135,775 km²

**Clima:** subtropical húmedo; inviernos benignos y cortos y veranos largos y calurosos

**Población:** 4.4 millones

**Agricultura:** algodón, productos de invernadero y de vivero, cacahuate, camote; ganado bovino, pollo; madera

**Actividades económicas:** pulpa y papel, productos químicos, electrónica, ropa, productos textiles, minería (mena de hierro, piedra caliza, hulla), madera aserrada y productos de madera, alimentos procesados, hierro y acero

## Arkansas

**Capital:** Little Rock
**Superficie:** 53,182 mi²; 137,741 km²

**Clima:** mediterráneo; inviernos benignos y húmedos y veranos largos y calurosos; más frío y seco en el norte y el oeste

**Población:** 2.7 millones

**Agricultura:** arroz, soya, algodón, tomate, uva, manzana, melocotón, trigo; pollo, ganado bovino y porcino; madera

**Actividades económicas:** alimentos procesados, productos químicos, madera aserrada, papel, plásticos, motores eléctricos, muebles, piezas de automóvil, piezas de avión, ropa, maquinaria, acero, turismo

## Delaware

**Capital:** Dover
**Superficie:** 2,489 mi²; 6,446 km²

**Clima:** continental húmedo; inviernos benignos y veranos calurosos y húmedos

**Población:** 780,000

**Agricultura:** soya, papa, maíz, hongos, frijol blanco, guisante verde, cebada, pepino, trigo, sorgo, productos de vivero; pollo, huevo

**Actividades económicas:** productos químicos, turismo, armado de autos, alimentos procesados, equipo de transporte, ropa

## Florida

**Capital:** Tallahassee
**Superficie:** 65,758 mi²; 170,313 km²

**Clima:** principalmente subtropical húmedo; inviernos cálidos, veranos calurosos; tropical en el extremo sur

**Población:** 16 millones

**Agricultura:** cítricos, hortalizas, melón, productos de vivero, papa, caña de azúcar; pollo, ganado bovino; pescado

**Actividades económicas:** turismo, equipo eléctrico, electrónico y de transporte, alimentos procesados, imprenta e industria editorial

## Georgia

 **Capital:** Atlanta
**Superficie:** 59,441 mi²; 153,952 km²
**Clima:** subtropical húmedo; inviernos húmedos y benignos y veranos húmedos y calurosos; más fresco en las montañas

**Población:** 8.2 millones

**Agricultura:** cacahuate, algodón, maíz, tabaco, heno, soya; ganado bovino y porcino, pollo; madera

**Actividades económicas:** productos textiles, ropa, alimentos procesados, pulpa y papel, equipo de transporte, productos químicos, imprenta e industria editorial, madera aserrada

## Kentucky

 **Capital:** Frankfort
**Superficie:** 40,411 mi²; 104,664 km²
**Clima:** subtropical húmedo; inviernos frescos, veranos cálidos o calurosos

**Población:** 4 millones

**Agricultura:** tabaco, maíz, soya, heno; ganado bovino, equino y porcino, pollo

**Actividades económicas:** maquinaria de transporte e industrial, productos químicos, ropa, imprenta e industria editorial, alimentos procesados, aparatos eléctricos y electrónicos, minería (hulla)

## Luisiana

 **Capital:** Baton Rouge
**Superficie:** 51,843 mi²; 134,273 km²
**Clima:** subtropical húmedo; inviernos cortos y benignos y largos veranos húmedos y calurosos

**Población:** 4.5 millones

**Agricultura:** algodón, caña de azúcar, soya, arroz, maíz, camote, nuez, sorgo; ganado bovino; pescado; madera

**Actividades económicas:** turismo, productos químicos, alimentos procesados, equipo de transporte, aparatos electrónicos, petróleo y gas natural, madera aserrada, pulpa y papel, construcción

## Maryland

 **Capital:** Annapolis
**Superficie:** 12,407 mi²; 32,134 km²
**Clima:** subtropical húmedo en el este; inviernos fríos y veranos húmedos y calurosos; continental en el oeste, con inviernos más fríos y veranos más frescos

**Población:** 5.3 millones

**Agricultura:** productos de invernadero y de vivero, soya, maíz, tabaco; pollo, productos lácteos; madera

**Actividades económicas:** aparatos eléctricos y electrónicos, alimentos procesados, productos químicos, material impreso, turismo, equipo de transporte

## Mississippi

 **Capital:** Jackson
**Superficie:** 48,434 mi²; 125,444 km²
**Clima:** subtropical húmedo; inviernos benignos y largos veranos calurosos y húmedos; más fresco en las tierras altas

**Población:** 2.8 millones

**Agricultura:** algodón, arroz, soya, heno, maíz; ganado bovino, pollo; madera

**Actividades económicas:** equipo de transporte, productos químicos y plásticos, alimentos procesados, muebles, madera aserrada y productos de madera, maquinaria eléctrica

## Carolina del Norte

 **Capital:** Raleigh
**Superficie:** 53,821 mi²; 139,396 km²
**Clima:** subtropical húmedo; inviernos frescos, veranos calurosos; frío en las montañas

**Población:** 8 millones

**Agricultura:** tabaco, productos de invernadero y de vivero, algodón, soya, maíz, granos, trigo, cacahuate, camote; pavo, ganado bovino y porcino, pollo, huevo; pescado; madera

**Actividades económicas:** alimentos procesados, productos químicos, productos textiles, maquinaria y equipo industrial, aparatos eléctricos y electrónicos, muebles, productos de tabaco, pulpa y papel, turismo

## Oklahoma

**Capital:** Oklahoma City
**Superficie:** 69,903 mi²; 181,048 km²
**Clima:** principalmente subtropical húmedo; inviernos cortos y templados y veranos largos y muy calurosos; subtropical seco en el oeste

**Población:** 3.4 millones

**Agricultura:** trigo, algodón, heno, cacahuate, sorgo, soya, maíz, nuez; ganado bovino y porcino, pollo

**Actividades económicas:** maquinaria, equipo de transporte, alimentos procesados, productos metálicos, minería (hulla), petróleo y gas natural, turismo

## Carolina del Sur

 **Capital:** Columbia
**Superficie:** 32,007 mi²; 82,898 km²
**Clima:** subtropical húmedo; inviernos benignos, veranos calurosos

**Población:** 4 millones

**Agricultura:** tabaco, productos de invernadero y de vivero, algodón, soya, maíz, heno, trigo, melocotón, tomate; pollo, huevo, pavo; madera

**Actividades económicas:** productos textiles, turismo, productos químicos, maquinaria y otros productos metálicos, ropa

## Tennessee

 **Capital:** Nashville-Dawdson
**Superficie:** 42,146 mi²; 109,158 km²
**Clima:** subtropical húmedo; inviernos benignos, veranos calurosos con lluvias abundantes; más frío en las montañas

**Población:** 5.7 millones

**Agricultura:** tabaco, algodón, soya, granos, maíz; ganado bovino y porcino, pollo, huevo; madera

**Actividades económicas:** alimentos procesados, productos químicos, equipo de transporte, maquinaria y equipo industrial, productos metálicos, productos de caucho y plásticos, pulpa y papel, imprenta e industria editorial

## Texas

**Capital:** Austin
**Superficie:** 268,601 mi²; 695,674 km2
**Clima:** varía de subtropical húmedo en el este a semiárido en la región central y árido en el extremo occidental

**Población:** 20.8 millones

**Agricultura:** algodón, trigo y otros granos, hortalizas, cítricos y otros frutos, productos de invernadero y de vivero, nuez, cacahuate; ganado bovino, ovino y porcino, pollo, productos lácteos, huevo; pescado; madera

**Actividades económicas:** maquinaria y equipo industrial, alimentos procesados, aparatos eléctricos y electrónicos, productos químicos, ropa, petróleo y gas natural

## Virginia

**Capital:** Richmond
**Superficie:** 42,769 mi²; 110,771 km²
**Clima:** subtropical húmedo; inviernos benignos y lluviosos y veranos calurosos y húmedos en su mayor parte

**Población:** 7 millones

**Agricultura:** tabaco, maíz, soya, trigo de invierno, cacahuate, algodón; pollo, productos lácteos, ganado bovino y porcino; pescado; madera

**Actividades económicas:** alimentos procesados, equipo de transporte, imprenta, productos textiles, aparatos eléctricos y electrónicos, maquinaria y equipo industrial, madera aserrada, productos químicos, plásticos, muebles

## Virginia Occidental

**Capital:** Charleston
**Superficie:** 24,231 mi²; 62,758 km²
**Clima:** continental húmedo; inviernos fríos y húmedos y veranos cálidos y húmedos

**Población:** 1.8 millones

**Agricultura:** manzana, melocotón, heno, tabaco, maíz, trigo, avena; productos lácteos, huevo, ganado bovino, pollo, pavo

**Actividades económicas:** maquinaria, productos de plástico y de madera, productos metálicos, productos químicos, aluminio, piezas de automóvil, acero, minería (hulla)

# El Centro (EE.UU.): división política

**CLAVE**
— frontera nacional
— frontera estatal
⊕ capital estatal
• otra ciudad
Proyección: Área equivalente de Albers

---

## Illinois

**Capital:** Springfield
**Superficie:** 57,918 mi²; 150,007 km²

**Clima:** continental húmedo; inviernos fríos y nevados y veranos calurosos

**Población:** 12.4 millones

**Agricultura:** maíz, soya, trigo, sorgo, heno; ganado bovino y porcino, productos lácteos, pollo

**Actividades económicas:** maquinaria, aparatos eléctricos y electrónicos, metales primarios (acero) y productos metálicos, productos químicos, imprenta e industria editorial, alimentos procesados, construcción, minería (hulla)

## Indiana

**Capital:** Indianápolis
**Superficie:** 36,420 mi²; 94,327 km²

**Clima:** continental húmedo; inviernos fríos y veranos largos y cálidos; más cálido y lluvioso en el extremo sur

**Población:** 6.1 millones

**Agricultura:** maíz, soya, trigo, productos de invernadero y de vivero, tomates y otras hortalizas, maíz inflable, fruta, heno, tabaco, menta; ganado bovino y porcino, pollo

**Actividades económicas:** metales primarios (acero) y productos metálicos, equipo de transporte, vehículos y equipo de motor, maquinaria y equipo industrial, alimentos procesados, aparatos eléctricos y electrónicos, productos farmacéuticos

## Iowa

**Capital:** Des Moines
**Superficie:** 56,276 mi²; 145,754 km²

**Clima:** continental húmedo; inviernos fríos y veranos cálidos y húmedos

**Población:** 2.9 millones

**Agricultura:** maíz, soya, avena, heno; ganado bovino y porcino, pollo, productos lácteos

**Actividades económicas:** construcción, alimentos procesados, neumáticos, maquinaria agrícola, equipo electrónico, aparatos electrodomésticos, muebles, productos químicos, fertilizantes, piezas de automóvil

## Kansas

**Capital:** Topeka
**Superficie:** 82,282 mi²; 213,110 km²

**Clima:** continental húmedo; inviernos fríos, veranos calurosos; más seco en el oeste

**Población:** 2.7 millones

**Agricultura:** trigo, sorgo, maíz, heno, soya, girasol; ganado bovino y porcino, productos lácteos

**Actividades económicas:** equipo de transporte, maquinaria y equipo de cómputo, alimentos procesados, imprenta e industria editorial, productos químicos, gas natural, productos de caucho y plásticos, ropa

## Michigan

**Capital:** Lansing
**Superficie:** 96,810 mi²; 250,736 km²

**Clima:** continental húmedo (moderado por los Grandes Lagos); inviernos fríos y nevados y veranos húmedos, de templados a calurosos

**Población:** 9.9 millones

**Agricultura:** maíz, trigo, soya, frijol, heno, papa, maíz tierno, manzana, cereza, remolacha, arándano, pepino, uva; ganado bovino y porcino, pollo, productos lácteos

**Actividades económicas:** automóviles, equipo de transporte, maquinaria, productos metálicos, alimentos procesados, plásticos, productos farmacéuticos, muebles, turismo, cemento, minería (mena de hierro, piedra caliza)

## Minnesota

**Capital:** Saint Paul
**Superficie:** 86,943 mi²; 225,182 km²

**Clima:** continental húmedo; inviernos fríos, veranos calurosos; seco en el extremo oeste

**Población:** 4.9 millones

**Agricultura:** maíz, soya, trigo, remolacha, heno, cebada, papa, girasol; pollo, pavo, ganado bovino y porcino, productos lácteos, huevo

**Actividades económicas:** minería (mena de hierro), alimentos procesados, productos químicos y papel, maquinaria industrial, aparatos eléctricos y electrónicos, computadoras, imprenta e industria editorial, instrumentos científicos y médicos, productos metálicos, productos silvícolas, turismo

## Missouri

**Capital:** Jefferson City
**Superficie:** 69,709 mi²; 180,546 km²

**Clima:** continental húmedo; inviernos fríos y veranos calurosos en su mayor parte

**Población:** 5.6 millones

**Agricultura:** soya, maíz, trigo, heno, algodón, sorgo; ganado bovino y porcino, productos lácteos, pollo, pavo, huevo

**Actividades económicas:** equipo de transporte, alimentos procesados, aparatos eléctricos y electrónicos, productos químicos, imprenta e industria editorial, turismo

## Nebraska

**Capital:** Lincoln
**Superficie:** 77,358 mi²; 200,356 km²

**Clima:** continental; inviernos fríos, veranos calurosos; seco en el noroeste

**Población:** 1.7 millones

**Agricultura:** maíz, sorgo, soya, heno, trigo, frijol, avena, papa, remolacha; ganado bovino y porcino, pollo

**Actividades económicas:** alimentos procesados, maquinaria industrial, materiales impresos, aparatos eléctricos y electrónicos, minería (arena y grava, piedra caliza) productos metálicos, equipo de transporte

## Dakota del Norte

**Capital:** Bismarck
**Superficie:** 70,704 mi²; 183,123 km²

**Clima:** continental; inviernos largos y fríos y veranos calurosos; seco en el oeste

**Población:** 640,000

**Agricultura:** trigo, cebada, linaza, avena, papa, frijol, miel de abeja, soya, remolacha, girasol, heno; ganado bovino

**Actividades económicas:** petróleo y gas natural, minería (hulla), alimentos procesados, implementos agrícolas, productos metálicos, aparatos electrónicos

## Ohio

**Capital:** Columbus
**Superficie:** 44,828 mi²; 116,104 km²

**Clima:** continental húmedo; inviernos de benignos a fríos, veranos de cálidos a calurosos

**Población:** 11.3 millones

**Agricultura:** maíz, heno, trigo de invierno, avena, soya, productos de invernadero y de vivero; productos lácteos, ganado bovino y porcino, pollo

**Actividades económicas:** equipo de transporte, maquinaria, acero y aluminio, productos metálicos, caucho y plásticos, alimentos procesados

## Dakota del Sur

**Capital:** Pierre
**Superficie:** 77,121 mi²; 199,743 km²

**Clima:** continental; inviernos fríos, veranos calurosos; escasa humedad; seco en el oeste

**Población:** 750,000

**Agricultura:** maíz, soya, avena, trigo, girasol, sorgo; ganado bovino, ovino y porcino, productos lácteos

**Actividades económicas:** alimentos procesados, maquinaria, aparatos eléctricos y electrónicos, minería (oro), ropa

## Wisconsin

**Capital:** Madison
**Superficie:** 65,503 mi²; 169,652 km²

**Clima:** continental húmedo; inviernos fríos y largos y veranos cálidos y cortos (moderados por los Grandes Lagos)

**Población:** 5.4 millones

**Agricultura:** maíz, heno, soya, papa, arándano agrio, maíz tierno, guisante, avena, frijol verde (ejote); ganado bovino y porcino, productos lácteos, pollo

**Actividades económicas:** alimentos procesados, vehículos y equipo de motor, productos de papel, instrumentos y material médicos, imprenta, plásticos

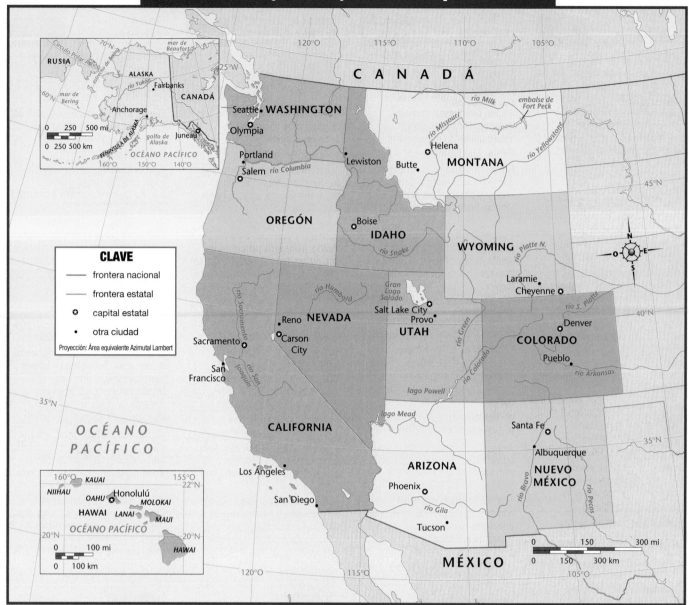

**CLAVE**
— frontera nacional
— frontera estatal
⊕ capital estatal
• otra ciudad

Proyección: Área equivalente Azimutal Lambert

---

### Alaska

**Capital:** Juneau
**Superficie:** 656,425 mi²; 1,700,134 km²

**Clima:** marítimo en el sudeste y suroeste (húmedo y templado); mucho más frío y seco en el oeste; continental en la región central; ártico en el norte, con inviernos extremadamente fríos y veranos frescos

**Población:** 630,000

**Agricultura:** productos de invernadero, cebada, avena, heno, papa, lechuga; pescado

**Actividades económicas:** petróleo, turismo, productos de pescado, minería (cinc, plomo, oro), madera aserrada y pulpa, equipo de transporte, pieles

---

### Arizona

**Capital:** Phoenix
**Superficie:** 114,006 mi²; 295,274 km²

**Clima:** semiárido; inviernos benignos y veranos abrasadores en el sur; inviernos fríos y veranos templados en su mayor parte en la altiplanicie del norte

**Población:** 5.1 millones

**Agricultura:** algodón, lechuga, melón, coliflor, brócoli, sorgo, cebada, maíz, trigo, cítricos; ganado bovino

**Actividades económicas:** aparatos eléctricos y electrónicos, imprenta e industria editorial, alimentos procesados, productos metálicos, turismo, minería (cobre)

---

### California

**Capital:** Sacramento
**Superficie:** 163,707 mi²; 423,999 km²

**Clima:** marino de costa occidental a lo largo del litoral septentrional; semiárido en gran parte del sur, pero extremadamente árido en las regiones desérticas; inviernos de fríos a templados y veranos de cálidos a calurosos en su mayor parte; inviernos fríos y nevados en las montañas

**Población:** 32.3 millones

**Agricultura:** uva, algodón, flores, cítricos, arroz, productos de vivero, heno, tomate, lechuga, fresa, almendra, espárrago; productos lácteos, ganado bovino y ovino, pollo, huevo; pescado; madera

**Actividades económicas:** turismo, ropa, aparatos eléctricos y electrónicos, computadoras, alimentos procesados, maquinaria industrial, equipo de transporte e instrumentos, petróleo

---

## Colorado

**Capital:** Denver
**Superficie:** 104,100 mi$^2$; 269,618 km$^2$
**Clima:** principalmente de tierras altas, con temperaturas y precipitación variables; condiciones alpinas en las montañas altas; inviernos fríos y secos y veranos calurosos y secos en las llanuras orientales

**Población:** 4.3 millones

**Agricultura:** maíz, trigo, heno, remolacha, cebada, papa, manzana, melocotón, pera, frijol, sorgo, cebolla, avena, girasol; ganado bovino, ovino y porcino, pollo

**Actividades económicas:** equipo de cómputo e instrumentos, alimentos procesados, maquinaria, productos para el sector aeroespacial, construcción, turismo, gas natural

## Hawai

**Capital:** Honolulu
**Superficie:** 10,932 mi$^2$; 28,314 km$^2$
**Clima:** tropical; la precipitación pluvial es muy variable; nieve en los picos más altos en invierno

**Población:** 1.2 millones

**Agricultura:** caña de azúcar, piña, macadamia, fruta, café, hortalizas, flores; ganado bovino; pescado

**Actividades económicas:** turismo, alimentos procesados, ropa, imprenta e industria editorial

## Idaho

**Capital:** Boise
**Superficie:** 83,574 mi$^2$; 216,456 km$^2$
**Clima:** semiárido; inviernos fríos, veranos calurosos; más frío y lluvioso en las montañas

**Población:** 1.3 millones

**Agricultura:** papa, trigo, guisante, frijol, remolacha, semilla de alfalfa, lenteja, lúpulo, cebada, ciruela fresca y seca, menta, cebolla, maíz, cereza, manzana, heno; ganado bovino, pollo; madera

**Actividades económicas:** componentes electrónicos, equipo de cómputo, alimentos procesados, turismo, madera aserrada y productos de madera, productos químicos, productos metálicos, maquinaria, minería (fosfato, oro)

## Montana

**Capital:** Helena
**Superficie:** 147,046 mi$^2$; 380,848 km$^2$
**Clima:** continental seco en su mayor parte; inviernos fríos, veranos calurosos; inviernos más benignos, veranos frescos y precipitación en el oeste

**Población:** 900,000

**Agricultura:** trigo, cebada, remolacha, heno, avena; ganado bovino y ovino

**Actividades económicas:** alimentos procesados, productos de madera y papel, minería (cobre, oro), imprenta e industria editorial, turismo, hulla y petróleo

## Nevada

**Capital:** Carson City
**Superficie:** 110,567 mi$^2$; 286,367 km$^2$
**Clima:** principalmente árido; inviernos benignos y veranos extremadamente calurosos en el sur; más húmedo y fresco en las montañas

**Población:** 2 millones

**Agricultura:** heno, semilla de alfalfa, papa, cebolla, ajo, cebada, trigo; ganado bovino, productos lácteos

**Actividades económicas:** juegos de azar, turismo, minería (oro, cobre, plata), alimentos procesados, plásticos, productos químicos, productos del sector aeroespacial, imprenta e industria editorial, equipo de irrigación

## Nuevo México

**Capital:** Santa Fé
**Superficie:** 121,593 mi$^2$; 314,925 km$^2$
**Clima:** semiárido; principalmente templado, soleado y seco; más fresco y lluvioso en las montañas

**Población:** 1.8 millones

**Agricultura:** heno, cebolla, chiles, productos de invernadero y de vivero, nuez, algodón; ganado bovino, productos lácteos, pollo

**Actividades económicas:** minería (hulla, cobre), gas natural, petróleo, alimentos procesados, maquinaria, ropa, madera aserrada, imprenta e industria editorial, equipo de transporte, aparatos electrónicos

## Oregón

**Capital:** Salem
**Superficie:** 98,386 mi$^2$; 254,819 km$^2$
**Clima:** marino de costa occidental en su mayor parte; inviernos benignos y veranos frescos; de tierras altas en las montañas con inviernos crudos; semiárido en el este con inviernos fríos y veranos cálidos

**Población:** 3.4 millones

**Agricultura:** productos de invernadero y de vivero, heno, trigo, semilla de pasto, papa, cebolla, pera, menta; ganado bovino, productos lácteos, pollo; madera

**Actividades económicas:** aparatos eléctricos y electrónicos, madera aserrada y productos de madera, metales, equipo de transporte, alimentos procesados, pulpa y papel, construcción

## Utah

**Capital:** Salt Lake City
**Superficie:** 84,904 mi$^2$; 219,901 km$^2$
**Clima:** árido; inviernos benignos y secos y veranos calurosos y secos; inviernos más fríos en el norte; más lluvioso y frío en las montañas

**Población:** 2.2 millones

**Agricultura:** heno, maíz, trigo, cebada, manzana, papa, cereza, cebolla, melocotón, pera; ganado bovino, productos lácteos, pollo, huevo

**Actividades económicas:** instrumental médico, componentes electrónicos, alimentos procesados, productos metálicos, equipo de transporte, acero y cobre

## Washington

**Capital:** Olympia
**Superficie:** 71,303 mi$^2$; 184,674 km$^2$
**Clima:** marino de costa occidental en el oeste, con inviernos benignos y lluviosos y veranos frescos; semiárido en el este con inviernos fríos y veranos calurosos

**Población:** 5.6 millones

**Agricultura:** manzana, papa, trigo, cebada, heno, lúpulo, menta, guisante, maíz; animales de cría, productos lácteos; pescado; madera

**Actividades económicas:** equipo de transporte, software de computadora, pulpa y papel, madera aserrada y madera terciada, aluminio, turismo

## Wyoming

**Capital:** Cheyenne
**Superficie:** 97,818 mi$^2$; 253,348 km$^2$
**Clima:** continental; inviernos fríos y largos y veranos cálidos, con poca precipitación

**Población:** 490,000

**Agricultura:** trigo, frijol, cebada, avena, remolacha, heno; ganado bovino y ovino

**Actividades económicas:** minería (hulla), petróleo, gas natural, turismo, productos químicos, productos de madera, alimentos procesados

# Canadá: división política

**CLAVE**

— frontera nacional

⊛ capital nacional

✪ capital de provincia

• otra ciudad

Proyección: Área equivalente Azimutal Lambert

OCÉANO ÁRTICO

GROENLANDIA
(DINAMARCA)

mar de
Beaufort

bahía de
Baffin

ALASKA
(EE.UU.)

Círculo Polar Ártico

YUKÓN

Gran lago
de los
Osos

río Mackenzie

NUNAVUT

Iqaluit

TERRITORIOS
DEL NOROESTE

Whitehorse

río Yukón

Yellowknife

Gran lago
de los Esclavos

lago Dubawnt

CANADÁ

bahía de
Hudson

TERRANOVA

Labrador

Embalse
Smallwood

río Liard

lago Williston

lago Athabaska

lago de los Renos

lago
Mistassini

COLUMBIA
BRITÁNICA

río Peace

río Athabaska

SASKATCHEWAN

río Saskatchewan
N.

ALBERTA

río Fraser

Edmonton

MANITOBA

lago
Winnipeg

ONTARIO

lago
Manicouagan

QUEBEC

St. John's

Vancouver

Saskatoon

Calgary

río Bow

Regina

río Sa...

lago
Manitoba

Winnipeg

lago de
Woods

lago Nipigon

ISLA DEL
PRÍNCIPE
EDUARDO

NUEVA
BRUNSWICK

Charlottetown

Victoria

Québec

Halifax

río St. Lawrence

Grandes

lagos

Hull

Fredericton

NUEVA
ESCOCIA

Ottawa⊛

Montreal

0    300    600 mi

ESTADOS UNIDOS

Toronto

OCÉANO
ATLÁNTICO

0    300    600 km

---

## Alberta

**Capital:** Edmonton

**Superficie:** 255,541 mi$^2$; 661,848 km$^2$

**Clima:** continental; inviernos extremadamente fríos y veranos cálidos

**Población:** 3 millones

**Agricultura:** granos, semillas oleaginosas, trigo; ganado bovino y porcino, productos lácteos, aves de corral; madera

**Actividades económicas:** alimentos procesados, productos químicos, petróleo, refinación, construcción, productos de papel, productos de madera, maquinaria, productos metálicos, aparatos eléctricos y electrónicos

## Columbia Británica

**Capital:** Victoria

**Superficie:** 364,764 mi$^2$; 944,735 km$^2$

**Clima:** continental en su mayor parte; más frío en las montañas; marino de costa occidental a lo largo del litoral, con temperaturas templadas y abundantes lluvias

**Población:** 4.1 millones

**Agricultura:** guisante, tomate, manzana, cereza, ciruela, frambuesa, fresa, flores; productos lácteos, aves de corral, ganado bovino; pescado; madera

**Actividades económicas:** maderas trabajadas, pulpa y papel, minería (cobre, zinc, oro), alimentos procesados, turismo, petróleo y productos de carbón mineral, productos metálicos, materiales impresos, productos químicos

## Nueva Brunswick

**Capital:** Fredericton

**Superficie :** 28,150 mi$^2$; 72,908 km$^2$

**Clima:** continental húmedo; marítimo a lo largo de las costas

**Población:** 760,000

**Agricultura:** papa; animales de cría, pollo, productos lácteos; pescado; madera

**Actividades económicas:** minería, productos de papel, alimentos procesados, madera aserrada, productos metálicos

## Manitoba

**Capital:** Winnipeg

**Superficie:** 250,116 mi$^2$; 647,797 km$^2$

**Clima:** continental; inviernos extremadamente fríos, veranos cálidos

**Población:** 1.1 millones

**Agricultura:** trigo, canela, lino; ganado bovino y porcino, productos lácteos

**Actividades económicas:** alimentos procesados, maquinaria, equipo de transporte, imprenta, minería

## Terranova y Labrador

**Capital:** Saint John's

**Superficie:** 156,453 mi$^2$; 405,212 km$^2$

**Clima:** varía de subártico en Labrador a continental húmedo en Terranova; en invierno son comunes las nevadas fuertes

**Población:** 540,000

**Agricultura:** hortalizas; productos lácteos, pollo; pescado

**Actividades económicas:** minería, alimentos procesados, papel de prensa

## Territorios del Noroeste

**Capital:** Yellowknife

**Superficie :** 519,734 mi$^2$; 1,346,106 km$^2$

**Clima:** subártico; inviernos muy fríos y veranos cálidos pero cortos

**Población:** 40,000

**Agricultura:** muy limitada; algunas hortalizas, productos lácteos, ganado bovino

**Actividades económicas:** minería, petróleo y gas natural, captura de animales de piel fina

## Nueva Escocia

 **Capital:** Halifax
**Superficie:** 21,345 mi$^2$; 55,284 km$^2$

**Clima:** continental húmedo; moderado por el fresco océano Atlántico septentrional

**Población:** 940,000

**Agricultura:** arándano, hortalizas; productos lácteos, pollo, animales de cría; pescado

**Actividades económicas:** alimentos procesados, productos de pulpa y papel, equipo de transporte, hierro y acero

## Nunavut

 **Capital:** Iqaluit
**Superficie:** 808,184 mi$^2$; 2,093,190 km$^2$

**Clima:** subártico en tierra firme, con permafrost continuo; ártico en las islas más septentrionales, sin un verdadero verano; seco en toda la provincia; desierto polar en el noroeste

**Población:** 30,000

**Agricultura:** pescado

**Actividades económicas:** minería (cobre, plomo, plata, cinc), turismo, cacería y captura con trampas, productos artesanales

## Ontario

 **Capital:** Toronto
**Superficie:** 415,598 mi$^2$; 1,076,395 km$^2$

**Clima:** continental húmedo en el sur; subártico en el extremo norte

**Población:** 11.7 millones

**Agricultura:** hortalizas, granos, semillas oleaginosas; productos lácteos, animales de cría, pollo; madera

**Actividades económicas:** alimentos procesados, aparatos eléctricos y electrónicos, productos químicos, minería (níquel, oro, cobre, cinc), productos metálicos, equipo de transporte, productos de papel, cemento, construcción

## Isla del Príncipe Eduardo

 **Capital:** Charlottetown
**Superficie:** 2,185 mi$^2$; 5,660 km$^2$

**Clima:** continental húmedo; moderado por el fresco océano Atlántico septentrional

**Población:** 140,000

**Agricultura:** papa, otras hortalizas, tabaco; productos lácteos, animales de cría; pescado

**Actividades económicas:** alimentos procesados, turismo, fertilizante, materiales impresos comerciales

## Quebec

 **Capital:** Quebec
**Superficie:** 595,391 mi$^2$; 1,542,056 km$^2$

**Clima:** continental en su mayor parte, con inviernos sumamente fríos y veranos cálidos y húmedos; subártico en el norte

**Población:** 7.4 millones

**Agricultura:** hortalizas, granos; productos lácteos, animales de cría, pollo; madera

**Actividades económicas:** pulpa y papel, equipo de transporte, alimentos procesados, minería (oro, cobre, cinc, asbesto), aparatos eléctricos y electrónicos, productos químicos, productos de madera, productos metálicos

## Saskatchewan

 **Capital:** Regina
**Superficie:** 251,366 mi$^2$i; 651,036 km$^2$

**Clima:** continental; inviernos fríos, veranos de cálidos a calurosos

**Población:** 1 millón

**Agricultura:** trigo, cebada, semillas oleaginosas; ganado bovino y porcino, productos lácteos

**Actividades económicas:** alimentos procesados, minería (potasa, uranio, hulla), petróleo, construcción, productos químicos, maquinaria, aparatos eléctricos y electrónicos, imprenta e industria editorial, productos metálicos

## Territorio de Yukón

**Capital:** Whitehorse
**Superficie:** 186,272 mi$^2$; 482,443 km$^2$

**Clima:** subártico en su mayor parte; inviernos extremadamente fríos y veranos cálidos; seco; ártico en el extremo septentrional y en las montañas

**Población:** 30,000

**Agricultura:** muy limitada; algo de papa, cultivos para alimento de animales y animales de cría

**Actividades económicas:** minería (oro, cinc, plomo, plata), turismo

# México: división política

ESTADOS UNIDOS

Tijuana

Ciudad Juárez

Baja California

golfo de California

Conchos

río Bravo

Monterrey • Matamoros

MÉXICO

golfo de México

Mazatlán

trópico de Cáncer

OCÉANO PACÍFICO

Puerto Vallarta

bahía de Campeche

Yucatán

**CLAVE**

—— frontera nacional

⊛ capital nacional

• otra ciudad

Proyección: Área equivalente Azimutal Lambert

Manzanillo

Guadalajara

Ciudad de México

Veracruz

Balsas

Acapulco

AMÉRICA CENTRAL

0    200    400 mi

0    200    400 km

---

## México

**Capital:** Ciudad de México

**Superficie:** 761,632 mi²; 1,972,550 km²

**Clima:** caluroso y seco en el norte; templado en el centro; tropical en el sur, con estaciones lluviosas y secas

**Población:** 100.3 millones

**Grupos étnicos principales:** mestizos, europeos, grupos indígenas americanos

**Religiones principales:** cristianismo

**Gobierno:** república federal

**Moneda:** 1 nuevo peso mexicano (Mex $) = 100 centavos

**Exportaciones principales:** petróleo crudo, productos de petróleo, café y plata

**Lenguas principales:** español y dialectos mayas

# América Central: división política

## Belice

**Capital:** Belmopán
**Superficie:**
8,865 mi²;
22,960 km²

**Clima:** subtropical; estación lluviosa larga

**Población:** 249,000

**Grupos étnicos principales:** africanos o parcialmente africanos; indígenas americanos, principalmente caribes y mayas

**Religiones principales:** cristianismo

**Gobierno:** democracia parlamentaria

**Moneda:** 1 dólar beliceño (Bz $) = 100 centavos

**Exportaciones principales:** azúcar, cítricos, plátano y ropa

**Lenguas principales:** inglés (oficial), español, maya y garifuna

## Costa Rica

**Capital:** San José
**Superficie:**
19,730 mi²;
51,100 km²

**Clima:** tropical a lo largo de la costa; templado en el interior; estación lluviosa larga

**Población:** 3.7 millones

**Grupos étnicos principales:** europeos, mestizos

**Religiones principales:** cristianismo

**Gobierno:** república democrática

**Moneda:** 1 colón costarricense (C) = 100 céntimos

**Exportaciones principales:** café, plátano, productos textiles y azúcar

**Lenguas principales:** español e inglés

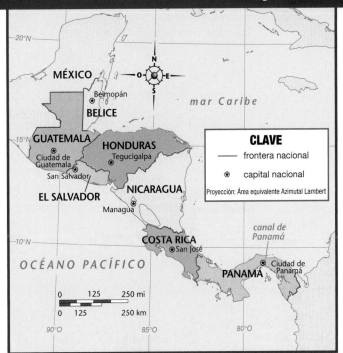

MÉXICO

Belmopán

BELICE

mar Caribe

GUATEMALA

Ciudad de Guatemala

HONDURAS
Tegucigalpa

San Salvador

EL SALVADOR

NICARAGUA

Managua

**CLAVE**
—— frontera nacional
⊛ capital nacional
Proyección: Área equivalente Azimutal Lambert

canal de Panamá

COSTA RICA
⊛ San José

OCÉANO PACÍFICO

PANAMÁ

Ciudad de Panamá

| 0 | 125 | 250 mi |
| 0 | 125 | 250 km |

## El Salvador

**Capital:**
San Salvador
**Superficie:** 8,124 mi²; 21,040 km²

**Clima:** tropical; muy caliente a lo largo de la llanura litoral pero más fresco en las montañas; veranos lluviosos e inviernos secos

**Población:** 6.1 millones

**Grupos étnicos principales:** mestizos (mezcla de europeos con mayas o náhuatl)

**Religiones principales:** cristianismo

**Gobierno:** república

**Moneda:** 1 colón salvadoreño (C) = 100 centavos

**Exportaciones principales:** café, azúcar de caña y camarón

**Lenguas principales:** español y nahua

## Guatemala

**Capital:** Guatemala
**Superficie:**
42,044 mi²;
108,890 km²

**Clima:** varía de caluroso y húmedo en la costa a frío en las montañas; veranos lluviosos e inviernos secos

**Población:** 12.6 millones

**Grupos étnicos principales:** : mestizos (mezcla de europeos e indígenas americanos, llamados ladinos), mayas

**Religiones principales:** cristianismo

**Gobierno:** república democrática constitucional

**Moneda:** 1 quetzal (Q) = 100 centavos

**Exportaciones principales:** café, azúcar, plátano, cardamomo y carne de bovino

**Lenguas principales:** español, quiché, cachiquel, quechi y diversas lenguas y dialectos

## Honduras

**Capital:**
Tegucigalpa
**Superficie:** 43,280 mi²; 112,090 km²

**Clima:** tropical; caluroso y húmedo en litoral; veranos lluviosos e inviernos secos

**Población:** 6.2 millones

**Grupos étnicos principales:** mestizo

**Religiones principales:** cristianismo

**Gobierno:** república democrática constitucional

**Moneda:** 1 lempira (L) = 100 centavos

**Exportaciones principales:** plátano, café, camarón, langosta y minerales

**Lenguas principales:** español y diversos dialectos

## Nicaragua

**Capital:** Managua
**Superficie:** 50,000 mi²; 129,494 km²
**Clima:** tropical; caluroso en las costas;

**Población:** 4.8 millones

**Grupos étnicos principales:** mestizo

**Religiones principales:** cristianismo

**Gobierno:** Republica

**Moneda:** 1 córdoba de oro (C$) = 100 centavos

**Exportaciones principales:** carne, café, algodón, azúcar, mariscos y oro

**Lenguas principales:** español (oficial), inglés y diversas lenguas

## Panamá

**Capital:** Panamá
**Superficie:** 30,194 mi²; 78,200 km²
**Clima:** tropical

**Población:** 2.8 millones

**Grupos étnicos principales:** mestizos, mezcla de europeos y africanos

**Religiones principales:** cristianismo

**Gobierno:** democracia constitucional

**Moneda:** 1 balboa (B) = 100 centésimos

**Exportaciones principales:** plátano, camarón, azúcar, ropa

**Lenguas principales:** español (oficial) e inglés

# El Caribe: división política

ESTADOS UNIDOS

Nassau

BAHAMAS

La Habana

CUBA

Islas Turks y Caicos (R.U.)

OCÉANO ATLÁNTICO

trópico de Cáncer

25°N

REPÚBLICA DOMINICANA

HAITÍ

Islas Vírgenes (EE.UU.)

Islas Vírgenes (R.U.)

20°N

Puerto Príncipe

Hispaniola

Santo Domingo

ANTIGUA Y BARBUDA

Islas Caimán (R.U.)

Kingston

Puerto Rico (EE.UU.)

Guadalupe (Francia)

JAMAICA

ST. KITTS Y NEVIS

Montserrat (R.U.)

DOMINICA

15°N

mar Caribe

ANTILLAS MAYORES

ANTILLAS MENORES

Martinica (Francia)

STA. LUCÍA

SAN VICENTE Y LAS GRANADINAS

BARBADOS

ANTILLAS HOLANDESAS

GRANADA

10°N

TRINIDAD Y TOBAGO

AMÉRICA DEL SUR

**CLAVE**

— frontera nacional

⊛ capital nacional

Proyección: Área equivalente Azimutal Lambert

0   125   250 mi
0   125   250 km

## Antigua y Barbuda

**Capital:** Saint John's

**Superficie:** 170 mi²; 440 km²

**Clima:** tropical; seco

**Población:** 66,000

**Grupos étnicos principales:** africanos

**Religiones principales:** cristianismo

**Gobierno:** monarquía constitucional con parlamento al estilo Westminster

**Moneda:** 1 dólar del Caribe oriental (EC$) = 100 centavos

**Exportaciones principales:** productos de petróleo y productos manufacturados

**Lenguas principales:** inglés (oficial) y diversos dialectos

## Bahamas

**Capital:** Nassau

**Superficie:** 5,382 mi²; 13,940 km²

**Clima:** subtropical

**Población:** 295,000

**Grupos étnicos principales:** africanos

**Religiones principales:** cristianismo

**Gobierno:** democracia parlamentaria constitucional

**Moneda:** 1 dólar de Bahamas (B$) = 100 centavos

**Exportaciones principales:** productos farmacéuticos, cemento, ron y langostino

**Lenguas principales:** inglés y criollo

## Barbados

**Capital:** Bridgetown

**Superficie:** 166 mi²; 430 km²

**Clima:** tropical; estación lluviosa

**Población :** 275,000

**Grupos étnicos principales:** africanos

**Religiones principales:** cristianismo

**Gobierno:** democracia parlamentaria, estado soberano independiente dentro de la Mancomunidad Británica de Naciones

**Moneda:** 1 dólar de Barbados (Bds$) = 100 centavos

**Exportaciones principales:** azúcar, melaza y ron

**Lenguas principales:** inglés

## Cuba

**Capital:** La Habana

**Superficie:** 42,805 mi²; 110,860 km²

**Clima:** semitropical; veranos calurosos y lluviosos

**Población:** 11.1 millones

**Grupos étnicos principales:** europeos, europeos mixtos y africanos

**Religiones principales:** cristianismo

**Gobierno:** estado comunista

**Moneda:** 1 peso cubano (Cu$) = 100 centavos

**Exportaciones principales:** azúcar, níquel, mariscos y tabaco

**Lenguas principales:** español

## Dominica

**Capital:** Roseau
**Superficie:** 290 mi²; 750 km²
**Clima:** tropical; verano lluvioso e invierno seco
**Población:** 72,000
**Grupos étnicos principales:** africanos
**Religiones principales:** cristianismo
**Gobierno:** democracia parlamentaria, república dentro de la Mancomunidad Británica de Naciones
**Moneda:** 1 dólar del Caribe oriental (EC$) = 100 centavos
**Exportaciones principales:** plátano, jabón, aceite de laurel
**Lenguas principales:** inglés y patois francés

## República Dominicana

**Capital:** Santo Domingo
**Superficie:** 18,815 mi²; 48,730 km²
**Clima:** semitropical;
**Población:** 8.4 millones
**Grupos étnicos principales:** europeos y africanos mixtos
**Religiones principales:** cristianismo
**Gobierno:** democracia representativa
**Moneda:** 1 peso dominicano (RD$) = 100 centavos
**Exportaciones principales:** ferroníquel, azúcar, oro, café
**Lenguas principales:** español

## Granada

**Capital:** Saint George's
**Superficie:** 131 mi²; 340 km²
**Clima:** tropical; estación lluviosa
**Población:** 89,000
**Grupos étnicos principales:** africanos
**Religiones principales:** cristianismo
**Gobierno:** monarquía constitucional con parlamento al estilo Westminster
**Moneda:** 1 dólar del Caribe oriental (EC$) = 100 centavos
**Exportaciones principales:** plátano, cacao, fruta y hortalizas
**Lenguas principales:** inglés y patois francés

## Haití

**Capital:** Puerto Príncipe
**Superficie:** 10,714 mi²; 27,750 km²
**Clima:** tropical; lluvias abundantes en el sudoeste, mucho más ligeras en el noroeste; caluroso en las tierras bajas, mucho más fresco en las tierras altas
**Población:** 6.8 millones
**Grupos étnicos principales:** africanos
**Religiones principales:** : cristianismo, a veces combinado con creencias africanas tradicionales
**Gobierno:** gobierno electo
**Moneda:** 1 gourde (G) = 100 céntimos
**Exportaciones principales:** manufactura ligera y café
**Lenguas principales:** francés y criollo

## Jamaica

**Capital:** Kingston
**Superficie:** 4,243 mi²; 10,990 km²
**Clima:** tropical; caluroso y húmedo en las tierras bajas costeras; abundantes lluvias en las montañas del nordeste
**Población:** 2.6 millones
**Grupos étnicos principales:** africanos
**Religiones principales:** cristianismo
**Gobierno:** democracia parlamentaria constitucional
**Moneda:** 1 dólar jamaiquino (J$) = 100 centavos
**Exportaciones principales:** alúmina, bauxita, azúcar, plátano y ron
**Lenguas principales:** inglés y criollo

## San Cristóbal y Nevis

**Capital:** Basseterre
**Superficie:** 104 mi²; 269 km²
**Clima:** tropical; estación lluviosa
**Población:** 39,000
**Grupos étnicos principales:** africanos
**Religiones principales:** cristianismo
**Gobierno:** monarquía constitucional con parlamento al estilo Westminster
**Moneda:** 1 dólar del Caribe oriental (EC$) = 100 centavos
**Exportaciones principales:** maquinaria, alimentos y aparatos electrónicos
**Lenguas principales:** inglés

## Santa Lucía

**Capital:** Castries
**Superficie:** 239 mi²; 620 km²
**Clima:** tropical; estación lluviosa
**Población:** 156,000
**Grupos étnicos principales:** africanos
**Religiones principales:** cristianismo
**Gobierno:** democracia parlamentaria al estilo Westminster
**Moneda:** 1 dólar del Caribe oriental (EC$) = 100 centavos
**Exportaciones principales:** plátano, ropa, cacao y hortalizas
**Lenguas principales:** inglés y patois francés

## San Vicente y las Granadinas

**Capital:** Kingstown
**Superficie:** 150 mi²; 388 km²
**Clima:** tropical; estación lluviosa
**Población:** 115,000
**Grupos étnicos principales:** africanos
**Religiones principales:** cristianismo
**Gobierno:** democracia parlamentaria, estado soberano independiente dentro de la Mancomunidad Británica de Naciones
**Moneda:** 1 dólar del Caribe oriental (EC$) = 100 centavos
**Exportaciones principales:** plátano, y eddoes y dasheen (taro)
**Lenguas principales:** inglés y patois francés

## Trinidad y Tobago

**Capital:** Port-of Spain
**Superficie:** 1,981 mi²; 5,130 km²
**Clima:** tropical; estación lluviosa
**Población:** 1.2 millones
**Grupos étnicos principales:** africanos, indios orientales
**Religiones principales:** cristianismo, hinduísmo
**Gobierno:** democracia parlamentaria
**Moneda:** 1 dólar de Trinidad y Tobago (TT$) = 100 centavos
**Exportaciones principales:** petróleo y productos de petróleo
**Lenguas principales:** inglés, hindú, francés y español

## Argentina

**Capital:** Buenos Aires
**Superficie:** 1,068,339 mi$^2$; 2,776,890 km$^2$
**Clima:** templado en su mayor parte; región tropical en el nordeste; frío en las montañas; más lluvioso en el norte que en el sur y el oeste
**Población:** 37 millones
**Grupos étnicos principales:** europeos
**Religiones principales:** cristianismo
**Gobierno:** república
**Moneda:** 1 peso = 100 centavos
**Exportaciones principales:** aceites comestibles, combustibles y energía, cereales, forraje, vehículos de motor
**Lenguas principales:** español (oficial), inglés, italiano, alemán y francés

## Bolivia

**Capital:** La Paz
**Superficie:** 424,179 mi$^2$; 1,098,580 km$^2$
**Clima:** varía con la altitud, de caluroso y lluvioso a frío y seco; estación de lluvias
**Población:** 8.1 millones
**Grupos étnicos principales:** quechua, aimara, mestizos
**Religiones principales:** cristianismo
**Gobierno:** república
**Moneda:** 1 boliviano ($B) = 100 centavos
**Exportaciones principales:** soya, gas natural, cinc, oro, madera
**Lenguas principales:** español, quechua y aimara

## Brasil

**Capital:** Brasilía
**Superficie:** 3,286,600 mi$^2$; 8,511,965 km$^2$
**Clima:** de tropical a subtropical; el norte lluvioso, caluroso y húmedo todo el año; el centro con lluvias y con temperaturas estacionales; el nordeste tiene una larga estación seca; el sur con temperaturas y lluvias más moderadas
**Población:** 172.9 millones
**Grupos étnicos principales:** europeos, europeos y africanos mixtos
**Religiones principales:** cristianismo
**Gobierno:** república federativa
**Moneda:** 1 real (R$) = 100 centavos
**Exportaciones principales:** productos manufacturados, mena de hierro, soya, calzado, café
**Lenguas principales:** portugués, español, inglés y francés

## Chile

**Capital:** Santiago
**Superficie:** 292,269 mi$^2$; 756,950 km$^2$
**Clima:** desierto árido en el norte; templado y seco en el centro; frío y lluvioso en el sur
**Población:** 15.1 millones
**Grupos étnicos principales:** mestizos (mezcla de españoles y araucanos principalmente)
**Religiones principales:** cristianismo
**Gobierno:** república
**Moneda:** 1 peso chileno (Ch$) = 100 centavos
**Exportaciones principales:** cobre, pescado, fruta, papel y pulpa, productos químicos
**Lenguas principales:** español

## Colombia

**Capital:** Bogotá
**Superficie:** 439,751 mi$^2$; 1,138,910 km$^2$
**Clima:** tropical en los litorales y valles fluviales; de subtropical a frío en las montañas, con períodos lluviosos y secos alternados
**Población:** 39.7 millones
**Grupos étnicos principales:** mestizos, europeos
**Religiones principales:** cristianismo
**Gobierno:** república; el poder ejecutivo domina la estructura gubernamental
**Moneda:** 1 peso colombiano (Col$) = 100 centavos
**Exportaciones principales:** petróleo, café, hulla y plátano
**Lenguas principales:** español

## Ecuador

**Capital:** Quito
**Superficie:** 109,487 mi$^2$; 283,560 km$^2$
**Clima:** tropical en el litoral; más caluroso y más húmedo en la selva tropical; moderado en la región central
**Población:** 12.9 millones
**Grupos étnicos principales:** mestizos, indígenas americanos
**Religiones principales:** cristianismo
**Gobierno:** república
**Moneda:** 1 sucre (S/) = 100 centavos
**Exportaciones principales:** petróleo, plátano, camarón y cacao
**Lenguas principales:** español, quechua y diversas lenguas

## Guayana Francesa

**Capital:** Cayena

**Superficie:** 35,135 mi²; 91,000 km²

**Clima:** tropical; caluroso y húmedo; veranos secos, inviernos lluviosos

**Población:** 173,000

**Grupos étnicos principales:** africanos o africanos y europeos mixtos (también conocidos como criollos)

**Religiones principales:** cristianismo

**Gobierno:** departamento francés de ultramar

**Moneda:** 1 franco francés (F) = 100 céntimos

**Exportaciones principales:** camarón, madera, oro, ron, esencia de palo de rosa, ropa

**Lenguas principales:** francés

## Guyana

**Capital:** Georgetown

**Superficie:** 83,003 mi²; 214,970 km²

**Clima:** tropical; estación lluviosa

**Población:** 697,000

**Grupos étnicos principales:** indios orientales, africanos

**Religiones principales:** cristianismo, hinduísmo

**Gobierno:** república dentro de la Mancomunidad Británica de Naciones

**Moneda:** 1 dólar de Guyana (G$) = 100 centavos

**Exportaciones principales:** azúcar, oro, bauxita/alúmina, arroz y camarón

**Lenguas principales:** inglés y diversos dialectos

## Paraguay

**Capital:** Asunción

**Superficie:** 157,052 mi²; 406,750 km²

**Clima:** subtropical; lluvioso en el este; semiárido en partes del oeste

**Población:** 5.6 millones

**Grupos étnicos principales:** mestizos

**Religiones principales:** cristianismo

**Gobierno:** república constitucional

**Moneda:** 1 guaraní (G) = 100 céntimos

**Exportaciones principales:** soya, forraje, algodón, harina, aceites comestibles

**Lenguas principales:** español (oficial) y guaraní

## Perú

**Capital:** Lima

**Superficie:** 496,243 mi²;

**Clima:** árido en el litoral; tropical en el nordeste; de templado a frío en las montañas, donde la precipitación pluvial es variable

**Población:** 27 millones

**Grupos étnicos principales:** indígenas americanos, mestizos

**Religiones principales:** cristianismo

**Gobierno:** república constitucional

**Moneda:** 1 nuevo sol (S/.) = 100 céntimos

**Exportaciones principales:** pescado y productos de pescado, cobre, cinc y oro

**Lenguas principales:** español (oficial), quechua (oficial) y aimara

## Surinam

**Capital:** Paramaribo

**Superficie:** 63,041 mi²; 163,270 km²

**Clima:** tropical; estación lluviosa

**Población:** 431,000

**Grupos étnicos principales:** asiáticos (principalmente de la India e Indonesia), africanos e indígenas americanos mixtos

**Religiones principales:** cristianismo, hinduísmo, islamismo

**Gobierno:** democracia constitucional

**Moneda:** 1 guilder, gulden o florín de Surinam (Sf.) = 100 centavos

**Exportaciones principales:** alúmina, aluminio, petróleo crudo, madera aserrada, camarón y pescado

**Lenguas principales:** holandés (oficial), inglés, sranang, tongo, indostánico y japonés

## Uruguay

**Capital:** Montevideo

**Superficie:** 68,041 mi²; 176,220 km²

**Clima:** templado; abundantes lluvias todo el año

**Población:** 3.3 millones

**Grupos étnicos principales:** europeos

**Religiones principales:** cristianismo

**Gobierno:** república

**Moneda:** 1 peso uruguayo ($Ur) = 100 centésimos

**Exportaciones principales:** carne, arroz, productos de cuero, vehículos, productos lácteos, lana

**Lenguas principales:** español y brasilero

## Venezuela

**Capital:** Caracas

**Superficie:** 352,156 mi²; 912,050 km²

**Clima:** tropical en el litoral y en las praderas; más benigno en las tierras altas

**Población:** 23.5 millones

**Grupos étnicos principales:** mestizos, europeos

**Religiones principales:** cristianismo

**Gobierno:** república federal

**Moneda:** 1 bolívar (Bs) = 100 céntimos

**Exportaciones principales:** petróleo, bauxita y aluminio, acero

**Lenguas principales:** español y diversas lenguas

## Andorra

**Capital:** Andorra la Vella

**Superficie:** 174 mi²; 450 km²

**Clima:** templado; inviernos fríos y nevados y veranos frescos y secos

**Población:** 67,000

**Grupos étnicos principales:** españoles, andorranos, portugueses

**Religiones principales:** cristianismo

**Gobierno:** democracia parlamentaria (desde marzo de 1993) que conserva como jefes de estado un coprincipado; los dos príncipes son el presidente de Francia y el obispo de la Seo de Urgel, España, representados localmente por representantes de los copríncipes.

**Moneda:** 1 franco francés (F) = 100 céntimos; 1 peseta (Pta) = 100 céntimos; se utilizan las monedas francesa y española

**Exportaciones principales:** productos de tabaco y muebles

**Lenguas principales:** catalán (oficial), francés y castellano

## Austria

**Capital:** Viena

**Superficie:** 32,376 mi²; 83,850 km²

**Clima:** templado; inviernos fríos y frecuentemente crudos en los valles; veranos cortos

**Población:** 8.1 millones

**Grupos étnicos principales:** alemanes

**Religiones principales:** cristianismo

**Gobierno:** república federal

**Moneda:** 1 chelín (shilling) austríaco (AS) = 100 groschen

**Exportaciones principales:** maquinaria y equipo, hierro y acero, papel y cartón

**Lenguas principales:** alemán

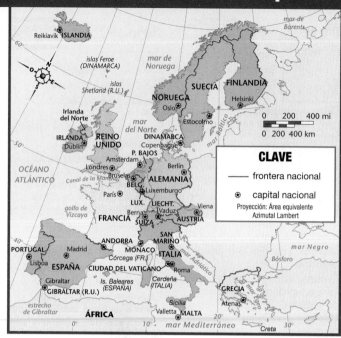

**CLAVE**

—— frontera nacional

⊛ capital nacional

Proyección: Área equivalente Azimutal Lambert

## Bélgica

**Capital:** Bruselas

**Superficie:** 11,780 mi²; 30,510 km²

**Clima:** templado; húmedo y benigno en la costa; inviernos fríos veranos calurosos en el sudeste, con lluvias abundantes, niebla y llovizna frecuentes

**Población:** 10.2 millones

**Grupos étnicos principales:** flamenco, valón

**Religiones principales:** cristianismo

**Gobierno:** democracia parlamentaria federal bajo un monarca constitucional

**Moneda:** 1 franco belga (BF) = 100 céntimos

**Exportaciones principales:** hierro y acero, equipo de transporte, productos químicos, diamantes

**Lenguas principales:** holandés, francés y alemán

## Dinamarca

**Capital:** Copenhague

**Superficie:** 16,630 mi²; 43,070 km²

**Clima:** templado; húmedo; inviernos benignos con viento y veranos frescos

**Población:** 5.3 millones

**Grupos étnicos principales** escandinavos, inuits, feroeses, alemanes

**Religiones principales:** Cristianismo

**Gobierno:** monarquía constitucional

**Moneda:** 1 corona (krone) danesa (DKr) = 100 oere

**Exportaciones principales:** maquinaria e instrumentos, carne y productos cárnicos, productos lácteos

**Lenguas principales:** danés, feroés, groenlandés y alemán

## Finlandia

**Capital:** Helsinki

**Superficie:** 130,132 mi²; 337,030 km²

**Clima:** templado frío (moderado por la cálida corriente del Atlántico septentrional)

**Población:** 5.2 millones

**Grupos étnicos principales:** fineses, suecos

**Religiones principales:** cristianismo

**Gobierno:** república

**Moneda:** 1 marco (markka) finlandés (FMk) o Finmark = 100 pennia

**Exportaciones principales:** maquinaria y equipo, productos químicos, metales, madera, pulpa y papel

**Lenguas principales:** finlandés, sueco, lapón y ruso

## Francia

**Capital:** París

**Superficie:** 211,217 mi²; 547,030 km²

**Clima:** templado en su mayor parte; inviernos crudos y veranos calurosos en el interior; más moderado en el litoral atlántico; semitropical en el litoral mediterráneo

**Población:** 59.3 millones

**Grupos étnicos principales:** franceses, celtas

**Religiones principales:** cristianismo

**Gobierno:** república

**Moneda:** 1 franco francés (F) = 100 céntimos

**Exportaciones principales:** maquinaria y equipo de transporte, productos químicos, productos de hierro y acero

**Lenguas principales:** francés y dialectos y lenguas regionales

## Alemania

**Capital:** Berlín
**Superficie:** 137,808 mi²; 356,910 km²
**Clima:** templado; inviernos fríos y veranos cálidos
**Población:** 82.8 millones
**Grupos étnicos principales:** alemanes
**Religiones principales:** cristianismo
**Gobierno:** república federal
**Moneda:** 1 marco (deutsche mark, DM) = 100 pfennige
**Exportaciones principales:** máquinas y herramientas eléctricas, productos químicos, metales y productos manufacturados
**Lenguas principales:** alemán

## Grecia

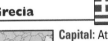

**Capital:** Atenas
**Superficie:** 50,944 mi²; 131,940 km²
**Clima:** mediterráneo; veranos calurosos y secos; inviernos lluviosos
**Población:** 10.6 millones
**Grupos étnicos principales:** griegos
**Religiones principales:** cristianismo
**Gobierno:** república parlamentaria; monarquía rechazada por referéndum el 8 de diciembre de 1974
**Moneda:** 1 dracma (Dr) = 100 lepta
**Exportaciones principales:** productos manufacturados, alimentos, combustibles y productos químicos
**Lenguas principales:** griego, inglés y francés

## Santa Sede (Ciudad del Vaticano)

**Capital:** Ciudad del Vaticano
**Superficie:** 0.17 mi²; 0.44 km²
**Clima:** templado; inviernos lluviosos y benignos
**Población:** 880
**Grupos étnicos principales:** italianos, suizos, otros
**Religiones principales:** cristianismo
**Gobierno:** estado monárquico-sacerdotal

**Moneda:** 1 lira vaticana (Vlit) = 100 centesimi
**Exportaciones principales:** Ninguna
**Lenguas principales:** Italiano, latín y diversas lenguas

## Islandia

**Capital:** Reikiavik
**Superficie:** 39,770 mi²; 103,000 km²
**Clima:** templado (moderado por la corriente del Atlántico septentrional)
**Población:** 276,000
**Grupos étnicos principales:** noruegos y celtas mixtos
**Religiones principales:** cristianismo
**Gobierno:** república constitucional
**Moneda:** 1 corona islandesa (krona , Ikr) = 100 aurar
**Exportaciones principales:** pescado y productos de pescado y productos de origen animal
**Lenguas principales:** islandés

## Irlanda

**Capital:** Dublín
**Superficie:** 27,136 mi²; 70,280 km²
**Clima:** templado
**Población:** 3.8 millones
**Grupos étnicos principales:** celtas, ingleses
**Religiones principales:** cristianismo
**Gobierno:** república
**Moneda:** 1 libra (pound) irlandesa = 100 pence
**Exportaciones principales:** maquinaria y equipo, computadoras, productos químicos y farmacéuticos
**Lenguas principales:** inglés y gaélico irlandés

## Italia

**Capital:** Roma
**Superficie:** 116,310 mi²; 301,230 km²
**Clima:** mediterráneo; alpino en el extremo norte; caluroso y seco en el sur
**Población:** 57.6 millones
**Grupos étnicos principales:** italianos
**Religiones principales:** cristianismo
**Gobierno:** república

**Moneda:** 1 lira italiana (Lit) = 100 centésimos
**Exportaciones principales:** productos de ingeniería, productos textiles y ropa, maquinaria de producción, vehículos de motor, equipo de transporte
**Lenguas principales:** Italiano, alemán, francés y esloveno

## Liechtenstein

**Capital:** Vaduz
**Superficie:** 62 mi²; 160 km²
**Clima:** templado
**Población:** 32,000
**Grupos étnicos principales:** alemánicos, italianos, turcos
**Religiones principales:** cristianismo
**Gobierno:** monarquía constitucional hereditaria
**Moneda:** 1 franco suizo (SFR) = 100 céntimos, rappen o centesimi
**Exportaciones principales:** maquinaria especializada pequeña y productos dentales
**Lenguas principales:** alemán y alemánico

## Luxemburgo

**Capital:** Luxemburgo
**Superficie:** 998 mi²; 2,586 km²
**Clima:** templado
**Población:** 437,000
**Grupos étnicos principales:** mezcla de celtas, franceses y alemanes
**Religiones principales:** cristianismo
**Gobierno:** monarquía constitucional
**Moneda:** 1 franco luxemburgués (LuxF) = 100 céntimos
**Exportaciones principales:** productos de acero terminados y productos químicos
**Lenguas principales:** luxemburgués, alemán, francés e inglés

## Malta

**Capital:** Valletta
**Superficie:** 124 mi²; 320 km²
**Clima:** mediterráneo; inviernos benignos y lluviosos y veranos calurosos y secos
**Población:** 392,000
**Grupos étnicos principales:** malteses (descendientes de los antiguos cartagineses y fenicios mezclados con otros grupos mediterráneos)
**Religiones principales:** cristianismo
**Gobierno:** democracia parlamentaria
**Moneda:** 1 libra maltesa (LM) = 100 centavos
**Exportaciones principales:** maquinaria y equipo de transporte, productos manufacturados
**Lenguas principales:** maltés e inglés

## Mónaco

**Capital:** Mónaco
**Superficie:** . 0.73 mi²; 1.9 km²
**Clima:** mediterráneo; inviernos benignos y lluviosos y veranos calurosos y secos
**Población:** 32,000
**Grupos étnicos principales:** franceses, monegascos, italianos
**Religiones principales:** cristianismo
**Gobierno:** monarquía constitucional
**Moneda:** 1 franco francés (F) = 100 céntimos
**Exportaciones principales:** exportaciones a través de Francia
**Lenguas principales:** francés (oficial), inglés, italiano y monegasco

## Países Bajos

**Capital:** Amsterdam

**Superficie:** 16,036 mi$^2$; 41,532 km$^2$

**Clima:** templado; veranos frescos e inviernos benignos

**Población:** 15.9 millones

**Grupos étnicos principales:** holandeses

**Religiones principales:** cristianismo

**Gobierno:** monarquía constitucional

**Moneda:** 1 guilder, gulden o florín holandés (f) = 100 centavos

**Exportaciones principales:** maquinaria y equipo, productos químicos, combustibles, alimentos

**Lenguas principales:** holandés

## Noruega

**Capital:** Oslo

**Superficie:** 125,186 mi$^2$; 324,220 km$^2$

**Clima:** templado en el litoral (moderado por la cálida corriente del Atlántico septentrional); más frío tierra adentro; subártico en el extremo norte; lluvioso todo el año en la costa occidental

**Población:** 4.5 millones

**Grupos étnicos principales:** noruegos (nórdicos, alpinos, bálticos), lapones

**Religiones principales:** cristianismo

**Gobierno:** monarquía constitucional

**Moneda:** 1 corona noruega (krone, NKr) = 100 oere

**Exportaciones principales:** petróleo y productos de petróleo, maquinaria y equipo, metales, productos químicos

**Lenguas principales:** noruego (oficial), lapón y finlandés

## Portugal

**Capital:** Lisboa

**Superficie:** 35,553 mi$^2$; 92,080 km$^2$

**Clima:** templado; fresco y lluvioso en el norte y más cálido y seco en el sur

**Población:** 10 millones

**Grupos étnicos principales:** portugueses (mediterráneos mixtos)

**Religiones principales:** cristianismo

**Gobierno:** democracia parlamentaria

**Moneda:** 1 escudo portugués (Esc) = 100 centavos

**Exportaciones principales:** ropa y calzado, maquinaria y productos químicos

**Lenguas principales:** portugués

## San Marino

**Capital:** San Marino

**Superficie:** 23 mi$^2$; 60 km$^2$

**Clima:** mediterráneo; inviernos benignos y veranos cálidos

**Población:** 27,000

**Grupos étnicos principales:** sanmarineses, italianos

**Religiones principales:** cristianismo

**Gobierno:** república

**Moneda:** 1 lira italiana (Lit) = 100 centesimi

**Exportaciones principales:** piedra de construcción, cal, madera y castañas

**Lenguas principales:** italiano

## España

**Capital:** Madrid

**Superficie:** 194,892 mi$^2$; 504,750 km$^2$

**Clima:** templado; veranos calurosos y secos en la región central; más frescos y lluviosos en el norte; subtropical en el litoral mediterráneo

**Población:** 40 millones

**Grupos étnicos principales:** español (mezcla de mediterráneos y nórdicos)

**Religiones principales:** cristianismo

**Gobierno:** monarquía parlamentaria

**Moneda:** 1 peseta (Pta) = 100 céntimos

**Exportaciones principales:** maquinaria, vehículos de motor, alimentos

**Lenguas principales:** español, catalán, gallego y vasco

## Suecia

**Capital:** Estocolmo

**Superficie:** 173,738 mi$^2$; 449,964 km$^2$

**Clima:** templado en el sur (moderado por la corriente del Atlántico septentrional); subártico en el norte; lluvias escasas excepto en las montañas más altas; fuertes nevadas en las regiones del norte y del centro

**Población:** 8.9 millones

**Grupos étnicos principales:** suecos

**Religiones principales:** cristianismo

**Gobierno:** monarquía constitucional

**Moneda:** 1 corona sueca (krone, SKr) = 100 oere

**Exportaciones principales:** maquinaria, vehículos de motor y productos de papel

**Lenguas principales:** sueco, lapón y finlandés

## Suiza

**Capital:** Berna

**Superficie:** 15,943 mi$^2$; 41,290 km$^2$

**Clima:** templado en la meseta y en los valles más bajos; lluvias moderadas; más frío y lluvioso en las montañas; fuertes nevadas en el invierno

**Población:** 7.3 millones

**Grupos étnicos principales:** alemanes, franceses e italianos

**Religiones principales:** cristianismo

**Gobierno:** república federal

**Moneda:** 1 franco suizo (SFR) = 100 céntimos, rappen o centesimi

**Exportaciones principales:** maquinaria, productos químicos, metales, relojes

**Lenguas principales:** alemán, francés, italiano, ladino o romanche y diversas lenguas

## Reino Unido

**Capital:** Londres

**Superficie:** 94,529 mi$^2$; 244,820 km$^2$

**Clima:** templado; benigno, frecuentemente lluvioso y frío; más fresco y lluvioso en las tierras altas

**Población:** 59.5 millones

**Grupos étnicos principales:** ingleses, escoceses, irlandeses, galeses

**Religiones principales:** cristianismo

**Gobierno:** monarquía constitucional

**Moneda:** 1 libra (pound) británica = 100 pence

**Exportaciones principales:** productos manufacturados, combustibles, productos químicos, alimentos, bebidas

**Lenguas principales:** inglés, galés y gaélico escocés

## Albania

**Capital:** Tirana

**Superficie:** 11,101 mi²; 28,750 km²

**Clima:** mediterráneo; lluvioso, inviernos templados y calurosos, veranos secos en la costa; más húmedo al norte

**Población:** 3.5 millones

**Grupos étnicos principales:** albaneses

**Religiones principales:** Islam, cristianismo

**Gobierno:** democracia emergente

**Moneda:** 1 lek = 100 quintares

**Exportaciones principales:** asfalto, metales y menos de metal, y electricidad

**Lenguas principales:** albanés, dialecto tosko y griego

## Armenia

**Capital:** Ereván

**Superficie:** 11,506 mi²; 29,800 km²

**Clima:** continental; inviernos moderados y largos, veranos calurosos; árido en las llanuras

**Población:** 3.3 millones

**Grupos étnicos principales:** armenios

**Religiones principales:** cristianismo

**Gobierno:** república

**Moneda:** 1 rublo = 100 lumas

**Exportaciones principales:** diamante, metal de desecho, maquinaria y equipo

**Lenguas principales:** armenio y ruso

## Azerbaiján

**Capital:** Bakú

**Superficie:** 33,438 mi²; 86,600 km²

**Clima:** subtropical seco, con inviernos templados, veranos calurosos y largos

**Población:** 7.7 millones

**Grupos étnicos principales:** azerís

**Religiones principales:** Islam

**Gobierno:** república

**Moneda:** 1 manat = 100 gopiks

**Exportaciones principales:** petróleo y gas, maquinaria, algodón

**Lenguas principales:** azerí, ruso y armenio

**CLAVE**

—— frontera nacional

⊛ capital nacional

Proyección: Área equivalente Azimutal Lambert

## Bielorrusia

**Capital:** Minsk

**Superficie:** 79,926 mi²; 207,600 km²

**Clima:** continental, inviernos fríos y veranos frescos, con alta humedad

**Población:** 10.4 millones

**Grupos étnicos principales:** bielorrusos

**Religiones principales:** cristianismo

**Gobierno:** república

**Moneda:** 1 rublo bielorruso (RB)

**Exportaciones principales:** maquinaria y equipo de transportación

**Lenguas principales:** bielorruso y ruso

## Bosnia-Herzegovina

**Capital:** Sarajevo

**Superficie:** 19,782 mi²; 51,233 km²

**Clima:** continental; inviernos fríos, veranos calurosos; más fresco, más fuerte en montañas; inviernos lluviosos y templados en la costa

**Población:** 3.8 millones

**Grupos étnicos principales:** serbios, croatas

**Religiones principales:** Islam, cristianismo

**Gobierno:** democracia emergente

**Moneda:** 1 marka convertible = 100 pfennigas convertibles

**Exportaciones principales:** ninguna

**Lenguas principales:** croata, serbio, bosnio

## Bulgaria

**Capital:** Sofía

**Superficie:** 42,824 mi²; 110,910 km²

**Clima:** continental; inviernos fríos, veranos calurosos

**Población:** 7.8 millones

**Grupos étnicos principales:** búlgaros

**Religiones principales:** cristianismo

**Gobierno:** democracia parlamentaria

**Moneda:** 1 lev (Lv) = 100 stotinkis

**Exportaciones principales:** maquinaria y productos agrícolas

**Lenguas principales:** búlgaro

## Croacia

**Capital:** Zagreb

**Superficie:** 21,830 mi²; 56,538 km²

**Clima:** continental; inviernos fríos, veranos calurosos; mediterráneo en la costa, con inviernos templados y veranos secos

**Población:** 4.3 millones

**Grupos étnicos principales:** croatas, serbios

**Religiones principales:** cristianismo

**Gobierno:** democracia parlamentaria presidencial

**Moneda:** 1 kuna croata (HRK) = 100 lipas

**Exportaciones principales:** textiles, productos químicos, productos alimenticios, combustible

**Lenguas principales:** croata

## República Checa

**Capital:** Praga

**Superficie:** 30,388 mi²; 78,703 km²

**Clima:** templado; inviernos fríos, nublados y húmedos, veranos frescos

**Población:** 10.3 millones

**Grupos étnicos principales:** checos

**Religiones principales:** cristianismo

**Gobierno:** democracia parlamentaria

**Moneda:** 1 corona checa (Kc) = 100 haleru

**Exportaciones principales:** maquinaria y equipo de transportación, productos manufacturados

**Lenguas principales:** checo y eslovaco

## Estonia

**Capital:** Tallin
**Superficie:** 17,414 mi$^2$; 45,100 km$^2$
**Clima:** marítimo; inviernos moderados y húmedos, veranos frescos
**Población:** 1.4 millones
**Grupos étnicos principales:** estonios, rusos
**Religiones principales:** cristianismo
**Gobierno:** democracia parlamentaria
**Moneda:** 1 corona estonia (EEK) = 100 sents
**Exportaciones principales:** textiles, productos alimenticios, vehículos, metales
**Lenguas principales:** estonio, letón, lituano y ruso

## Georgia

**Capital:** Tbilisi
**Superficie:** 26,912 mi$^2$; 69,700 km$^2$
**Clima:** continental; invierno frío y húmedo, verano fresco en las montañas; invierno frío, verano caluroso en el extremo este, subtropical en la costa
**Población:** 5 millones
**Grupos étnicos principales:** georgianos
**Religiones principales:** cristianismo
**Gobierno:** república
**Moneda:** 1 lari (GEL) = 100 tetry
**Exportaciones principales:** cítricos, té y vino
**Lenguas principales:** georgiano, ruso, armenio, azerí y varios más

## Hungría

**Capital:** Budapest
**Superficie:** 35,920 mi$^2$; 93,030 km$^2$
**Clima:** templado; inviernos fríos y húmedos, veranos cálidos
**Población:** 10.1 millones
**Grupos étnicos principales:** húngaros
**Religiones principales:** cristianismo
**Gobierno:** democracia parlamentaria
**Moneda:** 1 florín (Ft) = 100 fillers
**Exportaciones principales:** maquinaria y equipo, productos manufacturados, combustibles
**Lenguas principales:** húngaro

## Letonia

**Capital:** Riga
**Superficie:** 24,750 mi$^2$; 64,100 km$^2$
**Clima:** marítimo; inviernos templados y veranos frescos; húmedo
**Población:** 2.4 millones
**Grupos étnicos principales:** letones y rusos
**Religiones principales:** cristianismo
**Gobierno:** democracia parlamentaria
**Moneda:** 1 lat letón (LVL) = 100 santims
**Exportaciones principales:** madera y productos de madera, maquinaria y equipo, metales
**Lenguas principales:** letón, lituano, ruso y varios más

## Lituania

**Capital:** Vilnius
**Superficie:** 25,175 mi$^2$; 65,200 km$^2$
**Clima:** marítimo; inviernos templados y veranos frescos
**Población:** 3.6 millones
**Grupos étnicos principales:** lituanos
**Religiones principales:** cristianismo
**Gobierno:** democracia parlamentaria
**Moneda:** 1 litas lituana = 100 centas
**Exportaciones principales:** maquinaria y equipo, productos minerales, textiles y vestido, productos químicos, alimentos
**Lenguas principales:** lituano, polaco y ruso

## Macedonia

**Capital:** Skopje
**Superficie:** 9,781 mi$^2$; 25,333 km$^2$
**Clima:** continental; invierno frío, verano caluroso y seco; templado en valles y cuencas de ríos
**Población:** 2 millones
**Grupos étnicos principales:** eslavos macedonios, albaneses
**Religiones principales:** cristianismo, Islam
**Gobierno:** democracia emergente
**Moneda:** 1 dinar macedonio (MKD) = 100 denis
**Exportaciones principales:** productos manufacturados y maquinaria
**Lenguas principales:** macedonio, albanés, turco, serbio, gitano y varios más

## Moldavia

**Capital:** Chisinau
**Superficie:** 13,012 mi$^2$; 33,700 km$^2$
**Clima:** continental; inviernos templados, veranos cálidos
**Población:** 4.4 millones
**Grupos étnicos principales:** moldavos, ucranianos, rusos
**Religiones principales:** cristianismo
**Gobierno:** república
**Moneda:** 1 leu moldavo (MLD) (lei en plural)
**Exportaciones principales:** alimentos, vino y tabaco
**Lenguas principales:** moldavo (oficial), ruso y dialecto gagauzo

## Polonia

**Capital:** Varsovia
**Superficie:** 120,731 mi$^2$; 312,680 km$^2$
**Clima:** templado; verano templado, lluvioso, e invierno frío
**Población:** 38.6 millones
**Grupos étnicos principales:** polacos
**Religiones principales:** cristianismo
**Gobierno:** república
**Moneda:** 1 zloty (Zl) = 100 groszy
**Exportaciones principales:** productos manufacturados y químicos, maquinaria y equipo, alimentos y animales
**Lenguas principales:** polaco

## Rumania

**Capital:** Bucarest
**Superficie:** 91,702 mi$^2$; 237,500 km$^2$
**Clima:** templado; invierno frío, nublado y con nieve, verano cálido y soleado
**Población:** 22.4 millones
**Grupos étnicos principales:** rumanos
**Religiones principales:** cristianismo
**Gobierno:** república
**Moneda:** 1 leu (L) = 100 bani
**Exportaciones principales:** textiles y calzado, metales y productos de metal, maquinaria y equipo, minerales y combustible
**Lenguas principales:** rumano, húngaro y alemán

## Serbia Montenegro

**Capital:** Belgrado
**Superficie:** 39,436 mi$^2$; 102,350 km$^2$
**Clima:** continental en región del norte (inviernos fríos y veranos calurosos y húmedos); mediterráneo en el sur y en la costa sur (invierno templado y verano caluroso y seco); invierno más frío en el interior
**Población:** 10.7 millones
**Grupos étnicos principales:** serbios, albaneses, montenegrinos
**Religiones principales:** cristianismo, Islam
**Gobierno:** república
**Moneda:** 1 nuevo dinar yugoslavo (YD) = 100 paras; Montenegro legalizó el marco alemán junto con el dinar yugoslavo
**Exportaciones principales:** productos manufacturados, alimentos y animales, materia prima
**Lenguas principales:** serbio y albanés

## Eslovaquia

**Capital:** Bratislava
**Superficie:** 18,860 mi$^2$; 48,845 km$^2$
**Clima:** templado; inviernos fríos y veranos calurosos
**Población:** 5.4 millones
**Grupos étnicos principales:** eslovacos, húngaros
**Religiones principales:** cristianismo
**Gobierno:** democracia parlamentaria
**Moneda:** 1 koruna (SK) = 100 halierov
**Exportaciones principales:** maquinaria y equipo de transporte, productos manufacturados, productos químicos
**Lenguas principales:** eslovaco y húngaro

## Eslovenia

**Capital:** Ljubljana
**Superficie:** 7,837 mi$^2$; 20,296 km$^2$
**Clima:** continental en su mayor parte; inviernos crudos, veranos lluviosos en las montañas; más moderado en el este; mediterráneo en el litoral
**Población:** 1.9 millones
**Grupos étnicos principales:** eslovenos
**Religiones principales:** cristianismo
**Gobierno:** república democrática parlamentaria
**Moneda:** 1 tolar (SIT) = 100 stotins
**Exportaciones principales:** productos manufacturados, maquinaria y equipo de transporte, productos químicos
**Lenguas principales:** esloveno, serbocroata y varios más

## Ucrania

**Capital:** Kiev
**Superficie:** 233,098 mi$^2$; 603,700 km$^2$
**Clima:** continental en su mayor parte; inviernos fríos y veranos cálidos; mediterráneo en el extremo sur
**Población:** 49.2 millones
**Grupos étnicos principales:** ucranianos, rusos
**Religiones principales:** cristianismo
**Gobierno:** república
**Moneda:** 1 grivna = 100 kopiykas
**Exportaciones principales:** metales, combustibles y productos de petróleo, maquinaria y equipo de transporte, productos alimenticios
**Lenguas principales:** ucraniano, ruso, rumano, polaco y húngaro

# Rusia: división política

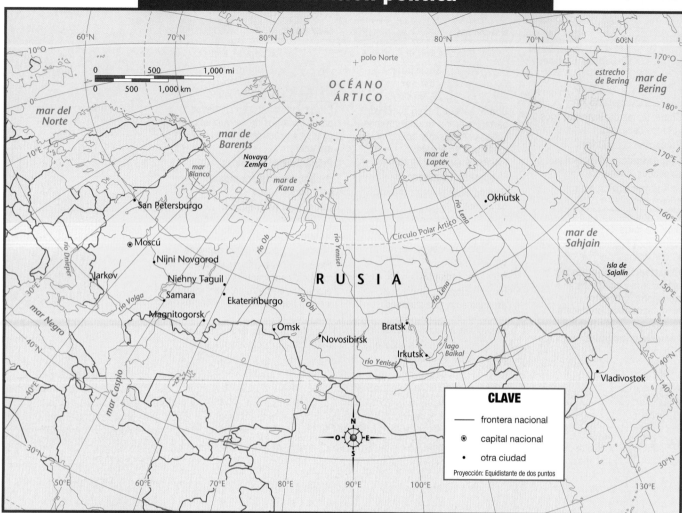

Mapa de Rusia con las siguientes ubicaciones:

- polo Norte
- OCÉANO ÁRTICO
- mar de Barents
- mar del Norte
- mar Blanco
- Novaya Zemlya
- mar de Kara
- mar de Laptev
- estrecho de Bering
- mar de Bering
- San Petersburgo
- Moscú
- Nijni Novgorod
- Jarkov
- Niehny Taguil
- Samara
- Magnitogorsk
- Ekaterinburgo
- Omsk
- Novosibirsk
- Bratsk
- Irkutsk
- lago Baikal
- Okhutsk
- mar de Sahjain
- isla de Sajalín
- Vladivostok
- RUSIA
- río Ob
- río Yenisei
- río Obi
- río Lena
- río Volga
- mar Negro
- mar Caspio
- río Dnieper
- Círculo Polar Ártico

**CLAVE**

— frontera nacional
⊛ capital nacional
• otra ciudad

Proyección: Equidistante de dos puntos

## Rusia

**Capital:** Moscú

**Superficie:** 6,952,996 mi²; 17,075,200 km²

**Clima:** húmedo continental en la mayor parte; inviernos largos y fríos; veranos cortos y frescos; templado en el sur; subártico en el norte; tundra muy al norte

**Población:** 146 millones

**Grupos étnicos principales:** rusos, tatar, ucranianos

**Religiones principales:** cristianismo, islamismo

**Gobierno:** federación

**Moneda:** 1 rublo (R) = 100 kópecs

**Exportaciones principales:** petróleo y productos de petróleo, gas natural, madera y productos de madera

**Lenguas principales:** ruso y varios idiomas

# África del Norte: división política

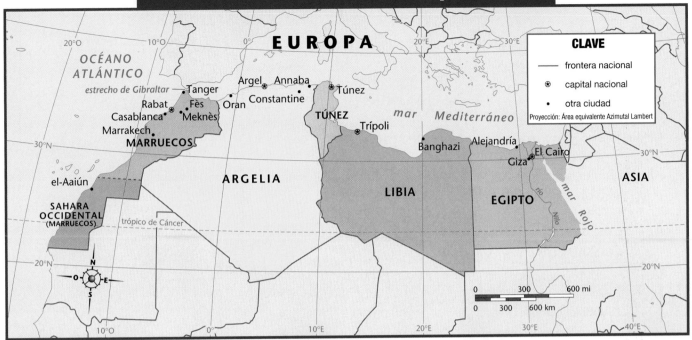

EUROPA

OCÉANO ATLÁNTICO

estrecho de Gibraltar — Tanger

Argel · Annaba

Constantine

Túnez

mar Mediterráneo

Rabat · Fès

Oran

Casablanca · Meknès

Marrakech

MARRUECOS

TÚNEZ

Trípoli

Banghazi

Alejandría

el-Aaiún

ARGELIA

LIBIA

Giza · El Cairo

EGIPTO

SAHARA OCCIDENTAL (MARRUECOS)

trópico de Cáncer

río Nilo

mar Rojo

ASIA

30°N

20°N

**CLAVE**

— frontera nacional

⊛ capital nacional

· otra ciudad

Proyección: Área equivalente Azimutal Lambert

0    300    600 mi
0    300    600 km

## Argelia

**Capital:** Argel
**Superficie:** 919,626 mi$^2$; 2,381,740 km$^2$
**Clima:** árido en el Sahara; semiárido en la costa; seco, con inviernos fríos y veranos calurosos en meseta
**Población:** 31.2 millones
**Grupos étnicos principales:** árabe-beréberes
**Religiones principales:** Islam
**Gobierno:** república
**Moneda:** 1 dinar argelino = 100 céntimos
**Exportaciones principales:** petróleo y sus derivados, gas natural
**Lenguas principales:** árabe (oficial), francés y dialectos

## Libia

**Capital:** Trípoli
**Superficie:** 679,385 mi$^2$; 1,759,540 km$^2$
**Clima:** templado en la costa; extremadamente caluroso y desértico en el interior
**Población:** 5.1 millones
**Grupos étnicos principales:** beréberes, árabes
**Religiones principales:** Islam
**Gobierno:** jamahiriya (un estado de las masas); en teoría gobernado por el pueblo mediante consejos locales, pero en realidad bajo control de dictadura militar
**Moneda:** 1 dinar libio = 100 dirhams
**Exportaciones principales:** petróleo crudo y productos refinados
**Lenguas principales:** árabe, italiano e inglés

## Marruecos

**Capital:** Rabat
**Superficie:** 172,420 mi$^2$; 446,550 km$^2$
**Clima:** mediterráneo; extremoso en el interior
**Población:** 30.1 millones
**Grupos étnicos principales:** árabes, beréberes
**Religiones principales:** Islam
**Gobierno:** monarquía constitucional
**Moneda:** 1 dirham marroquí = 100 céntimos
**Exportaciones principales:** : fosfatos y fertilizantes, alimentos y bebidas, minerales
**Lenguas principales:** árabe (oficial), dialectos beréberes y francés

## Túnez

**Capital:** Túnez
**Superficie:** 63,172 mi$^2$; 163,610 km$^2$
**Clima:** templado en el norte con inviernos moderados y lluviosos; veranos secos y calurosos; desértico en el sur
**Población:** 9.6 millones
**Grupos étnicos principales:** árabes
**Religiones principales:** Islam
**Gobierno:** república
**Moneda:** 1 dinar tuniciano (DT) = 1,000 milésimos
**Exportaciones principales:** textiles, productos mecánicos, fosfatos y químicos, productos agrícolas
**Lenguas principales:** árabe y francés

## Egipto

**Capital:** El Cairo
**Superficie:** 386,675 mi$^2$; 1,001,450 km$^2$
**Clima:** árido
**Población:** 68.3 millones
**Grupos étnicos principales:** egipcios, beduinos, beréberes
**Religiones principales:** Islam
**Gobierno:** república
**Moneda:** 1 libra egipcia = 100 piasters
**Exportaciones principales:** petróleo crudo y sus derivados, algodón, textiles
**Lenguas principales:** árabe, inglés y francés

# África occidental: división política

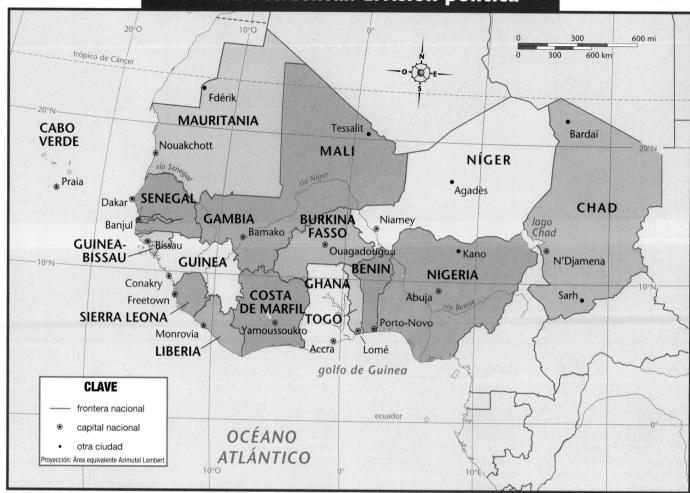

20°O  10°O  0°

trópico de Cáncer

Fdérik

**MAURITANIA**

Nouakchott

20°N

**CABO VERDE**

Praia

Tessalit

**MALI**

río Senegal

río Níger

**NÍGER**

Agadès

Bardaï

20°N

Dakar **SENEGAL**

**GAMBIA**

Banjul

Bamako

**BURKINA FASSO**

Niamey

**CHAD**

lago Chad

Bissau

**GUINEA-BISSAU**

**GUINEA**

Ouagadougou

Kano

N'Djamena

10°N

Conakry

Freetown

**SIERRA LEONA**

Monrovia

**LIBERIA**

**COSTA DE MARFIL**

Yamoussoukro

**GHANA**

Accra

**BENIN**

**TOGO**

Lomé

Abuja

**NIGERIA**

Porto-Novo

río Benue

Sarh

10°N

golfo de Guinea

ecuador

0°

**OCÉANO ATLÁNTICO**

10°O  0°  10°E

## CLAVE
— frontera nacional
⊛ capital nacional
• otra ciudad

Proyección: Área equivalente Azimutal Lambert

0  300  600 mi
0  300  600 km

---

## Benin

**Capital:** Porto Novo
**Superficie:** 43,484 mi²; 112,620 km²

**Clima:** tropical; caluroso y húmedo en el sur; semiárido en el norte

**Población:** 6.4 millones

**Grupos étnicos principales:** fon, adja, yoruba, bariba

**Religiones principales:** religiones africanas tradicionales

**Gobierno:** república con gobierno democrático multipartidista

**Moneda:** 1 franco CFA = 100 céntimos

**Exportaciones principales:** algodón, petróleo crudo, productos de palma y cacao

**Lenguas principales:** francés (oficial), fon, yaruba y al menos 6 idiomas más

## Burkina Faso

**Capital:** Ouagadougou
**Superficie:** 105,873 mi²; 274,200 km²

**Clima:** tropical; caluroso con inviernos secos y veranos calientes y húmedos

**Población:** 11.9 millones

**Grupos étnicos principales:** mossi, gurunsi, senufo, lobi

**Religiones principales:** religiones africanas tradicionales, Islam

**Gobierno:** democracia presidencial, asamblea nacional

**Moneda:** 1 franco CFA = 100 céntimos

**Exportaciones principales:** algodón, oro y productos animales

**Lenguas principales:** francés (oficial) e idiomas sudánicos

## Cabo Verde

**Capital:** Praia
**Superficie:** 1,556 mi²; 4,030 km²

**Clima:** tropical con veranos cálidos y secos; muy poca precipitación

**Población:** 400,000

**Grupos étnicos principales:** mezcla de africanos y europeos

**Religiones principales:** mezcla de cristianismo y religiones africanas tradicionales

**Gobierno:** república

**Moneda:** 1 escudo de Cabo Verde (Esc CV) = 100 centavos

**Exportaciones principales:** combustible, zapatos, ropa, pescado, bananas, pieles

**Lenguas principales:** portugués y criollo

## Chad

**Capital:** N´Djamena
**Superficie:** 495,772 mi²; 1,284,000 km²

**Clima:** tropical en el sur; desértico en el norte

**Población:** 8.4 millones

**Grupos étnicos principales:** árabes, toubou, hadjerai, sara, ngambaye, mbaye y otros grupos africanos indígenas

**Religiones principales:** Islam, cristianismo y religiones africanas tradicionales

**Gobierno:** república

**Moneda:** 1 franco CFA = 100 céntimos

**Exportaciones principales:** algodón, ganado y textiles

**Lenguas principales:** francés, árabe, sara, sango y más de 100 dialectos

## Costa de Marfil

 **Capital:** Yamoussoukro
**Superficie:** 124,507 mi$^2$; 322,460 km$^2$

**Clima:** tropical en la costa; semiárido en el extremo norte

**Población:** 16 millones

**Grupos étnicos principales:** baoule, bete, senoufou, malinke

**Religiones principales:** cristianismo, religiones africanas tradicionales, Islam

**Gobierno:** república; régimen presidencial multipartidista establecido en 1960

**Moneda:** 1 franco CFA = 100 céntimos

**Exportaciones principales:** cacao, café, maderas tropicales y petróleo

**Lenguas principales:** francés, dioula y otros 59 dialectos

## Gambia

**Capital:** Banjul
**Superficie:** 4,363 mi$^2$; 11,300 km$^2$

**Clima:** subtropical; caluroso en la temporada de lluvias y fresco en la temporada sin lluvias

**Población:** 1.4 millones

**Grupos étnicos principales:** mandinka, fula, wolof, jola, serahuli

**Religiones principales:** Islam

**Gobierno:** república con gobierno democrático multipartidista

**Moneda:** 1 dalasi = 100 butut

**Exportaciones principales:** cacahuates y sus derivados, pescado

**Lenguas principales:** inglés, mandinka, wolof, fula y otros idiomas

## Ghana

**Capital:** Accra
**Superficie:** 92,104 mi$^2$; 238,540 km$^2$

**Clima:** tropical; caluroso y húmedo en el suroeste; caluroso y seco en el norte; cálido y seco en la costa del sureste

**Población:** 19.5 millones

**Grupos étnicos principales:** akan, moshi-dagomba, ewe, ga

**Religiones principales:** religiones africanas tradicionales, Islam, cristianismo

**Gobierno:** democracia constitucional

**Moneda:** 1 nuevo cedi = 100 pesewas

**Exportaciones principales:** cacao, oro, madera para construcción, atún y bauxita

**Lenguas principales:** inglés, akan, moshi-dagomba, ewe y ga

## Guinea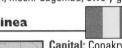

**Capital:** Conakry
**Superficie:** 94,930 mi$^2$; 245,860 km$^2$

**Clima:** caluroso y húmedo en la mayor parte del país; temporada de lluvias monzónica; temporada seca

**Población:** 7.5 millones

**Grupos étnicos principales:** peuhl, malinke, soussou

**Religiones principales:** Islam

**Gobierno:** república

**Moneda:** 1 franco guineano = 100 céntimos

**Exportaciones principales:** bauxita, alúmina, diamantes, oro y café

**Lenguas principales:** francés y varios más

## Guinea Bissau

**Capital:** Bissau
**Superficie:** 13,946 mi$^2$; 36,210 mi$^2$

**Clima:** tropical; caluroso y húmedo en la mayor parte del país; temporada de lluvias monzónica; temporada sin lluvia

**Población:** 1.3 millones

**Grupos étnicos principales:** balanta, fula, manjaca, mandinga, papel

**Religiones principales:** religiones africanas tradicionales, Islam

**Gobierno:** república multipartidista desde mediados de 1991

**Moneda:** 1 franco CFA = 100 céntimos

**Exportaciones principales:** almendras, camarón, cacahuate y semillas de palma

**Lenguas principales:** portugués, criollo y varios más

## Liberia

**Capital:** Monrovia
**Superficie:** 43,002 mi$^2$; 111,370 km$^2$

**Clima:** tropical; caluroso y húmedo, con inviernos secos y veranos húmedos y nublados

**Población:** 3.2 millones

**Grupos étnicos principales:** kpelle, bassa, gio, kru

**Religiones principales:** religiones africanas tradicionales, cristianismo, Islam

**Gobierno:** república

**Moneda:** 1 dólar liberiano = 100 centavos

**Exportaciones principales:** diamantes, mineral de hierro, caucho, madera para construcción y café

**Lenguas principales:** inglés (oficial) y otros 20 idiomas étnicos

## Mali

**Capital:** Bamako
**Superficie:** 478,783 mi$^2$; 1,240,000 km$^2$

**Clima:** árido en el norte; semiárido en el sur

**Población:** 10.7 millones

**Grupos étnicos principales:** bambara, malinke, soninke, peuhl, valtaicos

**Religiones principales:** Islam

**Gobierno:** república

**Moneda:** 1 franco CFA = 100 céntimos

**Exportaciones principales:** algodón, ganado vivo y oro

**Lenguas principales:** francés, bambara y varios más

## Mauritania

**Capital:** Nouakchott
**Superficie:** 397,969 mi$^2$; 1,030,700 km$^2$

**Clima:** desértico; siempre caluroso, seco y polvoriento

**Población:** 2.7 millones

**Grupos étnicos principales:** mezcla de mauritanos y nativos

**Religiones principales:** Islam

**Gobierno:** república

**Moneda:** 1 ouguiya = 5 khoums

**Exportaciones principales:** mineral de hierro, pescado y sus derivados

**Lenguas principales:** inglés (oficial), mende, temne y krio

## Niger

**Capital:** Niamey

**Superficie:** 489,208 mi$^2$; 1,267,000 km$^2$

**Clima:** desértico; muy caluroso, seco, tropical en el extremo sur

**Población:** 10.1 millones

**Grupos étnicos principales:** hausa, djerma

**Religiones principales:** Islam

**Gobierno:** república

**Moneda:** franco CFA = 100 céntimos

**Exportaciones principales:** Uranio y productos ganaderos

**Lenguas principales:** francés (oficial), hausa, y djerma

## Nigeria

**Capital:** Abuja

**Superficie:** 356,682 mi$^2$; 923,770 km$^2$

**Clima:** tropical, árido en el norte

**Población:** 123.3 millones

**Grupos étnicos principales:** hausa, fulani, yoruba, igbo, ijaw

**Religiones principales:** Islam, cristianismo

**Gobierno:** república con transición de un gobierno militar a uno civil

**Moneda:** naira = 100 kobo

**Exportaciones principales:** petróleo crudo y productos de petróleo refinado

**Lenguas principales:** inglés (oficial), hausa, yoruba, igbo y fulani

## Senegal

**Capital:** Dakar

**Superficie:** 75,752 mi$^2$; 196,190 km$^2$

**Clima:** tropical; caluroso, húmedo; la temporada lluviosa presenta vientos fuertes del sureste; seco, dominado por vientos calurosos

**Población:** 10 millones

**Grupos étnicos principales:** wolof, pular, serer

**Religiones principales:** Islam

**Gobierno:** república con gobierno democrático multipartidista

**Moneda:** 1 franco CFA = 100 céntimos

**Exportaciones principales:** pescado, cacahuates y productos de petróleo refinado

**Lenguas principales:** francés (oficial), wolof, pulaar, jola, y mandinka

## Sierra Leona

**Capital:** Freetown

**Superficie:** 27,700 mi$^2$; 71,740 km$^2$

**Clima:** tropical; caluroso, húmedo, veranos lluviosos e inviernos secos

**Población:** 5.2 millones

**Grupos étnicos principales:** temne, mende

**Religiones principales:** Islam, religiones africanas tradicionales

**Gobierno:** democracia constitucional

**Moneda:** 1 león = 100 centavos

**Exportaciones principales:** diamantes, rutilo, cacao, café y pescado

**Lenguas principales:** inglés (oficial), mende, temme y krio

## Togo

**Capital:** Lomé

**Superficie:** 21,927 mi$^2$; 56,790 km$^2$

**Clima:** tropical, caluroso, húmedo en el sur; semiárido en el norte

**Población:** 5 millones

**Grupos étnicos principales:** ewe, mina, kabre

**Religiones principales:** religiones africanas tradicionales, cirstianismo

**Gobierno:** república en transición a democracia multipartidista

**Moneda:** 1 franco CFA = 100 céntimos

**Exportaciones principales:** fosfatos, algodón, cacao y café

**Lenguas principales:** francés, ewe y mina, dagomba y kabye

# África oriental: división política

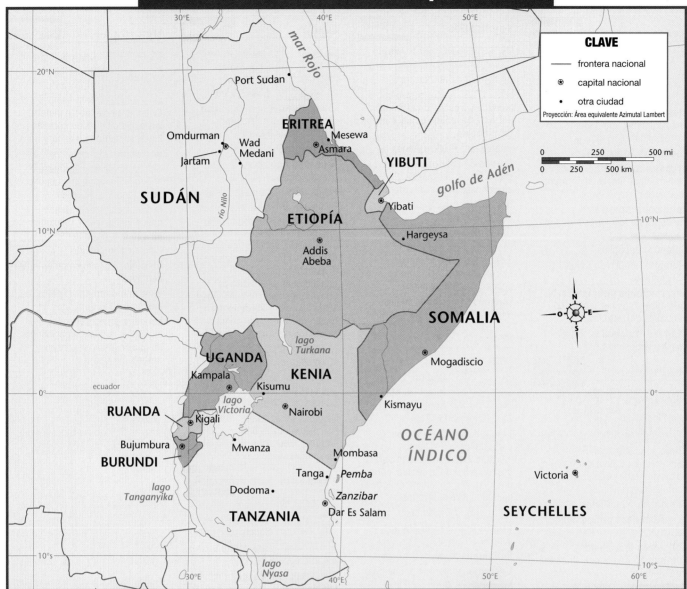

**CLAVE**
— frontera nacional
⊛ capital nacional
• otra ciudad
Proyección: Área equivalente Azimutal Lambert

0   250   500 mi
0   250   500 km

Port Sudan
Omdurman
Jartam
Wad Medani
SUDÁN
río Nilo
mar Rojo
ERITREA
Mesewa
Asmara
YIBUTI
Yibati
golfo de Adén
ETIOPÍA
Addis Abeba
Hargeysa
SOMALIA
Mogadiscio
lago Turkana
UGANDA
Kampala
Kisumu
KENIA
Kismayu
RUANDA
Kigali
lago Victoria
Nairobi
OCÉANO ÍNDICO
Bujumbura
Mwanza
Mombasa
BURUNDI
Tanga
Pemba
Victoria ⊛
lago Tanganyika
Dodoma
Zanzibar
SEYCHELLES
lago Nyasa
TANZANIA
Dar Es Salam
ecuador

## Burundi

**Capital:** Bujumbura
**Superficie:** 10,746 mi$^2$; 27,830 km$^2$
**Clima:** tropical; temperatura moderada por altitud; temporadas húmedas y secas alternadas
**Población:** 6 millones
**Grupos étnicos principales:** hutu, tutsi, twa
**Religiones principales:** cristianismo, religiones africanas tradicionales, Islam
**Gobierno:** república
**Moneda:** 1 franco de burundi = 100 céntimos
**Exportaciones principales:** café, té, azúcar, algodón y pieles
**Lenguas principales:** kirundi, francés y suahili

## Yibuti

**Capital:** Yibuti
**Superficie:** 8,495 mi$^2$; 22,000 km$^2$
**Clima:** desértico; extremadamente caluroso y seco
**Población:** 451,000
**Grupos étnicos principales:** somalíes, afar
**Religiones principales:** Islam
**Gobierno:** república
**Moneda:** 1 franco de Yibuti = 100 céntimos
**Exportaciones principales:** pieles y café
**Lenguas principales:** francés, árabe, somalí y afar

## Eritrea

**Capital:** Asmara
**Superficie:** 46,844 mi$^2$; 121,320 km$^2$
**Clima:** caluroso y seco en la franja desértica del mar Rojo; fresco y húmedo en las tierras altas del centro; semiárido en las tierras bajas del occidente
**Población:** 4.1 millones
**Grupos étnicos principales:** tigrinya, tigre y kunama
**Religiones principales:** Islam, cristianismo
**Gobierno:** de transición
**Moneda:** 1 nafka = 100 centavos
**Exportaciones principales:** ganado vivo, sorgo, textiles
**Lenguas principales:** afar, amhárico, árabe, tigre, kunama, tigrinya y dialectos cushíticos

## Etiopía

**Capital:** Addis Abeba
**Superficie:** 435,201 mi$^2$; 1,127,127 km$^2$
**Clima:** subtropical en el altiplano central; varía según la altitud
**Población:** 64.1 millones
**Grupos étnicos principales:** oromo, amhara, tigre, sidamo, shankella y somalíes
**Religiones principales:** Islam, cristianismo
**Gobierno:** república federal
**Moneda:** 1 birr = 100 centavos
**Exportaciones principales:** café, productos de cuero y oro
**Lenguas principales:** amhárico, tigrinya, orominga, guaraginga, somalí, árabe, inglés y varios más

## Kenia

**Capital:** Nairobi
**Superficie:** 224,970 mi²; 582,650 km²

**Clima:** húmedo en la costa; seco en el altiplano; templado en las tierras altas

**Población:** 30.3 millones

**Grupos étnicos principales:** kikuyu, luhya, luo, kalenjin, kamba, lisii, meru

**Religiones principales:** cristianismo, religiones africanas tradicionales

**Gobierno:** república

**Moneda:** 1 chelín de Kenia = 100 centavos

**Exportaciones principales:** té, café, productos hortícolas y derivados del petróleo

**Lenguas principales:** inglés, suajili y varios más

## Ruanda

**Capital:** Kigali
**Superficie:** 10,170 mi²; 26,340 km²

**Clima:** templado, con dos temporadas de lluvias; templado en las montañas con posibilidad de heladas y nevadas

**Población:** 7.2 millones

**Grupos étnicos principales:** hutu, tutsi

**Religiones principales:** cristianismo, religiones africanas tradicionales

**Gobierno:** república, presidencial sistema multipartidista

**Moneda:** 1 franco ruandés = 100 céntimos

**Exportaciones principales:** café, té, pieles y láminas de mineral de estaño

**Lenguas principales:** kinyaruanda (oficial), francés (oficial), inglés y suajili

## Seychelles

**Capital:** Victoria
**Superficie:** 176 mi²; 455 km²

**Clima:** tropical; húmedo y fresco con el monzón del sudeste; cálido con el monzón del noroeste

**Población:** 79,000 millones

**Grupos étnicos principales:** : seichelianos (mezcla de africanosasiáticos y europeos)

**Religiones principales:** cristianismo

**Gobierno:** república

**Moneda:** 1 rupia de las Seychelles = 100 centavos

**Exportaciones principales:** pescado, canela y copra

**Lenguas principales:** inglés (oficial), francés (oficial) y criollo

## Somalia

**Capital:** Mogadiscio
**Superficie:** 246,210 mi²; 637,660 km²

**Clima:** desértico en la mayor parte del país; los vientos monzónicos traen una temporada de lluvias y una de sequía; poca precipitación con clima caluroso y húmedo entre monzones

**Población:** 7.2 millones

**Grupos étnicos principales:** somalíes, bantúes

**Religiones principales:** Islam

**Gobierno:** gobierno no funcional

**Moneda:** shilling

**Exportaciones principales:** ganado vivo, plátanos, pescado y pieles

**Lenguas principales:** somalí (oficial), árabe, italiano e inglés

## Sudán

**Capital:** Jartum
**Superficie:** 967,532 mi²; 2,505,810 km²

**Clima:** tropical en el sur; árido desértico en el norte; una temporada de lluvias

**Población:** 35 millones

**Grupos étnicos principales:** azande, dinka, árabes

**Religiones principales:** Islam, religiones africanas tradicionales

**Gobierno:** de transición; nota: anteriormente gobernado por una junta militar; en 1996 se realizaron elecciones presidenciales y para la asamblea nacional; la nueva constitución, redactada por el comité presidencial tomó efecto el 30 de junio de 1998 después de haber sido aprobada en un referendo nacional

**Moneda:** 1 libra sudanesa = 100 piastras

**Exportaciones principales:** algodón, ajonjolí, ganado vivo, nueces, aceite, goma arábiga

**Lenguas principales:** árabe (oficial), nubio, ta bedawie, lenguas nilóticas y nilo camíticas, dialectos sudaneses

## Tanzania

**Capital:** Dar es Salam
**Superficie:** 364,914 mi²; 945,090 km²

**Clima:** húmedo y seco tropical; templado en las tierras altas

**Población:** 35.3 millones

**Grupos étnicos principales:** bantúes

**Religiones principales:** cristianismo, Islam, religiones africanas tradicionales

**Gobierno:** república

**Moneda:** 1 shilling = 100 centavos

**Exportaciones principales:** café, bienes manufacturados, algodón, anacardo, minerales

**Lenguas principales:** suajili, kiunguju, inglés, árabe y varios más

## Uganda

**Capital:** Kampala
**Superficie:** 91,139 mi²; 236,040 km²

**Clima:** tropical; por lo general lluvioso, con dos temporadas sin lluvia; semiárido en el noreste

**Población:** 23.3 millones

**Grupos étnicos principales:** : baganda, karamojong, basogo, iteso, langi y ruandeses

**Religiones principales:** cristianismo, Islam, religiones africanas tradicionales

**Gobierno:** república

**Moneda:** 1 chelín ugandes = 100 centavos

**Exportaciones principales:** café, pescado y sus derivados, té

**Lenguas principales:** inglés, lugandés, lenguas níger-congo, lenguas nilo-sahara, suajili y árabe

## Camerún

**Capital:** Yaoundé
**Superficie:**
183,574 mi²;
475,440 km²

**Clima:** varía según el terreno; de tropical en la costa a semiárido y caliente en el norte y húmedo en las montañas

**Población:** 15.4 millones

**Grupos étnicos principales:** montañeses de Camerún, bantúes ecuatoriales, kirdies, fulanies

**Religiones principales:** religiones africanas tradicionales, cristianismo, Islam

**Gobierno:** república unitaria con régimen presidencial multipartidista

**Moneda:** 1 franco CFA = 100 céntimos

**Exportaciones principales:** petróleo crudo y sus derivados, madera para construcción, granos de cacao, aluminio

**Lenguas principales:** 24 idiomas diferentes, además de inglés y francés

## República Centroafricana

**Capital:** Bangui
**Superficie:**
240,542 mi²;
622,980 km²

**Clima:** tropical; caliente y seco en invierno; de templado a caliente y húmedo en verano

**Población:** 3.5 millones

**Grupos étnicos principales:** bayas, bandas, mandijas, saras

**Religiones principales:** cristianismo, religiones africanas tradicionales, Islam

**Gobierno:** república

**Moneda:** 1 franco CFA = 100 céntimos

**Exportaciones principales:** diamantes, madera para construcción, algodón, café y tabaco

**Lenguas principales:** francés, sangho, árabe, hunsa, suajili

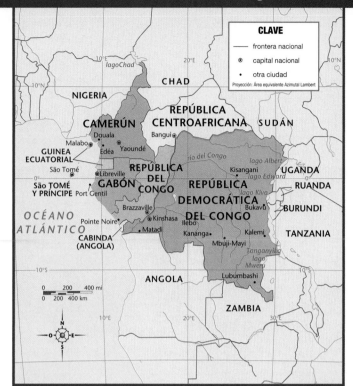

CLAVE
— frontera nacional
⊛ capital nacional
• otra ciudad
Proyección: Área equivalente Azimutal Lambert

## República Democrática del Congo

**Capital:** Kinshasa
**Superficie:**
905,599 mi²;
2,345,410 km²

**Clima:** tropical; muy caliente y húmedo; fresco en las tierras altas; temporadas de lluvias en el norte y en el sur

**Población:** 52 millones

**Grupos étnicos principales:** mongos, lubas, kongos mangbetu-azandes

**Religiones principales:** cristianismo, religiones africanas tradicionales, Islam

**Gobierno:** dictadura, supuestamente en periodo de transición a un gobierno representativo

**Moneda:** franco congoleño (CF)

**Exportaciones principales:** diamantes, cobre, café, cobalto y petróleo crudo

**Lenguas principales:** francés, lingala, kingwana, kikongo, tshiluba

## República del Congo

**Capital:** Brazzavile
**Superficie:**
132,051 mi²;
342,000 km²

**Clima:** tropical; con temporadas de lluvia y sequía; especialmente extremoso cerca del ecuador

**Población:** 2.8 millones

**Grupos étnicos principales:** kongos, sanghas, m´bochis, tekes

**Religiones principales:** cristianismo, religiones africanas tradicionales

**Gobierno:** república

**Moneda:** 1 franco CFA = 100 céntimos

**Exportaciones principales:** petróleo, madera para construcción, azúcar, cacao

**Lenguas principales:** francés, linghala, monokutuba, kikongo

## Guinea Ecuatorial

**Capital:** Malabo
**Superficie:**
10,831 mi²;
28,050 km²

**Clima:** tropical; siempre caliente y húmedo

**Población:** 474,000

**Grupos étnicos principales:** bubis, fernandinos, fangs

**Religiones principales:** cristianismo, religiones africanas tradicionales

**Gobierno:** república

**Moneda:** 1 franco CFA = 100 céntimos

**Exportaciones principales:** petróleo, madera, cacao

**Lenguas principales:** español, francés, inglés, fang, bubi e ibo

## Gabón

**Capital:** Libreville
**Superficie:**
103,351 mi²;
267,670 km²

**Clima:** tropical; con temporadas alternadas de lluvia y sequía; siempre caliente y húmedo

**Población:** 1.2 millones

**Grupos étnicos principales:** fangs, eshiras, bapounous, batekes

**Religiones principales:** cristianismo, religiones africanas tradicionales

**Gobierno:** república con régimen presidencial multipartidista

**Moneda:** 1 franco CFA = 100 céntimos

**Exportaciones principales:** petróleo crudo, madera para construcción, manganeso, uranio

**Lenguas principales:** francés, fang, myene, bateke, bandjabi, bapounou-eschira

## São Tomé y Príncipe

**Capital:** São Tomé
**Superficie:**
371 mi²; 960 km²
**Clima:** tropical; caliente y húmedo con una temporada de lluvias

**Población:** 160,000

**Grupos étnicos principales:** mestizos (mezcla de europeos e indígenas americanos), angolares (descendientes de esclavos de Angola), forros (descendientes de esclavos liberados), siervos (trabajadores contratados de Angola, Mozambique y Cabo), tongas (hijos de los siervos nacidos en las islas)

**Religiones principales:** cristianismo

**Gobierno:** república

**Moneda:** 1 dobra = 100 céntimos

**Exportaciones principales:** cacao, copra, café y aceite de palmera

**Lenguas principales:** portugués (oficial)

**CLAVE**

—— frontera nacional

⊛ capital nacional

• otra ciudad

Proyección: Área equivalente Azimutal Lambert

BURUNDI

REP. DEM. DEL CONGO

TANZANIA

CABINDA (ANGOLA)

Luanda

I. Tanganyika

lago Nyasa

Lobito

Huambo

Mocâmedes

ANGOLA

Cassinga

Ndola

ZAMBIA

Lusaka ⊛

Kabwe

MALAWI

I. Lilongwe

Blantyre

Moroni

COMORES

Nacala

Livingstone

río Zambezi

Harare

Wankie

Que Que

MOZAMBIQUE

Antananarivo ⊛

Toamasina

NAMIBIA

Maun

ZIMBABWE

Bulawayo

Umtali

Beira

canal de Mozambique

MAURICIO

Port Louis

MADAGASCAR

BOTSWANA

Walvis Bay

Windhoek ⊛

trópico de Capricornio

río Limpopo

REUNION (FR.)

Gaborone ⊛

Pretoria

Maputo

SUAZILANDIA

OCÉANO

río Orange

Johannesburg

Vereeniging

Mbabane

ÍNDICO

Kimberley

Maseru

Bloemfontein

Durban

Port Nolloth

SUDÁFRICA

LESOTHO

OCÉANO ATLÁNTICO

Ciudad del Cabo ⊛

East London

Port Elizabeth

0   400   800 mi

0   400   800 km

---

## Angola

**Capital:** Luanda

**Superficie:** 481,370 mi$^2$; 1,246,700 km$^2$

**Clima:** semiárido en el sur y en la costa de Luanda; tropical en el norte con una temporada de sequía y una caliente temporada de lluvias

**Población:** 10.1 millones

**Grupos étnicos principales:** ovimbundus, kimbundus, bakongos

**Religiones principales:** religiones africanas tradicionales, cristianismo

**Gobierno:** gobierno de transición; nominalmente una democracia multipartidista con un fuerte sistema presidencial

**Moneda:** 1 kwanza = 100 iwei

**Exportaciones principales:** petróleo crudo, diamantes y derivados del petróleo

**Lenguas principales:** portugués (oficial), bantú y otros más

## Botswana

**Capital:** Gaborone

**Superficie:** 231,812 mi$^2$; 600,370 km$^2$

**Clima:** semiárido con inviernos cálidos y veranos calientes

**Población:** 1.6 millones

**Grupos étnicos principales:** batswanas

**Religiones principales:** religiones africanas tradicionales, cristianismo

**Gobierno:** república parlamentaria

**Moneda:** 1 pulka = 100 thebe

**Exportaciones principales:** diamantes, vehículos, cobre, níquel y carne

**Lenguas principales:** inglés y setswana

## Comores

**Capital:** Moroni

**Superficie:** 838 mi$^2$; 2,170 km$^2$

**Clima:** tropical marítimo, con temporada de lluvias

**Población:** 578,000

**Grupos étnicos principales:** antalotes, cafres, makoas, oitmatsahas, sakalavas

**Religiones principales:** Islam

**Gobierno:** república independiente

**Moneda:** 1 franco comorensa = 100 céntimos

**Exportaciones principales:** vainilla, ylang ylang, clavo y aceite para perfumes

**Lenguas principales:** árabe, francés y comorense

## Lesotho

**Capital:** Maseru

**Superficie:** 11,719 mi$^2$; 30,350 km$^2$

**Clima:** templado; de fresco a frío en invierno con clima seco; veranos calientes y húmedos

**Población:** 2.1 millones

**Grupos étnicos principales:** sothos

**Religiones principales:** cristianismo, religiones africanas tradicionales

**Gobierno:** monarquía parlamentaria constitucional

**Moneda:** 1 loti = 100 lisentes

**Exportaciones principales:** productos manufacturados, lana, angora, alimentos y animales vivos

**Lenguas principales:** sotho, inglés, zulu y xhosa

## Madagascar

**Capital:** Antananarivo

**Superficie:** 226,665 mi$^2$; 587,040 km$^2$

**Clima:** tropical en la costa; templado tierra adentro; árido en el sur

**Población:** 15.5 millones

**Grupos étnicos principales:** merinas, betsileos, cotiers

**Religiones principales:** religiones africanas tradicionales, cristianismo

**Gobierno:** república

**Moneda:** 1 franco malgache = 100 céntimos

**Exportaciones principales:** café, vainilla, clavo, moluscos y azúcar

**Lenguas principales:** francés y malgache

## Malawi

**Capital:** Lilongwe

**Superficie:** 45,747 mi$^2$; 118,480 km$^2$

**Clima:** tropical, con temporada de lluvias; fresco en las tierras altas

**Población:** 10.4 millones

**Grupos étnicos principales:** chewas, nyanjas y otros grupos indígenas

**Religiones principales:** cristianismo, Islam

**Gobierno:** democracia multipartidista

**Moneda:** 1 kwacha de Malawi = 100 tambala

**Exportaciones principales:** tabaco, té, azúcar, café y cacahuates

**Lenguas principales:** inglés, chichewa y varios más

## Mauricio

**Capital:** Port Louis

**Superficie:** 718 mi$^2$; 1,860 km$^2$

**Clima:** tropical con la influencia de los vientos del sureste; cálido, con inviernos secos y veranos calientes y húmedos

**Población:** 1.2 millones

**Grupos étnicos principales:** indomauricios, criollos

**Religiones principales:** hinduismo, cristianismo, Islam

**Gobierno:** democracia parlamentaria

**Moneda:** 1 rupia de mauricia = 100 centavos

**Exportaciones principales:** ropa, textiles, azúcar, flores y melaza

**Lenguas principales:** : inglés (oficial), criollo, francés, hindú, urdu, hakka y bojpori

## Mozambique

**Capital:** Maputo

**Superficie:** 309,506 mi$^2$; 801,590 km$^2$

**Clima:** de tropical a subtropical, con una temporada de sequía

**Población:** 19.1 millones

**Grupos étnicos principales:** shangaans, chokes, manikas, senas, makuas

**Religiones principales:** religiones africanas tradicionales, cristianismo, Islam

**Gobierno:** república

**Moneda:** 1 métical = 100 centavos

**Exportaciones principales:** camarones, anacardos, algodón, azúcar, copra y cítricos

**Lenguas principales:** portugués y varios dialectos

## Namibia

**Capital:** Windhoek

**Superficie:** 318,707 mi$^2$; 825,418 km$^2$

**Clima:** desértico; caliente y seco, con poca precipitación

**Población:** 1.8 millones

**Grupos étnicos principales:** ovambos, kavangos

**Religiones principales:** cristianismo, religiones africanas tradicionales

**Gobierno:** república

**Moneda:** 1 dólar de Namibia = 100 centavos

**Exportaciones principales:** diamantes, cobre, oro, zinc y plomo

**Lenguas principales:** inglés (oficial), afrikans, alemán, oshivambo, herero, nama

## Sudáfrica

**Capital:** Pretoria

**Superficie:** 471,027 mi$^2$; 1,219,912 km$^2$

**Clima:** templado; seco en la mayor parte del país; subtropical en la costa este

**Población:** 43.4 millones

**Grupos étnicos principales:** ngunis, caucásicos

**Religiones principales:** cristianismo, religiones africanas tradicionales

**Gobierno:** república

**Moneda:** 1 rand = 100 centavos

**Exportaciones principales:** oro, diamantes, minerales y metales

**Lenguas principales:** afrikaans, inglés, ndebele, pedi, sotho, swazi, tsonga, tswana, venda, xhosa y zulú (todos oficiales)

## Swazilandia

**Capital:** Mbabane

**Superficie:** 6,641 mi$^2$; 17,360 km$^2$

**Clima:** templado en la mayor parte del país

**Población:** 1.1 millones

**Grupos étnicos principales:** swazis

**Religiones principales:** cristianismo, religiones africanas tradicionales

**Gobierno:** monarquía independiente, integrante del Commonwealth

**Moneda:** 1 lilangeni = 100 centavos

**Exportaciones principales:** azúcar y pulpa de madera

**Lenguas principales:** inglés (oficial), siswati (oficial)

## Zambia

**Capital:** Lusaka

**Superficie:** 290,594 mi$^2$; 752,610 km$^2$

**Clima:** subtropical

**Población:** 9.6 millones

**Grupos étnicos principales:** bembas, nyanjas, tongas

**Religiones principales:** cristianismo, Islam

**Gobierno:** república

**Moneda:** 1 kwacha de Zambia = 100 ngwee

**Exportaciones principales:** cobre, electricidad y tabaco

**Lenguas principales:** inglés (oficial) y alrededor de 70 idiomas más

## Zimbabwe

**Capital:** Harare

**Superficie:** 150,809 mi$^2$; 390,580 km$^2$

**Clima:** tropical con temporada de lluvias

**Población:** 11.3 millones

**Grupos étnicos principales:** shonas, Ndebeles

**Religiones principales:** cristianismo, religiones africanas tradicionales

**Gobierno:** democracia parlamentaria

**Moneda:** 1 dólar de Zimbabwe = 100 centavos

**Exportaciones principales:** tabaco, oro, aleaciones de fierro

**Lenguas principales:** inglés, shona y sindebele

# Este de Asia: división política

## China

**Capital:** Beijing

**Superficie:** 3,705533 mi², 9,556,960 km²

**Clima:** continental en la mayor parte del país; varía de tropical en el extremo sureste a subártico en el extremo norte; inviernos fríos y secos; veranos cálidos con intensas lluvias en la costa

**Población:** 1.2 millones

**Grupos étnicos principales:** chinos han

**Religiones principales:** taoísmo, budismo

**Gobierno:** estado comunista

**Moneda:** 1 yen = 10 jiao

**Exportaciones principales:** textiles, abrigos, calzado y juguetes

**Lenguas principales:** mandarín, putonga, yue, wu, minbei, minnan, xiang, y los dialectos gan y hakka

## Japón

**Capital:** Tokio

**Superficie:** 145,888 mi², 377,835 km²

**Clima:** varía de subtropical en el sur a continental en el norte; en la mayor parte del país los inviernos son suaves y los veranos calientes y húmedos, excepto en el norte, donde los inviernos son severos

**Población:** 126.5 millones

**Grupos étnicos principales:** japoneses

**Religiones principales:** budismo, sintoísmo

**Gobierno:** monarquía constitucional

**Moneda:** yen

**Exportaciones principales:** maquinaria, vehículos a motor y productos electrónicos

**Lenguas principales:** japonés

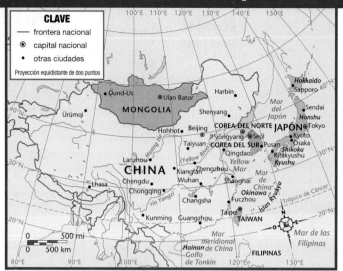

**CLAVE**
— frontera nacional
⊛ capital nacional
• otras ciudades

Proyección equidistante de dos puntos

## Mongolia

**Capital:** Ulan Bator

**Superficie:** 604,270 mi², 1,565,000 km²

**Clima:** árido; extremadamente frío en el invierno, con veranos suaves

**Población:** 2.6 millones

**Grupos étnicos principales:** mongoles hahl

**Religiones principales:** budismo

**Gobierno:** república

**Moneda:** 1 tugrik = 100 mongos

**Exportaciones principales:** cobre, ganado vivo, productos animales y cachemira

**Lenguas principales:** khalkha, mongol, turco, ruso y chino

## Corea del Norte

**Capital:** P'yongyang

**Superficie:** 46,542 mi², 120,540 km²

**Clima:** húmedo continental con inviernos fríos y veranos calientes y húmedos

**Población:** 21.7 millones

**Grupos étnicos principales:** coreanos

**Religiones principales:** ch'ondogyo (mezcla de confucianismo y taoísmo), budismo

**Gobierno:** socialista autoritario, dictadura de un gobernante

**Moneda:** 1 won de Corea del Norte = 100 chon

**Exportaciones principales:** minerales y productos de metalurgia

**Lenguas principales:** coreano

## Corea del Sur

**Capital:** Seúl

**Superficie:** 38,025 mi², 98,480 km²

**Clima:** continental; inviernos fríos y secos; veranos calientes y lluviosos

**Población:** 47.5 millones

**Grupos étnicos principales:** coreanos

**Religiones principales:** cristianismo, budismo

**Gobierno:** República

**Moneda:** 1 won de Corea del Sur = 100 chun

**Exportaciones principales:** equipo eléctrico y electrónico

**Lenguas principales:** coreano e inglés

## Taiwan

**Capital:** Taipei

**Superficie:** 13,892 mi², 35,980 km²

**Clima:** tropical; inviernos suaves y húmedos; veranos calientes y húmedos; nublado la mayor parte del año

**Población:** 22.2 millones

**Grupos étnicos principales:** chinos han

**Religiones principales:** budismo, taoísmo

**Gobierno:** régimen democrático multipartidista encabezado por un presidente elegido por el pueblo

**Moneda:** 1 nuevo dólar taiwanés = 100 centavos

**Exportaciones principales:** maquinaria eléctrica y productos electrónicos

**Lenguas principales:** chino mandarín (oficial), taiwanés y dialectos hakka

**CLAVE**

— frontera nacional

⊛ capital nacional

• otras ciudades

Proyección equidistante de dos puntos

---

## Brunei

**Capital:** Bandar Seri Begawan

**Superficie:** 2,228 mi², 5,770 km²

**Clima:** tropical, húmedo; caliente y húmedo con una larga temporada de lluvias

**Población:** 336,000

**Grupos étnicos principales:** malayos, chinos

**Religiones principales:** Islam

**Gobierno:** sultanato constitucional

**Moneda:** 1 dólar de Brunei = 100 centavos

**Exportaciones principales:** petróleo crudo y gas natural licuado

**Lenguas principales:** malayo, inglés y chino

## Camboya

**Capital:** Phnom Penh

**Superficie:** 69,902 mi², 181,040 km²

**Clima:** tropical; caliente y húmedo con temporadas de lluvias y sequía

**Población:** 12.2 millones

**Grupos étnicos principales:** khmers

**Religiones principales:** budismo

**Gobierno:** democracia liberal multipartidista al amparo de una monarquía constitucional establecida en septiembre de 1993

**Moneda:** 1 nuevo riel = 100 sen

**Exportaciones principales:** madera para construcción, ropas, caucho, arroz, pescado

**Lenguas principales:** jemer y francés

## Indonesia

**Capital:** Yakarta

**Superficie:** 741,052 mi², 1,919,251 km²

**Clima:** tropical; caliente y húmedo; fresco en las tierras altas, con temporadas de lluvias y sequía

**Población:** 224.8 millones

**Grupos étnicos principales:** javaneses, sundaneses

**Religiones principales:** Islam

**Gobierno:** república

**Moneda:** rupia indoneso

**Exportaciones principales:** petróleo y gas, madera laminada y textiles

**Lenguas principales:** indonesio bahasa, inglés, holandés, javanés y varios dialectos más

## Laos

**Capital:** Vientiane

**Superficie:** 91,432 mi², 236,800 km²

**Clima:** tropical; inviernos frescos y secos; veranos calientes y húmedos

**Población:** 5.5 millones

**Grupos étnicos principales:** Lao Loums, Lao theungs

**Religiones principales:** budismo creencias tradicionales

**Gobierno:** estado comunista

**Moneda:** 1 nuevo kip = 100 at

**Exportaciones principales:** electricidad, productos de madera, café y laminados metálicos

**Lenguas principales:** lao, francés, inglés y varios más

## Malasia

**Capital:** Kuala Lumpur

**Superficie:** 127,322 mi$^2$, 329,750 km$^2$

**Clima:** tropical; caliente, húmedo y lluvioso; fresco y seco en las tierras altas

**Población:** 21.8 millones

**Grupos étnicos principales:** malayos, chinos

**Religiones principales:** Islam, budismo

**Gobierno:** monarquía constitucional

**Moneda:** 1 ringgit = 100 sen

**Exportaciones principales:** equipo electrónico

**Lenguas principales:** malayo, inglés, mandarín, tamil, algunos dialectos chinos, y otros idiomas y dialectos

## Myanmar (Burma)

**Capital:** Rangoon

**Superficie:** 261,979 mi$^2$, 678,500 km$^2$

**Clima:** tropical; inviernos secos y cálidos; veranos lluviosos, calientes y húmedos

**Población:** 41.7 millones

**Grupos étnicos principales:** burmanos

**Religiones principales:** budismo

**Gobierno:** régimen militar

**Moneda:** 1 kyat = 100 pyas

**Exportaciones principales:** pulsos y habichuelas, gambas, pescado, arroz, tecas

**Lenguas principales:** burmés

## Filipinas

**Capital:** Manila

**Superficie:** 115,834 mi$^2$, 300,000 km$^2$

**Clima:** tropical; inviernos secos; veranos lluviosos

**Población:** 81.1 millones

**Grupos étnicos principales:** filipinos (cristianos malayos)

**Religiones principales:** cristianismo

**Gobierno:** república

**Moneda:** 1 peso filipino = 100 centavos

**Exportaciones principales:** productos electrónicos, maquinaria y equipo de transporte, textiles y productos hechos de coco

**Lenguas principales:** filipino e inglés (oficiales)

## Singapur

**Capital:** Singapur

**Superficie:** 244 mi$^2$, 633 km$^2$

**Clima:** tropical; caliente, húmedo y lluvioso todo el año

**Población:** 4.1 millones

**Grupos étnicos principales:** chinos

**Religiones principales:** budismo

**Gobierno:** república parlamentaria

**Moneda:** 1 dólar de singapur = 100 centavos

**Exportaciones principales:** maquinaria y equipo (incluidos productos electrónicos)

**Lenguas principales:** chino, malayo, tamil e inglés

## Tailandia

**Capital:** Bangkok

**Superficie:** 198,456 mi$^2$, 514,000 km$^2$

**Clima:** tropical; inviernos secos y cálidos; veranos calientes y húmedos

**Población:** 61.2 millones

**Grupos étnicos principales:** thais

**Religiones principales:** budismo

**Gobierno:** monarquía constitucional

**Moneda:** 1 baht = 100 satang

**Exportaciones principales:** maquinaria y productos manufacturados

**Lenguas principales:** tai e inglés

## Vietnam

**Capital:** Hanoi

**Superficie:** 127,248 mi$^2$, 329,560 km$^2$

**Clima:** tropical en la mayo parte del país; inviernos calientes y secos, excepto en el norte, donde son frescos; veranos calientes y lluviosos

**Población:** 78.8 millones

**Grupos étnicos principales:** vietnamitas

**Religiones principales:** budismo, cristianismo

**Gobierno:** estado comunista

**Moneda:** 1 nuevo dong = 100 xu

**Exportaciones principales:** petróleo, arroz y productos agrícolas

**Lenguas principales:** vietnamita, francés, chino, inglés, jemer y varios más

# Sur de Asia: división política

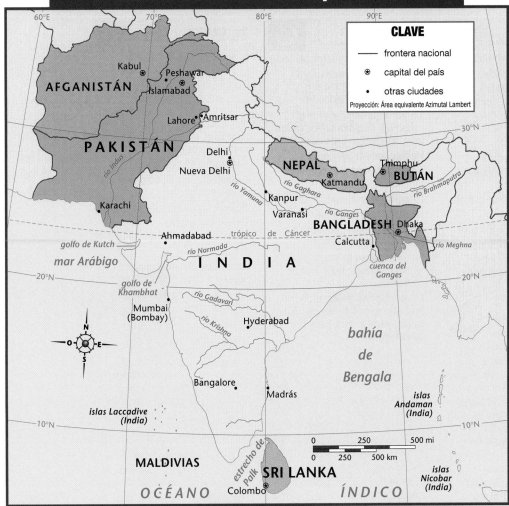

**CLAVE**
- — frontera nacional
- ⊛ capital del país
- • otras ciudades

Proyección: Área equivalente Azimutal Lambert

## Afganistán

**Capital:** Kabul
**Superficie:** 2521,738 mi²; 652,000 km²

**Clima:** subártico en montañas; árido en tierras bajas; invierno frío y seco y verano caluroso

**Población:** 25.8 millones

**Grupos étnicos principales:** pashtun, tajik, hazara

**Religiones principales:** Islam

**Gobierno:** gobierno central fuera de operación, administrado por facciones

**Moneda:** 1 afganí (AF)= 100 puls

**Exportaciones principales:** frutas y nueces, alfombras hechas a mano y lana

**Lenguas principales:** pashtu, pérsico afgano, turco y 30 lenguas más

## Bangladesh

**Capital:** Dhaka
**Superficie:** 55, 600 mi²; 144,000 km²
**Clima:** tropical; estación lluviosa

**Población:** 129.2 millones

**Grupos étnicos principales:** bengalí

**Religiones principales:** Islam

**Gobierno:** república

**Moneda:** 1 taka (TK) = 100 poisha

**Exportaciones principales:** ropas, yute y productos de yute, y cuero

**Lenguas principales:** bangla e inglés

## Bhutan

**Capital:** Thimphu
**Superficie:** 18, 147 mi²; 47,000 km²

**Clima:** subtropical en valles centrales, con inviernos frescos y verano caluroso; más caluroso y húmedo en las planicies del Sur; tierras altas en montañas, con inviernos muy fríos y veranos frescos

**Población:** 2 millones

**Grupos étnicos principales:** bhutia, nepalí

**Religiones principales:** budismo, hinduismo

**Gobierno:** monarquía; relación de trato especial con la India

**Moneda:** 1 ngultrum (Un) = 100 chetrum; nota: la moneda de la India también es legal

**Exportaciones principales:** cardamomo, yeso, madera y artesanías

**Lenguas principales:** dzongkha (oficial), dialectos tibetanos y nepaleses

## India

**Capital:** Nueva Delhi
**Superficie:** 11,269,389 mi²; 3,287,590 km²

**Clima:** tropical en el sur; subtropical en el norte; inviernos fresco y seco, y verano caluroso y seco, con mucha lluvia en monzones; invierno frío y veranos frescos en montañas

**Población:** 1 billón

**Grupos étnicos principales:** indo-arios, dravidianos

**Religiones principales:** hinduismo

**Gobierno:** república federal

**Moneda:** 1 rupilo hindú (Re) = 100 paise

**Exportaciones principales:** prendas de vestir, gemas y joyería

**Lenguas principales:** inglés, hindi, bengalí, telugu, marathi, tamil, urdu, gujarati, malayam, kannada, oriya, punjabi,assamese, kashmiri, sindhi, sánscrito e hindustaní (todos oficiales)

## Maldivias

**Capital:** Male
**Superficie:** 116 mi$^2$; 300 km$^2$
**Clima:** tropical; caluroso y húmedo; verano lluvioso

**Población:** 301,000

**Grupos étnicos principales:** mezcla de sinaleses, dravidiano, árabe y africano

**Religiones principales:** Islam

**Gobierno:** república

**Moneda:** 1 rufia (Rf) = 100 laari

**Exportaciones principales:** pescado y ropa

**Lenguas principales:** dialecto divehi e inglés

## Nepal

**Capital:** Katmandú
**Superficie:** 54,365 mi$^2$; 140,800 km$^2$

**Clima:** tierras altas en el Norte, con verano fresco y duro invierno; subtropical en el Sur, con verano caluroso y húmedo, e invierno templado y seco

**Población:** 24.7 millones

**Grupos étnicos principales:** newares, hindúes, tibetanos

**Religiones principales:** hinduismo

**Gobierno:** democracia parlamentaria

**Moneda:** 1 rupia nepalesa (NR) = 100 paisa

**Exportaciones principales:** alfombras, ropa y productos de cuero

**Lenguas principales:** nepalí (oficial) y 20 lenguas divididas en numerosos dialectos

## Pakistán

**Capital:** Islamabad
**Superficie:** 310,414 mi$^2$; 803,940 km$^2$

**Clima:** árido en su mayoría; invierno frío en montañas; verano muy caluroso en valle central

**Población:** 141.5 millones

**Grupos étnicos principales:** punjabi

**Religiones principales:** Islam

**Gobierno:** república federal

**Moneda:** 1 rupia pakistaní (Pre) = 100 paisa

**Exportaciones principales:** algodón, textiles, ropa, arroz y cuero

**Lenguas principales:** urdu (oficial), inglés (oficial), punjabi, sindhi, pashtu, urdu, balochi y otras lenguas

## Sri Lanka

**Capital:** Colombo
**Superficie:** 25,333 mi$^2$; 65,610 km$^2$

**Clima:** tropical; caluroso, húmedo; más fresco y menos húmedo en montañas; húmedo en el suroeste; norte seco de montañas

**Población:** 19.2 millones

**Grupos étnicos principales:** sinhaleses, tamil

**Religiones principales:** budismo

**Gobierno:** república

**Moneda:** 1 rupia de Sri Lanka = 100 centavos

**Exportaciones principales:** ropas y textiles, té y diamantes

**Lenguas principales:** sinhala (oficial) y tamil

# Suroeste de Asia: división política

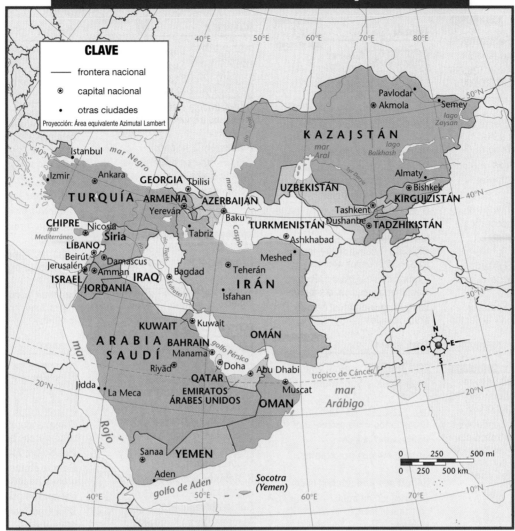

**CLAVE**

— frontera nacional

⊛ capital nacional

• otras ciudades

Proyección: Área equivalente Azimutal Lambert

---

## Armenia

**Capital:** Yereván

**Superficie:** 11,506 mi²; 29,800 km²

**Clima:** continental seco, con veranos calurosos e inviernos fríos

**Población:** 3.3 millones

**Grupos étnicos principales:** armenios

**Religiones principales:** cristianismo

**Gobierno:** república

**Moneda:** 1 drama = 100 luma

**Exportaciones principales:** diamantes, desechos de metal, maquinaria y equipo

**Lenguas principales:** armenio y ruso

## Azerbaiján

**Capital:** Baku

**Superficie:** 33,438 mi²; 86,600 km²

**Clima:** subtropical seco a húmedo y continental seco a húmedo; precipitación moderada en el Sur, tundra en montañas del norte

**Población:** 7.7 millones

**Grupos étnicos principales:** azerí

**Religiones principales:** Islam

**Gobierno:** república

**Moneda:** 1 manat = 100 gopiks

**Exportaciones principales:** crudo y gas, maquinaria y algodón

**Lenguas principales:** azerí, ruso, armenio

## Bahraín

**Capital:** Manama

**Superficie:** 239 mi²; 620 km²

**Clima:** árido; inviernos templados y veranos muy calurosos y húmedos

**Población:** 634,000

**Grupos étnicos principales:** bahrainí

**Religiones principales:** Islam

**Gobierno:** monarquía tradicional

**Moneda:** 1 dinar bahrainí (BD) = 100 fils

**Exportaciones principales:** petróleo y productos de petróleo

**Lenguas principales:** árabe, inglés, farsi y urdu

## Chipre

**Capital:** Nicosia

**Superficie:** 3,572 mi²; 9,250 km²

**Clima:** mediterráneo; inviernos frescos y húmedos, veranos calurosos y secos

**Población:** 758,000

**Grupos étnicos principales:** griegos, turcos

**Religiones principales:** cristianismo, Islam

**Gobierno:** república

**Moneda:** 1 aria griega chipriota: 1 libra chipriota = 100 centavos; aria turca chipriota: 1 lira turca (TL) = 100 kurus

**Exportaciones principales:** cítricos, patatas, uvas, vinos y cemento

**Lenguas principales:** griego, turco e inglés

## Irán

**Capital:** Teherán
**Superficie:** 636,296 mi²; 1,648,000,000 km²

**Clima:** mayormente árido o semiárido; extremadamente calurosos en la costa sur; subtropical en la costa norte

**Población:** 65.6 millones

**Grupos étnicos principales:** persas, azerbaijaní

**Religiones principales:** Islam

**Gobierno:** república teocrática

**Moneda:** 10 real iraní (IR) = 1 toman

**Exportaciones principales:** petróleo, alfombras, fruta, nueces y pieles

**Lenguas principales:** persa y dialectos persas, turco y dialectos turcos

## Irak

**Capital:** Bagdad
**Superficie:** 168,760 mi²; 437,072 km²
**Clima:** continental; inviernos templados a fresco con veranos secos y muy calurosos en zonas centrales y del sur; veranos frescos e inviernos fríos y con nieve en montañas

**Población:** 22.7 millones

**Grupos étnicos principales:** árabes, kurdos

**Religiones principales:** Islam

**Gobierno:** república

**Moneda:** 1 dinar iraquí (ID) = 1,000 fils

**Exportaciones principales:** petróleo crudo

**Lenguas principales:** árabe, kurdo, asirio y armenio

## Israel

**Capital:** Jerusalén
**Superficie:** 8,019 mi²; 20,849 km²

**Clima:** mediterráneo; invierno fresco y lluvioso, verano cálido

**Población:** 5.8 millones

**Grupos étnicos principales:** judíos y árabes

**Religiones principales:** judaísmo, islamismo

**Gobierno:** democracia parlamentaria

**Moneda:** 1 nuevo shekel israelí (NIS) = 100 nuevos agorots

**Exportaciones principales:** maquinaria y equipo, diamantes

**Lenguas principales:** hebreo, árabe e inglés

## Jordania

**Capital:** Amman
**Superficie:** 34,447 mi²; 89,213 km²

**Clima:** árido y lluvioso en el oeste

**Población:** 5 millones

**Grupos étnicos principales:** árabes

**Religiones principales:** Islam

**Gobierno:** monarquía constitucional

**Moneda:** 1 dinar jordano (JD) = 1,000 fils

**Exportaciones principales:** fosfatos, fertilizantes y potasa

**Lenguas principales:** árabe e inglés

## Kazajstán

**Capital:** Astana
**Superficie:** 1,049,191 mi²; 2,717,300 km²

**Clima:** continental; de árido a semiárido; inviernos fríos

**Población:** 16.7 millones

**Grupos étnicos principales:** kazakos, rusos

**Religiones principales:** Islam, cristianismo

**Gobierno:** república

**Moneda:** 1 tengue kasakstaní = 100 tiyn

**Exportaciones principales:** crudo, metales ferrosos y no ferrosos

**Lenguas principales:** kazako y ruso

## Kuwait

**Capital:** Kuwait
**Superficie:** 6,881 mi²; 17,820 km²

**Clima:** árido; veranos muy calurosos e inviernos cortos y frescos

**Población:** 2 millones

**Grupos étnicos principales:** kuwaití, árabe

**Religiones principales:** Islam

**Gobierno:** monarquía nominal constitucional

**Moneda:** 1 dinar kuwaití (KD) = 1,000 fils

**Exportaciones principales:** crudo

**Lenguas principales:** árabe e inglés

## Kirguizistán

**Capital:** Bishkek
**Superficie:** 76,644 mi²; 198,500 km²

**Clima:** continental seco a polar en montañas; subtropical en suroeste

**Población:** 4.7 millones

**Grupos étnicos principales:** kirguiz y rusos

**Religiones principales:** Islam, cristianismo

**Gobierno:** república

**Moneda:** 1 som Kirguizistaní (KGS) = 100 tyiyn

**Exportaciones principales:** lana, carne, algodón, metales y calzado

**Lenguas principales:** kirguiz y ruso

## Líbano

**Capital:** Beirut
**Superficie:** 4,016 mi²; 10,400 km²

**Clima:** mediterráneo; invierno templado a frío y húmedo, verano caluroso y seco; nieve en montañas

**Población:** 3.5 millones

**Grupos étnicos principales:** Árabes

**Religiones principales:** Islam, cristianismo

**Gobierno:** república

**Moneda:** 1 libra libanesa = 100 piasteres

**Exportaciones principales:** productos agrícolas, químicos y textiles

**Lenguas principales:** árabe, francés, armenio e inglés

## Omán

**Capital:** Muscat
**Superficie:** 82,034 mi²; 212,460 km²

**Clima:** árido; muy caluroso y seco; menos seco en montañas; caluroso y húmedo en la costa

**Población:** 2.5 millones

**Grupos étnicos principales:** árabes

**Religiones principales:** Islam

**Gobierno:** monarquía

**Moneda:** 1 real omaní (RO) = 1,000 baiza

**Exportaciones principales:** petróleo, re-exportaciones y pescado

**Lenguas principales:** árabe, inglés, baluchi, urdu y dialectos hindúes

## Qatar

**Capital:** Doha
**Superficie:** 4,247 mi²; 11,000 km²

**Clima:** árido; muy caluroso y seco; verano húmedo

**Población:** 744,000

**Grupos étnicos principales:** árabes, paquistaníes, hindúes

**Religiones principales:** Islam

**Gobierno:** monarquía tradicional

**Moneda:** 1 real qatarí (QR) = 100 dirhams

**Exportaciones principales:** productos de petróleo, acero y fertilizantes

**Lenguas principales:** árabe e inglés

## Arabia Saudí

**Capital:** Riyad
**Superficie:** 757,011 mi²; 1,960,582 km²

**Clima:** árido; invierno cálido y verano muy caluroso; invierno con hielo y nieve en zona central y montañas

**Población:** 22 millones

**Grupos étnicos principales:** árabes

**Religiones principales:** Islam

**Gobierno:** monarquía

**Moneda:** 1 real saudí (SR) = 100 halalah

**Exportaciones principales:** petróleo y productos de petróleo

**Lenguas principales:** árabe

## Siria

**Capital:** Damasco
**Superficie:** 71,501 mi²; 185,180 km²

**Clima:** mayormente semiárido; mediterráneo en la costa, con inviernos templados, lluviosos, y veranos calurosos, secos; inviernos más fríos en montañas; más frío y seco en el sureste

**Población:** 16 millones

**Grupos étnicos principales:** árabes

**Religiones principales:** Islam

**Gobierno:** república bajo régimen militar desde marzo de 1963

**Moneda:** 1 libra siria = 100 piastres

**Exportaciones principales:** petróleo, textiles, algodón y fruta

**Lenguas principales:** árabe, kurdo, armenio, aramáico, circasio y francés

## Tadzhikistán

**Capital:** Dushanbe
**Superficie:** 55,253 mi2; 143,100 km2
**Clima:** continental en valles bajos, con inviernos fríos y veranos calurosos; invierno muy frío y veranos frescos en montañas del este

**Población:** 6.4 millones

**Grupos étnicos principales:** tajik, uzbek

**Religiones principales:** Islam

**Gobierno:** república

**Moneda:** 1 rublo tadzhikistaní (TJR) = 100 tanga

**Exportaciones principales:** algodón, aluminio, frutas y aceite vegetal

**Lenguas principales:** tajik y ruso

## Turquía

**Capital:** Ankara
**Superficie:** 301,394 mi²; 780,580 km²

**Clima:** continental en el centro, con inviernos fríos y veranos calurosos; inviernos más fuertes en montañas; inviernos templados y húmedos cerca de la costa

**Población:** 65.6 millones

**Grupos étnicos principales:** turcos, kurdos

**Religiones principales:** Islam

**Gobierno:** democracia republicana parlamentaria

**Moneda:** 1 lira turca (TL) = 100 kurus

**Exportaciones principales:** productos manufacturados y alimentos

**Lenguas principales:** turco, kurdo y árabe

## Turkmenistán

**Capital:** Ashjabad
**Superficie:** 188,463 mi²; 499,100 km²

**Clima:** continental seco; invierno frío, verano muy caluroso

**Población:** 4.5 millones

**Grupos étnicos principales:** turkmenos

**Religiones principales:** Islam

**Gobierno:** república

**Moneda:** 1 turkmenmanat (TM) = 100 tenesí

**Exportaciones principales:** gas natural, algodón y productos de petróleo

**Lenguas principales:** turkmeno, ruso, uzbek y varios idiomas

## Emiratos Árabes Unidos

**Capital:** Abu Dhabi
**Superficie:** 32,000 mi²; 82,880 km²

**Clima:** árido; inviernos templados, veranos muy calurosos; más fresco en montañas

**Población:** 2.3 millones

**Grupos étnicos principales:** asiáticos del sur, emires (pueblos árabes indígenas)

**Religiones principales:** Islam

**Gobierno:** federación con poderes específicos delegados a gobiernos federales de los EAU y demás poderes reservados para los emiratos miembros

**Moneda:** 1 dirham emirano (Dh) = 100 fils

**Exportaciones principales:** crudo, gas natural, re-exportaciones y pescado seco

**Lenguas principales:** árabe, persa, inglés, hindi y urdu

## Uzbekistán

**Capital:** Tashkent
**Superficie:** 172,748 mi²; 447,400 km²
**Clima:** continental severo; inviernos templados y veranos largos y calurosos; árido en región desértica central del norte; semiárido en el este

**Población:** 24.7 millones

**Grupos étnicos principales:** uzbek

**Religiones principales:** Islam

**Gobierno:** república; gobierno presidencial autoritario efectivo, con poco poder fuera del poder ejecutivo, concentrado en la presidencia

**Moneda:** som uzbekistaní (UKS)

**Exportaciones principales:** algodón, oro, gas natural y minerales

**Lenguas principales:** uzbek, ruso, tajik, varios idiomas

## Yemen

**Capital:** Sanaa
**Superficie:** 203,857 mi²; 527,970 km²
**Clima:** mayormente árido; caluroso y húmedo en la costa; templado en tierras altas; muy caluroso, seco y severo en el este

**Población:** 17.5 millones

**Grupos étnicos principales:** árabes

**Religiones principales:** Islam

**Gobierno:** república

**Moneda:** 1 real de Yemen (YER) = 100 fils

**Exportaciones principales:** crudo, algodón, café

**Lenguas principales:** árabe

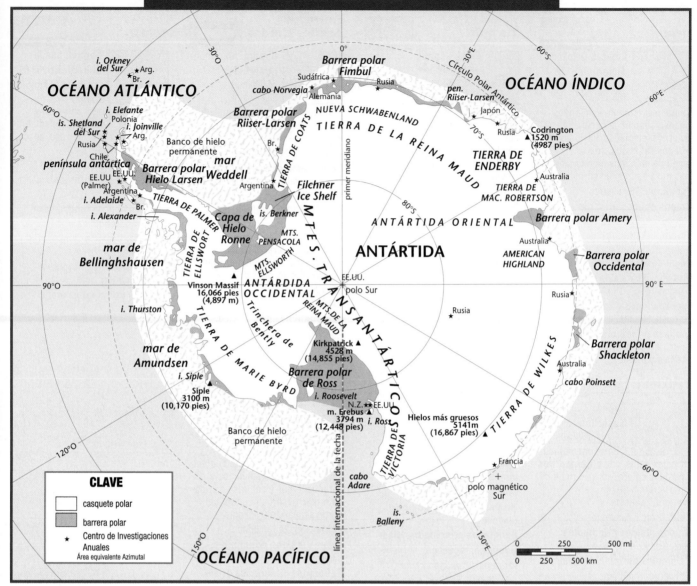

**CLAVE**

☐ casquete polar

▨ barrera polar

★ Centro de Investigaciones Anuales

Área equivalente Azimutal

## Antártida

**Capital:** Ninguna

**Superficie:** 5,400,000 mi$^2$; 14,000,000 km$^2$

**Clima:** casquete polar; seco, con viento, muy frío; más frío en el interior; temperatura en invierno debajo de −110 °F (−80 °C); más cálido en la península Antártica, verano con temperatura más alta sobre el punto de congelación

**Población:** (Personal de estaciones de investigación) alrededor de 4,115 personas en verano, 1,046 en invierno

**Grupos étnicos principales:** Ninguno

**Religiones principales:** Ninguna

**Gobierno:** Tratado de la Antártida

**Moneda:** Ninguna

**Exportaciones principales:** Ninguna

**Lenguas principales:** Ninguna

**CLAVE**

| | |
|---|---|
| —— | frontera nacional |
| — | frontera de provincia |
| ⊛ | capital nacional |
| ✪ | capital de provincia |
| • | otras ciudades |

Proyección de Mercator

*mar Timor*
Darwin
*golfo de Carpentaria*
*mar Arafura*
*mar del Coral*
**TERRITORIO NORTE**
Cairns
*Gran Arrecife*
**AUSTRALIA**
**QUEENSLAND**
trópico de Capricornio
Alice Springs
**AUSTRALIA OCCIDENTAL**
Brisbane
*lago Eyre*
Kalgoorlie
**AUSTRALIA SEPTENTRIONAL**
*río Darling*
**NUEVA GALES DEL SUR**
Perth
*Gran Ensenada Australiana*
*río Lachlan*
Newcastle
Elizabeth
Sydney
Adelaide
*río Murray*
Canberra
Melbourne
*mar de Tasmania*
Auckland
*Isla North*
Warrnambool
**VICTORIA**
*estrecho Bass*
**TASMANIA**
Wellington
Hobart
**NUEVA ZELANDA**
*Isla South*
Christchurch
*OCÉANO ÍNDICO*

0   400   800 mi
0   400   800 km

---

## Australia

**Capital:** Canberra
**Superficie:** 2,968,101 mi$^2$; 7,686,850 km$^2$

**Clima:** mayormente árido a semiárido; tropical en el Norte, con inviernos cálidos y secos, veranos calurosos y húmedos; inviernos frescos y veranos cálidos en el Sur y el Este

**Población:** 19.2 millones

**Grupos étnicos principales:** europeos (ascendencia británica e irlandesa)

**Religiones principales:** cristianismo

**Gobierno:** sistema de estado democrático federal, que reconoce la monarquía británica como soberana

**Moneda:** 1 dólar australiano ($A) = 100 centavos

**Exportaciones principales:** carbón mineral, oro, carne, lana y aluminio

**Lenguas principales:** inglés y varios idiomas más

## Nueva Zelanda

**Capital:** Wellington
**Superficie:** 103,741 mi$^2$; 268,680 km$^2$
**Clima:** mayormente templado; generalmente templado todo el año con lluvia moderada a abundante; cálido al norte, más frío en montañas del suroeste

**Población:** 3.8 millones

**Grupos étnicos principales:** europeos (ascendencia británica e irlandesa), maoríes

**Religiones principales:** cristianismo

**Gobierno:** democracia parlamentaria

**Moneda:** 1 dólar neozelandés (NZ$) = 100 centavos

**Exportaciones principales:** lana, ovejas, carne de carnero, de res, pescado y queso

**Lenguas principales:** inglés y maorí

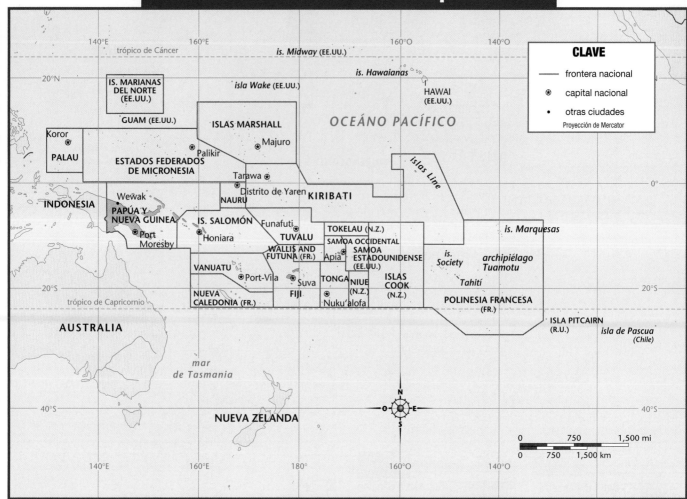

**CLAVE**
— frontera nacional
⊛ capital nacional
• otras ciudades
Proyección de Mercator

*trópico de Cáncer*    *is. Midway* (EE.UU.)

20°N    *is. Hawaianas*

IS. MARIANAS DEL NORTE (EE.UU.)    *isla Wake* (EE.UU.)    HAWAI (EE.UU.)

GUAM (EE.UU.)    ISLAS MARSHALL    *OCÉANO PACÍFICO*

Koror ⊛    • Majuro

PALAU    ⊛ Palikir    *islas Line*

ESTADOS FEDERADOS DE MICRONESIA    • Tarawa ⊛    0°

Wewak •    • Distrito de Yaren    KIRIBATI    *is. Marquesas*

INDONESIA    NAURU

PAPÚA Y NUEVA GUINEA    IS. SALOMÓN    • Funafuti    TOKELAU (N.Z.)

⊛ Port Moresby    • Honiara    TUVALU    SAMOA OCCIDENTAL    *is. Society*    *archipiélago Tuamotu*

WALLIS AND FUTUNA (FR.)    SAMOA ESTADOUNIDENSE (EE.UU.)

VANUATU    Apia ⊛    *Tahití*

• Port-Vila    TONGA    NIUE (N.Z.)    ISLAS COOK (N.Z.)    POLINESIA FRANCESA (FR.)

NUEVA CALEDONIA (FR.)    • Suva    FIJI    Nuku'alofa    20°S

AUSTRALIA    ISLA PITCAIRN (R.U.)    *isla de Pascua* (Chile)

*mar de Tasmania*

*trópico de Capricornio*

40°S    NUEVA ZELANDA    40°S

0 — 750 — 1,500 mi
0 — 750 — 1,500 km

---

## Estados Federados de Micronesia

**Capital:** Palikir
**Superficie:** 271 mi²; 702 km²
**Clima:** tropical; caluroso y húmedo, con gran precipitación todo el año
**Población:** 133,000
**Grupos étnicos principales:** micronesios
**Religiones principales:** cristianismo
**Gobierno:** gobierno constitucional en libre asociación con los EE. UU.; el Acuerdo de Libre Asociación entró en vigor el 3 de noviembre de 1986
**Moneda:** 1 dólar estadounidense (US$) = 100 centavos
**Exportaciones principales:** pescado, copra, plátano y pimienta negra
**Lenguas principales:** inglés, turqués, pompeyano, yapese y kosreano

## Fidji

**Capital:** Suva
**Superficie:** 7,054 mi²; 18,270 km²
**Clima:** tropical; mucho más caluroso y húmedo en verano
**Población:** 832,000
**Grupos étnicos principales:** fiyianos, hindúes
**Religiones principales:** cristianismo, hinduismo
**Gobierno:** república
**Moneda:** 1 dólar fiyiano (F$) = 100 centavos
**Exportaciones principales:** azúcar, ropa, oro, pescado procesado y madera
**Lenguas principales:** inglés, diyiano e hindustaní

## Kiribati

**Capital:** Tarawa
**Superficie:** 277 mi²; 717 km²
**Clima:** tropical; caluroso, húmedo (moderado por vientos alisios)
**Población:** 92,000
**Grupos étnicos principales:** micronesios
**Religiones principales:** cristianismo
**Gobierno:** república
**Moneda:** 1 dólar australiano (A$) = 100 centavos
**Exportaciones principales:** copra, algas marinas y pescado
**Lenguas principales:** inglés y gilbertés

## Islas Marshall

**Capital:** Majuro
**Superficie:** 70 mi²; 181.3 km²
**Clima:** tropical; caluroso y húmedo; temporada de lluvias
**Población:** 68,000
**Grupos étnicos principales:** micronesios
**Religiones principales:** cristianismo
**Gobierno:** gobierno constitucional en libre asociación con EE. UU.; el Acuerdo de Libre Asociación entró en vigor el 21 de octubre de 1986
**Moneda:** 1 dólar estadounidense (US$) = 100 centavos
**Exportaciones principales:** aceite de coco, pescado, animales y conchas tricus
**Lenguas principales:** inglés, dialectos de Marshall y japonés

## Naurú

**Capital:** oficinas de Gobierno en el Distrito de Yarén
**Superficie:** 8 mi²; 21 km²

**Clima:** tropical; caluroso y húmedo; temporada de lluvias

**Población:** 12,000

**Grupos étnicos principales:** nauruanos y otros isleños del Pacífico

**Religiones principales:** cristianismo

**Gobierno:** república

**Moneda:** 1 dólar australiano (A$) = 100 centavos

**Exportaciones principales:** fosfatos

**Lenguas principales:** nauruano e inglés

## Palau

**Capital:** Koror –nota: una nueva capital está en construcción a casi 20 km al noreste de Koror

**Superficie:** 177 mi²; 458 km²

**Clima:** tropical; caluroso y húmedo; temporada de lluvias

**Población:** 19,000

**Grupos étnicos principales:** palauanos (mezcla de polinesios, malayos y melanesios)

**Religiones principales:** cristianismo, Modekngei (religión tradicional de Palau)

**Gobierno:** gobierno constitucional en libre asociación con los EE.UU.; el Acuerdo de Libre Asociación entró en vigor el 1º de octubre de 1994

**Moneda:** 1 dólar estadounidense (US$) = 100 centavos

**Exportaciones principales:** trocus, atún, copra y artesanías

**Lenguas principales:** inglés (oficial), sonsorelese, angaur, japonés, tobi y palauano

## Papúa y Nueva Guinea

**Capital:** Port Moresby
**Superficie:** 178,704 mi²; 462,840 km²

**Clima:** tropical; caluroso y húmedo en tierras bajas; más fresco en montañas; muy lluvioso en casi todas las regiones

**Población:** 4.9 millones

**Grupos étnicos principales:** melanesios, papuanos

**Religiones principales:** cristianismo, mezcla de creencias cristianas y tradicionales

**Gobierno:** democracia parlamentaria

**Moneda:** 1 kina (K) = 100 toea

**Exportaciones principales:** oro, cobre, mena mineral, crudo, madera y aceite de palma

**Lenguas principales:** inglés, inglés pidgin y motu

## Samoa

**Capital:** Apia
**Superficie:** 1,104 mi²; 2,860 km²
**Clima:** tropical; caluroso y húmedo; lluvioso

**Población:** 179,000

**Grupos étnicos principales:** samoanos

**Religiones principales:** cristianismo

**Gobierno:** monarquía constitucional bajo el mando del jefe indígena

**Moneda:** 1 tala (WS$) = 100 sene

**Exportaciones principales:** aceite y crema de coco, taro, copra y cacao

**Lenguas principales:** samoano e inglés

## Islas Salomón

**Capital:** Honiara
**Superficie:** 10,985 mi²; 28,450 km²
**Clima:** tropical; caluroso y húmedo

**Población:** 466,000

**Grupos étnicos principales:** melanesios

**Religiones principales:** cristianismo

**Gobierno:** democracia parlamentaria

**Moneda:** 1 dólar de las islas Salomón (SI$) = 100 centavos

**Exportaciones principales:** pescado, madera, aceite de palma, cacao y copra
**Lenguas principales:** pidgin melanesio e inglés

## Tonga

**Capital:** Nukualofa
**Superficie:** 289 mi²; 748 km²
**Clima:** tropical; (alterado por vientos alisios); muy húmedo; temporada calurosa y fresca

**Población:** 102,000

**Grupos étnicos principales:** polinesios

**Religiones principales:** cristianismo

**Gobierno:** monarquía constitucional hereditaria

**Moneda:** 1 pa'anga (T$) = 100 seniti

**Exportaciones principales:** calabaza, vainilla, pescado, cultivos de hortaliza y aceite de coco

**Lenguas principales:** tongano e inglés

## Tuvalu

**Capital:** Fongafale, en el atolón Funafuti

**Superficie:** 10 mi²; 26 km²

**Clima:** tropical; cálido, húmedo todo el año (moderado por vientos alisios); fuertes lluvias de verano

**Población:** 11,000

**Grupos étnicos principales:** polinesios

**Religiones principales:** cristianismo

**Gobierno:** monarquía constitucional con democracia parlamentaria, el debate sobre la condición de república se inició en 1992

**Moneda:** 1 dólar tuvaluano ($T) o 1 dólar australiano (A$) = 100 centavos

**Exportaciones principales:** copra

**Lenguas principales:** tuvaluano e inglés

## Vanuatu

**Capital:** Port-Vila
**Superficie:** 5,699 mi²; 14,760 km²

**Clima:** tropical; caluroso y húmedo (moderado por vientos alisios de invierno); más húmedo en las islas del norte

**Población:** 190,000

**Grupos étnicos principales:** melanesios

**Religiones principales:** cristianismo

**Gobierno:** República

**Moneda:** 1 vatu (VT) = 100 céntimos

**Exportaciones principales:** copra, carne de res, cacao, madera y café

**Lenguas principales:** inglés, francés, pidgin y bislama

# Glosario de términos básicos de geografía

**aluvión**

planicie amplia formada en las riberas de un río por la acumulación de sedimentos

**bahía**

parte del mar o de un lago que se extiende a tierra firme

**cañón**

valle largo y estrecho con lados empinados; con frecuencia fluyen corrientes de agua en ellos

**catarata**

gran caída de agua; corriente de agua o caudal muy fuerte

**colina**

zona de mayor elevación que el terreno que la rodea; tiene una cima redondeada y por lo general sus pendientes son menores que las de una montaña

**cuenca**

depresión de la superficie de la tierra; algunas cuencas están llenas de agua

▶ catarata

**delta**

planicie de forma triangular formada en la desembocadura de un río por la acumulación de sedimentos del agua

▲ delta

**desembocadura**

el punto en que un río llega a un lago o mar

**estrecho**

canal de agua angosto que une dos masas de agua mayores

**glaciar**

bloque de hielo y nieve enorme, de movimiento muy lento

**isla**

porción de tierra completamente rodeada de agua

**istmo**

franja estrecha de tierra que une dos porciones de terreno de mayor tamaño

▶ glaciar

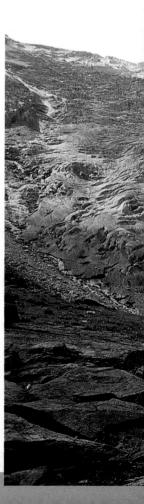

▲ otero

## llanura
región vasta de superficie plana o de pendiente muy suave

## mesa
porción elevada de terreno de cima plana y lados empinados; es más grande que un otero

## montaña
elevación de terreno que supera los 2,000 pies (610 metros) de altura sobre el terreno que la rodea; por lo general es amplia en su base y más estrecha en su punta

## otero
pequeña porción de tierra elevada con lados empinados

## paso de montaña
espacio entre montañas

## península
región casi completamente rodeada de agua, que sólo se une con tierra firme por una de sus partes

## meseta
región grande, la mayor parte plana, que está arriba del terreno que la rodea, tiene al menos un lado de cuesta empinada

## tributario
río o corriente que alimenta a un río de mayor tamaño

## volcán
abertura en la superficie de la Tierra por la que emergen rocas derretidas, cenizas y gases del interior de la Tierra

▶ volcán

# Diccionario geográfico

## A

**Abuja** (9 °N, 7 °E) capital federal de Nigeria, pág. 408

**Aix-en-Provence** (43.32 °N, 5.26 °E) ciudad localizada al sur de Francia, pág. 319

**Aksum** antigua ciudad localizada al norte de Etiopía; fue un poderoso reino y centro de intercambio comercial del año 200 al 600 de nuestra era, aproximadamente, pág. 374

**Alice Springs** (23 °S, 133 °E) poblado del norte de Australia, pág. 571

**América Central** (10.45 °N, 87.15 °O) parte de América Latina que abarca a siete repúblicas: Guatemala, Honduras, El Salvador, Nicaragua, Costa Rica, Panamá y Belice, pág. 171

**América del Sur** (15 °S, 60 °O) la cuarta región continental más grande del mundo; rodeada por el mar Caribe, el océano Atlántico, el océano Pacífico y unida con América del Norte por el istmo de Panamá, pág. 171

**Amsterdam** (52.22 °N, 4.53 °E) el centro financiero más importante de los Países Bajos, pág. 314

**Angkor Vat** (13 °N, 103 °E) sitio arqueológico localizado en la actual ciudad de Angkor, al oeste de Camboya; en él se encuentra el conjunto de templos religiosos más grande del mundo, pág. 469

**Atenas** (38 °N, 23.38 °E) actual capital de Grecia; fue el centro cultural más importante del mundo en el año 400 antes de nuestra era, pág. 275

**Atlanta** (33 °N, 84 °O) capital del estado de Georgia, pág. 125

## B

**Balcanes** región al sur del río Danubio formada por varios países, entre ellos la antigua Yugoslavia, que obtuvo su nombre de la palabra turca que significa "montaña", pág. 330

**Barcelona** (41.25 °N, 2.08 °E) ciudad y puerto marítimo al noreste de España, pág. 265

**Belén** (31.43 °N, 35.12 °E) poblado en las afueras de Jerusalén, considerado sagrado por los cristianos, ya que se trata del lugar donde nació Jesús, pág. 495

**Berlín** (51.31 °N, 13.28 °E) capital de Alemania; la ciudad quedó dividida en Berlín oriental y Berlín occidental entre 1949 y 1989, págs. 291, 315

**Bosnia** país de los Balcanes donde se habla croata, serbio y bosnio. Se practica la religión musulmana, ortodoxa y católica romana, pág. 331

**Boston** (42 °N, 71 °O) capital del estado de Massachusetts, pág. 123

**Brasil** (9 °S, 53 °O) el país más grande de América del Sur, pág. 177

**Brasília** (15.49 °S, 47.39 °O) capital de Brasil, pág. 236

**Brunei** reino pequeño en la costa noroeste de la isla de Borneo que cuenta con enormes yacimientos de petróleo, pág. 489

**Bruselas** (50 °N, 4.22 °E) capital de Bélgica, pág. 313

**Buenos Aires** (34.35 °S, 58 °O) capital de Argentina, pág. 241

## C

**Cachemira** (39 °N, 75 °E) territorio en la región noroeste de la India; reclamada por la India, Pakistán y China desde 1947, pág. 519

**Cairo, El** (30 °N, 31 °E) capital de Egipto y la ciudad más poblada de África, pág. 403

**Canal de Panamá** (9.2 °N, 79.55 °O) importante canal de embarque que cruza el istmo de Panamá, enlazando el mar Caribe (y el océano Atlántico) con el océano Pacífico, pág. 221

**Caracas** (10.3 °N, 66.58 °O) capital de Venezuela, pág. 240

**Chang Jiang** el río más largo de Asia; cruza China y llega al mar oriental de China, pág. 452

**Chicago** (41 °N, 87 °O) importante ciudad del estado de Illinois, a orillas del lago Michigan, pág. 132

**Círculo Antártico** (66 °S) línea de latitud que rodea a la Tierra cerca del polo Sur, pág. 14

**Círculo Ártico** (66 °N) línea de latitud que rodea a la Tierra cerca del polo Norte, pág. 14

**Círculo del Pacífico** países que limitan con el océano Pacífico, pág. 152

**Ciudad del Cabo** (33 °S, 18 °E) capital legislativa de la República de Sudáfrica; es capital de Cabo Occidental, pág. 431

**Ciudad Ho Chi Minh** (10 °N, 106 °E) la ciudad más grande de Vietnam, antiguamente conocida como Saigón; nombrada así en honor al presidente de Vietnam del Norte, pág. 514

**Colombia** (3.3 °N, 72.3 °O) país de América del Sur, pág. 177

**Colonia Pennsylvania** colonia estadounidense fundada en 1680 por William Penn, quien había adquirido la tierra de los nativos estadounidenses, pág. 88

**Copán** (14.5 °N, 89.1 °O) ruinas de una antigua ciudad maya, al occidente de Honduras, pág. 183

**Copán**

**Cordillera de los Andes** (13 °S, 75 °O) sistema montañoso que se extiende a lo largo de la costa oeste de América del Sur, págs. 175, 206

**Cordillera del Himalaya** cordillera en la parte central de Asia; inicia en la frontera entre la India y el Tibet, pasa por Pakistán y Nepal y termina en Bután; en ella se encuentran las montañas más altas del mundo, pág. 451

**Cordillera del Himalaya**

**Cuba** (22 °N, 79 °O) país que ocupa la isla más grande del mar Caribe, págs. 44, 204

**Cuzco** (13.36 °S, 71.52 °O) ciudad del Perú; capital del imperio Inca, pág. 184

# D

**Desierto de Atacama** (23.5 °S, 69 °O) desierto localizado en Chile, un país de América del Sur; es el lugar más seco de la Tierra, pág. 175

**Desierto de Négev** región desértica de forma triangular localizada al suroeste de Israel, que limita con el golfo de Aqaba, pág. 531

**Detroit** (42 °N, 83 °O) ciudad localizada en el estado de Michigan, pág. 132

# E

**Ecuador** línea imaginaria que pasa por la parte más ancha de la Tierra (a la mitad de la distancia entre el polo Norte y el polo Sur) y la divide en hemisferio norte y hemisferio sur; se usa como referencia para medir latitud al norte y al sur, pág. 13

**Egipto** (26 °S, 27 °E) país localizado al norte de África; oficialmente es la República Árabe de Egipto, pág. 372

**Eslovaquia** (48.5 °N, 20 °E) país de Europa oriental, págs. 296, 335

**Estocolmo** (59.20 °N, 18.03 °E) capital de Suecia, pág. 291

**Eurasia** masa continental que abarca a Europa y Asia, pág. 261

**Europa** (50 °N, 15 °E) el segundo continente más pequeño de la Tierra; forma la península de un bloque llamado Eurasia, que se encuentra rodeado por los océanos Ártico y Atlántico, el mar Mediterráneo y el continente asiático, pág. 261

# F

**Fidji** nación establecida en una isla del océano Pacífico; muy popular entre los turistas, pág. 575

**Filadelfia** (40 °N, 75 °O) ciudad y puerto establecido en Pennsylvania, en el río Delaware, pág. 123

**Flandes** región localizada al norte de Bélgica, pág. 313

# G

**Ghana** (8 °N, 2 °O) país localizado en África occidental; su nombre oficial es República de Ghana, pág. 375

**Gran cordillera divisoria** serie de mesetas y cordilleras localizadas al este de Australia, pág. 555

**Grandes Lagos** grupo de cinco lagos de gran tamaño, localizados en América del Norte; sus nombres son: Superior, Michigan, Hurón, Erie y Ontario, pág. 75

**Grecia** imperio de gran importancia en la época clásica. País actualmente ubicado en la costa mediterránea de Europa, pág. 275

**Guatemala** (15.45 °N, 91.45 °O) país localizado en América Central, pág. 217

# H

**Honduras** país rural de América Central, pág. 200

**Huang He** segundo río más largo de China; fluye del norte de China hasta el mar Amarillo; también conocido como río Amarillo, pág. 452

# I

**Irkutsk** (52.16 °N, 104 °E) ciudad de Rusia centro oriental, en la meseta de Siberia central, pág. 265

**Irlanda del Norte** región de Irlanda, en su mayoría protestante, gobernada por Gran Bretaña, pág. 319

**Islandia** isla geográficamente aislada en el Círculo Ártico, pág. 266

# J

**Jamaica** (17.45 °N, 78 °O) país tropical establecido en una isla del mar Caribe, págs. 177, 203

**Jamestown** primer territorio británico en América del Norte, localizado en la actual Virginia y sitio histórico de la nación, pág. 88

**Jerusalén** (31.47 °N, 35 °E) capital de Israel; ciudad considerada santa por cristianos, judíos y musulmanes, pág. 495

# K

**Kano** (12 °N, 8 °E) cuidad capital del estado de Kano, al norte de Nigeria: reino histórico de esa nación, pág. 409

**Kemerovo** (55.3 °N, 86.05 °E) ciudad de la parte centro sur de Rusia, pág. 338

**Kilwa** ciudad–estado islámica fundada a fines del siglo X en una isla cerca de la costa de la actual Tanzania, pág. 376

**Kosovo** sitio de lucha de los serbios por su independencia de Albania en 1999, pág. 333

# L

**Lagos** (6 °N, 3 °E) ciudad y puerto principal de Nigeria; estado de Nigeria, pág. 408

**Llanuras del interior** zona remota de Australia habitada por muy pocas personas, especialmente en la región árida, pág. 556

**Locorotondo** (40.45 °N, 17.20 °E) población localizada al sur de Italia, pág. 322

**Londres** (51.3 °N, 0.7 °O) ciudad capital del Reino Unido de la Gran Bretaña, pág. 291

# M

**Madrid** (40.26 °N, 3.42 °O) capital de España, pág. 291

**Mali** (15 °N, 0.15 °O) capital de un antiguo imperio africano; actualmente país de África occidental; su nombre oficial es Malí, pág. 375

**Mar Caribe** (14.3 °N, 75.3 °O) parte del océano Atlántico, localizada al sur del mismo, pág. 169

**Mar del Norte** (56.09 °N, 3.16 °E) brazo del océano Atlántico localizado entre Gran Bretaña y Europa, pág. 269

**Meca** (21 °N, 39 °E) ciudad en la región occidental de Arabia Saudí; lugar de nacimiento del profeta Mahoma; considerada santa por los musulmanes, págs. 496, 527

**Meca**

**Melanesia** (13 °S, 164 °E) la más poblada de los tres grupos de islas del Pacífico; incluye a Papúa y Nueva Guinea, Fidji y otras, pág. 559

**Mesopotamia** región histórica del oeste de Asia, localizada entre los ríos Tigris y Éufrates; una de las cunas de la civilización, pág. 476

**México** (23.45 °N, 104 °O) país localizado en América del Norte, pág. 170

**México, Ciudad de** (19.28 °N, 99.09 °O) capital y ciudad más grande de México; una de las zonas urbanas más grandes del planeta, págs. 198, 213

**Micronesia** uno de los tres grupos de islas del Pacífico; incluye a Guam, las islas Marshall y otras, pág. 559

**Milán** (45.27 °N, 9.17 °E) ciudad al norte de Italia; mundialmente conocida por su industria de la moda, pág. 322

**Montañas Rocosas** larga cadena montañosa al oeste de los Estados Unidos; inicia en Alberta, Canadá, cruza los estados del oeste de Estados Unidos y llega hasta México, pág. 74

**Montes Apalaches** sistema montañoso localizado al este de América del Norte, pág. 74

**Monte Kenia** (0.10 °S, 37 °E) volcán en la parte central de Kenia, pág. 423

**Montes Urales** (56.28 °N, 58.13 °E) sistema montañoso del norte de Eurasia; forma parte de la frontera natural entre Europa y Asia, pág. 261

**Montreal** (45 °N, 73 °O) la ciudad más grande de la provincia de Quebec, Canadá, pág. 142

**Moscú** (55.45 °N, 37.37 °E) capital de Rusia; la tercera ciudad más grande del mundo y sede del gobierno de los zares, pág. 339

**Nairobi** (1 °S, 36 °E) capital de Kenia, pág. 425

**Nicaragua** el país más grande, pero menos poblado de América Central, pág. 219

**Noroeste del Pacífico, Costa del** región localizada al noroeste de Estados Unidos; incluye los estados de Oregón, Washington y parte de Idaho, pág. 135

**Noruega** país del noroeste de Europa que ocupa la parte occidental de la península escandinava, págs. 265, 266

**Nubia** antigua región del norte de África, pág. 372

**Nueva York, Ciudad de** (40 °N, 73 °O) importante ciudad y puerto en la desembocadura del río Hudson, en el estado de Nueva York, pág. 124

**Nunavut** territorio del noroeste del Canadá que cedió el gobierno a las tribus inuit; actualmente una provincia oficial, pág. 114

**Ontario** (50 °N, 88 °O) la segunda provincia más grande de Canadá, pág. 99

**Ottawa** (45.24 °N, 75.43 °O) capital de Canadá, pág. 147

**P**

**Palestina** (31 °N, 35 °E) región histórica localizada al este del mar Mediterráneo; actualmente dividida entre Israel y Jordania, págs. 276, 477

**Pampas** extensa región de pastizales parecida a las grandes llanuras de Estados Unidos, pág. 241

**Panamá** (9 °N, 80 °O) país de América Central, pág. 221

**Ciudad de Nueva York**

**Pangea** según la teoría científica, se trata de una enorme masa de tierra que se separó para formar los continentes actuales hace aproximadamente 180 millones de años, pág. 28

**Papúa y Nueva Guinea** (7 °S, 142 °E) país establecido en una isla del sureste del Pacífico; la mitad oriental del mismo es oficialmente conocida como el estado independiente de Papúa y Nueva Guinea, pág. 559

**Papúa y Nueva Guinea**

**París** (48.51 °N, 2.2 °E) capital de Francia, pág. 291

**Patagonia** (46.45 °S, 69.3 °O) región árida al sur de Argentina, pág. 174

**Polinesia** el más grande de los tres grupos de las islas del Pacífico; incluye a Nueva Zelanda, Hawai, la isla de Pascua y Tahití, pág. 559

**Portland** (45 °N, 122 °O) la ciudad más grande del estado de Oregón, pág. 136

**Presa Grand Coulee** (47 °N, 119 °O) presa del río Columbia, en el estado de Washington, pág. 81

## Q

**Quebec** (518 °N, 70 °O) provincia del sureste de Canadá, pág. 99

**Quebec, Ciudad de** (46 °N, 77 °O) ciudad capital de la provincia de Quebec, Canadá, pág. 141

## R

**República Checa** (50 °N, 15 °E) país localizado en Europa oriental, pág. 297

**República de Sudáfrica** (28 °S, 24 °E) país que ocupa el límite sur de África, pág. 394

**Río Congo** río que inicia en África Central y llega al océano Atlántico, pág. 359

**Río Éufrates** río que inicia en Turquía y fluye hacia el sur, pasando por Siria e Irak; las antiguas civilizaciones de Babilonia y Ur se establecieron en las riberas de este río, pág. 453

**Río Fraser** importante río localizado al oeste de América del Norte, en el límite entre Columbia Británica y Alberta, pág. 151

**Río Ganges** río que inicia en los montes Himalayas y llega hasta la bahía de Bengala, pasando por la India y Bangladesh; considerado por los habitantes de la India como el río más sagrado de esa nación, pág. 453

**Río Indo** río que nace en Tibet, pasa por la India y Pakistán y llega hasta el mar Arábigo, pág. 453

**Río de Janeiro** (22.5 °S, 43.2 °O) importante ciudad del Brasil, pág. 236

**Río Mississippi** extenso río que fluye en la parte central de Estados Unidos, del sur de Minnesota al golfo de México, pág. 76

**Río Níger** río de África occidental que nace en Guinea y desemboca en el golfo de Guinea, pág. 359

**Río Nilo** el río más grande del mundo; cruza la parte norte de África y desemboca en el mar Mediterráneo, pág. 359

**Río San Lorenzo** río que fluye al este de América del Norte; es el tercer río más grande de Canadá, pág. 76

**Río Tigris** río que cruza Turquía, Irak e Irán y llega hasta el golfo Pérsico; las antiguas civilizaciones de Nínive y Ur se establecieron en sus riberas, pág. 453

**Río Zambezi** río que cruza el centro y el norte de África hasta el océano Índico, pág. 360

**Riyãd** (24 °N, 46 °E) capital de Arabia Saudí, pág. 528

**Roma** (41.52 °N, 12.37 °E) capital actual de Italia; uno de los imperios más importantes de la antigüedad (753 A.C.-476 D.C), pág. 276

**Rusia** (61 °N, 60 °E) país localizado al norte de Eurasia, pág. 261

## S

**Sahara** el desierto tropical más grande del mundo; cubre la mayor parte del norte de África, pág. 357

**San José** (37 °N, 121 °O) ciudad localizada en el oeste de California, pág. 136

**San Petersburgo** (59.57 °N, 30.2 °E) la segunda ciudad más grande de Rusia (antiguamente llamada Petrogrado y Leningrado), localizada en la costa del mar Báltico; fundada por Pedro el Grande, pág. 301

**Santiago** (33.26 °S, 70.4 °O) capital de Chile, pág. 238

**São Paulo** (23 °S, 46 °O) la ciudad más grande de Brasil, pág. 46

**Sarajevo** (43.5 °N, 18.26 °E) capital de Bosnia-Herzegovina, pág. 333

**Saskatchewan** (50.12 °N, 100.4 °O) sede de la Real Policía Montada de Canadá, pág. 152

**Selva tropical del Amazonas** enorme selva tropical que ocupa la mayor parte de la cuenca del río Amazonas en la parte superior de América del Sur, con una extensión de 2,700,000 millas cuadradas, pág. 175

**Shaba** provincia del sur de la República Democrática del Congo, pág. 427

**Siberia** (57 °N, 97 °E) región rica en recursos; se extiende hacia el este de Rusia en el norte de Asia, desde los montes Urales hasta la costa del Pacífico, pág. 261

**Sierra Nevada** cordillera de California, al oeste de los Estados Unidos, pág. 135

**Silesia** (50.58 °N, 16.53 °E) región histórica de la parte suroeste de la actual Polonia, pág. 269

**Songhai** imperio y centro de intercambio comercial de África occidental fundado en el siglo XV, pág. 375

**St. Louis** (38 °N, 90 °O) la ciudad más grande de Missouri, al borde del río Mississippi, pág. 132

**Sydney** (33 °S, 151 °E) capital de Nueva Gales del Sur, en la costa sureste de Australia, pág. 569

**T**

**Tahití** popular destino turístico de las islas del Pacífico, pág. 575

**Taiwan** (23 °N, 122 °E) nación en una isla de gran tamaño en la costa sureste de China, antiguamente llamada Formosa; desde 1949 es la República Nacional de China, pág. 504

**Tenochtitlán** metrópolis azteca de más de cinco millas cuadradas de extensión, cerca de la actual Ciudad de México; originalmente establecida en dos islas del lago de Texcoco, la ciudad se desarrolló gradualmente hasta formar una de las dos capitales aztecas; su nombre significa "piedra que emerge del agua", pág. 184

**Tierras bajas de San Lorenzo** importante región agrícola del territorio cultivable del Canadá, pág. 82

**Tombuctú** (16 °N, 3 °O) ciudad de Malí cerca del río Níger; en la antigüedad fue un importante centro educativo islámico y punto de parada para las caravanas que cruzaban el Sahara, pág. 375

**Toronto** (43.39 °N, 79.23 °O) capital de Ontario; la ciudad más grande de Canadá, pág. 147

**Siberia**

**Trinidad y Tobago** (11 °N, 61 °O) república de las Antillas establecida en dos islas llamadas Trinidad y Tobago, pág. 205

**Trópico de Cáncer** (23.5 °N) límite norte de los trópicos, pág. 13

**Trópico de Capricornio** límite sur de los trópicos, pág. 13

# U

**Ucrania** país independiente que formaba parte de la antigua Unión Soviética; cuenta con grandes yacimientos de carbón mineral, pág. 269

# V

**Valonia** región del sur de Bélgica, pág. 313

**Valle de la muerte** (36 °N, 117 °O) la región más caliente y seca de América del Norte; se localiza al sureste de California, pág. 74

**Valle de México** región de México que abarca Texcoco, Tenochtitlán y la actual Ciudad de México, pág. 184

**Valle de Ruhr** (51.18 °N, 8.17 °E) parte de la región industrial de Alemania occidental, pág. 269

**Valle Great Rift** región más importante del sistema de fisuras de África oriental, pág. 359

**Vancouver** (49 °N, 123 °O) ciudad al suroeste de Columbia Británica, en Canadá, pág. 149

**Vaticano** ciudad–estado independiente que se localiza en Italia; sede de la Iglesia Católica Romana, pág. 321

**Vaticano**

**Venezuela** (8 °N, 65 °O) país de América del Sur, pág. 177

# W

**Washington, D.C.** (38 °N, 77 °O) capital de Estados Unidos, entre los estados de Maryland y Virginia, sobre el río Potomac, pág. 128

# Y

**Yakarta** (6 °S, 106 °E) capital y ciudad más grande de Indonesia, pág. 46

# Z

**Zona del canal** franja de 10 millas de tierra a lo largo del canal de Panamá, que se extiende desde el océano Atlántico hasta el océano Pacífico, pág. 224

# Glosario

## A

**abolicionista** persona que consideraba a la esclavitud como un error y quería terminar con esta costumbre, pág. 92

**accidente geográfico** área de la superficie terrestre con forma definida; las montañas y las colinas son ejemplos de accidentes geográficos, pág. 27

**acueducto** tubería o canal que sirve para transportar agua desde una fuente distante hasta regiones áridas, pág. 185

**acuicultura** cultivo marítimo; los cultivos más comunes son los de camarón y de ostras, pág. 459

**agricultor de subsistencia** agricultor que produce sólo lo necesario para mantener a su familia, pág. 207

**agricultura de subsistencia** cultivar sólo las cosechas suficientes para mantener a la familia, pág. 364

**alianza** acuerdo mutuo entre países para protegerse y defenderse uno al otro, pág. 283

**altitud** elevación del terreno sobre el nivel del mar, págs. 174, 358

**aluvión** suelo superficial fértil que dejan los ríos después de una inundación, pág. 80

**apartheid** sistema sudafricano en el que la población estaba separada  por raza, y la discriminación racial era legal, pág. 433

**arancel** derecho o impuesto que un gobierno cobra por introducir productos en el país, pág. 294

**área rural** región con una densidad de población baja, como una villa o el campo, pág. 46

**área urbana** zona densamente poblada; una ciudad o un pueblo, pág. 46

**aristócratas** personas que son minoría, pero que se consideran una clase privilegiada y alta, pág. 421

**atmósfera** franja de varias capas de gases que rodea a la Tierra, pág. 30

**atolón** pequeña isla de coral con forma de anillo que encierra a una laguna, pág. 554

**auge** periodo de prosperidad en aumento en el que se produce y se vende una mayor cantidad de cierto producto, pág. 237

**autóctono** originario de cierto lugar, págs. 114, 150

**autoritario** controlado por una persona o un pequeño grupo, pág. 429

## B

**barrera de transportación** características físicas que impiden viajar o transportar productos de una región o otra, pág. 359

**bazar** mercado tradicional al aire libre con hileras de tiendas o puestos, pág. 403

**bienes de consumo** productos que se fabrican para su venta; autos, cestos, computadoras y papel son ejemplos de bienes, pág. 52

**bilingüe** que habla dos idiomas; que tiene dos idiomas oficiales, pág. 100

**boicoteo** renuencia a comprar o usar bienes y servicios, págs. 89, 379

**bolas** conjunto de cordeles de cuero y tres esferas de hierro o piedras que se lanzan a las patas de los animales para capturarlos, pág. 244

# C

**caducifolio** perteneciente a los árboles que pierden sus hojas, pág. 267

**campesinos** aldeanos sin tierras y agricultores de pocos recursos, págs. 198, 233

**capital** dinero que sirve para expandir un negocio, pág. 131

**capitalismo** sistema económico en que las personas y las compañías privadas son propietarias de negocios e industrias básicos y no básicos, pág. 53

**carnaval** celebración anual en América Latina que se lleva a cabo con música, danzas y desfiles, pág. 205

**casa de beneficencia** centro comunitario para inmigrantes pobres en Estados Unidos, pág. 95

**casbah** barrio antiguo y muy poblado de las ciudades de África del Norte, pág. 407

**casta** una clase de personas en la India, pág. 473

**catarata** rápido que corre sobre un lecho de rocas, pág. 359

**caudillo** oficial militar que gobierna estrictamente, pág. 191

**cazador-recolector** persona que recolectaba alimentos silvestres y cazaba animales para sobrevivir, pág. 371

**censo** recuento de la población de un país, pág. 410

**cieno** partículas de roca y desechos en el lecho de los ríos, pág. 359

**ciudad-estado** forma de organización en que las poblaciones tienen su propio gobierno y controlan gran parte del territorio que las rodea, pág. 376

**civilización** sociedad con ciudades, un gobierno central, clases sociales y, por lo general, escritura, arte y arquitectura, pág. 465

**clan** grupo de familias que mantienen un antecesor común, págs. 389, 466

**clase media** grupo de personas, entre las que había comerciantes y mercaderes, que económicamente estaban entre los pobres y los muy ricos, pág. 279

**clave** parte del mapa que explica la simbología de las características del mapa; también se llama leyenda, pág. 22

**clima** pautas atmosféricas típicas que experimenta una región durante un largo periodo, pág. 34

**colina** formación del suelo más alta que el terreno que la rodea, con una cima redondeada; por lo general una colina es más baja y menos empinada que una montaña, pág. 27

**colonia penitenciaria** lugar establecido por convictos o prisioneros; los británicos fundaron la primera colonia en Australia como colonia penitenciaria, pág. 566

**colonia** territorio gobernado por otra nación, por lo general lejana, pág. 474

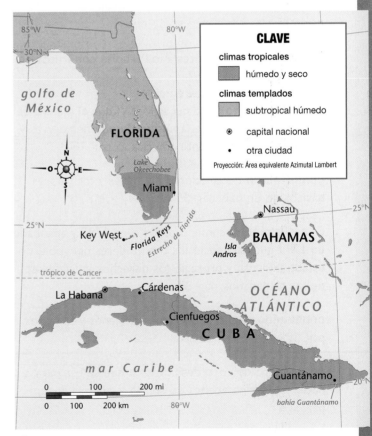

clave

**colonizar** establecerse en un área y crear o apoderarse de un gobierno, pág. 378

**combustible fósil** cualquiera de los recursos no renovables tal como el carbón, el petróleo o el gas natural, que se formaron a partir de los restos de plantas y animales, págs. 32, 268

**Compra de Luisiana** venta de tierra en 1803 de Francia a Estados Unidos; todo el terreno entre el río Mississippi y la ladera este de las montañas Rocosas, pág. 90

**comuna** comunidad donde las tierras son comunes y los miembros viven y trabajan juntos, pág. 484

**comunismo** teoría de gobierno en que las propiedades como las granjas y las fábricas son propiedad del gobierno para el beneficio de todos los ciudadanos; sistema político en que el gobierno central controla todos los aspectos de la vida de los ciudadanos, págs. 97, 285

**Confederación** los Estados Confederados; conjunto de estados del sur que se separó de Estados Unidos después de la elección de Abraham Lincoln en 1860, pág. 93

**coníferas** pertenecientes a los árboles con frutos en forma de cono, pág. 267

**conquistador** soldado del siglo XVI que al mando del gobierno español tenía la misión de obtener tierras y riquezas en el continente americano, pág. 187

**constitución** declaración de las leyes y los valores básicos de un país, pág. 55

**Constitución** documento escrito en 1787 y aprobado en 1789 que estableció los tres poderes del gobierno estadounidense y protegió los derechos individuales de los ciudadanos, pág. 89

**consumidor** persona que compra bienes y servicios, pág. 52

**copra** pulpa de coco deshidratada que se usa para hacer margarina, aceites de cocina y jabones finos, pág. 574

**coral** sustancia que parece roca y está formada de esqueletos de pequeños animales marinos, págs. 171, 554

**Corán** libro sagrado de la religión islámica, pág. 375

**corredores de transportación** rutas por las que se puede viajar a pie, en vehículo, en tren, en barco a en avión, págs. 76, 222

**cosmopolita** caracterizado por diversidad étnica o cultural y sofisticación, pág. 241

**criollo** persona de padres españoles nacida fuera de España; por lo general perteneciente a la clase adinerada y mejor educada en las colonias españolas, págs. 190, 219

**cuadrícula** sistema para localizar lugares en los mapas; algunas se basan en la longitud y la latitud, y otras usan números y letras, pág. 22

**cultivo para la venta** producto de cultivo que se cosecha para cambiarlo por dinero en el mercado mundial, pág. 365

**cultura** idioma, creencias religiosas, valores, costumbres y demás formas de vida que comparte un grupo de personas, págs. 48, 385

**cuota** cierta parte de algo, como un trabajo, que se reserva para un grupo, págs. 116, 525

**Declaración de Independencia** documento escrito por Thomas Jefferson en 1776 que expuso las razones de los colonos estadounidenses para rechazar al gobierno británico; los representantes de cada una de las trece colonias firmaron el documento para mostrar su postura en favor de la independencia, pág. 89

**dehesa** en Australia, un rancho muy grande de ovejas o ganado, pág. 567

**democracia directa** sistema de gobierno en que el pueblo participa directamente en la toma de decisiones, pág. 55

**democracia** gobierno del pueblo por el pueblo, pág. 55

**democracia representativa** sistema de gobierno en el que las personas eligen a sus representantes para que resuelvan los asuntos del país, pág. 55

**demógrafo** científico que estudia las características de las poblaciones humanas, como su tamaño, crecimiento, densidad y distribución, así como sus tasas de nacimiento, matrimonios y mortalidad, pág. 41

**densidad de población** cantidad promedio de personas que viven en un área, pág. 42

**desgaste** desintegración de las rocas producida por el viento, la lluvia o el hielo, pág. 29

**dialecto** versión de un idioma que se habla sólo en ciertas regiones, pág. 485

**dictador** gobernante de un país que tiene todo el poder, págs. 220, 231, 286

**dictadura** gobierno dirigido por una persona, por un dictador, pág. 56

**difusión** cultural diseminación de ideas y cultura por medio de todas las actividades de las personas, pág. 467

**dinastía** serie de gobernantes pertenecientes a la misma familia; la historia china se describe por medio de sus dinastías, pág. 466

**discriminación** trato injusto a menudo a causa de la raza o el género, pág. 508

**discriminar** tratar con injusticia a las personas por su raza, religión o género, pág. 433

**distorsión** representación falsa de una forma verdadera; los mapas de proyección (planisferios) que usan los cartógrafos generan cierta distorsión, pág. 20

**distribución de la población** forma en que la población de una región está repartida, pág. 41

**diversidad cultural** extensa variedad de culturas, págs. 105, 388

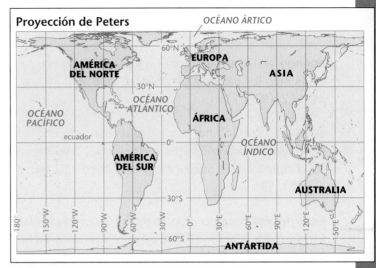

**distorsión**

**diversidad religiosa** variedad de creencias religiosas que existen al mismo tiempo en una región, pág. 107

**diversidad** variedad, pág. 201

**diversificar** variar; expandir, aumentar, págs. 178, 511

**divisoria continental** límite que separa a los ríos de un continente que corren en direcciones opuestas; en América del Norte, en las montañas Rocosas, pág. 74

**domesticar** adaptar plantas silvestres y animales salvajes para el uso humano, pág. 372

**dominio** zona de autogobierno sujeta a Gran Bretaña, por ejemplo, Canadá antes de 1939, pág. 99

**dosel** masa densa de hojas que forma la capa superior de un bosque, pág. 234

**Duma** congreso ruso, establecido por el zar Nicolás, a cuyos miembros los elegía el pueblo, pág. 285

# E

**economía de mercado** economía en la que la mayoría de los negocios son de propiedad privada, pág. 53

**economía de un solo cultivo** economía en que un solo cultivo proporciona la mayor parte de los ingresos de un país, pág. 230

**economía dirigida** economía en que las decisiones económicas las toma el gobierno, pág. 53

**economía** manera de producir y poner al alcance del pueblo los bienes y servicios en un país, págs. 52, 192

**economía tradicional** economía en que se producen, se compran y se venden productos de acuerdo con las costumbres, las tradiciones y los hábitos del grupo, págs. 52, 53

**Edad Media** periodo de la historia europea entre la antigüedad y la era moderna; aproximadamente de los años 500 a 1500 D.C., pág. 277

**eje** línea imaginaria en torno a la cual gira un planeta; la Tierra gira en su propio eje, que va del polo Norte al polo Sur, pág. 12

**emigrar** ir de un lugar a otro, pág. 373

**emigrar** irse a vivir de un país a otro, págs. 199, 322, 466

**emperador** gobernante de un extenso territorio, pág. 466

**energía hidroeléctrica** energía generada por turbinas impulsadas por agua, págs. 81, 270

**erosión** proceso mediante el cual el agua, el viento o el hielo desgasta el relieve del suelo y transporta la materia a otro sitio, pág. 29

**escala** tamaño de una región en un mapa en relación con su tamaño real, pág. 19

**escarpadura** acantilado escarpado de unos 100 pisos de altura, pág. 359

**esclusa** sección de vía marítima donde se eleva o se baja a los barcos ajustando el nivel del agua, pág. 221

**estancias** haciendas o fincas que eran propiedad particular de un individuo, pág. 244

**estándar de vida** calidad de vida material, pág. 460

**estepas** llanuras en su mayor parte sin árboles; en Rusia, las estepas son praderas de suelo fértil apto para la agricultura, pág. 267

**estructura social** forma en que las personas de una cultura se organizan en pequeños grupos; cada uno de ellos desempeña un papel específico, pág. 49

**ética** estándares o código de comportamiento moral de una persona, una religión, un grupo, una profesión, etcétera, que permite distinguir entre el bien y el mal, pág. 50

**excedente** más de lo necesario, p. 372

**expectativa de vida** cantidad de años que se espera que viva en promedio una persona, pág. 43

# F

**familia extendida** unidad familiar que abarca padres, hijos, abuelos, tías, tíos, primos y demás parientes, que por lo general viven bajo el mismo techo o muy cerca uno de otro, págs. 49, 389

**familia nuclear** unidad familiar formada por un padre, una madre y sus hijos, págs. 49, 389

**felá** campesino o labrador agrícola de los países árabes, pág. 404

**fértil** se dice del suelo que contiene las sustancias que las plantas necesitan para crecer bien, págs. 359, 372

**feudalismo** clase de organización social en donde las personas trabajaban e incluso peleaban para un señor a cambio de protección y de permiso para usar la tierra, pág. 277

**fiordo** bahía estrecha o entrada del mar, rodeada de acantilados escarpados, pág. 553

**fotosíntesis** proceso por el que las plantas y los árboles verdes producen su propio alimento por medio de agua, dióxido de carbono y luz solar; el oxígeno se libera como consecuencia de la fotosíntesis, pág. 234

**francófono** persona que habla el francés como su primera lengua, pág. 143

**fuerza laboral** oferta de fuerza de trabajo, pág. 95

# G

**ganwa** príncipes o lores, pág. 421

**gauchos** vaqueros nómadas de mediados del siglo XVIII que vagaban por las pampas y después se volvieron trabajadores agrícolas asalariados en propiedades privadas, págs. 241–242

**géiser** manantial caliente que lanza agua hirviente al aire, pág. 553

**genocidio** asesinato deliberado de un grupo racial, político o étnico, pág. 317

**geografía** estudio de la superficie de la Tierra y de sus procesos de formación, las conexiones entre lugares y las relaciones entre las personas y su medio ambiente, pág. 15

**glaciar** bloque de hielo enorme, de movimiento muy lento, que ocupa un valle entre dos montañas, pág. 74

**globo terráqueo** modelo redondo de la Tierra que muestra los continentes y océanos en sus formas reales, pág. 19

**gobierno** sistema que establece y hace cumplir las leyes e instituciones de una sociedad; algunos gobiernos están controlados por pocas personas y otros por muchas personas, pág. 54

**Golden Horseshoe** (herradura dorada) región manufacturera en el área metropolitana de Ontario que abarca Toronto y sigue la curva de la costa oeste del lago Ontario, pág. 147

**golpe de estado** toma de un gobierno, generalmente por parte de las fuerzas militares, pág. 414

**grado** unidad de medida para determinar la ubicación precisa; en globos terráqueos y mapas, la latitud y la longitud se miden en grados, pág. 16

**granja corporativa** granja muy grande dirigida por una corporación; puede estar formada por varias granjas más pequeñas que alguna vez fueron propiedades familiares, pág. 131

**granja de cultivo mixto** granja que produce diferentes clases de cultivo, pág. 130

**grieta** trinchera profunda en la superficie terrestre, pág. 359

**griot** contador de cuentos africanos, pág. 389

**Grupo de los Siete** grupo de pintores canadienses en las décadas de 1920 y 1930 que desarrollaron técnicas audaces en sus obras paisajistas, pág. 111

**grupo étnico** grupo de personas cuyos antepasados, cultura, idioma y religión les son comunes, págs. 106, 204, 296, 373

**Guerra Civil** guerra entre los estados del norte y del sur de Estados Unidos que empezó en 1861 y terminó en 1865, pág. 93

**Guerra Fría** periodo de gran tensión entre Estados Unidos y la antigua Unión Soviética, que duró más de 40 años después de la Segunda Guerra Mundial, págs. 97, 286

**Guerra Revolucionaria** guerra entre los años 1775 y 1781 en que las colonias estadounidenses se independizaron de la Gran Bretaña, pág. 89

**guerrillero** persona que participa en una guerra irregular como miembro de un grupo independiente, pág. 220

# H

**hacienda** plantación de colonos españoles o de la Iglesia católica en la América hispana, pág. 188

**hajj** peregrinación que hacen los musulmanes a la Meca, pág. 527

**hambruna** insuficiencia de alimentos, págs. 310, 511

**harambi** palabra swajili que significa "hagámoslo juntos"; campaña en Kenia que inició el presidente Jomo Kenyatta en 1963, después de que el país se independizó, pág. 425

**herencia** hábitos y costumbres que pasan de una generación a otra, pág. 299

**hidroelectricidad** energía eléctrica producida por agua en movimiento, por lo común es la que se genera al soltar el agua de una presa, págs. 81, 177

**holandés flamenco** idioma que se habla en Flandes, región del norte de Bélgica, pág. 313

**Holocausto** ejecución de 6 millones de judíos por los nazis alemanes durante la Segunda Guerra Mundial, págs. 96, 317

**homogéneo** que tiene elementos similares en relación con un grupo, pág. 486

**huelga** interrupción del trabajo; renuencia a seguir trabajando hasta que se satisfagan ciertas demandas de los trabajadores, pág. 219

**humanismo** aproximación del conocimiento que se enfocó en los valores materiales más que en los valores religiosos, pág. 279

**I**

**imperialismo** control que ejerce un país en la vida política y económica de otro país o región, pág. 282

**imperio** extenso grupo de personas y tierras regidas por un solo gobernante, pág. 276

**importar** introducir productos de un país a otro para venderlos, pág. 208

**improvisación** recurso del jazz donde los músicos crean música espontáneamente, pág. 110

**incentivo** prestación que las grandes empresas usan para atraer a sus empleados y mantenerlos contentos, pág. 507

**industria cuaternaria** tecnología de información, abarca las industrias que proveen servicios de Internet, software para computadoras, y servicios de cable y telefonía, pág. 52

**industria primaria** parte de la economía que produce materia prima; ejemplos de ella son la agricultura, la pesca, la minería y la silvicultura, págs. 52, 574

**industria secundaria** empresas de manufactura que elaboran productos con materiales de la industria primaria y de otras industrias secundarias, págs. 52, 575

**industria terciaria** compañías de servicio como bancos, transportes, cuidado de la salud y protección policiaca, págs. 52, 575

**industrialización** proceso de establecimiento de nuevas industrias en una región donde predomina la agricultura; desarrollo de grandes industrias, pág. 127

**injusticia** falta de equidad, pág. 201

**inmigrante** persona que se muda a otro país para establecerse en él, págs. 44, 91

**inmunidad** resistencia natural a la enfermedad, pág. 150

**institución** organización, relación o costumbre importante en una sociedad o cultura, pág. 49

**intercambio cultural** proceso en el que culturas diferentes comparten ideas y formas de hacer las cosas, pág. 105

**inversionista** persona que gasta dinero para mejorar un negocio con la esperanza de obtener más dinero, pág. 339

**invertir** usar el dinero para obtener más dinero, pág. 192

**istmo** franja estrecha de tierra con agua en ambos lados y unida a dos masas de tierra más grandes, pág. 171

## J

**jeroglíficos** sistema de escritura con signos y símbolos que usaron los mayas y otras culturas, pág. 184

## K

**kibutz** asentamiento cooperativo que se encuentra en Israel, pág. 533

## L

**ladino** en Guatemala, mestizo o descendiente de indígenas americanos y de españoles, pág. 217

**latitud** línea imaginaria, también llamada paralelo, que rodea a la Tierra y es paralela al ecuador; sirve para medir distancias en grados al norte y al sur del ecuador, pág. 13

**latitudes altas** regiones entre el círculo polar ártico y el polo Norte y el círculo polar antártico y el polo Sur, pág. 14

**latitudes bajas** región entre el trópico de Cáncer y el trópico de Capricornio, pág. 13

**latitudes medias** regiones entre el trópico de Cáncer y el círculo polar ártico, y el trópico de Capricornio y el círculo polar antártico, pág. 14

**Ley de colonización** ley aprobada en 1862 que otorgaba 160 acres (65 hectáreas) de tierra de las planicies del medio oeste a cualquier adulto que quisiera vivir en ella y cultivarla durante 5 años, pág. 95

**libre empresa** sistema económico en el que los individuos establecen y dirigen su propio negocio, págs. 53, 327, 503

**linaje** grupo de familias con un antepasado común, pág. 389

**línea de demarcación** línea imaginaria del polo Norte al polo Sur (aproximadamente a 50° de longitud) establecida en 1494 en el Tratado de Tordesillas; España tenía el derecho de colonizar y comerciar al oeste de la línea y Portugal al este de la línea, pág. 187

**literatura de Quebec** literatura canadiense en lengua francesa, pág. 110

**llanura** región grande de tierras llanas o ligeramente ondulantes sin muchos árboles, pág. 27

**lluvia de sombra** área sin viento en un lado de la montaña, donde cae una lluvia ligera, pág. 78

**loes** clase de suelo nutritivo, de grano fino, que se encuentra en las planicies del norte de Europa, pág. 270

**longitud** línea imaginaria, también llamada meridiano, que va de norte a sur, de un polo a otro; sirve para medir en grados la distancia de este a oeste del primer meridiano, pág. 16

## M

**maíz** planta y grano del maíz, pág. 184

**manufactura** proceso de convertir materia prima en productos terminados, pág. 322

**maquiladora** fábrica en México, propiedad de Estados Unidos, localizada cerca de la frontera entre ambos países, pág. 199

**marsupial** animal que, como el canguro o el koala, lleva a su cría en una bolsa de su cuerpo, pág. 551

**materia prima** materia o recurso que aún se encuentra en su estado natural, antes de procesarse o manufacturarse como producto útil, pág. 32

**medio ambiente** todo el medio y las condiciones que afectan a los seres vivos, por ejemplo, el agua, el suelo y el aire, pág. 11

**megalópolis** conjunto de ciudades y de suburbios que se mezclan en una gran área urbana, pág. 121

**meridiano** línea imaginaria que rodea a la Tierra de norte a sur, y que pasa por los polos; las líneas de longitud en los mapas o globos terráqueos son los meridianos, pág. 16

**meseta** región grande, la mayor parte plana, que sobresale del terreno que la rodea; tiene al menos un lado de cuesta empinada, págs. 27, 170, 262, 358

**mestizo** persona que desciende de la mezcla entre españoles e indígenas americanos, pág. 188

**migración** trasladarse de un lugar a otro, págs. 44, 295, 466

**minarete** torre alta unida a una mezquita, con uno o más balcones, pág. 494

**monarca** gobernante de un reino o imperio, que puede ser un rey o una reina, pág. 279

**monarquía** sistema de gobierno autoritario encabezado por un monarca —por lo general un rey o una reina— que hereda el trono de nacimiento, pág. 55

**montaña** por lo general, accidente geográfico que alcanza más de 2,000 pies (610 m) por encima del nivel del mar, y es ancho en su base y angosto en su cima, pág. 27

**monzón** vientos que soplan por Asia del este en ciertas épocas del año; en verano son muy húmedos; en invierno por lo general son secos, a menos que hayan cruzado las corrientes oceánicas cálidas, pág. 456

**monarquía constitucional** gobierno en el que un rey o reina dirige el estado, pero que tiene poderes limitados; por ejemplo, el gobierno actual de Gran Bretaña, pág. 308

**moshavim** pequeñas aldeas de cultivo en Israel, pág. 532

**movimiento político** grupo grande de personas que trabajan juntas para defender sus derechos o cambiar a los líderes que están en el poder, pág. 219

**movimiento por los derechos civiles** grupo numeroso de personas que se unieron en Estados Unidos desde principios de la década de 1960 para acabar con la discriminación de los africano-americanos y para apoyar la igualdad de derechos para los grupos minoritarios, pág. 97

**muecín** persona que convoca a los musulmanes por medio de cantos a orar, pág. 494

**multicultural** influido por varias culturas, pág. 293

**multiétnico** que contiene varios grupos étnicos, pág. 408

**mwami** rey, pág. 421

# N

**nacionalismo** sentimiento de orgullo hacia la tierra natal propia; identidad de un grupo como miembros de una nación, págs. 283, 379

**nacionalizar** poner la industria que alguna vez fue privada bajo el control de la nación, pág. 429

**Naciones Unidas** organización de países establecida en 1945, que actúa en favor de la paz y de la cooperación entre los países, pág. 333

**navegable** lo suficientemente ancho y profundo para que los barcos lo puedan recorrer, pág. 263

**nómada** persona que se traslada constantemente para ganarse la vida, casi siempre mediante el pastoreo de animales, el comercio, la caza y la recolección de alimentos, págs. 363, 486

# O

**oasis** lugar fértil del desierto, donde hay agua y vegetación, pág. 362

**ocupante ilegal** persona que se establece en el terreno de otro sin su permiso, pág. 214

**órbita** trayectoria que sigue un objeto en el espacio cuando se mueve alrededor de otro, como la Tierra que se mueve alrededor del Sol, pág. 12

# P

**paisaje cultural** paisaje modificado por los seres humanos y que refleja su cultura, pág. 48

**panafricanismo** movimiento que acentuó la unidad entre todos los africanos, pág. 379

**paralelo** en geografía, cualquiera de las líneas imaginarias paralelas al ecuador que rodean la Tierra; cualquier línea de latitud, pág. 16

**parentesco** relación familiar, pág. 389

**Parlamento** grupo de funcionarios electos en Gran Bretaña que ayudan al gobierno a determinar los impuestos y a emitir otras leyes, págs. 280, 308

**parlamento** organismo que hace las leyes, pág. 526

**Pax Romana** paz romana; periodo de 200 años de paz que empezó cuando Augusto, el primer emperador romano, tomó el poder en al año 27 A.C., pág. 276

**península** tierra rodeada por agua casi por completo, pág. 264

**peón migratorio** trabajador que va de una región a otra para recoger la cosecha de la temporada, pág. 213

**peregrinación** recorrido religioso; para los musulmanes, viaje a la Meca, pág. 375

**permafrost** capa de tierra permanentemente congelada bajo la capa superior del suelo, págs. 79, 267

**persecución** acoso, con frecuencia basado en intolerancia religiosa o étnica, pág. 310

**petroquímico** sustancia que se deriva del petróleo, como plástico, pintura o asfalto, pág. 127

**placa** en geografía, sección grande de corteza terrestre, pág. 28

**placa tectónica** porción grande de la corteza terrestre, págs. 28, 552

**plantación** granja muy grande de un solo cultivo con muchos trabajadores, común en el sur de los Estados Unidos antes de la Guerra Civil, págs. 88, 393

**población** personas que viven en una región particular; en especial la cantidad total de personas en una región, pág. 41

**pólder** terreno nuevo que se ha ganado al mar; en los Países Bajos, terreno que se forma al construir diques y drenar el agua del mar, pág. 311

**políticas** métodos y planes que usan los gobiernos para realizar sus proyectos, pág. 275

**porteños** europeos que colonizaron Buenos Aires y sus alrededores para comerciar, pág. 243

**pozo artesiano** pozo profundo perforado en la roca porosa de la superficie terrestre para obtener el agua subterránea, pág. 572

**pradera** región de terreno plano u ondulante cubierto con pastos altos, págs. 79, 267

**precipitación** todas las formas del agua, como lluvia, aguanieve, granizo y nieve, que cae de la atmósfera a la Tierra, pág. 34

**primer meridiano** línea imaginaria de longitud, o meridiano, que va del polo Norte al polo Sur y pasa por Greenwich, Inglaterra; tiene designado el grado cero de longitud y se usa como punto de referencia para que puedan medirse las líneas de longitud del este y del oeste, pág. 16

**privatización** restitución de los negocios a la propiedad y la administración privadas, págs. 240, 336

**productor** persona que fabrica productos que usan otras personas, pág. 52

**propaganda** difusión de ideas para promover una causa específica, pág. 301

**proyección** representación de la superficie redonda de la Tierra en la superficie plana de un papel, pág. 20

**pueblo en auge** población que tiene un rápido crecimiento, con frecuencia para satisfacer las necesidades de los mineros, pág. 151

**punto cardinal** uno de los cuatro puntos de la brújula: norte, sur, este y oeste, pág. 21

# R

**radical** extremo, pág. 502

**Ramayana, el** poema épico hindú del año 4 A.C. que los hindúes consideran una revelación de Brahma, el dios de la creación, para su autor, págs. 487–488

**rasgo cultural** comportamiento particular de una población, tales como idioma, destrezas y costumbres, que pasan de una generación a otra, pág. 48

**recesión** una baja en la actividad de los negocios y el crecimiento económico, no tan grave como una depresión, pág. 131

**Reconstrucción** plan de Estados Unidos para reconstruir la nación después de la Guerra Civil, abarca el periodo en que el ejército de Estados Unidos gobernó los estados del sur, pág. 93

**recurso cíclico** recurso con un proceso cíclico natural en el medio ambiente; entre ellos el agua, el nitrógeno y el carbono, pág. 32

**recurso natural** cualquier materia útil que se encuentre en el medio ambiente, pág. 31

**recurso no renovable** recurso que no puede reemplazarse después de usarse; algunos recursos no renovables son los combustibles fósiles como el carbón y el petróleo, y los minerales como el hierro, el cobre y el oro, págs. 32, 268

**recurso renovable** recurso natural que el medio ambiente continúa suministrando o que reemplaza al usarlo; los árboles, el agua y el viento son recursos renovables, pág. 32

**referéndum** boleta o voto con el que los votantes deciden a favor o en contra de un asunto en particular, pág. 143

**refugiados** personas que buscan seguridad en otro país, págs. 421, 514

**regar** regar los cultivos de manera artificial, pág. 362

**región cultural** área donde las personas comparten los mismos rasgos culturales, pág. 48

**Renacimiento** periodo de la historia europea en el que surgió un nuevo interés en la enseñanza y el arte; culminó en el siglo XVI, pág. 279

**refugiados**

**sabana**

**representante** persona que representa o defiende a un grupo de personas, por lo general en el gobierno, pág. 308

**reprimir** sofocar, abstenerse de actuar, pág. 300

**reservación** terreno que se reserva para un propósito específico, como lo hizo el gobierno de Canadá con los pueblos indígenas, pág. 113

**reunificación** proceso de volver a unirse, pág. 318

**Revolución científica** movimiento que tuvo lugar durante los siglos XVII y XVIII, cuando los científicos basaron sus estudios sobre el mundo en hechos observables más que en creencias, pág. 280

**Revolución Industrial** cambio de elaborar productos a mano para producirlos con máquinas, págs. 91, 281

**revolución** movimiento político en el que el pueblo derroca el gobierno existente y establece otro, págs. 189, 280

**Revolución silenciosa** cambio pacífico del gobierno de Quebec, Canadá, en el que el Parti Québécois tomó el control de la legislatura e hizo del francés el idioma oficial, pág. 143

**revolución** una vuelta completa de la Tierra alrededor del Sol; la Tierra completa una revolución cada 365 y 1/4 días o cada año, pág. 12

**Revolución verde** cambios en la agricultura desde la década de 1950 que han aumentado en gran medida el abastecimiento de alimentos en el mundo; la sustentación de la Revolución verde en tecnología costosa y pesticidas peligrosos puede perjudicar tanto el medio ambiente como las finanzas de las naciones, pág. 43

**robot** máquina dirigida por computadora que realiza tareas que antes hacían los seres humanos, pág. 505

**rosa de los vientos** figura de un mapa que por lo común muestra los cuatro puntos cardinales, pág. 21

**rotación** movimiento giratorio de la Tierra, como un trompo en su eje; la Tierra tarda 24 horas para hacer una rotación, pág. 12

**rural** relativo al campo, pág. 198

# S

**sabana** región de pastos altos, pág. 363

**segregar** apartar y obligar a asistir a otras escuelas, casas, parques y otros lugares por la raza o la religión, pág. 93

**separación** división, pág. 475

**sequía** periodo largo sin lluvia, pág. 519

**servicios** trabajo o tarea que se realiza para otra persona, como la atención de un médico o la reparación del televisor por parte de otra persona, pág. 52

**siervo** persona que vivió y trabajó las tierras de un señor feudal; no era propietaria de las tierras y dependía de la protección del señor feudal, pág. 277

**sirviente por contrato** persona que, a cambio de un beneficio, trabaja por un periodo de años para liberarse, pág. 88

**soberanía** independencia política, pág. 413

**souq** mercado al aire libre, pág. 407

**suajili** idioma africano que contiene algunas palabras árabes, pág. 376

**subcontinente** gran masa de tierra que forma la mayor parte de un continente; por ejemplo, el subcontinente de la India, pág. 451

**subsidiar** apoyar económicamente; algunos gobiernos subsidian ciertas industrias, pág. 507

**Sun Belt** (franja del Sol) región de Estados Unidos que se extiende desde el sur de la costa del Atlántico hasta la costa de California; zona conocida por su clima cálido, pág. 128

# T

**taiga** en Rusia, bosque enorme que cubre más de cuatro millones de millas cuadradas, pág. 267

**tasa de mortalidad** número de muertes por año por cada 1,000 personas, pág. 43

**tasa de natalidad** porcentaje por año de nacimientos con vida por cada 1,000 habitantes, pág. 43

**tecnología** herramientas y destrezas que las personas necesitan usar; uso práctico de las destrezas científicas, especialmente en la industria, pág. 48

**tectónica de placas** teoría de que la corteza terrestre está formada por enormes porciones de roca, de lento movimiento, llamadas placas, pág. 28

**temperatura** grado de calentamiento o enfriamiento de algo, como el agua o el aire; por lo general se mide con un termómetro, pág. 34

**teoría de "atracción y rechazo"** teoría migratoria que afirma que las personas emigran por el rechazo a ciertas cosas en su vida y la atracción hacia ciertas cosas de un nuevo lugar, pág. 45

**terraza** plataforma recortada en la ladera de una montaña; se usa para hacer cultivos escalonados en lugares empinados, pág. 406

**textiles** productos de tela, pág. 281

**tiempo** condiciones de la capa inferior de la atmósfera terrestre en un lugar durante un periodo corto, pág. 34

**tierra natal** tierras de África del Sur donde las personas de raza negra eran forzadas a vivir durante el apartheid; zonas más áridas y menos fértiles del país, pág. 433

**tierras de cultivo** terreno que puede producir cosechas, pág. 456

**totém** poste alto de madera tallado con símbolos por los indígenas norteamericanos del noroeste del Pacífico, pág. 150

**trabajador migratorio** persona que se traslada de un lugar a otro para encontrar trabajo, pág. 396

**transporte masivo** sistema de trenes subterráneos, autobuses y ferrocarriles de viaje por abono que transporta una gran cantidad de personas desde y hacia las áreas urbanas, pág. 136

**tratado** acuerdo por escrito entre dos o más países, pág. 187

**Tratado de Tordesillas** tratado de 1494 que establece la línea de demarcación, que da a España el derecho de poblar y comerciar al oeste de la línea y a Portugal los mismos derechos al este de la línea, pág. 187

**tributario** corriente de agua que fluye hacia un gran río o a un depósito de agua mayor, págs. 76, 172, 263, 360

**trópico** región de la Tierra entre las líneas de latitud 23 °N y 23 °S, cuyo clima casi siempre es caluroso, pág. 78

**tundra** región fría y seca cubierta de nieve más de la mitad del año; gran planicie sin árboles donde el subsuelo siempre está congelado, págs. 79, 267

**turbinas** enormes máquinas con hélices por lo general impulsadas por agua y que generan electricidad, pág. 270

**turismo** industria que da servicio a los turistas o visitantes de una región, pág. 575

# U

**United Empire Loyalists** (Unión de Colonos Leales al Imperio) colonos estadounidenses leales a Gran Bretaña que se trasladaron a Canadá después de la Revolución, pág. 145

**urbanización** crecimiento de las ciudades como consecuencia del flujo de personas hacia ellas, págs. 45, 292

**urbano** relativo o referente a la ciudad, pág. 198

# V

**vasallos** sirvientes, pág. 421

**vegetación** conjunto de plantas de una zona, pág. 36

**viajar a diario** ir y regresar regularmente de un lugar a otro, particularmente de la casa al trabajo, pág. 121

vegetación

# Z

**zar** título de los emperadores rusos antes de la formación de la Unión Soviética, pág. 285

**zona de tolerancia** área de la frontera entre países donde no se permite el uso de armas; en Corea, es la zona entre Corea del Norte y Corea del Sur, pág. 509

# Índice

Las palabras en *cursivas* y entre paréntesis que siguen a los números de página
se refieren a mapas (*m*), tablas (*t*), ilustraciones (*i*) o gráficas (*g*).

# Reconocimientos

## Diseño de cubierta
Pearson Educational Development Group

## Imagen de cubierta
**Top right, clockwise:** Harald Sund/Image Bank; SuperStock; SuperStock; SuperStock; SuperStock; José Fuste Raga/Corbis StockMarket; David Hiser/Stone; Cartesia/Photodisc; McDaniel Woolf/Photodisc; Travelpix/FPG; **Center image:** Robert Everts/Stone; **Silhouette figure with binoculars:** Ken Karp Photography.

## Mapas
38, 78, 122 T, 126 T, 130 T, 134 T, 146 T, 146 B, 218 T, 242 T, 242 B, 247,266, 269, 276, 312 T, 312 B, 335 T, 335 B, 367 L, 367 R, 417, 420 T, 420 B, 444, 452, 463, 537, 544 T, 544 B, 561, 579, 613 T, 614 T, 616 T, 618 T, 621 T, Ortelius Design, Inc.; all other maps by MapQuest.com, Inc.
Map information sources: Columbia Encyclopedia, Encyclopaedia Britannica, Microsoft® Encarta®, National Geographic Atlas of the world, Rand McNally Commerical Atlas, The Times Atlas of the World.

## Créditos del cuerpo editorial
**Carolyn Casey, Clare Courtney, Stephen Flanagan,** Kathryn Fox, **Mary Hanisco, Estelle Needleman, Kirsten Richert, Miriam Rodriquez, Peter Sacks,** Betsy Sawyer-Melodia, and the **Pearson Education Development Group.**

## Créditos adicionales
**Design, Art and Production:** Pronto Design, Inc.
**Versión en español** Editorial Compuvisión, México

## Texto
**11,** Excerpt from *North American Indian Mythology* by Cottie Burland. Copyright © 1965 by Cottie Burland. Reproduced by permission of The Hamlyn Publishing Group Limited. **87,** Excerpt from *The Crown of Columbus* by Michael Dorris and Louise Erdrich. Copyright © 1991 by Michael Dorris and Louise Erdrich. Reproduced by permission of Harper-Collins Publishers. **94,** Excerpt from *How the Other Half Lives* by Jacob Riis. Copyright © 1971 by Dover Publications, Inc. Reproduced by permission of Dover Publications, Inc. **109,** Excerpt from *Obscure Destinies* by Willa Cather. Copyright © 1930 by Willa Cather. Copyright © renewed 1932 by Willa Cather. Reproduced by permission of Alfred A. Knopf. **120,** Excerpt from *America, the Beautiful* by Katherine Lee Bates. Copyright © 1993 by Neil Waldman. Reproduced by permission of Macmillan Publishing Company. **196,** "Wind and Water and Stone" by Octavio Paz. Copyright © 1979 by The New Yorker Magazine. Reproduced by permission of New Directions Publishing Corporation. **290,** Excerpt from *Pearl in the Egg* by Dorothy Van Woerkom. Copyright © 1980 by Dorothy Van Woerkom. Reproduced by permission of Thomas Y. Crowell. **326,** Excerpt from *Zlata's Diary* by Zlata Filipovic. Copyright © 1994 by Fixot et editions Robert Laffont. Reproduced by permission of Viking. **418,** Excerpt from *Mandela: An Illustrated Autobiography* by Nelson Mandela. Copyright © 1994, 1996 by Nelson Rolihlahla Mandela. Reproduced by permission of Little, Brown and Company. **464,** Excerpt from *Selected Works of Jawaharlal Nehru.* Copyright © 1987. Reproduced by permission of Oxford University Press. **477,** Excerpt from *Voices from Kurdistan,* edited by Rachel Warner. Copyright © 1991 by the Minority Rights Group. Reproduced by permission of the Minority Rights Group. **482,** Excerpt from *Sadako and the Thousand Paper Cranes* by Eleanor Coerr. Copyright © 1977 by Eleanor Coerr. Reproduced by permission of G.P. Putnam's Sons.

## Ilustración
9, 71, 167, 259, 355 BR, 449, 549 Michael Digiorgio

## Fotografía
**Dorling Kindersley** 60 C, 60 BL, 61 T, 61 C, 248 BL, 249 TR, 438 TR, 538 BR, 539, 580 C, 581 TL

**Contenido** vi, Sami Sarkis/Photodisc; **vii T,** SuperStock International; **vii B,** Bettman/Corbis; **viii,** Aubrey Diem/Valan Photos; **ix T,** Thomas Kitchin/Tom Stack & Associates; **ix B,** Art Wolfe/Stone by Getty Images; **x,** Alex /Alex Irvin Photography; **xi,** Wolfgang Kaehler/Liaison Agency, Inc.; **xii,** Stephen Johnson/Stone by Getty Images; **xiii,** Wolfgang Kaehler/ Wolfgang Kaehler Photography; **xiv,** M.E. Bernheim/Woodfin Camp & Associates; **xv,** Frans Lanting/Minden Pictures; **xvi,** Jerry Alexander/Stone by Getty Images; **xvii T,** Janette Ostier Gallery, Paris, France/SuperStock International; **xvii B,** Matthew Neal McVay/Stone by Getty Images; **xviii,** Ahreim Land, Northern Territory, Australia, SuperStock International; **xix T,** Philip & Karen Smith/Stone by Getty Images; **xix B,** Wolfgang Kaehler/Wolfgang Kaehler Photography; **Secciones especiales xx,** Christie's Images, London, UK/Bridgeman Art Library; **Unidad I** xxxviii BL, Radhinka Chalasani/Stone by Getty Image; **xxxviii BC,** Ted Strehinsky/Corbis; **xxxviii BR,** Adam Woolfitt/Corbis; **1 TL,** Lorne Resnick/Stone by Getty Images; **1 TR,** Andy Sacks/Stone by Getty Images; **1 BR,** Andy Sacks/Stone; **1 B,** © Victor Englebert/Photo Researchers Inc.; **2 TR,** Philip & Karen Smith/ Stone by Getty Images; **2 BL,** Corbis; **2 BR,** Don Smetzer/Stone by Getty Images; **3 TR,** SuperStock International; **3 B,** Bettmann/Corbis; **4 T,** Ken Graham/Stone by Getty Images; **4 B,** Robert Frerck/Odyssey Productions; **5 TL,** Alan Abramowitz/Stone by Getty Images; **5 TR,** Peter Carmichael/Stone by Getty Images; **Capítulo I 10 T,** Mike Agliolo/Corbis; **10 B,** Jeremy Woodhouse/PhotoDisc, Inc.; **11,** Stocktrek/PhotoDisc, Inc.; **14,**Sami Sarkis/PhotoDisc; **15,** Kevin Kelley/Stone by Getty Images; **19,** British Museum; **Capítulo 2 26,** ESA/TSADD/Tom Stack & Associates; **27,** © James A. Sugar/Corbis; **31,** SuperStock International; **34,** David Falconer/Stone by Getty Images; **36,** Rod Planck/Tom Stack & Associates; **Capítulo 3 40,** The Granger Collection; **41,** Paul Chesley/Stone by Getty Images; **42,** Ken Fisher/Stone by Getty Images; **44,** © Bill Gentile/Corbis; **46,** Donna DeCesare/Impact Visuals; **47,** Paul Conklin/PhotoEdit; **48,** Don Smetzer/Stone by Getty Images; **49,** Donna DeCesare/Impact Visuals; **51,** Julia Vindasius/Vindasius; **53,** AP/Wide World Photos; **54,** © Bettmann/Corbis; **55,** Adam Woolfitt/Corbis; **56,** Hulton Deutsch Collection/Corbis; **Unidad I DK 60 TL,** Jeff Divine/FPG International by Getty Images; **60 C,** Dorling Kindersley; **60 BL,** Dorling Kindersley; **61 T,** Dorling Kindersley; **61 C,** Dorling Kindersley; **61 B,** Mary Evans/Mary Evans Picture Library; **Unidad 2 62 T,** Charles Sykes/Visuals Unlimited; **62 BL,** Bruce Forster/Stone by Getty Images; **62 BR,** J. Eastcott/Yva Momatiuk/Valan Photos; **63 TL,** Alan Klehr/Stone by Getty Images; **63 TR,** Robin Smith/Stone by Getty Images; **63 BL,** UPI/Corbis-Bettmann; **63 BR,** John Edwards/Stone by Getty Images; **64 TR,** Gordon Fisher/Stone by Getty Images; **64 BL,** John Trumball/The Granger Collection; **64 BR,** Lawrence Migdale/Stone by Getty Images; **65 T,** Thomas Kitchin/Tom Stack & Associates; **65 B,** Celestica, Inc.; **Capítulo 4 72,** John Edwards/Stone by Getty Images; **73,** Olaf Soot/Stone by Getty Images; **75,** Thomas Kitchin/Tom Stack & Associates; **76,** Science VU/Visuals Unlimited; **77,** Donald Nausbaum/Stone; **79,** © Lowell Georgia/Corbis; **80,** Harold Sund/The Image Bank; **81,** H. Armstrong Roberts; **82,** Vince Streano/Stone by Getty Images;

**692 RECONOCIMIENTOS**

Company/Corbis; **Unidad 2,** Lowe Museum of Art, University of Miami/SuperStock; **Unidad 3,** Kevin Schafer/Stone; **Unidad 4,** State Hermitage Museum, St. Petersburg, Russia/Corbis; **Unidad 5,** PEDG; **Unidad 6,** Collection of the Newark Museum, Gift of Jacob E. Henegar, 1986/Art Resource; **Unidad 7,** Ralph A. Clevenger/Corbis.